KB270886

인간주의 교육의 실천방향

개정판

인간주의 교육의
실천방향

김성봉 지음

개정판

한국학술정보㈜

개정판을 내면서

　사회에는 힘이 있는 자도 있고 힘이 없는 자도 있으며, 윗자리에 있는 사람도 있고 지위가 낮은 자리에 있는 사람도 있다. 문제는 그 사회에서 권력과 돈을 많이 가진 일부의 사람들이 어떻게 생각하고 행동하느냐에 따라 그 사회가 보다 좋은 사회인지 아니면 억압과 결핍이 많은 거친 사회인지가 나누어진다. 따라서 보다 좋은 사회가 되기 위해서는 교육계를 포함하여 사회의 지도급에 있는 사람들이 반드시 모범을 보여야 한다. 벼가 익을수록 고개를 더 숙인다는 표현처럼 자기보다 못한 사람에게까지 겸손하고, 돈을 돌같이 보아 항상 청정하며, 절대 양심에 거리끼는 일은 추호도 하지 않을 만큼 의롭고, 게다가 표시나지 않게 좋은 일을 하는 인격을 갖춘 인간이 되어야 한다.

　우리가 사는 이 세상이 더 좋아져서 대다수의 사람들이 즐겁게 일하고 공부하는 곳이 되었으면 하는 것이 나의 바람이다. 그래서 이 책을 처음 낼 때 이런 마음에서 우리 교육에 몇 가지 제언을 했었다. 우리가 풀어야 할 여러 문제점들이 있지만 그래도 그때 강조한 봉사와 인간 존엄 쪽으로 사회가 더 좋아지고 있다고 판단되어 다행이다. 한편 이번 개정판에 인간주의 교육의 인생관(세계관)을 넣으려고 했으나 불가피하게 다음의 기회로 미루게 되었다.

　실제 우리의 학교현실은 인간주의 교육이 지향하는 바람직한 교육의 모습과 매우 거리가 있다. 따라서 우리가 넘어야 할 산이 높고 가야 할 길이 멀다. 따라서 앞으로 해결해야 할 문제가 무엇인지에 대해 정확히 파악해야 할 뿐만 아니라 아무리 힘들고 시간이 오래 걸리더라도 교육의 발전을 위해 꼭 해야 할 일이나 사항에 대해서는 지혜와 인내를 가지고 꾸준히 노력해야 할 것이다. 보다 나은 교육과 세상을 만들기 위한 제일의 선결과제는 바로 우리 모두의 의식이 새로워지고 높아지는 것이다. 그럼 어떻게 해야 하며 어떻게 하는 것이 보다 좋은 가이다. 그 답은 올바른 교육이다. 왜냐하면 사람은 교육을 통해야만 사람다운 인간이 되며 더 성장하고 발전하는 인간이 되기 때문이다. 참된 교육은 배우는 학생들을 보다 능력이 있는 인간이 되게 할 뿐만 아니라, 더 지혜가 있으며, 무엇이 참된 삶인지도 알며, 심지어는 정의와 사랑을 실천하는 전인적 인간이 되게 한다.

따라서 하늘로부터 남을 가르치라는 소명을 받은 교사는 인생에 있어서 무엇이 가장 중요한지와 어떻게 사는 것이 인생을 보다 참되게 사는 것인지에 대해서 더 잘 알고 있어야 한다. 이것이 바로 참된 교육자가 지녀야 할 기본자세이다. 한편 사회의 지도자는 매우 중요한 사람이기에 참된 교육자여야 할 뿐만 아니라 국민 한 사람이라도 더 편안하고 행복할 수 있도록 도와주는 데에 전심전력을 다해야 한다. 따라서 지도자는 평소에 자기(가족)에 대한 생각보다는 타인에 대해 더 생각하며 자기 이름(치적)을 남기기 위해서 뭔가를 결코 하지 않고 오직 진리의 길(국민을 받드는 겸손한 마음의 길)로 가겠다는 마음을 먼저 가지고 있어야 한다. 이것이 참된 지도자가 가는 길이다.

이 지구상에 만약 인간이 없다면 어떨까? 이 세상에서 자신이 이제까지 받았고 누리고 있는 것이 얼마나 많은지를 알고 있는가? 자신이 상대에게 좋은 일을 한 만큼 그대로 자신이 돌려받아서 지금 살고 있다는 것을 알고 있는가? 인간이면 누구나 불성을 가지고 있으며, 이 세상에서 유일한 존재이며, 얼마든지 저 앞에 핀 벚꽃보다도 더 아름다울 수 있는 존재이기에, 모든 이의 생명체를 귀하게 여기고 살며, 인간으로 살고 있음에 항상 감사하고, 좋은 일을 많이 하며 살아야 한다. 남에게 도움을 많이 주고 선행을 많이 한 사람은 그만큼 자신이 돌려받아서 그렇게 하지 못한 사람들보다 삶이 더 행복하고 윤택하다는 것이 내가 깨우친 진리 중 하나이다.

피부색이나 민족 그리고 지위고하를 떠나 우리 인간들은 모두가 위대한 신의 경지에 갈 수 있을 정도로 무한한 발전 가능성을 가지고 있다. 이를 가능하게 하는 것이 바로 교육의 힘이다. 물론 이 과정에서 꼭 필요한 것은 본인의 의지와 노력이다. 올바른 교육을 통해 모두가 보다 차원 높은 인간이 되어야 하고 사회도 또한 천국과 같은 인류공동체가 되어야 한다. 이 책무가 우리에게 주어져 있다. 언젠가는 죽어서 사라지겠지만 나는 국가와 교육의 발전에 조금이나마 도움이 되었으면 하는 마음에서 여러 면에서 부족한 점이 있지만 내 능력의 범위 안에서 일부 내용을 수정 및 보완하여 개정판을 내게 되었다.

한국학술정보(주)의 채종준 사장님과 문진현·김매화·양은정 선생님 등 여러 분들의 도움으로 출판이 가능하였기에 고마움을 표한다. 그리고 연세가 드셔서 몸이 좀 좋지 않으신 나의 학문적 스승이신 김정환 교수님께서 더욱더 건강하시기를 기원하며 이 지구촌의 교사(교육자)로서 승진(지위)에 개의치 않고, 월급(돈)에 집착하지 않고, 남으로부터의 존경과 상에도 초연하며, 시골에 있든 도시에 근무하든, 아이들이 자신의 의도대로 잘 자라든 그렇지 않든지 간에 세상에 이름을 드러내지 않고 비가 오나 눈이 오나 묵묵히 참된 교육의 길로 가고 있는 많은 선생님들께 경의를 표하는 바이다.

2010년 3월 아직 차가운 바람이 부는 날
김성봉 씀

책머리에

    교육에 관심을 가지기 시작한 지도 어언 20여 년의 세월이 지나고 있다. 사범대학에 들어가면서부터 본격적으로 교육만을 생각하며 살았지만 부족한 점이 많은 나로서 교육학의 많은 이론들과 교육이 실제로 이루어지고 있는 교육의 현실을 충분히 이해하고 소화하여 그 전체를 아우를 수 있는 진리를 찾고 빛이 되는 사상을 정립하고자 하였으나 아직 그 꿈은 요원하기만 하다. 따라서 지금도 그 여정에 있으며 아마 죽기 전까지 계속될 것이지만 실제 얼마나 그 뜻을 이룰 것인지는 아직 미지수이지만 나의 지향점은 분명하며 내가 가고자 하는 길이 올바른 길이라 믿기에 그 길을 가고 있음에 먼저 만족한다. 이 책에서 그 일단을 엿볼 수 있을 것이다. 만약 내가 다 이루지 못하면 다른 이가 계속할 것이라 또한 믿는다.

    한평생을 우리는 살지만 제한된 시간 속에서 살고 있다. 따라서 어찌 보면 우리 모두가 시한부 인생을 산다고 할 수 있다. 어떤 이는 40년만을 또 어떤 이는 50년만을 산다. 자연과학의 발달로 물질적으로는 풍요하지만 더욱더 삭막하고 각박해지고 있으며 물질만능으로 변하여 더욱더 우리의 정신과 삶이 황폐화되어 가고 있다. 많은 사람들이 과거보다 더 살기가 힘들다고 생각하기도 하고 서로가 끊임없이 상대방을 미워하고 이기려고 하고 있다. 삶과 세계가 설령 그렇다고 하더라도 우리는 희망과 행복으로 가는 빛(길)을 찾아야 한다. 그 책임의 많은 부분은 물론 지도자와 교육자들에게 있다고 생각한다. 평소 나는 교육이 바로 서야 나라가 바로 서며 교육이 바로 서려면 국가의 지도자들과 교사 그리고 부모가 먼저 바로 서야 한다고 굳게 믿고 있다. 따라서 이들이 먼저 진정한 행복을 깨닫고 많은 사람들도 이를 느끼게끔 깨우치고 지도하여야 하며 또한 인간이 진정으로 가야 할 길을 제시하고 몸소 모범을 보여야 한다. 보다 살기 좋은 인간 세상이 되기 위해서는 시간이 요하고 눈에는 잘 보이지 않지만 그 중심에는 분명히 교육이 있음을 확신하고 있다. 왜냐하면 교육을 통해 결국 인간의 의식과 행동의 변화와 발전이 이루어지며 인간의식의 변화가 자연히 제도 및 문화의 변화와 발전으로 이어지기 때문이다.

당신은 무엇을 위해 사나? 여기에 대한 답은 사람마다 다르다. 왜냐하면 사람마다 그 능력과 처지 그리고 인지체계가 각기 다르기 때문이다. 하지만 그가 어떤 능력을 지니고 있으며 어떤 곳에서 어떤 일을 하든지 간에 모든 사람들이 분명히 지향해야 하는 공통된 진리가 있음을 알게 해야 보다 밝은 사회에 근접할 수 있다는 점이다. 그런데 이것은 어느 누구보다도 학자나 선지자가 해야 할 몫이다. 여기서 진리란 자업자득일 수도, 평안이나 행복일 수도 있고, 자기 자신을 포함한 자연과 타인 그리고 더 나아가 세계를 사랑하는 것일 수도 있다. 분명한 점은 여기에 대한 답과 그 방법들을 교육자가 먼저 알고 있어야 한다. 왜냐하면 교육자는 피교육자들이 무지에서 진리를 알고 진리의 길로 가게 도와주는 역할을 해야 하기 때문이다. 따라서 교육자는 매우 어렵고도 중요한 직업임에 틀림이 없다.

이 책은 아직 체계화되지 않은 인간주의 사상을 정리하여 그 속에서 지향하는 핵심가치들을 뽑아내었으며 학교현장에서의 실제 경험을 바탕으로 우리 교육이 지니고 있는 여러 가지 모순과 문제점들도 일부 지적하기도 하면서 우리 교육이 한 걸음 더 나아져야 된다는 염원하에 긴 세월 동안 길이 나지 않은 숲에 길을 내는 심정으로 임하였다. 하지만 부족한 점이 많고 덜 완성된 작품이어서 출판을 망설였지만 이것이 오히려 발전의 계기가 된다고 생각하여 과감하게 세상에 내놓기로 하였다. 이 책의 편제는 모두 6장으로 구성되어 있다. 1장의 왜 인간주의 교육인가에서는 현대사회와 교육의 문제점을 해결하기 위해서는 인간주의 교육이 필요함을 강조하였다. 2장에서는 인간주의 교육의 이론적 배경으로 인간주의가 무엇인지에 대해 그 사상적 역사를 통해 개념 정리하였으며 인간주의 교육이 어떤 것인가에 대한 이해를 돕고자 하였다. 3장에서는 인간주의 교육이 지향하는 인간상으로 인간존중과 인간존엄이 사회를 따뜻하게 하는 바탕이 된다고 보고 인간이 가지고 있는 존엄성과 가치가 무엇인지를 이끌어 내고자 하였다. 4장에서는 학교교육의 올바른 방향정립을 위해 인간주의 교육의 관점에서 무엇이 문제점인지를 밝혀 보았으며 이 과정에서 올바른 시사점을 찾는 계기를 마련하고자 하였다. 5장에서는 인간주의가 지향하는 가치로 자유와 사랑 그리고 인격을 도출하여 학교교육의 문제점을 지양하고 보다 나은 교육이 되게 하기 위해 자유롭고 사랑이 넘치고 인격교육에 힘쓰는 현장을 만드는 데 기여하는 방법들에 대해 서술하였다. 마지막으로 6장에서는 앞의 내용들에 대한 요약과 함께 우리 교육의 발전에 도움이 될 몇 가지의 제안점들을 정리하여 제시하였다.

몸과 마음의 고향인 1000년 신라고도인 경주의 인왕동에서 태어나 자라면서 어릴 때부터 가슴에 품은 화랑도의 정신과 중·고등학교시절에 아침마다 새벽에 맑은 공기를 마시며 천마총·첨성대·계림·반월성으로 조깅을 하며 항상 올바른 길로 가야 한다는 나의 다짐, 그리고 고등학교 때 조지훈 작사 윤이상 작곡의 교가를 부르고 희망은 크게 신념은 굳게 아량은 넓게라는 지금도 잊히지 않는 교훈과 호랑이는 굶주려도 풀을 먹지 않는다는 정신을 배우게 해 준 자유·정의·진리를 표방하는 모교에서 80년대에 국무총리를 하라고 삼고초려를 하여도 끝까지 거절하고 하지 않았다는 김준엽 전 총장님과 몇 교수님들로부터 받은 높은 가르침은 분명 나의 학문적·정신적 토대가 되고 있음은 의심의 여지가 없다.

한편 돌아가신 할머니와 부모님이 저세상에서 자식의 이 작업에 대해 매우 기쁘게 생각할 것이라 생각하며 그 은혜에 머리 숙여 감사를 드리며 여기까지 오는 동안 가장 가까운 옆에서 많은 도움을 준 나의 동반자이자 선생님인 아름다운 아내 김정숙과 앞으로 좋은 일을 많이 할 나의 좌청룡 우백호인 귀엽고 멋진 두 아들 태호와 태성이 그리고 인생의 밑바닥까지 내려갔을 때도 술 한잔씩 했던 순수한 나의 친구 윤경수와 백석우에게도 감사드린다. 특히 학문의 길잡이로서 많은 도움을 준 학문의 스승 김정환 교수님과 알게 모르게 나에게 많은 도움과 가르침을 주었을 세상의 모든 존재들과 부처님 및 하느님에게 이 자리를 빌려 감사드립니다.

끝으로 부족한 이 책의 출판을 흔쾌히 맡아 주신 한국학술정보(주)의 사장님과 고생을 한 여러 선생님들께도 감사드린다.

2006년 9월
소백산 기슭에서 김 성 봉

차 례

제1장

왜 인간주의 교육인가

1. 연구의 필요성

인간이 인간으로 살아가면서 무엇보다도 필요한 것은 먼저 인간으로 태어난 것에 대해 감사의 마음을 가지는 것이다. 인간은 다른 사람과 더불어 살아갈 수밖에 없는 사회적인 동물이기에 우리는 더욱더 서로를 위하고 존중하는 삶을 살아야 할 것이다. 말하자면 삶의 목적과 그 과정이 보다 서로를 존중하고 타인을 자기처럼 생각하고 위해 주며 사랑해야 한다는 것이다. 그 길로 가는 방법들 중의 하나는 자기 자신뿐만 아니라 환경이 보다 나아질 때 가능할 것이다. 달리 말하면 각 개인이 보다 인간적이 되고 또한 사회도 보다 인간적이 되어야 할 것이다. 그리고 이렇게 되기 위해서 꼭 필요한 것이 바로 교육이다. 그런데 지금 현실은 어떤가? 그렇지가 못한 면이 많다. 많은 사람들이 다치거나 죽는 대형 사건들이 비일비재하여 언제 또 일어날지를 알 수가 없고 폭력과 유괴[1] 및 각종의 사고와 자살 등이 많다. 안전 불감증과 물질주의 그리고 인명 경시 풍조가 만연하다. 심지어 미국에서는 학생이 학교에서 총기를 난사하고 있는 실정이다. 더욱이 최근에는 과학기술의 발달로 인해 그 물질적인 풍요를 누리지만 오히려 타인에 대한 무시와 이기심은 창궐하여 그것이 가정으로까지 영향이 미쳐 이혼이 급속하게 증가[2]하여 안락한

---

1) 예를 들면 부유층으로 보이는 20대 여자를 납치하여 1억 원을 받아 낸 후에 살해하여 시체를 버리려다가 잡힌 일도 있었다. 조선일보, 2003. 6. 11. 기사 참조.

2) 통계청의 <2001년 혼인·이혼통계 결과> 발표에 의하면 이혼건수는 135,000건으로 이는 2000년 120,000건에 비하여 15,000건 늘어난 수치이며, 70년의 12,000건에 비해

보금자리가 되어야 할 가정의 해체, 가출하여 거리를 배회하고 있는 학생들의 증가,3) 학교를 그만두는 학생들이 계속 생겨나고 있고, 이제는 교육붕괴 혹은 학교붕괴라는 말이 나오고 있다.

인간이 모여 사는 사회의 발전은 한 사람이라도 더 행복을 느끼며 범죄가 줄어드는 것이라 볼 때, 하루빨리 그 문제점이 무엇인가를 밝히고 그 대책을 강구하여야 마땅할 것이다. 왜냐하면 한 사람의 잘못이나 실수 혹은 범죄가 평범하게 사는 무고한 보통사람에게 엄청난 피해를 줄 수 있기 때문이다. 따라서 한 사람이라도 더 존중받으며 삶에 있어서 그의 몫을 다하고 다른 사람에게 피해를 주는 좋지 못한 일을 하지 않고 보다 좋은 일들을 많이 하게 하는 것이 요구된다 하겠다. 이를 위해서는 각 분야에서의 노력이 요구되며 특히 자라나는 꿈나무이며 미래 우리의 주역이 될 청소년을 가르치는 교육은 더욱더 한 인간 인간이 모두 존중받고 사랑을 받으며 즐겁게 학교생활을 할 수 있어야 할 것이다. 그런데 우리의 교육은 어떤가? 성적지상주의와 무사고 안전주의가 팽배하다. 현 교육 실정은 인간으로서의 참의미와 가치 그리고 한 인간으로서의 자신의 존귀함이나 사명을 깨닫게 하거나 잠재능력의 발휘 혹은 예술적·윤리적 인간이 되게 하는 교육이라기보다는 기존의 교과 내용을 잘 알고 좋은 점수를 받는 것에 치중하고 있다. 그리하여 학교에서 학생들은 존중받지 못하고 인간의 소중함을 배우지 못하고 있는 것이다.

따라서 학교현실을 통해 인간주의 교육이 왜 필요한지에 대해 지적하면 우리나라의 교육은 한마디로 입시 위주의 지식교육이다. 대학입시를

서는 10배 이상 증가한 것으로 1일 평균으로는 370쌍이 이혼한 셈이다. 따라서 1일 평균 877쌍이 혼인을 하므로 비교해 보면 23.5%가 이혼을 하는 셈이다.
http://www.woorizine.or.kr/woorizine17/htm/statistics03.htm.

3) 가출청소년에 대한 정확한 통계나 정보는 없으나 청소년 보호위원회(1998)에서 실시한 조사에 의하면, 우리나라 중·고등학생 중 가출을 경험한 청소년은 전체 학생의 10.4%로 보고되고 있다. 현재 중·고등학생 수가 400만 명(교육부, 2001)임을 감안한다면 약 40만 명 이상의 학생이 가출을 경험한 것으로 추정해 볼 수 있다. 또한 가출청소년의 연령이 점점 낮아지는 경향이 있다.
http://www.cainchon.or.kr/books/heaven_star/2002_1/9.htm.

위한 성적이 최대의 관심이며 학교교육은 좋은 성적을 받기 위한 지식 위주의 암기식 교육 위주이다. 따라서 일주일에 한두 시간씩만 학생들은 학급회의나 클럽활동을 할 따름이다. 한편 우리의 교육을 보면 매우 자유롭지 못하고 획일적임을 잘 알 수 있다. 인간은 보다 자유롭기를 바라고 각 개인의 소질은 다양한데 학생들은 아침 일찍부터 여유가 없이 학교에서 똑같은 내용을 배우고 있다. 교과서를 가지고 말이다. 그리고 전국의 대부분의 학교들이 거의 비슷한 교육과정을 운영하고 있다는 점이다.

이는 인간주의 교육이 제대로 되고 있지 않음을 말한다. 왜냐하면 인간주의자들이 주장하는 교육의 목적은 각 개인 및 모든 학생의 개성을 신장시키고 학생 개개인의 잠재능력을 계발하며, 또한 최대한으로 진실하고 자율적이며 자아를 실현하는 행복한 인간으로 성장하도록 돕는 데 있기 때문이다.4) 따라서 기계적인 사람, 피동적인 사람이 아니라, 생각하고 느끼며 행동하는 인격적이고 인간다운 전인적인 존재의 양성에 그 목적이 있다.

현대교육은 지식인(머리의 사람)의 배출에는 열심이나 생활인(삶의 사람)과 정서의 사람(가슴의 사람)을 키우는 데는 눈을 감고 있다. 파토스(Pathos)가 없는 로고스(Logos)만의 인간은 결국 스스로의 행복한 삶도 누리지 못할 것이며 나아가 조화로운 사회인이 되지도 못한다. 나무가 건강하다는 것은 그 나무의 열매가 모두 하나같이 잘 익었다는 것에 의하여 증명되듯이 건강한 교육은 정·의·지 또는 덕·체·지가 모두 하나같이 잘 익은 교육이라고 할 것이다. 따라서 학교교육이 지나치게 지식중심으로 치우치지 않고 전인으로서의 조화로운 성장을 위한 인간주의 교육이 필요하다. 인간주의 교육은 인지학습을 넘어서 훌륭한 태도와 감정의 발달을 지향한다. 그리고 앞으로의 시대에는 더욱더 EQ지향적 교육이 요구된다.

---

4) W. B. Kolesnik, Humanism and/or Behaviorism in Education, 김상호·김기정 역, 『인간주의 교육과 행동주의 교육』(서울: 문음사, 1988), p.24.

한편 실버만(Charles E. Silberman)은 교육의 문제점으로 감성적이며, 자율적이며, 사고하며, 인간다운 개인을 계발시키지 못한 것이라고 했다.5) 인간주의 교육이 학습자의 타고난 성장력을 잘 보전하고 지나치게 인위적으로 인간의 본바탕을 일그러뜨리지 않는 교육이라고 볼 때 그에게는 자유와 자율성이 보장되어야 할 것이다.

학교가 보다 자유로워야 함에 대해 콤스(A. W. Combs)는 특히 틀에 박히고 융통성이 없는 시간표를 말했다.6) 이는 보다 인간적이기 위해서는 학교가 보다 자유로워야 함을 말한 것이다. 왜냐하면 학교는 질서와 통제를 중심으로 운영되고 있어 자율성, 창의성, 신뢰, 협동과 우애를 질식시키고 획일화와 기계화, 개성 상실을 조장하기 때문이다.

특히 정보화 사회가 진행되면서 인간이 보다 편리해진 반면에 인간과 인간 간의 왕래가 멀어지고 소원해짐에 따라 인간적인 정과 사랑을 더욱더 갈망하게 되며, 또 달리는 자동화와 과학의 발달로 통제와 조작이 보다 쉬워져 이로 인해 사생활의 침해뿐만 아니라 인간으로 누려야 하는 자유가 박탈되기도 하고 인간이 기계처럼 취급되기도 하여 더욱더 높은 윤리의식을 가진 인격인이 요구된다. 따라서 학교교육은 이와 같은 문제들을 보완하는 방향으로 되는 것이 마땅하다.

현재의 학교교육은 아직까지 지식 중심적이고 자유롭지도 못하고 학교 폭력이 계속 발생하며 각 개인의 잠재능력을 계발시키는 데 소홀하여 급기야 이에 대한 대안을 찾고자 하는 사람들에 의한 대안교육7)이

---

5) Charles E. Silberman, Crisis in the Classroom(New York: Random House, 1970), pp.196－203.

6) Arthur W. Comb s, "An Educational Interactive: The Humane Dimension", To Nature Humaness: Comment for the'70's, the 1970 Yearbook of ASCD(Washing D.C.: The Association, 1970), pp.173－188.

7) 대안학교의 유형은 그 분류기준에 따라 다양한데 고형일과 이두휴는 크게 세 가지로 분류하였다. 그 첫째는 기존 학교교육이 지식교육만을 강조하는 것에 반발하여 등장한 인성교육 중심의 대안학교이다. 둘째는 형식적이고 폐쇄적인 형태의 학교교육에 대한 대안으로 등장한 열린 학교이다. 셋째는, 통신매체나 전산망을 이용한 원격교육이 있다. 고형일·이두휴, "대안학교와 일반학교의 교육활동 비교 연구", 『교육사회학 연

몇 학교를 중심으로 이루어지고 있으나 그 토대가 견고하지 못하거나 현실과 맞지 않은 부분이 있어 아직까지 많은 사람들로부터 공감대가 넓지 않은 실정이다. 따라서 대다수 사람들로부터의 공감을 받고 현 제도권의 학교교육의 개선에 실질적으로 적용할 수 있는 방안에 대한 연구가 절실하다. 따라서 더욱더 우리의 교육이 앞으로 한 걸음 더 나아가 보다 발전된 모습을 띠기 위해서는 그 바탕이 되는 인간주의 교육에 대한 체계적인 연구를 통한 방향의 제시가 필요하다.

2. 연구목적 및 내용

　인간주의 교육에 대한 국내연구8)로 여러 논문과 문헌들이 있으나 학교의 실제적 문제 해결을 위한 실천적 논의는 매우 미흡한 상황이다. 그리고 인간을 존중하지 않고 가치가 있는 존재라 보지 않을 때가 많다. 그래서 이 연구에서는 인간주의 교육을 통해 인간에게는 어떤 가치가 있으며 또한 인간주의 교육을 실천하기 위해 학교교육은 어떻게 되어야

구』, 제8권, 2호, pp.127－162.

8) 국내연구로는 대표적으로 다음과 같은 문헌들이 있다. 단행본으로는 김정환의『인간화 교육 어떻게 할 것인가』(1995)와『전인교육 어떻게 할 것인가』(1998), 강선보의『마르틴 부버의 만남의 교육철학』(2003), 고려대 교육사철학연구회의『인간주의 교육사상』(1996), 김은산의『니일의 인간교육사상』(1982), 윤팔중의『인간중심 교육과정이론』(1984)과『전인교육을 위한 교육과정』(1981), 장상호의『학습의 인간화』(1985), 한국교육학회의『인성교육』(1998), 정세구 외의『인격교육과 덕교육』(1997) 등이 있으며, 논문으로는 강승규의 "인간존중과 학생존중에 관한 이론 분석"(1992), 심성보의 "소외현상분석과 교육의 인간화에 관한 고찰"(1983), 주영흠의 "실존주의와 민중교육론에 나타난 인간주의 교육이념의 연구"(1984), 고재호의 "교육 내용의 인간화에 관한 연구"(1985), 장승희의 "현대의 인간주의 교육사상에 관한 연구"(1991), 조언상의 "학교교육의 인간화에 관한 연구"(1994), 장희명의 "김교신의 인간주의 교육사상 연구"(2000), 김승원의 "에리히 프롬의 인간소외에 관한 연구"(2000), 오기형의 "인간교육논문집"(1986), 신성철의 "전인교육을 위한 철학교육에 대한 연구"(1993), 이창식(1992)과 유재영의 "패터슨의 인간주의 교육에 관한 연구"(1996), 교육학 대백과사전 서울대 교육연구소 편(1998)의 "전인교육"(강승규) 등이 있다.

하는가에 초점을 두고 그 실천적인 개선 방향을 찾는 데 연구의 목적을 두고자 한다.

과학기술의 발달로 인해 물질적으로는 혜택을 받고 있지만 인간과 인간 간의 억압과 지배 그리고 메마른 인정과 비인격적 대우 등은 여전히 잔존하고 있으며 더욱더 심해지고 있다. 따라서 우리는 하루빨리 이를 극복하기 위한 노력을 해야 할 것이다. 이를 위해 가장 시급히 해야 할 것은 인간으로서의 가치를 찾고 인간을 존중하고 사랑하는 마음을 가지는 것이다. 인간이 존중된다9)는 것은 무엇일까? 그것은 인간이 보다 자유롭고 각 개인이 목적적 존재가 되어 타인을 존중하고 그가 가진 잠재 능력이 발휘되는 것을 말한다.

학교에서 인간존중이란 가치를 실천하기 위해서 필요한 것이 무엇일까? 이는 인간주의 교육을 실현함으로써 가능한 일인데 이를 실천하기 위해서 필요한 필수 조건은 자유와 사랑이 뒷받침되어 인격을 존중하는 교육이 실현되어야 한다. 학교나 사회에서보다 우리에게 필요한 것은 어떤 인간이든지 존중받고 보다 가치 있는 인간이 되는 것이다. 따라서 학교교육은 보다 더 인간이 존중받고 매우 존엄하고 가치 있는 존재가 되도록 교육되어야 할 것이다.

교육이 이루어지는 장면은 가르치는 사람과 배우는 사람 사이의 만남이 전제되어 있다. 따라서 사람들 간의 관계에서 가장 기본적인 조건이 되어야 할 것이 있다면 그것은 자유스러운 환경 속에서 사랑이 실천되어 서로의 인격을 소중하게 여기는 그런 곳이 되어야 할 것이다. 그러므

---

9) 인간존중에 대한 이론에는 John Atwell과 John H. Chambers의 이론이 있다. Atwell은 현대 윤리학에서 다룬 인간존중이란 개념을 세 가지 측면에서 분류하고 있다. 첫째, 인간성 숭배 모형, 둘째, 권리인식 모형, 셋째, 개인적 공감 모형이다. 그는 권리인식 모형에서 특히 자유를 강조했고 개인적 공감 모형에서 각 개인 나름의 능력과 흥미 등을 계발하는 것이라 했다. Chambers는 사람을 존중하는 것은 남을 목적적 존재로 인정하면서 그 사람의 관심과 흥미나 의견에 동의하거나 그에 일치된 행동을 하는 것이라 했다. 이는 윤리적이다. 강승규, "인간존중과 학생존중에 관한 이론 분석", 『우석대학교 논문집 14』, 1992, pp.17-26.

로 학교교육현장에서 자유와 사랑 그리고 인격존중은 가장 중심축이 되어야 할 것이다. 따라서 인간주의 교육의 실천방향을 자유와 사랑 그리고 인격에 초점을 맞추어 보다 실천적인 방법에 대해 알아보는 것은 매우 의미가 있다고 본다. 따라서 이 연구에서는 대안교육을 포함한 제도권 교육의 발전을 위한 인간주의 교육의 이론적 토대 마련과 함께 보다 구체적인 인간주의 교육의 실천방향에 대해 살펴보고자 한다. 그리고 연구의 내용은 다음과 같다.

Ⅱ장에서는 인간주의란 개념에 대한 이해를 돕고 정리하는 차원에서 인간주의란 무엇이며 인간주의 교육이란 어떤 것인가에 대해 인간주의 교육의 개념과 계보란 장에서 여러 학자들의 이론을 중심으로 분류하고 정리하고자 한다.

Ⅲ장에서는 인간주의 교육에서 바라보는 인간관이다. 인간주의 교육의 바탕이 되는 것은 인간관이라 생각하고 인간주의 교육을 보다 정확하고 잘 실천하기 위해서는 이에 대한 선행연구가 필요하다고 본다. 또한 이를 통해 인간이 어떤 면에서보다 가치 있고 소중한 존재인가를 알아볼 수도 있으며 이를 토대로 그 구체적인 실천방향을 도출할 수도 있다고 보고 특히 실존주의, 인본주의 심리학, 철학적 인간학을 중심으로 한 여러 문헌을 통해 그 인간관과 교육에 대해 살펴보고자 한다.

Ⅳ장에서는 인간주의 교육의 관점에서 현 학교교육의 목표와 내용 면에 있어 어떠한 문제점이 있는가를 살펴보면서 우리 교육이 진정으로 나아가야 할 바람직한 방향 및 추구해야 하는 이상적 인간상이 무엇인가에 대해 먼저 살펴보았으며 후반부에서는 교육내용 면에서 암기식 교육을 왜 하고 있으며 이를 바로잡고 보다 인간적인 교육을 하기 위해서는 교육내용이 어떠해야 하는지에 대해 살펴보고자 한다.

Ⅴ장에서는 교육의 인간화를 가능하게 하는 보다 구체적인 인간주의 교육의 실천방향으로 자유와 사랑 그리고 인격이 필요하다고 보고 자유를 통한 인간화, 사랑을 통한 인간화, 인격을 통한 인간화란 제목으로

이것이 가정과 학교에서 어떻게 하면 보다 잘 적용되고 실천될 수 있는지에 대한 방향모색을 하고자 한다.

마지막으로는 앞으로 고려해야 할 개선점에 대한 제언으로 마무리하고자 한다. 한편 본 연구에서는 문헌연구의 방법을 사용하였다.

제2장

인간주의 교육의 이론적 배경

1. 인간주의의 개념 및 역사

1) 인간주의의 개념

인간주의 교육은 어제, 오늘만의 이야기가 아니라 오래전부터 있어 왔지만 비인간적인 교육이 계속되고 있으며 이제는 대안학교가 생겨나고 학교붕괴라는 말이 나오고 있다. 학교에서 인간은 첫 번째가 아니고 두 번째이다. 인간의 행복이나 잠재된 능력의 발휘보다는 대학입시를 위한 성적과 지식 위주의 교과내용이 주를 이루고 있다. 따라서 비인간적인 교육의 모습에서 벗어나기 위해 교육의 인간화에 대한 관심과 실현 가능한 실천이 요구된다. 그러기 위해서는 인간주의 교육이 어떠한 것을 말하는가에 대해 먼저 잘 아는 것이 중요하다. 그런데 인간주의 교육에 대해 잘 모르고 있는 부분이 있는 것 또한 사실인데 여러 다른 이유들도 있지만 그 대략적 이유를 세 가지로 말하면 다음과 같다. 첫째는, 교육 그 자체가 인간을 대상으로 하는 인간교육인데 인간주의 교육이란 또 무엇인가 하는 물음이며, 둘째는, 인간에 대해 부정적인 면을 보고 비열하고 나약한 존재 등과 같은데 무슨 인간주의 교육이냐는 것이다. 셋째는 아직 보다 구체적이고 체계화되어 있지 못해서이다. 따라서 먼저 선행되어야 할 것은 인간주의와 인간주의 교육이란 무엇인가에 대해 살펴보는 것이 바람직하다고 보고 그 개념과 역사로 나누어 살펴보고자 한다.

인간주의를 영어로 표기하면 humanism이다. 그런데 좀 더 자세히 살펴보면 이 휴머니즘이란 용어는 인간주의뿐만 아니라 다른 여러 가지의 표현들을 담고 있는 다소 포괄적인 용어임을 알 수 있다.

그 어원적 풀이를 보면 humanism은 human(인간다움)과 ism(주의)이 합해서 된 말이다. human은 라틴어 humanitas에서 왔고, 로마의 키케로(Cicero)가 paideia라는 희랍어를 휴머니타스라고 처음으로 옮겼다. 그리고 고대 희랍인은 그들의 자녀들을 교육하고 잘 양육하는 것을 파이데이아라고 말했다. 그러면 이런 파이데이아는 어떤 내용을 가졌던 것인가 하면 파이데이아에는 신체적인 것과 정신적인 것이 구별되었는데, 전자는 전사를 육성하는 것이었고, 후자는 공정한 정신을 배양하는 것이었다.[10] 그래서 어원상으로 휴머니즘은 인간을 중심에 두는 것으로 이는 인간을 존중할 때 가능하며 인간이 지닌 심신양면의 교양을 고루 추구하는 것으로 보다 인간을 인간답게 하는 사상이라 할 수 있다. 왜냐하면 다른 동물이나 기계와는 달리 인간은 보다 높은 차원의 가치와 윤리를 추구할 수 있도록 정신을 강조하고 있기 때문이다.

김정환은 현대의 휴머니즘은 인문주의, 인본주의, 인간주의, 인도주의, 인류주의 등의 다양한 표현을 지니고 있다고 말하면서 그 공통적으로 내포되어 있는 사상을 추려 내면 바로 인간의 생명·가치·교양·창조력·자유, 그리고 공동운명체적 존재상 등의 중시이며, 그것은 인간을 하나의 인격으로, 동시에 정신적 공동체의 일원으로 보람된 삶을 누리게 하자는 사상체계라 할 수 있다고 말했다.[11] 여기서 휴머니즘이 매우 다양한 표현을 지니고 있음을 알 수 있으며 이것은 인간을 매우 가치 있는 존재로 보게 하며 인간이 자유와 공동체의 일원으로 똑같이 잘 살자는 윤리의식이 있다고 하겠다.

라몬트(Corliss Lamont)는 휴머니즘의 기초적인 원리에 대한 물음부터

---

10) 최재희, 『휴머니스트의 인간상』(서울: 청림사, 1968), p.23.
11) 김정환, 『교육철학』(서울: 박영사, 1987), pp.312－313.

시작하여 휴머니즘의 철학에는 열 가지의 주요한 명제가 있다고 했는데 그 핵심을 보면 다음과 같다.[12]

1) 휴머니즘은 자연주의적인 형이상학을 믿고 모든 형태의 초자연적인 것을 신화로 보는 우주관을 취한다. 따라서 자연을 존재의 총체로 본다.

2) 휴머니즘은 인간을 이 거대한 자연의 한 진화적 산물이라 생각하고 육체와 인격이 하나의 통일체를 이룸으로써 결코 나누어질 수 없다고 믿기 때문에 사후의 생존에 관해 아무 생각도 갖지 않는다.

3) 휴머니즘은 인간에 대한 궁극적인 신념으로 인간 존재는 그 자신의 문제를 스스로 해결할 수 있는 능력과 가능성을 지니고 있다고 믿는다.

4) 휴머니즘은 우주에 대한 운명론, 숙명론, 결정론과 같은 이론들에 반하여 인간존재가 창조적인 선택과 행위의 자유를 지니고 있다고 믿으며, 인간이 자기 운명의 주인공이라 믿는다.

5) 휴머니즘은 인간 가치의 모든 근거가 되는 윤리와 도덕을 믿으며 그 최고의 목표를 국가나 민족이나 종교 등과 상관없이 모든 인류의 이 세상 행복과 자유 및 발전—경제적·문화적 그리고 윤리적인—에 두고 있다.

6) 휴머니즘은 개인은 자신의 소원과 끊임없는 자기 발전뿐만 아니라 집단의 복지에 공헌하는 그런 중요한 일이나 활동들과 적절히 결합함으로써, 선한 생활에 이를 수 있다고 믿는다.

7) 휴머니즘은 예술의 광범위한 발전과 자연의 사랑스러움이나 장엄함을 포함한 선에 대한 인식을 믿는다.

8) 휴머니즘은 경제적인 정치적인 및 문화적인 전반에 걸쳐서 표현의 완전한 자유와 시민의 자유를 포함한 민주주의적인 방법의 효과를 믿는다.

9) 휴머니즘은 민주주의적 세계의 확립과 국가적 또는 국제적인 경제 질서에 근거한 삶의 최고 표준을 나타내는 광범위한 사회적 계획을 믿

---

12) Corliss Lamont, Humanism as a Phlosophy, 박영식 역, 『휴머니즘』(서울: 정음사, 1975), pp.23 - 24.

는다.

10) 휴머니즘은 새로운 도그마가 아니라, 새로이 발견된 사실이나, 보다 정밀한 추리를 언제나 실험적으로 시험할 여지를 남기고 있는 하나의 발전된 철학인 것이다.

그가 보는 휴머니즘의 철학은 보다 현실적이며 인간에 대한 무한한 신뢰와 자유 그리고 타인뿐만 아니라 더 나아가 인류 전체에 대한 복지를 지향하며 민주주의적인 방법도 받아들이는 사상임을 알 수 있다.

한명희도 현대의 휴머니즘은 다음에 제시되는 일곱 가지 사상을 종합하는 하나의 사상적 움직임이라 했는데 위의 라몬트와 비슷한 면이 많고 특히 자유와 예술 그리고 실존주의 철학이 포함된다는 것이다. 그의 일곱 가지 사상을 보면 다음과 같다.[13] 첫째, 민주주의와 시민의 자유, 둘째, 여러 과학과 과학적 방법, 셋째, 자연주의 철학, 넷째, 유물론 철학, 다섯째, 르네상스 휴머니즘, 여섯째, 여러 종교와 철학(특히 실존주의)의 원칙적 공헌, 일곱째는 문예와 예술로부터의 공헌이다.

레비(A. W. Levi)도 그의 저서 Humanism and Politics에서 휴머니즘을 가치의 추구로 정의하였으며 그것은 단지 가치에 대한 맹목적인 추종이 아니라 인간의 자유와 의지에 입각한 가치에의 추구라고 했다.[14] 따라서 휴머니즘의 사상은 인간을 중심에 두고 인간에 대한 무한한 신뢰와 인간이 보다 행복하기 위해 필요한 자유나 인류 전체의 복지 등과 같은 가치들을 추구하는 것이다.

한편 에리히 프롬(Erich Fromm)은 휴머니즘을 간단하게 다음과 같이 매우 잘 요약하였는데 그가 말한 내용에도 인류의 복지추구란 의미가 포함되어 있다.

첫째, 인류는 하나의 공동체라는 신념이다. 즉 인간의 본성 가운데 우

---

13) 한명희, 『교육철학』(서울: 배영사, 1989), p.275.

14) A. W. Levi, Humanism and Politics: Studies in the Relationship of Power and Value in the Western tradition(Bloomington: India University Press, 1969), pp.15-17. 장승희 논문에서 재인용 p.33.

리들 모두에게서 공동으로 발견할 수 없는 것은 하나도 없다는 신념이다. 둘째, 인간 존엄성의 강조이다. 셋째, 스스로를 신장 완성시키는 인간 능력에 대한 강조이다. 넷째, 이성과 객관성, 평화의 강조이다.[15] 여기서 그는 휴머니즘은 인류는 하나라는 것을 말하였다고 할 수 있다. 따라서 이것은 인류애이다. 그리고 그의 휴머니즘에는 인간 능력의 가능성에 대한 신뢰와 인간이면 누구나 존엄하다는 사상이 담겨 있다.

그 밖의 또 다른 정의들을 보면 휴머니즘이란 인간의 가치와 존엄성을 인식하고 인간을 만물의 척도로 생각하거나 그 주제, 관심, 범주에 있어 인간성을 다른 어떤 것에 앞서 다루는 철학이다.[16] 혹은 휴머니즘이란 초자연적인 것과 초월적인 것에 대해 회의를 가지면서 그 대신 인간의 행복을 중심과제로 여기는 윤리학의 현대적 인식이라고 이해하는 것[17] 또는 휴머니즘이란 간단히 말해서 인류의 통합에 대한 믿음이며 스스로의 노력에 의해 자아를 완성하는 인간의 잠재력이라 할 수 있다.[18] 이와 같이 인간에 초점을 둔 철학이라 할 수 있다.

한편 무사이리사쿠(務台理作)는 인류 휴머니즘 또는 전인적 휴머니즘을 제창하면서 이 휴머니즘이 추구하는 이상적 인간의 유형으로 전인적 인간을 제시하였다. 전인적 인간이란 인류공동의 과업을 위해서 투쟁하는 인간이다. 둘째, 전인적 인간이란 르네상스 휴머니즘의 이상인간인 다면적 천재를 말하는 것은 아니다. 인간과 자연, 인간과 사회, 인간과 인간관계하에서 일하는 인간을 의미하는 것이라고 하였다.[19] 따라서 위에서 언급된 내용을 정리하여 인간주의를 말한다면 인간주의란 인간을

---

15) Erich Fromm, On Disobedience and Other Essays, 홍순권 역,『휴머니즘의 재발견』(서울: 한벗신서, 1983), p.100.

16) Paul Edward ed., The Encyclopedia of Philosophy(N. Y: The Macmillan Company, 1978).

17) Peter, Faulker, Humanism in the English Novel(London, 1976), p.1.

18) Erich Fromm ed., Humanism: an International Symposium 사계절 번역실 편,『휴머니즘』(서울: 사계절, 1982), p.1.

19) 무사이리사쿠, 풀빛편집부 옮김,『현대의 휴머니즘』(서울: 풀빛, 1982), p.8.

인간 이외의 그 어떤 것보다 우선시하고 중심에 두는 인간에 대한 신뢰와 존엄함을 강조하며 모든 인간들이 보다 행복하게 되기 위해 필요한 인간의 생명·자유·민주·인격에 대한 사랑의 사상이라 할 수 있다.

2) 인간주의 개념의 역사

위에서 살펴본 인간주의란 용어가 실제로 어떻게 쓰였는지에 대해 과거의 역사를 통해 좀 더 구체적으로 살펴보고자 한다.

휴머니즘이란 용어를 처음 사용한 사람은 1808년 독일의 철학자 니이타머(F. I. Niethammer)이다. 철학사전을 보면 그의 『현대 교수법이론에 있어서의 박애주의와 휴머니즘의 논쟁』이라는 책에서 사용된 이래 유럽 각국에 보급되었다는 기록이 있다.[20] 니이타머는 당시 바제도우(Basedow)에 의해 전개된, 자연 및 이성에 근거한 교육[21]에 반해서 고대 희랍어 및 로마어의 교육을 중심으로 하는 교육을 휴머니즘이란 개념으로 표현하려 했다. 그에게 이 개념은 "인간의 보다 높은 본성 계발에 기여하는 모든 것"[22]을 포괄한다. 그 후 이 개념은 고대 희랍과 로마의 문화를 해명하고 동시에 이것을 인간교육 및 인간상 정립을 위해 효과 있게 하려는 정신운동으로 이어진다. 호프만(E. Hoffmann)은 교육적인 견지에서 휴머니즘을 "고전적인 스승으로서의 고대를 통한 인격형성의 체험"이라고 정의한다. 여기에서 보듯이 인간주의는 인간이 지닌 보편적인 인간성을 발휘하게 하는 것으로 보다 높은 인격을 가지는 것을 의미한다.

한편 근래에 쓰이는 humanistic(인간주의적)이라는 말은 humanity(인

---

20) Ibid., p.21.

21) 이 교육은 오늘날 실용적 교육을 주로 하는 독일의 Realschule에 해당된다.

22) Historisches Worterbuch der Philosophie, hrsg. v. Joachim Ritter, Bd. 3, Stuttgart, 1974, S. 1217; 송동준, "브레히트에 있어서 휴머니즘 개념", 서울대 인문과학연구소 편, 『휴머니즘연구』(서울: 서울대학교 출판부, 1988), p.95.

간성)이나 human nature(인간의 성질)가 갖는 더욱 기본적인 측면을 지칭한다. 이 말은 본디 humane(인정 있는)이라는 형용사에서 비롯된 것으로서 친절과 자비를 포함하여 인간에게 알맞은 감정과 경향성을 갖는 것으로 정의된다.[23] 여기서 인간적이란 인정이 있는 것으로 타인에 대한 따뜻한 마음과 넓은 포용력을 가진 인간에 대한 사랑을 의미한다. 따라서 인간다움(인간성)이란 이와 같이 인간을 사랑할 수 있는 사람이 되는 것으로 어떤 종류의 인간도 포함되는 전 인류를 지향한다. 그래서 여기에는 윤리와 도덕 등이 필요하다.

원래 humanism이란 말속에는 동물과 달리 인간을 인간답게 함양시키는 교육, 달리 말해 교양(liberal art)습득에 의한 인간성의 도야라는 뜻을 지니고 있다. 르네상스 휴머니즘을 인문주의라 부르는 이유도 이 때문이다. 그러나 르네상스 휴머니스트들은 여기에 또 다른 개념, 즉 humaniroa를 추가하였는바 그것은 서적 또는 학문을 뜻하는 말이다.[24] 따라서 휴머니즘에는 첫째, 인간이란 동물적으로 신적 또는 신에게 예속된 것으로 존재하는 것이 아니라, 그 스스로 독립해 있다는 인식과, 둘째, 중세적 인간관을 거부하여 고대 희랍, 로마적 인간성을 탐구한다는 의미가 내포되어 있다.[25] 이는 인간이 신에 예속된 존재만을 의미하지 않고 보다 독립적이며 인간이 가지고 있는 인간성의 가치를 찾으려고 했고, 또한 찾은 인간성을 발휘하게 하는 것으로 그들은 고전이라는 인문학을 그 방법으로 택했다.

한편 휴머니즘의 사상을 일찍이 고대 소크라테스에게서 발견할 수 있는데 이를 보통 그리스의 휴머니즘이라 한다. 고대 그리스인의 사상은 <자연> 중심의 것이었다. 여기에서 말하는 자연이란 모든 것이 거기에서 발생하고 거기로 또다시 돌아가는 근원적 <존재>로서의 자연이었다. 유명한 델포이의 아폴로 신전 입구에 게시되어 있다고 하는 '너 자신을

---

23) Patterson, *Humanistic education*, 장상호 역, 『인간주의 교육』(서울: 박영사, 1980), p.57.

24) Paul Edward, ed., op. cit.

25) 오세영, "한국현대문학과 휴머니즘", 서울대학교 인문과학연구소 편, 전게서, p.2.

알라'라는 말은 적어도 이 신전에 들어올 정도의 사람이라면 누구나 신의에 지배되어 있는 인간의 한계성을 알지어다. '결코 신의 계율에 거역하지 말라'는 뜻이었다고 한다. 여기서 신의라는 것은 자연의 필연성과 거의 같은 것이었다. 그리스인은 자연, 신, 도시를 불가분으로 생각하고 이 테두리 안에서 인간의 지위, 인간의 운명을 생각했던 것이다. 이 테두리를 파괴하고 그 테두리로부터 즉 자연의 운명으로부터 인간을 해방한 사람은 소크라테스였다.[26] 따라서 그리스인의 휴머니즘은 소크라테스의 인간관과 결부되며 그는 자연에 절대적으로 복종하며 매몰된 인간을 되찾으려고 했고 이는 중세의 공백기를 거쳐 르네상스의 휴머니즘으로 이어진다.

한편 우리가 '휴머니즘'이라고 하면 곧 르네상스의 휴머니즘을 생각하는 이유에는 세 가지 뜻이 포함되어 있다. 그 첫째는, 인간이 신으로부터의 독립을 추구한 것, 둘째는, 그래서 기존에 알지 못했던 인간으로서의 자기 자신을 자각하고 가치와 존엄성을 가지려고 했다는 것, 셋째는, 이 방법으로 주로 인문학을 이용했다는 것이다.[27] 달리 말하면 그것은 르네상스의 휴머니즘이 중세의 현세 부정적 내세주의, 신 중심의 세계관 및 인생관 등에서 인간을 해방시켜 인간의 존엄성을 옹호하는 인간중심의 현세적 사고를 가능케 하는 데 결정적 역할을 했다는 것, 그리고 고대의 인간상을 모방하고 새롭게 함으로써 휴머니즘의 이상을 실현하려 했으며 그 방법으로 고대 문학의 광범한 연구를 통해서 이상적 인간교양이 이룩될 수 있다고 믿었다. 특히 문학공부가 인간성의 조화 있는 개발을 이룩하는 데 가장 좋은 방법이라고 말한 키케로(Marcus Tullius Cicero)의 사상은 휴머니즘 이론에 많은 영향을 미쳤다. 따라서 르네상스 휴머니즘의 특징은 인간의 부활, 인간성의 회복, 인간존엄에 대한 자

---

26) 무사이리사쿠, op. cit., pp.41－42.
27) 송동준, "브레히트에 있어서 휴머니즘 개념", 서울대학교 인문과학연구소 편, 전게서, pp.95－96.

각과 인문학에 대한 강조에 있다.

르네상스시대에는 인문과학을 공부하는 일이 인간과 인간사를 연구하고 인간적인 가치를 주장하는 일과 별개의 문제로 여겨지지 않았다는 점으로 르네상스 휴머니즘이 인문과학의 중요성을 인식하고 그 지위를 높이고자 한 운동이라는 기본적인 명제에 동의하고 있다는 사실이다. 인문과학의 중요성에 대한 인식은 인간능력에 대한 신뢰를 회복하려는 노력에서 비롯한 것으로 지식을 삶의 장에서 활용하여야 한다는 신념과 교육으로 인간성과 세계를 개조할 수 있다는 희망을 수반하는 것이었다. 우리는 햄릿의 다음의 말에서 르네상스 인문주의의 원천이며 그 산문이기도 한 르네상스시대의 인간관에 대한 압축적 표현을 발견할 수도 있다.

> 인간이란 얼마나 대단한 걸작인가. 고귀한 이성과 무한한 능력을 지녔는가 하면, 자태와 거동은 얼마나 조화로우며, 행동거지는 또 얼마나 훌륭하고, 천사와도 같은 지혜를 가졌으며, 마치 신과 같지 않은가. 세상의 꽃이요, 만물의 모본이 아닌가.[28]

이 말속에는 인간의 능력에 대한 무한한 신뢰와 찬미가 담겨 있다. 인간이 신처럼 묘사되는 것은 인간을 보다 가치 있고 존엄한 존재로 자각한 것이다.

한편 근대인의 발견은 또한 인간생활 속에 잠재해 있는 자연적인 것 – 감성, 연애, 욕망, 자연이성, 기술, 권력 등의 발견으로 이어진다. 프란체스코 뻬에르포와 같이 인간의 무한한 가능성을 추구하는 과감한 모험적 정신, 천재적이고 다면적인 재능, 왕성한 인간의욕, 분망한 감정, 넓은 지식으로서의 교양의 존재 그리고 인간은 원하기만 하면 자기의 힘으로 무슨 일이든 할 수 있다고 한 알벨치의 말에서 우리는 르네상스인간의

---

28) William Shakespeare, Hamlet, in The Riverside Shakespeare, ed., G. Blackmore Evans(Boston: Houghton Mifflin, 1974), 이종숙, "휴머니즘과 영국르네상스시대의 문학론", 서울대학교 인문과학연구소 편, 전게서, pp.45－50.

자신만만함 혹은 인간의 무한한 능력과 가능성을 볼 수 있다.29) 인간 가치에 대한 최고의 발견을 이 르네상스시대에 했음을 알 수 있는데 그것은 다름 아닌 인간이 과학을 발달시키면서이다. 인간 가치의 부활, 그리고 인간의 능력에 대한 신뢰는 자연과학의 발달을 통해 지금도 계속되고 있다. 다만 보다 지적인 면뿐만 아니라 정의적인 면까지 함께해야 할 것이다. 과학의 최고발달이 인간이 다른 인간을 못살게 해서는 안 되기 때문이다.

따라서 르네상스 휴머니스트들은 더 나아가 일종의 정신적 재생을 성취코자 하였다. 그것은 고대 희랍과 로마에는 소유되고 있었으나 중세에 상실된 '자유의 정신'이다. 즉 르네상스 휴머니즘의 이념 가운데 가장 핵심을 이루고 있는 것은 바로 인간자유의 정신이다. 그것은 자연과 역사의 일부이며 그 스스로 자신의 영역을 일궈 나갈 수 있는 존재인 인간이 합리적 자율성에 따라 자유롭게 자기를 성취시킬 수 있어야 한다는 것을 본질로 하는 정신이다. 그리하여 이 같은 르네상스 정신은 인간의 자율이 종교적·철학적 권위에 대항하는 자유에 있을 뿐만 아니라, 인간성에 대립되는 사회적 노예상태로부터의 해방에도 있다는 것을 최초로 이해하기 시작한 것이다.30) 따라서 르네상스가 추구했고 발견했던 참된 인간은 내외 성직자들로부터 해방되고 낡은 봉건적 특권과 새로운 금력이 빚어 놓은 반휴머니즘적 삶의 형태로부터 해방된 인간으로 이어진다.31) 인간에 대한 무한한 신뢰와 자유의 정신은 기존에 있던 인간을 구속하고 억압하는 모든 종류의 것들에 도전하였으며 이 과정에서 종교개혁도 일어났고 이것이 결국 세계 3대 혁명으로 확대되어 궁극에는 계급의 해방을 부르짖게 되었다.

그 후 19세기 중엽쯤에 와서 인간과 자연, 인간과 사회와의 조화가 결

---

29) 무사이리사쿠, op. cit., pp.43－44.

30) Erich Fromm ed., op. cit., p.34.

31) 오세영, "한국현대문학과 휴머니즘", 서울대학교 인문과학연구소 편, 전게서, p.2.

렬되기에 이르렀다. 그것은 주로 다윈(C. R. Darwin)의 자연도태의 진화론과 마르크스(K. H. Marx)의 계급투쟁이론의 출현으로 제시되었다. 다윈은 자연의 역사 속에 나타나는 생명과 생명과의 격렬한 대립과 투쟁 및 상극에서 마르크스는 인간의 사회적 관계에 나타나는 계급적 대립과 상극, 더욱이 19세기 중기 근대 자본주의 제도의 내부에 나타난 계급적 인간소외에서 이것을 간파하였다. 이 인간소외는 전혀 통제받지 않았던 자본주의가 생산수단을 무리하게 독점하는 것이 점점 더 증대해 가는 데에서 빚어지는 것이다. 이리하여 인간개념에 변혁이 일어났다. 이 변혁은 고독의 철학자 키르케고르와 니체(Friedrich Wilhelm Nietzsche)의 인간관에도 나타난다. 니체는 근대진보의 역사관을 부정하고 시민적 휴머니즘의 파탄을 발견한 점에서는 마르크스와 같다. 다만 마르크스는 이에 대한 해결책으로 사회주의를 역설하였으나 이에 반하여 키르케고르와 니체는 이것을 인간의 고독 속에서 발견하였다.[32] 여기서 우리는 휴머니즘이 사회주의와 관련되고 있음을 알 수 있다. 인간이 인간이지 못하게 하는, 인간성을 무시하는 지배·착취는 여러 가지의 비인간적 상황을 목격하고 여러 학자들이 끊임없이 문제를 제기하는데 그 대표적인 사상이 실존주의와 마르크시즘이다. 마르크스는 그것은 자본주의라는 제도 때문이라 보고 사회주의를 부르짖었고 사회주의를 통해 문제[33]를 해결하고자 하였다.

맥밀란 철학사전의 휴머니즘에는 마르크시즘이 포함되어 있다. 그것은 다음과 같다.[34]

1) 자본주의 사회와 사유재산의 결과에서 생긴 인간의 소외를 그들만이 폐지시킬 수 있다고 믿는 마르크시즘

---

32) 무사이리사쿠, op. cit., pp.48－49.

33) 마르크스가 자본주의라는 제도가 비인간적인 모든 것들을 초래하였다고 말하였지만 그 근본적인 뿌리에는 인간의 이기심이 있기 때문이라 나는 보고 있다. 따라서 이기심을 극복할 수 있는 제도와 문화 그리고 인간화 교육은 인류의 과제이다.

34) Paul Edward ed., op. cit.

2) 프로타고라스(Protagoras)가 "인간이 만물의 척도"라고 했을 때의 인간중심세계관(anthropocentric)이라는 관점에서의 실용주의(pragmatism)

3) 인간의 능력이 어떤 초월적 실재 혹은 영원한 자리에 도달할 수 있다고 믿는 개성주의(personalism) 혹은 정신주의(spiritualism)

4) 인간의 세계, 인간주관의 세계 이외에 그 어떤 세계도 없다는 실존주의(existentialism) 등이다.

사르트르(Jean Paul Sartre)는 『실존주의는 휴머니즘이다』에서 휴머니즘은 두 가지 의미를 갖고 있는데 그 하나는 인간을 목적으로 삼고 최고의 가치로 삼는 것을 말하며, 또 다른 하나는 인간이 존재할 수 있는 것은 더 높은 목적을 추구함으로써 가능하며, 초월에 비추어서만 인간은 사물을 파악할 수 있는 초월의 한복판에 있는 주체적 존재이기에 이를 실존주의적 휴머니즘이라 했다.[35] 프래그(J. P. Van Pragg)는 현대의 휴머니즘은 인간 실존에 대한 물음에 대해서 조리 있는 대답을 제공하려는 것이며 인간의 실존은 각 개인의 가능성 실현에 의해서 만들어질 수 있다고 했다.[36] 사르트르와 같은 실존주의자들은 인간의 삶은 불확실하고 고정된 것이 아니고 열려 있고 인간 각자가 자유롭게 주체적으로 얼마든지 개척할 수 있다고 본 것이다.

자연과학이 아무리 발전해도 인간 자신과 인간 사회에 대해 알지 못할 때는 인간은 더욱더 불행해진다.[37] 특히 과학기술이 발달한 오늘날 과학은 인간에게 편리함과 풍부를 준 반면에 사생활의 침해 등 여러 범죄들이 생겨나고 있으며 특히 인간과 인간 간의 인격적 만남이 줄어들고 있다는 점이다. 이에 부버(Martin Buber)는 인간성 회복을 위해 인간과 인간 간의 진정한 만남을 강조하고 있다.

---

35) J. P. Sartre, Existentialism and Humanism, 방곤 역, 「실존주의는 휴머니즘이다」(서울: 문예출판사, 1975), pp.47－49.

36) J. P. Van Pragg, "What Is Humanism?", in P. Kurt(ed.), op. cit., p.44.

37) 1960년대 독일 무대를 지배했던 Friedrich Durrenmatt의 극 '물리학자들', Heiner Hipphardt의 극 'R. 오펜하이머 사건'은 바로 이것을 주제로 한 작품이다.

한편 인간을 통한 인간의 무자비한 억압과 착취, 갖가지 학살과 눈에 띄지 않게 자행되는 비인간적 잔혹 행위들이 온 지구 위에서 이미 거의 자연스러운 현상으로 여겨지게 되었다고 브레히트(Bertolt Brecht)는 말한다. 전쟁이 인간에 의한 것임에도 대부분의 사람들에게는 지진과 같은 자연의 재앙으로 받아들여진다는 것이다. 이것은 인간이 관습적인 생각의 타성에 빠져 자신과 자신이 살고 있는 사회에 대해 너무나도 모르고 또 알려고 하지 않기 때문이라는 것이다.[38] 따라서 휴머니즘이 본래 개인의 인간성을 존중히 여기는 데에서 출발한 것이지만 인간의 생명, 인간의 가치, 인간의 창조력을 귀중히 하려면 이 모든 것을 부정하고 그 대신에 비인간적인 것, 아니 그보다도 반인간적인 것으로 바꿔 버리는 파시즘이나 인간소외와 같은 문제에 대결하지 않으면 안 된다. 그것은 특히 가난과 전쟁의 문제이다. 왜냐하면 가난과 전쟁만큼 심각하게 사람을 소외시키는 것은 없기 때문이다.[39] 따라서 이제는 인간이 또 다른 인간을 비인간화시키는 전쟁, 살인, 독재, 굶주림과 같은 것들이 줄어들고 없어질 수 있도록 되어야 하는데 이는 인류애로 이어진다.

현대에 있어서 휴머니즘이라는 것은 모든 인류가 형제이므로 서로 죽이고 미워할 것이 아니라 서로 형제의 사랑으로 하나가 되어야 한다는 높고 귀한 이상이기도 하다.[40] 그것은 인류에 대한 사랑으로 이 전 인류주의를 표방한 사람은 일찍이 고대후기의 스토아 학도였다. 그들은 만인이 한 국가의 주민이요, 노예더라도 그의 인간적 자격을 존중해 주어야 한다고 했다. 스토아의 '코즈모폴리턴'다운 사상은, 로마인의 기질에 적합하여 비상한 세력으로 로마세계에 퍼졌다.[41] 이것은 인간에 대한 존엄과 인간 모두가 지위고하를 막론하고 가치 있는 존재라는 사상을 담고 있다.

---

38) 송동준, "브레히트에 있어서 휴머니즘 개념", op. cit., 『휴머니즘 연구』, p.101.
39) 무사이리사쿠, op. cit., p.6.
40) 한국휴머니스트회, 『휴머니즘과 현대사상』(서울: 범조사, 1961), p.86.
41) 최재희, 전게서, p.32.

따라서 휴머니즘은 인간존재는 다만 자기 이익을 위해서만 움직인다는 널리 알려진 관념을 강력히 거부하고 진정한 이타주의의 가능성과 중요성을 강조한다. 21세기 최첨단의 오늘날은 국지전의 시대로서 아랍민족과 유대민족 간의 갈등과 테러, 세계패권국가로서의 미국과 약소국인 이라크 간의 전쟁, 핵을 둘러싼 공포와 갈등 및 타 인종과 외국인들을 차별하는 움직임 등의 시대에 살고 있기 때문에 먼저 휴머니즘의 이상이 전 인류의 복지에 있음을 강조해야 한다. 휴머니즘이란 말은 본래의 의미에서 볼 때 그것은 단순히 인간―존재―주의이다. 즉 이것은 인간이 어디에 살든, 또 그가 어떠한 피부색과 처지의 인간이든, 이에 상관없이 인간존재의 이익을 위하여 공헌하는 입장인 것이다. 물론 과거에 어떤 나라의 어떤 집단이 비인간적인 일을 감행한 일이 있었고, 앞으로도 다시 이런 일이 일어날 수 있겠지만, 휴머니즘은 세계동포주의의 정신이나 국제적인 우애의 정신 및 인간의 본질적인 형제애를 거듭 강조하고 있다.42) 따라서 휴머니즘은 인간 전체에 대해 사랑하는 사해동포주의까지 의미한다. 다시 말하여 지상 여러 민족들 사이를 공통으로 결속시키는 데에 봉사할 가장 적절한 철학은 바로 휴머니즘이라고 할 수 있는 생활 태도이다. 20세기의 휴머니즘을 가장 간단히 정의하면 그것은 이 자연계에 있는 모든 착한 인간성을 위한 봉사의 철학이요, 이성과 민주주의 방식에 부합하는 철학이 된다. 따라서 휴머니즘은 다만 직업적인 철학자만을 위한 철학이 아니라, 행복을 촉구하고 유용한 삶을 바라는 보통사람들의 사고와 행위에 대한 한 방법이다.

이제까지 살펴보았듯이 인간주의란 용어를 제일 먼저 쓴 니이타머는 휴머니즘을 보다 높은 인간의 본성을 계발하게 하는 모든 것이라 했다. 그리고 원래 humanism이란 용어 속에는 다른 동물들과는 달리 인간을 보다 가치 있게 하는 인간성 도야의 뜻이 있고 여기에는 humane(인정 있는)이란 뜻이 포함된다. 한편 인간주의의 역사는 거의 순수 철학의 역

---

42) Corliss Lamont, op. cit., pp.26－28.

사와 견줄 정도로 오랜 옛날로 거슬러 올라간다. 대표적으로 고대의 소크라테스의 인간에 대한 자각에서부터 르네상스시대의 인간주의로 이어지는데 특히 르네상스의 인간주의가 매우 중요하다. 왜냐하면 인간주의가 꽃을 피운 격이기 때문이다. 르네상스의 인간주의란 인간의 가치를 발견하는 사상이었고 활동이라 할 수 있다. 왜냐하면 이 시기에 과학과 인문학을 통해 이성뿐 아니라 감성, 연애, 욕망, 인간의 자신만만함, 과감한 모험심과 인간의 무한한 가능성을 발견한 것이다. 한편 그들은 자유의 정신을 부르짖었으며 그 후 인간을 구속과 차별 그리고 인간성을 빼앗음에 항의한 실존주의와 마르크시즘이 있다. 그들은 자유와 평등을 부르짖었다. 그리고 현대에 와서는 인간주의는 전 인류를 사랑하는 인류 동포주의까지 확대된다. 즉 인류의 복지에 봉사하는 철학이자 현대에 가장 요구되는 것이라 본다. 따라서 인간주의는 넓은 의미로는 인간을 가치 있게 하는 모든 활동을 말하며 좁게는 인간이 보다 자유롭게 되는 것부터 인종과 국적을 불문한 지구 위의 모든 인간에 대한 사랑이 포함되는 사상이다.

2. 인간주의 교육의 개념 및 계보

1) 인간주의 교육의 개념

먼저 인간주의 교육이란 말을 살펴보면 그것은 인간주의와 교육이란 말의 합성어로서 말 그대로 풀어 보면 교육을 하는 데 있어 인간주의로 한다는 것이다. 위에서 인간주의(휴머니즘)가 무엇을 말하는지에 대해 살펴보았다. 인간주의란 인간의 무궁한 가능성과 가치에 대한 신뢰와 존엄성을 바탕으로 하여 인간 이외의 그 어떤 것보다 인간을 중심에 두고 인간을 보다 가치 있게 하는 여러 사상이라 하였다. 여기에는 모든 인간들이 보다 행복하게 되기 위해 필요한 인간의 생명·자유·민주·인격에 대한 사랑이 포함된다.

따라서 인간주의 교육은 그 휴머니즘을 실현하고자 하는 교육, 휴머니즘을 지향하는 교육, 또는 휴머니즘의 정신을 담고 있는 교육, 혹은 휴머니즘을 바탕으로 하는 교육이라 할 수 있다. 그런데 실제 교육에 있어서는 어떻게 적용되어 인간주의 교육이 쓰이고 있는지를 기존의 여러 학자들이 말한 인간주의 교육에 대한 개념 정의를 중심으로 좀 더 구체적으로 살펴보고자 한다.

인간주의 교육은 인간주의가 여러 의미를 내포하고 있는 것과 마찬가지로 무엇을 강조하고 어떻게 보느냐에 따라 매우 다양한 형태를 띨 것이다. 그래서 인간주의 교육학자들 중에도 여러 가지를 강조하였다. 여기에서는 그중에서 보다 강조하는 점을 중심으로 인격교육부분, 전인교육부분, 학교의 조건부분으로 나누어 분류하였다.

인간주의 교육은 보다 인간이 윤리와 도덕을 가진 인격적 인간이 되는 것이라 보고 인격교육을 강조한 학자들이 있다.

김정환은 인간주의 교육이란 현대적 휴머니즘에 입각한 인격을 일깨워 주는 교육, 특히 현대사회의 비인간화 현상으로 야기된 교육의 비인간화 현상을 극복하자는 인간성 지향의 교육의 목표, 내용, 방법, 체계를 총칭하는 하나의 새로운 교육이데올로기를 말한다[43]고 하면서 좀 더 구체적으로 세 가지 교육의 인간화 방안을 제시하였는데 그 내용을 보면 다음과 같다.[44]

첫째, 교육의 인간화 즉 인격화이다. 인간성 증발 현상을 가져온 현대의 문화적 상황은 앞으로 더욱 인간을 비인간화, 몰인간화로 몰고 갈 것이다. 그것은 개인적으로는 인간이 인간답게 살 수 있는 정신적·내면적

---

43) 김정환, 전게서, p.313.
44) 김정환, 『인간화 교육 어떻게 할 것인가』(서울: 내일을 여는 책, 1995), pp.106－108.

생활을 누릴 수 있는 자질을 교육을 통해서 갖추게 해 주는 일이요, 사회적으로는 모든 인간이 개성과 창의성을 가지고 보람을 가지며 각자에게 알맞은 사회적 역할을 수행할 수 있는 사회성을 교육을 통해서 안겨 주는 일이다. 그러기에 앞으로 갖가지 학습의 이론과 교육공학의 연구 성과가 교육의 마당에 적용되어 교육이 기계화되면 될수록 교사는 넓은 의미로 모두 차원 높은 인간교육, 즉 기계가 못 하는 도덕 교육과 같은 인간성 교육 특히 인격 교육에만 종사할 날이 오게 될 것이며 그때 비로소 교사의 고유, 독특한 의의 즉 인격적 계기의 가치는 더욱 귀하게 여겨질 것이다.

둘째, 인간의 주체화이다. 여기에서 말하는 인간의 주체화는 대집단적인 인간의 복권이다. 그것은 집단의 화석화, 정형화, 교조화된 형이상학과 형식 논리에서 해방되어 인간 각자가 한 인간 한 개인으로서 자기 정체성을 찾는 일이다. 참으로 성경 중에서 가장 귀한 말씀은 "한 사람의 생명의 무게는 우주 전체의 무게보다 더욱 무겁다."는 뜻의 말씀이다.

셋째, 교육내용의 인문화이다. 학교에서 가르쳐야 할 교육내용 중에서 앞으로 특히 중시해서 다루어야 할 핵심적 교과는 인간의 품성 도야를 꾀하는 철학, 종교, 역사, 문학, 예술 등을 주축으로 하는 인문·예술적 교과여야 할 것이다. 오늘날처럼 기능화, 조직화, 탈내면화 현상이 생활의 모든 단면에 침투하여 인간소외 현상을 가속화시키고 있는 시대에는 진리가 무엇이며, 인간이 무엇이며, 우주가 무엇이며, 그리고 삶과 역사가 무엇인가를 묻고 사색할 기회를 종합적·통일적으로 제공하는 인문적 교과가 다른 어떤 교과보다도 중시되어야 할 것이다.

김병옥과 박봉목 역시 인간화 교육의 방법으로 인격교육을 강조했다.45) 김병옥은 대중교육시대로 들어선 한국교육에 교육의 소외현상이 극대화되어 가고 있고 인간의 물질적 생활은 개선되어 가는데 인간본성의 구체적

---

45) 김병옥, "인격교육의 이념", 한국교육학회 교육사 교육철학연구회, 창립 1주년 학술 발표회 연구 보고서, 1981, pp.14-15.

인 표현과 형성의 기회는 줄어들어 가고 있다면서 이런 현상을 극복하기 위해서는 인격적 각성으로서의 교육이념을 부각시켜야 한다고 했다.

박봉목은 한국에 있어서 교육의 인간화가 강조되는 것은 소극적으로는 교육의 비인간화 현상을 극복하는 데 그 뜻이 있고, 적극적으로서는 인간중심의 교육을 상대적으로 강조하는 데 그 의미가 있다고 하면서 교육에 있어서의 인간화의 개념을 교육일반의 개념에서 분리하여 인간형성과 교육을 별개로 생각하는 이중적인 태도가 있어 왔음을 경계하고 인간교육에 실패했다는 말은 바로 교육에 실패했다는 말과 동의반복적인 것이라 하면서 인격교육의 방법을 구체적으로 제시했는데 그는 무엇보다도 교사의 사람됨을 들었고 내용 면에서는 특히 정의교육을 적극적으로 강조하면서 진정한 의미의 인간주의 교육은 인격화를 의미한다고 하면서 그 구체적인 방법으로 몇 가지를 들었다.46) 첫째, 과학기술과 물질문명에 대한 주인의 태도를 가르치는 교육, 둘째, 교사의 태도, 학교의 분위기, 교사와 학생 그리고 학생 상호 간의 인간관계 등 비형식 요인으로 이루어지는 잠재적 기능의 중시, 셋째, 방법이나 기술보다는 학생 개개인의 인격 깊숙이 파고드는 사랑과 이해, 넷째, 문학, 예술, 종교, 철학, 역사 등 인간 체험을 깊게 해 줄 수 있는 인문교육의 강조, 다섯째, 인간의 습성, 성격, 도덕적 품성에 지대한 영향을 줄 수 있는 가정교육의 중시를 들었다.

슈프랑거(E. Spranger)는 『교육학의 전망』이라는 저작의 결론에 해당하는 '인간성 지향교육'에서, 오늘날의 교육은 비인간화를 강요하고 있는데, 인간을 다시 찾는 교육은 바로 인간의 내면세계를 다시 찾게 하는 교육으로 그렇게 하기 위해서는, 1) 인간으로서의 자각 촉구, 2) 이상적 자아 존중과 현실적 자아비판, 3) 양심의 명령 순종, 4) 각자의 직분을 온 정성으로 수행하는 책임의식의 고취, 5) 그리고 인간에 대한 사랑과

---

46) 박봉목, "교육의 인간화를 위한 인격교육의 방법", 한국교육학회 교육사 교육철학연구회, 전게서, pp.20 - 32.

이웃에 대한 사랑의 마음을 키워 주는 교육이어야 한다고 했다.[47] 그리고 마리탱(Jacques Maritain)도 인간화 교육을 하기 위해 다음에 드는 네 가지 교육규범을 재정립해야 한다고 외쳤다.[48] 제1규범은 아동의 기본적 성격을 배양함에 있어 진, 선, 미에 대한 감각을 일깨워 주는 일, 제2규범은 인간의 정신생활을 풍요하게 하여 인간을 내면화하는 일, 제3규범은 교육의 전 과정을 통해서 인격을 중시하고 전인적인 인격을 갖추게 하는 일, 제4규범은 이성, 지성을 특히 중점적으로 도야함으로써 인간을 자유롭게 하는 일이다.

이상에서 볼 때 인격교육을 강조하는 인간주의 학자들은 특히 과학의 발달로 인해 점점 인간성이 상실되는 현대의 문화적 상황은 앞으로 더욱 인간을 비인간화, 몰인간화로 몰고 가기에 보다 차원 높은 인격교육이 요구된다고 했다. 그래서 인간에 대한 존엄성을 갖도록 하기 위해 먼저 가정과 학교에서 인간이 얼마나 위대한 존재인지에 대한 각성교육, 실제로 학생 개개인의 인격 깊숙이 파고드는 사랑과 이해, 그리고 우리 인간이 가야 할 길 중의 하나가 바로 인격인이 되는 것임을 알게 하는 문학, 예술, 종교, 철학, 역사에 대한 교육을 강조하였다.

한편 인간주의 교육은 인간이 지닌 잠재 능력의 계발에 있으며 특히 인간성이 골고루 발달하는 균형 있는 전인이어야 함을 강조하는 학자들이 있다.

돕슨(R. Dobson), 러셀(J. S. Russel), 그라맨(F. W. Grahlamn)은 인간주의 교육을 하려면 먼저 다음의 세 가지 물음에서 출발해야 한다고 했다.[49] 그것은 첫째, 인간의 본성이란 무엇인가? 둘째, 인간 최대한의 능력계발은 무엇인가? 셋째, 능력 계발을 위해 무엇을 어떻게 해야 하는가

---

47) 김정환, 전게서, 『인간화 교육 어떻게 할 것인가』, pp.102－103에서 재인용.

48) 상게서, pp.102－103.

49) R. Dobson, J. S. Russel, F. W. Grahlamn, "Humane Education: A Model", S. R. Westerland(ed.), Humane Education and Realms of Humaneness(Washington D.C.: University of America, 1982), p.96.

이다. 이와 같이 인간주의 교육을 하려면 먼저 인간이 지닌 가치가 무엇인가를 알아보는 것이 필요하다는 것이다. 이것이 인간에 대한 관심이며 인간존중의 한 형태인 것이다.

실버만(Charles E. Silberman)은 인간화의 개념을 두 가지 측면에서 규정하고 있는데 그 하나는 인간존중의 길로 가는 것이며, 다른 하나는 각자의 소질 및 잠재력을 최대한 실현시키는 길로 가는 것이라 했다. 그는 인간의 잠재력을 최대한으로 실현시키는 것이 바로 인간존중이기 때문에 서로 같다고 했다.50) 이때의 잠재력은 인간내부의 잠재력을 말하는 것으로 이 입장에서는 외부에서의 지식 주입을 반대한다. 이에 윤팔중은 인간교육이란 인간의 타고난 본성을 존중하고 그것을 바탕으로 삼아서 그것을 온전하게 펼쳐 내고자 하는 교육이지, 인간에게 단순한 지식이나 기능, 생명력 없는 즉 개별자로서의 학습자에게 연결되지 않는 어떤 실체를 주입하는 것이 아니라고 하였다.51) 이는 학습자의 자연적인 성장력을 잘 보전하고 지나치게 인위적으로 인간의 본바탕을 일그러뜨리지 않는 교육을 말하며 학습자의 본바탕이 원형 그대로 보전될 뿐만 아니라 더욱 신장되기 위해서는 학습자의 자율성과 자유가 보장되어야 할 것이다.

이에 데이비드(David C. David)는 정신분석학적 관점에서 과거의 전통적 인간주의 교육과 새로운 인간주의 교육을 대비시켜 설명하고 있다.52) 전통적 인간주의는 인간의 본유적인 결점을 인정하였기 때문에 만들어져야 할 존재로 보았지만 새로운 인간주의는 인간을 자신의 내부에 발달 가능성을 지니고 환경과 상호 작용하여 성장하고 역동하는 유기체로 본다. 이러한 인간에 대한 개념의 변화는 새로운 인간주의 교육의 이론적 기초가 된다.

---

50) Charles E. Silberman, Crisis in the Classroom, 배영사편집실 편 역, 『교실의 위기 Ⅰ』
　　(서울: 배영사, 1977), p.9.

51) 윤팔중, 『전인교육을 위한 교육과정』(서울: 배영사, 1981), p.19.

52) David C. David, Model for a Humanistic Education: The Danish Folk Highschool(Columbus, Ohio:
　　Charles E. Merrill, 1971), p.69.

한편 인간주의 교육에서 주장하는 인간의 잠재력 최대한의 실현 혹은 전인이란 무엇인가 하는 점이다. 리치(J. M. Rich)는 전인이 되는 것을 교양인이 되는 것과 동일시하고 미계발된 상태에서 보다 더 충분히 계발되는 과정으로 보았다. 그리고 그가 말한 교양인이 지닌 자질과 능력은 다음과 같다.[53] 첫째, 비판적 시각을 지니면서 미래를 위한 건설적인 전망을 지닐 수 있는 사람, 둘째, 스스로 학습할 수 있는 사람, 셋째, 합리적인 방법을 창안해 내는 사람, 넷째, 문제 해결을 위한 융통성과 개방적인 태도와 같은 창의적인 자질을 갖춘 사람이다.

이홍우는 지·덕·체를 고루 갖춘 사람으로 전인을 규정하고 있는데, 그 근거로서 희랍어의 파이데이아에서 그 유래를 찾으며, 허버트 스펜서(Herbert Spencer)의 『교육론』에서 교육을 지육, 덕육, 체육으로 구분한 데에서 비롯했다고 지적하고 있다.[54] 따라서 지·덕·체 중에서 어느 것에 편향됨이 없이 골고루 조화를 이루도록 하여야 할 것이다. 그리고 이것들은 분리된 것이 아니다. 우리의 사고와 감각, 의지, 감정 등은 어느 것도 독립적으로 일어나는 것이 아니다. 그런데 이제까지의 우리 교육은 지식 위주의 교육이었기 때문에 골고루 조화를 이루기 위해 인간주의 교육에서는 정서와 인격에 대해 강조를 하는 것이다.

UNESCO도 인간화 교육이념을 "개인이 육체적, 지적, 정의적 및 윤리적으로 통합된 완전한 인간이 되게 하는 것이다."라고 했다.[55] 이는 전인을 목표로 하며 지식교육뿐만 아니라 정의적·윤리적 교육이 함께 행해져야 함을 말하고 있다.

자레트(J. L. Jarrett)는 The Humanity and Humanistic Education에서 오늘날 인간주의적이라는 용어가 교육학자마다 자신의 관점에 따라 달

---

53) 강승규, "전인교육", 서울대학교연구소 편, 『교육학 대백과사전 Ⅲ』(서울: 하우동설, 1998), p.2284.

54) 상게서, p.2284.

55) Edger Faure, et. al., Learning to be, 오기형·김현자 역, 『인간화 교육』(서울: 일조각, 1975), pp.166－172.

리 사용되고 있지만, 정서교육과 가치교육, 긍정적 자아개념의 발달, 전인교육과 자아실현을 중요시하는 심리학적, 윤리적인 측면의 강조로 나아가고 있다고 했다.56) 또한 심프슨(Elizabeth Leonie Simpson)도 Humanistic Education에서 교실 내에서의 문제와 가치교육 등을 중요시하는 현재의 인간주의 교육에서 진정한 인간주의 교육은 인간을 전인적이고 통합된 존재로 보고 인간의 감정과 의지, 인지력과 능력, 의식과 가치 등은 인간성과 분리될 수 없으며 모두 학습과정에서 함께 작용한다고 보았다. 현재의 경험에 근거를 둔 개인의 실재를 중시하지만 지금 일어나는 일이 과거와 미래에 소급된다고 여긴다. 또한 자율성과 창조성은 자신뿐만 아니라 사회적 협동과 조화를 고려할 때 더욱 가치 있다는 입장을 취한다.57) 콤스(Arthur W. Combs)는 현대교육은 책임성이 강하고 협동적으로 행동한다고 믿을 수 있는, 즉 우리 사회에서 자기 역량에 맞는 일을 잘할 수 있는 신뢰받을 만한 참사람을 길러 내야 한다고 했다.58) 그 이유로는 훌륭한 시민, 편견이 없는 사람들, 동료 시민을 생각하는 사람, 사랑하는 사람, 아버지와 어머니를 돌보는 사람, 남들과 긍정적 상호작용을 하려고 하는 욕구와 갈망을 가진 사람이 이 시대에 더 요구되며 이러한 것들이 우리들을 보다 인간적이게 만든다고 했다.

이와 같이 인간주의 교육은 지식뿐 아니라 감정과 의지가 골고루 발달하여 남을 사랑할 수 있는 전인을 지향하고 개인의 잠재능력을 최대로 발휘하는 것을 목표로 한다. 따라서 정서교육과 가치교육, 긍정적 자아개념의 발달이 강조되어야 할 것이다. 따라서 인간주의 교육에서는 인간의 자유와 개인적 선택, 자아실현에 대한 철학적, 실존적 개념을 근간으로 하고 인간의 사회적 관계와 개인의 자아인식을 돕기 위한 심리학

---

56) J. L. Jarrett, The Humanities and Humanistic Education(California: Addison－Wesley Publishing Company, 1973), pp.106－109.

57) E. L. Simpson, Humanistic Education; An Interpretation(Cambridge Massachusetts: Ballinger Publishing Company, 1976), pp.3－16.

58) Arthur W. Combs, 홍웅선 역, 『교육의 책무성』(서울: 대한교육연합회, 1973), p.58.

적 개념을 중시한다.

한편 인간주의 교육이 이루어지기 위해 필요한 학교의 조건들에 대해 강조한 학자들도 있다. 이들은 인간화는 학교와 교육의 전 영역에 걸쳐 이루어지는 것이라 보았기에 교사뿐 아니라 특히 학교장들의 역할을 강조하였다.

리치(J. M. Rich)는 Humanistic Foundations of Education에서 인간에 대한 심리학적, 마르크스주의적, 종교적, 실존적 접근을 통해 수업과 교수과정, 교육내용에서의 비인간화와 소외의 문제를 분석하고 또한 사회제도와의 관련하에서의 학교교육의 역할 및 교육제도의 문제와 교육기회 균등의 문제 등을 제시하고 있다.[59] 장상호는 『학습의 인간화』에서 인간주의 심리학자들의 이론을 소개하면서 인간주의 교육이론에 대해서 논했다. 그는 인간성 회복을 위한 인간주의 교육이론의 특징으로 전인교육과 책임을 동반한 자유의 존중, 학습자의 흥미와 관심을 존중하는 융통성 있는 학습내용과 방법, 상호 간의 성장 지향적 협조 관계를 제시했다.[60]

그리고 인간주의 교육이 되기 위해 잭슨(P. W. Jackson)은 가장 시급한 교육적 과제의 하나는 학교 안의 비인간적 환경을 인간적인 환경으로 바꾸는 데 있다고 했다.[61] 이와 관련하여 허스(D. H. Heath)는 학교를 인간화하기 위해서는 다음과 같은 조건들이 이루어져야 한다고 했다.[62] 첫째는 지루함을 없앤다. 이를 위해서는 학습경험이 지적인 의식뿐만 아니라 감정과 행동이 통합적으로 이루어져야 한다는 것이다. 둘째는 소속감을 갖게 해야 한다는 것이다. 학교 안에서 서로 경쟁하거나 무시하지 말고 서로 협동할 수 있는 조직이 있어야 한다. 셋째는 무의미성

---

59) J. M. Rich, Humanistic Foundations of Education, 김정환 역 『인간주의 교육학』(서울: 박영사, 1985).

60) 장상호, 『학습의 인간화』(서울: 교육과학사, 1985), p.133.

61) P. W. Jackson, The Theater and the Machine(Pittsburgh: University of Pittsburgh Press, 1968), p.6.

62) D. H. Heath, Humanizing Schools(New Jewsey: Hayden Book Company, Inc., 1971), p.160.

을 없애기 위해 끊임없이 성숙한 선택을 할 수 있도록 도와주어야 한다
는 것이며, 넷째는 변화하는 세계에 능동적으로 대처하기 위하여 자기
자신과 사회를 변혁시키는 것을 배워야 한다. 다섯째, 학생 개개인의 욕
구에 맞는 다양한 학습 모델과 경험을 제시해야 한다는 것이다.

한편 패터슨(C. H. Patterson)은 인간주의 교육은 다음 두 가지 방법에
서 이루어져야 한다고 했다. 첫째는, 교과목을 좀 더 인간적인 방식으로
가르치는 것, 즉 자신의 교과목을 학습할 수 있도록 돕는 것이다. 둘째
는, 학생의 비지적이며 정의적인 면을 교육하는 것, 즉 자신을 이해하고
원만한 관계를 맺을 수 있는 인간을 계발하는 것이라 했으며[63] 진정한
의미의 인간주의 교육은 인간화를 포함하며 인간주의적인 교사는 학생
개개인이 자신의 발달단계와 흥미에 따라 자신의 교육과정을 창조하거
나 발전시키는 하나의 인간인 점에 관심을 갖는다는 것이다.

그리고 파우어(E. J. Power)는 Philosophy of Education에서 현대의 교
육철학으로 종교적 합리적 인간주의와 실존주의를 들면서, 학교교육비판
론으로 나타나고 있는 인간주의 사상을 학교교육에 대한 최근의 이론들
중의 하나라고 제시하고 있다.[64] 그런데 문제는 학교교육에 대한 비판을
어디까지 하느냐이며 학교교육의 폐지보다는 점진적으로 하나하나씩 좋아
지게 하는 것이 바람직하다고 본다. 그리고 우리는 생활 속에서 인간주의
교육이 가능한 부분들을 발견하여 보다 확대할 필요가 있다고 생각한다.

실제 미국에서는 교육적으로 성공적인 학교는 과연 어떤 속성을 갖고
있기 때문에 다른 학교보다 월등히 우수한 교육적 효과를 내는가에 대
한 원인 규명에 들어갔다. 각 연구 보고서들 가운데 공통적으로 발견된
성공적인 중·고등학교의 특성들로서 지적되고 있는 것은 대체로 5가지
로 나타났다.[65] 첫째, 다른 학교에 비해 교육이 나아가야 될 지표로서

---

63) C. H. Patterson, 장상호 역, op. cit., p.6.

64) E. J. Power, Philosophy of Education(New Jersey: Prentice－Hall, 1982).

65) 이런 내용을 제시하는 각종 보고서로는 Paideia Proposal; High schools: A report On
    secondary education in America(1983); Academic preparation for college(1983);

인간 교육을 내세웠다. 이런 인간교육을 위한 목표는 구체적이었으며, 둘째, 학생들에게 특별활동이나 자율활동을 최대한 허용하고 있었다. 셋째, 교사들에겐 교직업무가 능률적으로 수행될 수 있도록 교단에서의 자율화와 민주화가 이루어지고 있었다. 넷째, 교육과정과 학업성취에 대한 평가체제가 과학화되어 있었고, 다섯째, 마지막으로 학교장의 지도력이 각 학교뿐만 아니라 지역사회에까지 골고루 행사되고 있었다.66) 따라서 이는 인간주의적인 요소가 우수한 교육적 효과와 매우 밀접함을 잘 말해 주고 있다.

이상에서 인간주의 교육의 개념과 학교교육이 갖추어야 할 조건에 대해 살펴보았는데 많은 사람들이 공통적으로 강조하는 부분도 있고 다른 부분도 있었다. 종합하면 인간주의 교육은 다음과 같다고 말할 수 있다. 인간에 대해 무엇보다 관심을 가지고 중요시하며 교육에 있어서 인간을 그 중심에 둔다. 그래서 모든 인간들이 자신의 잠재능력을 최대한 발휘하게 하고 지·정·의를 고루 갖춘 전인이 되는 것을 목표로 하는 교육이다. 따라서 인간주의 교육은 우리 교육에 있어서 소홀히 되어 온 정의적인 면의 교육과 인격교육에 대해서도 강조를 한다. 한편 인간주의 교육이 보다 더 잘되기 위해서는 학교가 지금보다는 더 자유롭고 학교에서의 활동이 보다 협동적이며 교사가 보다 전인적 인간이 되는 것이다.

2) 인간주의 교육의 계보

김정환은 인간화는 꽤 오래전부터 제기되어 왔는데, 이에 대한 고전적 이론으로는 루소(Jean Jacques Rousseau)의 인간성 회복을 위한 교육이

Action for excellence(1983); A place called school(1983); High school and the changing work place(1984); Barriers to excellence(1984); Anation at risk(1983); Time for result(1984); Educating Americans for the 21st century(1983); Horace's Comprise(1984); Making the grade(1983) 등이 있다.

66) 한준상, 『한국교육개혁론』(서울: 학지사, 1995), pp.32-33.

론과 칸트(Immanuel Kant)의 도덕성 육성을 정점으로 하는 교육이론, 그리고 페스탈로치(Johann Heinrich Pestalozzi)의 전인적 조화 발전을 위한 교육이론의 셋을 들 수 있다고 했다.67) 그리고 그는 20세기에 등장한 인간주의 교육론으로 정신적 활동과 육체적 활동의 통일을 가하는 노작교육론(G. Kerschensteiner), 고전 읽기를 통해 내면적 세계의 풍요를 다짐하는 고전독서교육론(R. Hutchins), 구속과 억압에서 비롯한 증오심을 자유를 만끽하게 하여 풀어 보자는 자유방임교육론(A. S. Neil), 농촌의 아름답고 자연스러운 환경에서 일하면서 배우게 하자는 전원학사교육론(H. Lietz), 억압된 사회를 역사의식의 계발로 개혁해 나갈 주인의식을 기르자는 의식화교육론(P. Freire), 패터슨(C. H. Patterson)의 자아실현론, 리치(J. M. Rich)의 인문교육재평가론과 니버그와 이건(David Nyberg & Kieran Egan)의 교육복권론 등을 들었다. 그리고 그는 현대의 인간주의 교육론을 뒷받침하고 있는 이론으로 철학적 측면에서는 란트만(M. Landmann)의 철학적 인간학, 교육철학적 측면에서는 슈프랑거(E. Spranger)의 각성적 교육관, 교육심리학적 측면에서는 로저스(C. R. Rogers)의 인간주의 심리학 등을 들었다.68) 이들의 공통점은 인간에 대해 관심이 가진 것, 인간의 조화로운 발달을 추구하였다는 점, 방법적으로는 인격, 자유, 사랑뿐만 아니라 인문학과 그 활동을 강조하고 있다는 것이다.

장승희는 교육사·철학적인 측면에서 20세기 후반 서구의 인간주의 사상과 교육이론의 전개에 근거하여 현대 인간주의 교육사상을 크게 두 가지로 분류했다. 그 하나는 개인적·내면적 각성을 중요시하는 실존철학과 인간주의 심리학에 그 기반을 둔 실존주의적 인간주의 교육론이며 다른 하나는 지식사회학, 현상학, 네오마르크스주의와 신베버주의 등의 비판이론들을 이론적 배경으로 하여 교육제도의 문제와 교육현상에 대

---

67) 김정환, 전게서, 『인간화 교육 어떻게 할 것인가』, pp.67－68.
68) 김정환, 전게서, 『교육철학』, pp.314－317.

하여 거시적으로 접근을 하는 사회주의적 인간주의 교육론이다.69) 여기서 부버(Martin Buber), 모리스(V. C. Morris), 닐러(G. F. Kneller), 볼노(O. F. Bollnow) 등의 실존주의적 입장의 교육학자들은 교육의 획일화와 보편화, 행동주의에 입각한 교수방법, 교육에서의 관료주의와 집단의 통제 등을 비난하였으며 히스(D. H. Heath), 무스타카스(C. Moustakas), 프랭클(V. Frankl) 등의 실존심리학적 입장의 교육학자들은 교육현장에서의 비인간화와 소외의 문제를 해결하기 위하여 구체적인 개인의 실존적인 삶과 자아실현 및 인간적 성장의 문제 등에 관하여 심도 있게 접근하였다. 사회주의적 인간주의 교육사상70)에서는 1960년대의 미시적 · 현상학적 접근의 학교교육비판론, 1970년대의 네오마르크스주의 종속이론 그리고 신식민주의적 관점에 입각한 제3세계 교육론과 민중교육론, 1970년대 후반의 갈등론적 교육 관점에서의 경제적 재생산이론과 대응이론, 1980년대 이후의 지식사회학과 비판이론, 정치적·문화적 재생산이론에 입각한 거시적인 갈등분석이론을 들었다.

하디슨(O. B. Hardison)은 루소(Jean Jacques Rousseau)와 칸트(Immanuel Kant) 이후 세대들은 어린이를 인간이고 자연적이라 보았으며 루소(Jean Jacques Rousseau) 이래 거의 모든 사람들이 낭만주의 이론을 실제화하기를 시도해서 어린이 심리학에 대한 이론을 낳게 했으며 특히 그는 서머힐의 닐(A. S. Neill)과 홀트(John Holt), 그리고 데니슨과 같은 사람들이 실험과 연구를 통해 인간주의 교육을 현실화시키고 있다고 말했다.71) 패터슨(C. H. Patterson)은 인간주의 교육사상을 멀리 아리스토텔레스

---

69) 장승희, "인간주의 교육의 계보", 고려대 교육사철학연구회 편, 『인간주의 교육사상』(서울: 내일을 여는 책, 1996), pp.23－35.

70) 여기에 해당되는 사람들로는 잭슨(P. W. Jackson), 코졸, 홀트(John Holt), 닐(A. S. Neill), 실버만(Charles E. Silberman), 일리치(Ivan Illich), 라이머(E. Reimer), 카노이(Martin Carnoy), 프레이리(P. Freire), 볼스(Samuel Bowles), 진티스(Herbert Gintis), 헌, 번스타인(Richard J. Bernstein), 영(Michael Young), 보듀(Pierre Bourdieu), 지로(Henry A Giroux), 애플(Michael W. Apple) 등이 있다.

71) O. B, Hardison, Toward Freedom & Dignity, pp.96－131.

(Aristoteles)에서부터 에라스무스(Desiderius Erasmus), 카스티글리옹, 코메니우스(,Johann Amos Comenius), 로크(John Locke), 루소(Jean‐Jacques Rousseau), 페스탈로치(J. H. Pestalozzi)를 포함하여 닐(A. S. Neill)과 덴마크의 국민고등학교와 영국의 비형식교육에까지 들고 있다.72)

다음은 패터슨(C. H. Patterson)이 언급한 인간적인 교육사상가들과 20세기의 사회주의적 인간주의자들을 중심으로 과거부터 최근까지의 인간주의 교육사상에 대해 간략히 알아보기로 한다. 여기에는 인간에 대한 관심과 이해 그리고 인간성에 대한 믿음을 바탕으로 지·덕·체를 겸비한 전인과 잠재능력의 최대한 발휘를 하게 하는 연구와 실천을 포함한다.

먼저 고대 서양의 인간주의 교육사상가들을 살펴보면 다음과 같다.

고대 그리스에서의 교육의 인간주의적인 면을 보면 초기 그리스인의 교육목표는 훌륭한 시민을 양성하는 것이었다. 각 도시 국가들마다 제 나름의 교육목표와 방법을 택했다. 스파르타는 국가에 대한 엄격한 복종과 훈육을 강조했으나 아테네는 자유와 인간적인 발달을 강조하였고 신체적, 심리적, 예술적 능력의 개별적인 발달을 장려하였다. 따라서 그리스인에게 있어 교육은 바람직한 특성들, 즉 arete의 습득과 전달을 의미했다. 여기서 arete라는 말은 가끔 덕성(virtue)이라고 번역되는데 이것은 그 이상의 넓은 의미를 갖는 것이다. 그것은 도덕적 특성뿐 아니라 지적인 탁월성과 신체적인 탁월성을 내포한다.73) 따라서 그리스의 교육은 스파르타의 억압과 복종과는 거리가 먼 보다 자유스러웠으며 인간의 조화로운 발달을 추구한 인간적인 교육을 하였다.

인간주의적 교사로서 소크라테스(Socrates)가 있다. 그는 무엇보다도 교육에 있어서 대화적 방법과 산파술을 중요시했다. 먼저 소크라테스(Socrates)는 생도들을 결단적 주체, 자유로운 주체, 책임 있는 주체로 보았다. 그의 대화적 방법은 메논 편에서 나타나는 것과 같은 상기적 방법

---

72) C. H. Patterson, op. cit., pp.52‐86.
73) Ibid., pp.52‐55.

과 공화국 편에서 나타나는 탐구적 방법으로 나누어 볼 수 있다. 첫째, 상기적 방법은 생도가 잊었던 것을 더듬어 낼 수 있도록 기술적으로 대화해 나가는 방법이다. 여기서 교사가 할 수 있는 일은 학생이 자기인식을 하게 도와주는 일이다. 둘째는 탐구적 대화의 방법으로 교사 자신도 답을 몰라 애태우며 학생과 더불어 생각하면서 답을 추구해 나가는 방법이다. 그래서 소크라테스(Socrates)의 교육관 자체가 각성적인 실존주의적 교육관이며, 그 대화적 방법 자체, 특히 탐구적 대화는 실존을 일깨워 주는 데 가장 효과적인 방법이라고 보고 있다.[74) 여기에서 그의 인간적인 면은 진리의 공동 생산을 한 것이다. 교사의 일방적인 지식 전달이 아니라, 교사와 학생이 대화를 매개체로 하여 합리적인 진리에 공동으로 도달하게 하는 사제동행적 교육을 실천한 인간적인 교사였음을 깨달을 수 있다.

플라톤(Platon)은 저서『국가론』에서 지육·덕육·체육·미육 등을 포괄하여 각 단계에 맞게 교육할 것을 주장하였고 특히 교육의 제1단계에서 음악과 체육을 강조한 것은 매우 인간주의적이라 할 수 있다.[75)『선과 미의 인간』이라고 하는 그리스 교육의 이상을 추구하기 위해서 교육의 제1단계에서 음악과 체육을 통한 심신의 조화로운 발달을 시도했던 것이다.

아리스토텔레스(Aristoteles)는 인간주의자로서 지력이나 이성이라는 덕성에다가 실제적인 덕성, 예술적인 덕성 및 도덕적인 덕성을 추가시켰다. 그는 교육이 외부기관들의 도움을 받아 개인이 그 나름의 가능성을 실현하는 내면적인 과정으로 보았다. 그에 의하면, 선이란 행복을 의미하며, 행복이란 eudaimonia, 즉 "잘 사는 것"(living well)을 의미한다.[76)

---

74) 김정환,『현대의 비판적 교육이론』(서울: 박영사, 1988), p.55.

75) 강승규, "전인교육", 서울대학교연구소 편, 전게서, p.2281.

76) 아리스토텔레스는 행복하다는 것은 잘 사는 것이며 가장 바라던 것을 가지는 것이자 높이 평가받는 것으로 그것은 바로 성공과 성취라 했다. 그리고 그는 높이 평가받는 것과 칭찬받는 것을 구별했다. 왜냐하면 그는 도덕적 삶을 살면 칭찬받을 것이지만

그리고 최고선은 "바람직한 특성과 조화를 이룬 영혼의 활동이라고 했다." 그리고 그에 의하면 인간의 능력은 영양 섭취, 생식, 감각, 운동력, 상상력, 욕구, 감정 및 이성을 말하며 여기서 이성은 인간에게 고유한 최고의 것임에 틀림이 없지만 여타의 것도 중요하게 보았다.

카스티글리오네(B. Castiglione)는 15세기에 출판된 그의 저서에서 만능인이라고 부를 수 있는 모형을 제시하였다. 그가 묘사한 품위 있는 신사는 사랑하고, 결투하고, 그림을 그리고, 시를 쓰고, 국정을 논하는 데 고르게 능통한 사람인 것이다.77) 그러니까 어느 한쪽 방면에만 극도로 특수한 재능을 부리는 사람은 인정되지 않았기에 전인을 추구하는 인간주의와 관련된다.

한편 토마스 아퀴나스(Thomas Aquinas)는 교육의 목적을 인간으로 하여금 덕의 상태인 인간으로서의 완전한 상태에의 도달을 말한다고 했다.78) 그리고 그의 교육모형을 세우는 데 있어 아리스토텔레스(Aristoteles)가 말하는 잠재 가능성과 실현성의 원리를 이용하고 이 모형에서 학습자는 자신의 합리적이고 영적인 잠재 가능성을 실현하기 위해서 부단히 노력하는 사람으로 묘사되었다. 그래서 그의 잠재 가능성에 대한 관심과 덕에 대한 강조는 충분히 인간적이라 할 수 있다.

에라스무스(Desiderius Erasmus)는 인간주의자들의 영향을 많이 받아서 가끔 인간주의자라는 칭호를 받았다. 그의 논문인 훌륭한 왕자의 교육에서 그는 덕성을, 가르쳐야 할 '왕의 가장 훌륭한 자질'로 꼽았다.

그는 전적으로 아리스토텔레스(Aristoteles)나 플루타르크나 퀸틸리안으로부터 배웠다. 그의 세 가지 조건은 개인적 발달을 규정하는데 그것

행복은 칭찬을 받는 것 이상을 의미한다고 보았기 때문이다. J. O. Uramson, 장영란 옮김, 『아리스토텔레스의 윤리학』(서울: 서광사, 1996), p.32. 아리스토텔레스가 행복과 성공이라는 말이 서로 비슷하다고 언급한 것에서 우리는 성공에 대한 올바른 개념 정리를 해야 한다. 그가 말한 성공이란 각고의 노력 끝에 무엇인가를 이루었을 때의 성취감과 남을 위해 훌륭한 일을 하여 높이 평가받았을 때 나오는 것이다.

77) C. H. Patterson, op. cit., pp.52－55.

78) L. J. Custodio, Towards a new Humanism in education, philoppines, 1970, pp.7－8.

은 자연과 훈련과 연습이다. 자연이란 훈련되어야 할 내적인 능력 혹은 발전의 가능성을 가지는 천성을 의미하며, 훈련이란 교수나 지도를 교묘하게 응용하는 일을 의미하며, 연습이란 자연에 의하여 부여되고 있으며 훈련에 의하여 촉진케 되는 활동력을 우리들 자신이 자유롭게 행사하는 일을 의미한다. 그리고 그는 이 삼자를 조건이라고 불렀다. 이러한 세 조건 때문에 교육자는 아동의 신체적 발달에도 지적 발달에도 관심을 돌리지 않으면 안 된다. 그는 훌륭한 교사는 아동의 개인적 차이를 존중하지마는 그러나 다른 성질들을 희생으로 하여 그의 어떤 성질만을 발전시켜서는 안 된다고 했다.[79] 그리고 그는 학습과정을 인간화의 과정으로 파악하고 있다. 그는 아이들을 교육시키고자 하는 사람은 아이들의 본성을 참작하는데 왜냐하면 청소년에게는 편안함과 친절함이 적합하기 때문이라 했다. 그래서 암울하고 거친 요소들은 교육으로부터 아주 멀리 떼어 놓아야 하며 그것의 학습 성과는 일차적으로 서로 마음이 끌리느냐에 달려 있다는 것이다.[80] 여기서 그는 아동을 존중하여 아동의 본성을 고려하여 학습이 이루어져야 한다고 했다.

몽테뉴(Michel de Montaigne)는 전인에 관심을 두었는데, 전인 형성을 위하여 관심을 두어야 할 것은 신체만도 아니고 마음만도 아니고 몸과 마음을 함께 계발해야 한다고 주장했다. 또한 그는 학생은 그의 능력에 따라 계발되고 그 스스로의 힘으로 사물을 분별하고 선택할 수 있어야 하지 권위의 힘에 의해서는 안 된다고 말했다.[81] 그는 당시 학교교육의 가혹한 생활과 교육방법을 심각하게 비판했으나 책에 의한 학습을 부정하지는 않았다.

다음으로 근대 서양의 인간주의 교육사상가들에 대해 살펴보면 다음과 같다.

근대 초기의 대표적인 인물은 코메니우스(Johann Amos Comenius)였

---

79) Ulich, 한기언 역, 『교육사상사』(서울: 한국번역도서, 1958), pp.204－207.

80) Anton J. Gail, 정초일 옮김, 『에라스무스』(서울: 한길사, 1998), p.235.

81) 강승규, "전인교육", 서울대학교연구소 편, 전게서, p.2281.

다. 그는 인생의 궁극적인 목적은 현생을 넘어서 있으며 현생의 생명은 영원을 위한 준비에 불과하다고 말했지만 그의 저서 『위대한 교수법』을 보면 곳곳에 그의 인간주의적인 면이 담겨 있다. 그는 모든 사람은 태어나면서부터 지식, 덕성과 신앙의 세 가지 씨를 가지고 태어나기에 남녀의 차, 지능의 차, 빈부의 차별 없이 창조주의 고귀한 자녀로서 순수한 진리와 덕성과 신앙으로 교육될 권리와 의무를 가지고 있다고 했다.[82] 왜냐하면 그는 인간을 하나의 총체적 인격체로 보았기 때문이다. 그래서 이러한 인간관에 입각하여 교육은 단편적 기능을 훈련시키는 교육이 아니라, 올바른 인식의 기초가 되는 지식, 윤리적 삶을 위한 도덕성, 종교적 신앙심에 의해 나타나는 경건심을 포함한다고 했다.[83] 한편 다음의 글에서 그의 전인 교육적인 면을 더욱더 잘 엿볼 수 있다.

그는 교수법에 있어서도 마찬가지로 교육이 쉽고 즐겁게 행해지려면 자연의 발자취를 따라가면 용이하다고 하면서 10가지 방법을 제시했다.[84] 첫째, 마음이 부패하기 전에 일찍 시작한다. 둘째, 마음의 준비를 충분히 시키고 난 후에 교육한다. 셋째, 일반적인 것에서부터 특수한 것을 향하는 방법으로 진행한다. 넷째, 쉬운 것에서부터 점점 더 어려운 것을 향하여 진행한다. 다섯째, 학생이 너무 많은 교과내용으로 부담감을 느끼지 않도록 한다. 여섯째, 모든 경우에 천천히 진행한다. 일곱째, 연령과 바른 학습단계에 따라서 스스로 추구하기 원하는 것 이외에는 강요하지 않는다. 여덟째, 모든 것을 감각을 통해서 가르친다. 아홉째, 모든 학습한 것의 적용을 항상 잊지 않도록 지도한다. 열 번째, 모든 것을 하나의 동일한 방법으로 가르친다. 여기서 그의 인간적인 면은 서두르지 않으며 부담을 주지 말고 쉬운 것부터 하며 강요하지 않고 반복 학습을 강조하였다. 한편 그는 훈육의 비인간성과 훈육 시의 기술적 혹

---

82) J. A. Comenius, 정확실 역, 『대교수학』(서울: 교육과학사, 1987), pp.2－42.

83) 정영수, 『인간교육의 탐구』(서울: 동문사, 1995), pp.72－73.

84) 상게서, p.137.

은 인간적인 방법을 제시했다.

훈육은 분노와 혐오 같은 개인적인 요소가 개입되어서는 안 되며, 솔직함과 진실한 목적으로 훈육함으로써 학생 자신이 그 벌이 자기를 위한 것임을 느끼도록 해야 하며, 만일 교사의 기술로 학생을 잘 이해시킬 수 없었다면, 매질을 가지고서는 안 될 것이다. 사실상, 폭력의 사용으로는 학문을 사랑하는 마음보다도 혐오하는 마음이 길러질 가능성이 더 많다. 그러므로 마음속에 공부를 싫어하고 병들어 있는 것을 발견할 때마다 부드럽게 치료해 줌으로써 그런 내키지 않는 마음을 없이 하려고 노력해야 하며 강압적인 방법을 사용해서는 절대로 안 된다고 했다.[85] 그가 약속했던 교육체제는 체벌이나 냉혹함이나 강요가 없이 될 수 있는 대로 점잖고 즐겁게 그리고 가장 자연스러운 방식으로 수행되는 교육이다. 이는 마치 신체가 사지를 억지로 팽팽하게 잡아당기지 않아도 크게 되는 이치와 같다. 신체는 적절한 음식, 보살핌 및 운동만 제고하면 눈에 띄지 않게 그 나름의 음률에 맞춰 차츰 자라나서 강하게 된다. 우리의 정신에 영양, 보살핌, 및 운동을 조심성 있게 제공한다면 그것은 자연스럽게 지혜, 덕성 및 경애심으로 발전한다는 것이다.[86] 그는 발달단계에 맞춘 점진적 교수체제를 제안하였으며 그는 분명히 아동을 이해하고 있었고, 아동의 학습과 활동에 차지하는 자발성의 중요성을 인정하고 있었다.

그는 아동이 배우고자 하는 자연적인 성향성을 가지고 있으며 교수는 단지 그들의 발달단계를 알고 그때그때 적절한 자극과 자료를 제공하면 된다는 것을 분명하게 인식하였다. 훈련이나 회초리보다는 정원사가 어린 화초를 다루는 듯한 보드랍고 애정 있는 보살핌이 학습과 연결될 수 있을 것이다. 교육의 목표는 모든 인간이 인간성을 최대한으로 신장하도

---

85) Comenius, op, cit., p.269.

86) J. W. Noll & Sam P. Kelly, Foundations of Education in America: an Anthology of Major Thoughts and Significant Actions(New York: Harper & Row, 1970), p.108.

록 돕는 것이었다.

로크(John Locke)는 아동을 한 개인으로 존중해야 한다는 인간관을 가지고 있었다. 그는 그의 저서 "교육에 관한 고찰"에서 아동에게 부합한 과정이 올바로 택해진다면 그들에게 벌을 가할 필요가 없다고 하였다.87) 그는 인간주의자였다. 왜냐하면 첫째, 개인은 자신을 위해서 존재하는 것이지 국가를 위해서 존재하는 것으로 보지 않았으며, 둘째, 아동은 그 나름의 가치를 지닌 개인으로 보았으며, 셋째, 학습은 비위협적인 분위기가 되어야 한다고 했다. 왜냐하면 아동의 생각이 어떤 격한 감정, 특히 공포에 사로잡혀 교란된다면 그것이 그들의 부드럽고 연약한 정신에 지나치게 강한 인간을 주기 때문에 그들은 아무것도 배울 수 없다고 보았기 때문이다. 따라서 교사는 아동들이 주의집중을 하도록 하고 또 그것을 유지시켜야만 한다. 그리고 주의집중과 교수방법에 추가하여 교사는 그가 전달하고자 하는 모든 것에 조미료를 첨가하고 그가 아동을 사랑하고 있다는 것을 아동 스스로가 느끼도록 하고 항상 그의 선의만을 베풀어야만 한다고 했다.

특히 로크(John Locke)의 관심은 오늘날 우리 교육에서 지나친 아동의 지적 발달에 국한된 것이 아니었다. 학문적인 교과를 배우는 일은 사실상 후차적인 것에 불과하며 그보다 먼저 아동의 마음속에 함양되어야 할 자질은 적성, 진리에 대한 존경심, 지혜 및 훌륭한 교양을 중시했다. 여기서 훌륭한 교양이란 "자신을 경멸하지 말며 또한 남을 경멸하지 말라"88)는 하나의 기본적인 준칙으로 되어 있는 것이다. 다시 말하면 개인은 자신과 타인을 두루 존중하고 인정해 주어야 한다는 것이다. 이와 같이 로크는 인간이 갖추어야 할 인격교육에까지 관심을 두었다.

루소(Jean Jacques Rousseau)는 삶의 불확실성을 시인하고 미래를 위

---

87) John Locke, "Some Thoughts on Education", in Peter Gay, ED. John Locke on Education(New York: Bureau of Publications, Teachers College, Columbia University, 1964), pp.126－127.

88) Ibid., p.103.

해서 현재를 희생시키는 교육, 그리고 즐기지 못할 수도 있는 미래의 멀고 먼 행복에 대비시켜 아동을 괴롭히는 교육은 잔인한 것으로 느꼈다. "당신이 지켜야 할 첫 번째 의무는 인간다워지는 것이다."89) 그는 인간은 원래 자유로운 존재인데 아동도 한 인간이기에 보다 더 자유로워야 하며 최대한 괴롭히지 않도록 하기 위해 특히 현재의 삶을 중시하여야 한다고 했다.

루소의 교육론은 억압적이고 인위적인 사회체제로부터 인간을 해방시켜 인간이 그 본모습을 찾게 하자는 인간성 회복의 교육론이라고 특징지을 수 있다. 그의 대표작에는 인간성 회복을 외치는 말로 시작된다.

> 인간은 자유롭게 태어난다. 그러나 온 누리에 쇠사슬로 묶여 있다. 우리는 남을 지배하고 있다고 뽐내고 있는데, 실은 남보다 더 노예적인 존재로 전락하고 있다.90)
> 만물이 창조주의 손에서 나올 때는 선하다. 그러나 사람의 손으로 넘겨지면서 타락한다.91)

루소는 자연과 인위를 구별하고 자연으로서의 선한 인간이 인위로서의 악한 사회에 매여서 타락해 가는 모습에 견디지 못하고 인위적 생산 과정 같은 교육을 자연적 계발 과정으로서의 교육으로 변화시킴으로써, 사회와 인간을 공히 구해야 한다고 외쳤다.92) 여기서 우리는 그가 교육은 사회화와는 달라야 하며 특히 인위적인 물건을 만드는 것과 같은 교육을 지양했음을 알 수 있다.

아리스토텔레스와 로크의 영향을 받은 루소는 학습자가 원래 선하다

---

89) W. Boyd, The Emile of Jean Jacques Rousseau(New York: Bureau of Publications, Teachers College, Columbia University, 1962), p.33.

90) Jean Jeacques Rousseau, 이가형 역, 『사회계약론·상식·인권론』(서울: 을유문화사, 1994), pp.19－20.

91) Jean Jeacques Rousseau, 정봉구 역, 『에밀』(서울: 범우사, 1987), p.19.

92) 김정환, 전게서, 『인간화교육 어떻게 할 것인가』, pp.67－68.

는 데 역점을 두었다. 그러므로 교육의 목적은 학습자의 자연스러운 성장과 발달, 그리고 그의 잠재 가능성 실현을 허용하거나 조장하는 것이다. 학습은 자연스러운 과정이며 따라서 그것은 자발적이고 유쾌한 것이어야 한다.

루소는 아동에 관한 지식과 이해가 부족한 그 당시의 상황을 직시하고 "당신은 분명히 학생들에 관해서 아는 바가 없기 때문에 그들을 더욱 잘 연구하는 데서부터 시작하시오."93)라고 말했다. 따라서 인간주의 교육을 하기 위해서는 아동에 대한 관심과 연구가 많아져야 할 것이다.

칸트(Immanuel Kant)는 특히 윤리적 감각 도야를 중시하는 교육이론을 전개하였다. 그는 문명과 문화를 엄히 구별하는 데서부터 교육론을 전개한다. 그의 입장은 '교육학 강의'라는 표제가 붙어 있는 교육론의 서론 부분에 다음과 같이 피력되어 있다. 교육 작용은 훈련, 교수, 문화의 세 단층으로 나뉜다. 가장 소박한 첫 단층은 훈련인데, 이것은 인간이 동물을 길들이듯이 어린이들의 선한 소질을 좋은 방향으로 이끄는 것이다. 다음은 교수인데 이것은 삶에 필요한 지식과 기능을 배우며 그 사회의 좋은 유산을 조직적으로 익히는 것이다. 그러나 가장 높은 단층은 '문화화'인데 이것은 도덕화되는 것이다. 즉 인간이 어떤 다른 것의 수단이 되지 않고 자기 삶의 고유한 의미를 깨닫고 인격적 완성을 꾀하는 일이다. 이처럼 그의 경우 인간은 인격 그 자체이자, 인격은 자신의 양심의 명령에 따르는 도덕적 주체였다. 그러기에 그에게 교육의 정점은 바로 인격도야 교육이 된다.

루소의 자연과 칸트의 인격개념이 통합적으로 전개되는 것이 페스탈로치(J. H. Pestalozzi)의 교육이념이라 할 수 있다. 그의 삼육론, 즉 몸의 교육, 머리의 교육, 가슴 교육의 조화적 통일을 기하는 교육 이론은 인간의 전인적 존재상의 깊은 인식에서 나온 것이다.94) 페스탈로치는 코메

---

93) W. Boyd, op. cit., p.6.
94) 김정환, 전게서, 『인간화교육 어떻게 할 것인가』, pp.68-69.

니우스와 루소의 업적과 통찰에 크게 영향을 받아서 아동의 자연적인 발달을 토대로 한 교육을 통해서 아동의 전체적인 발달을 꾀하는 데 역점을 두었다. 특히 '린할트와 겔트루트'에서 그는 비록 무식할망정 인간은 학습할 능력을 가지고 있으며 교육은 인간의 도덕적, 지적, 신체적 가능성을 계발하는 것이라 했다.95) 그는 모든 인간 안에 잠자고 있는 그런 잠재능력이 있기 때문에 각자는 자신의 잠재능력을 계발시킬 권리가 있으며 타인들은 그와 같은 자유를 허용해 줄 의무를 갖는다고 보아 그의 평등적인 인간관을 볼 수 있다. 그리고 인간을 가르친다는 것은 인간의 본성이 그 나름의 방식으로 계발될 수 있도록 도와주는 예술에 불과하며 이러한 예술은 본질적으로 아동이 배우는 내용과 아동이 가진 역량의 발달 정도를 정확하게 관련짓고 조화시키는 데 있다고 한 것은 역시 인간을 우선으로 하였고 그의 본성을 중시하며 배우는 내용은 그다음의 것으로 인간에게 맞게 되어야 함을 말하고 있다.

페스탈로치는 씨앗이 적절한 환경만 주어지면 하나의 나무는 성장할 수 있는 잠재능력을 가지고 있다는 점에서 인간을 나무에 비유했다. 가르친다는 것은 인간에¡히 그 목적에 대한 수단이며 목적 그 자체는 아니라고 했으며 교사가 할 수 있는 일이며 우리들이 그에 요구할 수 있는 일은 아동으로부터 위험을 막는 일이며 그를 그릇된 방법으로 취급하지 않는 일이라고 했다.96)

현대 서양의 인간주의 교육사상가들을 보면 다음과 같다.

한편 20세기에 들어 미국의 듀이(John Dewey)와 킬패트릭(William Heard Kilpatrick)은 전인으로서 아동의 욕구와 흥미를 존중하면서, 아동 중심의 진보주의 교육운동을 전개하였다. 이는 코메니우스와 페스탈로치의 감각적 실재주의(sensual realism)와 루소의 낭만주의적 교육철학의

---

95) Johann H. Pestalozzi, How Gertrude Teachers Her Childre(Syracuse: Barden, 1900), p.26.

96) Ulich, op. cit., pp.401 – 402.

영향을 받은 것이라 할 수 있다. 이들의 입장은 1960년대와 1970년대의 미국의 학교교육비판자들에게 많은 영향을 미쳤고 또한 개방교실과 자유학교 등의 이념적 배경이 되었다. 또한 영국의 닐(A. S. Neill)은 서머힐을 세워 인간주의적인 교육을 실천해 보였고, 영국의 유치원과 초등학교 등에서 아동 중심적이고 인간 중심적인 교육을 실시하였다.97) 학습의 개념을 사랑과 이해 그리고 책임 있는 자유의 분위기 속에서 일어나는 자연스러운 발달로 보고 그러한 학습을 가장 급진적으로 시도한 것이 서머힐의 경우이다. 그의 교육관을 보면 아동은 본성이 선하며 자연스러운 발달 단계를 거쳐 진보한다. 그의 발달을 강요할 수는 없다. 그렇게 하면 심리적인 장애가 일어난다. 아동들은 때가 오면 그들의 환경으로부터 도덕적 가치를 배우게 된다. 강압보다는 자연스러운 발달을 촉진하게 된다는 것이다.

좀 덜 알려진 것으로는 덴마크의 국민 고등학교가 있다. 그 최초의 것은 1844년에 설립되었다. 이 학교의 발상을 낸 사람은 그룬트비히(Bishop N. E. S Grundtvig)였다. 그는 강연과 저술을 통해 자유와 평민을 위한 민주주의를 위해서 투쟁하였다. 이곳에서는 지적인 발달에 못지않게 사회적·정서적 성장과 발달을 촉진하는 공동생활을 강조한다. 이 과정에서 학생들 간의 개인적인 친밀감, 상호 간의 친밀감, 서로 간의 보살핌, 그리고 개방성과 신뢰감이 발달된다. 그래서 토론은 단지 학문적으로나 지적인 자극이라는 한정된 의미를 떠나 좀 더 개인적으로 의미를 갖게 되며 많은 사람들이 국민 고등학교가 교육수준의 향상, 협동운동의 발전 및 준법정신의 앙양 등의 면에서 덴마크 사회에 많은 영향을 주었다고 믿고 있다.98) 그리고 학생들을 교육하는 데 있어서 인간적인 접근을 꾀하였다. 이 학교들은 사람들이 학점과 졸업증의 필요를 느끼지 않고도

---

97) 장승희, 고려대 교육사철학연구회 편, 전게서, p.26.

98) David C. L. David, Model for Humanistic Education: the Danish Folk Highschool (Columbus, Ohio: C. E. Merrill, 1971), pp.18－27; Patterson, 장상호 역 op. cit., p.79 에서 재인용.

학습에 흥미를 가지며, 흥미를 느끼면 시험이라는 자극이 없어도 사람들은 학습하며, 그들은 공동생활을 통해 학습에 몰두한다는 사실들을 보여주었다.

인간은 혼자서 살 수 없는 사회적인 동물로서 태어나면서 자기에게 주어진 환경의 영향을 받으며 산다. 그래서 자신이 살고 있는 곳의 지리적 조건과 가정환경, 그리고 더 넓고 깊게는 역사와 문화 그리고 관습과 제도가 매우 중요하다. 따라서 이와 같은 사회의 제도적인 면에 대한 개선을 주장하는 교육사상가들이 있다.

마지막으로 사회주의적 인간주의 교육에 대해 살펴보자.

인간의 힘을 사회의 개선에까지 눈을 돌려 확대한 사회주의적 계열의 인간주의 사상들이 있다. 여기에는 특히 20세기 들어와서 여러 연구자들이 나왔는데 주로 마르크스(Karl Heinrich Marx)의 사상을 토대로 하여 좁게는 학교사회에 대한 비판에서부터 넓게는 자본주의에 대한 비판까지 이어진다.[99] 마르크스는 인간을 물질적인 이해관계와 물질적 탐욕의 지배로부터 해방시켜 인간 자신의 삶이 풍요로운 사회가 되길 바랐다. 그 방법으로 제도의 개혁을 부르짖었으며 이를 위한 인간의 주체적인 활동을 강조한다.

프롬(E. Fromm), 샤프(M. Sarup), 루카스(G. Lukacs) 등의 사회주의적 인간주의자들은 마르크스(Karl Heinrich Marx)의 인간 이해에 근거하여 주로 사회적 관점에서 자본주의 생산형태하에서 소외된 인간의 실재 문제를 연구, 발전시켰다.[100] 그들은 이론과 실천의 프락시스에 의해 개개

---

99) 장승희, 고려대 교육사철학연구회 편, 전게서, pp.34-41.

100) 대표적인 저서로는 M. Levitas, Marxist Perspectives in the Sociology of Education (London: Routledge & Kegan Paul, 1974), M. Sarup, Marxism and Education (London: Routledge & Kegan Paul, 1978)과 Knowledge, Ideology, and the Politics of Schooling: Toward a Marxist Analysis of Education(London: Routledge & Kegan Paul, 1980), M. R. Matthews, The Marxist Theory of Schooling(New Jersey: Humanities Press Inc., 1980) 이외에 J. Karabel & A. H. Halsey, Bowles & Gintis, Poulantzas, Apple, Giroux 등도 있다.

인의 인간을 소외시키고 비인간화시키는 모순되고 왜곡된 사회구조의 개혁을 통해 인간해방과 인간성의 회복을 기하고자 하였다. 사회주의적 인간주의 교육론은 이렇듯 개개인을 비인간화시키고 소외시키는 모순되고 왜곡된 사회구조와 교육체제의 개혁을 통해 인간해방과 인간성을 회복하는 데 그 목적이 있다.

따라서 일리치(Ivan Illich)와 라이머(E. Reimer)와 같이 혁신적인 입장의 학교교육폐지론까지 발전하게 되었다. 라이머(E. Reimer)[101]는 학교를 수용된 사람들을 엄격하게 통제하는 군대나 감옥, 정신병원에 비유하면서 학교가 지배적인 계급구조의 유지와 체제의 특권적 영속화에 기여하고 있다고 비난하였다. 일리치(Ivan Illich)[102]도 현대 산업사회가 지닌 모순, 즉 비인간화 현상과 물량주의, 소외, 빈부 격차문제[103] 등의 원천이 학교제도에서 기인한다고 보고 학교제도로 야기된 현대 사회의 사회적 신화와 가치의 제도화, 학교화된 의식 문제의 해결은 탈학교화를 통한 교육개혁에 의해서만 가능하다고 주장하였다. 문제는 라이머(E. Reimer)와 일리치(Ivan Illich)의 탈학교론은 경험적인 실증성과 구체적 대안의 결여로 인해 개인적인 철학적 관념론에 불과하다는 비판을 받기도 하였다. 프레이리(P. Freire)는 사회의 정치 경제적 조건을 비판하고 억압질서에 매몰된 인간이 주체적 인간이 되는 것이 무엇보다 필요하다고 생각하고 비판의식을 고취시키기 위한 의식화의 방법을 택한다. 또한

---

101) Everett Reimer, School is Dead, 1971.

102) Ivan Illich, Deschooling Society, 1971.

103) 우리나라도 경제적으로 부자인 사람과 가난한 사람 그리고 행복하다고 생각하는 사람과 그렇지 못하다고 생각하는 사람들에 대한 조사에서 그 원인이 어디에 있으며 또한 이것이 학교교육 및 가정교육과는 얼마나 연관이 있는지에 대한 보다 체계적이고 광범위한 연구가 많이 있어야 할 것이다. 인도 등 주변 동남아시아의 여러 나라들을 포함한 설문조사에서 우리보다 못사는 나라의 국민들이 생각한 행복지수가 물질적으로 잘사는 나라보다 높게 나온 것은 어떤 이유 때문인지를 철저히 밝혀내고 좋은 점은 본받도록 우리 교육이 달라져야 한다. 최근 영국의 신경제재단의 연구에 따르면 한국인의 행복지수는 세계 178개국 중 102위에 불과했다. 한국일보, 2006. 9. 25. 기사 참조.

경제적인 입장에서 부와 교육을 연관 지어서 학교교육에 대해 비판한 사람들이 있다. 그중의 한 사람인 부르디외(Pierre Bourdieu)[104]는 학교가 경제적 자본을 소유한 지배계층과 상층계급에 교육이 독점되기 쉬우며 그러한 과정에서 문화적·사회적 재생산이 이루어지고 있다고 주장한다. 볼스(Samuel Bowles)와 진티스(Herbert Gintis)[105]는 경제적 재생산 이론에 입각하여 소외와 억압 등의 문제의 해결과 사회적·경제적인 모순을 해결하기 위해서는, 즉 인간주의적인 사회를 이루기 위해서는 교육개혁이 아닌 인간해방적인 교육과 아울러 진정한 민주주의의 실현이 이루어져야 할 것이라고 주장하고 있다. 헌(C. J. Hurn)[106]과 같은 지위집단이론가들은 학교교육은 정치적 지배[107]나 경제적 이해, 사회적 지위 확보를 위한 지위집단 간의 갈등을 대변하는 사회적 장소로 간주했다. 즉 지위집단 간의 이해관계를 대표하는 문화적 소양과 삶의 태도 등이 학교교육을 통해 배양되므로 학교는 지위집단의 이해관계를 정당화시켜 주는 곳이 된다는 것이다. 한편 교육과정 구성[108]에 근본 문제가 있다고

---

104) P. Bourdieu, "Cultural Reproduction and Social Reproduction", J. Karabel & A.H. Halsey, Power and Ideology in Education(New York: Oxford University Press, 1977). 참고로 우리나라는 신분사회인 조선시대가 100여 년 전에 무너졌고 그 후 일본의 지배하에 있었고 6·25전쟁도 있었고 미국의 도움으로 나라를 세웠기 때문에 최근 100년 정도의 역사만을 두고 보면 권력과 부의 소유에 있어서의 변동이 심하였다고 볼 수 있기에 아주 오랜 세월을 두고 고착화된 귀족계층뿐 아니라 지배층(상류층)은 아직 없다고 볼 수 있다. 재벌의 역사도 몇십 년밖에 안 되고 정권을 잡는 사람도 자주 달라지고 있기에 대를 이어서 지배층인 경우는 소수로 보는 것이 맞을 것이다. 하지만 예를 들어 2210년이 되어서도 우리나라에 지배층이 없을 것이라고 장담할 수는 없다. 그동안에 형성될 수도 있기 때문이다.

105) S. Bowels and H. Gintis, Schooling in Capitalist America, 1976.

106) C. H. Hurn, The Limits and Possibilities of Schooling(Boston: Allen and Bacon, 1978).

107) 우리나라는 역사적으로 중앙집권적인 국가중심국가(좁은 땅인데도 중앙에서 강한 권력을 가지고 다스리지 않으면 중구난방이었기 때문이기도 할 것이다.)였기에 통치자가 가장 중요한 요인이다. 따라서 통치자가 어떤 사람이었는가에 대한 역사적인 연구와 함께 그가 교육에 어떤 역할과 영향력을 행사했는가를 살펴보는 것이 필요하다.

108) 우리나라의 경우에는 특히 교과서가 매우 중요하기에 교과부에서 교과서 작업에 대

파악한 번스타인과 영(M. F. D. Young), 부르디외(Pierre Bourdieu) 등은 교육과정을 사회적으로 분석 파악하기를 주장했다. 그들의 견해는 지로 (Henry A. Giroux), 애플(Michael W. Apple), 그람시(Gramsci), 웩슬러(P. Wexler), 해리스(Harris) 등에 의해서 구체화되었다. 그들은 교육이나 지식이 정치 사회 현상과 별개의 현상이거나 중립적인 것이 아니라고 본다. 교육과정의 사회학에서는 학교교육의 불평등 현상이 어떻게 왜 야기되고 있는가에 대한 이유를 기존 교과과정의 분석을 통해 파악하고자 한다. 그들은 교육과정, 교육평가, 학급운영의 현장 등을 냉철하게 파악, 분석함으로써 교과목 선정과 시험평가 체제, 교육내용 등이 소수의 이익을 위해 제도화되는 과정의 실체를 밝히고자 했다. 이처럼 사회주의적 인간주의자들은 인간을 억압하고 소외시키는 것으로 사회제도와 자본주의를 들고 있으며 학교도 이를 영속화하는 것으로 보고 학교교육에 대한 개혁과 폐지를 끊임없이 주장하였다. 그러나 자본주의라는 제도는 역사의 산물이고 학교의 폐지는 다소 현실적이지 못하다고 보겠다.

이상에서 살펴본 인간주의 교육의 계보에서 우리는 인간주의 교육사상의 흔적들을 많이 발견할 수 있으며 그 역사 또한 아주 오래되었으며 매우 다양하고 풍부한 내용들이 있음을 알 수 있다. 이를 몇 가지로 분류하여 정리하면 다음과 같다.

첫째, 인간에 대한 사랑과 존중으로 특히 교육을 함에 있어서의 자유

한 내용에 대한 작업에서 얼마나 영향력을 발휘하고 있으며 어떻게 인적 구성을 하고 있는지에 대한 역사적 연구가 있어야 한다. 그리고 국가정책은 거의 국민들에게 영향을 주기 때문에 매우 신중해야 하기에 사안마다 어떤 시스템(의사결정구조)과 분위기에서 정책결정이 이루어졌는지에 대한 연구도 있었으면 하고, 특히 교과부에 어떻게 들어가 근무를 하고 있으며, 얼마나 근무하였고, 또한 근무한 사람들이 그 후 어디로 자리이동을 하였고 그 후에는 또 어떻게 이동했는지 등에 대한 데이터를 계속 누적하는 작업과 연구가 진행되었으면 한다. 국민들이 어렵게 벌어서 낸 세금을 공무원들이 어떻게 쓰고 있는가에 대해 알 필요도 있다. 지금 국민이 알 수 있는 것은 단편적이며 간헐적으로 국회의원 등을 통해 제시되는 것 정도이다(예를 들면 2010년 2월 월간조선 등과 같은 잡지에 지난 몇 년 동안 교과부 5급 이상에 대한 인사이동 등이 어떠했는지에 대해 국회의원이 조사한 기사가 있음). 교과부의 조직에 대한 심층적이고 종합적인 역사적인 연구가 더 있어야 할 것이다.

에 대한 강조이다. 고대 그리스 교육에 있어서의 자유인에 대한 강조, 로크의 학습은 비위협적인 분위기가 되어야 하기에 교사는 가능한 한 위협적인 분위기를 지양해야 하며 학생들이 사랑하고 있음을 느끼도록 해야 한다는 그의 주장, 루소의 성선설을 바탕으로 한 인간성 회복론과 자유롭게 태어난 인간교육에 있어서 자유의 강조, 코메니우스의 교육이 보다 쉽고 즐겁게 되기 위한 10가지 교수법 제시와 학생에게 매질을 해서는 안 되고 정원사가 어린 화초를 다루듯이 보드랍고 애정 있는 보살핌의 필요성에 대한 강조이다. 니일은 아동은 본성이 선하며 자연스러운 발달단계를 거쳐 진보하기에 강요해서는 안 된다고 보았다. 그리고 학습의 개념을 사랑과 이해 그리고 책임 있는 자유의 분위기에서 일어나는 자연스러운 발달로 보았다. 그리고 사회주의적 인간주의 교육론자들은 인간을 소외시키고 비인간화시키는 학교체제가 엄격하게 통제하는 군대나 감옥과 유사하기에 학교가 없어지거나 기존의 틀에서 벗어난 보다 자유로운 상태가 되어야 한다고 하면서 또한 억압적 상황을 인식하고 해결할 수 있는 주체적인 인간이 되는 교육이 되어야 한다고 했다.

둘째는, 인간에 대한 존중에 따른 각 개인의 잠재능력과 자아실현과 그리고 전인적 인간이 되게 하는 교육에 대한 강조이다. 여기에는 신체적·예술적 능력을 강조한 그리스 교육, 플라톤의 음악과 체육에 대한 강조, 아리스토텔레스의 실제적이고 예술적이고 도덕적인 면에 대한 강조, 카스티글리오네의 어느 한쪽 방면에 대한 치우침이 아닌 시를 쓰고 그림도 그리고 용감할 수 있는 전인적인 면의 발달을 강조하였으며, 토마스 아퀴나스의 학습자들 잠재능력은 충분히 발휘되어야 한다는 주장, 몽테뉴의 전인에 대한 강조로 몸과 마음을 함께 계발하여야 한다는 주장, 페스탈로치의 잠자고 있는 각자의 모든 능력을 조화롭게 계발하도록 해야 하며, 머리·몸·가슴의 조화로운 통일을 하고자 하는 그의 전인에 대한 강조, 루소의 아동에 대한 지식과 이해에 대한 연구 필요성에 대한 강조, 듀이와 킬패트릭의 전인으로서 아동의 욕구와 흥미에 대한 존중, 그룬트비히의 지적인 발달에 못지않게 사회적, 정서적 발달을 촉진하는 협동생활에 대한 강조 등이 있었다.

셋째는 인간의 인격교육에 대한 강조이다. 아리스토텔레스의 실제적인 도덕의 강조, 헤르바르트의 교육의 궁극적 목적으로서 품성의 도야에 대한 강조, 에라스무스와 토마스 아퀴나스의 덕에 대한 강조, 코메니우스의 지식뿐만 아니라 덕성과 신앙심에 대한 강조, 칸트의 인간을 목적적 존재로 여기게 하는 인격교육에 대한 강조, 그리고 로크, 루소, 페스탈로치의 아동을 어른의 축소판이 아니라 한 인격체로 존중해야 한다는 입장이 있었다. 특히 로크의 관심은 아동의 지적 발달에 국한하지 않고 지혜 및 훌륭한 교양에 대해 강조하였는데 여기서 훌륭한 교양이란 남을 경멸하지 말라는 인격적 교육이었다.

따라서 역사적으로 본 인간주의 교육사상가들에서 찾을 수 있는 공통점은 다음과 같다. 첫째, 학생(인간)을 먼저 생각한 점으로 이는 인간에 대한 관심과 사랑이 있어야 가능하다. 둘째는, 인간을 존중하고 전인이 되게 하는 인격교육을 강조였으며, 셋째는, 인간이 자신의 잠재력을 계발하기 위해서는 그 바탕에 자유가 필히 있어야 한다고 강조하였고 억압이나 강제의 방법을 지양했다는 점이다.

제3장

인간주의 교육이 지향하는 인간관

인간주의 교육은 인간에 대해 무엇보다 관심을 가지고 중요시하며 교육에 있어서 인간을 그 중심에 둔다. 그리고 자신이 지닌 잠재능력을 최대한 발휘하게 하고 지·정·의를 고루 갖춘 전인이 되는 것을 목표로 한다. 따라서 그들은 지식교육뿐만 아니라 정의적인 면의 교육과 인격교육에 대해 강조를 하고 또한 학교가 보다 자신의 잠재력을 더 발휘하기 위해서 보다 자유롭기를 바란다.

한편 위에서 살펴본 인간주의자들도 자유와 사랑 그리고 인격을 무시하지 않거나 소홀히 하지 않았고 중시했다는 점이다. 그래서 이것은 인간을 보다 인간답게 하는 요인들이다. 인간은 다른 동물이나 기계와는 같지가 않기 때문에 물건이나 고정된 것이 아니다. 따라서 구속하고 자유롭지 못하게 하는 것은 인간적인 것이라 할 수가 없다. 따라서 보다 인간적인 것은 그가 자유로울 때이다. 그리고 인간은 따뜻한 마음을 가지고 있다. 비정하고 매몰찬 인간을 인간적이라고 하지 않는다. 보다 타인을 위해 주는 사랑하는 마음이 필요하다. 그리고 보다 인간적인 것은 그가 느끼고 사랑할 때이다. 또한 인간은 태어나면서부터 완성되지 않은 상태이며 그가 살면서 부단히 노력하여 보다 사람이 되어야 하는데 이것은 그가 윤리와 도덕을 가진 인격적 인간이 되는 것이다. 따라서 인간적이라 하는 것은 그가 인격을 갖출 때이다.

특히 21세기에는 더욱더 과학이 발달하여 인간이 보다 편리할 수는 있으나 한편으로는 더욱더 인간성이 상실되어 갈 수도 있다. 물질의 발달에 맞추어 우리 인간들도 성숙되어야 한다. 인간은 태어나면서 모든 것을 가지고 태어나거나 그 사회에 맞게 태어나지도 않았다. 따라서 보다 인간이 되기 위해 교육을 통해 거듭 태어나야 하며 교육은 인간성을 유지하기 위해 부단히 힘써야 할 것이다.

인간주의자들이 인간을 중심에 두는 교육을 주장하는 것은 인간을 보다 존중하고 가치 있는 존재로 여긴다는 것을 말한다. 그리고 그들은 자유와 사랑, 그리고 인격을 강조한다. 따라서 인간에게는 어떤 가치가 있는지를 인간주의자들의 인간관을 통해 살펴보고자 한다.

1. 본래 자유적 존재로서의 인간

교육을 함에 있어서 인간을 어떻게 보느냐 하는 문제는 매우 중요하다. 인간을 우리 주위에 흔히 볼 수 있는 물건이나 기계처럼 보느냐 그렇지 않게 보느냐이다. 먼저 인간은 물건이나 기계와 같지 않은 것은 그가 고정된 존재가 아니기 때문이다. 이는 한편으로 자유로운 존재임을 말해 준다 하겠다. 물론 그 정도의 차이는 있다. 왜냐하면 우리가 생활을 하는 데 있어서 인간은 자기 마음대로 하지 못하고 신이 아니기 때문에 그가 자유롭게 할 수 있는 여지가 있다는 것은 자유가 있다고 할 수 있다. 따라서 인간이 자유롭다는 가장 바탕이 되는 것은 그가 고정된 물건이나 기계가 아님을 인식하는 것이라 하겠다.

인간은 물건도 아니고 기계도 아니다. 여러 가지 이유 중에서 그 하나는 인간 스스로 변화할 수 있는 자유로운 존재이기 때문이다. 물건은 자기 스스로 움직이지도 생각하지도 변할 수도 없다. 고정된 피조물일 따름이다. 기계나 동물도 마찬가지이다. 자유롭지도 못하고 주체적이지도 못하다.

인간주의 교육에서는 먼저 인간을 단지 고정된 것이나 변화하지 않는 물건이나 대상으로 보지 않으며 또한 변화를 할 때도 단지 환경이나 외

부에 의해 그냥 피동적으로 만들어지는 존재도 아니라고 본다.[109] 이것
이 인간이 존중받아야 하고 가치 있는 존재라는 것을 나타내는 점이다.
간추려 이야기하면 다음과 같다. 첫째, 인간은 무한히 변화할 가능성을
지닌 존재라는 점이다. 즉 개방적 존재이자 자유로운 존재이다. 그 본질
은 결정되지 않았다. 그래서 물론 더 나빠질 가능성도 있고[110] 얼마든지
새로워질 수도 있고 더 좋아질 수도 있다.[111] 그가 고정되어 처음 태어
날 때 그 모습을 그대로 죽을 때까지 유지하는 것은 아니다. 그래서 이
런 점에서 그는 자유롭다고 할 수 있다. 따라서 고정됨은 자유와 대비되
는 것이다.

한편 이것과 관련하여 둘째는, 그 변화의 근원 혹은 주체 아니면 책임
은 바로 그 자신이라는 점이다. 스스로 생각하고 판단하고 결정을 한다.
주위의 환경이나 물질, 그리고 타고난 기질 등이 있지만 그 스스로가 행
동함에 있어 자신이 결정하고 각기 다르게 행동할 수 있기에 외부 자극
에 그대로 반응하거나 조종되는 수동적인 기계와 같은 존재만은 아니기
에 그는 자유롭다고 할 수 있겠다. 여기서 인간은 무한대의 선택 가능성

---

109) 행동주의 심리학에 따르면 모든 행동들은 외부의 자극에 의해 조건화된 것 또는 전
혀 통제할 수 없는 외적인 힘에 의해서 결정된다고 보았다. W. B. Kolesnik, op.
cit., pp.105－106.

110) 한편 페스탈로치는 그의 저서 린할트와 겔트루트에서 악을 대표하는 사람으로 훔멜
을 들었는데 그는 우리와 똑같은 인간으로서 범죄자로 태어난 것이 아니라 살아가
면서 범죄자로 된 사람이라고 말했다. 김정환, 『페스탈로찌의 생애와 사상』(서울:
박영사, 1974), p.63. 내가 보기에 인간은 환경의 영향을 매우 많이 받기에 특히 어
릴 때의 가정환경은 모든 인간들에게 절대적이기에 부모의 책임이 막중하다.
동물은 자연으로부터 주어진 일정한 모습에서 위로 더 올라갈 수도 없고 아래로 더
떨어질 수도 없다. 그러나 사람은 가장 영광스러운 위치에서부터 가장 수치스러운
위치에까지 내려갈 수 있는 존재이다. 이규호, 『사람됨의 뜻』(서울: 제일출판사,
1967), p.85. 이를 달리 말하면 인간은 다른 사람들이 높이 우러러볼 만큼 큰 인물이
될 수도, 다른 동물들보다도 못한 가장 비천한 동물이 될 수도 있다는 말이다. 이런
뜻에서 아리스토텔레스는 가장 영광스러운 존재가 변질하면 가장 수치스러운 존재
가 된다고 했다.

111) 인간은 살면서 자신이 한 일에 대해 참회나 반성을 할 수 있는 기회가 많으며 각성
을 통해 보다 올바르고 좋은 인간이 될 수도 있고 앞으로 자신의 마음과 의지에 따
라 보다 좋은 사람이나 일을 만나 더 좋은 삶을 얼마든지 꾸릴 수가 있다.

중에서 그 스스로가 선택하고 행할 수 있기에 그는 자유롭다고 할 수 있다.

이와 같이 인간은 고정되지 않은 존재이기에 그리고 지시나 명령에 의해 살 수만은 없고 그 스스로 선택할 수 있는 가능성과 여지를 가진 점에서 자유롭다고 할 수 있다. 특히 실존주의에서 이 부분을 강조하고 있다.

따라서 인간주의 교육에서 인간을 무엇이 될 가능이 있는 자유로운 존재, 능동적인 주체자로 본 것은 인간에 대한 신뢰와 함께 인간존중의 정신을 담고 있다고 볼 수 있다. 그리고 이는 인간 각 개인에 대한 존중을 말한다.

인간은 고정된 존재가 아니라 변화의 가능성이 무한대라 할 정도로 열린 존재라는 것에 대해 인간주의 이론의 바탕이 되는 철학적 인간학과 실존주의 그리고 인본주의 심리학을 통해 살펴보고자 한다.

지금 태어난 어떤 아이가 장차 어떤 사람이 될 것인지는 아무도 모르며 태어날 때 정해지지 않는다. 설령 정해지는 부분이 있다손 치더라도 그것을 그 자신뿐만 아니라 주위 사람들도 모르고 그가 그것을 바꿀 수도 있는 존재라는 것이다. 따라서 이는 인간이 매우 자유로운 존재임을 말한다. 인간은 태어날 때의 모습으로 살아가는 것이 아니고 살아가면서 이루어 나가야 하는 존재이며, 가능성을 실현해야 하는 존재이기에 그는 자유롭지 못한 존재라고 단정하기 어렵다. 물론 인간이 인간으로서의 한계가 있고 인간으로 살아가야 하는 존재이지만 다른 동물들과 비교해 보면 매우 많은 가능성을 가진 자유로울 수 있는 존재라는 점이다.

먼저 다른 동물들과의 비교를 통해 인간이 어떠한 존재인가에 대해 보다 구체적으로 생각해 보자.

인간이 여타의 동물과는 다른 여러 가지의 특징적인 조건이 있다. 우선 태어날 때의 조건이 다르다. 다른 동물들은 태어날 때부터 상당히 '완성된' 능력을 가지고 태어나지만, 인간은 가장 무능하고 무력한 존재로 태어난다. 망아지는 생후 10분이면 일어나서 걸어 다닌다. 인간은 뛰어다니기는커녕 누이면 몸을 뒤집지도 못한다. 걸어 다니려면 족히 1년 넘게 걸린다. 그러나 인간은 이런 태어날 때의 무능하고 무력상태 안에 엄청난 '잠재 가능성'이 도사리고 있다. 경우에 따라서는 어마어마한 과학자, 음악가, 정치가, 사상가로 꽃피울 가능성이 그 속에 도사리고 있다. 반면 망아지는 제아무리 태어날 때 유능해도 자라나서 말도 못 하고 수도 세지 못한다. 하물며 음악, 과학, 정치란 애당초 생각도 못 한다. 이런 사정을 우리는 가능성과 현실성이라는 개념으로 설명해 볼 수 있다. 현실성은 지금 할 수 있는 일, 가능성은 장차 할 수 있는 일을 말한다. 그리고 가능성을 현실성으로 이루어 가는 과정을 우리는 자아실현 또는 인간실현이라고 부른다. 이렇게 볼 때, 동물은 태어날 때부터 '많은 현실성'과 함께 '적은 가능성'을 가지고 태어나지만, 인간은 '적은 현실성'에 '많은 가능성'을 가지고 태어난다고 말할 수 있다.[112] 무한한 가능성을 가지고 있다는 것은 그만큼 달라질 확률이 많음을 의미한다. 동물은 태어날 때의 그 상태에서 변화될 여지가 거의 없다. 신체적인 성장이 대부분이다. 그러나 인간은 신체적인 성장은 그 일부분이고 얼마든지 달라질 수 있고 다른 모습으로 살아갈 수 있기 때문이다. 따라서 교육에 있어서 인간이 무한한 가능성을 가진 존재라 보는 것은 교육에 있어서 인간을 중심에 두게 하며 그의 잠재능력을 발휘하게 함이 인간적이라 할 수 있다.

란트만(M. Landmann)도 동물은 자연으로부터 이미 완성된 존재이지만 인간은 자연으로부터 완전히 형성되지 못한 존재이기에 인간은 미완의 심포니라 했다.[113] 그리고 헤르더(J. G. Herder)도 동물은 허리가 굽은 노예에 불과하지만 인간은 이와는 달리 최초로 해방된 피조물로서 자유롭게 조성되어 있다는 것이다. 인간은 자연의 손아귀에서 놀고 있는 완전무결한 기계가 아니기 때문에 인간 그 자신이 개량 목표이며 목적

---

112) 정범모, 『한국의 교육세력』(서울: 나남출판, 2000), pp.19-20.
113) 이규호, 『현대철학의 이해』(서울: 대영사, 1982), p.234.

이 된다는 것이다.114) 그래서 교육은 인간에게 있어 필요하며 기계가 아니기 때문에 교육에 있어서 인간이 자유스러운 존재임을 강조하고 그의 자유를 마음껏 그리고 보다 잘 발휘하게 할 필요가 있으며 그중의 하나가 그의 잠재능력을 잘 알고 발휘하게 하는 것이다.

만약 넓게 보아 모든 생물적 개체가 그것이 식물이건, 동물이건, 인간이건 일정한 잠재적 가능성을 가지고 있다고 볼 때도 인간은 식물이나 동물과는 다른 독자적 가능성을 지니고 있는 존재라는 것이다. 그래서 식물은 오직 성장하는 것만이 자아실현이고 동물의 경우는 성장에 그치지 않고 일정한 본능을 가지며 운동을 하는 것이 자아실현이지만 인간의 경우는 동물과 같은 성장·본능·운동에 더하여 정신적 세계를 가지며, 그것을 실현하는 것이 자아실현인 것이다.115) 이는 고정된 존재가 아닌 열린 존재, 즉 되어 가는 존재이기에 인간은 자유롭다고 할 수 있다.

다음의 우화에서 우리는 각 개인의 잠재능력 발휘가 중요함을 알 수 있다.

옛날에 토끼, 새, 물고기, 두더지가 학교를 꾸려 나가기로 하였다. 그리고 함께 교과서 과정을 짰는데 토끼는 달리기를, 새는 날기를, 물고기는 수영을, 두더지는 땅에 구멍을 파는 일을 교육해야 한다고 우겼다. 따라서 토끼는 달리기에는 '수'를 받았으나, 벼랑 위에서 날기를 시도하다가 그만 떨어져서 그 후로는 달리기마저 잘하지 못하게 되었으며 새의 경우에도 날기에는 '수'를 받았으나, 두더지처럼 땅에 구멍을 파다가 날개와 부리는 물론 몸마저 심하게 다쳐 그 후로는 날지 못하게 되었다.116)

이처럼 사람도 누구나 천부적인 고유한 잠재력을 가지고 태어났기에

---

114) M. Landmann, Philosophische Anthropologie, 진교훈 역, 『철학적 인간학』(서울: 경문사, 1981), p.211.

115) 현승종, "한국교육 무엇이 문제인가? - 인간교육의 관점에서 -", 아산사회복지사업재단, 『도덕성회복을 위한 교육의 과제』, 1992, p.26.

116) 황태근, "누가 더 큰 사람인가?", 인간교육 실현 학부모연대 편, 『성숙한 부모, 자유로운 학교, 건강한 아이』(서울: 대화출판사, 1993), pp.125 - 126.

아마도 교육의 본질에는 피교육자의 이 고유성을 발견하여 그것을 개발할 수 있도록 도와주며 가르치는 일이 해당될 것이다. 그런데 지금 학교에서는 모든 아이들의 고유성을 무시하고 똑같은 사람으로 만들기에 열중하고 있다. 따라서 인간을 물건으로 취급하여 생산자의 의도가 먼저 있고 거기에 맞추어 인간들을 만들려고 하는 것은 비교육적이라 할 수 있다.

이와 같이 인간주의자들은 교육의 목적을 축적된 지혜와 과거의 경험을 넘겨주는 것 이상의 훨씬 광범위한 것으로 생각한다. 즉 교육의 목적은 개개의 학생으로 하여금 자기 자신을 발견하고 다른 사람들과 사회적 관계를 맺으며 현재의 시점에서 행복하게 살아가고 또 미래의 생활에 대비하도록 돕는 데 있다는 것이다.[117) 로저스(Carl R. Rogers) 역시 그의 저서 Freedom to Learn에서 우리가 살고 있는 현재의 세계에서 교육이 목표로 삼아야 할 것은 개인이 가진 잠재력을 신장시키는 것이라 했다. 우리 교육에서도 예외는 아니다. 학습할 지식과 같은 내용만 중시할 것이 아니라 그것을 학습하는 사람도 존중해야 할 것이다. 따라서 자기 자신, 즉 각 학생 개인에서부터 출발하여 자신이 누구이며 어떤 잠재력을 가지고 있으며 어느 방향으로 가는 것이 바람직하다는 것 등에 대한 교육이 이루어져야 할 것이다.

이와 같이 인간이 다른 물건이나 기계와 다르고 다른 동물과는 달리 가능성이 많은 존재이기에 교육은 첫째, 각 개인의 잠재능력을 발휘하게 하도록 해야 하며, 둘째, 무리하게 외부에서 주입하고 강제를 하는 방법보다는 자각하도록 도와주고 그의 능력과 소질을 찾도록 하고 옆에서 도와주도록 되어야 할 것이다.

또한 셸러(Max Scheler)는 인간에 대한 보다 깊은 연구를 통해 인간이 매우 자유스러운 존재임을 말하였다. 이것은 다음의 실존주의 사상과 연결되는 것으로 인간을 창조자로 본다. 그도 인간은 동물처럼 종의 성질

---

117) W. B. Kolesnik, op. cit., p.74.

을 가지고도 확고부동하게 고정된 존재가 아니라 자기 형성을 하면서 점차적으로 확대되어 가고 있는 세계와의 관계에서 존재하는 개방적 존재라고 했다. 그에게 있어 인간은 본래부터 반쯤 미완성된 채로 세상에 태어났다. 왜냐하면 그의 현존재의 다른 반을 하느님(또는 자연)은 인간에게 완성하도록 위임했기에 인간은 자기 자신을 창조하는 과제를 이미 본래부터 가지고 있는 존재라 본 것이다. 그런데 겔렌(Arnold Gehlen)도 인간은 살고 있을 뿐만 아니라 자기의 삶을 이끌어 간다고 했다. 그러므로 인간은 인식에 의해서 변화되는 존재자다. 인간은 개방되어 있고 스스로 창조하기에 달린 것이므로 자기를 스스로 만든다는 관념과 어떤 이상을 결정하는 능력을 가지게 된다. 가세트(Ortega y Gasset)에 의하면 인간은 이중의 방식으로 존재한다. 인간은 자기 자신을 창조하며 그가 창조하려고 하는 것까지도 규정한다고 한다.118) 또한 플레스너(H. Plessner)는 "우리는 있다. 그러나 우리는 우리를 갖고 있지 못하다. 이 개방성이야말로 인간조건이다."라고 말했으며, 볼노(O. F. Bollnow)는 "그러므로 우리는 비로소 되어 가고 있다."고 말했다.119) 사람이 생물학적으로 보아서 미완성의 존재이며 또한 자연과 역사를 포함한 그의 환경에 대해서 열려 있는 존재라면 그는 나면서부터 고정적인 불변의 형태를 가지고 있는 것이 아니고 그의 삶을 통해서 사람이 되는 것이다. 그러므로 사람의 일생은 결국 사람이 되는 과정이다.

위에서 우리는 철학적 인간학을 통해 인간이 다른 동물과는 달리 고정된 존재가 아니라 변화를 해야 하는 미완성의 존재이고 무한한 가능성을 가진 존재임을 알았다. 인간이 외부의 조작에 의해 그대로 따르는 존재만은 아니고 개방적이고 본질적으로 스스로가 자기 행동을 움직이는 최종 심판자인 자유롭고 주체적인 존재임을 실존주의와 인본주의 심리학을 통해 좀 더 살펴보고자 한다.

---

118) 진교훈, 『철학적 인간학(Ⅰ)』(서울: 경문사, 1982), pp.18-19.
119) 상게서, p.195.

실존주의에서 인간은 던져진 존재이다. 그런데 이것은 본래적 존재의 미가 없기에 각 개인은 스스로 만들어야 한다는 존재라 본다. 따라서 인간은 던져진 존재로서의 그의 본래적 존재의미를 가지고 있지 않기 때문에 자기 스스로가 결정을 한다. 그래서 그는 항상 무엇인가를 바라는 존재로 있는 그대로 충족될 수 없는 존재이다. 돌이나 나무, 새나 소와 같이 있는 그대로 충족될 수 있는 존재가 아니다. 그러기에 인간은 그냥 그저 있지 않고 언제나 다른 그 무엇이 될 수 있고 되고자 하는 가능성을 가진 존재이다.[120] 실존주의는 철학적 인간학에서 한 걸음 더 나아가 인간 그 자신이 가능성을 가진 존재로서 그 스스로가 보다 적극적으로 무엇인가가 되고자 한다는 것이다. 그래서 이들은 선택을 중시한다. 자유롭기에 선택을 자기 스스로 할 수 있다. 그래서 선택에 의해 그 자신을 이룬다.

인간은 자기가 선택한 것에 자기 자신을 던지는 것을 의미한다. 인간은 그의 삶에서 무엇인가를 선택할 때에 아직 도래하지 않은 미래에다 자기 자신을 던지는 것이다. 그렇게 함으로써 인간은 지금의 그가 아닌 변화된 그가 된다. 왜냐하면 인간은 그가 무엇인가를 선택할 때에 자신의 존재에 어떤 새로운 것을 발생시키기 때문이다. 다시 말하면 선택이란 그의 존재 상황에 반응하는 방식이다.[121] 하이데거(M. Heidegger)도 인간은 그저 던져져 있기만 하는 존재에 그치지 않고 앞을 향하여 던지기도 하는 존재로 보았다. 그래서 인간은 던져졌다는 과거적 필연에 밀리기만 하거나 아무 일 없이 막연히 미래를 기다리고만 있는 것이 아니라 진지하게 자기의 미래를 스스로 결정하면서 살아가야 한다고 했다.[122] 이는 인간은 과거나 환경에 전적으로 매이기보다는 아직 정해지지 않은 미래를 위해 자기가 주체적으로 선택적 행동을 하여 얼마든지

---

120) 남궁달화, "인간성회복과 교육 ─ 실존주의자적 접근", 『교육학연구』, 22권, 1984, p.60.

121) V. C. Morris, Existentialism in Education: What it Means(New York: Harper & Row, Publishers, 1966), p.40.

122) 한전숙·차인석 공저, 『현대의 철학 Ⅰ』(서울: 서울대학교 출판부, 1980), p.17.

자기가 원하는 대로 할 수 있는 현재의 자유를 가진 존재라 본 것이다.

19세기의 사상가 니체(F. W. Nietzsche)에게 인간이란 항상 새로운 형식을 받아들일 수 있으며 또한 스스로 자신에게 형식을 부여하는 존재였다. 그는 "인간 안에 피조물과 창조자가 통합되어 있다."고 했다. 인간 속에 소재, 파편, 잉여, 점토, 오물, 무의미함과 혼돈도 있고 또한 인간 속에 창조자와 조각가 같은 엄격함, 관조하는 신성 그리고 안식일의 평안함도 있다. 조각가가 예술품을 만들 소재인 돌에서 이미 작품의 모습을 구상해 내는 것처럼, 그는 인간 안에는 천연 상태의 소재와 자유로운 도안으로서의 자기 자신의 이상적 모습이 함께 공존한다고 본 것이다. 인간은 끊임없이 새로운 것을 추구하는 창조자여야 한다.[123] 사르트르(J. P. Sartre)는 더 나아가 사람은 자신의 창안 이외의 아무것도 아니고 자신을 실현하는 한도 내에서만 존재하고 선택에 있어서 중요한 점은 선택을 하지 않더라도 그것 역시 선택적 행위라고 했다.[124] 따라서 인간은 그의 행동의 전체 이외의 아무것도 아니고, 그의 삶 이외에 아무것도 아니다. 니체와 사르트르가 강조하는 것은 인간 그 자체가 본질적으로 스스로 완성해 가야 하는 존재이고 인간 그 자신의 주체적인 선택의 자유를 강조하는 것은 보다 자유로울 수 있음을 말하고 있다. 인간이 매 순간 자기가 결정을 해야 하고 자기 자신을 만드는 역할을 하기 때문에 인간이 스스로 주체적으로 일을 처리할 수 있는 환경과 교육이 매우 중요하다. 그래서 교육에 있어서 선택의 중요함에 대한 교육, 그리고 스스로 선택할 수 있는 환경이 더 요구된다 하겠다.

그라뜨레(A. Gratrey)는 개인뿐만 아니라 인류 전체도 원하는 바에 따라 성자도 될 수 있고 불량배도 될 수 있다고 했다. 인간은 존재방식 자체가, 즉 그가 무엇이며 무엇이 될 수 있는가 하는 것은 그의 자유로운

---

123) 정영근, 『인간이해와 교육학』(서울: 문음사, 2000), p.234.

124) J. P. Sartre, Existentialism and Humanism(London: Methuen & co., Ltd., 1938), 방곤 역, 『실존주의는 휴머니즘이다』(서울: 문예출판사, 1975), pp.31 – 39.

결정에 맡겨져 있는 존재라 했다.[125] 프랑클(Viktor E. Frankl)도 인간은 결단 속에 사는 결단적 존재라고 했다.[126] 인간은 그가 무엇인가 또 그가 다음 순간에 무엇이겠는가 하는 것을 그때마다 늘 새롭게 결단하는 자이다. 그래서 인간은 자기 자신에 대해서 결단하는 자이기 때문에 인간을 일시적으로 결정하는 행동의 정형은 존재하지 않는다.

따라서 실존주의가 자유로운 선택을 강조하며 이때 선택의 기준은 그 자신에 있다고 했으나 이때 개인의 주체성은 그 자신뿐만 아니라 다른 사람과의 관계에서도 최고여야 한다는 것이다.[127] 여기서 인간 각자의 책임 있는 선택과 행동의 중요함을 엿볼 수 있다. 자신의 선택이 타인에게 영향을 주기 때문에 보다 현명한 결정을 하게 하고 선택을 생활화하는 것이 필요하다.

한편 모리스(Van Cleve Morris)는 인간은 창조자이면서 피창조물이라 했다. 하느님이 인간을 만들고 사물은 만들었지만 사물은 피창조물로서 더 이상 자기 스스로 그 무엇을 만들 수 없지만 인간은 그렇지 않고 자기 스스로를 자기가 형성하며 다른 사물을 만드는 창조자라 했다.[128] 부버(Martin Buber)도 인간은 신의 형상에 따라 만들어졌기 때문에 그 자신이 선택하고 결정할 자유를 가졌으며 또한 그의 선택은 그가 무엇이 되려고 하는가와 다른 사람들과 어떤 관계를 유지하는가 하는 상황 속에서 살아야 하기 때문에 피할 수 없다고 했다. 그래서 자유롭게 선택하지 못하면 그는 아무것도 아니라고 했다.[129] 여기서 교육에 있어서 보다 자유롭게 선택할 수 있는 능력을 기르지 않거나 여건을 만들지 않는 것

---

125) M. Scheler, Philosophishe Weltanschauung, 허재윤 역, 『철학적 세계관』(서울: 박영문고, 153, 1977), p.156.

126) Viktor E. Frankl, 정태시 역, 『죽음의 수용소』(성남: 제일출판사, 1969), p.203.

127) J. P. Strain, Modern Philosophies of Education(New York: Random House, 1971), p.471.

128) Van, Cleve Morris, op. cit., p.2.

129) M. Bedford, Existentialism and Creativity(New York: Philosophical Library, Inc., 1972), pp.135 - 136.

은 강제하거나 남이 해 주는 쪽으로 가서 인간적이지 못하다고 할 수 있다. 학생을 존중함은 그를 능동적이고 주체적인 인간으로 보는 것이기에 학생에게 스스로 선택하고 행동하여 책임지게 한다.

인간주의자들은 선택의 자유를 인간만이 가지는 가장 독특한 특성이며 가장 중요한 것이라고 믿는다. 그들에 의하면 개인의 행동은 알 수 없는 억압된 충동이나 무의식 세계의 깊숙한 곳에 감추어져 있는 아동기의 피상적 경험에 의해서 결정되는 것만은 아니라고 본다. 또한 인간의 행동은 개인이 통제할 수 없고 인식할 수 없는 강력한 외적 힘에 의해서 결정되는 것도 아니라는 것이다. 인간 행동은 오히려 그의 자신의 선택에 의한 결과이다.[130] 인간은 외부환경에 의해, 그리고 자신의 판단을 거치지 않은 물건처럼 단순히 외부의 의도대로만 행동하지 않고 그 스스로가 선택하고 결정할 수 있는 힘과 여지가 있음을 말한다.

실존주의 교육에 있어서 가장 중요한 지식이란 인간의 조건들과 각 개인이 행해야만 하는 선택에 관한 것이라고 보며, 교육을 선택의 자유, 그리고 선택의 의미와 그 선택에 대한 책임에 관해 의식을 일깨워 주는 과정이라고 본다.[131] 이처럼 실존주의 교육에서는 학생으로 하여금 그에게 유용한 수많은 선택으로부터 그 자신의 길을 선택하도록 하게 한다. 따라서 학교는 선택적 분위기를 조성하여야 할 것이다.

한편 스스로 선택할 수 있는 여건을 강조하기에 학습방법으로 교의를 주입하는 교화를 경계한다. 교화란 주로 전체주의국가에서 사용되는 도구로서 권위주의적 생활양식과 관계가 깊다. 플루(A. Flew)는 교화란 학습자의 개방적인 새로운 입장의 탐구나 분석을 거부하고 교사의 의도적인 교의의 수업을 강조하는 것이라 보고 있다.[132] 따라서 실존주의에서

---

130) W. B. Kolesnik, op. cit., p.63.

131) Allan C. Ornstein, An Introduction to the Foundations of Education(Chicago: Rand McNally College Publishing Co., 1977), p.210.

132) Antony Flew, "What is Indoctrination?", Studies in Philosophy of Education(Spring, 1966), p.285.

교사는 학생들의 의문에 독단적이거나 권위적인 대답을 하여서는 안 된다. 오히려 교사는 학생들이 궁극적 의문들을 가지고 인간실존을 탐구하도록 조성하여야 하며 또한 그러한 문제들을 다양한 관점으로 탐구할 수 있도록 도와주어야만 한다. 그 방법은 교훈적이거나 권고적이지 말고 촉진적이어야 한다.[133] 인간중심 교육과정에서는 기존의 지식은 아직 진정한 지식이 되지 못하는 단지 지식의 소재로서 학습자와 상호교섭을 통해야만, 즉 학습자의 경험의 스크린을 통해야만 비로소 교육적으로 의미 있는 지식이 될 수 있다고 보았다. 따라서 인간중심 교육과정은 그 방법이 단순한 주입이 아니라 의미의 획득에까지 나아가야 된다는 것이다. 그래서 단순한 주입이나 의미의 획득으로 가지 못하는 것은 자각으로 이르지 못하며 선택을 할 수 없게 한다.

한편 선택은 자각의 상태에서 여러 가지 중에서 하나를 고르는 것을 의미한다. 왜냐하면 자각이 없는 선택은 있을 수 없기 때문이다. 비록 여러 가지 선택할 수 있는 것들이 있다 하더라도 자각하지 못하고 있다면 선택은 없는 것이다. 따라서 선택을 하기 위해서는 자각이 있어야 한다. 그런데 선택의 자각은 전적으로 주체자의 자유이다. 만약 한 개인이 자기가 선택하고 있음을 자각하지 못하면 그는 진정한 의미의 자유로운 개인이 아니다. 그래서 선택할 수 없이 사는 것은 자유가 없이 사는 것이라 할 수 있다. 결국 자각과 선택 그리고 자유는 서로 연관되어 있다는 것이다. 따라서 인간주의 심리학을 통해 좀 더 살펴보도록 하자.

인간주의 심리학자들은 자극이 행동에 영향을 끼치기는 하지만 행동을 결정짓지는 않는다고 강조한다. 왜냐하면 인간은 선택을 하든지 행동을 하기 전에 반드시 그 자신의 지각적 판단을 거친다고 보았다. 이는 선택이나 행동이 각 개인에게서 최종적으로 결정됨을 의미한다. 따라서 그가 어떻게 생각하고 행동하는가는 매우 개인적인 것이기에 그는 자유

---

133) Howard Ozmon & Sam Craver, Philosophical Foundations of Education(Ohio: A Bell & Howell Co., 1976), p.178.

스럽다고 할 수 있다. 즉 인간의 주체성을 본 것이다.

인간주의 심리학에서는 인간은 외부적 자극이든 내부적 자극이든 그 자극에 대한 그 자신의 지각, 즉 어떤 모양으로 나타나며 어떤 의미를 주느냐에 따라서 그 자극에 반응한다는 것이다. 동일한 객관적인 자극이라도 개인에 따라 달리 지각된다고 본다. 그래서 인간은 현실에 대해서 반응하는 것이 아니라 지각한 것에 대해서 반응한다는 것이다.[134] 이에 대해 로저스(Carl R. Rogers)는 "인간은 지각적 존재이다."라고 했다. 즉 인간은 그가 지각하고 경험한 대로 반응하며 그의 인식을 실재라고 여기는 존재라는 것이다.[135] 매슬로(Abraham Maslow)도 환경적 조건만 적당하다면 그의 선천적 잠재력을 실현하는 방향으로 움직인다고 하였다. 그는 삶을 보다 풍부하게 의미 있게 이끌 수 있는 현상적 자아를 가정하고 있다.[136] 따라서 인간은 그 자신의 통제능력에서 벗어나는 어떤 힘에 의해 좌우되는 수동적인 존재가 아니라, 미래지향적이고 자기 통제적 목표로 움직이는 능동적인 존재로 본다. 그리고 그에 의하면 인간의 모든 잠재력이란 삶을 영위하고 이를 고양시키는 힘이다.

올포트(Allport)도 인간을 형성과정에 있는 존재로서 의식을 가지고 개인적이며 미래지향적이고 자신의 행동과 운명을 통제하는 주체적 존재로 본다.[137] 그에게 인간은 외부의 자극을 수동적으로 받아들이는 존재가 아니다. 그는 활동의 중심이며, 형성의 원천이고, 의지와 결단력을 가진 생물이다. 왜냐하면 고문이나 감금, 과중한 의무부여와 같은 극단적인 상황에서도 인간은 자신에게 일어나고 있는 사태를 의식하는 한 결코 운명에 따르는 존재가 아니기 때문이다. 즉 일어나고 있는 상태를 조

---

134) C. H. Patterson, Humanistic Education, 장상호 역, 『인간주의 교육』(서울: 박영사, 1983), pp.104-105.

135) F. Milhollen & B. L. Forisha, From Skinner to Rogers(Lincoln, Nebraska: Professional Educator Publications, Inc., 1972), pp.99-100.

136) 이수용 외, 『인간이해』(서울: 형설출판사, 1991), pp.47-49.

137) C. H. Patterson, op. cit., p.98.

금이라도 의식한다는 것은 그 사태에 힘을 가하여 이를 변화시킨다는 것을 의미한다. 그리고 의식이 있다면 자아도 있게 되며, 자아는 바로 그 존재에 의하여 사물을 변화시킨다는 것이다.[138]

켈리(E. C. Kelly)는 지각은 심리적 자아의 성장에 기초가 되는 것이며 지각의 과정은 자아가 성숙되는 유일한 길로서 그것은 선택적이라고 했다. 우리는 우리 주위의 모든 것에 관심을 갖는 것은 아니다. 단지 자아가 성장하는 데 기초가 되는 것을 선택할 따름이다. 그런데 선택은 경험과 목적에 달려 있다는 것이다. 따라서 인간은 목적적이다. 왜냐하면 인간은 무엇이든지 먹지 않듯이 그들의 목적에 부합되고 과거의 경험에 부합되기 때문에 그런 것이다.[139] 인간주의자들은 인간은 목적적이며, 목표를 추구하는 유기체라고 본다. 그래서 각 개인은 그의 욕구를 충족시키고 목표를 성취하기 위해서 행동한다. 따라서 개인이 무엇을 하고 있는가? 그가 왜 그런 일을 하는가를 이해하기 위해서는 그의 사고체계 및 가치관 그리고 목표가 무엇인지를 알아야 한다. 그런데 여기서 가장 중요한 것은 그 스스로가 어떤 인간인가를 깨닫는 것이 필요하다. 왜냐하면 그가 누구인지를 아는 것은 그가 보다 자유롭기 위한 조건이 될 수 있기 때문이다. 그리고 무엇보다도 그가 보다 바람직한 목표를 세우는 것이고 이와 관련하여 그의 잠재능력을 발견하고 발휘하게 하는 것이다. 그가 소질을 발휘할 때 보다 즐겁고 자신감을 가지고 보다 좋은 선택을 할 수도 있다.

인간주의 교육에서는 인간을 물건이나 기계와 같이 고정된 것으로 보지 않으며 또한 다른 동물처럼 변화의 가능성이 적다고 보지 않고 무한한 가능성을 가진 자유로운 존재로 본다. 그리고 그 가능성을 자신 스스로 결단을 통해 결정하고 행동하는 최종의 심판자로 본다. 따라서 교육

---

138) R. E. Mayson, 정진환 외 역, 『현대의 교육사조』(서울: 배영사신서 70, 1979), p.157.
139) E. C. Kelly, "The Fully Functiong Self", 이해명 역, 『전인교육을 위한 학습지도 방법』(서울: 교육과학사, 1983), pp.20－21.

에서는 보다 자유롭게 선택하고 결정하며 자기 자신을 자기가 만드는 책임 있는 주체가 되게 하기 위해 선택을 많이 하게 하고 선택의 중요성에 대한 교육이 강화되어야 하고 또한 자신의 잠재능력을 더 발휘하도록 하여야 할 것이다. 따라서 물론 유전과 환경에 의한 한계성도 있지만 인간을 수동적이거나 고정된 것으로만은 생각하지 않고 자신이 스스로 선택하고 결정할 수 있는 자유로운 존재로 본 것은 인간을 매우 가치 있게 한다.

2. 사랑이 필요한 존재로서의 인간

사람이 살아가면서 끊임없이 다른 사람과 상호작용을 하고 살아간다. 그래서 이 상호작용이 바로 삶이 된다. 그럼 이 상호작용을 하는 인간과 인간 간의 관계에서 제일 필요한 것은 무엇일까? 그것은 바로 사랑일 것이다. 따라서 인간에게 요구되는 것은 사랑의 행위를 많이 하는 것이다.

인간에게 있어서 사랑이 없어서는 안 되는 점에 대해 프롬(E. Fromm)은 잘 설명하고 있다. 그는 인간을 자연으로부터 분리되면서 벌거숭이인 채로 이 세상에 홀로 존재하는 실체라 보았다. 한 인간은 어머니에게서 탄생되면서 모체로부터의 분리를 경험하며 세상에 홀로 존재하는 개체로서 그의 고립감을 느끼게 된다. 이와 같이 인간은 본질적으로 고독감을 느끼고 고독한 존재이며 무엇으로부터 분리된 상태이기에 이 고독감과 분리감에서 벗어나기 위해 부단히 노력한다. 그에 대한 노력에 대해 프롬은 크게 세 가지를 들었다. 그 하나는 원시사회에서 흔히 볼 수 있는 것으로 흥청거리는 의식적 제사(祭祀)이다. 또 하나는 신앙이나 관습 그리고 집단에 융합하려는 의지와 일과 같은 창조적인 활동이다. 그런데 가장 중요한 것으로 사랑을 꼽았다. 창조적인 활동은 대인간적인 것이 아니기 때문에 완전한 일체감을 느끼지 못하고, 의식적인 흥청거림은 또한 일시적인 극복에 그치기에 분리감을 극복할 수 있는 것은 대인 간적인 사랑뿐이라고 했다.140) 이와 같이 인간은 느끼고 생각하는 동물로서 누구나 고독감과 외로움을 원치 않는다. 그래서 사랑을 할 수밖에 없는 존재로서 모든 사람들이 고독에서 벗어나기 위해 사랑을 해야 하기에 사랑은 인간의 본질이자 한편으로 하나의 의무가 된다 하겠다.

한편 사랑은 주는 것이라고 프롬은 말하고 있다. 여기서 우리는 사랑의 필요성 혹은 인간이 사랑을 해야 또 다른 이유를 유추할 수 있다. 주는 것은 빼앗기고 희생을 하는 것이 아니다. 생산적인 성격의 사람에게 있어서 준다는 것은 그 안의 생기발랄하게 살아 있는 일부를 주는 것이기에 여기서 다른 사람의 인생을 더 풍성하게 해 주게 되어 그는 여기에서 참기쁨을 맛본다.141) 따라서 참기쁨을 맛보기 위해서는 사랑을 많이 해야 할 것이다. 그런데 문제는 사람들이 눈에 보이지 않는 사랑보다는 눈에 보이는 단기적인 물질에 더 이끌리고 있다는 점이다. 즉 소유냐 존재냐에서 인간들은 물질적인 소유를 바라보고 있고 그 속에서의 쾌락을 더 좋아한다. 그런데 진정한 삶의 의미는 주는 사랑을 통한 참희열을 느끼고 그 과정에서 그의 존재를 나타내는 데 있다고 할 수 있다. 그리고 인간은 누구나 행복하고 즐겁기를 바란다. 그래서 사랑을 통한 참기쁨과 인생의 보람을 느끼도록 되어야 할 것이다.

부버(M. Buber)는 인간성을 회복하기 위해서 인격적 만남을 통한 사랑을 강조했다. 인간과 인간 간의 사랑의 관계가 되기 위해서는 인격적 만남이 필요하다. 왜냐하면 이것은 사랑의 행위로서 서로 사랑하고 있는 상태가 되는 것은 서로를 위하고 존중하는 것으로 나타나기 때문이다. 그는 오늘날 기계화시대에 소멸해 가는 인간의 존엄성과 자아상실의 회

---

140) E. Fromm, The Art of Loving, 강승규 역, 『사랑이라는 예술』(서울: 왕문사, 1974), pp.186－187.

141) Ibid., pp.28－47.

복을 '나'와 '너'의 '만남'에 의해 해결하려고 한 것이었다. 즉 '나ー너'의 인격적 관계가 무너질수록 그만큼 더 비현실성에로 타락하게 되며 '나ー그것'의 관계가 상대적 우위를 차지하게 됨을 경고한 것이다.[142] 이와 같이 부버는 점점 삭막해지고 인정이 메말라 가는 현대 사회에서 보다 사랑이 넘치는 사회가 되기 위해서는 '나ー너'의 관계회복을 주장하였다. 왜냐하면 '나ー그것'의 관계는 권위적이고 소유적이라 할 수 있기 때문이다. 인간이 살아가면서 인간으로서의 사랑은 다른 사람과의 관계 속에서 존중받는 것이다. 서로서로가 사랑을 실천해야 함을 보여 준 것이다.

이에 부버는 교사가 학생을 사랑하는 경우에는 비에로스적이어야 한다고 했다. 왜냐하면 그에게 있어 에로스는 선택을 의미하기에 이것은 교육이 아니라고 보았기 때문이다.[143] 에로스를 사랑하는 사람은 그가 사랑하려는 사람, 즉 대상을 취사선택하게 되는데 이는 교육의 본래적 정신에 어긋난다. 왜냐하면 교육자들은 자기의 뜻과는 관계없이 자기 앞에 앉아 있는 다양한 학생들을 접하게 되기 때문이다. 즉 교사가 교실에 들어갔을 때 그는 그가 선택한 학생들을 향해 들어간 것이 아니다. 학생들은 교사의 선택권 밖에 있는 존재들로서 천차만별의 학생들이 그 학급에 놓여 있는 것이다. 그야말로 창조된 세계의 현재 모습 그대로이며, 인간세계의 축소이다.

따라서 부버는 교사가 모든 학생들을 '나ー너'의 관계로 보고 편애하거나 차별하지 않는 사랑의 실천자로서 포용의 방법을 강조했다. 그래서 참된 사랑의 교사는 학생의 입장에서 교과목의 의미를 자각하고 배움의 정황에 대한 자기편의 입장에서 예민한 관찰을 하고 교과 및 교육내용을 선정할 때도 대체로 자신의 목적에 가장 잘 부합되는 교과나 교육내

---

142) 강선보, 『마르틴 부버 만남의 교육철학』(서울: 원미사, 2003), pp.143ー144.

143) Martin Buber, Between Man & Man, Translated by Ronald Gregor Smith(London: Routledge & Kegan Paul, 1954), p.94.

용을 선정하지만 꼭 학생들의 욕구와 관련되는 교육적 준거를 이용해야 한다.144) 이처럼 교사는 사랑을 하기 위해서는 학생들을 있는 그대로 받아들이고 모두 수용하고 포용을 통해 강제를 회피한다. 이 과정에서 상호존중의 신성함을 감지하는 학생은 교사에 대한 신뢰를 더하게 되고 교사들을 통해 세계를 신뢰하게 된다. 그리하여 교사가 학생들에게 자기 자신과 타인 그리고 세계에 대해 사랑할 수 있는 자세를 배운다.

한편 부모도 교사와 마찬가지로 자식들을 있는 그대로 수용해야 한다. 그의 능력과 소질 그리고 단점까지도 포용할 수 있어야 하고 주입하거나 강요하지 말아야 할 것이다. 이에 부모 특히 어머니의 사랑을 강조한 페스탈로치(J. H. Pestalozzi)의 사상을 이와 관련하여 살펴보자.

그는 마음 또는 가슴속의 애정은 인간의 정신적인 본성이라 했으며 특히 어머니는 어린 자식에게 사랑을 더 많이 해야 하고 그가 보다 사랑을 할 수 있는 사람이 되게 하기 위해 먼저 부모가 자식에게 사랑을 많이 보여 주어야 한다고 했다. 그리고 그는 일단 어린이의 가슴속에 애정과 신뢰가 싹트면 어머니는 무엇보다도 먼저 이 소질을 강화하고 드높여 주는 데 온 힘을 다해야 한다고 했다.145) 어머니가 이 소질을 북돋아 주어야 한다. 그렇지 않으면 이 감정은 땅에 가라앉게 된다. 따라서 어머니는 끊임없이 아기자기하게 자녀의 애정을 북돋아 주며 신뢰의 감정을 키워 주는 조치를 주의 깊게 해 나가야 할 것이다.

이기심이 득실거리고 부패한 세상에서도 어린이의 순진한 마음을 보호하여 이것이 굳센 터가 되도록 하는 일이 어머니의 과제이며 교육자의 몫이다. 따라서 어린이가 어머니의 가슴에서 느끼는 티 없고 귀엽고 순진한 안정감이 언젠가는 성장하여 지상의 모든 선한 것을, 하늘나라의 모든 성스러운 것을 확고부동하게 믿을 수 있게 해 주는 일이 어머니의

---

144) 강선보, 전게서, pp.149－152.

145) J. H. Pestalozzi, 김정환 역, 『페스탈로찌가 어머니들에게 보내는 편지』(서울: 양서원, 1989), p.78.

어깨에 달려 있다. 하느님이 주신 이런 능력을 슬기로운 방향으로 잘 이끌어 주어야 할 것이다.

어린이의 본성 안에는 다른 어떤 것보다도 인간 창조의 무한한 지혜와 착한 행동을 할 씨앗이 있다. 따라서 어머니나 부모 혹은 교사는 각 인간이 제아무리 악하고 어떤 조건에 있다고 하더라도 존중하고 귀한 마음을 가져야 할 것이다. 교육자는 즐거운 마음으로 학생을 존중하기 위해서는 이와 같은 인간의 착한 심성에 대한 믿음을 가지고 있어야 할 것이다. 이것이 인간을 존중하고 사랑하게 하는 바탕이 된다. 따라서 보다 구체적으로 인간이 사랑을 할 수 있는 착한 마음의 소유자임을 살펴보고자 한다.

인간주의자들은 모든 개인은 살아 있는 인간존재라는 단순한 이유만으로도 본질적인 가치와 존엄성을 갖는다고 믿는다. 왜냐하면 그들은 인간이 적어도 형상적인 면에서만은 신의 모습으로 만들어졌거나[146] 모든 개인에게는 신성한 어떤 것이 있다고 주장했기 때문이다. 신은 전지전능하고 모든 것을 갖춘 완벽한 존재이다. 그래서 그는 정·의·지가 고루 발달한 전인이라 할 수 있다. 그리고 신을 닮은 인간 모두에게는 신의 속성을 가지고 있다는 점이다. 이 점에 대해 셰익스피어는 다음의 글에 잘 제시하고 있다.

> 인간은 얼마나 훌륭한 작품인가! 그의 이성은 고상하고, 그의 재능은 무한하도다. 그의 형상과 움직임은 자유자재로 표현되며 찬미할 만하도다. 그의 행위는 마치 천사와도 같으며 그의 이해력은 신과 같도다.[147]

그러므로 인간주의자들은 모든 개인이 인간으로서의 신성한 것을 가

---

146) 성경의 창세기에는 천지 만물을 만드신 하나님은 인간을 자신의 모습대로 만들었다고 기록하고 있다. 창세기 1장 27-28절 참조.

147) W. B. Kolesnik, Humanism and/or Behaviorism in Education, 김상호·김기정 역, 『인간주의 교육과 행동주의 교육』(서울: 문음사, 1988), pp.49-50.

지고 있기에 최상의 존경을 받을 가치가 있다고 믿는다. 인간이 가지고 있는 신성 중에서 가장 대표적인 것이 바로 착한 마음이다. 무한히 착할 수 있다는 것이다. 인간주의자들은 인간의 자연적인 선성을 인정한다. 그래서 인간에 관심을 가지며 인간을 존중하면서 가치가 있는 존재로 본다. 그리고 이 착한 마음을 끄집어내려고 하고 있다.

한편 인간에 대한 설에는 백지설과 성선설 그리고 성악설이 있다. 인간이 악한 존재인가 하면 그렇지가 않을 것이다. 왜냐하면 악의 존재라면 오늘날과 같은 문명을 유지하기가 어려웠을 것이기 때문이다. 우리 마음에는 항상 좋은 방향으로 나아가려는 마음이 있다. 백지설은 태어난 후의 환경에 의해 선할 수도 악할 수도 있다는 것으로 환경의 중요성을 말한 것이지 인간이 악하다고 단정한 것은 아니다. 인간은 악한 행동을 할 수도 있다. 그러나 그는 선한 마음을 가지고 사랑을 하는 존재임을 부인할 수가 없다. 얼마든지 착한 행동을 할 수 있기 때문이다.

먼저 착한 본성을 가졌다고 주장하는 몇 사람들뿐만 아니라 니일(A. S. Neil) 그리고 맹자 등의 인물들이 말한 성선설 및 악한 행동은 어떻게 발생하는지 그리고 그 해결방안은 무엇인지에 대해 살펴보고자 한다. 이들은 대개 인간주의 교육학자라 할 수 있다. 왜냐하면 인간에 대한 긍정적인 태도를 가지고 보다 좋게 인간을 보려고 하고 인간이 행복하고 보다 가치 있게 되기 위해 사랑하는 마음을 키워 가야 한다는 입장이기 때문이다.

에밀과 사회계약론의 저자인 루소(J. J. Rousseau)의 종교관의 근본도 성선설에 입각한 것으로 전통적인 기독교의 원죄설과는 대립된다. 그의 이와 같은 주장은 당시에 가톨릭교의 분노를 사게 되었고, 이로 인해 에밀은 종교재판을 받아 유죄로 인정되어 분서처분을 받게 되고 그 저자인 루소의 체포령까지 내려졌다. 에밀은 사회인이 되어야 하므로 이 시기에 사회적 지식과 경험을 쌓지만 사회생활을 통해 사회제도와 체제의 모순을 알게 되고 이상적인 사회의 건설에 관심을 갖게 된다. 또 도덕의 문제에도 눈을 뜬다. 도덕은 질서를 지키기 위해 또한 평화를 얻기 위해 필요한 것이나 그 기본은 인간의 양심이라고 했다.[148] 루소가 말하는 선이란 사회적인 장치나 인위적인 것에 의해서 변질되지 않은 상태이다. 그는 인간의 마음에는 사악한 것이란 아무것도 없다고 본다. 단지 사악한 것은 오직 부패한 사회에서 오는 것이라고 믿었다. 따라서 그는 사회제도와 체제의 모순을 없애는 데 관심을 많이 가졌고 인간이 악한 행동을 하는 것은 이것과 관련되어 지나친 욕심을 가질 때라고 보았다.

페스탈로치(J. H. Pestalozzi)도 루소와 더불어 인간의 본성은 선하다고 보았다. 그런데 역사의 현실에서 악의 힘이 활개치고 있음에 물음을 제기하였다. 선한 본성이 인간의 밑뿌리에 있는데 왜 악은 생기는 것일까에 대해 그는 이것을 경험으로 풀려고 하였고, 교육의 문제와 관련시켜 풀려고 하였다. 그는 그 원인을 환경에 두었다. 왜냐하면 환경이 나빠서 그 본성을 발휘하지 못하고 타락하고 있다고 생각했기 때문이다. 그리고 이 환경 중에서 가정·사회·교회·국가가 그 으뜸가는 것이라 했다. 이것이 온통 타락하였을 때 어디에서부터 손을 댈 것인가? 페스탈로치는 타락하지 않고 남은 단 하나의 곳으로서 겔트루트의 안방을 들고 있고, 이 가난한 석공의 안방에서부터 인류재건의 길의 첫발을 디디게 하였다.[149] 여기서 그가 말한 것은 한 인간이 태어나서 큰 영향을 받는 가정의 중요함을 말하고 있으며 가정에서부터 사랑의 인간이 되어야 함을 말하고 있다.

사람에게는 선한 마음을 가지고 있기에 사랑을 하고자 한다. 그러나 그가 사랑을 받아 보지 못한다면 그는 선한 마음을 실천하기가 어려울 것이다. 그런데 인간의 사랑하는 마음 중에서 가장 으뜸은 아마 모성애이며 이타 행위와 동정심 같은 것도 역시 부모와 자식 사이에서 싹이

---

148) 유봉호, "루소", 한국교육학회·교육사연구회 편 『교육사상가평전』(서울: 교육과학사, 1984), p.143.
149) 김정환, 『페스탈로찌의 생애와 사상』(서울: 박영사, 1974), p.61.

튼다는 점이다.150) 따라서 가장 기본적으로 가정에서부터 부모가 사랑을 솔선수범하여 실천함으로써 그 자식들은 보다 선할 수 있다.

니일 역시 인간은 선하고 악하지 않다고 했다. 여기서 닐이 말하는 선하고 악하지 않다는 뜻은 현 사회의 도덕적인 가치기준에 비춘 선악의 의미가 아니라, 사람이 본래 가지고 태어난 본성은 신이 주신 것으로 나쁜 것이 아니라고 보는 의미이다. 이 생각은 닐의 모든 사상의 기초이며 출발점이기도 했다. 그리고 그것은 죽을 때까지 하나의 신앙처럼 미동도 하지 않았다고 그 자신은 다음과 같이 말했다.

> 필요한 것은 우리가 어린이는 선한 존재이며 악한 존재가 아니라는 완전한 믿음을 갖는 일이다. 근 40년 동안 어린이의 선성에 대한 이와 같은 신념은 전혀 동요하지 않았다. 그것은 오히려 최종적인 신념이 되었다.151)

그는 수십 년 동안 실험학교라 불리는 서머힐을 하면서 인간의 본성은 악하지 않고 선하다는 신념을 그대로 유지하였다. 만약 악하다면 어떻게 해야 하나? 더 많은 통제와 규제가 계속될 것이다. 그리고 악한 행동을 하지 못하게 하기 위해 인간을 부자유한 상태에 있게도 한다. 따라서 그의 인간 성선설에 대한 믿음은 자유로 이어졌다고 볼 수 있다. 자유롭게 허용하는 것은 인간을 악한 존재라고 볼 때는 힘들 것이다. 인간에 대한 믿음과 사랑은 그에게 외부에서의 강제적인 방법보다는 자연적인 방법을 쓰게 한다. 그리고 그는 악한 행동은 사랑으로 해결이 가능하다고 보았다.

인간주의자들의 기본가정은 인간의 본성에 관한 그들의 견해로서 인간의 자연적인 선성을 인정한다. 그 대표적인 예가 우리가 이룬 문화와 문명을 유지 발전시키고 있다는 점이다. 이것은 인간이 본래 끊임없이 이상사회를 추구하는 마음을 지니고 있다는 증거가 되기에 충분하다. 종

---

150) 김충렬, 『유가윤리강의』(서울: 예문서원, 1997), p.51.
151) 김은산, 『니일의 인간교육사상』(서울: 배영사, 1982), p.60.

교와 윤리체제가 부단하게 독자적으로 발전되어 왔으며 비록 그 응용적인 측면에서 특히 불완전성을 드러내기는 하지만 이러한 이상을 대표하는 정부체제나 법률체제를 발전시켰다. 인간 속에 선을 지향하는 선천적인 충동이 없다면 인류가 이제까지 어떻게 생존해 왔는가를 설명하기가 어렵다. 인간은 오래전에 서로를 살상하여 종말을 고했을 것이다.152) 그런데 일상생활 속에서 우리는 인간의 좋지 못한 면을 많이 본다. 그럼 이는 왜 생길까 하는 물음이다. 이에 대한 해답을 얻는 것은 보다 인간이 사랑할 수 있는 방법을 찾는 데 도움이 될 것이다. 따라서 여기에 대해 여러 학자들이 언급을 했는데 루소는 억압하는 잘못된 사회의 제도에서 페스탈로치는 환경이나 학습에서 그리고 닐 같은 사람들은 자유와 사랑의 부족에서 비롯되었다고 했다. 그럼 인간주의 심리학자인 매슬로와 공자의 성선설을 중심으로 조금 더 그 원인에 대해 살펴보자.

공격성은 오랫동안 본능적인 것으로 간주되어 왔으며, 그것의 강도와 실제적인 보편성은 이 견해를 더욱 굳혀 주었다. 그러나 본능으로서 공격성이 있다는 견해에 의문을 제기하는 사람이 많다. 인류학자인 몬타구(Ashley Montagu)의 말은 이렇다. 과학의 영역에서 엄격하게 얻어진 증거를 토대로, 나는 인간이 태어날 때부터 착하며 그 선을 위한 제 나름의 가능을 성장시키고 계발시키려는 필요를 선천적으로 지니고 있는 방식으로 조직되어 있다는 결론에 도달했다. …… (공격성이 생래적인 것이라는 견해)는 과학적으로 규명된 것이 아니다. 기실, 유능한 연구자들에 의해서 얻어진 모든 자료는 인간이 한 푼의 공격성도 없이 태어난다는 사실을 보여 주고 있다는 것이다.153) 따라서 이는 특히 어릴 때의 환경과 교육에 의해 공격성이 줄어들거나 없어질 수 있고 선을 행하는 착한 행동을 할 수 있다는 점을 우회적으로 말하고 있다고 할 수 있다.

---

152) C. H. Patterson, Humanistic Education, 장상호 역, 『인간주의 교육』(서울: 박영사, 1983), p.101.

153) Ashley Montagu, The Humanization of Man(Cleveland, Ohio: Word Publishing Co., 1962).

한편 인간 내부의 적대감이 발달상의 결손으로부터 비롯되는 콤플렉스 징후일 수도 있다. 아동심리학자인 뷔러(Chalotte Buhler)도 그녀의 유아연구결과에 따르면 "유아가 어떤 좋은 것이 나타나리라는 기대를 가지고 '현실'에 접근하는 원초적인 성향성을 갖고 있다는 증거를 보여주고 있다. 이와 같은 현실이 해롭거나 혹은 위압적인 것같이 보일 때에 한해서 퇴행이나 방어와 같은 반응이 나타난다."154)는 것이다. 따라서 어릴 때의 심리적이거나 물질적 환경이 미약한 인간에게 있어 매우 큰 역할을 함을 암시한다. 매슬로(Abraham Maslow)도 역시 증오, 질투, 적대감 따위의 충동이 학습에 의해서 획득된 것이라고 주장한다. 그는 공격이 점차 억지로 타인의 주의를 끌게 되어 자신의 욕구를 충족하는 하나의 기법이나 형태로 간주한다.155)

환언하면 공격은 결핍이나 욕구좌절에 대한 반응이다. 이것이 1939년에 예일대학의 인류학자인 돌라드(John Dollard)와 그의 동료 심리학자들이 제시했던 욕구좌절에 의한 공격이라는 가설의 논지다.156) 더 일반적으로 말하면, 공격은 위협에 대한 반응이라고 할 수 있다. 위협이 어떤 형태로든 간에 보편적으로 일어나고 있기 때문에 그 행동도 보편성을 띠고 있다. 정신분석학자인 비브링(E. Bibring)은 Freud의 이론을 비판하는 자리에서, "공격성은 생명의 본능이나 자아본능이 위협상태에 노출되었을 경우에만 거의 나타난다는 경험적인 사실"을 지적하면서, "공격성이 자아 보전적 기능이라는 영역 밖에서 도대체 일어날 수 있는가?"157)라고 의문을 제기하고 있다.

---

154) Charlotte Buhler, Values in Psychotherapy(New York: Free Press, 1961), p.71.

155) Abraham Maslow, "Our Magligned Animal Nature", Journal of Psychology, 1949, 28, pp.273－278.

156) John Dollard, Leonard W. Doob, Neal E. Miller, O. Hobat Mower & Robert R. Sears, Frustration and Aggression(New Haven: Yale University Press, 1939).

157) E. Bibring, "The Development and Problems of The Theory of Instincts", in C. L. Stacy & M. F. Martino(Eds.) Understanding Human Motivation(Cleveland, Ohio: Howard Alen 1958), pp.474－498.

인본주의 심리학자인 대표적인 사람인 매슬로(Abraham Maslow)는 그의 저서인 존재의 심리학을 통해 인간의 내적 본성은 악하다기보다는 중성적이거나 혹은 긍정적으로 선한 것이라 주장했고 일반적으로 일어나는 악한 행동이라는 것은 사실 인간의 선한 내적 본성이 좌절되었을 때 부차적으로 일어나는 것이라 보았다. 좀 더 부연하면 인간의 내적 본성은 생래적으로 또는 근본적·필연적으로 악한 것으로 여겨지지는 않는다. 기본적인 욕구(삶에 대한, 안전이나 안정에 대한, 소속감과 사랑에 대한, 존경과 자존에 대한, 그리고 자아실현에 대한 욕구), 인간의 기본적 감정과 기본적인 능력들은 표면상으로는 중립적이거나 도덕 이전의 것이며 또 긍정적으로는 선한 것이라고 할 수 있다. 파괴, 가학성, 잔인함, 악의 등은 지금까지의 견해, 즉 생래적인 것으로 보는 견해보다는 우리들의 기본적인 욕구나 감정, 능력 등의 좌절에서 오는 강한 반발로 보는 것이 맞을 것이다.158) 따라서 인간의 본성을 억누르기보다는 보다 자연스럽게 해소할 수 있게 하거나 현실적으로 개인적 욕구를 항상 채울 수가 없을 때가 많기에 욕구를 줄이도록 하는 방법 등이 필요하다 하겠다.

예술적 인간은 이상과 감성이 조화된 인간이다. 인간의 이상을 실현시키는 데는 이성만으로는 불가능한 일이다. 허버트 리드(Herbert Read)는 인간의 충동을 이성에 의해서 통어한다는 것은 '파우스트적 환각'이라고 하였다.159) 오늘날 기계문명의 눈부신 외형적인 건설과는 역비례로 인간의 내면세계에는 파괴로의 충동이 일어나고 있다. 허버트 리드(Herbert Read)는 이러한 파괴에의 충동을 공격본능이라고 부른다. 이 공격본능의 해소 없이는 인류의 구원은 보장하기 어려울 것이다. 공격본능은 욕구저지에서 오는 것이다. 인간의 마음속에 축적된 갈등(실패감,

---

158) Abraham Maslow, 이혜영 역, 『존재의 심리학』(서울: 이화여자대학교 출판부, 1996), pp.29－30.

159) Herbert Read, Education for Peace, 안동림 역, 『평화를 위한 교육』(서울: 을유문화사, 1959), pp.46－51.

만족감의 결여 ……)에서 파괴본능은 싹이 튼다. 그러나 적당한 조건이 주어진다면 이러한 요소는 해소될 수 있다. 창조적인 활동에다 인간의 파괴충동과 공격본능의 에너지를 발산시키면 이러한 요소는 '쏟을' 장소를 얻을 것이다. 교육에 있어서 이러한 방향 전환이 약속되어야 하며 이러한 약속에의 필요성을 강조하는 것이 예술 교육이다.

한편 인간의 성이 선하다는 성선설의 대표적인 사람은 맹자이다. 그에 의하면 인간은 본래 성인이나 범인 모두가 동류로서 인간이면 누구나 선한 이유는 태어날 때 인, 의, 예, 지의 사단을 갖추고 있기 때문이라는 것이다.160) 다시 말해 인간은 덕의 단서라고 할 수 있는 인·의·예·지를 생득적으로 지니고 있는 까닭에 본래 선하다는 것이다. 맹자는 우물에 빠질 위험에 처한 어린아이를 비유하면서 이때 구해 주는 마음을 측은지심, 즉 인의 단서라고 하였다. 어린아이가 우물에 빠지려고 하는 것을 보았을 때 인간은 그 누구라도 어린애를 구하려는 충동을 느끼게 되는데, 이는 곤경에 처한 사람을 측은히 여기는 마음에서 나오는 것이지 그 외의 다른 이유가 있는 것은 아니다. 추악한 행동을 부끄럽게 여기는 마음은 수오지심으로 의의 단서이다. 인간에게는 불의를 부끄러워하고 불선을 미워하는 마음이 선천적으로 주어져 있다는 말이다. 그리고 남을 곤경하고 사양하는 마음은 사양지심으로 예의 단서이고, 선과 악을 식별하는 마음은 시비지심으로 지의 단서이다. 맹자는 첫째, 모든 인간들은 성품이 선하며, 둘째, 인간의 근원적 본성은 선을 지향한다고 보았다. 그가 어떤 위치에 있든지 혹은 얼마나 더 가졌든지 간에 인간이면 누구나 착한 마음을 가지고 있다는 것은 불교에서 말하는 불성과 유사할 것이다. 교육을 통해 얼마든지 살릴 수 있기 때문에 교육적으로 매우 의미가 있다 하겠다.

한편 그는 이렇게 인성이 선하다면 세상에 악한 사람이 존재할 이유가 없을 것이다. 그러나 나라를 어지럽히는 나쁜 사람들이 속출하고, 비

---

160) 정영근, 전게서, 『인간이해와 교육학』 pp.58−60.

도덕적이고 비인간적이 일들이 발생하는 것은 무엇 때문일까에 대해 물욕을 들었다. 이것이 선한 인성을 가려 그 선이 제대로 발휘하지 못하게 한다는 것이다. 선한 본성이 물욕에 의해 가려지면 악에 이르는 것이다. 따라서 사람이 태어나면서부터 나쁜 본성을 가진 존재라고 단정하는 것은 잘못이다. 그래서 맹자는 수양161)을 한다면 성인은 물론 모든 사람들이 같은 인성을 가지게 될 것이라고 생각했다.162) "풍년에는 자제들이 의지할 데가 많아 착하게 살 수 있지만, 흉년에는 자제들이 배가 고파 살 수가 없어서 나쁜 행동을 많이 하게 된다. 그러나 이것은 결코 하늘이 사람에게 내려 준 재질들이 모두 달라서 그런 것이 아니라 굶주리고 추운 것이 그들의 본심을 나쁜 곳으로 빠지게 해서 그런 것이다."163)라고 하였다. 또한 그는 사람의 본성에는 양심이 있으며, 양심을 버리고 금수와 같이 된 사람은 본래 재성이 없는 사람이라고 하지만, 제(齊)의 도읍인 임치(臨淄) 교외에 있는 우산의 나무들이 본래 아름다웠으나 수도 근처에 있어 사람들에 의해 남벌되어 벌거숭이산이 되었다는 예를 들어 벌거숭이산이 산의 본성이 아닌 것처럼, 악한 인간도 본성은 선하나 그가 악하게 된 것은 타고난 본성이 아닌 후천적인 것에 의해서라고 하였다.164) 따라서 우리는 교육을 통해 그 방해가 되는 물욕을 줄이도록 하여야 할 것이다.

위에서 살펴보았듯이 인간은 본질적으로 고독감에서 벗어나기 위해

---

161) 인간은 환경의 영향을 많이 받고 살아가지만 한편으로는 이 영향을 극복할 수 있는 충분한 자질을 가진 존재이다. 따라서 일차적으로는 어려운 상황이나 물질적으로 부족한 환경에 처하지 않거나 잘못된 상황을 맞지 않도록 평소에 조심하고 노력을 해야 할 것이다. 만약 그런 상황에 처하고 있다면 될 수 있는 한 물질적인 영향에 휘둘리지 않아야 한다. 그래서 맹자는 이 물욕을 억제하고 선한 본성의 상태를 계속 유지할 필요가 있다고 했으며 이 물욕을 누르는 것을 修爲(수기)의 가장 중요한 문제로 여겼다. 따라서 맹자의 수위(수기)론은 다시 말하면 復性復初를 의미한다. 그리고 맹자는 수위하는 적극적인 방법으로는 사단(인·의·예·지)의 확충을 말했다. 소극적 방법으로는 求放心, 寡慾, 存夜氣, 知言, 養氣, 擴充 등을 들었다.

162) 미우라 도우사꾸, 박재주 외 옮김, 『중국윤리사상사』(서울: 원미사, 1997), p.127.

163) 성백효 역주, "告子章句 上", 『맹자 집주』(서울: 전통문화연구회, 1993), p.324.

164) 문현상, 전게서, p.159.

그리고 보다 참기쁨을 느끼고 보다 존중받기 위해서는 사랑을 해야 하기에 본질적으로 사랑의 존재라 할 수 있다. 특히 어머니의 사랑이 소중한데 그 사랑은 모든 어린이의 마음속에는 사랑하려는 씨앗을 가지고 있다고 생각하는 데서부터 출발한다. 이에 인간주의 교육학자들은 인간은 선하다고 보았다. 그리고 착한 행동을 얼마든지 할 수 있는 존재라 본 것이다. 한편 그가 악한 행동을 하거나 좋지 못한 행동을 하는 것은 환경이나 사랑의 부족, 혹은 욕구의 좌절 등에서 비롯한다고 보았다. 그래서 부모와 교사가 보다 그가 사랑을 할 수 있는 사람이 되게 꾸준히 사랑을 실천하는 것이 요구된다.

3. 인격적 존재가 되어야 할 인간

이 세상의 모든 것들을 둘로 나눌 때 그 하나는 자연이며 다른 하나는 문화이다. 즉 달리 표현하면 전자는 인간의 손에서 벗어나 인간이 만들지 않은 것이고 후자는 인간들이 만든 것으로 인간이 보다 인간이 되게 하는 것이다.

인간이면 누구나 정신과 육체를 가지고 있다. 육체가 없는 인간도 상상할 수 없듯이 정신이 없는 인간도 우리는 그릴 수가 없다. 인간이면 태어나면서부터 본래적으로 가지는 것이다. 따라서 정신적 인간은 인격적 인간을 의미한다. 이 정신에 의해 인간은 말을 하고 도구를 만들었으며 문명을 이루고 문화, 윤리생활을 하는 것이다. 다른 동물들에 비해 상대적으로 더 미숙한 상태로 태어나 더 발전된 문화적, 윤리적 생활을 하고 있는 것은 바로 인간들이 가지고 있는 정신 때문이다. 그래서 정신(精神)은 우리 모든 인간이 인격적 존재이고 존귀한 존재임을 말해 주고 있는 것이다. 이와 같이 인간의 존엄성은 인간이 이성적·정신적 존재라는 데서 보장된다. 인간이 이성적·정신적 존재라는 것은 인간이 동물의 자연적인 것과는 비교가 되지 않는 정신적 능력을 가지고 있다는 것이다. 그것은 인간이 다른 동물과는 달리 인격적 삶을 사는 인격적 존재임을 말하는 것으로 이는 인간을 보다 가치 있게 한다. 여기서 인간이 인격적 존재이게 하는 정신에 대해 간략히 살펴보고자 한다.

인간의 정신적인 면에 대한 강조는 역사적으로 희랍까지 거슬러 올라간다. 고대 그리스의 철학은 인간을 잘 그려 주고 인간의 본래적인 본질을 만들어 주는 것은 오로지 인간의 영혼뿐이라고 했다. 영혼은 세계와 세상일보다는 좀 더 높이 있는 실제로서 간주되었고, 이 실제 안에 인간의 본래적인 본질이 놓여 있다고 보았다. 따라서 정신적인 영혼과 물질적인 육체라는 이원적인 고대 희랍사상은 이미 여기서 정초되었다. 파르메니데스에게서도 인간은 사유의 능력에 의하여 우수한 것이다. 사유의 힘은 인간으로 하여금 변천하는 세계의 가상을 꿰뚫어 볼 수 있게 하고 존재의 진리에로 나갈 수 있게 해 준다. 인간은 우선 이성적 존재로서 이해된다. 이로써 인간은 세계의 모든 존재와 사건을 넘어서 우뚝 솟아 있게 된다. 영혼은 그의 본질적인 순수한 정신적인 현존재에로 되돌아가기 위해서 물질적인 세계의 구속과 기반으로부터 해방되어야 한다. 그러므로 인간의 완성은 가능한 한, 물질적인 것으로부터 벗어나서 삶을 정신적인 것으로 만드는 데 있다.165) 여기서 희랍에서는 인간에게 고유한 정신적인 영혼을 중시하고 그에 맞는 삶과 보다 진리에 가깝게 살 것을 말하고 있다.

플라톤(Platon)은 인간에게는 어떤 보편적 원리와 개념 또는 그 밖의 모든 것을 인식하는 데 기초가 되는 관념이 있기 때문에 진정으로 만물의 중심이 된다고 생각하였다. 플라톤에 의하면 인간은 그의 정신에 의해 지적인 세계에 속하는 존재이며 지적 세계는 감각적이며 지각되는 가상세계와는 달리 참된 실재이다. 인간의 영혼은 불변하고 순수하며 영

---

165) M. Landmann, op. cit., pp.19−22.

원한 이데아의 세계를 숙고하고 인식할 수 있는 상태까지 상승한다. 인
간은 보편을 인식할 수 있는 것이다. 인간에게서 정신만이 참된 실재인
까닭에 육체는 영혼을 속박하는 감옥과 같은 것으로 이해되었다. 그리고
인간의 완성은 정신적인 삶을 추구하고 물질적인 것으로부터 벗어나는
데 있었다.166) 따라서 그는 인간이 물질적 세계와는 달리 참된 실재를
추구하는 존재로서 여기에 인간의 우수성이 있다고 보았다. 이것은 가치
추구와 관련되고 끊임없이 창조하려는 마음을 가지며 인간이 현실에 머
무르지 않고 미래지향적 존재이며 보다 높은 곳으로 올라가려는 이상을
보여 준다.

그리고 아리스토텔레스(Aristoteles)가 인간은 이성적 동물이라고 정의
내린 이래 서양의 지적 전통은 인간의 이성능력을 인간 구성의 본질적
요인으로 간주해 왔다. 그에 의하면 인간은 식물과 마찬가지로 식물적
영혼인 신진대사활동을 하고, 동물과 마찬가지로 감각적 영혼을 공유하
나, 인간 고유의 영혼인 합리성은 오로지 인간에게만 주어져 있고 인간
의 영혼은 동물의 영혼과는 달리 반복적인 활동을 넘어 창조적 활동에
종사한다는 점에서 그 탁월성을 지닌다고 했다.167) 그에게 있어 인간은
창조적 활동을 하는 정신을 지니고 있기 때문에 존귀한 것이다.

일찍이 아리스토텔레스가 언급한 자기를 낳아 주신 부모와 함께 영혼
을 키워 주는 교사를 더 존중해야 한다는 말은 교육의 중요함과 함께
정신의 중요성을 잘 말해 주고 있다 하겠다.168) 그래서 교육에서는 보다

---

166) 정영근, 전게서, 『인간이해와 교육학』, p.32.

167) 상게서, p.65.

168) 칸트는 자신의 교육학강의에서 인간을 목적 달성에 뛰어나면 되는 존재가 아니라 올
바른 목적을 먼저 세워야 하는 정신적 도덕적인 존재로 규정하였다. 상게서, p.237.
그래서 교육의 가장 큰 책무가 올바른 판단을 하게하고 좋은 생각과 선행을 많이 하
는 학생(인간)을 기르는 목적적 활동임을 교육자라면 결코 잊어서는 안된다. 따라서
나라를 책임지고 운영하고 있는 지도자라면 필히 어떤 사건(문제 상황)에 대한 원인
파악을 올바르고 신속하게 할 수 있어야 하며 정확히 알려야 한다. 즉, 지혜가 있어
야 하고 솔직해야 한다. 그렇지가 못하면 밑에 있는 사람(국민)이나 힘이 없는 사람
들은 그만큼 더 힘들어진다.

실존적인 각성을 통해 인간이 성숙하기를 바란다.

데카르트(Descartes)도 영혼은 의식을 소유할 뿐만 아니라 바로 의식 그 자체였다고 했으며 독일의 관념론에서는 인간을 자기의식을 지닌 도덕적 존재로 파악하였다.[169] 따라서 정신사적 관점에서 볼 때, 인간은 합리적으로 사고하고 자유로운 의지에 따라 행동하며 스스로의 행동에 책임을 지는 윤리적 존재가 된다. 이와 같이 인간이 생각하고 행동하고 인격적 존재가 되는 것은 그의 본질이고 의무가 된다. 그리고 그가 보다 인격적 존재가 되는 것은 문화적 생활을 통해 가능하기에 교육이 중요한 역할을 할 수 있다 하겠다.

파스칼(B. Pascal)도 "인간은 자연 중에서 가장 연약한 갈대에 지나지 않는다. 그러나 생각하는 갈대이다."라고 하여 인간은 사유하는 존재이기 때문에 존엄하다고 하였다. 결국 인간은 로고스 또는 래티오(ratio)를 가진 사유적, 즉 이성적 존재로서, 이성을 통해서 진리를 발견하고, 이성을 통해서 자율성을 가지며, 스스로 행동을 결정하고, 문화를 창조하는 존재인 것이다.[170] 플레스너는 인간이 객관적으로 관찰할 수 있는 능력을 가지고 있기에 진리를 불편부당하게 탐구할 수 있으며 자기 주변의 사물과 자기 아닌 다른 사람들에게 대해서도 경건한 태도를 가질 수 있다. 그리고 그는 근본적으로 경제, 국가, 예술, 종교, 과학 등과 같은 모든 문화 영역들은 인간에 의해서 창조된 창조적인 업적들이라는 것이다.[171] 프랭클린(Franklin)은 사람을 도구를 만드는 동물이라 했는데 그는 여기에서 진리의 일부분을 말했을 뿐이다. 사람은 도구를 만들 뿐만 아니라 기술과 윤리적 규범과 사회적인 질서와 서로 이해할 수 있는 말과 글을 만들었다는 것이다.[172] 따라서 우리의 삶을 에워싸고 있는 모든

---

169) 상게서, p.65.

170) 문현상, op. cit., p.43.

171) O. F. Bollnow, Padagogik in anthropologisher Sicht, 오인탁·정혜영 공역, 『교육의 인간학』(서울: 문음사, 1988), p.49.

172) 이규호, 전게서, p.101.

것은 자연스러운 것으로 느끼지만 그것들은 자연적인 것이 아니고 사람 정신의 산물이다. 그리고 또한 우리가 살아가면서 갖는 목표나 가치들 그리고 여러 가지의 계획이나 선택들 등 모든 것들도 정신의 산물이며 정신에 따라 그 사람의 삶 존재형태가 달라지기도 하기에 정신은 그 어느 것보다 중요하다 할 수 있다. 아니 모든 것의 바탕이 되기에 인간의 본질이라 할 수 있다. 왜냐하면 우리가 사랑을 할 수 있고 인간다운 삶을 살 수도 있는 것은 엄밀히 따지면 정신을 가지고 있기 때문이다.

한편 철학적 인간학의 대표자로서 인간에 대해 연구한 셸러(Max Scheler)는 실제적으로 기능화된 지식으로서 인간을 특징짓는 것에 머무르지 않고 그는 인간을 정신적 존재로 규정하고 인간을 동물과 엄격히 대립시켰다. 이 정신은 동물처럼 환경과의 관계에서 예속되어 있는 것이 아니라 환경과의 관계로부터 해방될 수 있는 능력이며, 또한 직접적이고 본능적인 충동억압으로부터 해방됨으로써만 가능한 것으로 사물을 그 자신의 순수한 고유본질에 있어서 인식할 수 있는 인식의 능력이라 했다.173) 선택능력과 지성은 동물과 인간이 함께 공유하는 것이지만, 정신은 인간만이 갖는 인간 특유의 것이다. 동물과 인간의 본질적인 차이는 바로 정신에 있고 그에 의하면 정신이란 그 안에 이성을 포괄하는 개념으로 이념적 사고, 본질직관, 호의, 사랑, 후회, 경외심, 행복, 절망, 자유결단과 같은 의지적·감정적 작용들을 포괄하는 말이다.174) 구체적으로 셸러가 직접 밝힌 정신의 특징을 살펴보면 다음과 같다.

첫째, 정신적 존재의 근본규정은—그것이 심리적 현상으로 어떤 성질을 나타내든 간에— 그것이 생명체의 조직기관으로부터 존재상 풀려나 있다는 것 그것이 강제로부터 압력으로부터, 생명체의 조직기관으로부터 생명과 그리고 생명에 속하는 일체의 것으로부터 따라서 또한 그 자신

---

173) 전게서, p.45.

174) 조정옥, "우주에서의 인간의 지위", 진교훈 외, 『오늘의 철학적 인간학』(서울: 경문사, 1997), p.214.

의 충동적 <지능>으로부터도 자유롭게 풀려나 있다는 점이다. 따라서 정신적 존재는 충동과 환경에 속박되어 있지 않고 환경으로부터 자유로운 세계 개방적이다.175) 동물의 의식이란 인간에게서 볼 수 있는 그런 의식이 아니라 단순히 지각을 받아들이고 반응에 대해서 반성함이 없이 반응을 조정하는 감각적인 작용중심에 지나지 않는다. 그리고 동물의 감각적 지각과 행동방식은 특정하게 제한된 환경에 엄격히 매여 있다. 동물은 생물학적으로 특정한 환경조건에 대해서 전문화되어 있다. 동물의 체격, 신체의 발육, 섭생방식과 삶의 방식은 구조적으로 아주 특정한 환경에 알맞도록 되어 있다. 동물은 이러한 것을 잘 다스리도록 특별히 잘 무장되어 있다.176) 그러나 인간은 그렇지 않다. 그는 인간은 무한하게 세계 개방적으로 행동할 수 있는 존재이며 인간이 된다는 것은 이런 정신의 힘으로 세계 개방성에로까지 고양된다고 보았다.177) 이는 주어진 환경에 종속된 삶을 사는 단계에서 벗어나 보다 적극적으로 환경을 극복하고 개선함을 말하는데 이는 인간이 창조적 존재임을 말하고 있다.

둘째, 인간은 정신의 힘으로 그를 격렬하게 휩싸고 있는 그의 생명에 대해서 금욕적인 태도를 취할 수 있다. 언제나 현실에 대해서 긍정만을 하는 동물과는 달리 인간은 부정을 할 수 있는 자이다. 인간은 언제나 그를 둘러싸고 있는 현실에 만족하지 않고 있는 현실을 또한 자기 자신의 그때그때의 자기적 현실조차도 초월하려고 노력한다는 것이다.178) 셸러에게서 우리는 인간이 정신적 존재로서 귀한 존재임을 크게 두 가지로 나눠 말할 수 있다. 첫째는 인간이 정신을 가졌기에 보다 개방적이고 자유롭다는 점이며, 둘째는, 정신에 의해 인간은 현실에 부정을 할 수

---

175) Max Scheler, Die Stellung des Menschen im Kosmos, 하영석·허재윤 공역, 『교육학과 인간학』(서울: 형설출판사, 1982), pp.108－138, p.141.

176) E. Coreth Was ist der Mensch? Grundzuege einer Philosophischen Anthropologie, 진교훈 역, 『철학적 인간학』(서울: 종로서적, 1986), p.76.

177) Max Scheler, op. cit., pp.144－145.

178) Ibid., pp.163－164.

있으며 자기 욕구도 극복할 수 있고 보다 높은 가치를 추구하는 인격적 인간이 될 수 있음을 말하고 있다. 따라서 교육을 통해 자기 욕구를 극복하고 보다 높은 가치를 추구하도록 힘써야 할 것이다. 본능에 따라 살 수는 없다.

인간 이외의 모든 동물들은 그들 종류가 가지는 종의 법칙, 즉 본능의 법칙에 따라 살아간다. 그러나 인간은 인간의 삶을 뚜렷이 지시해 주는 본능의 법칙이 없다. 오히려 인간에게는 본능의 법칙이 가장 결핍된 존재이다. 말하자면, 인간은 본능적이면 본능적일수록 그만큼 더 비인간적으로 된다. 인간은 결코 본능의 노예일 수 없다. 인간은 본능적 충동에 반항하면서 자기 존재를 의미 있고 가치 있게 하고자 분투한다. 인간만이 본능적 충동에 반항하면서 자기존재의 의미를 찾는다.[179] 따라서 인간은 가치 창조를 하는 제공자로서 어떤 가치를 따라야 하는 구속된 존재가 아니다. 각자는 자유스럽게 자기가 원하는 가치를 제시할 수 있으며 그에 대한 책임도 진다. 가치판단을 하지 않을 수는 없다. 왜냐하면 세계 속에서 선택하지 않을 수 없기 때문이다. 선택하지 않는 것조차 선택이다. 그래서 인간은 가치[180]를 선택해야 하는 창조자여야 할 운명이다.[181] 가치가 인간 각 개인의 선호도에 의해 나타나지만 가치를 가진 존재로서 인간은 보다 높은 가치를 추구할 수 있는 윤리적이고 인격적인

---

179) 김종문, 『대화학습의 도덕교육』(서울: 교육과학사, 1995), p.55.

180) 가치에는 권력을 더 좋아하는 권력적 가치, 돈을 더 원하는 경제적 가치, 사람과 세상의 흐름과 이치를 알고자 하고 그 밝혀진 지식·기술·원리·진리를 타인에게 전하기를 사명으로 여기는 교육적 가치, 내적 욕구를 발산하여 아름다움을 찾고자 하는 예술적 가치, 내세와 절대적 존재에 대한 믿음을 강조하는 종교적 가치 등 여러 가지의 가치들이 있는데 사람들은 이 중에서 자신이 원하는 가치를 더 추구한다. 그래서 교육적 가치를 선택한 사람은 교육자가 되어 자아실현을 하고, 경제적 가치를 선택한 사람은 기업가가 되어야 하고, 예술적 가치를 선택한 사람은 예술가로서 자아실현을 하는 것이 순리이다. 물론 사람들마다 그 성향과 처지가 다르기에 각기 다른 것을 더 선호하고 추구하기도 하지만 궁극적인 절대가치는 결코 부정되어서는 안된다고 생각한다. 여기에 해당되는 것들 중의 하나가 바로 인간 그 자체에 대해 존엄성을 가지는 것이다.

181) V. C. Morris, op. cit., p.40.

인간이 되어야 할 것이다.

따라서 인간의 존엄성은 질적으로 높은 가치를 추구할 때 더욱더 발휘된다. 단순히 본능적인 욕구에 따라서 동물적인 삶을 살아간다든가, 오직 자신의 이익과 행복만을 추구해 간다면, 이는 결코 존엄한 존재로서 인간의 삶이 될 수가 없다. 인간의 기본적인 욕구는 물론, 자신의 삶을 보다 풍부하게 하고, 질적으로 높은 가치를 추구할 때 자신의 존엄성은 보장되는 것이다.182) 그리고 인생이 어떤 의미를 가지는가를 알려고 한다면 인간의 최상 가치 목표 또는 인간의 최고 사명은 어떤 것인가를 밝히지 않으면 안 된다. 이에 대한 답은 인간의 지상 가치 목표, 그리고 인간의 최고 목적 규정은 인간으로 됨이다. 이것은 곧 인간 본질의 실현, 그 인격의 완성이다. 따라서 인간의 사명은 "네게 합당한 그러한 사람이 되어라."라고 표현할 수 있다.183) 이는 자아 실현인을 의미하기도 한다. 인간으로 태어났지만 미완성인 상태이고 부단히 노력하여 인격의 완성을 이루어야 하는 것이다. 높은 가치가 무엇이냐는 것은 조금씩 다를 수가 있다. 따라서 유신론자이냐 혹은 무신론자이냐에 따라서도 다를 것이다. 하지만 그 공통적인 핵심은 다른 사람과 더불어 살아가는 인간은 타인에게 피해를 주지 않고 자기의 욕망을 절제하여 보다 많은 사람들에게 도움을 줄 수 있는 사람이 되는 것일 것이다.

키르케고르에 있어서 인간의 실존적 과제는 참된 자기 자신, 본래의 자기 자신으로 되는 것이다. 그는 실존의 자기 형성의 단계를 감성적, 윤리적, 종교적 실존의 세 단계로 설명했다.184) 여기서 각 단계는 서로 질적으로 다르고 비연속적이며 제일 하위의 단계가 감성적 단계이고 제일 높은 단계는 종교적 단계라 했다. 감성적인 사람은 물질적인 것에 많이 좌우되고 윤리적인 사람은 그 사회에서의 편리를 본다. 그리고 종교

---

182) 문현상, 전게서, pp.40－41.

183) J. Hessen, 허재윤 옮김,『현대에 있어서의 삶의 의미』(서울: 이문출판사, 1974), p.24.

184) 한전숙·차인석 공저,『현대의 철학 Ⅰ』(서울: 서울대학교 출판부, 1980), pp.8－9.

적인 사람은 내세를 생각하고 하나님을 더 생각한다. 그래서 보다 높은 실존에 놓이게 되면 자기를 희생하기도 하고 금욕적이기도 하며 더불어 살려는 마음을 가질 것이다.

사유하고 있는 인간 자체는 본질적으로 물질적 존재의 차원을 넘어설 수 있다는 것이나 인간이 존재적으로 물질적인 것의 단계에 속하는 것이 아니고 본질적으로 보다 더 높은 존재방식에 의해서 존재한다든가 하는 것은—우리는 이러한 능력을 오성이나 이성이라고 부르는 것인데 — 비물질적인, 정신적인 능력이라는 것을 전제로 했을 때이다. 그 능력은 인간의 감각적, 물질적 육체 안에 묶여 있고 그래서 감각적으로 받아들이고 있는 인식의 지시를 받기도 하지만 본질적으로 사유에 의해서 그 인식을 초월하고 있다. 인간은 육체를 가진 존재이고 살기 위해 그리고 사는 것은 물질에 크게 의존하기에 물질을 무시할 수는 없다. 그러나 인간에게는 물질적 세계 속에서만 사는 것이 아니기 때문이다. 정신을 가지고 이상과 가치 그리고 덕을 지향할 수 있는 존재이다.

인간의 골격과 육체에는 물질계보다 더 가치 있는 정신이란 영혼이 존재한다. 인간은 물질의 가장 작은 우연사에 의존하지만 그러나 시간과 죽음을 지배하는 영혼의 존재이기 때문에 실존할 수 있는 것이다. 이 정신이야말로 인격의 근본이 되는 것이다.[185] 따라서 인간을 신과 닮은 모습의 존재로 파악할 때에 인격을 이해할 수 있다. 인간은 자신을 초월자로부터만 이해할 수 있게 된다. 정신적 존재로서의 인간은 진리와 선 그리고 궁극적으로는 초월자를 정신활동의 내용으로 가져야 한다.

정신적 인식은 인간이 정신적 존재이며 한낱 육체적 존재가 아니라는 것을 인간에게 알려 준다. 우리는 오로지 정신으로부터 인간존재가 무엇을 의미하며 우리가 인간존재로서 무엇을 경험하는가를 충분히 이해할 수 있다.[186] 인간이 보다 인격의 완성을 해야 하는데 그 과정에서 요구

---

185) 자크 마리탱, 왕학수 외 역, 『교육철학』(서울: 경향잡지사, 1958), p.10.
186) 한전숙·차인석 공저, 전게서, p.105.

되는 것이 의지이다. 흔히 정신력이라 하는 것은 바로 인간의 육체와 본능을 극복하고자 하는 것이다.

의지는—감각의 추구 능력처럼— 특정한 제한된 가치영역이나 감각적, 물질적으로 좋다든가, 기분이 좋다든가, 욕망의 충족이라든가, 실제로 유용하다든가, 또는 생물학적 욕구 등의 제약을 전혀 받지 않는다. 의지는 보다 고도의 초감각적이고, 초물질적인, 정신적이며 도덕적인 가치를 추구할 수도 있다. 의지는 그것 때문에 다른 저급한 가치 영역을 단념하는 결단을 할 수도 있다. 의지는 또한 최고 가치인 무한한 선—스콜라 철학자들이 말했던 최고선— 즉 신 자체를 바라고 사랑하면서 추구할 수도 있다. 의지의 실질적 대상은 근본적으로 무한한 크기를 가진 모든 선한 것이며, 또 모든 가치 있는 것이다.[187] 듀이도 도덕적인 의지를 강조했다. 그는 인간에게는 본능적인 욕망이 있다. 따라서 합리적인 방향으로 이끌어 내야 할 방법을 탐구해야 한다고 했다. 그중의 하나는 지성적이고 도덕적인 의지만이 부조리한 현실 사회 속에서 자기를 실현하고 도덕적인 인격의 완성으로 나갈 수 있다고 했다.[188] 의지는 인간의 정신력에서 나온다. 보다 높은 가치와 윤리를 실현하고자 하는 마음은 누구에게나 있다. 그러나 잘되지 않는 것은 이처럼 의지를 갖는가 못 갖는가에 있다. 따라서 인간의 욕망을 잠재우고 보다 깨끗한 세상을 만들기 위해서는 의지를 기를 수 있는 교육이 있어야 할 것이다.

인간이 정신적 존재이기에 이것은 달리 인간이 윤리적 존재임을 또한 말해 주는 것이다. 돼지는 과식을 하지 않는다. 그가 필요한 만큼 먹고 그 이상 먹지 않는다. 그러나 인간은 과음과식을 하고 소화불량에 잘 걸리곤 한다. 인간은 다른 동물들처럼 자동조절이 되어 있지 않다. 그러므로 그때그때마다 인간은 자기반성을 통해서 자기 제어를 해야 한다. 니체는 인간은 자기를 극복해야 할 존재라고 말한 바 있다.[189] 자기 제어

---

187) 상게서, pp.125－126.

188) 듀이, 임한영 역, 『듀이의 생애와 사상』(서울: 배영사, 1986), p.150.

를 하지 못할 때 인간은 동물보다도 더 못할 수 있다. 그러나 인간은 이 것이 가능하다. 왜냐하면 자기 통제를 할 수 있는 메커니즘을 본질적으로 소유하고 있기 때문이다. 그런데 얼마나 가능하냐 하는 것은 교육적인 차원이라 하겠다.

윤리는 하느님 안에서 인간의 무조건적인 최종가치와 관련되는 데서 생겨난다. 왜냐하면 이 세상의 모든 존재자들 중에 유독 인간만이 하느님을 인식하고 하느님께로 가까이 가려는 노력을 하도록 되어 있으므로 인간에게만 윤리적 행동이 가능하기 때문이다. 윤리적 가치는 인간을 인간으로서 완성시켜 주는 아주 인간적인 가치인 것이다. 윤리적으로 행동하고 있는 인간만이 인간이 그렇게 존재해야만 하는 완전한 인간으로 된다.[190] 따라서 한편으로 윤리는 인간을 보다 가치 있게 하고 인간답게 하는 인간의 본질이라 할 수 있다. 그래서 인간이 보다 윤리적이 되어야 하는 것은 일종의 의무로서 어느 정도로 하느냐는 각자의 판단과 그 인격의 높이에 따라 결정된다.

문화담당자로서의 인간 능력은 바로 인간이 생각하는 사람이며 도덕적인 존재라는 사실에 기인한다. 오늘날 우리 모두에게 가장 시급하고 절실한 문제는 인류의 공존이다. 우리 인류가 공존하기 위해서는 베르그송이 말한 것처럼 "유복하기 위해서는 생존경쟁이 종식되어야 한다." 생존경쟁을 약화시키는 것은 자연과 인간의 본성에 대한 이성의 지배가 최대한으로 또한 가장 합리적으로 확대되어 있을 때이다. 생존경쟁이 종식되기 위해서는 금욕생활이 요구된다. 금욕은 도덕성을 구성하는 핵심이며 사람답게 사는 인간정신의 근원이며 본질이다.[191] 따라서 상실된 인간성을 회복하는 길은 인간이 동물처럼 본능적인 욕구에만 매어 있지 아니하고 인류공존의 책임과 의무를 통해서 미래가 열려 있다고 믿고,

---

189) 진교훈, 『철학적 인간학연구(Ⅰ)』(서울: 경문사, 1982), p.67.

190) M. Landmann, op. cit., p.148.

191) 진교훈, 전게서, pp.88－89.

보편적인 행위규범의 형성을 위한 이상과 꿈을 가지고 굳세게 살아갈 때 비로소 가능하다 할 것이다.

칸트도 아동에 있어서 도덕적 인격의 기초를 형성하기 위해서는 그들 자신과 다른 아동들에 대한 공통의 의무를 강조하였다.[192] 인간에게는 권리와 함께 의무가 있다. 자유로울 권리와 행복을 추구할 권리 못지않게 중요한 것은 인간은 윤리적일 의무가 있다. 권리도 인간을 보다 인간답게 하고 이 의무도 인간을 보다 인간답게 하는 것이다. 따라서 우리가 윤리적 의무를 잘 이행할 때 그는 보다 인간이 되었다고 할 수 있다.

인간은 누구나 정신을 가진 인격적인 존재이다. 왜냐하면 다른 동물들과는 달리 보다 높은 가치를 추구하고 문화생활과 윤리생활을 할 수밖에 없기 때문이다. 따라서 이는 인간의 본질이 되며 인격적 존재는 그를 보다 가치가 있고 존엄하게 만든다. 그래서 인간이 보다 인간이 되는 것은 그가 보다 윤리적인 존재가 되는 것이다. 여기서 인격의 완성은 동물적 욕구나 본능에 따르는 것이 아니라 이를 극복하는 데 있다. 여기에는 금욕과 도덕적인 의지가 필요하다. 따라서 인간이 보다 가치 있기 위해서는 보다 윤리적인 의무를 갖는 것이기에 교육에서도 더욱더 여기에 대한 노력이 뒤따라야 할 것이다.

---

192) 장찬익, 『칸트의 교육사상』(서울: 배영사, 1986), p.90.

제4장

인간주의 교육이 추구하는 교육관

1. 교육목표의 인간화

1) 인간이 중심이 되는 교육

교육목적은 교육의 지향하는 가치이자, 교육의 출발점이다. 따라서 교육의 중심 문제가 교육목적에 관한 것이라 해도 과언이 아니다. 교육이 바라는 성과를 이루기 위해서는 무엇보다 교육목적이 분명해야 할 것이다. 그 이유는 교육목적이 교육활동의 전 과정에 기본적인 지향방향 및 도달 목표를 제시해 주고 성취동기를 유발하여 교육과업을 수행하도록 해 주며 교육활동에 신념과 용기를 갖게 하고 교육활동의 결과에 대한 평가기준을 또한 제공해 주는 기능을 하기 때문이다.[193] 그리고 올바른 교육 목적의식은 올바른 교육철학, 올바른 교육이념을 가진 것을 말하며, 이것은 모든 교육의 과정과 실천에 내재하는 의미체계를 이룸으로써 교육을 바로 세우는 데 초석이 되는 것이다.[194] 인간주의 교육은 인간을 교육의 중심에 두며 인간을 위하는 교육이다. 그런데 그렇지가 못한 부분이 많은 것은 교육이 제 기능을 다하고 있지 못한 것으로 다른 기능들이 중시되었던 것이다. 따라서 왜 그런가에 대해서 대해 살펴볼 필요가 있는 것이다.

---

193) 최관경, "교육목적에 관한 개념적 고찰", 교육철학연구회 편, 「교육철학」 제5호(서울: 한국교육학회 교육철학연구회, 1982), p.9.

194) 한명희, "교육병리와 그 대책: 왜곡된 교육의식의 문제", 「교육학연구」, Vol.31 No.2, 1993, p.6.

먼저 우리나라의 교육이념과 목표에 대해 알아보면 다음과 같다. 교육기본법의 제2조에 교육이념은 다음과 같다. "교육은 홍익인간의 이념 아래 모든 국민으로 하여금[195] 인격을 도야하고 자주적 생활 능력과 민주시민으로서의 필요한 자질을 구유하게 하여 인간다운 삶을 영위하게 하고 민주국가의 발전과 인류공영의 이상실현에 이바지하게 함을 목적으로 한다."[196]이다.

이는 우리나라의 교육이념은 홍익인간의 이념에서부터 출발하는데, 이러한 교육의 근본이념은 인본성·민족주체성·도덕성·진취성의 4대 이념이라고 말할 수 있다. 그 구체적인 내용을 보면, 인본성은 개개인의 고유한 인격을 존중하는 것을 의미하며, 거기에는 자아실현, 심미적이고 정서적인 풍요성, 자유와 평등의 조화로운 구현 등의 의미가 내포된다. 민족주체성은 민족과 국가에 대한 자존적 의식 구조를 의미하며, 구체적으로 자아의식·자주정신·주인의식을 지니고 우리의 문화와 역사에 대해 긍정적인 태도를 지닌 애국·애족정신이 강한 사람을 가르치며, 이러한 사람을 민족주체성이 강한 사람이라 할 수 있다. 도덕성은 사회적 규범을 내면화한 의식구조를 말하며 성실·정직·박애·협동·신의 등의 특성을 포함한다. 진취성은 과거의 인습에 얽매이지 않고 부닥침 문제를 창조적으로 해결하며, 바람직한 대안을 과감히 수용하는 개방적이고 미래지향적인 정신적 특성을 말한다. 진취성의 본질적 특성은 합리적 사고·창조적 능력·개방적인 태도·개혁정신 등이 있다.[197]

결국 홍익인간의 이념에 바탕을 둔 우리나라의 교육이념은 "민주적이며 민족적인 교육이념으로서 개성의 신장과 인격의 완성은 물론 민족의

---

195) 과거의 교육법에는 인간다운 삶이란 말조차도 없었는데 지금은 명시하고 있지만 안타까운 일은 이를 위한 구체적, 체계적, 실질적인 제반의 하위 조치들이 거의 미비하다는 점이다. 그리고 개인의 평안과 행복이나 사랑에 대한 언급이 없다는 점은 아직까지 개인들에 대한 존중보다는 집단적이거나 국가중심적인 사고가 강하다고 볼 수 있다.

196) 교육법전, 1998, p.11.

197) 이기상, "'인간교육'을 둘러싼 논쟁", 「철학연구」, 철학연구회 26집, 1990, 봄, pp.26-30.

중흥과 국가발전을 동시에 강조하고 있음"198)을 볼 수 있다. 이는 인간의 존엄성을 기반으로 하여 창조적이고 주체적인 인간을 형성하는 데 그 목적을 두고 있다. 이로써 학생들은 그들 삶의 의미와 삶의 형성 과정에 대해 깊은 관심을 갖고, 타성에 의한 교육이 아니라, 주체적인 능력에 따라 교육을 할 수 있게끔 하려는 교육인 것을 알 수 있다. 그러므로 홍익인간의 이념은 개개인이 지닌 인격을 존중하고 주체적이며 창조적인 인격을 형성하도록 하는 전인교육의 이념이라 할 수 있다.

백낙준은 홍익인간의 이념을 다음과 같이 풀이하였다. 홍익인간의 의의는 무엇인가? 간단히 말하면, "널리 인간을 유익하게 한다는 뜻일 것입니다. 어떻든 교육에서 문제 되는 것은 우리가 어떻게 해야 다른 사람에게 이익을 줄 수 있을까 하는 것입니다. 남에게 이익을 주려면 적어도 남에게 해를 끼치지 않는, 또한 해되지 아니할 만한 사람이 되어야 할 것입니다. 남에게 해를 주지 않을 뿐만 아니라, 이익을 주는 사람이 되는 것이 제일 조건이 될 것입니다. 그러므로 홍익인간을 교육이념으로 하는 것은 우선 우리가 다 각각 '완전한 인간'이 되게 하려는 것입니다."199)

그런데 오늘날 우리의 학교교육은 이와 같은 이념과 목표를 제대로 실천하고 있는가 하는 물음이다. 여기에는 '예'라기보다는 '아니요'라고 하는 편이 더 맞을 것이다. 그 가장 큰 원인은 교육이념과 목적에 대한 여러 의견200)과 함께 이념 및 목표를 이루려는 그 실천부분이 미약하여 거의 선언적인 수준이 된 것이다. 따라서 이념과 목표가 각급 학교교육

---

198) 교육개혁심의회, 『교육개혁 종합구상』, 1986, p.73.

199) 홍웅선, 「한국교육이 추구하는 인간 특성」(서울: 정신문화연구원, 1989), pp.4-5.

200) 우리나라는 오랜 세월에 걸친 국가주도의 획일적 운영을 하여 왔고, 특히 자원이 부족한 나라인데다가 국민들의 출세 위주와 사농·공·상적 의식이 함께 맞물려 너무 심하게 모두가 출세를 생각하고 있어 많은 문제들을 야기하고 있다. 이제 서서히 제대로 고칠 때가 되었다. 특히 필요한 점은 성숙한 시민의식과 이에 부합하는 제도개선을 통해 더 이상 출세 위주의 교육이 되지 않도록 하는 것이다. 이를 위한 시발점으로 가진 자들이 먼저 더 희생하고 어려울 때 자신의 몸을 아끼지 않도록 하는 장치를 마련하는 것이다. 힘이 있는 자들이나 윗자리에 있는 사람들에게 무거운 책임감을 주어서 함부로 그 자리를 넘보지 않도록 해야 한다.

116

현장에서 보다 잘 행해질 수 있도록 제도적인 보완이 뒤따라야 할 것이다.

한명희는 교육이념이나 목표는 고도의 추상성을 띠고 있기 때문에 사회적 여건과 필요, 시대적 변화, 지식의 변화, 그리고 교육 현실의 변화와 문제의식에 따라서 교육과정의 방향을 분명히 하기에는 너무나 개방적인 개념이다. 따라서 교육과정을 개정할 때마다 추구하는 인간 특성과 교육과정의 구성방향에 대한 논의와 설정이 필요하게 되는 것이라고 했다. 그리고 홍익인간이라는 교육이념은 교육제도가 갖추어야 할 공식적인 표방으로서, 실제적 역할과 기능보다는 장식적인 효과를 가져온 언명에 불과하다는 것이다.201) 물론 그렇다고 하더라도 보다 잘 실천될 수 있도록 되어야 할 것이다.

그리고 이돈희도 이 말의 적절성 그리고 유의미성을 두고 교육계에서 나오는 부정적인 이유를 들었다. 그 대표적인 것이 그 말이 제도적 교육의 이념을 표현하는 데 충분한 개념적 포괄성을 지니기는 하지만, 교육의 제도와 활동을 명시적으로 주도할 만큼의 명확한 방향과 의미를 시사해 주지 않는다는 것이다. 이러한 반응은 홍익인간의 이념 그 자체가 제도적 체제나 구체적 활동의 '교육적'임을 분별하고 평가하는 기준으로 작용하기에는 모호하며, 또한 그 이념이 교육에 관한 가치론적 논의나 실천적 지침을 전개하는 데 체계적 문제의식과 분석적 내용을 담고 있지 않다는 것이다.202) 인간을 존중하고 인간의 가치를 실현하는 것으로 우리는 민주주의를 들 수 있으며 홍익인간도 마찬가지이다. 인간을 보다 인간 되게 하고, 보다 윤리적인 인간이 되게 하는 것이다. 따라서 교육의 인간화를 더 진척시키기 위해서는 이념의 추상성에 머무르지 말고 논의를 통하여 이것을 보다 구체화시키도록 환경과 제도 등 여러 면에서 힘써야 할 것이다. 그것이 교육이념과 목표의 인간화를 위한 한 방법이 되기도 할 것이다.

---

201) 한국교육개발원, 「교육적 인간상 및 교육목표연구」, 1997, pp.20-22.
202) 이돈희, "한국교육이념의 어제와 오늘", 「교육학연구」, 1995, p.4.

추상적인 교육목적은 이론과 실천을 분리시켜 현실적 교육장면을 무시하는 교육목적이 되기 쉽다. 우리는 교육이론과 교육실제가 통합되는 실천 가능한 교육목적을 중등교육현장에서 설정하도록 노력해야 할 것이다.203)

교육이념에는 홍익인간이나 인격인, 민주시민, 인류공영을 표방하고 있다. 그러나 실제로는 잘되고 있지 않다. 왜 그런가? 원인을 알아서 처방을 빨리하든지 아니면 목표를 할 수 있는 것으로 바꾸어야 할 것이다. 이념이 다소 추상적이더라도 하위단위에서는 차츰차츰 구체화해야 할 것이다.204) 인격이란 무엇인가? 여기에도 의견이 여러 가지이다. 추구하는 덕목이나 가치가 혼재한 경우가 있다. 학교는 민주적 생활을 기르는 곳인가? 인류공영을 위해 학교가 하고 있는 일이나 교장이 하고 있는 일이 무엇인가? 제대로 교육과정205)에 반응하고 있지 못하다. 그리고 교과서에 잘 반영되어 있지도 못하다. 말하자면 이것은 현장에서 교과서 중심206)으로 주로 수업하는 학교교사들이 수업시간에 실제로 교육할 수

---

203) 박준영, "중등교육목적의 철학적 논의", 「교육사상연구」, 제12집, 2003, p.12.

204) 미국의 전국교육연합회의 정책연합회는 1938년에 네 가지 기본적인 목적(자기실현, 인간관계, 경제적 능률, 공민적 책임)을 설정하고 그 하위의 구체적 교육목표(한 가지 예만 들면, 인간관계의 목적에 하위목표를 8가지를 두었다. 인간성의 존중, 우정, 협동, 예의, 가정의 애호, 가정의 보존, 가정 만들기, 가정 내의 민주주의)를 제정하였다. 이종숙 외「교육학의 이해」(서울: 학이당, 1999), pp.42−44. 우리나라도 이처럼 몇 가지 중요한 교육목적을 정하고 이를 달성하기 위한 구체적인 하위의 목표들을 만들어 학교교육의 전체 차원에서나 전 교과목에 걸쳐 실질적으로 시행될 수 있도록 해야 하는데 왜 못 하고 있을까?

205) 우리나라 학교의 교훈은 대체로 추상적이어서 이것만 보고는 제대로 하고 있는지를 알 수가 없다. 그리고 대다수의 학교에서 교훈으로 도덕적이고 창의적인 인간을 많이 쓰고 있기에 다소 형식적이란 생각마저 든다. 진정으로 도덕성과 창의성을 함양하기 위해 애쓴다면 먼저 교장선생님이 학교에서 도덕적 인간(창의적 인간)이 되기 위해 많은 노력을 하고 있음을 보여야 한다. 도덕이 무엇인가? 그리고 도덕에서 어떤 덕목을 가장 가치 있게 볼 것인가와 같이 깊게 들어가기 전에 빼놓을 수 없이 중요한 것은 교육자들이 먼저 도덕적 모범이 되어야 한다는 것과 학교가 보다 자유로운 교육환경이 되어야 더 창의적인 인간이 나올 수 있다는 점이다.

206) 어찌 보면 우리나라 교육에는 '교육과정'이 없다. 그것은 단위학교의 교사들이 그 하위 개념인 교과서에 주로 종속되어 '표준화'되어 따라가기만 하기 때문이다. 교과서가 유일한 학습 자료이고, 그것은 처음부터 끝까지 하나도 빠트리지 않고 가르쳐야

있도록 체계화, 구체화 실천화하지 못했다는 말이다. 따라서 이제까지 구체적인 실천부분에 있어 미약한 부분이 있었다는 말은 교과서에 잘 나타나지 않았다는 말이기도 한 것이다. 말하자면 현재 현장의 교사들에게 제일 구속력이 있는 것은 수업목표 혹은 교과서의 내용이나 서술방식이다. 따라서 수업목표가 이론과 학문 그리고 지식위주로 편성된 교과서에만 국한되어 도출되지 않도록 되어야 한다. 이렇게 되기 위해서는 첫째, 교과서의 내용과 서술방식을 딱딱한 이론 위주나 지식위주로만 구성하지 말 것 둘째, 어떤 교과목 수업이든지 간에 실질적인 수업이 홍익인간이나 인간됨을 위한 교육처럼 보다 상위의 크고 좋은 교육목표도 담을 수 있도록 교사교육이 있어야 하고 재량권이 확대되어야 한다. 따라서 셋째, 교직의 전문화가 더 진행될 수 있도록 사회 전체적인 차원에서 이루어져서 교사들이 더 많은 자율적 권한을 누릴 수 있어야 한다. 우려 차원에서 말하는데 혹 교과부 등 사회의 어느 부분이나 어떤 일부의 사람들이 만약 교사의 전문성 신장과 지위상승 및 권한확대를 속으로 싫어하거나 시기하거나 방해하거나 교사들이 자신들의 지시나 명령의 대상 혹은 감시·감독의 대상에서 벗어나는 것을 두려워하면 할수록 교육의 질적 발전은 요원할 것이다. 상생하고 높은 수준이 되기 위해서는 남(상대)이 잘 되도록 해야 한다. 남이 잘되면 자신도 결국 잘된다는 것을 깨우쳐야 한다. 그러면 남이 잘 되는 것에 별 신경을 쓰지도 않고 오히려 잘 되게 도와준다. 그러나 그렇지가 못하고 남이 잘 되고 좋으면 오히려 내가 피해를 본다거나 배가 아프면 그 사회는 후진사회고 살기

하는 것으로 고착되어 있다. 한숭희, '신지식인의 효율적 육성에 관한 연구', 「학습혁명보고서」(서울: 매일경제신문사, 2000), p.103. 따라서 나름의 교육과정을 운용할 여지가 매우 적다는 말이다. 특히 교감(교장)들은 새로운 교과목을 잘 도입하지 않고 있다. 제한된 사람은 제한된 만큼만 사고하고 행동하기에 그 피해는 고스란히 학생들에게 돌아가고 결국 사회 전체적으로 보아도 손해이다. 따라서 교사의 교육과정에 대한 자율성 확대(전문성 신장)가 서서히 교육의 질적 발전을 위해 필요하다. 물론 이를 위해서는 일단 교사들은 필히 대학에서 자기 과목에 대한 석사 이상의 과정을 밟도록 법제화할 필요가 있다.

힘든 사회고 우리가 극복해야 할 산이다. 쇄신이 필요하다.

한편 교육적 인간상도 우선, 우리 교육에 실질적인 영향을 미칠 수 있도록 진술되어야 할 것이다. 교육적 인간상이 교육관계자들 개개인들에게 전달되고 이해되어 교육의 실행과 평가의 과정에서 그것이 음미되고 참조된다면 교육적 인간상이 교육실제에서 커다란 영향력을 갖는다고 말할 수 있을 것이다. 그러나 과연 교육 관계자들이 교육적 인간상을 이해하고 있는지 혹은 그것에 비추어 자신의 교육적 활동은 수행하는지를 판단하기란 매우 어려운 일이다. 그리고 대체로 일선의 교사들은 새 교육과정의 인간상보다는 자신이 가르치는 교과의 교육과정이나 교과서를 통해 새 교육과정을 접하기 때문에 교육적 인간상이 실현되는 1차적인 방식은 교육과정 문서의 하위 차원 곧 학교급별 목표나 각 교과의 교육과정이 그것과 일관성 있게 개발되는 것이다. 따라서 교육과정에 제시되는 교육적 인간상은 보다 명료화 작업을 거쳐서 각급 학교의 교육목표나 교과 교육과정 구성에 실질적인 도움을 줄 수 있어야 하고, 현장의 교육 관계자들이 실천 과정에서 그것을 음미할 수 있을 정도의 구체적인 의미를 포함해야 할 필요가 있다.[207] 좀 더 구체적으로 왜 그런가에 대해 살펴보면 우리는 다음의 이홍우의 글에서 그 단서를 찾을 수 있다.

이홍우는 그의 책 교육의 목적과 난점에서 이때까지 교육학에서 교육의 목적이라는 표현이 사용되는 것을 눈여겨보면, 세 가지 의미로 사용하고 있다. 첫째는 교육이 어떤 다른 목적을 위한 수단이 되는 경우이다. 예컨대 교육의 목적을 경제성장이라고 보는 경우는 교육을 경제성장이라는 목적을 위한 수단으로 생각하는 명백한 보기가 된다. 따라서 경제성장과 같이 교육과 수단－목적의 관계로 연결되어 있는 목적을 흔히 외재적 목적이라고 부른다. 그것은 경제성장은 교육의 바깥에 있다는 뜻이다. 여기서 바깥에 있다는 것은 물론 경제성장이 교육과 의미상 별개의 것이라는 뜻이요, 교육과 경제성장과의 관련은 사실적인 관련이라는

---

207) 한국교육개발원, 전게서, 「교육적 인간상 및 교육목표연구」, 1997, pp.39－40.

뜻이다. 다른 하나는 교육의 내재적 목적이다. 셋째 의미는 비교적 한정된 수업장면에서 교사가 달성하고자 하는 목적을 가리킨다. 따라서 이 셋째 의미에서의 교육목적은 앞의 두 의미에 비하여 훨씬 범위가 제한되어 있다는 뜻에서 교육의 목적이라기보다는 흔히 교육목표 또는 수업목표라고 불리고 있다. 이 셋째 의미에서의 교육목적은 교육과정이론으로서 너무나 유명한 타일러의 모형에 사용된 뜻으로서의 교육목적이다. 타일러의 교육목적은 외재적 목적도 내재적 목적도 아니고 가치중립적 교육목적이다. 그가 가치중립적 목적을 주장한 이유는 평가의 단계에서 평가되는 내용이 곧 활동의 목적으로 보았기 때문이다. 그는 교육의 목적은 교육의 결과를 평가할 단계에 와서, 교육을 잘 받았다는 증거로서 학생이 나타내어 보여야 할 행동을 지시하는 것임을 대단히 강조하였다. 따라서 타일러의 이론에서는 교육의 목적에 관한 관심이 교육의 효율성에 관한 관심으로 대치되는 것이다. 그래서 교육의 가치중립적 목적은 교육의 가치에 관한 논의를 뒤로 미루고, 그 목적으로 내세운 것을 효율적으로 달성하는 데에 관심을 집중시키려는 의도를 나타내고 있다. 교육의 목적이 교육의 실제를 이끄는 구실을 할 수 있도록 하는 조치로서 타일러는 교육을 받은 뒤에 그 교육을 잘 받았다는 증거로서 학생이 나타내어 보여야 할 행동을 교육의 목적으로 설정해야 한다고 했다. 그러나 이 생각에는 심각한 함정이 있다. 타일러식의 교육목적이 교사의 교육활동을 어떻게 이끄는지를 구체적으로 생각해 보면 교사의 할 일이란 결국 교육을 마치고 그 결과를 평가할 단계에 가서 학생이 좋은 평가를 받도록 하는 데 있다는 것, 또는 평이한 용어로, 시험문제에 정답을 하도록 하는 데에 있다는 것을 말하고 있다.[208] 여기서 볼 때 우리나라의

---

[208] 가치중립적인 타일러식의 교육목표는 평가를 염두하고 결정된다. 이홍우, 「교육의 목적과 난점」(서울: 교육과학사, 1984), pp.8－16. 여기서 문제는 교육의 목표 및 내용 중에서 아주 중요하지만 현실적인 여러 가지 어려움으로 우리가 평가하거나 잴 수 없는 것이 너무 많다는 점이다. 이처럼 평가의 어려움 때문에 이를 제외하면 교육은 절름발이밖에 안 되며 인간적인 교육과는 매우 거리가 멀어진다. 그렇다고 이를 평가에 당장 반영하기도 어렵다.) 어찌 보면 서술형 평가확대와 입학사정관제도가 여기에

교육목적은 특히 외재적 목적과 가치중립적 목적에 치중되어 있어 본질적 사명을 하지 못하게 된 것이다. 따라서 평가의 한 수단이 되어 평가를 위해 목표를 구성하는 식이 되어 인간다운 교육을 할 수 없게 만들었다. 평가할 수 없는 귀중한 것을 도외시하는 결과를 초래한 것이다.

교육에 있어서 바람직한 인간, 전인적 인간 또는 조화로운 인간, 즉 진·선·미, 지·정·의 또는 지·덕·체의 조화로운 인간을 지향한다. 따라서 교육 현장에서 이해, 태도, 기능을 각종 목표 설정에서 고려하게 하는 것이다. 그런데 실제적으로는 지식과 이해 쪽이고 태도와 기능 쪽은 소홀히 되거나 무시된다. 여기에서 비교육적인 상황이 야기된다. 평가하기 편한 내용만을 주로 평가하고 가르치기 때문이다. 이것과 관련하여 문제는[209] 아직까지 내용과 행동 영역 간의 비율을 명시해 놓은 것이 현재까지 거의 발견되고 있지 않다는 사실이다. 이런 영역 간의 비율 결정에 대한 연구가 성과를 거두어야만 여러 수준 및 종류의 교육목표들이 더욱 바람직하게 설정된다는 점이다.

한편 또 다른 점은 불변하는 전통적인 교과 중심주의와 그에 따른 좁은 교과목표를 들 수 있겠다. 교과가 인간보다 앞서고 있는 것이다. 그리고 학교교육목표가 교과목표에 뒤처지고 있는 것이 현실이다. 교육과정에서 취급하는 모든 수준의 교육목표들 위계를 보면 가장 상위에 국가 수준의 일반 교육목표가 있고 그 밑에 각급 학교교육목표→교과목표→교과의 학년목표→단원목표로 그 위계가 이루어져 있다. 그런데 문제는 현실은 이것이 거꾸로 되어서 밑의 단계가 더 중요시되고 우선시된

해당된다고 볼 수도 있다. 주로 우리는 여론이나 추세에 휘둘려 서둘러 정책을 실시하고는 문제가 발생하면 이내 폐지하는 방향으로 간다. 준비도 안 된 사람(한 번도 안 해 본 사람)에게 마라톤을 하라고 시키는 것과 비슷하다. 반드시 여건이 성숙되어 있어야 한다.

209) 인지적, 정의적, 심리-운동적 영역의 비율을 어느 정도로 할 것이며 또한 각급 학교에서 과목 혹은 단원별로 동일하게 할 것인가, 아니면 다르게 할 것인가에 대한 논의도 있어야 할 것이다. 이경섭, "교육목표 설정에 있어서의 주요 쟁점", 「교육학연구」, Vol.32, 1994, pp.9-10.

다는 점이다. 따라서 그 상하 간의 관련성은 거의 없는 비정상적인 교육이 행해지고 있다.

오늘날 대부분의 학교에서 교육과정은 여러 가지 요구에 기초를 두고 있다. 학생들이 인간행위의 문제를 자신들의 입장에서 다루는 것을 도와주기 위한 교육과정은 거의 없다. 전통적으로 교육이 선택한 통로는 교과—제공된 코스, 가르쳐진 교육과정, 학문 등—가 담당해 왔다. 교육의 행동을 위한 목표가 좁은 교과목표에 파묻혀서 교과와 행동이 일치하지 않게 한다. 왜냐하면 교과목표에는 학생들의 행동이나 다른 사람들과의 관계에 관한 것은 아무것도 내포되어 있지 않기 때문이다.

John Goodlad는 여기에 대해 각 학문들을 학교교육의 궁극적인 목적에 공헌하고자 하는 노력이 거의 없어서 학교교육의 목표는 이제 단지 각 교과 목표단위들의 합성물이 되었다고 지적하였다. 이처럼 오늘날 학교의 교육목표는 교육과정에서 자리를 확보하는 데 성공한 교과를 뛰어넘지 못하고 있는 형편이다.[210] 따라서 교육실제와 공식적인 목적 사이의 이런 간격을 설명하는 한 가지 설명은, 교육의 궁극적인 목적이 너무 복잡하기 때문에 실제로 교육을 하는 사람들은 교과가 가진 보다 즉각적인 목표에 휩쓸리기 쉽다는 것이다. 문학을 가르치는 광범위한 목표가, 모든 시대에 있어서 인간이 자신들의 경험에 반응해 온 방식을 이해함으로써, 아동들이 자신을 보다 잘 알게 되도록 도와주는 것이라고 하면서도, 실제의 문학강좌에서는 구성·인물·주제 등을 이해하도록 하는 즉각적인 목표를 뛰어넘는 경우는 거의 없다. 보다 실험적인 교육과정 안내서조차도 단원의 목표는 "학생들이 비극의 기본요소를 찾아낼 수 있을 것", 혹은 "학생들이 문학작품 속에 함의된 수사학적인 요소를 서술하기" 등으로 되어 있다.[211] 그리고 환경에 관한 지식을 가지는 것,

---

210) John Goodlad, The Changing School Curriculum(New York: Geogian Press, 1966), p.92.

211) The Detroit Lakes Plan: An Experiment in Curriculum, Detroit Lakes, Minn.: 1966(from the section on "Approaches to Literature").

읽고·쓰고·셈하는 방법을 알려는 욕구를 취급하고 그런 특정한 목표를 위해 가르치는 것은, 자아정립의 욕구를 취급하고 그런 특정한 목표를 위해 가르치는 것은, 자아정립의 욕구·타인과의 건설적인 관계를 가지려는 욕구·개인에게 일어나고 있는 일에 관한 통제욕구 등을 인식하고 다루는 것보다 훨씬 쉬운 일이다.

교육에서 중요한 것은 교육과정인데 이 교육과정보다 더 우선하여 필요한 것이 교육철학이다. 그런데 내가 보기에 지금 우리 교육은 기출문제를 중시하고 가르치는 방법에 신경을 쓰는 후진적인 단계에 있다. 이것보다 더 중요한 것은 가르치고 배우는 내용인 교육과정이고 이것보다 더 중요한 것은 철학인데 아직 우리는 이 수준까지 오지 못했다. 올바른 교육과정을 만드는 것은 바로 철학이 있어야 하기 때문이다. 그래도 대다수의 교육학자들은 교육과정의 연구는 교육목표의 진술에서 시작된다고 말한다. 여기서 문제는 각 교과목을 아우를 수 있을 좋은 목표나 목적을 가지는 것이다. 우리는 교육이념으로 홍익인간 등을 추구하도록 제시하고 있는데, G. Weinstein · M. D. Fantini는 인간주의적 목표를 가져야 한다고 제안하였다.212) 이들은 오늘날의 복잡하고 불안정한 사회에서는 인간주의적인 행동으로 향하는 길 이외에 달리 선택의 여지가 없다고 믿었다. 왜냐하면 그렇게 하지 않으면 교과의 특정한 요소를 가르치는 데 아무리 성공한다 하더라도 그 사회는 쇠퇴하고 부패하기 쉽다고 보았기 때문이다. 아무튼 우리는 자유와 민주라는 현시대와 잘 맞아야 할 뿐만 아니라 특히 인간의 가치와 존중에 초점을 맞춘 교육목표와 방향을 설정해야 한다. 그래야 교육이 보다 더 학생들의 관심사를 다루고, 개인적인 관계 및 각 개인 간의 관계에 도움이 되는 좋은 교육이 될 수 있고 더 나아가 세상은 밝아질 것이다.

교육은 잠재된 인간의 가능성을 계발하여 개인의 행복과 공공선을 보

---

212) G. Weinstein·M. D. Fantini, 윤팔중 역, 「인간중심교육을 위한 정의교육과정」(서울: 성원사, 1989), pp.30－31.

장해 주는 기능을 담당한다. 학교는 이러한 교육의 기능을 전개시키는 장이다. 학생들은 학교교육 과정을 통해 이러한 목표에 도달하고자 한다. 교육의 목표를 인간존중의 정신 함양에 초점을 둔다는 것은 지금까지의 교육방식에 일대 전환을 의미한다. 그것은 지나친 교과 중심 교육에서의 탈피를 암시하는 것이다. 학생의 삶이 존중되는 교육으로의 전환을 의미한다. 교수중심에서 학습중심으로 교육의 축이 전환되는 것을 의미한다. 단편적 지식암기 교육에서 학습의 장을 삶의 현장으로 옮기는 것을 의미한다.213) 인간이 우선시되는 교육인 것이다. 보다 인간적인 교육을 하기 위해서는 가장 먼저 교육이념에 대한 실천의지가 있어야 할 것이다. 그래서 학교 현장에서 보다 인간적인 교육이 이루어지도록 그 하위 부문들의 여러 가지가 손질되어야 하며 종국에는 학습활동에까지 미치도록 되어야 할 것이다.

제일 먼저 중등교육목적은 교육받을 개인의 내재적 활동과 요구를 기초로 하여 설정되어야 한다. 그러므로 현재의 학습자 안에 깃들어 있는 여러 가지 능력을 냉철하게 파악해서 교육목적을 설정하도록 해야 하는 것이다.214) 학습자의 내재적 활동과 요구를 중요하게 고려하지 않은 중등교육목적의 설정은 학습자 개개인의 독자적이고 독특한 능력이 무시된 교육적 결과를 초래하게 되고 말 것이다. 그렇게 되면 진정한 학습자의 성장을 기대할 수 없으며, 교육자 또한 경직된 교육활동을 면하기 어려울 것이다.

실존주의적 지식관은 Dewey의 교육관에서도 잘 나타나 있음을 알 수 있다. 듀이에게 있어서 아동은 교육의 출발점이며, 구심점이며, 종합점이다. 아동의 발달과 성장이 우리가 추구해야 할 이상이요. 그것만이 교육의 기준이다. 이때 모든 교과는 아동의 성장에 비하여 종속적인 위치를

---

213) 곽병선, "2000년대 교육과정을 위한 개혁의 방향", 교육혁신연구회 편, 「한국 교육과정의 새로운 좌표 탐색」(서울: 교육과학사, 1996), p.22.
214) 박준영, "중등교육목적의 철학적 논의", 「교육사상연구」, 제12집, 2003, p.10.

가진다. 퍼스낼리티나 인격이 교과보다 더 중요하다. 지식이나 정보가 아닌 자아실현이 교육의 목적이다. 왜냐하면 세상의 모든 지식을 가지고 있더라도 자기 자신을 잃는다는 것은 종교에서도 그렇듯이 교육에서도 한심한 일이기 때문이다.215) 인간을 떠나 버린 현대교육은 실증적인 가치관이 기계적인 인간의식과 불모적인 현대성에 편승하여 본래의 의도와 다른 방향으로 나아가고 있다.216)

교육이란 가치 지향적이고 유목적적인 활동이다. 가치중립적인 교육이란 결코 존재하지 않는다.217) 교육에서 목적과 가치를 제거한다면 교육은 한낱 훈련에 불과해질 것이다. 따라서 하루라도 빨리 우리는 무엇이 교육의 목적이 되어야 할 것인가에 대한 분명한 합의 및 타당한 근거를 제시해야 한다. 교육학은 경험적 사실의 고찰도 중요하지만 목적으로서의 가치와의 관련성을 내포한다. R. P. Joly는 인생의 목적과 교육의 목적은 서로 다를 수 없으며 우리의 삶은 곧 교육이라고 주장하고 있다.218) 교육이란 가치의 실현을 통하여 삶의 의미를 발견하고 목적을 설정하여 이를 수정할 수 있는 바람직한 한 인간이 되도록 도와주는 과정이기 때문이다.219) 그러나 잘되지 않는다. 한편 그 또 다른 이유는 교육의 외재적 목적의 문제이다. 하나의 예로서 교육이 철두철미하게 경제성장의 수단이 되어야 한다는 주장이 어떤 결과를 몰고 올 것인가를 보면 현재 교육에서 가르치고 있는 내용 중에서 경제성장에 기여하지 않거나 덜 기여하는 것으로 생각되는 것이 있으면 그것을 바꾸어야만 한다. 그

---

215) 이홍우, 전게서, pp.116−117.

216) 정순목, 「예술교육론」(서울: 교육과학사, 1974), p.193.

217) Dean C. Corrign, "Creating the Condition for Professional Practice", American Association of College for Teacher Education, Journal of Teacher Education U.S.A.(Vol.XXXII No.2, 1981), pp.7−14.

218) R. P. Joly, The Personality in Philosophy of Education(New York: Humanity Press Inc., 1960).

219) 남궁 달화, "삶의 의미추구와 교육목적의 탐구", 교육철학회 편 「교육철학」 제5호 (서울: 한국교육학회 교육철학연구회, 1982), p.9.

런데 현재의 교육내용을 경제성장에 더 직결되는 것으로 바꾸면 바꿀수록 교육은 점점 교육의 면모를 잃게 된다. 결국, 외재적 목적이 교육의 실제를 이끈다는 것은 교육을 교육이 아닌 다른 것으로 만든다는 그런 뜻에서 이끄는 것일 뿐, 교육의 실제를 이끈다고는 볼 수 없다. 물론, 교육의 외재적 목적이 될 수 있는 것은 비단 경제성장만이 아니고 사회의 모든 기능이 교육의 외재적 목적으로 될 수 있으며 따라서 이 모든 외재적 목적이 교육을 이끌게 되면 교육은 즉시 모든 사회기능의 훈련장으로 화하고 말 것이다. 그 결과는 교육의 종말이다.220)

교육이 바로 서고 보다 인간적이 되기 위해서는 교육외적인 영향으로부터 보다 자유로워야 할 필요가 있다. 오늘날 누구나 교육이 사회변화의 원동력이 된다는 점에 대해서는 대부분 공감하고 있다. 이러한 생각은 많은 경제학자들이 교육을 통한 인력자원 생산의 중요성, 즉 교육투자의 중요성을 강조하면서 사회과학 제 분야에서 교육에 대한 관심으로 나타나게 되었고, 이젠 교육이 국가발전의 원동력 중에서도 가장 중요한 요인의 하나라는 점에서 이론을 제기하는 사람이 없게 되었다.221) 그러나 경제성장을 위한 수단으로서의 교육도 중요하지만 더 중요하고 본질적인 것은 인간형성, 인격완성으로서의 교육이므로 개개인의 인간 변화를 통한 사회개조가 더 바람직하다고 할 수 있다. 결국 교육을 통하여 바람직한 인간이 형성되고 바람직한 인간들을 통하여 사회와 국가가 변화되어야 한다는 것이다.

그런데 이제까지의 교육은 주로 '위에서 아래로'의 방향, '밖에서 안으로'의 방향이 주류를 점하고, '아래에서 위로'의 방향이나 '안에서 밖으로'의 방향은 지류가 되어, 교육의 다변적·다원적 기능을 십분 발휘하지 못하는 결과를 가져왔다. 이런 교육 논리는 근대교육의 이념적 지주라고 높이 평가되고 있는 '교육입국조서'(1985)에서도 엿볼 수 있다. 이

---

220) 이홍우, 전게서, pp.23−24.
221) 강기수, 「인간학적 교사론」(서울: 세종출판사, 2002), p.13.

조서에 담긴 교육이념은 국가강성의 하나의 수단으로 여기는 '위에서 아래로의' 방향을 지니는, 즉 한쪽에 치우친 것이었다. 교육의 기능에는 첫째, 가치체계·조직체제 계승, 둘째, 한 인간을 한 인격으로 갈고 닦게 하는 도야기능, 셋째, 정신문화 번식 기능, 넷째, 사회화의 기능이 있다. 여기서 이 네 기능이 한쪽에 치우침이 없이 고루 발현될 때 진정한 의미의 교육이 이루어지는 것인데 이제까지의 교육은 그때그때의 상황에 따라 이 네 기능 중의 하나에 치우쳐 수단시된 것이다.222)

그간 우리는 경제적으로 크게 성장을 보았고, 그것을 밑받침해 준 것은 교육이다. 교육이 천연자원·노동력·입지조건·자본 등과 못지않게 경제발전에 공헌하는 것임을 아무도 부인 못 할 것이다. 그렇다면 교육이 경제발전의 수단으로만 존중되어야 할 것인가? 절대 아니다. 그보다도 더욱 중요한 것은 아늑한 정신생활과 삶에 충실감을 느끼는 삶의 자세 정립이라 할 것이다. 따라서 '인간입국'의 기치 아래 교육의 인간화를 바탕으로 하는 '교육입국'의 방식으로 되돌아가야 한다. 교육입국이란 구호도 옛날처럼 교육을 통해 나라를 세운다는 고루한 뜻에서가 아니고, 국민 한 사람 한 사람이 자신의 삶을 귀히 여기며 풍요한 정신생활을 즐기며 개성적인 삶을 개척할 수 있는 자질과 꿈을 갖추도록 도와준다는 뜻으로 이해되어야 하겠다.223)

지금까지의 교육개혁도 대부분 정치·경제적 요청과 필요에 의해 시작되었다는 점이다. 즉 개혁의 필요가 정치적 선택의 필요와 맞물려 교육개혁이 시작되었다. 예를 들어, 기업활동에 적합한 인력양성을 요청하거나 가계지출에서 차지하는 교육비부담의 경감을 교육개혁의 구호로 삼게 되었다. 그러나 교육이 점차 이러한 정치 경제적 요청에 부응하지 못함으로써, 결국 교육개혁을 단순화시켜 양질의 노동력 공급이라 생각하는 사람들마저 생겨나게 되었다. 이는 교육적 논리에 의한 개혁이 등

---

222) 김정환, 「인간화 교육 어떻게 할 것인가」(서울: 내일을 여는 책, 1995), pp.96－97.
223) 김정환, 『전인교육론』(서울: 세영사, 1982), pp.54－55.

한시되었음을 의미하는 것이다.224) 국가적으로는 경제성장이란 당연한 목표를 내세워 기존의 지식과 문화를 우상시하면서 교과서를 통해 절대시하였다. 학생보다는 지식 우선을 아니 지식 우선이더라도 학생의 소질과 적성을 바탕으로 한 능력 계발교육 및 심도 있고 체계적인 진로 지도, 협동적 인간과 같은 인간관계에 대한 교육이나 감성이 풍부하게 하는 성격교육 등이 제대로 되고 있지 않는 즉 인간이 중심이 되지 못한 교육을 한 것이다. 여기에 문제가 있다고 본다. 오늘날 제기되고 있는 학교붕괴는 여러 측면에서 볼 수 있지만 근본적으로는 여기에서 기인한다 하겠다.

인간주의 교육은 교육에 있어서 인간을 최우선으로 하고 시작과 끝에 인간을 두기에 인간이 핵심이고 중심이다. 인간을 떠난 즉 인간을 무시하는 것은 있을 수가 없다. 인간을 어떤 가치보다도 최고의 가치로 여기기 때문이다.225) 그리고 인간이 보다 나은 인간이 되고 보다 자기의 능력을 발휘하고 보다 행복하며 전인으로 되는 것을 목표로 한다. 그리고 이때의 인간은 모든 사람을 말한다. 즉 각각의 개인이다.226) 인간으로서

---

224) 조영달, "참여의 교육체제 구축과 교육주체성의 회복", 이돈희, 『교육이 변해야 미래가 보인다』(서울: 현대문학, 1998), p.212.

225) 전통적으로 우리는 주로 교과중심과 학문중심적인 교육과정을 운영하였다. 이것은 기존문화의 전달이나 밝혀진 지식과 이론 그리고 법칙 위주이다. 과거 개인이 모여 집단이 되는데 우리는 집단을 개인보다 강조한 역사를 가지고 있듯이 이 교육과정들은 가르쳐야 할 문화와 지식을 인간보다 더 강조한 것이다. 물론 가치판단의 문제이지만 더 이상 인간을 무시하거나 인간보다는 지식을 더 우선하는 것에 대한 개선이 필요하다. 지식은 누구를 위해 있어야 하는가! 물질도 그렇고 그 어떤 것들도 인간(각 개인)들 위에 군림해서는 안 된다. 인간의 행복과 발전이 우선인데 오히려 인간들이 지식에 종속되어 괴로움을 당하고 있다. 가르쳐야 할 문화 및 지식도 중요하고 배우는 학생들의 수준과 요구에 대한 고려는 중요하다. 왜냐하면 교육은 결국 배우는 학생의 변화가 있어야 하기 때문이다. 인간을 중시하고 더 우선시하는 쪽으로 가야 하는데 아직까지 너무 한쪽으로 치우쳐 있다고 판단되어 균형을 잡아야 한다.

226) Nasr는 전인교육은 학생중심 교육과 꼭 같은 것은 아니며 전인교육이 주로 인간중심적이라고 말해지는 것은 그만큼 각 개인에 대해 강조하고 있다는 의미이고, 인격(개성)주의는 다른 사람이나 사물 그리고 관념 등과의 관계에서의 역동적인 전체를 말하는 것이라 했다. 따라서 전인교육은 각 개인이 자기 자신을 보다 더 이해하고, 자기 자신을 지역사회에서의 다른 사람들이나 주위 환경의 자연적인 요소들 등과의

의 보편성을 가지고 있고 인격적 존재로서 존중을 받아야 하기 때문이다. 그리고 이와 같이 전인과 자아실현 그리고 성숙한 인격을 갖춘 사람을 기르는 것이 교육의 본질이고 목표인데 교육이 이와 같은 목표에서 벗어나 다른 것을 위한 수단이 되면 될수록 인간을 위하는 인간주의 교육은 멀어진다.[227] 인간과 교육의 수단화가 아닌 인간과 교육의 목적화가 필요하다.

그런데 오늘날 우리교육의 현실을 보면 첫째, 교육이 인간중심주의에 역행하여 인간수단주의에 빠져 있다는 점이다. 그래서 인간은 인간외적인 그 무엇을 위한 수단으로 존재하며 인간의 기본적 욕구는 오히려 통제를 받고 있다. 둘째, 교육은 인간자유주의에 역행하여 인간구속주의에 빠져 있다는 점이다. 그래서 인간은 조직에 얽매여 있고, 조직을 유지하기 위한 존재로 전락해 있다는 것이다. 셋째, 교육은 인문학 중시주의에 역행하여 자연과학 우선주의에 빠져 있다는 점이다. 그래서 인생이 무엇이며, 역사는 무엇이며, 우주 안에서 인간의 독자성은 무엇인가와 같은 물음을 통해 인간을 인간으로 자각시키는 인문과학의 비중은 점차 없어지고 그 반대로 인간을 하나의 생산자원시하는 물질(돈과 권력) 중심의 실리적 사회가 되었다.[228] 따라서 눈에 보이지 않는 인간의 귀한 가치와 각자의 인격적 삶은 무시되고 교육은 오직 눈에 보이는 행동이나 성적이라는 척도(기준)에 의하여 좌지우지되고 있는 파행을 보이고 있다.

관계에서 보다 의미 있고 효과적으로 상호 작용하는 중요한 기관으로 여기게 만든다. Nasr, R. T., Whole Education(University Press of America, Inc., 1994), p.7.

227) 교육이 무엇 때문에 필요하고 교육이 왜 중요한지에 대해 진정으로 아는가! 교육의 수단화가 너무 깊게 뿌리를 내려서 이제는 좀처럼 고치기가 힘들 뿐만 아니라 그를 통해 이익을 좀 보려는 착각으로 인해 오히려 매우 많은 문제들에 휩싸여 헤어나지 못하고 있는 형국이다. 교육은 쉽게 말하면 일차적으로 보다 더 나은 인간을 목표로 해야 하는데 그렇지가 못하고 경제·정치의 수단화가 되면 그 본래적 기능을 제대로 발휘하지도 못할 뿐만 아니라, 그 속의 인간도 대상화되거나 수단화되어 황금만능주의와 거대권력의 한 부속품이 되거나 자신의 출세 도구가 된다. 교육은 개인에 의해서도 국가에 의해서도 수단화되어서는 안 되는 것이 맞는데 현실은 그렇지가 않다.

228) 김정환, 전게서, 「인간화 교육 어떻게 할 것인가」, p.94.

1919년 발도르프학교를 개교한 슈타이너는 기존의 사회질서를 위하여 인간은 무엇을 알아야 하며 무엇을 할 수 있는가를 묻지 말고 그 인간에게 어떤 소질이 있으며 무엇이 그 속에서 개발될 수 있는가를 물어야 한다고 했다.[229]

교육의 인간화를 위해서는 우선 교육의 가치지향이자 출발점인 교육 목적의 인간화가 선행되어야 한다. 교육은 사회적·정치적 목적을 위한 수단적 도구로 전락해서는 안 된다. 마리탱도 현대교육의 문제로서 목적의 무시와 행동주의적 접근의 문제를 지적하고 있다.[230]

인간주의 교육은 교육외부의 영향에 의해 그 본래의 기능을 제대로 하고 있지 못하는 교육을 교육의 본질에 충실하자는 것이다. 인간주의 교육학은 인간주의 입장에 서 있는 교육학이라 말할 수 있다. 그것은 교육이 국가의 발전을 위한 것, 사회의 개조를 위한 것, 기술이나 지식을 습득하기 위한 것이기 이전에, 인간됨을 찾는 교육이어야 함을 소리 높이 외치는 하나의 새로운 교육이념이다. 인간이 있고서야 국가·사회·기술 및 지식에 의미가 있는 것이 아니겠는가. 그러기에 그것은 인간을 수단으로서가 아니고 목적으로 존중하는 교육을 말한다.[231]

이것과 관련하여 김정환은 비인간적 현상을 세 가지로 제시했다. 첫째는 행동과학적 인간관에 사로잡힌 편협한 통제적 교육관이다. 이에 따라 국가와 사회에 필요한 인간을 대기업의 상품 생산 공장처럼 마음대로 생산해서 바칠 수 있다는 이론이다. 둘째는 기능적 교육관이다. 수단적 혹은 청부적 목적밖에 가질 수 없다는 논리를 말한다. 셋째는 관리적 교육관이다. 이것은 교육의 목적을 효율적으로 달성하기 위한 교육의 체계

---

229) 강남대학교인문과학 연구소 편, 「발도르프학교교육의 이론과 실제」(서울: 강남대학교, 1996), p.313.

230) Jacques Maritain, D. G. Anson(Trans.), The Rights of Man and Natural Law(New York: Charles Scribner's Son, 1943), p.3.

231) J. M. Rich, Humanistic Foundations of Education(인간주의교육) 김정환 역, pp.351−352.

화를 말한다. 중앙집권적 교육행정의 조직, 전통과 재정에 바탕을 둔 건학정신을 살릴 수 있는 기회가 거의 막힌 사학, 교육내용과 방법의 획일화 경향 그리고 교직사회의 계층화 현상 등이 이를 말한다. 이와 같이 교육의 비인간화는 그릇된 교육자들의 교육관에 있으며 이것과 관련되어 다른 문제들이 생기는 것으로 교육관의 개선이 시급하다고 할 수 있다.[232]

포스트만은 교육의 종말에서 잘못된 학교교육의 목적들이 우리 아이들과 우리 사회를 병들게 하고 있으며, 나아가 지구촌의 평화와 안녕에도 기여하지 못할 것임을 밝힌다. 즉 보다 의미 있는 학교교육의 목적을 창출해 내지 못한다면 결국, 학교는 문을 닫을 수밖에 없다는 것이다. 포스트만은 교육을 위기의 상황으로 치닫게 하는 잘못된 학교교육의 목적으로 네 가지를 들었다. 첫째는 학교에서만 잘하면 사회에서 충분한 경제적 보상을 받게 된다는 경제적 가치로서의 학교교육, 둘째는 많이 가진 자만이 결국 승리하게 되므로 자본의 축적을 위해 수단과 방법을 가리지 않도록 가르치는 학교교육의 상업주의 이데올로기, 셋째는 비판적 사고방식이나 판단력을 교육하기보다는 문제에 대한 단순한 기계적 해결만을 강요하는 테크놀로지의 무비판적인 교육에의 적용, 넷째, 다양한 집단들의 조화와 통일을 강조하기보다는 각 집단의 차이만을 부각시키는 분리주의 교육이다.

학생들이 믿고 따라야 할 신은 무엇인가에 대해 그 첫 번째의 교리는 경제적 가치의 신이라는 이름으로 불린다. 그 이름이 드러내듯, 그 신은 냉철하고 혹독하다. 그것은 대단히 중요한 약속을 제시한다. 그 신은 청소년들에게 그들이 학교 일에 성실하고, 과제를 제대로 하며, 시험을 잘 치르고, 행실을 올바로 한다면, 학교를 졸업한 후 훌륭한 보수가 주어지는 직장이 보장될 것이라는 계약을 제시한다. 이것의 밑바탕에는 학교교육의 목표가 아이들에게 경제생활을 위한 경쟁력을 준비시키는 데 있다는 것을 깔고 있다. 그것은 어떤 학교활동도 이러한 목표를 위해 조직된

---

232) 김정환, 전게서, 「전인교육론」, p.59.

것이 아니라면, 그것은 가식이나 장식일 뿐이며 소중한 시간을 헛되이 하는 것이라고 주장한다. 그런데 한 국가경제의 생산성이 학교교육의 질과 연관이 있다는 증거는 거의 없다.[233]

이러한 비판과 함께 포스트만은 새로운 천 년을 준비하는 우리의 학교가 지향해야 할 목적들을 다음과 같이 제시했다. 그것은 첫째, 다양성의 존중과 상호의존의 세계관에 입각한 세계평화 수호자로서의 인간성 교육, 둘째, 절대 진리의 맹목적 추구보다는 지식의 상대성과 불완전성을 인정하는 지식관 교육, 셋째, 인류의 평화유지를 위한 다양한 집단 간의 논쟁을 중요시하는 교육, 넷째, 과거에의 과도한 집착을 통해 집단 간의 증오를 야기하기보다, 다양한 문화들의 비판적 학습을 통해 상호공존의 지혜를 길러 주는 교육, 마지막으로 소통 가능한 인간성 창출을 위한 언어교육이 그것들이다.[234]

정유성은 1995년 5월 31일 발표된 교육개혁안은 또다시 우리 교육의 수단화를 보여 준 것이라 했다.[235] 이 개혁안은 시대적 요청으로 정보화, 지식사회와 또 다른 특성으로 세계화를 들고 있다. 그리고 세계화는 지구가 촌락으로 변모하고 정보통신과 교통의 첨단기술로 거리가 축소되어 이념 장벽의 붕괴와 함께 경제에 관한 한 국경이 없어진 세상이 되었기에 세계화 전략은 바로 이러한 역사적 대전환에 대응하여 설계된 국가 생존전략이요 발전전략이라는 것이다.

물론 이렇듯 개혁안은 세계화나 정보화와 같은 피할 수 없는 시대적 요청에서 비롯된 것이기에 당연한 것일지라도 이를 계기로 교육의 본질이 더 왜곡되거나 본말이 전도되어 가장 중요한 것을 놓치는 우를 범해서는 안 된다. 그런데 문제는 이 개혁안의 비전과 목표가 뜻을 새로 세우고 교육을 근본부터 바꾸어야 한다는 시대적 사명을 제대로 인식하지

---

233) 닐 포스트만, 차동춘 옮김, 「교육의 종말」(서울: 문예출판사, 1999), pp.50－53.

234) 상게서, pp.7－8.

235) 교육개혁위원회, 「세계화, 정보화를 주도하는 신교육체제수립을 위한 교육개혁방안 (Ⅰ)」, 1995, p.3.

못하고 여전히 물적인 강제에 따른 교육의 수단화 및 인간의 수단화를 진행하거나, 환경의 변화에 따른 제도중심의 졸속한 개혁을 하려는 위험을 드러내고 있다는 점이다. 이를테면 세계화와 같이하는 새로운 문명의 변화과정에서 오는 시대적 요청을 적극적으로 수용하고 대응하는 것까지는 좋으나 국가경쟁력의 강화를 위한 교육체제 정비의 필요성이 목표가 되고 있고 인간교육의 회복이라는 본질적인 목표는 부수적인 것이 되어 버렸으니 말이다.

이렇게 앞뒤가 뒤바뀐 교육관에 터 잡은 개혁은 새로운 사람의 뜻을 제대로 세우지 못하고, 거듭 이런저런 공허한 수사만 늘어놓는 데 그칠 수밖에 없다. 이 교육개혁안 문서에 나타난 신교육이 지향하는 인간상은 "더불어 사는 인간으로서 공동체의식이 강한 도덕적 인간, 슬기로운 인간으로서 창조적인 인간, 열린 인간으로서 세계시민이며 동시에 진취적이고 당당한 한국인, 일하는 인간으로서 자율적이고 생산적인 인간"이다.236) 그 어느 것 하나 새로울 것도 없으려니와 더불어 사는 삶의 틀, 슬기로움의 구체적인 내용, 열림의 방향, 일의 의미를 제대로 밝히지 못하고 그저 추상적인 인간상의 파편만 조각그림 맞추고 있다.

한편 우리 교육은 예를 들어 인성교육과 창의력교육의 필요성에 대해서는 인식하고 문제제기237)를 하면서도 그 실행방식에 있어서는 사람을 진정으로 소중한 존재로 보거나 교육의 훌륭한 목표로 자아실현을 두기보다는 여전히 사람과 교육을 긴급한 시대적 요청에 불가피하게 대응하는 수단적인 것으로 보고 있다는 것을 느낄 때 아직까지 교육목표의 중요함이나 그것에 대한 절박함을 깨닫지 못했거나 심지어는 다른 것을 더 중시하는 사고와 관행을 버리지 못하고 생색내기식으로 하고 있다는 인상을 지울 수가 없다.

이와 관련하여 성숙한 부모, 자유로운 학교, 건강한 아이들이라는 구

---

236) 상게서, p.20.

237) 정유성, 「새로운 교육문화와 사회운동론」(서울: 한울, 1998), pp.58－60.

호 아래 학부모들이 연대하여 공동체적 인간교육을 실현하려는 모임으로 인간교육실현학부모연대가 출범할 때 내세운 이념이 바로 한마디로 인간 교육의 이념실현이었다고 할 수 있다. 그 내용은 다음과 같다.[238] 첫째, 사람을 귀중히 여기는 인간적 관심을 바탕으로 한 교육, 둘째, 공동체적 인간상을 지향하는 교육, 셋째, 다양한 인간적 성장의 길을 보장하는 교육, 넷째, 불평등 재생산이 아닌 계층을 고르게 하고 기회균등을 보장하는 교육, 다섯째, 교육주체인 아이들의 의사가 존중되는 교육, 여섯째, 교육 당사자들의 협력과 연대로 이루어지는 교육공동체이다.

사람답게 사는 일이 무엇인가라는 질문은 자라나는 아이를 기르는 입장에서 언제나 떠나지 않는 어머니의 영원한 숙제가 아닐 수 없다. 교육은 이런 변하지 않는 인간 본래의 문제와 연결되어야 한다. 다시 말하면 생활 수단으로서의 교육이 아니라 목적을 위한 교육이어야 한다. 더 풀어서 말한다면 변호사나 법관 또는 의사나 약사와 같은 안정된 직업을 얻기 위해 받는 교육은 진정한 의미의 교육이 아니다.[239] 그런데 이제까지의 우리나라 교육은 개인과 국가 양편 모두로부터의 수단적인 도구였다고 본다. 왜냐하면 개인적으로는 교육을 출세의 수단으로 더 생각했으며, 국가권력을 실질적으로 행사한 통치자적인 입장에서는 안보와 경제성장을 주목표로 교육을 수단화했다고 보기 때문이다. 이것은 교육이 국가 권력에 종속된 것임을 다른 한편으로는 무한 경쟁의 사회임을 말해주고 있다. 좀 더 언급하면 이처럼 학벌로 인한 차별이 만연한 사회의 골격(제도)을 그대로 고수하고 있기에 누구나 교육을 개인적인 출세의 수단으로 여기게 되어 성적(점수)을 높이는 것에 혈안이 되어 있다. 그래서 공부를 하는 첫 번째 목표가 바로 더 좋은 성적을 얻어 남보다 더 많이 가지고, 더 나은 직업을 얻는 데에 있게 되어 사회가 여기서부터

---

238) 상게서, pp.83 – 84.

239) 안인희, "어머니는 어른이어야 한다." 인간교육 실현 학부모연대 편, 「성숙한 부모, 자유로운 학교, 건강한 아이」(서울: 대화출판사, 1993), p.16.

잘못된 방향으로 흘러가고 있는 것이다. 따라서 이를 해결하기 위해서는 제도개선을 포함한 근본적이며 대대적인 개혁이 필요하다 하겠다.

참고로 몇 가지만 말하면 한준상은 여기에 대해 우리 교육을 파행으로 몰고 가는 것으로 첫째, 교육의 불평등현상과, 둘째, 고용의 불평등을 들었다.[240] 특히 고용의 불평등은 학력의 비정상적인 평가절상과 학력의 팽창현상을 가속화시킨다. 사실 우리나라에서 고용의 불평등과 학력에 따른 임금격차는 아직까지도 심각한 현상이다. 학력이 낮으면 낮을수록 단순노동직에 고용되고, 높으면 높을수록 행정관리직에 종사하게 되고, 학력이 높으면 높을수록 높은 임금을 받고 있다는 점이다. 더 심각한 것은 직종별 임금격차가 심하다는 점이다. 따라서 범사회적 개선[241]이 요구된다.

현행 우리나라의 입시는 단편적 지식의 암기에 그칠 뿐만 아니라, 교육의 본질적 측면보다는 교육의 도구적, 수단적 성격이 강하게 부각되는 것을 부채질하고 있다. 다시 말해서 진정한 의미의 교육열이 아니라 입신출세를 위한 수단과 도구로서의 학교교육을 받으려는 이기주의적 학교열이 우리의 교육을 병들게 하고 있다. 이와 같이 왜곡된 교육열은 그 원인을 거슬러 올라가 유교적 전통에서 찾을 수 있을 것이다. 유교적 전통에서는 출세를 효와 일치하는 것으로 여겼다. 공자는 만일 사람이 출세를 하고 진리를 행하고, 자신의 이름을 후세에 남기고 그로 인해서 양친에게 영예를 가져다준다면 그로써 효의 궁극적 목표를 이루는 것이 된다고 하였다.[242] 그것은 주로 우리 전통적 유교사회에서의 관존 민비

---

240) 한준상, 「한국교육개혁론」(서울: 학지사, 1995), pp.49−52.

241) 여기서 내가 말하고자 하는 의도는 사회가 좀 더 차별이 없는 방향으로 갔으면 하는 바람이다. 이것도 솔로몬의 지혜를 발휘하여 최대한 무리가 없이 진행해야 할 것이다. 노력하면 얼마든지 좋은 계획이나 제도를 실시할 수 있을 것이다. 특히 선진국의 좋은 예를 참고로 하여 하루빨리 바뀌기를 바란다. 나는 물질적 면에서나 임금(월급)에서의 완전한 평등에는 반대한다. 아니 현실적으로도 불가능하며 앞으로도 득보다는 실이 더 많다고 보기에 반대하고 있지만 다만 그 격차를 줄이는 쪽으로 가야 한다고 생각한다.

242) 손인수, "한국인 교육관의 역사철학적 이해", 「한국교육발전방향탐색」(서울: 한국교육개발원, 1981), p.72.

사상과 결부되어 있다. 이는 근본적으로 개인의 권력지향적 욕구충족이라는 점에서 다를 바가 없다. 이와 같은 관료주의적 전통에 바탕을 둔 이기적 출세관은 현대 자본주의 사회에 이르러서는 정치적 권력과 경제적 부를 동시에 추구할 수 있는 가장 확실한 방법으로 여겨지는 학교교육에 그대로 영향을 미치게 되었다. 즉 일류대학교를 거쳐 물질적 행복이 보장되는 입신출세의 길을 가고자 하게 되었다.243) 여기서 분명히 교육이 그 본래적 기능을 하지 못하고 권력과 부 추구의 수단이 되고 있다는 점이다. 그래서 입시제도 등 각종의 문제가 발생하고 있는 것이다. 중·고등학교 공부가 주로 좋은 성적과 좋은 대학에 가기 위해서이고 대학 가서는 출세를 위해 고시에 매달리고 있다. 지금 고시를 준비하고 있는 사람들이 얼마나 많은가! 아무튼 그 원인은 근본적으로 옛날이나 지금이나 변하지 않은 권력의 희소성과 부의 불균형적 제도 때문이라 볼 수 있다. 그렇기 때문에 서로서로 더 가지려고 하는 것이고, 또 하나는 교육이 인간을 물질추구보다 더 높은 것을 추구하는 인간으로, 혹은 함께 잘사는 생활을 지향하는 교육을 하지 못했다는 점이다. 교육은 개인 출세의 도구에 머물러서는 안 될 것이다. 우리의 삶 속에 깃들어야 할 중요한 가치는 타인과의 삶 속에서 나타나는 사랑, 봉사, 희생 등의 덕목이다.244) 따라서 학교교육에서는 이와 같이 보다 인간적인 교육의

---

243) 정영수, "학교교육의 현실과 이상", 「교육철학」 20집, p.4.

244) 현재 인간 삶의 모습이나 여러 환경 그리고 인간의 역사를 두고 보니 인간의 출세에 대한 욕망은 좀처럼 없어지지 않을 것이다. 이 지구 상에 인간이 존재하는 한 영원히 없어지지 않을 수도 있지만 우리가 노력을 해야 할 부분은 교육으로 욕망을 줄이도록 하고 자신의 사명(본분)에 충실하며 보다 만족할 줄 아는 인간이 되게 하는 것이다. 이를 위해서는 기존의 출세에 대한 생각을 달리하는 의식의 전환이 요구된다. 따라서 땀을 흘리고 고생하는 이유가 더 많이 가지고 남보다 높은 위치에 가서 지배하기 위함이 아니라 능력이 있을수록 타인을 위해 보다 좋은 일을 많이 하기 위함으로의 생각 전환이 꼭 있어야 한다. 이런 인간혁명이 없이는 우리가 꿈꾸는 밝은 미래는 요원하다. 플라톤의 말에 빗대어 말하면 내가 볼 때에 지도자급 사람들에게 무엇보다 필요한 것은 올바른 판단을 할 수 있는 지혜(정의)와 베푸는 덕이고, 그 밑의 부류에 속하는 사람들에게는 성실과 복종 및 인내가 요구된다. 다 함께 노력해야 하는데 특히 힘 있는 자들이 먼저 솔선수범을 보여야 할 것이다. 그렇지 않으면

목표를 실천하는 마당이 되어야 할 것이다.

2) 교육목표로서의 전인·자아실현인

한 나라의 교육이 지향하려고 하는 어떤 궁극적인 상태를 대개 교육이념 혹은 교육목적이라는 용어로 표현한다. 이 두 용어는 엄밀하게는 구별되겠지만 대개 실제적 상황에 관련해서는 같은 내포를 갖는 것으로 쓰는 것 같다. 따라서 교육적 인간상은 한 나라의 교육이념(혹은 교육목적)이 기르려고 하는 인간특성을 교육적인 용어로 진술한 것을 지칭하는 것으로 규정된다. 이에 황정규는 21세기에 대비해 길러야 할 인간상으로 여러 가지를 들었는데 그중의 하나가 바로 넓고 깊은 휴머니티를 들었다. 21세기 사회에 대처하기 위한 가장 본질적이면서 가장 보편적으로 지녀야 할 가치는 넓고 깊은 휴머니티를 지닌 인간상을 기르는 일이다. 그리고 그는 휴머니티의 근간이 무엇인가에 대한 일치된 대답을 기대하기는 어렵지만 적어도 인간의 존엄성, 인간과 인간 사이의 만남을 통한 이해와 공감, 그리고 사회정의의 감각을 지닌 인간상이라고 했다.[245]

이 인간화된 인간상이란 휴머니즘의 가치에 비추어 다음과 같은 특징을 가지고 있으며 그 자체가 교육의 목표가 된다고 할 것이다. 첫째, 지성과 감성, 신체 건강의 조화와 균형, 둘째, 자아결정·자아통념·자아실현, 셋째, 타인을 목적으로 대하는 태도, 넷째, 사회화된 동기, 다섯째, 자발성·창조성·탐구심 그러나 교육의 목표는 인간화라는 입장에서 문제시되어야 하는 것은 목표의 이중구조이다. 사실상 교육과정상의 목표들은 비교적·본질적 목표들인 데 반하여 학생의 교육을 방향 짓고 의식을 지배하고 있는 실제적 목표는 입시·취직·자격증·출세 등의 수

밑에 있는 사람들은 불평불만을 더 하거나 데모하거나 성실하지도 않게 되고 심지어는 존경하지 않을 것이다.

245) 황정규, 「21세기에 대비한 교육적 인간상」(서울: 교육학연구, 1995), pp.132−142.

단적 목적들이라는 사실이다.246) 오늘날 교육목표의 비인간화는 바로 이같은 비본질적 목적이 지배적인 역할을 한다는 사실이다.

따라서 교육의 목적이 인간화되어야 한다는 말은 구체적으로 무슨 뜻인가 하는 점을 분석해 볼 필요가 있다. 첫째, 많은 인간적인 가치 중에 인간본성의 현실화라는 자아실현의 목표가 가장 우선적인 목표라는 점이다. 이것은 지성뿐만 아니라 감성과 신체가 발달되었으며, 그것을 통해서 행복을 쟁취하는 인간이며, 그 행복은 사회적·도덕적인 맥락 속에서의 실현을 하는 인간이다. 이것은 전인교육의 의미를 포함한다.247)

인간주의 교육은 기계적인 사람, 피동적이고 타율적인 사람이 아니라, 생각하고 느끼며, 행동하는 인격적이고 인간다운 전인적인 존재의 양성에 그 목표를 두고 있다. 즉 생각을 비판할 수 있고 느낄 줄 알며, 지성뿐만이 아니라 감정에 근거를 두고 행동하는 사람, 타인을 이해할 수 있는 사람, 충분하게 자신의 잠재능력을 발휘하는 인간으로서 여러 사람들과 어울려 살아갈 수 있는 인간, 즉 자아실현인의 양성을 그 목표로 한다.248) 그래서 단순히 교과를 가르치거나 정보를 전달하거나 문화를 전수하지 않는다. 교육의 목적을 학생들로 하여금 계획된 반응을 하게 만들거나 미리 결정된 틀에 자신을 맞추게 하거나 또는 특정한 학생을 어떤 사람과 비슷한 사람으로 변형시키는 것도 아니다. 인간주의자들이 주장하는 교육의 목적은 각 개인 및 모든 학생의 개성을 신장시키도록 돕고 학생 개개인의 잠재능력을 개발하며, 또 최대한으로 진실하고 자율적이며, 자아를 실현하는 행복한 인간으로 성장하도록 돕는 데 있다.249)

따라서 인간주의 교육은 교육의 목표를 특정한 사회의 특정한 표준에

---

246) 김병옥, 「교육의 인간화를 위한 과제」(서울: 동국대학교 출판부, 1977), pp.1 − 5.

247) 홍차선, "전인교육의 이념", 정원식 외 편, 「전인교육의 이론과 실제」(서울: 서울특별시 교육위원회, 1979), pp.14 − 15.

248) 김정휘, 「학교·학생·교사교육」(서울: 배영사 신서, 1987), pp.107 − 108.

249) W. B. Kolesnik, Humanism and/or Behaviorism in Education(인간주의 교육과 행동주의 교육), 김상호·김기정 역(서울: 문음사, 1988), p.24.

서 구하지 아니하고 인간성 자체의 바람직성에서 구한다. 관례적인 교육의 목표는 잘 적응하는 인간, 사회화된 인간, 정상인, 산업사회의 인재 등과 같이 당대의 사회를 유지시키는 데 필요한 수단적 특징에 초점을 맞추고 있다. 이에 비해 인간주의 교육은 기존 사회체제와는 무관하게 인간이 갖추어야 할 내면적인 상태에서 교육목표를 찾고자 한다. 이와 같이 인간이 인간으로서 최적의 생동감과 인생의 충실감을 느낄 수 있는 내면적 상태를 인간주의 심리학에서는 자아실현이라고 규정하였다.250) 인간 개개인의 자유와 행복을 그 목표로 삼고 그를 기반으로 하는 인간주의 사회는 인간주의적인 분배와 실질적인 평등이 이루어지는 사회로서 인간 잠재력의 최대한 실현을 통해 만족과 삶의 의미를 깨달을 수 있는 사회이다.251)

사람의 삶 목적은 자아실현에 있다. 인간이 각자 지니는 자아를 실현함으로써 삶의 의미를 찾게 되고, 행복함을 느끼게 된다. 따라서 교육의 목적도 본질적·포괄적으로 규정한다면 자아실현이라고 하여야 할 것이다. 이러한 전제에서 우리나라의 교육 현실을 관찰한다면, 그 근본적인 문제점 내지 잘못은 교육의 목적이 자아실현에 있다는 사실을 망각하거나 또는 알고도 모르는 체하는 데 있다 하겠다.252)

과거 해방을 맞은 우리나라의 과제는 근대화 혹은 서구화를 전제로 한 새로운 국가의 건설이었다. 교육도 그러한 맥락에서 진행되었다. 교육제도와 교육내용은 이미 서구화된 일제강점기의 것을 우리의 민족적 감정에 맞게 다소 수정한 것일 따름이었다. 물론 교육 언어가 일본말에서 우리말로 달라지고 공민 의식을 제국주의적 도덕성에서 벗어나서 민주주의적 도덕성에 기초하여 형성하고자 한 것은 가볍게 평가할 것은 아니다. 그러나 교육제도의 구조적 형태와 교육활동의 내용적 특징은 크

---

250) 장상호, 「학습의 인간화」(서울: 교육과학사, 1985), p.134.
251) 하인호, 「인간주의 그 미래를 열어라」(서울: 고려원, 1990), pp.165-167.
252) 현승종, "한국교육 무엇이 문제인가?"-인간교육의 관점에서-, 아산사회복지사업재단, 「도덕성회복을 위한 교육의 과제」, 1992, pp.25-26.

게 바뀐 바가 없었다.253) 특히 다음의 오천석의 말을 보면 더욱더 우리의 교육이 수십 년 동안 제 역할을 못 했음을 알 수 있다.

오천석 박사는 구교육과 신교육을 이렇게 비교하였다. 구교육은 전통적 문화를 계승하고 보전하는 보수적 교육이며, 지식을 전수하는 데 힘을 기울이는 서적 중심의 교육이며, 일률적으로 명령에 복종케 하고 외부로부터 지배자의 의지를 주입시키는 획일적 교육이다. 반면에 신교육은 사회의 혁신을 가져오는 진보적 교육이며, 지덕체의 조화를 중시하는 생활중심의 전인적 교육이며, 개인의 인격과 개성을 중시하고 개인의 가능성과 잠재성을 개발하는 교육이다.254) 그런데 아직까지 우리의 교육을 보면 그가 말한 신교육이 아닌 구교육을 하고 있다.

지금의 교육체제는 정서와 인지 사이의 조화를 이루지 못하게 한다. 보통 인지를 강조하기 위해 정서를 희생시킨다. 그 이유는 조작적인 측면과 정책에서 찾을 수 있다. 정의적인 목표를 위해 가르치는 것보다 인지적인 목표를 위해 가르치는 것이 덜 부담스럽고, 인지적인 영역에서 학생의 성취를 평가하는 것이 훨씬 쉽다. 그러나 보다 근본적인 이유는, 학생들의 신념·태도·감정·관심사 등은 사적인 것이므로 학교에서 취급해서는 안 된다는 생각이 만연되어 있다는 점이다. 오늘날 인지의 과정과 내용의 강조는 절정에 이르고 있다. 인지발달은 제도적으로 처방된 내용의 완전 습득, 여러 가지 학문적 교과에 '관한 지식' 혹은 '교과의 이해'로 취급된다. 상벌제도를 비롯한 학교의 전체적인 기제가 바로 이런 입장을 나타낸다. 성적·진급·인정 등은 인지적인 것의 습득 정도에 따른다. 사실 학교에서 활용되는 학습의 조작적인 정의는 인지적인 정의이다. '행동의 변화'라는 학습의 고전적인 개념은 학교에서의 지필검사나 구두검사로 측정되는 인지적인 행동의 변화를 의미하는 것으로 보통 해석된다.255)

---

253) 이돈희, 전게서, 「한국교육이념의 어제와 오늘」, p.3.
254) 오천석, 「한국신교육사(하)」(서울: 광명출판사, 1975), pp.92－94.

현대교육은 지식인(머리의 사람)의 배출에는 열심이었으나 생활인(삶의 사람)과 정서의 사람(가슴의 사람)을 키우는 데는 눈을 감고 있는 듯하다. 파토스(Pathos)가 없는 로고스(Logos)만의 인간은 결국 스스로의 행복한 삶도 누리지 못할 것이며 나아가 조화로운 사회인이 되지도 못할 것이다. 나무가 건강하다는 것은 그 나무의 열매가 모두 하나같이 잘 익었다는 것에 의하여 증명되듯이 건강한 교육은 지·정·의 또는 지·덕·체가 모두 하나같이 잘 익은 교육이라고 할 것이다.256) 사실 전통적으로 우리의 교육 목적은 주로 마음의 수양과 도덕적 선비정신을 기르는 데 있어 왔음을 우리는 잘 알고 있다. 따라서 이와 같은 전통을 오늘날 보다 재해석하거나 창조하여 보다 가능한 여러 방법들을 찾아야 할 것이다.

따라서 교육에서 일어나는 인간주의적 혁신은 교육목표의 변화를 포함하지만 지력의 계발만으로는 개인과 사회와 문명이 가진 문제가 해결될 수 없다. 따라서 교육공학의 발전에 의문을 제기해 온 Silberman은 이런 접근 방법은 "미국 교육이 이제까지 저지른 과오, 다시 말하면 감성적이며, 자율적이며, 사고하며, 인간다운 개인을 계발시키지 못한 과오를 더욱 부채질할 것이다."라고 경고하였다. 그는 계속해서 "가장 급한 교육의 문제는 학교의 효율성을 어떻게 증진시킬 것인가 하는 것이 아니라 인간다운 사회를 어떻게 창조하고 유지시켜 나갈 수 있느냐 하는 것이다."257)라고 말했다.

중등교육은 이념상 일반교육이고 보통교육에 속한다. 이는 특수교육이나 전문교육과는 다른 것이며, 폭넓은 기초교양과목을 의미한다. 그리고 다양한 학습경험을 제공하여 학생 개개인이 소질과 전공을 탐색케 하는 입문과정이며 자아실현의 예행 연습과정이다. 그러기에 지·정·의·체

---

255) G. Weinstein·M. D. Fantini, 윤팔중 역, 전게서, pp.35－38.

256) 정순목, 「예술교육론」(서울: 교육과학사, 1974), pp.187－188.

257) Charles E. Silberman, Crisis in the Classroom(New York: Random House, 1970), pp.196. 203.

의 전인적 자아실현의 도량이어야 마땅하다. 중등교육에서 인간교육으로서의 전인교육을 강조하는 이유가 바로 여기에 있는 것이다.258) 교육은 개인적인 차원에서 볼 때 자기 향상의 기쁨이나 자기성장의 만족을 경험하고자 하는 활동이다. 즐거운 삶, 행복한 삶은 자기 스스로 하는 활동을 통해서만 궁극적으로 달성될 수 있는 것이다.259) 따라서 전인교육은 모든 학생들이 의미 있는 방식으로 추구할 만한, 적어도 한 가지 이상의 흥미를 확인할 수 있도록, 다양한 활동과 장을 마련해 준다. 학생이 자기 자신의 한계는 물론이고 장점을 알 때, 그리고 자신의 에너지를 다른 사람과 학생 모두에게 의미 있는 어떤 목표를 위해 쏟을 때, 자동적으로 학생의 마음에는 목적이 생기게 된다. 그 방법으로 참여를 추구한다. 모든 학생들이 다른 사람과 함께 무엇인가에 참여할 때, 자연히 개인적인 목적과 목표를 얻게 된다는 것이다.260) 그리고 참기쁨은 자기 스스로 다른 사람에게 도움이 되는 일을 할 때라고 보더라도 이렇게 되기 위해서는 먼저 긍정적인 생각을 하고 주체적으로 일을 하는 자아 실현인이 되도록 교육이 이루어져야 한다.

우리의 자녀가 21세기를 살아가는 사람, 굳이 꼭 21세기가 아니더라도, 한 시대를 살아가는 바람직한 인간으로서 성장하도록 도우려면 그들을 느낌이 있는 사람, 느낄 줄 아는 사람으로 인도하여야 한다. 느끼는 사람, 느낄 줄 아는 사람은 대략 열린 마음의 소유자이고 긍정적인 지각을 하여야 하며 자기 자신을 표현하는 마음을 갖고 행동한다.261) 이때 열린 마음이란 한마디로 말하면 무엇이든지 받아들일 준비가 되어 있는 자세를 말한다. 예를 들면 자기와 친숙하지 않았던 것, 자기 자신과 정

---

258) 장찬익, "학교교육에서의 전인교육의 과제", 「중등교육혁신과 전인교육」(서울: 대한사립중고등학교장회, 1987), p.501.

259) 박도순, "자기 주도적 학습실현을 위한 교육과정", 이돈희, 전게서, 「교육이 변해야 미래가 보인다」, p.46.

260) R. T. Nasr, Whole Education, 강선보, 정윤경, 고미숙 옮김, 「전인교육의 이론과 실제」(서울: 원미사, 2001), p.48.

261) 이성호, 「흔들리는 부모 방황하는 아이들」(서울: 조선일보사, 1997), pp.120-121.

반대되는 것, 자신이 전혀 생각하지 못했던 것, 자신이 싫어했던 것까지를 다 포함한다. 그리고 타인의 여러 가지 감정도 있는 그대로 받아들이며 심지어는 어떤 사람이나 사물 혹은 어떤 현상에 대해서도 긍정적으로 생각한다. 긍정적인 사고를 하면 더 많은 것을 느낄 수가 있고 역경 속에서도 새로운 것을 깨닫기도 하며 매우 밝게 생활한다.

인간주의자인 Rich는 여기에 대해 다음과 같이 말했다. 창조적 사고, 자기표현, 다양한 삶의 형태 영위, 타인의 권리 인정 등은 삶을 긍정하는 태도이다. 창조적이며 긍정적인 삶의 방식은, 우리로 하여금 현대 산업 사회의 병폐 속에서 용기 있게 대처해 나갈 수 있게 해 준다. 또한 실존적 현실을 직시하고 그러한 현실들이 갖는 부조리들을 비웃을 수 있는 것이 우리에게 주어진 과제이다. 삶을 긍정적으로 보는 정신이야말로 우리가 불확실한 세계 속에서 우리 자신을 전인으로 되게끔 하는 용기인 것이다.262)

한편 원효는 내세보다는 현세를 강조하였다. 즉 불교가 지니기 쉬운 극락구원관은 자칫하면 윤회사상이나 업보에의 관념에 의해 현세적인 삶을 부정적으로 받아들이기 쉬운데 원효는 현생의 의의를 긍정적으로 받아들이며 현세나 자신의 생명을 기쁘게 간직하는 인본주의의 이념을 강조하였다.263)

인간을 목적으로 보는 사고는 '인생에 대한 긍정과 행복'264)이라는 가치를 최고의 것으로 추구한다. 이것은 인간 존재의 즐거움과 아름다움, 미와 선에 대한 깊은 긍정을 기초로 한 가치관이다. 이와 같이 행복과 관련된 가치들이 인간주의 철학의 기본가치이다. 인간중심적인 철학이 보는 행복의 가치는 지·덕·체의 균형적이며 통합된 생활을 전제로 한다. 따라서 지적인 생활을 지나치게 강조함으로써 정적인 생활을 부정하

---

262) J. M. Rich, 김정환 역, 전게서, 「인간주의 교육」, p.73.

263) 강기수, 전게서, p.347.

264) 무태이작, 「현대의 휴머니즘」(서울: 풀빛 1982), pp.139－147.

거나 정신적 생활을 위해서 육체적 건강을 무시하는 것을 인정하지 않는다. 따라서 인간의 복지, 특히 육체적인 건강을 위한 최소의 필수조건으로 좋은 음식, 좋은 공기, 좋은 주택, 충분한 옷, 알맞은 의료시설과 운동·오락을 요구하며, 정신적인 면에서는 지성과 자유, 교육의 기회, 건강 및 사랑 등을 필수조건으로 한다. 이것은 모두가 인간다운 대우를 받을 권리이자 목적적 존재로서의 인간이 되기 위한 기본조건들이다. 행복은 정신적 건강과 육체적 건강을 동시에 필요로 하며 직업에 대한 만족, 심리적 안정, 공포와 불안으로부터의 해방 등의 개념까지 포함한다.

한편 조화로운 인간성을 기초로 하는 자아실현은 '동기의 사회화'[265]를 통하여 또 다른 행복을 낳는다. 인간은 사회 속에서 살아가는 존재이기에 결국 자아실현도 사회적인 맥락에서 이루어지는 것이라 볼 때, 자기 이외의 타인에 대한 배려와 존중은 선인(善人)이 되게 한다. 따라서 전체의 행복을 위해서 일하고자 하는 사회화적 동기는 전체의 행복을 우선으로 하여 이를 통해 자신도 행복해하는 것으로 이때 필요한 것이 바로 희생·인내·사랑·관용·우정·협동·평등과 같은 가치들이다. 따라서 인간은 행복을 추구하는데 이를 위해서는 일차적으로 지·덕·체의 조화로운 발달을 한 자신이 되어야 하고 그다음에는 타인을 행복하게 하여 행복과 기쁨을 만들어 내는 보다 차원 높은 성숙한 인간이 될 때 가능하다.

일찍이 다빈치는 전인적인 사람이란 깊이 있게 느끼며 내면적 자아를 확장하고 창조하며 스스로 배워 나가는 사람이라고 했다.[266] 따라서 교육의 궁극적 목표는 전인을 길러 내는 전인교육이라는 것이 마땅하다.

교육이란 말속에는 사람을 사람답게 길러 내는, 즉 학생 개개인이 건강한 인격을 소유한 사람으로 성장하도록 돕는다는 의미가 포함되어 있는 전인 교육이 심화되는 과정이다. 다시 말해서 학생 개개인은 학교교

---

265) 한명희, 「교육철학」(서울: 배영사, 1983), pp.277-279.
266) 황태근, 「존중받는 아이가 공부 잘한다」(서울: 범조사, 1998), p.6.

육을 통해서 지성은 물론, 덕성, 체력, 그리고 정서적인 면이 고르게 발달하여 조화를 이루는 전인적 인간으로의 성장을 꾀하게 하는 것이다.267)

물론 교육에서 전인을 강조해야 하는 것은 생각한다. 교육이 길러야 할 인간은 진, 선, 미라고 구상하건, 지, 덕, 체라고 구상하건, 지만 아니라, 정과 의도 포함하는 여러 특성들의 어떤 전체적으로 조화를 이룬 인간을 생각한다. 이 생각은 예나 지금이나 옳다. 다만, 이제 그 전인의 사상은 그저 여럿의 조화만 아니라, 예보다 새롭게 더 격조 높은 여럿의 조화를 포함해야 한다. 예컨대, '지'의 경우, 지식 암기만 아니라 좀 더 격조 높은 사고력을 길러야 하며, 나아가 더 격조 높은 창의력을 길러 내야 한다. 또 미래사회에는 종래보다 더 민감한 인간적 감수성을 길러 내고, 종래보다 더 고매한 도덕성을 길러 낼 수 있어야 한다.268)

Comenius는269) 모든 어린이들은 남녀의 차이, 지능 차이 및 빈부의 차별 없이 창조주의 고귀한 자녀로서 지성, 덕성, 신앙의 세 가지를 가지고 태어났기 때문에 모든 어린이들에게 인간으로서 갖추어야 할 것을 모두 교육시켜야 한다고 했다.

특히 페스탈로치는 조화적 인간이자 도덕적 인간을 교육의 목표로 하여 인간본성에 내재하는 세 가지 근본력을 합자연의 토대 위에서 발전시키려고 하였다. 그래서 지력 도야를 통하여 정신력을 계발하고, 심정력 도야를 통하여 도덕력과 신앙심을 계발하며, 기술력 도야를 통하여 신체기능 및 직업의식을 고양하고자 하였다.270) 이러한 페스탈로치의 교육사상은 당시의 교육사상뿐만 아니라 현대 교육사상에도 많은 영향을 주고 있다. 즉 전통적인 교과중심의 지식 교육에서 탈피하여 인간의 본성과 아동의 심리에 적합한 교육을 주장함으로써 아동중심교육, 나아가 인간중심교육의 선구가 되었다. 그리고 그의 교육의 궁극적 목적은 가난

---

267) 한국교육학회, 「인성교육」(서울: 문음사, 1998), p.223.

268) 정범모, 「한국의 교육세력」(서울: 나남출판, 2000), pp.57－58.

269) Jon Amos Comenius, 정확실 역, 「대교수학」(서울: 교육과학사, 1987), pp.78－83.

270) 강기수, 전게서, pp.260－266.

한 사람들을 포함한 모든 개인들이 보다 행복하고 유덕한 생활을 할 때 범죄도 줄어드는 보다 좋은 사회를 건설하는 것이었다. 이를 위해 그는 인간이 지닌 모든 능력을 조화롭게 발달시키는 것을 강조하였다.

Leonard도 교육의 목표는 기계적인 사람이나 지식인이 아니라 생각하고 느끼고 생활하며 행동하는 인간적이고 인간다운 전인적 존재의 양성이 되어야 한다고 했다.271) 이때 전인적인 사람이란 삶이 바로 사랑임을 잘 알아서 생활 속에서 사랑을 많이 실천하며, 지혜로워서 남과 다툴 상황을 만들지 않으며, 부드럽고 인자한 성품을 가지고 있으며, 작은 것에 연연하지 않기도 하며, 창조적 활동을 하기도 하며, 부단하게 스스로 배워 나가는 존재이다.

박봉목도272) Leonard의 주장처럼 진정한 인간교육의 목표는 기계적인 사람이나 지식인이 아니라, 생각하고, 사랑하며, 깊이 느끼고, 생활하며, 행동하고, 내면적인 자아를 확대하고 창조하기 위해서 부단히 스스로 배워 가는 인간미가 있는 전인적인 존재를 지향해야 한다고 했다.

인간중심 교육과정은 우선 그 목적이 인간중심적이어야 한다고 본다. 이러한 교육관에 입각한 사람들에 의하면 교육의 목적은 인간관과 분리해서 생각할 수가 없다. 인간은 태생적으로 성장하고자 하는 욕구를 지닌다고 본다. 그리고 이 욕구를 끊임없이 실현하고자 하는 동기도 동시에 지닌다고 보며 이 동기의 실현을 자아실현이라고 한다. 그러므로 자아실현을 위한 교육의 관점에서 보는 인간중심적인 교육의 목적은 끊임없이 자아를 실현하고자 하는 인간의 육성이어야 할 것이다. 한편 자아실현인의 행동적 특성이 함축하고 있는 바는 통합성·창의성·인간존중이라고 할 수 있다. 이와 같은 자아실현인의 육성이라는 교육목적론은 한결같이 인간의 개성을 경시한 채로 외부로부터의 기성실체의 주입에

---

271) George B. Leonard, Education and Ecstasy(New York: Dell, 1968), p.18.

272) 박봉목, "교육의 인간화를 위한 인격교육의 방법", 한국교육학회 교육사 교육철학연구회, 「인격교육의 이념과 방법」, 창립 1주년기념 학술발표회, 1981, p.22.

의한 인간행동의 기계적인 조형과는 다른 논리를 전개하고 있음을 알 수 있다.273)

인간중심 교육은 학문중심 교육의 비판에서 출발한다. 교육이란 지식과 기술의 확대라는 것에만 목적이 있는 것이라기보다는 인간관계, 사회적 가치 실현, 개인적 자아실현과 같은 본질적 문제가 더 중요하다는 것이다.274)

자아실현인의 특성을 최소한이나마 가지고 있는 개인들이 충분하게 있지 않다면 사회가 존속될 수 없다는 말이 성립될 수 있다. 그리고 현행 교육체제가 지니고 있는 문제점의 하나는 교육적인 과정에 포함된 무수한 것들을 선별하는 기준을 우리가 가지고 있지 않다는 점이다. 우리는 그런 부류의 기준을 필요로 한다. 자아실현이라는 목표는 그 기준을 제공한다. 따라서 우리가 던져야 할 질문은 이런 것이다. 예를 들면 이 활동이 자아실현인의 계발에 도움이 되는가 하는 물음들이다. 그런데 하위목표는 적어도 어느 정도나마 사람들 간에 다양성이 있을 수 있다. 매슬로는 완전하게 똑같은 자아를 가진 두 개인이 있을 수 없기 때문에, 개인은 어떤 모양의 다른 방식에 의해서 그들 자신을 실현할 수 있다고 지적하였다. 따라서 개인차와 자아실현을 성취하는 다양한 방법이 강구될 수 있는 여지는 많다. 자아실현인은 그 자신이 가진 재능을 이용하고 연마하려는 동기를 갖는다. 그리고 그들 개개인마다 폭넓게 다양성을 가지는 가능성을 계발하는 데서 만족감을 얻는다.275)

Arthur W. Combs는 자아실현을 교육의 주요목표로 보고 있다. 최근 몇 해 동안의 사회과학자들은 자아실현의 문제에 더 큰 관심을 기울였다. 그들은 인간이 참으로 그의 능력을 최대한으로 발휘한다는 것은 무엇을 의미하는가라고 묻는다. 그들이 이 문제에 대해 찾은 해답은, 우리

---

273) 윤팔중, 「인간중심교육과정론」(서울: 교육과학사, 1984), pp.20-22.

274) 이종숙 외, 전게서, p.181.

275) C. H. Patterson, Humanistic Education, 장상호 역, 전게서, 「인간주의교육」, pp.48-51.

로 하여금 자아실현을 한 사람이 어떤 사람인가를 알게 하는 것이었고, 또한 그러한 사람을 길러 내려면 어떻게 할 것인가 대한 것이었다. 첫째가 충분한 지식을 갖춘 사람, 둘째는 긍정적 자아개념을 가진 사람, 셋째는 그들의 경험에 대하여 개방적인 사람, 넷째는 다른 사람과 동일한 깊은 느낌을 가진 사람이었다. 1962년 교육자의 한 그룹은 자아실현의 기본원칙이 교육을 위하여 의미하는 것이 무엇인가를 정의하려 한 바 있다. 그 연구 결과는 지각·행동·형식이란 제목의 ASCD 1962년 연감으로 간행되었는데, 그 책은 교육사상 가장 널리 읽힌 것으로 10년이 지난 오늘날도 계속하여 교육도서의 베스트셀러가 되고 있다.

많은 사람들은 교육 구조에는 정의적인 면에 관심을 둔 곳이 없다고 믿는다. 교실에서 생활의 인간적인 면을 제외하려고 시도하면, 그 교실은 단조롭게 된다. 만일 감정이 관련을 가지려 한다면, 우리는 감정적 교육을 가지게 되거나, 아무것도 전혀 하지 않는 것이 될 것이다. 만일 우리가 교육에서 기대하는 인간적인 특질이 중요하다면, 우리가 책임을 지는 관점에서 우리는 그것에 적절한 자리를 주어야 한다. 우리는 교육의 인지적·행동적인 면에만 그처럼 지나친 편견을 가질 수는 없다.276)

Holt는 아동들의 내부에 잠재해 있다고 알고 있는 위대한 인간성을 계발할 교육방법은 틀림없이 있다고 했으며 이것이 바로 인간주의 교육이라고 했었다.277)

Plowden 보고서278)에서는 아동들이 그들 자신이 되고 다른 아동들과 성인들과 더불어 생활하며 미래에 대한 준비를 하며, 창조하고 사랑하며 역경에 대하여 대처하는 방식을 배우고 책임을 지고 행동하는 것을 배울 필요가 있다고 했다. 즉 그들은 먼저 인간적인 존재가 될 필요가 있다는 것이다.

---

276) Arthur W. Combs, 홍웅선 역, 「교육의 책무성」(서울: 대한교육연합회, 1973), pp.57－60.
277) C. H. Patterson, 장상호 역, 전게서, p.7.
278) 상게서, p.83.

Broudy도 교육자로서의 목적은 모든 학생들의 자아실현에 있다고 했
다.279) 특히 인간본성은 자아실현을 하도록 계속 강요하고 있기 때문에
학교는 모든 학생의 잠재능력을 개발시켜 주는 데 앞장서야 한다. 그런
데 우리 교육은 모든 학생들을 똑같이 보고 있어 똑같은 내용을 가르쳐
야 한다는 의식이 많다. 이처럼 가르치고 배우는 내용이 한 학생의 인간
으로서의 특성과 인격보다 우선이 되고 있는 형국이다.

다음의 우화는 각 개인의 소질 및 잠재능력 발휘가 중요함을 잘 말해
주고 있다.

> 옛날에 토끼, 새, 물고기, 두더지가 학교를 함께 꾸려 나가기로 하였습
> 니다. 그리고 다 함께 교과서 과정을 짰습니다. 토끼는 달리기를, 새는
> 날기를, 물고기는 수영을, 두더지는 땅에 구멍을 파는 일을 교육해야
> 한다고 우겼습니다. 그 후 토끼는 달리기에는 '수'를 받았으나, 벼랑 위
> 에서 날기를 시도하다가 그만 떨어져서 그 후로는 달리기마저 잘하지
> 못하게 되었습니다. 새의 경우에도 그랬습니다. 날기에는 '수'를 받았으
> 나, 두더지처럼 땅에 구멍을 파다가 날개와 부리는 물론 몸마저 심하게
> 다쳐 그 후로는 날지 못하게 되었습니다.

사람도 누구나 천부적인 고유한 가능성을 가지고 태어났다. 아마도 교
육의 본질이란 피교육자의 바로 이 고유성을 발견하여 그것을 개발할
수 있도록 도와주며 가르치는 일일 것이다. 지금 학교에서 모든 아이들
이 고유성을 무시당하고 똑같은 사람으로 비인간화되어 가고 있다.280)

이와 같이 인간주의자들은 교육의 목적을 축적된 지혜와 과거의 경험
을 넘겨주는 것 이상의 훨씬 광범위한 것으로 생각한다. 즉 교육의 목적
은 개개의 학생으로 하여금 자기 자신을 발견하고 다른 사람들과 사회
적 관계를 맺으며 현재의 시점에서 행복하게 살아가고 또 미래의 생활

---

279) Harry S. Broudy, 이인기, 서명원 공역, 「교육철학」(서울: 을유문화사, 1963), p.337.
280) 한태근, "누가 더 큰 사람인가?" 인간교육 실현 학부모연대 편, 「성숙한 부모, 자유
　　로운 학교, 건강한 아이」(서울: 대화출판사, 1993), pp.125－126.

에 대비하도록 돕는 데 있다는 것이다.281) 로저스 역시 그의 저서 Freedom to Learn에서 우리가 살고 있는 현재의 세계에서 교육이 목표로 삼아야 할 것은 개인이 가진 잠재력을 신장시키는 것이라 했다. 우리 교육에서도 예외는 아니다. 학습할 지식과 같은 내용만 중시할 것이 아니라 그것을 학습하는 사람도 존중해야 할 것이다. 따라서 자기 자신 즉 학생 개인에서부터 출발하여 자신이 누구이며 어떤 잠재력을 가지고 있으며 어느 방향으로 가는 것이 바람직하다는 것 등에 대한 교육이 이루어져야 할 것이다.

Rogers는 충분히 기능하는 인간 즉 자아실현인의 특성을 세 가지 항목으로 요약하였다.282) 첫째, 그는 그가 겪는 경험 및 모든 외적·내적 자극을 향하여 개방적인 사람으로 방어 혹은 왜곡할 필요성을 느끼지 않는 사람이다. 둘째, 그는 항상 변화하는 과정에 있으며 융통성이 크고 적응을 잘한다. 셋째, 유기체로서의 자신을 모든 실존적인 상황하에서 가장 만족스러운 행동을 수행할 수 있는 믿음직스런 존재로 인식하며 모든 행동을 안으로부터 결정한다.

Maslow도 자아실현을 교육의 궁극 목표로 삼았다. 즉 교육은 각 개인의 충실한 인간성, 그의 최고 가능성의 최대한 실현, 그리고 그의 최대한 능력에 도달하기까지 성장하도록 돕는 것이라 했다. 그리고 그는 자아실현의 특성을 14가지로 세분하여 자세히 항목화했다.283) 그 항목을 보면 (1) 현실을 보다 초월적으로 지각하며 그렇게 지각한 현실과 보다 편안한 관계를 맺고 나아간다. (2) 자아와 타아 그리고 자연을 받아들인다. (3) 자발성이 높으며 동조성이 낮다. (4) 문제를 두려워하지 않으며

---

281) W. B. Kolesnik, op. cit., p.74.

282) Carl R. Rogers, Freedom to Learn, 연문희 역, 「학습의 자유」(서울: 문음사, 1990), pp.382－388.

283) Maslow, Abraham H., "Self－Actualizing People: A Study of Psychological Heath", in Clark E. Mustakas(ed.), The Self: Explorations in Personal Growth(New York: Harper & Row, 1956.), pp.161－162.

소명의식이 강하고 책임감 및 의무감이 강하다. (5) 자기와 무관한 일에 초연하며 고독을 즐긴다. (6) 자율적으로 문화 및 환경으로부터 독립한다. (7) 통각을 계속적으로 신선하게 하여 반복적으로 일상의 세계에서 외경과 경이함을 체험한다. (8) 신비스러운 경험을 한다. (9) 사회감각이 세련되며 인류에 대한 깊은 동정감으로서의 연민의 정 혹은 동정의 감각을 지닌다. (10) 타인과 깊은 관계를 형성, 유지한다. (11) 민주적인 인격구조를 지니고 있어서 사회적 지위, 교육 정도, 민족 혹은 피부색에 따라서 차별하지 않는다. (12) 수단과 목적을 구분하는 윤리적인 수준의 높은 사람으로서 수단을 목적에 종속시킨다. (13) 사려가 깊고 적대감을 불러일으키지 않는 유대 감각이 세련되어 있다. (14) 창의성이 높아서 사물을 신선하고 천진하게 그리고 직접적으로 대한다.

Combs는 자아실현한 사람에게 내재하는 네 가지 지각적인 특성을 제시하였다.[284] 첫째, 자신을 긍정적으로 바라본다. 둘째, 다른 사람들과 협력을 한다. 셋째, 새로운 경험을 잘 받아들이며 개방적인 태도를 갖는다. 넷째, 풍부하고 쓸모 있는 사고력을 지닌다고 했다.

윤팔중도 자아실현인의 특징을 세 가지로 설명하였다. 첫째, 자신에 향하여 긍정적이다. 그리하여 그는 자기의 삶을 자기 자신의 안으로부터 규정하고자 한다. 둘째, 자아실현인은 환경에로 자신의 심의를 개방한다. 그리하여 그는 긍정적·부정적인 사실들을 정확히 지각하고 느끼고자 하며 이 지각과 느낌을 행동으로 사실화하고자 한다. 따라서 그는 여러 가지 정보를 충분히 갖추고 인간의 운명에 관하여 잘 형성, 유지한다. 셋째, 자아실현인은 창의적으로 행동한다. 그리하여 그는 소명의식에 불타며 자발적, 자율적으로 변화하는 세계에서 실존적인 삶을 누린다는 것이다.[285]

---

284) 미국교육과정연합회(편저), 이해명 역, 「전인교육을 위한 학습지도방법」(서울: 교육과학사, 1983), p.67.
285) 윤팔중, 「전인교육을 위한 교육과정」(서울: 배영사 신서, 1981), pp.9-10.

Kelly는 완전한 자아를 가진 사람의 특성을 다음의 몇 가지로 설명한
다. 첫째, 완전한 인격체는 자신을 높이 평가한다. 그는 자신을 잘 관찰
하고 자신의 견해를 신뢰하기 때문에 자신을 긍정적으로 평가한다. 둘
째, 다른 사람의 존재도 긍정적으로 평가한다. 그것은 자아와 타인의 관
계를 하나로 보기 때문에 자동적으로 그렇게 되는 것이다. 셋째는 그는
자신을 움직이는 세계의 한 부분, 즉 완성의 과정에 있는 사람으로 파악
한다는 것이다. 넷째는 완전한 사람은 실수의 경험을 높이 평가한다는
것이다. 다섯째는 그의 주위에 모든 것을 창조의 기회로 포착한다는 것
이다.286)

Allport는 성숙한 성격의 기준으로 7가지를 들었다. 첫째, 자아의식의
확대이다. 자아가 발달할수록 사람이나 사물의 범위가 확대된다. 처음에
는 자아가 단지 개인에게 관심을 두지만 성숙하면 자아 밖으로 관심이
늘어나게 된다는 것이다. 둘째, 타인들에 대한 자아의 따뜻한 관계이다.
그는 두 가지 종류의 온정을 구분했는데 그것은 친밀능력과 동정능력이
다. 심리적으로 건강한 사람은 부모, 자식, 배우자, 가까운 친구들에게
친밀함을 드러내 보인다. 그리고 동정능력으로 인해 성숙한 성격을 가진
사람은 다른 사람들의 행동에 아량이 있으며 비난하지도 저주하지도 않
는다. 셋째, 정서적 안정이다. 넷째는 현실주의적 지각으로 세상을 객관
적으로 본다. 다섯째는 기술과 과업이다. 그는 일의 중요성과 일에 몰두
할 필요성을 강조하였다. 여섯째, 자기객관화이다. 건강한 사람은 더 높
은 자기 이해의 수준에 도달한다. 자기 자신에 대한 적절한 지식은 자기
가 생각하는 자신과 실제 자기와의 관계에 대한 통찰을 필요로 한다. 일
곱째, 건강한 성격을 가진 사람은 미래를 내다보며 원대한 목적과 계획
에 의해 동기가 유발된다.287)

Fromm은 건강한 성격을 올포트의 성숙한 성격과 매슬로의 자아를 실

---

286) 미국교육과정연합회(편저), 전게서, pp.26 - 29.
287) 슐츠, 이상우·정종진 공역, 「인간성격의 이해」(서울: 중앙적성출판사, 1999), pp.27 - 34.

현하는 사람과 비슷한 사람과 개념인 생산적인 지향이라 일컫는다. 그것
은 인간 가능성의 완전한 발휘 또는 실현을 나타낸다. 지향이라는 단어
의 사용에 의해 프롬은 그것이 생활의 모든 국면, 즉 자아는 물론이고,
세상의 사람들, 사물들과 사건들에 대한 지적이고 정서적이고 감각적인
반응을 망라하는 일반적인 태도 또는 견해라고 주장한다. 건강한 사람들
은 그들의 모든 가능성을 실현하려 하고, 그들이 될 능력 있는 모든 것
이 되며, 그들의 모든 능력을 성취함으로써 그들의 자아를 창조한다. 건
강한 성격에 대한 네 가지 부가적인 양상은 프롬이 의미하는 생산적인 지
향이 무엇인지를 명확하게 도와줄 수 있다. 그 네 가지 양상은 생산적인 사랑,
생산적인 사고, 행복과 양심이다.288)

Frankl은 건강한 성격을 가진 사람의 특성에 관한 일람표를 제시하고
있지는 않다. 그러나 그런 사람들은 대체로 다음과 같은 사람이다. 첫째,
자신의 행위 과정을 자유롭게 선택한다. 둘째, 살아가며 행하는 행위와
자신의 운명에 대해 취하는 태도에 스스로 책임을 진다. 셋째, 자기외부
의 힘에 의해서 지배당하지 않는다. 넷째, 자기에게 적합한 삶의 의미를
가지고 있다. 다섯째, 자신의 삶을 의식적으로 잘 통제한다. 여섯째, 창
조적, 경험적 혹은 태도적 가치를 표현할 수 있다. 일곱째, 자신에게 관
심을 두는 것을 초월한다. 이 외에도 건강한 성격을 가진 사람의 특성은
여러 가지가 있다. 그들은 미래의 목표와 과제에 관심을 돌리는 미래지
향적인 사람들이다. 프랭클은 아우슈비츠에서 미래에 대한 의식을 상실
하고, 어떤 목표를 향해 노력하는 것을 포기해 버린 많은 동료포로들이
며칠 안 되어서 죽어 가는 것을 보았다. 미래에의 신념 없이는 영혼으로
삶을 붙들지 못하며, 따라서 심신이 곧바로 쇠약해지는 운명에 놓이게
된다. 따라서 우리는 계속해서 삶을 영위해 가야 하는 이유와 성취하고
자 하는 미래의 목표를 가지고 있어야만 한다. 그렇지 않으면 삶은 그
의미를 잃고 만다.289)

---

288) 상게서, pp.81-84.

김성태는 성숙 인격인이 지니고 있는 다섯 가지의 특성을 제시했다. 그것은 첫째, 주체감을 가지며 자신의 책임감을 완수한다. 둘째, 있는 그대로의 현실을 인식하고 자신을 수용한다. 셋째, 따뜻한 인간관계를 형성한다. 넷째, 확고하고 타당하며 건전한 인생관을 가지고 있다. 다섯째, 자기중심적이 아니라 문제 중심적으로 일에 열중한다는 것이다.[290]

이상에서 우리는 인간주의 교육에서는 지·정·의가 골고루 발달한 전인과 자신과 타인에게 긍정적으로 생각하며 보다 남을 돕고자 하는 성숙된 인격을 갖추고 자신의 능력을 최대한 발휘하고자 하는 자아실현인을 목표로 한다. 그래서 학교에서는 보다 한 학생이라도 가장 먼저 자신을 사랑하고 능력을 최대한 발휘하게 하며 또한 남을 보다 더 사랑할 수 있는 성숙한 인격을 갖춘 사람이 되도록 교육이 되어야 할 것이다.

2. 교육내용의 인간화

인간주의 교육은 각 개인 모두가 한 인간으로서 자기의 잠재능력을 발휘하고 전인적인 인간이 됨을 지향하고 있다. 따라서 인간주의 교육은 인간을 중심에 둔다. 여기에는 교사와 학생이 포함될 수 있을 것이다. 이제까지 우리나라의 교육은 교육의 3요소 중에서 주로 가르치는 내용에 중심이 있었으며 그것은 절대적이었다. 교육내용은 국가에서 검·인정을 통해 편찬하며 더욱더 우리가 주목해야 할 것은 주로 배우는 학생의 여러 가지 입장을 고려하기보다는 배워야 할 내용이 먼저 있어 왔다.[291] 따라서 여기에 대한 문제의식으로 많은 사람들이 교육이 교과서

---

289) 상게서, pp.202-203.

290) 김성태, 「성숙인격론」(서울: 고려대학교 출판부, 1976), pp.26-27.

291) 우리나라는 후발 주자로서 경제성장을 통해 세계와 어깨를 나란히 해야 한다는 생각에 치우쳐 서양의 지식과 기술을 절대시하였고 보다 많은 지식과 기술을 배워야 한

위주이거나 학문 위주이라고 말했던 것이며 그 내용은 또한 절대적이었다. 말하자면 거의 신격화되어 있다. 지금은 과거와는 달리 엄청난 변화 속에서 자라나는 우리의 신세대들은 하루하루가 달라지고 있다. 혹자는 오늘의 학생들을 N세대라고 하기도 한다. 읽는 것보다는 보는 것에 익숙한 세대를 말한다. 따라서 교육내용도 여기에 조금씩 맞추어 가야 할 것이다. 앞으로 언젠가는 책이 없는 세상이라거나 오늘날과 유사한 형태의 교과서가 없는 날이 올지도 모를 것이다. 그러나 여기서는 먼저 교과서가 앞으로도 있어야 되고 있을 것이라고 최소한 전제하고 그럼 이런 상황에서 어떻게 하면 보다 더 인간적인 교육을 할 수 있을까 하는 물음을 던지면서 여기에 대한 답을 얻도록 인간주의 교육의 입장에서 살펴보고자 한다.

1) 인간주의 교육과 지식교육

교육내용을 구성하는 것으로 빼놓을 수가 없는 것이 지식이며 오늘날 지식의 중요성은 어느 누구나 공감을 하고 있다. 살아가기 위해서는 알아야 하기 때문이다. 그런데 왜 많은 사람들이 교육의 문제로 지식교육을 이야기하고 있는가 하는 점이다. 그 이유는 크게 두 가지로 볼 수가 있겠다. 첫째는 올바른 지식교육을 제대로 하고 있지 못하고 있다는 점이다. 다시 말하면 지·정·의를 함께하는 교육이 되어야 하고 결국에는 지식이 덕성의 함양으로 가야 하는데 그렇지가 못하다는 점으로 다소 편향된 지식을 그것도 너무 많이 하고 있다는 것이다. 둘째는 첫 번째 것과 관련이 되는 것으로 암기 위주로 하고 있다는 것이다. 그래서 인간은 외우는 기계처럼 된 것이다. 그리고 지가 덕을 누르는 세상이 되어 여러 가지 좋지 못한 일들이 나타나고 있다. 인간됨을 지향하는 인간

다는 생각을 하였다.

주의 교육은 덕성과 감성을 보다 중요시한다. 그런데 학교교육의 목적 중 하나가 지식교육이고 보면 하루빨리 무엇이 문제인가를 발견하여 보다 개선된 교육을 해 나가야 할 것이다. 따라서 인간주의 교육은 지식에 대해 어떤 입장을 가지고 있는가를 알아보는 것은 보다 인간적인 교육을 하는 데 도움이 될 것이다.

오늘날 지식교육은 왜 하는가 하는 물음을 먼저 제기해 볼 수가 있다. 그것은 당연히 지적인 성장이다. 학교교육에서는 낮은 수준의 지식에서부터 높은 수준의 지식에까지 다시 말하면 단순한 지식에서부터 힘을 수반한 지식까지도 탐구해 내도록 해야 한다. 이른바 참된 지식 또는 지력의 교육이 이루어져야 한다. 여기서 지력이라 함은 지식을 단순히 암기하거나 상기하는 것 이상의 능력을 말하는 것이다. 이해력, 사고력, 추리력, 분석력, 응용력, 문제해결력, 탐구력, 창조력 등은 모두 지력을 필요로 하지만 결국 지식 그 자체는 아닌 것이다.[292] 따라서 학생에게 교과서의 내용을 다량 암기하게 하고, 시험문제를 잘 푸는 연습을 반복시키는 것을 지식교육이라고 할 수 없다. 그러나 대부분의 사람들(교육 전문가의 상당수까지도)은 아직도 '교과서의 암기 훈련'과 '시험문제 풀기 연습'을 '지식교육'으로 착각하고 이를 학교교육의 거의 전부로 인정하고 있는 기막힌 현상을 우리는 흔히 본다.[293]

정범모는 교육에서의 知라는 말에 대하여 새로운 해석을 내렸다. 그는 지식을 특수지식, 참고지식, 기능지식의 셋으로 나누었다. 특수지식이란 학자가 괜히 어렵게 만들어 쓴 전문지식이며 참고지식은 일부응용은 되고 후에 사용될 지식이나 기억할 필요가 없는 지식이며 기능지식은 문제해결에 도움이 되는 지식이라고 했다.[294]

이와 관련하여 여러 사람들의 지식분류를 살펴보면, Parsons는 지식을

---

292) 안영호, 「학교와 인간교육」(서울: 주류, 1982), p.385.
293) 함수곤, 「교육과정과 교과서」(서울: 대한교과서주식회사, 2000), p.173.
294) 정범모, 「발전의 서장」(서울: 배영사, 1966), p.74.

인지적 지식, 감정적 지식, 기술적 지식으로 분류했으며, Guvith는 지식을 철학적 지식, 과학적 지식, 기술적 지식으로 분류했다.295) 한편 Kneller는 지식의 원천이 무엇이냐에 따라 개시적 지식, 권위적 지식, 객관적 지식, 합리적 지식, 경험적 지식으로 분류 가능하다고 했다.296) OECD에서는 지식을 사실적 지식, 논리적 지식, 방법적 지식, 정보적 지식 등으로 구분하고 있다. 한편 매일 경제 지식프로젝트 팀에서는 지식의 구성요인으로 학문적 지식, 실용적 지식, 현장경험지식을 들고 있다. 여기서 학문적 지식은 학교에서 배우는 이론과 같은 교과지식을 의미하고, 실용적 지식은 이론을 실제에 활용하는 지식이며, 현장경험지식은 현장에서 터득하게 되는 노하우이다.297)

Hirst는 교양교육을 위한 지식의 본질과 가치를 탐구하기 위하여 지식의 유형을 ① 형식논리학과 수학, ② 자연과학, ③ 우리 자신과 타인의 정신에 관한 이해, ④ 도덕적 판단과 인식, ⑤ 심미적 경험, ⑥ 종교적 주장들, ⑦ 철학적 이해 등의 일곱 가지로 분류했다.298) 이와 같이 지식에는 여러 가지 종류가 있는 것이다. 따라서 위의 지식들을 학교교육에서는 골고루 배울 수 있도록 해야 하는데 현실은 위의 지식들 중에서 주로 일부분에 국한된 지식을 위주로 가르치고 배우고 있고 그것도 단순 암기식이 된 것이다. 따라서 우리는 먼저 왜 학교에서는 암기 위주의 교육을 할 수밖에 없는가 하는 점이다.

여기에는 여러 가지 원인이 있지만 가장 큰 원인은 지식을 객관적이고 고정된 것으로 받아들이고 객관성을 지나치게 유지하려는 지식관 때문이다. 교육내용으로서의 지식을 고정된 것으로 받아들이게 되면 교사

---

295) Janet Wolf, Hermeneutic Philosophy and the Sociology of Art(London and Boston: Routledge & Kegan Paul, 1975), p.49.

296) G. F. Kneller, Introduction to the philosophy of Education, pp.18－22.

297) 매일경제 지식부·한승희, 「학습혁명보고서」(서울: 매일경제신문사, 2000), p.138.

298) Paul H. Hirst, Knowledge and the Curriculum(London: Routledge & Kegan paul, 1974). pp.56－57.

는 자신의 역할을 객관적 지식의 전달자로 규정하며 교사와 학생의 관계는 지식의 수동적 전달자와 전수자의 관계가 되는 것이다.299) 이때 교사, 학생 모두 지식의 단순한 전달자와 전수자가 되기 쉬우며 이렇게 될 때 학생과 교사 모두는 그 지식(이론)에 소외될 수도 있다. 이것이 비인간적인 교육내용의 첫째라 할 수 있다.

Polanyi에 의하면, 객관주의는 우리가 알고 있기는 하지만 증명할 수는 없는 모든 것들을 소홀히 내던져 버리고는 우리가 알고 있고 또 증명할 수 있는 것만을 찬양함으로써 진리에 대하여 우리가 갖고 있는 모든 생각들을 전적으로 틀린 것이라 매도해 버렸다. 사실은 우리가 증명할 수 없음에도 불구하고 분명 알고 있는 그 지식이야말로 우리가 증명할 수 있는 모든 지식의 토대이며, 또 그것의 타당성을 보장해 주는 것임에도 불구하고 이를 간과해 버린 것이다.300)

교과서가 명확한 것만 실었을 경우 이때 교과서는 절대적인 존재가 된다. 지식위주교육이나 학문중심교육과도 무관하지가 않다. 그것은 한마디로 말하면 답이 명확해야 한다는 것이다. 이 확실함을 추구하는 사고는 토론의 여지가 별로 없게 만들고 수동적으로 학습하고 교사가 일방적으로 설명하는 형태의 수업을 만든 한 요소가 되었다고 볼 수 있겠다. 따라서 넓게 보면 획일화란 형태로 나아가게 만든 것이다.

그 예를 우리는 각 학교의 시험문제에서 잘 알 수 있다. XX전쟁에서 승리한 명장의 이름은? 따위의 질문이 대부분이다. 이런 지식은 그저 암기만 하면 된다. 그리고 이러한 지식은 학교를 나온 뒤에 생활하는 데에도 도움이 안 되거니와 다음 과정을 공부하는 데 있어서도 꼭 필요한 지식이 아니라는 점이다.301)

---

299) 유현옥, "교수－학습활동의 도덕적 측면에 대한 분석: 지식의 획득과 탐구의 행위가 갖는 도덕적 측면을 중심으로", 「교육학연구」, Vol.29, No.2, 1991, p.24.

300) Michael Polanyi, Personal Knowledge: Towards a Post－Critical Philosophy. London: RKP. p.286.

301) 이영덕, "형식교육의 공과", 「교육과정의 발전적 지향」(서울: 서울특별시교육위원회, 1974),

이것은 물론 대학입시나 학교평가와도 관련302)이 있다. 왜냐하면 여러 가지 다른 제약의 이유도 있지만 무엇보다도 객관성과 공정성을 지나치게 추구한 나머지 평가에서도 사지선다형을 주로 평가의 문항으로 하고 있기 때문이다. 심할 경우에는 본말이 전도되어 평가에 맞추어서 수업이 진행된다. 따라서 이는 교육의 본질이나 추구해야 하는 목적에서 이탈하게 하는 한 요인이 되며 교육을 제 기능을 하지 못하게 위축시키는 요인도 된다 하겠다. 인간주의 교육은 교육에서 전인을 목표로 하기에 기존의 평가방법과는 좀 다르다.303)

Eisner는 지식은 확실성을 가져야 한다는 당위에 의해 분석적 명제와 종합명제의 형태를 띠게 되었는데 이 종합명제에도 명제가 아닌 것이 있다고 했다. 문학, 예술 등은 명제적으로 표현하기가 불가능하다. 왜냐하면 진위를 알 수 없기 때문이다. 그래서 명제는 경험 세계에서 경험하고 아는 것을 모두 담지 못하고 한 부분만을 표현한다는 점이다. 또한 그는 명제적 지식 중 경험에 관련된 명제는 반드시 직접적인 접촉이나

------

pp.127－128.

302) 치열한 경쟁적 풍토에서 소수만이 갈 수 있는 소위 명문대나 인기학과에 대한 열망이 높기 때문에 공정함과 객관화가 매우 요구되는 면이 있다. 그래서 대입수능시험 점수의 비중이 높은 것은 당연하다. 물론 수능시험이 모든 것을 잴 수 없기에 이를 보완하기 위해 일부에서 입학사정관을 통한 면접이나 다양한 활동 등을 점수화하려고 했으나 너무 경쟁이 심한 나머지 입학과정에서 2010년 초에 불거진 일부 자율고(특목고)에서 입학자격요건 미해당자 부정입학과 입학사정관제를 교묘히 이용하여 서류조작에 의한 부정입학 등이 나타난 것으로 보아 우리나라의 실정으로는 이로 인해 득보다는 실이 매우 크고 부정 및 비리가 심할 것으로 보아 아직까지는 객관성이 높은 수능의 점수가 높은 비중을 차지할 수밖에 없다고 본다. 물론 이에 대한 근본적인 치유는 자신의 능력과 소질에 맞춰 분수껏 자신의 길을 가는 성숙된 사람들이 많아지는 것이다. 부와 권력의 분산으로 누가 어느 길을 가든지 간에 어느 정도의 삶은 보장되는 사회 여러 면에서의 경제적 안정과 문화적 성숙이 조성되어 최소한 지금과 같은 치열한 경쟁은 없어야 한다.

303) 먼저 객관식보다는 주관식이나 서술형의 비율을 높게 하는 방법과 과목에 따라 평상시의 행동을 평가에 반응하는 방법들도 있다. 하지만 이렇게 되기 위해서는 반드시 교사들의 여건고려 및 교사에 대한 믿음이 수반되어야 한다. 따라서 현실적으로는 매우 어렵다. 학급당 학생 수나 교사가 가르치는 학생의 수가 필히 적어야 하고 평가에 대한 신뢰 또한 보장되어야 하는데 교사가 존중받지 못하는 현실에서는 더 힘들 것이다.

상상을 통해 그 내용과 관계를 맺어야만 의미가 있다고 했다. 만약 검증이 이루어지지 않으면 그것은 한낱 주장에 불과하다는 것이다.304)

분석명제나 종합명제에 속하지는 않지만 철학자나 교육자들이 사용하는 다른 유형의 진술들이 있는데 "저것은 아름다운 꽃병이다."와 같은 미학적 진술과 "그는 자신의 약속을 지키지 않으므로 나쁘다."와 같은 도덕적 진술을 들 수 있다. 미학적 진술과 도덕적 진술은 어느 것이나 분석명제 또는 종합명제에도 속하지 않는 것이다.305) 따라서 허스트가 지식의 형태는 모두가 명제적일 것을 요구한 것은 기본적인 오류인 것이다. 왜냐하면 특히 예술 같은 분야를 하나의 명제의 진술로 축소시키는 것은 있을 수 없는 일이기 때문이다.306)

교육이란 평생을 살아가면서 경험하게 되는 수많은 관계와 계기 속에서 점진적으로 나타나는 현상으로 주어진 상황에 따라 학습이 억제되거나 조장되고, 인성의 발달이 촉진되거나 방해받는다. 따라서 교육은 인식 가능하고 확인 가능한 대상으로 고정되지 않으며, 또한 개념화 과정을 거쳐 만들어진 개념에 상응하도록 교육학적으로 연출될 수 있는 것도 아니다. 삶을 통해 일반적으로 알게 되는 내용들이란 확고하거나 절대적인 지식이 아니라 단지 비명제적 지식일 뿐이다.307)

한편 Ryle는 지식의 형식으로 ~인 것을 안다는 명제적 지식과 ~할 줄을 안다는 방법적 지식으로 나누었다.308) 방법적 지식은 어떤 행위의 방법에 대한 지식이면서 진위를 판별할 수 없으며 명제화가 불가능하다.

---

304) Elliot W. Eisner, Cognition and Curriculum(New York: Longman, 1982), p.39.

305) J. M. Rich, Humanistic Foundations of Education, 김정환 역(서울: 박영사, 1985), p.169.

306) Ormond Smythe, "On the Theory of the Forms of Knowledge", Philosophy of Education Society(ed.), Philosophy of Education University, of Illinois, 1980, p.35. 한명희, 교육철학(서울: 배영사, 1983), pp.133－134에서 재인용.

307) 정영근, 「영화로 만나는 교육학」(서울: 문음사, 2002), p.212.

308) Gilbert Ryle, The Concept of Mind(New York: Barnes & Noble, Inc., 1949), pp.25－61.

그러나 명제적 지식은 사물의 어떤 상태, 인과관계, 생성과정에 관한 지식을 의미하는 것으로 진위가 뚜렷하다. 그런데 그는 모든 행동은 실행만이 있기에 명제적 지식은 방법적 지식으로 되어야 한다고 했다. 그 예로 자동차운전을 배우는 과정에서 교통법규 기어를 넣고 브레이크를 밟는 시기, 다른 차와 간격유지 등의 각 사항들을 배우게 된다. 그러나 그가 자동차 운전에 숙달하게 되면 이러한 행동들은 무의식적이고 습관적으로 동시에 수행된다는 것이다.

한편 J. Hartland Swann은 명제적 지식은 방법적 지식의 아종이라고 주장했다.309) 그래서 앞에서 예를 든 'XX전쟁에서 승리한 명장의 이름은?'과 같은 지식에 머무르지 말고 보다 높은 지식을 추구해야 할 것이다. 그 자체로는 큰 의미가 없다. 왜 그 같은 전쟁이 일어났으며, 그 승리를 위해 그 장군이 택한 전략과 전술은 무엇이며, 왜 그런 이름이 붙었으며, 그것의 현대적 의미와 내가 지금 이것을 배우고 무엇을 할 수 있는가 하는 방법적 지식과 관련될 때 진짜 의미가 있는 것이다.

Rich는 우리를 좀 더 인간답게 해 주는 데 가장 중요한 지식은 불변의 가치를 지닌 확실성을 결한 많은 지식을 가르치고 있을 뿐만 아니라 확실한 것만 교육과정에 포함시키는 것은 교육과정을 제한하는 처사라고 했다.310) 만약 이렇게 확실한 것만을 고집하면 교육과정의 많은 부분들은 삭제될 것이다. 따라서 극단적인 논리성을 중시하는 탐구자가 주도하면 예술, 음악, 인문과학은 삭제대상에 포함될 우려가 많다. 따라서 우리는 교육과정 내용의 확실성은 획일적인 답과 과정만을 강요할 우를 범할 수 있다는 점을 파악해야 한다. 물론 누구나 일정할 만한 보편적인 원리나 법칙을 가르쳐야 하고 이것이 중요하지만 모든 교육내용을 이렇게 할 때 학교나 사회 전체적으로 논의나 탐구의 과정을 축소시키거나

---

309) John Hartland Swann, An Analysis of Knowing(London: George Allen and Unwin Ltd., 1958), pp.56－65. Rich op. cit.,에서 재인용.
310) J. M. Rich, op. cit., pp.171－174.

무시한 분명한 사실이나 개념 위주의 내용에 의한 기계적인 교수와 학습이 만연할 것이란 점이다. 확실성이 없다고 무익하며 보다 중요하고 의미 있는 것으로부터 벗어났고 잘못되었다고 단정할 수는 없다. 리치도 말했듯이 지식에 대한 확실성도 중요하지만 더 중요한 것은 개방성을 배양하고 새로운 경험에 맞부딪혀 사고하고 느끼고, 감상하고, 성장할 수 있는 모든 능력을 키워 주며, 나아가 불확실성과 죽음에 직면해서도 삶을 긍정할 줄 아는 일이다.

현대의 과학적인 지식의 가치중립을 믿는 경향이 지식과 행동을 분리시켰으며 학문과 인격을 분리시키는 데 결정적인 역할을 했다. 왜냐하면 과학적인 지식이 그 절대성과 보편성과 객관성을 확보하기 위해서는 상대성과 개성과 주관성을 본질로 하는 가치판단과는 분리되어야 하기 때문이다. 이러한 가치중립성의 요청이 지식과 행동 그리고 과학과 인간교육을 결정적으로 분리시키는 역할을 했다는 것이다. 이러한 괴리는 곧 달리 표현하면 앎과 삶의 분리를 의미한다. 만약 교육받은 지식인이 그의 반성되지 아니한 삶의 목적을 위한 수단으로 사용하고 혹은 그의 비윤리적인 행동을 정당화하는 방편으로 이용하기만 한다면 이것은 또한 중대한 교육적인 문제가 아닐 수 없다.311)

객관성의 치중은 인간의 내면세계 주체적 인식을 제외시킴으로써 내적인 것을 상실한 소외된 인간으로 만들어 갈 경향성을 지니고 있다. 그래서 통제와 수량화는 모든 것을 결정론적으로 보게 되어 인간 자유의 영역을 남겨 놓지 않는다는 것이다.312) 따라서 지나친 객관성의 치중은 토론이나 다양한 의견을 낼 수 있는 시각이나 관점 그리고 가치교육을 소홀히 하게 만들어 한 인간으로서 자신의 삶에서 우러나오는 배우고 싶은 것을 못 배우게 할 수도 있다.

마르쿠제는 이 비인간화된 지식을 일차원적 지식으로 표현했다. 그 이

---

311) 이규호, 「앎과 삶: 해석학적 지식론」(서울: 연세대학교 출판부, 1988), pp.10－13.
312) 한명희, 「교육철학」(서울: 배영사, 1983), p.176.

유를 그는 이것은 인간의 넓고 깊은 삶의 경험이 실증주의로 인해 절단
되어 아주 제한된 추상화된 것으로 인간의 전체적 삶을 다 표현하지 못
하는 지식이기 때문이라고 했다.[313) 또한 그는 현대의 철학사상인 영미
의 논리적 실증주의와 언어분석도 모두 일차원적 사유의 산물이라고 비
판했다. 논리적 실증주의는 자연과학적 방법에 의존하고 있으며 사실과
가치의 분리를 믿으며, 학문의 가치중립성을 추구하기 때문에 이는 사람
들로 하여금 기존질서에 대한 비판을 할 수 없도록 만든다는 것이다. 또
한 언어분석도 언어의 정확성과 명확성을 목적으로 하기 때문에 언어분
석은 주어진 현실과 분리될 수 없고 기존질서를 긍정하는 사유양식이라
고 했다.[314)

현대 경영철학자인 드러커는 현대의 학교교육의 현상은 1750년대의
농업국과 같으며, 아직도 중세 때의 문법학교의 범주를 벗어나지 못하는
언어지상주의에 지배되고 있다고 비판한 바 있었다.[315)

해석학적, 현상학적 또는 비판이론의 패러다임에 의하면 지식의 객관
화와 그에 따른 즉 객체의 엄격한 분리는 필연적으로 유사 실체화의 문
제에 봉착한다는 것이다. 초역사적, 항구적, 보편적 기준에 의해 제시되
는 가치중립적이고 이에 무관한 객관적 지식이란 있을 수 없고 지식이
객관화되었을 때 이미 그것은 어떤 특수한 사회집단의 이익을 위해 유
사 실체화된다는 것이다. 그것은 실제로는 특수한 사회·경제·정치·
역사적 맥락에서 특정한 목적을 위해 만들어진 지식이 마치 항구적인
보편성과 선험적 속성을 지닌 것처럼 여겨지는 객관적 사물로 물화하는
현상을 가리키는 것이다.[316) 이른바 초근대주의 사상가들은 근대적 정
신, 즉 데카르트 이후의 근대적 사상가에 의해서 전재된 계몽사상가, 이

---

313) 이규호, 전게서, p.150.

314) 한명희, 전게서, p.105.

315) 곽병선 외, 「교과교육원리」(서울: 갑을출판사, 1988), p.25.

316) 윤병희, "현대 교육과정 이론의 이해를 위한 시도", 한국교육학회. 교육과정 연구회
    (편), 「교육과정 연구」(서울: 배영사, 1988), pp.192－193.

와 함께 신봉된 이성, 혹은 합리성의 개념을 거역하는 대열을 형성하고 있다. 그들은 이성적 사유의 힘으로 진리를 인식하고 가치를 발견하는 데 적용되는 절대적 기준을 소유할 수 있다는 믿음을 거부하고 있다. 즉 그들은 모든 지식이 역사성과 사회성을 초월한 인식의 절대적 기준을 가진다는 가능성을 전제로 한 학문적 대화를 허구로 규정하고 있다.317) 만약 이러한 초근대주의가 정당화되면 지금까지 우리의 학교들이 다루어 온 지식의 전통적 의미와 체계는 심각한 도전을 받게 된다. 왜냐하면 각급 학교의 전통적 교육과정을 점하고 있는 대부분의 지식체계는 근대 계몽사상의 이성관에 의해서 형성된 기준에 의해 선정되고 정당화된 것이기 때문이다. 따라서 불가피하게 전통적 교과구조와 교육방법은 치명적인 도전을 받게 된다.318)

키르케고르는 <완결된 비학문적 후서>에서 모든 본래적 인식은 실존과 관계되기 때문에 본질적으로 실존과 관계되는 인식만이 본질적 인식이라고 했다. 그래서 그는 현대 학문이 더욱더 추상화되는 것에 반대한다. 그는 추상적, 비본질적 지식으로부터 구체적, 본질적 지식으로 단지 가능한 것으로부터 현실적인 것으로 돌아가자고 했다.319)

Jacoby는 자연과 자연과학은 결코 의식이나 자의식 주체성이나 객체 현상과 본질을 알지 못한다고 주장했다. 그래서 객관화를 유지하는 것은 불가능하다. 중립화는 표방하지만 과학적 지식이나 이론은 결국 어느 한 곳에 그 바탕을 두기 때문이라는 것이다.320)

Brent는 만일 객관적 지식이 언어와 무관한 어떤 실제에 관한 지식이라든가 또는 선입견 없는 지식이라든가 또는 지식을 찾아내며 만들어

---

317) J. F. Lyitard, The Postmodern Condition: A Report on Knowledge(Manchester: Manchester University Press, 1988).

318) 이돈희, "지식기반 사회에서의 교육의 역할", 이돈희 외, 「교육이 변해야 미래가 보인다」(서울: 현대문학, 1998), pp.31－32.

319) Fritz Heinemann, Existenzphilosophie Lebendig oder Tot? pp.51－52.

320) J. Wolf, op. cit., p.16.

내는 주체와 무관한 세계에 대한 그러한 지식을 의미한다면 객관적인 지식은 없다고 했다.[321]

Martin에 따르면, 지식이나 이론은 비록 이상적으로라도, 보편성이나 절대적 진리, 혹은 객관성의 문제가 아니라 오히려 관여의 과정이며, Dewey적인 용어를 표현할 때, 문제해결의 상황을 의미한다. 그는 절대적 진리 혹은 객관성의 추구는 지식의 본질을 왜곡시키게 된다고 했다. 지식이나 이론은 기본적으로 주관성이나 변화와 관련하여 이해되어야 한다는 것이다.[322]

과학적인 지식이 객관적인 정확성을 갖고 있다고 생각하는 것은 일반적인 상식이다. 그러나 현상학자 훗설은 과학적 지식이 소박하다고 비판한다. 그 까닭은 상식적인 지식은 물론 과학적 지식도 어떤 확증성이 없는 전제에 그 기초를 두고 있기 때문이라는 것이다.[323]

Scriven은 <교육목표로서의 학생들의 가치관>이라는 논문에서 객관성이라든가 과학적 방법에 대한 존중과 같이 인지학습과 더불어 습득하는 가치와 인지적 기술로는 가르칠 수 없는 동정이나 감정이입과 같은 도덕적 가치를 구분했다. 그러면서 그는 인지적 가치 및 도덕적 가치의 교육은 다음의 세 가지 유의점을 염두에 두어야 한다고 했다.

첫째, 객관적으로 인정될 수 있는 주장을 사실로 가르치며 …… 만약 그렇지 않은 것이 있다면 가설로 가르쳐야 한다. 왜냐하면 그렇게 하면 어느 쪽이 합리적인가를 선택하는 학생들의 권리를 침해하지 않고 또 진리를 알 권리도 침해하지 않을 수 있다는 것이다. 둘째, 훌륭한 지도란 교사가 옳다고 생각하는 결론의 기억을 요구하는 것이 아니라 학생 자신이 그 결론에 도달하고 그 결론을 검증할 수 있는 기능을 개발할 수 있게 하는 것이다. 셋째는 어떤 결론이 현재에 확정되었다고 해서 그

---

321) 한승희, "교육내용 어떻게 볼 것인가?", 「한국교육」, 1990. Vol.17. p.147.

322) 유현옥, 전게서, p.29.

323) 박이문, 「현상학과 분석철학」(서울: 일조각, 1985), p.9.

것이 장차 틀릴 가능성이 없다는 것을 결코 의미하지 않아야 한다는 것이다.324)

학교교육을 통하여 학생들에게 전달되어야 할 지식은 개인의 입신출세를 도모하고 상대방을 지배하기 위한 것이어서는 안 된다. 교육을 통하여 얻어진 지식이 인간을 위하여 어떻게 사용되어야 하는가에 대한 냉철한 사고와 반성은 찾아보기 힘들고 모두들 개인의 이기적 행복추구의 수단으로 지식을 획득하고자 하며 이렇게 얻어진 지식은 서로 공존하는 가치를 추구하는 데 사용되지 못하고 다른 사람을 지배하고 소외시키거나 인간성을 말살하는 일에 관여하게 됨으로써 교육의 본질을 망각하게 되는 것이다.325)

우리는 갈미데스의 대화 편 속의 다음과 같은 말을 읽을 수 있다.

> "우리들은 지식만으로는 훌륭한 태도를 할 수 없고 행복하게 될 수도 없다. 설사 그것이 다른 지식을 조합한 그 어떤 지식이라고 할지라도 우리를 행복하게 하는 것은 불가능하다. 따라서 지식이란 선과 악에 대한 판단의 수단이 되는 것으로 족하다."326)

인간주의 교육에서는 지식이 인간보다 앞서는 것, 즉 지식이 절대화되어 인간이 맹목적으로 그것을 추종하는 것에 반대한다. 인간이 너무 객관적이고 명확한 지식을 원하면 할수록 오히려 인간은 객체화되고 비인간화되기에 인간주의 교육에서는 전인에 필요한 심미적, 도덕적, 철학적 경험 등을 더 중시하고 요구한다.

J. Frankl은 여기에 관해 다음과 같이 경고했다. 만약 가르치는 일이 다만 표준화된 지식이나 일반화된 객관적 사실의 전달로써 학문적 기술을 가지고 학생들을 훈련시키는 것에 불과하다면 교사는 머지않아 폐물

---

324) 홍웅선, "교육과정의 새로운 동향", 「교육의 발전적 지향」 pp.205－206.
325) 정영수, 전게서, p.8.
326) Ulich, 한기언 역, 「교육사상사」(서울: 한국번역도서, 1958), p.4.

이 되고 자동화의 또 다른 희생물이 된다고 했다.327)

문제는 우리나라의 교과서는 그 내용이 객관적인 지식으로 되어 있어 교사와 학생이 학습을 통해 지식의 새로운 측면을 생산해 낼 수 있는 여지를 빼앗아 가고 있다. 지식은 그 성격상 불확실한 것이고, 만들어지는 것이고, 잠정적인 것이다. 그러나 현행의 교과서는 지식이 만들어지기까지의 가설적 활동은 모두 생략하고, 그것이 마치 절대적이고 완전한 것인 양 포장해서 전달한다. 그 결과 학생들은 지식이란 누군가 위대한 사람이 만드는 것이고, 따라서 자기들은 그럴 능력이 없으므로 그저 교과서의 지식을 암기해야 하는 것으로 알고 있다. 배움은 학생이 자신의 문제 사태를 해결하기 위해 정보를 찾고 조직하고 활용하여 답을 만들어 가는 과정이다. 이 과정에서 교과서는 하나의 소재이며, 도움이 되는 한 모든 것들이 학습의 소재가 될 수 있다. 그러나 지금은 학습을 주도하는 것이 학생이 아니라, 혹은 교사가 아니라, 교과서이다. 학생이 바뀌고, 교사가 바뀌고, 문제가 달라져도 여전히 그들을 제압하는 화석화된 힘으로 작용하고 있다.328)

2) 지식의 주체자가 되게 하는 교육내용

또 다른(두 번째) 비인간적인 교육내용이 되는 경우는 그 지식과 내용이 실천하기에 어려움을 주는 경우329)이거나 일방적으로 전달되는 경우

---

327) Clark Moustakas, Personal Growth: the Struggle for Identity & Human Values, 이혜성(역), 「인간적 성장」(서울: 이화여자대학교 출판부, 1983), p.27.

328) 매일경제지식부·한승희, 전게서, p.103.

329) 여기에는 내용의 많음과 어려움도 포함된다. 학교 숙제가 매우 어려워서 부모가 해주어야 한다는 이야기는 어제 오늘의 이야기가 아니다. 할 수 있는 아이와 못 하는 아이를 구분하기 위해서인가? 교육학자들과 관리들은 공부의 소중함을 누구보다도 더 잘 알기에 오늘날의 평생사회에 걸맞게 하기 위해서라도 대부분의 학생들이 공부에 재미를 붙이거나 공부를 즐겁게 할 수 있도록 전체적이고 종합적인 고려를 하여 교육과정을 재구성해야 할 것이다. 어려운 것을 많이 배우게 하는 것이 꼭 능사

라 하겠다. 즉 그것에 대한 충분한 설명이나 경험 등의 방법을 통해 이해가 되고 학생 한 사람이라도 더 개인적으로 활용하거나 실천할 수 있는 것이 되지 못할 때이다. 따라서 여기에 맞게 교육내용이 이루어지는 것이 좋을 것이다.330) 오랜 시간에 걸쳐 배웠지만 알지 못하면 아무 소용이 없다. 따라서 교과서에 있는 지식은 인쇄된 지식으로서 학생 자신의 것이 되지 않으면 별 의미가 없다. 의미가 있는 지식이자 살아 있는 지식이 되기 위해서는 최소한 이해가 있어야 한다. 이때 진정 그 지식은 더 이상 객체로서 자기와 분리되어 있지 않고 자기의 일부가 된다. 이때 그는 주체적 존재로서 그 지식을 이용할 수 있는 인간이 된다. 여기서 가장 큰 문제점은 학습자를 주체적인 존재로 보지 못한 것이다.

이렇게 되고 있는 원인에는 여러 가지331)가 있을 것이다. 그중 하나가 시·공간적인 문제이다. 시간이 부족할 수 있다. 즉 가르칠 분양이 많은데 업무와 여러 학교의 행사로 힘들다는 점과 현재의 거의 대부분 교육이 교실 내의 강의 형태로 된 공간구조에서 행해지고 있다는 점이 있다. 시급하면서도 근본적인 개선점은 위의 교육내용 부분과 관련되는 것으로 우리사회와 학교에 민주주의의 요체인 상대에 대한 인정 및 존중을 바탕으로 한 토의가 거의 없고 중시하지 않고 있다는 점이다. 교사의 일방적인 전달만으로 가능하기에 학생들은 당연히 수동적이 될 수밖에 없다.

이것과 연관된 것으로 학문은 경험을 추상화한 결과이며, 경험을 통해

만은 아니다. 실제적으로 이 과정에서 뒤처지는 많은 학생들은 더욱더 공부에 흥미를 잃고 싫어한다. 따라서 학자 및 가르치는 분들은 보다 어려운 내용이 되지 않게 여러 가지 방법 면에서 쉽게 배울 수 있도록 해야 할 것이다. 그리고 학습 부진아를 위한 능력별 혹은 수준별 교육이 필요하며(특히 교사 수를 늘리든지 간에 최소의 법정 시수를 마련하여) 현재 수업시수보다 더 늘어나지 않도록 되어야 할 것이다. 이것이 교육의 질을 향상시킬 수 있는 매우 핵심적인 일이기에 정부에서 이 부분을 정책의 최우선과제로 하여 과감한 재정적인 지원을 해야 할 것이다.

330) 현재 학교 시스템에서의 학생은 교과서가 제시하는 내용을 빠짐없이 되새김질해야 하는 수동적인 학습자일 뿐이다. 매일경제지식부·한승희, 전게서, p.238.

331) 전통적 지식관, 수동적인 학생관에서 교사는 교과서 위주로 가르쳐야 하는데 실제 많은 교과서 내용을 주어진 시간 내에 많은 학생들을 대상으로 가르쳐야 하고 수업과 평가뿐 아니라 생활지도 그리고 업무 등 여러 가지의 일들이 많아 매우 힘들다.

이해되고 재구축되어야 한다. 그러나 문제는 우리나라의 학생들은 학문을 통해 경험을 이해해야 하는 반대의 상황에 놓여 있다. 이로 인해 학교의 교과가 학생들의 삶에 의미를 주기 어렵다.332) 물론 실과, 기술, 음악, 미술, 체육 등 비인지적인 영역의 교과가 있지만, 매우 안타까운 일은 이것들 역시 학교(객관화지상주의와 객관적 시험 혹은 논의가 별로 필요가 없는 내용과 수업)라는 프리즘을 통해 인지적인 교과(암기주의와 학생을 수동적 존재)로 바뀌었다는 점이다.

실제로 여러 교실환경을 관찰한 결과, 앎의 기술은 매우 적었음이 밝혀졌다. 아동들은 자신의 감정을 표현하는 데 매우 어려움을 겪고 있다는 말이다. 이는 현재 수업시간에 교사가 주도한 설명적 수업시간이 대부분이고 학생들이 반응하고 감정을 교류하고 학습하는 시간이 거의 없거나 매우 적다는 이야기이다. 이것은 수업이 전달을 잘하는 것, 즉 학생들에게 많은 지식의 내용을 많은 시간 가르쳐야 훌륭하다는 우리의 고정관념을 버릴 때 가능하다. 자신과 타인의 감정을 정교하게 말할 수 있게 하는 구체적인 방법으로는333) 첫째, 특히 감정과 행동의 면에서 자신에게 무엇이 일어나고 있는지 묘사하고 인식하기, 둘째, 타인들이 그들을 보고 묘사하는 방식을 이해하기, 셋째, 타인의 감정과 행동적인 반응을 자신의 것과 비교하기, 넷째, 다양한 반응과 그것의 결과를 분석하기, 다섯째, 대안의 검증, 새로운 감정과 행동으로 실험할 때 어떻게 느껴지는지를 보기, 여섯째, 검증한 감정과 행동들 사이에서 선택하기이다. 학습은 구체적이고 능동적이었다. 사진 찍는 것, 각 사진에 관한 토론, 자신에 관해 쓰는 것 등은 앎의 기술을 개발시키는 시도이다.

하이데거(Heidegger)는 딜타이의 이해론을 이어받아 그의 실존 해석학에서 '이해'를 하나의 인식의 문제로 보지 않고 실존의 기본구조라고 생

---

332) 상게서, p.217.

333) G. Weinstein·M. D. Fantini, 윤팔중 역, 「인간중심교육을 위한 정의 교육과정」(서울: 성원사, 1989), pp.64－65, p.73.

각했다. 즉 그에게 실존(Dasein)한다는 것은 이해(Verstehen)한다는 것이었다.[334) 따라서 이해는 이 세상 안에 존재하는 인간실존의 기본구조가 되는 것이기에 이해가 없다는 것은 결국 그 인간이 이 세상(교실) 안에 존재하지 않는다는 말이다. 그래서 여기서 이해의 개념은 단순한 인식론적인 개념이 아니고 이미 존재론적인 개념이다. 따라서 학생들을 진정으로 사랑한다면 본인도 노력해야 하고 교사도 존재할 수 있도록 도와주어야 한다.

인간주의 교육에서의 교육내용이란 학습자 자신이 아닌 제3자가 전달해 줄 수 있는 어떤 실체라기보다는 학습을 위한 어떤 한 가지 소재 또는 대상과 학습자의 여러 가지의 내적인 상태가 상호 교섭한 결과로 하여 획득한 개별적인 의미라고 규정되어야 할 것이다.[335) 왜냐하면 인간교육이란 앎과 삶을 통합하는 교육이기 때문에 개별적으로 의미가 있는 어떤 깨달음이 아니고는 그 깨달은 바를 실현하고자 하는 강력한 실천에의 동기가 유발되지 않을 것이기 때문이다. 따라서 개개인의 학습자별로 의미가 있는 학습내용이 인간교육의 내용이 되고 그렇게 하는 수업이 인간적인 수업이라 말할 수 있다.

Bruner는 종래 교육에서의 문제점을 기본개념과 원리를 가르치지 않았다는 데 있는 것이 아니라 그것을 중간언어로 가르쳤다는 것이다. 중간언어로 가르친다는 것은 학문의 독특한 연구방법과는 관련을 맺지 않은 채 학자들의 연구로 나온 결과만을 외우게 한 데 있다는 것이다. 이런 방법으로 배운 기본개념과 원리는 사실상 단편적인 지식과 전혀 다름없어 이해되지 않거니와 학습사태 이외에서는 적용되기가 어려운 것이다.[336) 대표적으로 교과와 학문을 혼동하고 있는 것이다. 학문은 그 세계에 종사하는 사람들의 공동체 내에서 수행되는 특정한 활동이고, 교

---

334) 이규호, 「앎과 삶: 해석학적 지식론」(서울: 연세대학교 출판부, 1988), pp.46-49.
335) 윤팔중, 전게서, 「전인교육을 위한 교육과정」, p.11.
336) 김호권 외 (공저), 「현대과정론」(서울: 교육출판사, 1986), p.227.

과는 그것을 학습하는 데 도움을 줄 수 있는 형태로 재구성한 것이며, 이러한 점에서 학문은 중요한 교과의 내용을 구성하며, 당연히 학교교육의 중요한 부분을 이룬다. 그러나 이것이 전부가 아니라는 것이다. 학자들은 오직 학문연구에만 전념할 수 있지만 모든 사람이 학문을 해야 한다고 주장하는 것은 오류이며, 실제 그럴 가능성도 거의 없다. 학문을 하는 사람을 위한 교육과 대중교육은 그 이념에서부터 방법, 그리고 내용에 이르기까지 차별화되어야 한다. 예컨대 지금의 수학교과서는 수학자를 위한 책이지, 국민의 한 사람으로 자기 인생을 살아갈 사람들을 위한 학습자료가 아니다. '학문으로서의 교과'는 학교교육 과정의 '반(半)'이다. 우리는 다른 절반의 교육과정을 되찾아야 한다. 그것이 실천적 지식과 직접적인 관련을 맺는 부분이다. 싫든 좋든 교육의 출발은 학생의 경험이다. 따라서 이에 맞게 교과서, 교육과정, 학교교육 전반은 학생들의 경험을 중심으로 재편될 필요가 있는 것이다.337) 따라서 교과서에 있는 지식을 이해하는 과정은 자신의 경험을 끊임없이 검토하는 과정으로 요약된다. 따라서 지식을 이해한다는 것은 그 지식을 제시한 학자의 주장을 그대로 받아들이는 것이라기보다는 자신 경험과의 적합성을 따지고 검토하면서 학습자가 납득할 수 있고 인정할 수 있는 의미를 가진 지식으로 변화시키고 받아들이는 것을 뜻한다. 이런 점에서 보면 어떤 지식을 배우는 과정은 학습자의 사고를 필요로 하며 사고의 과정을 거친 결과로 갖게 되는 지식은 학습자 자신 삶의 경험을 반영한 것이다.338)

인간중심 교육과정에서는 기존의 지식은 아직 진정한 지식이 되지 못하는 단지 지식의 소재로서 학습자와 상호교섭을 통해야만, 즉 학습자 경험의 스크린을 통해야만 비로소 교육적으로 의미 있는 지식이 될 수 있다고 보았다. 따라서 인간중심 교육과정은 그 방법이 단순한 주입이

---

337) 매일경제지식부·한승희, 전게서, p.102.

338) 박철홍, "지식교육의 제자리 찾기", 김호권·이성진·이상주, 「학교가 무너지면 미래는 없다」(서울: 교육과학사, 2000), p.257.

아니라 의미의 획득에까지 나아가야 된다는 것이다.[339] 따라서 학습방법
으로서 교의를 주입하는 교화를 경계한다. 교화란 주로 전체주의국가에
서 사용되는 도구로서 권위주의적 생활양식과 관계가 깊다. Flew는 교
화란 학습자의 개방적인 새로운 입장의 탐구나 분석을 거부하고 교사의
의도적인 교의의 수업을 강조하는 것이라 보고 있다.[340]

T. S. Green은 수업과 교화의 차이를 말했다. 그에 의하면 양자를 구
별하는 기준은 교수에서 이유나 증거를 사용한 방법에 있다고 했다. 수
업에서 증거는 탐구의 도구로 또는 학생들로 하여금 보다 올바른 신념
을 가지도록 하기 위한 수단으로 사용되지만 교화에서 증거는 교사가
이미 믿고 있는 신념을 합리화하는 수단으로 사용된다는 것이다.[341]

J. Wilson은 하나의 교육장면이 교화가 되는 것은 불충분한 증거, 혹
은 그릇된 생각을 포함하고 있어야 한다고 했다. 왜냐하면 옳은 생각들
도 교사의 제시의도나 제시형태에 따라 교화가 될 수 있기 때문이다. 예
를 들면 교사는 옳은 생각을 마치 영원히 논박할 수 없고 언제나 진리
인 양 제시할 수 있다. 나아가 그는 학생들이 과연 그 생각이 받아들여
질 만한 근거를 가지고 있는 것인가를 탐구하는 것을 막고 새로운 입장
에 대한 탐구는 방해할 수도 있다. 어느 분야의 지식이나 마찬가지로 지
금 옳다고 받아들여지는 생각이 앞으로도 영원히 옳을 것인지는 알 수
없다. 물론 모든 총각들은 남자들이다, 혹은 $2+2=4$와 같이 그 체제 내
에서 조작되기만 하면 그 체제 내에서는 항상 참이 되는 진술과 명제들
이 있다. 그러나 이런 상황에서는 경험적 형태의 지식에는 적용되지 않는
다. 우리는 논란의 여지가 전혀 없는 형태의 생각이나 지식을 가르쳐서
는 안 된다. 왜냐하면 그것은 그릇된 방법일 뿐만 아니라 학생들이 그런 명
제의 근거나 그것과 반대되는 생각을 탐구하는 것을 막기 때문이다.[342]

---

339) R. E. Mayson, 정진환 외(공역), 전게서, 「현대의 교육사조 Ⅱ」 p.101.
340) Antony Flew, "What is Indoctrination?", Studies in Philosophy of Education(Spring,
    1966), p.285.
341) 이홍우, 「교육과정탐구」(서울: 박영사, 1977), p.245.

고도로 교도화된 접근방법은 겉으로 보기에 학습속도도 높고 능률적인 것 같아 보이지만, 학생들을 진정한 의미의 이해에 도달시켜 그 지식을 자신의 것으로 만들도록 유도하지는 못한다. 왜냐하면 학생들은 단순히 표준화된 '정답'을 발견하도록 유도되기 때문이다. 이것을 알고 정답을 얻는 데 몰두하는 학생들은 상당한 정도의 압력과 위협을 느낄 수 있으며 그로 인해서 사고에 혼란이 일어나거나 사고의 마비가 일어날 수도 있다.[343]

Scheffler는 우리가 무엇을 안다고 말할 수 있을 때의 믿을 수 있을 필요, 충분조건에 대하여 설명했다. 그 조건은 첫째, 어떤 것이 진정 그러하다고 반드시 믿어야 하며, 둘째, 그는 자신의 신념을 뒷받침할 만큼 충분한 증거를 가지고 있어야 하며, 셋째, 제시하는 지식이 참일 때이다. 쉐플러는 이를 강한 의미의 무엇을 안다고 말한다. 약한 의미의 무엇을 안다는 것은 두 번째의 조건이 배제된 경우를 의미하는 것으로 이 경우는 단지 진실한 신념만을 요구하고 그 신념을 입증할 수 있는 증거들의 제시가 없는 것이다.[344]

전통적인 철학은 권위주의적이었다. 왜냐하면 현명한 판단을 하는 것이나 선에 대한 지식을 일반사람들은 창조할 수 없다고 여겼기 때문이다. 단지 소수의 선택받은 사람들만이 현명한 판단을 할 수 있다는 것이다. 그러나 인간중심 철학자들은 이를 거부한다. 이들은 모든 사람들이 그 자신의 경험을 가진 권위자로서 선에 대한 지식을 파악하며 또한 각자가 현명한 판단을 할 수 있다고 본다.[345] 전통적 지식관에서는 지식이란 존재하는 세계 혹은 실재를 있는 그대로 거울에 비추는 것과 같은 것

---

342) John Wilson, "Education and Indoctrination", Aims in Education: the Philosophic Approach, pp.24－46. Rich, op. cit., pp.112－113에서 재인용.

343) C. H. Patterson, 장상호 역, 전게서, p.219.

344) Israel Scheffler, "Conditions of Knowledge", in J .P. Strain(ed.), Modern Philosophies of Education(New York: 1971), pp.315－316.

345) Robert S. Zais, Curriculum(New York: Thomas Y. Crowell Company, 1976), pp.146－147.

이라고 생각하고, 이성의 탁월한 기능을 발휘할 수 있는 소수의 엘리트에 의해서 발견되는 것이라고 생각하였다. 이러한 지식관에 일관된 교육은 소수에 의해서 발견된 보편적 진리를 성장하는 모든 사람들에게 전달하는 것이라고 이해되었다. 그러나 새로운 지식관에 의하면, 누구든지 자신의 경험에 따라 자신의 공동체적 삶의 과정 속에서 지식의 생산에 참여하는 것이며, 관조적 마음을 통해서만 아니라 실천적 활동을 통해서도 구성되고 개발되는 것이다. 따라서 교육적 지식은 언어나 기호로써 표현된 이론적 체계와 같이 메마른 경험의 결정체가 아니라, 전인적 관심과 정열적 탐구와 진지한 신념 등을 포괄하는 총체적 경험으로 이해되어야 한다. 그러므로 암기하고 재생하고 형식적 논리에 의해서 조작되는 그러한 기계적 사고의 대상만이 아니라, 삶의 구체적 과정에서 체험되고 음미되고 활용되고 반추되는 일종의 심미적 사고의 대상으로도 이해되어야 한다. 이러한 지식은 실천적 행위와 분리된 이론적 체계가 아니므로 그것을 가르치는 일은 단순한 전달식 혹은 암기식 방법에 의해서가 아니라, 구체적인 활동과 진지한 삶의 체험을 수반해야 한다. 그리고 우리의 감정이 의지와 행동으로부터 분리시킬 수 없는, 그리고 삶의 한 부분으로서 하나의 체제 속에 있는 것으로 이해되어야 한다.346)

현상학적 지식은 모든 것을 객체적으로만 보는 실증주의적인 종래의 태도를 지양하고 모든 지식은 자기의 책임에서 새로이 기초를 주려는 지식의 주체화 운동이다.347) 따라서 현상학적 지식이란 그 지식의 주체와 분리될 수 없으며 모든 지식은 주체의 상황과 관련되어 있다는 것이다. 이러한 지식관의 근거에는 인간의 정의적 성향, 즉 가치나 도덕성이 인식과정에 영향을 준다는 의미가 내포되어 있다. 예컨대 인식내용은 인식주체 동기의 성격에 따라서 달라진다는 사실이다. 모든 지각은 사진기의 망막과 같이 있는 그대로를 직관적으로 찍어 내는 것이 아니라 선택

---

346) 이돈희 외, 전게서, p.40.
347) 한명희, 전게서, pp.85 – 100.

적으로 받아들이는 것이며, 그 선택의 기제는 바로 그 사람의 관심, 욕구, 희망과 같은 정의적 요소인 것이다.348) 인간주의 교육에서는 모든 인식의 근거는 인간의 경험이며 인간의 경험은 개별적인 것의 총화로 본다. 따라서 지식이란 객관적 사실의 발견이나 제시에 의한 영수로서가 아니라 인간에 의해서 획득된 의미의 세계이며 건조된 내용이라고 본다.349)

Combs에 의하면 지식의 덩어리를 단지 소유하고 있는 것만으로는 아무런 의미가 없다는 것이다. 광범위하고 유용한 정보를 얻기 위해서는 그 사상에 접해 보고 거기서 개인적 의미를 발견하고 탐구해야 한다. 학습이란 단지 사실을 습득하는 것이 아니라 개인적인 의미를 발견하는 과정이다. 그는 행위의 변화가 일어나기 위해서는 단순한 사실의 학습이 아니라 행위의 기초가 되는 사실에서 개인적인 의미를 발견해야 한다고 했다.350)

이와 같이 학습을 개인적 의미의 발견으로 이해하게 되면 교육의 토대가 되는 기본 가정이 변화하게 된다. 교육의 초점이 교수, 정보나 기술의 전달로부터 학습, 학습자의 내부에서 일어나는 것으로 옮아 가게 된다. 그리고 그에 의하면 정보와 개인과의 관계가 밀접하면 할수록 그 정보에 따른 행동의 정도는 더욱 커진다. 개인적 의미의 발견으로서의 학습은 언제나 두 부분으로 구성되는데 그 하나는 어떤 사건이나 정보를 마주하는 것이고, 다른 하나는 그 사건이나 정보의 개인적 의미를 발견하는 것이다. 전통적인 교육은 전자에 대해서 아주 성공적이었다. 그러나 별로 성공하지 못한 것은 학생들이 주어진 정보의 개인적 의미를 발견하도록 돕는 일이었다. 예를 들어, 중퇴자는 어떤 충고를 듣지 못해서 중퇴한 것이 아니다. 중퇴자는 그가 들은 충고의 개인적 의미를 파악하지 못했기 때문에 중퇴한 것이다. 사람들은 사실이나 정보에 따라 행

---

348) 상게서, p.164.

349) 한명희, "인간화 교육의 본질", 서울특별시 교육위원회(편), 「80년대 서울교육의 과제」, pp.139-140.

350) 이계학, 「인격교육론」(서울: 성원사, 1991), p.193.

동하지 않는다. 사람들은 사물이 그들에게 어떤 의미를 갖는지에 의해, 즉 그들이 생각하거나, 느끼거나 혹은 믿는 바에 따라 행동한다.351)

Maslow도 진정한 의미의 지각학습은 먼저 경험적 지식이 학습자 편에 있어야 가능하다고 주장하였다. 말하자면 학습자들은 대부분 수동적으로 얻어진 관찰자적 지식이라는 불충분한 지식을 학습하고 있다. 그래서 추상적 학교교육은 학습자에게 먼저 구체적인 경험의 토대 위에 진행되어야 한다는 것이다.352) 이에 페스탈로치는 참된 앎은 직관에서 출발한다고 여겼다. 직관이 지식의 유일한 기초라고도 말하였다. 우리는 어린이들에게 생활과 경험의 범위를 넘는 지식의 체계를 가르치려 들기 일쑤인데, 이것은 잘못이라는 것이다. 논리적 체계보다 더욱 중요한 것은 직관적 인식이며, 직관적 인식을 토대로 하지 않는 논리적 체계는, 적어도 교육에는 쓸모없는 것이라는 것이다. 예를 들어 도덕 교육에서 '하나님을 공경하라', '부모에게 효도하라', '이웃을 사랑하라'고 입으로 가르치면 효과가 거의 없다. 우리는 도덕 교육을 한답시고 도덕에 대한 지식을 주입하고 있지, 이 지식이 정말 어린이의 체험 세계에게까지 가 닿았는지, 그 앎이 행동으로까지 이어지고 있는 것인지를 모른다. 이에 페스탈로치는 이것을 다음과 같이 말한다. "학교에서 선생님에게 배운 도덕 교육의 부스러기 지식은 집에 오다 도랑을 넘으면서 잊어버린다. 그러나 이웃 아이와 따뜻한 **빵** 한 조각을 같이 나누어 먹었을 때 느낀 훈훈한 감정은 평생 잊히지 않는다."353)

의미의 발견은 개인적인 참여 즉 감정과 정서를 요구한다. 따라서 진정한 학습은 모두 인지와 더불어 감정을 포함하는 것이다. 교사는 그 자신을 학생의 입장으로 바꿔 볼 수 있는 방식으로 그 학생과 인간관계를 형성해서 학생이 경험하고 있는 것이 무엇인지를 이해하고 그와 더불어

---

351) Arthur W. Combs, 구혜정, 손준종 옮김, 「우리가 원하는 학교」(서울: 학지사, 1998), pp.78－79.

352) 장상호, 「학습의 인간화」(서울: 교육과학사, 1985), p.111.

353) 김정환, 「인간화교육 어떻게 할 것인가」(서울: 내일을 여는 책, 1995), p.275.

의미의 발견에 참여할 수 있어야 한다. 그런데 티칭머신은 이런 일을 할 수 없으며 따라서 그들은 교사들을 대치할 수 없다. 그들은 오직 정보를 제시할 수 있을 뿐이며 학생이 의미를 발견하도록 돕지 못한다. 만약 교사가 하는 일이 모두 정보를 제시하는 일이라면 그는 쉽사리 기계에 의해 대치될 수가 있다. 어떤 학교 탈락생이 '학교는 관계없는 것을 배우는 곳'이라고 믿었다는데 이는 조금도 놀라울 것이 못 된다. 정보, 지식 및 객관적인 사실에 대해서 강조하는 것은 의미를 제거시키는 주된 구실인 것이다.[354]

Bloom은 다음과 같이 말했다.

"기계적 암기에 의하여 얻어지는 지식은 덜된 지식이기에 정말로 아는 것, 또는 진정한 지식이라고 하기 어렵다. 진정한 지식은 자기 것이 되어 새로운 상황이나 처음 접했던 상황과는 매우 다르게 변화된 상황에서도 주체적으로 활용되어 창조의 가치를 유발한다."[355]

실존주의자들은 객관적이고 체계화된 지식은 단지 가설적일 뿐이지 결정적이거나 확고하지는 않기 때문에 진리는 체계화시킬 수 없다고 했다. 그 한 예로 키르케고르는 철학적 단편이라는 그의 글에서 지식은 단지 진리에 접근된 회의적인 것이라 했다.[356] 그래서 지식 그 자체는 삶의 의미를 가지고 있지 않고 주체자가 자기 것으로 했을 때만 의미 있다는 것이다. 따라서 의미가 있기 위해서는 자기 것으로 해야 하고 자기 것으로 하기 위해서는 먼저 이해가 선행되어야 한다.

Morris[357]는 그 어떤 지식이 의미가 있는 지식이 되려면 한 인간이 주체적으로 자신의 삶에 적용할 수 있을 때 사용되어야 하며 그렇게 할

---

354) C. H. Patterson, 장상호 역, 전게서, pp.143 – 144.

355) B. S. Bloom, et al., Taxonomy of Educational Objectives, Ⅰ. Cognitive Domain, 임의도 외(공역), 「교육목표분류학」(서울: 배영사, 1966), p.33.

356) George F. Kneller, Existentialism and Education(New York: John Wielley & Sons, 1967), pp.57.

357) V. C. Morris, Existentialism In Education, pp.57.

때 그는 그 지식에 대해 책임질 수 있다고 말했다. 즉 객관적 자료도 자신이 사용하기 전까지는 그의 지식이라 볼 수 없다는 말이다.

현상학과 실존주의에서 강조하는 개별적 차원의 지식을 지지하는 이론들은 지식이 각 개인의 존재 자체와 직결될 때 비로소 의미가 있는 것이 된다고 했다. 지식이 개인의 존재의식을 고양하고 구체적인 세계에서 주어지는 삶의 경험 속에서 독립적으로 존재하는 주체의 의미를 부각시켜 줄 때 비로소 그것은 가치 있게 여겨지는 것이다. 이때 개인 자체는 그 경험을 통해 얻어진 데이터를 그 자신의 존재양식에 조화시킬 수 있는 의미의 창조자가 되는 것이다.358)

이와 같이 실존주의자들은 학습자를 관객으로 파악하지 않고 실행자로 받아들이고 있다. 학습이란 지식으로부터 출발하지 않고 학습자의 자아에서 시작된다고 본다. 학습의 과정에서 학습자적 관점을 중요시해야 하며 이러한 학습자의 관점이 교육의 궁극적 대상이 되어야 한다. 즉 교사는 자신의 지식을 통하여 학생을 지도하지 않고 학습자가 스스로의 지식을 만들어 내도록 지도해야 한다고 생각하고 있다.359)

Phenix도 교육의 발달적 관점에서 특히 중시한 것은 실존적 지식이라 하였다.360) 그 이유는 자기나 타인에 대한 실존적 지식이 청년기와 성년기 사이에 집중적으로 획득되며 동시에 이것이 발달의 모든 시기에 관계되기 때문이다. 즉 타 영역의 discipline이 어느 정도 획득되어도 자기와 타인 때문에 생기는 책임 있는 관계가 되지 않으면 아무런 유익도 가져오지 못한다는 것이다.

심지어 Ragan은 교육과정은 오직 어린이의 경험 속에서만 존재할 뿐이라고 말했다.361) 이것은 흔히 우리가 교육과정을 교과서나 교수요목 또는 교사의 학교 계획이나 의도라고 하지만 그가 생각하는 진정한 교

---

358) 윤병희, 전게서, pp.199－200.

359) 이동구, 「교육철학」(서울: 문음사, 1988), p.114.

360) 김춘일(편저), 「교육현상학의 이해」(서울: 미진사, 1985), p.76.

361) 김호권 외(공저), 전게서, p.114.

육과정은 표면적인 교육과정이 각 개인의 삶에 스며들어 의미가 발생되어야 한다는 것이다. 달리 말하면 어린이의 경험의 일부분이 되기까지에는 그 어떤 것도 교육과정이 아니라는 것이다.

한편 허경철과 정재걸은 주입식 교육에서 벗어나기 위해서 빼놓을 수가 없는 것으로 지식의 생산이 아닌 유통이 중심이 되고 있는 우리의 학문 풍토를 들었다. 학생들로 하여금 스스로 지식을 생산해 내도록 하는 것이 다른 어떤 것보다도 중요하다는 것이다.[362] 이를 위해서는 다양한 방법들이 동원되어야 할 것이다. 가장 중요한 점은 교사가 보다 쉽게 가르쳐서 학생들이 일단 이해를 하고 그 교육내용을 자기 것으로 만들 수 있는 교육이 이루어져야 할 것이다. 따라서 앞부분에서 수업 현장에서 교사가 학생들에게 교육내용을 더 잘 이해할 수 있도록 쉽게 가르쳐야 한다는 점을 밝혔다. 그런데 실제로 대부분의 학생들이 지식을 자기 자신의 지식으로 하는 것은 매우 어렵다. 따라서 교사와 학생 모두가 노력을 해야 하는데 학생과 교사 모두에게 도움이 되도록 국가 전체 차원에서 교과서도 가능한 한 여기에 발맞추어 개편되는 등 여러 면에서의 고려와 지원이 뒤따라야 옳다.

한편 더 수준이 높은 혹은 더 인간적인 교육을 하기 위해서는 몇 가지가 개선되어야 한다고 생각한다. 그것은 학생들이 배워야 하는 학습량과 교과서의 기술에 대한 문제이다. 대다수의 학생들을 고려하지 않고 너무 이론적이거나 혹은 추상적으로 되면 될수록 그리고 배우는 양이 많을 때 교사들은 학생들이 이해하고 행하도록 하는 데에 있어 더 많은 어려움을 겪는다는 사실이다.

먼저 배우는 양에 대해 보면 한 학기당 교과목 수가 6~8과목인 다른 나라도 있는데 우리나라는 열댓 과목 내지 스무 과목에 가깝다.[363] 왜

---

362) 허경철 외, "해방 이후 초·중등학교교육내용과 방법의 변화와 추세", 「교육학연구」, Vol.33, No.2, 1995, p.39.

363) 한명희, "전인교육론: 토론 2", 교육혁신연구회 편, 「한국 교육과정의 새로운 좌표 탐색」(서울: 교육과학사, 1996), p.178.

그런가? 여기에 관련되는 사람들이 너무 욕심을 많아서 그런가? 아니면? 일찍이 Whitehead는 여기에 대해 다음과 같이 경고한 바 있다.364) 너무 많은 교과들을 가르치려 하지 말고 가르치는 것을 철저히 가르쳐라. 많은 교과들에 대한 피상적 교육의 결과는 서로 연결되지 못하는 죽은 관념들의 수동적 수용일 뿐, 생명력 있는 공부가 아니다. 학생들의 교육에 도입되는 주요 관념들은 소수이고 중요한 것이어야 한다는 것이다.

물론 제7차 교육과정개정에서도 교과목 수와 교육내용을 축소시키고자 노력하였다 그러나 1－10학년에 걸친 국민공통기본교육 기간에 학생들이 매 학기 10개 이상의 교과목(기본 10개 교과＋선택교과)을 학습하도록 하는 교육과정 체제는 교과목 수의 축소에 그다지 성공적이지 못하다. 왜냐하면 제7차 교육과정에서 교육내용을 30% 정도 축소하려는 총론의 의도에도 불구하고, 개발되어 고시된 교과 교육과정의 내용은 충분히 축소되었다고 판단하기 어렵기 때문이다. 현행에 비추어 약 40% 정도 감소하여 학생의 학습 부담을 줄이는 것이 요구된다.365) 고등학교 단계의 필수과목과 선택과목 비중을 보면 미국의 필수과목은 48%로 선택과목 52%에 비해 낮은 반면 우리는 필수가 94%이며 선택은 고작 6%에 불과한 실정이다. 선택과목의 비율이 중학교 수준에 머물러 있는 것이다. 현재 제7차 교육과정의 국민공통기본과정 교과목의 수와 시수는 지나치게 비대하다.366) 이것은 또한 인성과 창의성을 중시한다고 강조한 제7차 교육과정의 또 하나의 문제점이라고 지적할 수 있다. 왜냐하면, 인성과 창의성을 중시하는 교과교육을 위해서는 무엇보다도 적은 학습량을 충분한 학습시간에 여유를 가지고 다양한 체험과 방법으로 깊이 있게 다루는 것(少量多時間深度主義)이 요체인데 제7차에서는 많은 학습량을 적은 학습시간에 피상적으로 다루게 될 가능성이 더 많아졌

---

364) A. N. Whitehead, The Aims of Education(New York: Macmillan, 1929), p.2.
365) 박도순, "자기 주도적 학습실현을 위한 교육과정", 이돈희 외 전게서, p.52, p.61.
366) 문제는 교사수급의 문제가 가장 어려운 숙제이다. 매일경제 지식부·한숭희, 전게서, p.46.

다.367) 그리고 지나치게 중앙집권적인 우리의 교육과정 및 교과서제도 등을 개선하여 보다 유연하고 다양하게 이루어질 수 있도록 할 필요가 있을 것이다.368) 학생들이 여러 과목에 묻혀 지내는 삶을 지양하기 위해서도 교과목의 수와 교육내용의 축소가 반드시 있어야 할 것이다.

한편 교과서 내용구성이 비인간적인 면을 가지고 있음을 간략히 몇 가지 예만 들어 보면 다음과 같다.

첫 번째, 사회교과서에 나와 있는 인권교육 가능성을 볼 때, 인권항목에 해당하는 개념·용어들이 교과서 여기저기에서 나오지만 그 기술된 수준이 인권에 뚜렷한 관심을 기울여 기술된 것이 아니며 또 이론적·당위적으로 기술되어 있을 뿐이지 인권의 실태에 대한 것은 거의 없다. 학문 중심적 기술방식과 관련하여 중학교 교과서에서 특정 개념에 접근하는 수준은 기초적인 수준에 머물고 있다는 점이다. 평등이란 개념을 설명할 때 기회의 평등, 법률 앞의 평등 이상으로 평등의 의미를 탐색할 여지는 없게 되어 있다. 또 인간다운 생활을 위해 국민이 국가에 대하여 요구할 수 있는 사회권을 보장하고 있다고 기술하고 있는데 철거민, 노점상, 무의탁노인, 소년·소녀가장이 존재한다는 사실을 기술하고 있지 않다. 이와 같이 당위성과 이론만을 언급하고 실제 현실에 대해서는 언급을 하지 않는 기술방식은 사회의 여러 현상을 통합적 시각으로 이해하는 데에 부합하지 않는 것이다.369)

두 번째, 한국교육개발원이 연구한 윤리·도덕 교육에 대한 분석에서

---

367) 함수곤, 「교육과정과 교과서」(서울: 대한교과서주식회사, 2000), p.302.

368) 현재 초·중등학교법은 이전보다는 달리 교육과정의 탄력적 운용을 허용하고 있다. 그러나 교사의 임의적인 연장 및 감축은 허용하지 않는다는 초·중등교육법 제61조 제2항을 달리 해석하여 교육과정을 임의로 운영하는 교사에 대한 불이익을 줄 수 있음을 의미한다고 할 때 우리나라의 교육과정이 포괄적 방향을 제시하는 차원에서 진술된 것이 아니라 단원목표 및 내용까지 획일적으로 진술하고 있어 사실상 교육과정 운영의 재량성은 거의 없다고 볼 수 있다. 이인규, "일상성의 개혁과 개혁의 일상화", 이돈희 외, 전게서, pp.236-237.

369) 유네스코 한국위원회 편, 「인권교육 어떻게 할 것인가?」(서울: 오름, 1997), pp.75-76.

도 대략 세 가지를 들고 있다. 첫째, 교과내용이 너무 지루하고 딱딱하여 동기 유발이 어렵다는 점이다. 이것은 이론적으로 전한다는 것이 학생들에게 흥미를 갖지 못하고 있다는 것이다. 둘째는 교과서가 제시한 내용들이 빈약하다는 점이다. 인격의 도야에서 개성, 인격의 뜻을 설명하면 수업이 끝, 즉 무엇을 가르칠지 모르겠다는 점, 셋째, 표현방식으로 교사들의 응답에 의하면 주로 일방적 설명이 주된 표현 방식으로 되어 있다는 점이다. 그 이유로 입시준비에 주력하기 위해, 학생들이 타율적으로 길들여져 있고, 진도 맞출 수 없어서 등이 있다.370) 이와 같은 이유에서도 학교교육은 비인간적인 일방적 수업과 지식 위주의 수업이 만연하고 있는 것이다. 학생들이 보다 더 그 학습과정에서 충분히 이해하고 그 지식이 자기 것이 되어 각 개인이 자기발전에 쓰일 수 있도록 해야 할 것이다.

김호권도 교육과정371)의 내용상 문제점으로 몇 가지를 들었다. 첫째가 내용 서술방식이 파편적이고, 나열식이어서 학생들이 스스로 공부하기 어렵고 교사들에게는 주입식 수업을 유도하고 있다. 중·고등학교의 교과서 내용은 어려운 개념을 농축하여 백과사전식으로 나열하는 방식이어서 전반적으로 어렵게 되어 있다. 따라서 학생 등의 흥미와 이해를 돕는 데 적절치 못하고 교사로 하여금 전체의 내용을 읽어 가면서 설명식 수업을 하도록 유도하고 있다. 초등학교는 반대로 내용에 깊이가 없이

---

370) 한국교육개발원, 「중학교 도덕 교육실태 분석」, 1990, pp.63－72.

371) 김호권은 우리나라의 현 교육과정은 나선형 교육과정 방식으로 제시되고 있다고 했다. 그런데 이 나선형 교육과정은 피아제의 인지발달이론을 참고하여 Bruner가 제시한 것으로 어느 교과이든지 어느 학생에게도 가르칠 수 있다는 것으로 교육방법적인 측면에서 가르칠 때 학생들의 인지적 상태를 고려해야 한다는 좋은 의미도 있지만 누구에게나 어떤 내용도 가르칠 수 있게 할 수 있다는 쪽으로 해석하고 적용할 경우에는 자칫 학생들에게 어려운 내용을 가르치게 만드는 교육내용의 인플레가 야기될 수 있다는 점이다. 오늘날 우리 교육에서 학생들이 공부에 흥미를 덜 느낀다든지 내용을 어렵게 생각하는 이유들 중에는 이와 같은 이유로 지식의 인플레가 된 측면도 있다고 본다. 따라서 지식과 이론 위주의 내용은 적절히 최소화할 필요가 있다고 생각한다.

지루하게 펼쳐져 있어 흥미를 느끼지 못하고 있다. 둘째는 영어, 수학, 과학 등의 교과 내용이 어렵다는 것이다. 한국교육개발원의 한국 교육지표(1993)에 따르면, 수업내용의 60%도 이해하지 못하는 학생이, 영어의 경우 중학생 60%, 인문계 고등학생 65%, 실업계고등학생이 80%나 되고, 수학의 경우 중학생 61%, 인문계 고등학생 70%, 실업계 고등학생 74%나 된다. 과학의 경우도 비슷하다. 이것은 다인수 학급의 문제에서도 기인하지만 교육내용의 구성에 있어서도 문제가[372] 있음을 시사하고 있다. 셋째, 학생들의 개인차에 부합하는 교과 지도체제가 마련되어 있지 못하다는 점이다. 따라서 교사의 입장에서는 중간 수준에 맞추어 시간 내에 교과의 내용을 지도할 수밖에 없고, 개인별 능력 수준의 상이함을 고려하여 지도하기란 실제로 매우 힘들게 되어 있다. 그 결과, 잘하는 학생은 쉬운 내용이어서 수업 시간이 지루하게 되고, 못하는 학생은 어려운 내용이라서 학습부진의 누적을 가져오게 한다. 이런 현상은 국가적으로 볼 때도 손해이다. 외국의 경우는 수준별로 공부할 수 있는 교과 지도 체제가 잘 마련되어 있다. 영국은 수준별로 교육과정이 잘 정착된 나라로서 초등학교에서 고등학교까지 교과의 수준이 설정되어 있고 학생들은 자신에게 알맞은 속도로 공부하게 되어 있어 초등학교 1학년에서 2, 3학년 수준을 공부할 수 있고[373] 고등학교에서는 대학 수준까지 공

---

[372] 60% 이상 특히 70~80%가 어렵다고 하면 그 수업을 듣는 학생들 10명 중에 2~3명 정도만 이해한다는 것으로 심각한 문제이다. 어렵기 때문에 더 흥미가 없어지고 공부하려고 하지 않기 때문이다. 그러면 교실의 분위기는 좋지 않게 된다. 이것은 교사만의 문제가 아니고 연구자의 몫이고 교육에 종사하는 모든 전문가들의 책임이다. 따라서 빨리 학생수준과 능력에 맞는 다양한 교육과정과 교과서가 나와야 할 것이다.

[373] 우리나라는 보통 이야기하는 수준별 수업에 대해 실기하기 전에 충분한 사전 검토가 필히 있어야 할 것이다. 아래의 여러 요인들을 고려하여 서서히 시행해야 할 것이다. 왜냐하면 첫째, 우리나라 사람들은 다소 현세적이고 당대에 출세하기를 바란다. 그래서 남이 잘하면 시기하거나 혹은 왕따를 시킬 소지가 다분하다. 그리고 못하여 낮은 수준의 반에 머물면 좋지 않게 받아들인다. 둘째, 평가에서의 문제이다. 대학입시나 학교의 시험에서 누구나 좋은 성적을 바라고 있는 상황에서 어떻게 평가할 것인가 하는 문제가 생긴다. 예를 들어 100명 중 우수한 실력의 학생이 상위 레벨의

부할 수 있으며 대학진학 시 학점으로 인정받을 수도 있다. 미국도 한 교과영역을 수준에 따라 개설하고 있다.[374]

따라서 수준별로 체계화되어 있지 않은 체제 속에서의 수업과정은 교사는 주입시키고 학생은 듣고 암기하는 과정이 되어 획일화를 초래한다는 것이다. 따라서 수준별 수업은 학생 각자가 자기 수준에서 실력을 연마하기에 보다 능률적일 수 있고 보다 획일화하는 경향을 막는 역할도 한다고 볼 수 있다.

선진국의 경우 교과서 이외에도 다양한 교수-학습 자료를 활용한다. 학교가 위치하고 있는 각 지역에는 학년별 그리고 교과의 주제별로 다양한 교수-학습 자료를 구비하고 있는 자료 센터가 있으며, 교사들은 이곳에서 자신이 가르치고 있는 학생들의 지적 능력, 흥미, 적성 등에 알맞다고 판단되는 자료를 선택하여 학생들을 가르치는 데에 활용한다. 때로는 자신들이 제작하기도 한다. 그들에게 있어 교과서는 이와 같은 여러 가지 다양한 학습 자료 가운데 하나일 뿐이다.[375]

교과서의 내용구성이 수업의 변화를 유발한다는 것은 교육의 인간화를 위해 우리가 관심을 가져야 하는 이유가 된다. 예를 들어 근래 대다수 초등학교의 국어, 자연수업과 일부 중학교에서의 국어교과 수업은 주입식이 아닌 학생 활동중심 수업으로 이끌어지고 있다. 여기에는 여러 가지 이유가 있겠지만, 그중 하나는 초등학교의 국어, 자연 교과서와 중

반에서 공부하는 경우 하위 혹은 다른 레벨의 친구들과 배우는 것 등 모든 것이 다른데 어떻게 평가할 것인가 하는 문제이다. 따라서 기존의 평가는 달라져야 한다. 셋째는 문화이다. 우리나라는 전통적으로 수직적 사회였기 때문에 나이가 한두 살만 많아도 함부로 하려는 경향이 있다. 특히 어린 학생 때도 마찬가지일 것이다. 과연 공부 잘하는 학생이 나이가 더 많은 형들과 잘 공부할 수 있을까 하는 문제이다. 실제로 상 하급생끼리의 폭행이 많다. 과연 자신이 늦게 태어나고 싶어서 태어난 것은 아닐 것이다. 과연 나이가 몇 살 많다고 평등관계가 아닌 것은 옳은 것인가? 이처럼 우리의 문화와 의식에 대한 개선이 선행되거나 병행되어야 하기에 장기적인 계획을 세워 제반 조치를 다 고려하여 종합적으로 시행해야 할 것이다.

374) 김호권, "초·중등학교교육과정 개혁의 배경과 방향", 교육혁신연구회 편, 「한국교육과정의 새로운 좌표 탐색」(서울: 교육과학사, 1996), pp.34-36.

375) 정진곤, "교과 교육의 내용과 방법에 대한 비교 연구", 「한국 교육」, Vol.22. 1995, p.293.

학교의 국어 교과서 자체가 활동중심 수업에 적합하도록 내용 및 구성 방식상의 변화가 일어났기 때문이다.376)

교과서가 학생이 토론을 통하여 문제해결의 생생한 경험을 가질 수 있도록 주제중심의 교과서로 재편될 필요도 있다. 즉 정답을 암기하도록 주어지는 것이 아니라, 중요한 문제에 관련된 사실을 사실대로 바라볼 수 있는 자료들을 제시하며, 학생 스스로가 질문과 해답을 구해 보고, 다른 학습자와의 토론을 통해 문제를 해결하도록 하는 교과서의 개발이 필요하다.377)

인간주의 교육에서는 교육의 인간화를 위한 여러 가지 방법 중에서 교육내용 즉 교과서가 인간화를 위해 매우 중요한 것이 되고 있음을 말하고 있다. 첫째, 너무 추상적이거나 이론적임을 어느 정도 지양하는 것으로 보다 이해하고 읽기 쉽게 그리고 흥미 있게 만드는 것, 둘째, 과정을 중시하여 보다 충분한 시간 속에서 교육이 이루어지도록 하기 위해 분량을 줄이는 것, 셋째, 학생을 보다 능동적인 주체로 보고 실습이나 실제 해 보는 활동을 많이 갖는 것이며, 넷째, 보다 논의 및 토론이 활발하게 이루어지도록 여기에 맞게 주제별 등으로 교과서를 만드는 것이다. 따라서 교육을 인간화하기 위해서는 교과서가 더욱더 학습자를 고려하여 결국에는 배우는 내용을 충분히 소화하여 자기 것으로 할 수 있도록 하는 데 도움이 되어야 할 것이다.

3) 전인·자아실현과 관련된 교육내용

(1) 전인을 위한 정의적 교육

우리의 부모들과 교사들은 어떤 인간을 바라고 있으며 진정 어떤 인

---

376) 이용숙 외, 「교과서 정책과 내용구성 방식 국제비교 연구」, 한국교육개발원, 1995, p.71.
377) 박도순, "자기주도적 학습실현을 위한 교육과정", 이돈희 외, 전게서, p.53.

간을 목표로 해야 하는가 하는 문제는 이상과 현실 간의 갈등이 될 수 있다. 공부만을 잘하는 자식이나 학생이 되기만을 바라지는 않는다는 점이다. 공부도 잘하는 학생이 되기를 바라는 것이 올바를 것이다. 그런데 오늘날 실제적으로는 단기간의 성과에 더 치중하여 성적을 강조한다. 대부분의 사람들은 학생들이 집과 학교를 주로 왔다 갔다 하며 오직 공부만 하기를 바란다. 그런데 그 공부는 주로 교과서를 통한 공부이다. 교과서는 지식과 이론중심으로 구성되어 있다. 학창시절도 인생의 한 부분이며 소중하다. 그리고 학생도 인생을 살아가는 한 명의 인간으로서 여러 가지의 고민과 문제를 가지고 있으며 이것이 그의 성장과 삶에 있어 중요한 문제가 되기도 한다. 그러나 사회는 이를 잘 허용하지 않고 있다. 오직 좋은 대학, 좋은 성적을 위한 공부만을 바라는 획일적인 사회이다. 그만큼 다른 대안이 마땅치 않기 때문이며 학력사회이기도 하기 때문일 것이다. 하지만 학교에서의 교육은 인간이 보다 인정이 있고 인격을 갖춘 사람이 되도록 하며 삶에 있어서 겪게 되는 여러 가지의 어려움 등도 능히 이겨 낼 수 있도록 해야 할 것이다. 즉 공부만 잘하고 인간이 되지 않는 인간보다는 골고루 발달한 인간을 지향하는 것이다. 따라서 학교는 이제까지 부족해 온 정의적인 면에 대한 교육에 신경을 더 써야 할 것이다. 그리고 인간주의 교육은 자기 자신을 알고 그 능력을 발휘하게 하며 또한 삶을 더욱더 의미 있게 살아가게 하는 데 기여하도록 하는 교육내용이 되어야 할 것이다. 인간주의 교육은 배워야 할 교육내용 즉 교과서나 지식도 중요시하지만 인간을 더 중요시한다. 그리고 인간 각자의 성장을 더 강조한다. 인간이 먼저 있고 지식이 있다는 입장이다. 지식이나 교육내용도 결국에는 인간 각 개인의 성장을 위해야 한다고 보기 때문에 무엇보다도 인간이 우선시된다.

오늘날의 교육은 여전히 머릿속에 지식을 넣어 주는 식의 교육이 계속됨으로써 학생들의 머리는 점차로 커지고 있으나 가슴은 점차 오그라들고 있을 뿐만 아니라 차가워지고 있다. 즉 지적 교육이 강조됨으로써

학생들의 머리는 커지고 있으나, 상대적으로 정의적(精意的) 교육은 약
화됨으로써 가슴은 작아지고 있다. 결국 인간의 가치관, 태도, 신념 등에
큰 영향을 미치는 정의적 교육기능이 약화됨으로써 인간성은 점차 마멸
되고, 도덕성은 퇴보하고 있다. 머리는 커지고 가슴은 작아지게 하는 교육,
그러한 교육은 기형적인 반쪽 인간(half man)을 만들고 있는 것이다.[378]

인간주의 교육은 전인이나 자아실현을 목표로 하고 있다. 그러나 우리
나라 교육의 현실은 다소 그렇지가 못하다. 학교교육[379]은 크게 교과 교
육활동과 교과 외 교육활동[380]으로 나눌 수가 있는데 우리나라는 교과
활동이 대부분을 차지하고 있다.[381] 그 이유는 무엇인가? 지ㆍ덕ㆍ체 혹

---

378) R. T. Nasr, Whole Education, 강선보, 정윤경, 고미숙 옮김, 전게서, pp.7 - 8.

379) 해방 후 우리나라의 초·중등학교교육 과정 결정주체는 한마디로 현재의 교육인적자
원부(문교부 혹은 교육부)였다고 말할 수 있다. 우선 법령상 초·중등학교교육 과정
결정권이 교육부장관에게 부여되어 있을 뿐만 아니라 또 실제적으로도 1945년 9월
의 '교과 및 시간 배당 기준'에서부터 1987년의 제5차 교육과정에 이르기까지 철저
하게 교육부 중심으로 결정되어 왔다. 1995년부터 적용하는 제6차 교육과정에서는
조금 위임을 했으나 여전히 대부분 교육부라는 점이다. 제6차 교육과정 연구진이 우
리나라 교육과정이 지니고 있는 가장 두드러진 문제로 교육과정의 중앙집권화와 획
일성을 지적했다. 김수천, "해방 후 우리나라 교육과정", 교육혁신 연구회 편, 「한국
교육과정의 새로운 좌표 탐색」(서울: 교육과학사, 1996), pp.89 - 90.

380) 학교교육에서 주지과목의 비중이 줄고 교과 외 교육활동(예: 클럽활동, 학생자치활
동 등)의 비중이 확대되어야 한다는 의견에 대하여 학생, 교사, 학부모 모두 그렇다
고 응답한 사람(각각 82.2%, 74.8%, 71.7%)이 그렇지 않다고 응답한 사람에 비하여
훨씬 많다. 그리고 학생이 가장 강한 긍정을 나타내었다. 이종태 외, 「학교교육 위기
의 실태와 원인 분석」, 한국교육개발원, 2000, p.83. 1995. 5. 31. 교육개혁안은 새
교육과정 시안(일명 제7차 교육과정)을 제안했다. 여기에는 교과 외 활동에 대한 중
요성과 더 확대한다는 개선책이 없어서 여전히 교과중심교육을 지속하겠다는 것이
기에 학습자의 잠재능력을 최대한 계발시키도록 하겠다는 말은 한계가 있다. 그리고
교과교육 안에서 적성과 능력에 따라 선택하거나 수준별로 하겠다는 것은 기존 대
학입시 위주 교육의 연장선이다. 심지어 현재의 특기·적성교육은 본래의 취지와는
거리가 멀고 대학입시를 위한 교육이 되고 있다.

381) 교과교육은 주로 교과서를 통해 하고 있다. 따라서 우리나라는 교과서 중심 교육을
하고 있는 실정이다. 함수곤은 교과서 중심 학교교육체제를 교육과정 중심 학교교육
체제로 전환하여야 한다고 말한다. 함수곤, 「교육과정의 편성」(서울: 대한 교과서 주
식회사, 1995), p.357. 따라서 현재와 같이 모든 초·중등학교의 교육내용과 방법을
교과서로 지배하는 체제에 숨통을 열어 주기 위해서는 다양한 교과목을 설치 운영
할 수 있도록 해야 한다.

은 지·정·의를 골고루 다 추구해야 하는데 그중에서 정서나 의지 혹은 성격 그리고 덕에 대한 교육은 거의 없거나 소홀히 하고 지식과 이론에 대한 교육이 대부분을 차지하고 있다.[382]

불행히도 오늘날 한국의 교육에서 신체활동의 의미는 그 정당성을 인정받지 못하고 있다. 역동적 신체활동, 즉 살아 있는 움직임은 찾아보기가 힘들고 정형화되고 기계적인 움직임만이 활동의 주류를 이루고 있다. 틀에 박힌 학교생활에 하루의 대부분을 보내야 하는 학생들에게 신체를 통해 창의성과 활동성을 표현할 기회는 극히 제한되어 있다. 이 점은 공인된 신체활동의 통로인 체육교과가 학교에서 홀대받고 있는 현실에서도 알 수 있다. 오늘날 한국의 교육에서는 지식전수와 습득이 일방적으로 강조되고 신체교육은 부차적인 것으로 간주된다.[383]

한편 우리나라 학교교육 과정에 있어 심각한 결함은 정말 '과외활동'이 극히 빈약하다는 것이다. 특히 중·고등학교에서 그렇다. 교과 과정 규정상으로는 특별활동이라는 이름으로 계획은 되어 있으나, 그 계획 자체도 엉성하기 짝이 없고, 더구나 실제에서는 입시준비교육의 광분 탓으로 프로그램도 시간도 별로 없다. 시설도 자원교사도 거의 없는 실정이다. 근자에 특별활동에 대한 관심이 엿보이기 시작한 듯하지만, 아직도 특별활동을 그저 대학입학 전형에 유리한 조건을 만들기 위한 것이라는 정도로 생각하는 풍조가 있다.

정규수업 이외에, 학생 개개인이 문학, 역사, 물리, 화학 등 여러 학과 활동 중에서 미술, 피아노, 공작 등 여러 예술 활동 중에서, 축구, 수영,

---

382) 감정은 인지적 학습과 통합되어야 한다. 더 나아가서 직접적으로 학생의 정의적, 정서적 발달을 꾀하고 학생이 대인관계에서 적절하게 기능할 수 있게 하는 감정과 능력을 양육해야 한다. 감정과 분리된 지력은 공허하며 무익한 것이 사실이다. 교육이 아동들에게 생활을 위한 준비라는 목적을 가지고 효과적으로 이루어지려면 지적 발달뿐만 아니라 정서적 발달도 고려해 넣어야 한다. 그렇지 않으면 지적인 반쪽 인간이 될 것이다. Harold C. Lyon, Learning to Feel－Feeling to Learn(Columbus, Ohio: Merill, 1971), p.18. Patterson, 장상호 역, 전게서, pp236－237.

383) 정영근, 「영화로 만나는 교육학」(서울: 문음사, 2002), p.96.

테니스, 아이스하키 등 여러 스포츠 활동 중에서, 그리고 학교 신문, 고아원, 사회행사 등 여러 사회봉사 활동 중에서, 자기가 하고 싶은 활동을 골라서 방과 후에 열중할 수 있는 과외활동은 교육적으로 매우 많은 장점들을 가지고 있다. 첫째, 과외활동은 자기가 좋아서 선택한 것이기에 정규수업에서와는 비교가 안 될 만큼 학습동기가 높다. 둘째, 과외활동은 학교에서 학생들의 적성을 발견하고 진로를 탐색할 수 있는 가장 직접적인 최적의 방법이다. 셋째, 과외활동에서는 모든 학생이 서로 다른 학생을 가르치는 교사가 될 수 있어서, 학생집단의 교육 잠재력을 극대화할 수 있다. 넷째, 과외활동에서 지도 형태는, 교육이 그렇게도 갈망하는 개별화된 교육, 즉 개인이 개인을 가르치는 개별화된 지도 형태를 취하게 된다. 다섯째, 과외활동 클럽에서는 동급생, 상·하급생 간에 인간관계의 상호작용이 풍부하게 일어나기 때문에 사회성 발달의 기회를 제공한다. 여섯째, 무엇보다 전인교육을 풍부히 가능하게 한다. 이런 풍부한 과외활동이 학교교육에서는 거의 전무인 상태로 빈약하다.384) 따라서 학생들이 학교에서 보다 열심히 삶을 살게 하기 위해서는 과외활동이 주요과목이 되고, 정규과목이 과외가 되는 것이 맞다. 그렇게 하지 못한다면 최소한 정규교과가 더 교육적 의미를 가지기 위해서는 과외활동에서 얻을 수 있는 것을 정규교과 시간에서도 얻을 수 있도록 힘써야 할 것이다.

연구결과에 의하면 학생과의 의미 있는 만남은 수업의 내용과 방법이 정의적인 근거를 가지고 있을 때 가장 효과적으로 이루어지며 유지된다는 것이다. 다시 말해서, 만일, 교육자가 학생을 감정적으로 흥분시키는 느낌·두려움·소망들을 발견할 수 있다면, 그들은 전통적인 내용과 절차를 이용하든 새로운 자료나 기법들을 개발하든 간에 어떤 배경출신의 아동들이라도 보다 더 효과적으로 참여시킬 수 있을 것이다.385)

---

384) 정범모, 「한국의 교육세력」(서울: 나남출판사, 2000), pp.151－153.

385) G. Weinstein·M. D. Fantini, 윤팔중 역, 전게서, p.23.

　문제는 현재 학교에서 행해지고 있는 입시 위주로 다루는 '주요교과목' 위주의 공부, 시험에서 좋은 성적을 얻기 위한 암기식의 공부는 결과적으로 좌뇌지향적인 학습이라고 할 수 있는데 이는 곧 IQ지향의 학습이다. 이러한 교육에서는 많은 지식을 얻고 주어진 공식이나 이론은 알지만 그것을 통합하고 주체적으로 적용하고 응용하면서 창조해 나가는 능력, 자율적인 능력, 정서적으로 풍부하여 아름다움을 알고 타인의 감정을 헤아리는 직관력과 공감력으로 인간관계를 잘할 수 있는 능력은 기를 수가 없는 것이다. 또한 삶의 과정에서 직면하는 다양한 도전을 잘 극복하고 건강하고 행복한 삶을 영위하기 위한 삶의 기술이 필요한데 그것은 전통적인 지식전달을 위주로 하는 교과지도에서는 습득되기가 어렵다. 도리어 좌뇌와 우뇌를 통합하는 방식으로의 지도가 필요한데 그것이 바로 감성지능, 즉 EQ지향의 교육이요 학습이다.386) 하버드 대학 심리학과 교수인 가드너 박사(Howard Gardener)는 하버드생들이 졸업한 후에 어느 정도 성공을 하는지 오랜 기간 관찰한 결과 사회에서의 성공과 대학성적표와는 거의 상관관계가 없는 것으로 나타나 그 이유를 연구해 보니 학교성적은 대개 두뇌의 극히 부분적인 영역에 지나지 않는 논리/수학 능력이나 언어 능력 정도밖에 측정하지 않는데, 실제로 인간의 두뇌 능력에는 공간 능력, 음악 능력, 운동 감각, 자기 내적 통찰력, 대인 관계 등 적어도 일곱 가지387) 서로 다른 영역이 있더라는 것이다. 이 능력들은 서로 무관하게 발달할 수 있어서 예를 들어 음치도 야구왕이 될 수 있다는 것이다. 예일대학 심리학과의 석좌 교수인 슈타인버그

---

386) 한국교육학회, 「인성교육」(서울: 문음사, 1998), pp.244−245.

387) 하워드 가드너 박사는 지금까지의 학습이나 시험은 학생들의 언어적 지능과 논리적 지능만 개발하거나 테스트하는 제한적 낭비라고 말하며, 7가지 지능을 개개 학생의 장단점에 따라 골고루 학생에게 맞게 개발시켜야 된다고 주장한다. 그가 말하는 7가지 지능이란, 첫째, 언어적 지능, 둘째, 내면의 심리적 지능, 셋째, 대인관계 지능, 넷째, 운동 근육적 지능, 다섯째, 논리 수학적 지능, 여섯째, 음악적 지능, 일곱째, 시각 공간적 지능이다. 황태근, 「존중받는 아이가 공부 잘한다」(서울: 범조사, 1998), pp.31−32.

(Steinberg) 는 인간의 두뇌 능력에는 적어도 세 가지 영역이 있는데 분석/논리 능력과 적용력과 창의력, 이렇게 셋을 구분해서 보아야 한다고 했다. 그러나 불행하게도 보통 정규 교육과정에서는 분석/논리 능력에만 치우치고 나머지 두 영역인 적용력과 창의력에 대해서는 측정 방법조차 개발되지 않아서 많은 인재들을 공부 못한다는 한마디로 썩히고 있는지도 모른다고 안타까워했다.388) 뇌의 기억 용량을 컴퓨터와 비교해 보면, 현재 컴퓨터의 최대 기억용량은 백억 비트로 측정되고 있다. 인간의 두뇌는 컴퓨터의 백만 배나 되는 기억용량을 가지고 있다고 한다. 좌뇌와 우뇌의 기억용량을 비교해 보면, 좌뇌로 기억되는 문자정보의 용량은 우뇌에 비하여 상당히 규모가 작아서 약 백만분의 일의 용량이 된다. 결국 우뇌는 좌뇌의 백만 배나 되는 기억용량을 가지고 있는 것이다. 이와 같은 뇌 생리학자의 견해에서 볼 때, 보다 효과적으로 우뇌 훈련과 우뇌 기억훈련을 실천하는 일에 자녀의 장래가 크게 달라진다는 것을 명심할 필요가 있다. 현재 좌뇌 중심으로 아이들을 교육시킨다면, 그것은 우뇌 교육으로 바꾸어야 할 것이다. 좌뇌 중심으로 하루빨리 글자를 배우고 사칙연산을 배워서 초등학교 교육에 우수한 어린이로 만들기 위해 성급한 마음을 갖는다면 자식의 두뇌는 부모들의 잘못된 인식 때문에 황폐화가 된다는 것이다. 우뇌를 활성화시키는 훈련방법에는 우뇌세포 활성화 훈련과 산수, 국어, 이해력, 창조력 및 사회적 적응력의 신장을 위한 훈련, 이미지 뇌로 미개발 두뇌를 완전히 개발하는 훈련 및 자기 이미지 개발훈련 등으로 나누어 볼 수 있다. 좀 더 살펴보면 첫째, 우뇌 세포 활성화를 위한 훈련에는 도형 속에 숨어 있는 특정 사물 찾아내기와 같은 발견 능력을 키우는 것, 대적목과 상자 등을 가지고 집을 짓고 다리를 놓기도 하는 창조력 키우기 훈련, 되어 보기와 같은 발상 훈련, 의욕이 솟는 호르몬을 생성시키는 취각 훈련, 통찰력을 신장시키는 외쪽 시야 훈련, 흐릿한 두뇌를 명석하게 만드는 외손 외발 훈련, 천재성을 신

---

388) 조벽, 「조벽 교수의 명강의 노하우&노와이」(서울: 해냄, 2001), pp.118－120.

장시키는 직관상 훈련, 이해력을 높이는 청각 이미지 훈련, 두뇌에 영양을 공급하는 우뇌 음악훈련 등이 있다. 둘째, 산수, 국어, 이해력, 창조력의 신장을 위한 훈련에는 수학적 두뇌를 활동시키는 시각 이미지 훈련, 숫자에 강해지는 직관 훈련, 계산을 신속히 해내는 엑스레이 인식훈련, 수학을 좋아하게 만드는 이미지 분할 훈련, 계산에 예민해지는 가감 인식 훈련, 100% 정답률을 위한 보수 이미지 훈련, 유연한 머리를 만드는 대비 이미지 훈련, 어어 두뇌가 활성화되는 이미지 연상 훈련, 언어 감각이 풍부해지는 이미지 확대 훈련, 이해력이 배로 신속해지는 이미지 합성 훈련, 기억을 정확하게 표현할 수 있게 하는 이미지 재생 훈련, 정확하게 기억하도록 하는 패턴 인식 훈련 등이 있다. 셋째, 사회적 적응력을 신장시키기 위한 훈련으로는 관찰력이 예민해지는 위치 이미지 훈련, 비교 판단이 신속해지는 도형 인식 훈련, 순간적인 판단력을 기르기 위한 공간 인식 훈련, 전체를 내다보는 능력을 키우는 점 이미지 훈련, 의욕을 자꾸 쏠게 하는 종이접기 퍼즐, 두뇌와 신체의 균형을 잡기 위한 연속그림 이미지 훈련 등이 있다. 넷째, 이미지 뇌로 유아의 미개발 두뇌를 완전히 개발하기 위한 훈련에는 발상의 전환이 풍부해지는 조건 인식 훈련, 추리력을 키우는 관계 이미지 훈련, 상상력 신장을 위한 거울 이미지 훈련, 사고 두뇌 활성화를 위한 지도 인식 훈련, 순서에 따라 사고하는 능력을 키우는 미로게임 훈련, 판단력이 정확해지는 규칙 인식 훈련, 호기심이 강한 두뇌를 키우는 단면 이미지 훈련, 상황의 결과를 올바르게 판단하게 하는 현상 인식 훈련 등이 있으며, 자신이 가족과 사회와의 관계를 원만히 하는 자기 이미지 개발 훈련 등이 있다.389)

　IQ도 물론 중요하다. 그러나 문제는 아무리 높은 IQ를 가진 사람도 결국은 자신보다 IQ가 낮은 많은 사람들 속에서 그들과 함께 일하며 살아야 한다는 점이다. 결국 원만한 대인관계·협동심·자신의 성숙한 감정처리 등의 능력이 자신의 성공을 좌우하게 되는데, 이것이 바로 '정서적 지능'

---

389) 김영호, 「자녀를 위한 부모교육」(서울: 연문출판사), pp.16－19.

인 것이다.390)

캘리포니아 대학은 최근 음악이 어린아이에게 미치는 영향을 분석했다. 관련보고서에 따르면 피아노 교섭도 받고 날마다 합창단에서 노래를 부르는 세 살짜리 아이는 그렇지 않은 아이들보다 퍼즐게임을 훨씬 잘 풀 수 있다. 또 기하학적인 도형들을 더 빨리 그려 내고 수학계산도 빠르다. 이와 관련하여 "고전음악이 논리적 사고에 필요한 신경세포 간의 연결을 더 쉽게 해 준다."고 주장하는 학자들도 많다. 뮌스터 대학은 "12세 전에 바이올린이나 기타를 연주한 사람의 대뇌피질 부분은 나중에 시작한 사람보다 신경세포가 더 많이 발달해 있는 사실을 발견했다."는 연구 결과를 발표하기도 했다.391) 감정은 인지적 학습과 통합되어야 한다. 더 나아가 학생이 대인관계에서 적절하게 기능할 수 있게 하는 감정과 능력을 양육해야 한다. 감정과 분리된 지력은 공허하며 무의미한 것이 사실이다. 교육이 아동들에게 생활을 위해 준비하는 목적을 가지고 효과적으로 이루어지려면 그것은 지적 발달뿐만 아니라 정서적 발달도 고려하여야 한다.392) 그렇지 않으면 우리는 계속해서 Lyon이 말한 바 있는 "지적인 반쪽 인간"을 생산하게 될 것이다.

인간은 느끼고, 생각하고, 행동하는 존재이다. 현존의 우리 사회와 교육은 개인을 단편화시키고, 뿐만 아니라 느낌과 감정을 무시하거나 미숙화시키는 쪽으로 치닫고 있다. 정의적 교육은 이러한 불균형을 바로잡아 우리가 전체로서 통합된 자아실현인을 양성해 내는 것을 목표로 삼는다.

정의적 교육은 자아각성의 계발에 관심을 갖는다. 이것이 계발되려면 우선 개인은 자신을 있는 그대로 드러내 보일 수 있도록 허용될 필요가 있다. 이는 그가 자신을 표현하는 데 있어서 개방적이고 정직한 상태에 있고 또한 스스로 자신을 드러내는 데 자유분방한 감정을 가질 것을 요

---

390) 황태근, 전게서, p.82.

391) 상게서, pp.18 - 19.

392) Harold C. Lyon, Learning to Feel - Feeling to Learn(Columbus, Ohio: Merill, 1971), p.18.

194

구한다. 둘째로, 개인은 자신을 탐구하고 직시하고 평가할 수 있어야 한다. 이 과정은 개인이 그가 타인에 의해서 어떻게 지각되고 있는가를 그들이 제공하는 정보에 의해서 알아 가는 과제를 부분적으로 포함한다. 자신에 대한 스스로의 지각은 타인이 지각한 것과 크게 다르지 않기 때문에 이 두 가지 과정을 통해서 현실적인 자아개념의 발달 즉 자기 각성이 이루어진다. 또한 정의적 교육은 타인에 대한 각성·인간관계의 탐색, 그리고 공감적 이해·존중·온정·진실성으로 특징져진 훌륭한 인간관계의 형성에 관심을 갖는다.393)

지식과 기술을 습득시키면서 동시에 인간이 됨을 가르치는 데 쓰일 수 있는 학과목을 찾기가 어렵다는 반대 의견이 있지만, Wilhelms는 그런 학과목은 충분히 많다고 주장한다. 문제는 자연과학, 인문과학, 수학 등의 방대한 자료에서 인간적인 발달을 증진시킬 가장 큰 가능성을 지닌 요소들을 뽑아내는 데 있다. 그는 어떤 영어교사의 예를 드는데, 이 영어교사는 주제를 단지 문법적인 훈련이라는 관점에서만 보지 않고 그 주제들이 무엇을 말하고 있는가를 보며 또한 그것들을 이용해서 학생들을 이해하고 창의적인 표현과 정직한 의사소통을 고무한다는 것이다. 따라서 영어교육 과정은 "젊은이들에게 각자 자신의 생각과 감정에 민감하게 하며 그것을 경청하고 존중하는 것을 가르치는 데 이용될 수 있다."394)

정의(情意)를 교육과정을 통해서 교육에 도입시키려는 시도는 몇 번 있었다. 그런데 그것들의 대부분은 정의적인 교육의 전반적인 규모의 계획이 아니라 정의적인 교육의 사례를 마련하는 정도의 제한된 것에 불과하지만 그 가운데 세 가지 시도를 보면 그 첫 번째의 시도는 Richard Jones에 의해서 이루어졌다.

그는 맨 처음으로 교육과정의 한 교수요목을 개발한 Bruner의 예를

---

393) C. H. Patterson, op. cit., pp.238－239.

394) Fred T. Wilhelms, "Humanization via the Curriculum", In Robert R. Leeper, op. cit., p.24.

들고, Bruner가 그의 교수요목을 개발할 때 지나치게 인지적인 측면에만 관심을 두었음을 책망하였다.395) Jones는 Bruner가 개발한 "인간을 주제로 한 하나의 교수요목"이라는 5학년 사회과 수업에서 일어났던 감정적인 측면들을 지적하고, 이것이 교육적으로나 학생들의 정서 발달을 위해서 어떻게 활용될 수 있는가를 예시하고 있다.

이 단원에서는 인간의 발달이라는 문제를 다루고 있다.

이 코스의 내용은 인간이다. 이는 한 종족으로서의 인간이 갖는 속성, 그리고 인간성을 형성하게 하였고 또한 인간성을 계속 형성하게 하는 세력들을 다룬다. 전 코스를 통해서 세 가지 질문이 제기된다.

인간을 인간이라고 칭하게 하는 것은 무엇인가?

인간은 어떻게 인간성을 갖게 되었는가?

어떻게 하면 좀 더 인간적일 수 있는가?396)

특히 사회과목은 예컨대 수학과목에 비해서 그것을 인간의 발달과 더욱 많이 관련지을 수 있는 여지를 갖는다. 어떤 과목이든 그런 가능성을 가지고 있으며 "인간을 주제로 한 하나의 교수요목"도 그런 가능성을 가지고 있음이 분명하다. 그러나 그 가능성은 충분히 이용되어야 하며, 교사는 그렇게 하도록 도움을 받아야 한다. 더구나 그 가능성은 인간의 발달에 관한 인지적인 이해 이상의 것을 포함한다. 그 자료들이 아동 내부에 일으키는 감정이나 정서가 무시되어서는 안 되고 또한 무시될 수도 없다. 그러나 많은 교사들은 그 감정들이 일어나는 것에 민감하게 반응할 준비태세를 갖추지 못하고 있다. 느낌 즉 타인의 행동과 경험에 대한 인간적인 느낌은 정서학습과 정서발달의 원천이다.

두 번째 시도는 George Brown에 의해서 이루어졌다. 그는 이른바 융합교육(confluent education)이라고 일컫는 프로그램을 제안했는데, 그의

---

395) Richard M. Jones, Fantasy and Feeling in Education(New York University Press, 1968).

396) Ibid., p.12.

정의에 따르면 "이는 더러 인간주의적 교육이라거나 심리적 교육이라고 일컫는 개인학습 및 집단학습에 정의적인 요소와 인지적인 요소를 함께 교류시키거나 통합하는 것"397)이다. 이 프로그램은 포드 재단의 후원에 의해서 개발되었다. 학급상황에 쓰일 만한 정의적 학습의 접근방법이 에살렌에서 개발되어 그것의 워크숍에 쓰였다가 다음에 그것이 교육과정의 맥락 속에서 학급에 적절하게 실시되었다.

에살렌의 워크숍에서 제시된 40가지의 정의적 기법들을 Brown은 간략하게 소개하고 있다. 그 기법의 한 예는 신뢰의 서클(the trust circle)이다.

글로리아의 지도하에 집단은 소통과 신뢰감의 발전이라는 과제를 수행하였다. 참여자 중의 몇 명이 둥그렇게 앉아 있는 사람들을 차례차례로 돌며 각 사람에게 이런 말을 하였다. "나는 ~에 관해서 당신과 더불어 이야기를 나누고 싶습니다." 그 후에 다른 사람들도 "나는 당신이 ~하기 때문에 믿을 수 있습니다(혹은 믿을 수 없습니다.)."라는 문장을 가지고 똑같은 것을 하였다. 그 집단의 여러 구성원 간에 어느 정도의 신뢰감이 형성된 후에, 8명씩의 소집단이 신뢰의 서클을 형성했다. 그 집단의 한 사람이 중앙에 서서 되는 대로 넘어지면 그 주위에 있는 사람이 그를 붙잡고 부축한다. 그리고 주위 사람들은 그 사람을 그 서클을 따라 돌려서 건넨다. 이런 기법을 통해서 신뢰에 대한 욕구와 지지에 대한 욕구가 그 집단에 시위될 수 있다.398)

이런 기법들은 학문적인 내용이나 교과목의 내용과 관련된 것이 아니지만 정의적 교육에서 직접적인 수업으로 이용될 수 있다. 실은 이 기법들이 성인들을 상대로 하는 민감성 훈련(sensitivity groups)이나 만남의 집단(encounter groups)에 널리 이용되고 있다. 그러나 지금의 맥락에 비추

---

397) George I. Brown, Human Teaching for Human Learning: an Introduction to Confluent Education(New York: Viking, 1971), p.3.

398) Ibid., p.41.

어서 이들은 교과목을 가르치는 곳에서 소개되도록 되어 있다. 여기에는 수많은 게슈탈트 기법이 포함되는데, 포드 에살렌 프로젝트에 참여했던 Janet Lederman은 그의 저서에서 학급사태에 맞도록 수정한 게슈탈트 기법을 소개하고 있다.[399] 이 프로젝트는 중등학교의 사회과목이나 영어 과목을 포함하는 많은 단원과 수업계획을 개발해 냈다. 그중의 하나는 미국정부와 세계지리라는 과목의 코스이다. 이 코스는 Edward Steichen 이 쓴 '인간의 가족'이라는 작품을 영화화시킨 것을 보여 주고, 인간의 본성에 관한 여러 이론을 강의하고, 인간들의 한 사례로서 자신의 고유한 자아에 관해서 간단히 언급하는 것으로 구성되어 있다. 그다음에 자아발견을 위한 9가지의 연습이 뒤따르고 참여자는 "나는 누구인가?"라는 제목과 "인간이란 무엇인가?"라는 제목의 두 가지 수필을 쓰도록 되어 있다. 그리고 이 두 수필에서 공통되는 것을 나열하는 일이 후속된다.

세 번째 시도로서 이른바 정의의 교육과정이 있다. Weinstein과 Fantini 는 자아개념을 공부하는 단원과 자료들을 개발했다. 이는 아동들로 하여금 자아개념이 타인들과의 경험에서 발전되며, 또한 그것이 세계를 보는 방식을 결정하며, 그 자아개념을 강화시키는 반응으로 이끌도록 한다는 사실을 인식하도록 설계되어 있다. G. Weinstein에 의해 개발된 '일방 안경'은 인간이 보는 것·행동하는 것은 그의 지배적인 감정에 의하여 영향을 받는다는 것으로 이것의 가장 중요한 점은 감정을 표현하는 능력이다. 이것의 활용은 사람이란 자신의 지각대로 세계를 보며 그 지각이 그의 행동에 영향을 주고 있다는 사실을 깨닫도록 하기 위한 방법으로 고안되었다. 사람에 따라 동일한 상황을 볼 수 있는 방식은 여러 가지가 있으며 많은 사람들은 다른 사람에 관하여 고정된 방식으로 지각하고 있음을 알 수 있으며 음울한 안경을 끼고 있을 때 모든 것은 음울하게 보이며 다른 사람들에 관해서 새로운 관점을 갖게 한다는 것이 매우 어렵다는 것을 알게 하며 장점 안경을 통해 자신과 타인들이 지닌 가장 긍정

---

399) Janet Lederman, Angerand the Rocking Chair(New York: McGraw-Hill, 1969).

적인 측면들을 탐색할 수 있게 한다는 것이다.400)

또 다른 하나의 방법은 Mosher와 Sprinthall이 일컫는 이른바 '의도적인 심리학적 교육'으로 성격발달과 인간발달을 시도하는 교육과정을 개설한 것이다. 이 과정은 타인에게 경청하는 과정에 역점을 둔다. 감정과 생각을 경청하고 타인의 감정과 자신의 생각에 동시에 반응하는 것이 중시된다. 이 기능들은 역할극, 모의 카운슬링 그리고 다른 중·고등학교에서 실제로 일어났던 카운슬링의 사례 등을 통해서 계발된다.401)

Rogers는 다음과 같이 미래의 교육을 예견한다. "장래에는 교육이 생활을 위한 준비라는 생각은 사라질 것이다. 교육은 그 자체가 생활경험의 의미를 가질 것이다. 자신이 부적절하다고 느끼는 감정, 증오, 권력에 대한 욕망, 사랑과 외경과 존경의 감정, 공포와 불안, 부모나 타인과의 갈등 …… 등 모든 것들이 역사나 수학의 탐구가 가치 있게 여겨지듯이 교육과정의 일부로 개방될 것이다."402)

인성교육 관련 교과목의 예를 들면, 인간관계와 정신건강, 인간관계론, 결혼과 가정, 미래와 진로, 사랑과 우정, 보람 있는 삶, 자아와 자아실현, 청소년의 심리 등을 들 수 있다.403) 비록 멀티미디어가 발달한다고 하더라도 그것이 학교의 기능을 전적으로 대신하기는 어렵다. 왜냐하면 폴라니(M. Polanyi) 등이 말하는 인격적 지식 혹은 암묵적 지식은 컴퓨터의 모니터상에 나타날 수 없기 때문이다. 또한 네이스비트가 기술한 바와 같이 인간은 고도의 대인적 접촉을 의미하는 하이터치를 추구할 것이고, 이러한 인격적 접촉을 가능하게 하는 학교는 사회성과 도덕성 등의 비지식적 경험의 상황을 체계적으로 제공할 것이다.404)

---

400) G. Weinstein·M. D. Fantini, 윤팔중 역, 전게서, pp.34-35, pp.83-105.

401) Ralph L. Mosher, Norman A. Sprinthall, and thers, "*Psycholog*ical Education: a Means to Promote Personal Development during Adolescence, "*The Counseling Psychologist*, 1971, No.4, p.14.

402) C. H. Patterson, 장상호 역, 전게서, p.35.

403) 한국교육학회, 「인성교육」(서울: 문음사, 1998), p.263.

404) 이돈희, "지식기반 사회에서의 교육의 역할", 이돈희 외, 전게서, p.36.

스탠포드는 예술의 중요성을 여러 경험과 조사 결과를 토대로 말하고 있다. 그는 남시애틀에 있는 연극을 강조하는 콩코드 초등학교를 방문한 내용이다. 첫째, 복도를 통해서 걸어갈 때 짝을 지은 남녀 학생들이 같이 앉거나 서서 그들 손에 든 종이를 참조해 가며 번갈아 이야기를 주고받았는데 그들은 단시를 암송하고 있었으며 나에게 자랑스럽게 낭송해 주었다. 그것은 보물섬에서 인용한 약간 긴 대화였던 것이다. 다음은 교실에 들어갔을 때, 한 무리의 소년과 소녀들이 열심히 음악을 논의하고 있었는데 그들은 쇼를 위하여 음악을 녹음하여 연주할 책임을 지고 있었다. 그리고 어느 장면에 어느 부분을 반주해야 할 것인가에 관하여 합의를 이루어 내려고 하고 있었다. 그다음 2층에 있는 학교의 발성 영화 촬영 무대에서 학생들은 콩코드 뉴스 팀이 뉴스를 내보내고 있었다. 4학년과 5학년의 기자들이 회견과 손으로 쓴 대본을 요청하고는 촬영 장소로 나가 캠코더를 가지고 몇 부분을 찍었다. 그리고 그것을 편집하고 있었다. 이 모든 활동은 클로디어 앨런 교사의 주도하에 1995년에 시작된 것이다. 이 프로그램은 대본을 학습하여 그것을 학교 앞에서 상연하고 전면적인 제작을 조직하는 일을 돕는 데 모든 학생을 참여시킨다. 이 프로그램이 팀워크, 문제 해결 및 갈등 해소를 실천하는 의미 있는 기회를 제공함과 동시에 대단히 큰 열의를 일으켰으며 또한 이 프로그램은 아이들에게, 특히 강한 학업 성취자가 아닌 아이들에게는 대단한 자존심의 발로가 되었다. 그리고 이 학교 아이들의 가정은 그들의 문화에서 읽기가 큰 비중을 차지하지 않는다. 그러나 학생들은 그들이 연기를 할 때의 감격을 좋아하기 때문에 그것을 하는 데 동기유발을 하였고 이 프로그램 덕분에 읽기 득점에서 뛰어난 향상이 있었다. 한편 1996년 기업 주간잡지에 인용된 기업 지도자들은 예술을 이용하여 교육을 받은 종업원들의 특성 중에는 창조성, 인내력, 문제 해결 기능 및 협동 작업이 있다고 언급했다.405)

---

405) 존 스탠포드 외, 조병효, 「학교의 승리」(서울: 말과 창조사, 2000), pp.190−191.

삶의 진정한 모습을 보기 위해 동원되는 것이 시이다. 공자는 "시를 공부하지 않고는 말할 것이 없다."며 인간의 언어생활이 시를 통해 제대로 드러날 수 있음을 말한 바 있다. 시는 언어의 정수이기 때문에 인간과 삶의 정수는 시를 통해 잘 드러날 수 있다는 의미인 것이다.[406]

예술, 특히 음악과 연극이 좋은 점은 사람들을 자연스럽게 협동체제로 이끈다는 것이다. 많은 학생들에게 공동 작업을 가르치는 가장 쉬운 방법은 예능과목을 이용하는 것이다. 학교 연극은 일반적으로 눈에 띄게 훌륭하다. 공연의 모든 부분에서 질이 현저하게 나타난다. 예능에 관심을 갖는 좋은 학교와 전통적인 학교와의 차이점은 좋은 학교가 모든 학생들을 참여시키기 위해 훨씬 더 많은 노력을 기울인다는 점이다.[407]

1951년 7월 영국 브리스톨대학에서 UNESCO 주체로 열린 "교양교육으로서의 예술교육" 국제 세미나에 참가한 20여 국을 대표한 예술교육자들은 예술교육의 기능을 다음과 같이 말하고 있다. 첫째로는 인간의 요구와 능력에 대해 인격발달에 도움을 주는 것이며, 둘째로는 개인은 그가 소속한 사회에 있어서 값어치 있고 보다 협조적인 구성인이 되게끔 도와주는 데 있다고 하며, 모든 아동, 모든 학교에서 예술교육이 필요함을 강조하였다. 또한 그들 참가자는 예술교육의 경시는 교육의 가장 핵심적인 부분을 방기하는 일이 되며, 이러한 불균형이 존재하는 한 바람직한 사회의 발전은 불가능한 일이 됨을 경고하였다.[408]

오늘날 기계문명의 눈부신 외형적인 건설과는 역비례로 인간의 내면세계에는 파괴로의 충동이 일어나고 있다. 허버트 리드(Herbert Read)는 이러한 파괴에의 충동을 공격본능이라고 부른다. 이 공격본능의 해소 없이는 인류의 구원은 보장하기 어려울 것이다. 공격본능은 욕구저지에서

---

406) 정영근, 전게서, p.80.

407) 윌리암 글라써, 박정자 옮김, 「좋은 선생님이 되는 비결」(서울: 사람과 사람, 1998), pp.108－109.

408) The Visual Art in General Education(Report on the Bristol Seminar, United Kingdom; 7－27, July, 1951), UNESCO, 1951, p.41.

오는 것이다. 인간의 마음속에 축적된 갈등(실패감, 만족감의 결여 ……)
에서 파괴본능은 싹이 튼다. 그러나 적당한 조건이 주어진다면 이러한
요소는 해소될 수 있다. 창조적인 활동에다 인간의 파괴충동과 공격본능
의 에너지를 발산시키면 이러한 요소는 '쏟을' 장소를 얻을 것이다. 교
육에 있어서 이러한 방향 전환이 약속되어야 하며 이러한 약속에의 필요
성을 강조하는 것이 예술교육이다.

브루너도 여러 교과 중에서 가장 중요한 교과 두 가지를 제시했는데
그중에 하나가 바로 음악이다. 음악은 인간의 마음을, 인간과 역사와 우
주를 따뜻하고 아름답고 조화롭게 맺어 주는 인간 심정의 언어이기 때
문에 불가결한 것이라는 것이다. 그가 말하는 음악은 파토스의 상징이
다. 이런 뜻에서 음악은 그리스시대의 무시케, 즉 문예적 교과이며 또한
인문적 교과에 해당한다.[409]

예술적 인간은 이성과 감성이 조화된 인간이다. 인간의 이상을 실현시
키는 데는 이성만으로는 불가능한 일이다. 허버트 리드는[410] 인간의 충
동을 이성에 의해서 통제한다는 것은 '파우스트적 환각'이라고 하였다.

Ruth Sanford는 자아를 실현하는 남자와 여자들이 전인으로서 일하고
놀고 가족과 시간을 보내고 지역사회에서 일하는 모습을 내용으로 하는
영화 「존재와 과정」을 통해 학생들에게 생각·편견·가치 그리고 야망
에 대한 열띤 토론을 자극시켰다. 그 결과 학생들은 독창적인 공부와 폭
넓은 독서를 하게 되었다는 사실이다. 또 어떤 학생은 새로이 발견한 관
심사 특별한 흥미 분야에 대하여 심지어 전문가가 될 만큼 자극을 받았
다는 것이다.[411]

과학기술 문명이 지배하는 산업사회에서의 교육은 상급학교 진학을
위주로 하여 지나치게 인지적으로 편중된 방향으로 이루어지고 있다.[412]

---

409) 김정환, 전게서, 「인간화 교육 어떻게 할 것인가」, p.108.
410) Herbert Read, Education for Peace, 안동림 역, 「평화를 위한 교육」(서울: 을유문화
　　사, 1959), pp.46－51.
411) Carl R, Rogers, 전게서, Freedom to Learn, p.157.

여기에 더 좋은 대학에 가고자 하는 매우 심한 경쟁으로 더 높은 점수를 최고의 목표로 간주하고 있다. 그래서 수년에 걸쳐 교과서에 있는 수많은 지식을 외우고 기억하며 시험 치는 행위의 반복된 생활 속에서, 학생들은 인생을 살면서 정말로 배워야 하며 관심을 갖고 알아야 할 자신, 인생, 인간관계, 우정, 사랑, 성격, 미래의 꿈과 진로, 취미 등에 대해서 생각해 보고 이야기하고 토론하며 배울 수 있는 여유를 제대로 갖지 못하고 있다. 사회는 이를 묵인하고 있다. 그 결과 우리의 수많은 청소년들은 공부나 삶에서 의미를 찾거나 재미를 느끼지 못하고 '마지못해 억지로' 공부하는 심한 스트레스를 겪고 있는 상황이 계속되고 있다.

(2) 삶·자아실현과 관련된 유의미한 교육내용

또 한 가지는 우리나라의 교육에서 이제까지 학생들의 요구를 얼마나 교과서를 만들 때 반응했는가 하는 부분이다. 학생이 교육의 3요소 중 하나인 인격체로서 얼마나 관심의 대상이 되었는가 하는 점이다. 분명 소외되었으며[413] 7차 교육과정에서 논의하는 과목에 대한 선택이 현실적으로 어떻게 어느 정도 범위로 진행될 것인지는 모르지만 그것만으로는 부족하다 하겠다.

전통적인 학교교육에서의 교육은 교과의 교육으로서 모든 교과를 거

---

412) 한국교육학회, 「인성교육」(서울: 문음사, 1998), p.11.

413) 학교에서 가르치는 교과는 누구나 배워야 할 만한 가치를 지니고 있는가에 대한 응답에서 학생은 반수 이하인 42.4%만이 그렇다고 응답하였다. 즉 학생은 반 이상이 학교에서 가르치는 교과는 누구나 배워야 할 만한 가치를 지니고 있지 않다고 생각하고 있다는 점이다. 학교 교과의 가치에 대한 회의적인 견해는 중학생(52.1%)보다 고등학생에게서 많이 나타났다. 이종태 외, 「학교교육 위기의 실태와 원인 분석」, 한국교육개발원, 2000, p.81.
참고로 대학의 경우에는 응답자의 84.3%가 기업에서 필요한 교육이 대학에서 제대로 이뤄지지 않고 있다는 의견을 제시했다. 물론 대학이 기업을 위해서만 있는 것이 아니라는 점을 생각해야 하지만 구체적으로 보면 이론 위주의 교육이 문제라는 응답이 36.7%, 현실과 동떨어진 교육과정에 대한 불만이 31.4%, 대학별 특성화 부족이 9.9%, 대학의 인재육성을 위한 철학부재가 8.5%였다. 매일경제지식사·한숭희, 전게서, pp.23−24.

의 획일적으로 가르치는 데 머물러 있었고, 교육내용에 아동을 맞추었으며, 절대적 가치는 아동이 중심이 아닌 교과의 내용이나 가치가 문제 되었다. 가장 심각한 문제는 우리나라의 학교교육은 무엇을, 왜 가르치느냐에 대한 깊은 검토 없이 즉 교과내용만 가르치고 있다. 그리고 학교에서는 단지 시험에 합격하기 위한 필수적인 지식이나 취업에 필요한 기술을 습득시키는 데 주력하고 있다. 따라서 앞으로의 학교교육이 인간성이나 개성중시의 교육이 되어야 하는 만큼 개인의 자기실현목표와 학습목표가 결부되어 학습진도에 의하여 획일적으로 이루어지기보다는 피교육자가 만족감이나 충실감을 갖게 하고, 개인의 욕구를 최대한 충족시키는 개별학습이 중시되며 이와 같은 측면에서 교과교육이 개발되고 연구되어야 할 것이다.414)

해방 후 학교교육 과정은 다섯, 여섯 차례 개편되었다. 그러나 근본적인 실질적 변화는 없이, 도리어 시세에 따라 과목과 내용만 늘어난 셈이다. 정말 필수적인 '소량'의 내용을 엄선해서 여러 가지 맥락에서 '철저하게' 학습하게 하는 교육과정의 원칙은 망각되어 왔다. 여기에는 교과 전문가들의 교과 이기주의도 크게 작용하고 있다. 또한 지식내용을 실험, 조사, 응용, 분석, 종합 등 여러 가지 활동으로 종횡으로 다루는 것이 아니고, 그것을 그저 지식 암기 위주로만 교육하다 보면 도리어 시간이 남기 때문에 내용은 계속 늘어 간다는 기제도 작용했다. 한국교육개발원의 한 연구보고서는 고등학교에서 수업의 90% 이상을 이해하는 학생의 비율은 국어 9.6%, 수학 12.1%, 영어 10.5%, 사회생활 11.0%, 가학 8.5%로 평균해서 대충 10% 정도밖에 되지 않는다고 말한다.415) 이것은 실로 경악스러운 통계다. 교육에 들어가는 모든 자원과 시간의 9/10은 낭비라는 말이 되기 때문이다. 그런 결과를 보고도 교과 전문가들은 그것은 학생 잘못이거나 교사 잘못으로만 생각할 뿐, 교과과정의

---

414) 곽병선 외, 「교과교육원리」(서울: 갑을출판사, 1988), p.37.
415) 김영하, 「한국인의 교육의식 조사연구」, 한국개발연구원, 1994, p.79.

잘못이라고는 생각하지 않는 경화증에 걸려 있다. 이런 교과 과정은 10% 내외 학생에게만 성취를 위한 교과과정일 뿐, 대다수 90% 학생에게는 '실패와 좌절을 위한' 교과과정이 되는 것이다. 공부 시간에 뭐가 뭔지 몰라서 멍청히 앉아 있는 90%의 아이들은 아랑곳하지 않고 가르치려고도 하지 않는 괴상한 교육인 셈이다. 학생에게 '과외'는 입시준비 때문에도 필요하겠지만 애당초 교과과정 자체가 너무 많고 어렵기 때문에 필요하기도 하다. 그런 계속적인 학습의 실패와 좌절에서 오는 행동 장애, 성격 파탄의 가능성도 커질 것이다.416) 따라서 학교교육에 있어서 국가가 진정 한 학생 한 학생을 생각하고 위한다면 그리고 교육내용에 대한 흥미와 이해를 높이려면 하루빨리 이를 시정할 의지를 보여야 할 것이라 보며 그것의 가장 우선되는 것이라 생각하는 것은 과목별, 수준별 교과서가 먼저 있어야 한다는 것이다. 한 가지 교과서 가지고 현재와 같은 교육과정에서 수준별 수업을 하라고 하면 자율적이라기보다 지시를 더 받고 교과서 중심으로 길들여져 온 교사들에게는 매우 힘이 들고 하기가 어렵다.

우리나라의 교육과정은 해방 후부터 최근까지 보면 그 변화의 폭은 그리 크지 않다는 점이다. 우선 가르치는 교과와 각 교과에 배정된 시간, 필수·선택 구분 등에 큰 변화가 없고 그에 따라 학생이 특정 학년 또는 학기 중에 학습하는 교과의 종류와 수, 그리고 주당 학습시간 수도 별로 차이가 없다. 그것은 교육과정 결정권이 교육부에 집중되어 왔고 그에 대한 본격적인 연구도 부진하였으며 교육과정 개정에 참여하는 학자도 소수에 국한되어 왔기 때문에 다양하고 창의적인 아이디어들이 제시되지 못하였음을 말해 주고 있다.417)

전통적인 학교는 표준화된 교육과정을 따르기 때문에, 학생들이 어떻

---

416) 정범모, 전게서, 「한국의 교육세력」, pp.150－151.

417) 김수천, "해방 후 교육과정", 교육혁신연구회 편, 「한국 교육과정의 새로운 좌표탐색」 (서울: 교육과학사, 1996), p.92.

게 받아들이느냐에 관계없이 싫든 좋든 간에 언제나 필수과목을 부과한다. 제공되는 교육과정은 학생들의 현재 요구와 전혀 일치하지 않는다. 오늘날 많은 학생들이 자신을 발휘하지 못하거나, 학교란 너무나 부적절한 곳이라고 불평을 하거나 혹은 중등학교 수준에서 중퇴하기를 결심하는 것은 우연이 아니다. 따라서 개혁을 위한 메시지는 분명하다. 학교는 학생들의 요구에 어둡다. 이 문제가 중요하다. 그것은 단지 동기가 학습을 위해 필요하기 때문만은 아니다. 학생들의 요구를 충족시키는 것, 그 자체가 인간의 성장과 발달에서 필수적이기 때문이다. 학교의 주요 목적은 학생의 발달 요구를 충족시키고, 학생들 스스로 보다 효과적으로 그렇게 하는 법을 배우도록 돕는 것이다.[418] 아이들이 학교에 와서 즐겁다고 느낄 때가 복도에서 우연히 마음에 맞는 친구를 만났을 때라고 한다. 수업시간에도 즐거워야 하는데 그렇지가 못하다.[419] 그 방안에는 여러 가지가 있지만 학생들이 관심 있어[420] 하는 내용을 교육하는 것이 중요하다고 본다.

　사람들은 일반적으로 자신의 실제적인 삶과 직접 관계가 없는 개념적인 지식이나 이론을 공부할 때보다 자신의 직접적인 경험이나 그것과 간접적으로라도 연결되는 것 또는 실제적으로 관심을 갖는 것을 공부할 때 훨씬 많은 흥미를 느끼며 공부를 즐겨 할 수 있다. 그것은 그러한 것들이 어떠한 정서나 감정을 불러일으키고 느낌을 주기 때문이다. 그래서

---

418) Arthur W. Combs, 구혜정, 손준종 옮김, 「우리가 원하는 학교」(서울: 학지사, 1998), pp.97－98.

419) 인간교육 실현 학부모연대 편, 「성숙한 부모, 자유로운 학교, 건강한 아이」(서울: 대화출판사, 1993), p.212.

420) 인터뷰에서 어떤 한 학생이 솔직히 이야기를 했는데 학생들이 보다 흥미를 가지고 학교생활을 보다 즐겁게 생활하기를 원한다면 교육내용 및 활동을 정할 때(학교교육 과정 개정 시) 꼭 참조해야 할 내용이다. 그 학생은 다음과 같이 말했다. "수학은 쓸데가 없어요. 그리고 체육은 지금같이 그냥 학교운동장에서 뛰고 하는 것 말고 테니스, 볼링, 수영 등 실제 활동할 수 있는 것을 배우고 싶어요. 국어는 책 읽고 토론하고, 글도 쓰는 것이었으면 좋겠고, 영어는 회화를 했으면 좋겠어요. 그리고 음악은 정말 부르고 싶은 노래를 부르고 한 가지 악기라도 다룰 수 있게 배웠으면 좋겠어요." 매일경제지식부·한승희, 전게서, p.241.

임진왜란이 몇 년에 일어났다든지 열역학의 법칙이 어떻다든지 소크라테스나 어떤 학자가 언제 살았으며 또 어떤 이론이나 학설을 주장했다는 사실을 아무리 암기하고 시험을 쳐서 좋은 성적을 받더라도 그러한 지식 자체는 실제의 현실생활과는 직접적인 관계가 적기 때문에 학습자에게 별다른 정서적 반응, 즉 느낌을 주지 못하는 것이다. 그러나 소설을 읽거나 영화를 보는 것, 사랑이나 우정에 대한 글을 읽는 것은 특별한 정서적 반응과 느낌을 준다.[421]

이와 관련되어 학문중심 교육에 대해 일반적으로 합의되어 있는 비판점을 항목화하면 다음과 같다.[422] 첫째, 학교교육과 생활 간의 관련을 배려하지 않는다는 점이다. 그래서 이것은 흔히 무관성 혹은 부도덕성이라 불린다. 둘째는 학생의 흥미와 경험을 배려하지 않고 있다는 점이다. 그래서 교육과정은 대학으로의 진학을 위한 직업적, 전문적인 목표에 주된 관심이 있으므로 자연히 중등학교 교육만으로 학력이 끝나는 대부분의 학생들을 고려하지 않은 채로 학문 면에서 재능이 뛰어난 소수 정예만을 위한 교육과정이 되었다는 것이다. 셋째는 교육과정 구성 원리로서 학문의 구성에 집착하여 심리적인 상황인 다양한 학습양식을 충분히 고려하지 못한다는 것이다. 넷째는 주로 학구적이고 지적인 영역의 목적에만 한정되어 있다는 것이다.

교육은 잠재된 인간의 가능성을 계발하여 개인의 행복과 공공선을 보장해 주는 기능을 담당한다. 학교는 이러한 교육의 기능을 전개시키는 장이다. 학생들은 학교교육 과정을 통해 이러한 목표에 도달하고자 한다. 그러나 현실의 교육은 낡은 지식의 전달[423]과 지식 경쟁을 시키고 있다.

---

421) 한국교육학회, 전게서, p.235.

422) Zais, Curriculum, pp.405－406.

423) 학교는 지식과 가치관을 습득할 수 있는 가장 중요한 곳인가라는 물음에서 학생들은 3분의 1에 가까운 응답자가(31.5%) 그렇지 않다고 응답하였다. 이종태 외, 「학교교육 위기의 실태와 원인 분석」, 한국교육개발원, 2000, pp.79－80.
　　현대는 지식과 기술의 폭발시대라고 할 수 있을 정도로 그 발달 속도가 과거 어느 시대보다도 빠르며 또한 보급유통속도마저 빨라서 이른바 과학기술혁명 내지는 정교육의 목표를 인간존중의 정신 함양에 초점을 둔다는 것은 지금까지의 교육방식에 일대전환을 의미한다. 그것은 교과 중심 교육의 탈피를 암시하는 것이다. 학생의 삶이 존중되는 교육으로의 전환을 의미한다. 교수중심에서 학습중심으로 교육의 축이 전환되는 것을 의미한다. 단편적 지식암기 교육에서 학습의 장을 삶의 현장으로 옮기는 것을 의미한다.[424]

인간주의 교육에서는 교육내용이 학습자와 직접 혹은 간접으로든지 관련이 있어야 한다는 것이다. 이 관련성에는 두 가지 측면이 있다.[425] 첫째는 사회적인 관련성이다. 학교에서 학습하는 내용이 그것을 학습하는 학습자가 사회생활을 하는 과정에서 심각하게 대결해야만 하는 여러 사회문제들과 관련성[426]이 있어야 한다. 둘째는 개인적인 유용성으로 가르치는 절차를 어린이의 학습양식에 맞추어야 하고 학습자가 경험을 통하여 얻은 지식과 관련이 없거나 별로 관련되지 않은 학습자료를 다루지 말아야 하고, 또한 학습자의 느낌을 무시한 교수자료를 다루지 말아야 한다는 것이다.

인간주의자들은 현 학교는 학생들과 상호 관련성이 없으며 학교 밖의 세계와도 관련성이 적은 교과내용을 가르치고 있다고 보고 있다. 학생들은 배우는 교과들이 매우 중요하다고 듣지만 단지 그것은 미래의 어느 때인가는 유용함을 발견하게 되리라는 것이다. 그러나 문제는 학생들은

보화시대라고 할 수 있다. 지식의 기하급수적인 증가는 샌드(O. Sand)가 다음과 같이 지적한 것에서도 잘 나타나 있다. "예수 탄생 후 약 2천 년 동안의 지식축적은 초기에는 대단히 완만하게 이루어졌지만 얼마 안 가서 급격한 증대를 보였다. 그 과정을 시간으로 표시하면, 예수 탄생으로부터 1750년에 처음으로 배증하였다고 볼 수 있으며, 1900년에 제2의 배증, 1950에 제3의 배증이 있었고, 제4의 배증은 1960년에 일어난 것이었다." 곽병선 외, 「교과교육원리」(서울: 갑을출판사, 1988), p.25.

424) 곽병선, "2000년대 교육과정을 위한 개혁의 방향", 교육혁신연구회 편, 「한국 교육과정의 새로운 좌표 탐색」(서울: 교육과학사, 1996), p.22.

425) 윤팔중, 전게서, 「전인교육을 위한 교육과정」, p.46.

426) 학교에서 가르치는 내용은 실생활에 직접 활용될 수 있는 것이어야 한다는 의견에 대해서는 학생(87.8%), 교사(76.5%), 학부모(84.9%) 모두 동의하는 비율이 높은 것으로 나타났다. 그 가운데에서도 매우 그렇다와 같이 아주 강하게 동의하는 비율은 과반수(50.8%)를 넘고 있다. 이종태 외, 전게서, pp.82−83.

시간적으로 현재에 살고 있다는 점이다. 따라서 인간주의자들의 주장에 의하면 어린이는 교사들이 원하는 것이 아닌, 어린이 자신의 미래와 바로 지금 생활의 향상에 도움이 되는 것을 배우고 싶어 한다는 것이다. 이런 점에서 학교의 교육내용이 학교를 지역사회로부터 분리시키는 벽이 된다고 했다.427)

좋은 학교의 교사는 학생들에게 학습시키는 모든 자료의 효용성에 대해 설명해 줄 전문인으로서의 의무가 있다. 학생들은 선생님들이 가능한 한 곧 효용성에 대해 설명해 줄 것이라고 믿고 있기 때문에, 효용가치에 대해 미처 분명하게 이해하지 못할지라도 충분한 양의 학습을 기꺼이 해낼 마음의 준비가 되어 있을 것이다. 학교에서 요구하는 학습이 당장에 실제로 적용할 수 있어야 하는 것은 아니지만, 뭔가 유익한 면이 있어야 하는데, 그것은 곧 심미적, 예술적, 지적, 또는 사회적 효용가치이다.428)

이것과 관련하여 일찍이 코메니우스는429) 가르치는 모든 것은 일상생활에서 실제로 적용되어야 한다고 했다. 다시 말하면 학생들은 그들이 학습한 것이 어떤 유토피아 사상에서 얻어 온 것이거나 플라톤적 이데아에서 빌려 온 것이 아니라 자기를 둘러싸고 있는 사실이어야 한다는 것이다.

슈프랑거도430) 학교교육의 지식에 대해 학교는 그동안 생활에 충분히 파고들지 못하는 지식을 전달했다고 비판했다. 그래서 학교교과는 각각 하나의 표상도에 머물렀다는 것이다.

그렇다고 해서 이것은 꼭 스펜서의 지식론을 추종하는 것은 아니다. 인간중심 교육과정은 스펜서보다는 오히려 듀이의 관점에 더 가깝다. 왜냐하면 사회조사에서 확인된 사실 그 자체보다는 사회에의 생활과정을 더 중요시하기 때문이다.431) 듀이는 교과는 어린이들로 하여금 사회적

---

427) W. B. Kolesnik, 전게서, Humanism and/or Behaviorism in Education, p.31.

428) 조벽, 전게서, 참조.

429) Comenius, 정확실 역, 「대 교수학」(서울: 교육과학사, 1987), p.201.

430) 안인희, 「20세기 교육고전의 이해」(서울: 이화여자대학교 출판부, 1975). p.144.

행동무대를 인식시켜 주는 수단으로 고려되는 것이지 않으면 안 된다고 했다. 그는 인간이 그가 생활하고 있는 생활의 무대를 이해하지 못하면 그 무대에서 어떻게 행동해야 할 것인가를 알 수 없다고 했다.432) 다마가와 학원(玉川學園)은 학생 각자가 흥미를 느끼는 논제를 계속적으로 공부하게 도와주는 자주적 학습이 권장된다.433) 그리고 진정으로 개인적인 연관성에 관심을 갖는 학교에서 우리가 찾을 수 있는 것은 교과의 내용이나 흥미에 따라서 학생들이 공부할 수 있는 시간의 양을 정하는 것이다. 또 하나는 공통의 관심사를 대상으로 15명 정도가 그룹을 이룬 소수의 학급이나, 혹은 연령은 다르지만 같은 관심사를 가지고 모이는 것이다. 예를 들면, 천문학이나 수예 또는 지질학이나 동물 애호에 관심이 있는 여러 연령층의 학생들이 같은 여건에서 공동으로 작업을 할 수도 있다. 동일 연령의 학생들이 같은 내용을 같은 속도로, 그리고 똑같은 목표 아래서 동일한 기간 내에 공부를 해야 할 이유는 없는 것이다.434)

교육적 지식은 언어나 기호로 표현된 이론적 체계와 같이 메마른 경험의 결정체가 아니라, 전인적 관심과 정열적 탐구와 진지한 신념 등을 포괄하는 총체적 경험으로 이해되어야 한다. 그러므로 암기하고 재생하고 형식적 논리에 의해서 조작되는 그러한 기계적 사고의 대상만이 아니라, 삶의 구체적 과정에서 체험되고 음미되고 활용되고 반추되는 일종의 심미적 사고의 대상으로도 이해되어야 한다. 이러한 지식은 실천적 행위와 분리된 이론적 체계가 아니므로 그것을 가르치는 일은 단순한 전달식 혹은 암기식 방법에 의해서가 아니라, 구체적인 활동과 진지한 삶의 체험을 수반해야 한다. 그리고 우리의 감정은 의지와 행동으로부터

---

431) 윤팔중, 「인간중심 교육과정이론」(서울: 교육과학사, 1984). p.63.

432) 김재만, "도덕과 교육", 한국교육학회. 교육사교육철학연구회(편), 「현대 교육철학의 문제」(서울: 세영사, 1981), p.260.

433) 김정환, 「전인교육 어떻게 할 것인가」(서울: 내일을 여는 책, 1997), p.154.

434) Elliot W. Eisner, The Educational Imagination, 이해명 역, 「교육적 상상력」(서울: 단국대학교 출판부, 1991), p.93.

분리시킬 수 없는 삶의 한 부분으로 이해되어야 한다.

유복한 가정 출신의 하버드 대학 신입생은 "1학년에서 모든 것이 출발한다."고 말하고 있다. 거기 교과서 속에 나오는 모든 어린이들은, 잔디 주위에 개가 뛰어노는 교외에 살고 있는 백인 어린이처럼 다루어졌다. 교외에 사는 아이가 빈민가를 발견하게 될 때처럼, 빈민가에 사는 아이가 자기가 살고 있는 세계와 관련이 없는 세계에 관해 배울 때 회의하게 된다는 것이다.[435]

학교교육의 근본적인 문제점은 학교가 비현실적이고, 생활과 유리되어 있으며, 성인에게는 중요성이나 관련성이 있으나 아동에게는 중요하지도 않고 관련성도 없는 문제들을 아동들에게 제시하는 데 있다. 따라서 유관성을 갖는 교육과정을 발전시키는 일이 필요하다. 성공적인 교사란 아동들이 흥미와 지력을 개입시킬 수 있는 현실적인 문제에 봉착하도록 그들에게 의미 있는 교육과정을 만들 수 있는 사람이다. 현실적인 문제와 씨름할 때 학생들은 흥미를 가질 뿐만 아니라 흥분을 느끼기까지 한다.[436]

Rich는 적절한 지식을 요구하는 학생들은 다음의 두 가지 지식을 얻는 데 보다 열성적이라는 것이다. 그것은 개인적 지식과 이 시대를 살아가는 젊은이들에게 의미 있는 문제들에 관한 지식이라는 것이다. 자기 인식만으로는 우리의 삶을 의미 있게 영위하려는 데는 불충분하다. 자기 인식과 우리 사회의 의미 있는 문제들에 대한 이해는 서로 유기적으로 조화되어야 한다. 따라서 지식의 적절성 개념은 사회의 현안 문제와 자기 인식 문제와 관계되며, 자신과 사회를 이해하고 통정하는 데 도움을 줄 수 있는 지식과 관계된다.[437] 이에 Nasr는 가르치는 내용이 삶뿐만 아니라 자기 자신에게 유의미한 것이 되게 하는 방법에 대해 설명하고 있다. 먼저 생활과의 관련된 부분을 보면 그는 생활, 즉 삶과 관련 있는

---

435) Steven Kelman, "You Force Kids to Rebel", Saturday Evening Post(Nov. 19, 1966), p.12.

436) C. H. Patterson, 장상호 역, 전게서, pp.215－216.

437) J. M. Rich, Humanistic Foundations of Education, 김정환 역, 전게서, pp.193－195.

교육을 강조한다. 삶과 유리된 교육은 그 적합성을 상실한다는 것이다. 오늘날의 많은 학생들은 학교교육이 자신들의 삶과 관련되어 있지 않다고 생각하고 있다. 그럼에도 불구하고 오늘날의 교육은 생활과 유리된 교육으로 그 적합성의 간극을 심화시키고 있다. 예컨대 대부분의 교과 경우 그것이 생활과 관련되어야 하는데 그렇지 못하다는 것이다. 그러므로 많은 학생들이 실망하고 용기를 잃으며 낙담하기까지 하는 것은 놀랄 일이 아니다. 아주 많은 경우 낮은 성적, 학생 수 감소, 자퇴의 원인은 주로 학교에서 가르치고 행하는 모든 것이 학생들이 집, 지역사회, 심지어 학교에서 당면하는 문제들에 별 적합성이 없다고 느끼기 때문이다.

이에 전인교육은 교과와 활동들을 이러한 당면 문제와 관련지어 문제의 해결을 찾고자 한다. 적합성은 교육적인 노력에 있어서 중요한 문제이다. 학교에서 가르치는 교과와 활동은 실제 문제에 의해 영향을 받기도 하지만 동시에 그것들은 실제 문제에 영향을 미치기도 한다. 따라서 교육에서 적합성의 간극은 즉시 해결되어야 할 것이다. 전인교육은 바로 그 간극을 지적하고 보완해 나가려는 것이다. 적합성을 얻기 위해 전인교육이 주장하는 통합성에 대해 살펴보면 첫째, 서로 다른 교과들을 통합한다. 이때 통합은 서로 비슷한 교과끼리 통합한다는 전통적인 관점 이상의 것을 의미한다. 역사와 지리, 언어와 문학, 화학과 생물, 수학과 물리, 미술과 음악 등을 통합하는 수준에 그치지 않고, 모든 교과에 걸쳐 통합이 이루어진다. 예를 들어 전쟁이라는 주제를 언어적 차이의 결과로서 학습할 수 있다. 전쟁에 관한 철저한 학습은 응용수학능력을 요구하는 병참학에 관한 상당한 수준의 정보를 포함해야 할 것이다. 전쟁은 인간적, 인도적, 사회적, 경제적, 지리적, 정치적, 교육적, 과학적 결과를 갖게 하는 것으로 보일 수 있다. 또한 전쟁에 관한 학습자료를 언어적, 문학적, 예술적 관점에서 볼 수도 있다. 전쟁에 관한 어떤 영화를 드라마적 시각에서 생각해 볼 수 있다. 둘째는 교과를 삶의 상황 및 환경과 통합한다. 예를 들어 수학은 우리가 사는 삶의 많은 측면에 영향을 미치는 필수적인 요소이다. 즉 예산, 비용, 물건을 사고파는 일, 기온, 속도 및 속도제한, 시간과 시간을 지키는 일, 무게, 등급과 평균, 봉급과 이윤, 투자와 소득, 영양가와 식단, 약 복용량, 라디오, TV, 차, 기계, 컴퓨터, 산업, 농업, 천문학, 물리학, 공간연구, 경험 등에 영향을 주는 중요한 요소이다. 지금 교실에서 일어나고 있는 일과 반대로, 모든 학생은 자신의 삶 속에서 수학적인 기능과 직접 관련되어 있는 어떤 것을 발견할 수 있어야 한다. 전인교육은 서로 다른 학생에게 서로 다른 방법으로 모든 교과를 살아 있는 것으로 만들기 위한 통합적인 방법으로 이러한 적합성을 강조한다.[438] 다음은 자기 자신과 관련되게 하는 교수방법이다.

예컨대, 물리시간에 수업 목표 중의 하나가 낙하의 법칙을 이해하는 것이라면, 수백 년 동안 유럽 사람들이 다른 물체보다 무게가 두 배인 물체는 두 배로 빨리 떨어진다는 것을 어떻게 알아 왔는가에 관해 흥미진진하게 이야기를 하고, 갈릴레오 갈릴레이는 그런 논리에 뭔가 잘못된 점이 있다는 것을 어떻게 생각해 냈으며, 그가 측정도구도 없이 피사의 사탑에서 그 물체들을 떨어뜨리는 실험을 어떻게 하였는지를 말하게 하고, 학생들이 정확한 도구를 사용하여 실험실에서 관찰하고 실험을 하도록 하며, 이러한 낙하의 법칙이 우리의 일상생활에 실제로 영향을 미치는 상이한 방법들을 논의하도록 하는 것이 훨씬 더 효과적이고 흥미롭고 적합하지 않을까? 이런 방법에서는 낙하의 법칙이 물리시간에 단지 암기되어야 할 공식이 아니다. 그것은 일상생활과 관련된 의미가 있는 경험이 되며, 학생들의 이해와 행동의 일부분이 된다. 또 다른 예로, 세계사 시간의 프랑스 혁명에 대한 단원을 들어 보도록 하자. 프랑스 혁명을 이해하는 목표가 학생의 삶과 행동의 중요한 부분이 되도록 할 수 있는 활동과 방법의 예를 몇 가지 들어 보자. 다양한 독서를 기초로 하여, 프랑스 혁명의 원인에 대해 논의하도록 하고, 학생들에게 혁명 이전

---

438) R. T. Nasr, Whole Education, 강선보, 정윤경, 고미숙 옮김, 「전인교육의 이론과 실제」(서울: 원미사, 2001), p.6, pp33－34.

과 혁명 동안의 일상생활을 그리도록 하며, 몇몇 학생들은 교실에서 사용될 만한 프랑스 지도를 만들게 하고, 또 다른 학생들은 궁정에서의 삶, 농부들의 삶, 단두대를 묘사하는 장면을 그리게 하며, 이후의 다른 혁명이나 시민전쟁에서의 유사점과 차이점을 논의하게 하고, 프랑스 혁명이 오늘날 일어났다면 프랑스 혁명이 취할 다양한 가능한 형태들을 논의하게 한다. 역사가 이러한 방법으로 가르쳐지고 학습된다면, 학생들은 조만간 역사를 자기 자신의 일부로서 이해하고, 자기 자신을 역사의 산물로서 이해하게 될 것이다. 그들은 또한 세계주변의 현재 사건들을 이해할 수 있고, 인식할 수 있게 될 것이며, 어느 정도는 미래경향을 예측할 수 있게 될 것이다.[439]

학습은 삶 자체와 밀도 있게 관련을 맺는 것으로 인식되어야 한다. 무스타카스는 현재의 학교는 삶 그 자체와 동떨어진 교육을 하고 있다는 것이다. 그는 행동의 획일화, 표현의 획일화, 개성의 사명, 순종, 소극성 그리고 규격화에 대한 관심을 표명하면서 이러한 현상들은 직접적이고 즉각적인 경험 대신에 추상적이고 객관적인 지식에만 비중을 두는 타인 지향적인 교과과정의 결과라고 주장한다. 이 타인 지향적인 학교에서 아동은 미리 짜인 교과과정에 따라 잘 계획된 추상적인 사실들을 소극적으로 배운다. 아동들은 이러한 사실들이 아동의 생활환경에 어떤 의미가 있는지는 상관하지 않고 다만 사실을 암기하고 조직하고 조작하는 능력에 의해 판단된다는 것이다.[440] 또한 그는 소외된 학습과정과 삶에 직접적인 연관을 갖는 진실한 학습과정을 대조시켰으며 학습은 살아 움직이는 경험이라고 했다. 그래서 학생은 반드시 자신에게 흥미로워야 하며, 몰입하여 탐구하는 일에 자유롭게 점진할 수 있어야 한다는 것이다.[441] 따라서 교사는 학생의 어디에 흥미와 관심을 가지고 있는가를 파악하는

---

439) R. T. Nasr, Whole Education, 강선보, 정윤경, 고미숙 옮김, 전게서, pp.75－76.
440) Clark Mustakas, Personal Growth, p.7.
441) Ibid, p.8.

것이 필요하다.

이에 활동수업은 아동들이 근본적으로 충동·자극·흥미 등을 가지고 있으며 아동들은 이러한 것들을 가지고 학교에 온다는 것을 가정한다. 따라서 교사는 아동들의 배경과 흥미를 탐색하고 상호작용을 함으로써 의미 있는 활동이 나타나게 하는 것이다.442)

브레트라는 학생은 아주 명석하고 저력 있는 학생이었지만 수업에 태만하고 숙제를 제출하지 않아 낙제 직전에 있었다. 그래서 교사는 그 아이에게 자신이 흥미 있는 것이 무엇인지를 알아내도록 대화를 나누어서 그 문제를 해결했던 것이다. 대화를 통해 브레트가 사슴 사냥을 좋아하고 사슴의 생태와 습성에 대해 많은 지식을 갖고 있다는 것을 알게 되어 그런 관심을 학과 숙제, 학생이 관심 있는 아무 동물에 대해서 쓰는 야생 보고서 숙제로 내줄 수 있었다. 그래서 브레트는 사슴에 대한 훌륭하고 재미있는 보고서를 작성했고, 95점을 받았다. 그 이후로 모든 숙제를 다 해 와서 통과 가능한 학점보다 높은 점수로 그 과정을 끝내게 되었던 것이다. 또 다른 것은 학생이 관심 있어 하는 것을 그들 조사의 주제가 되게 만드는 것이다. 그렇게 함으로써 학생의 참여를 극대화시키고 종종 놀라울 만큼 열성을 발휘하게 만든다.

유아교육 전문가인 앤 핼펀은 뉴욕 이타카의 센트럴 학교에서 가르칠 때 아이들이 가장 알기를 원하는 것을 가급적 교육내용과 반영하고 실제로 가르치고자 노력을 한 분이었다. 그녀는 자신이 좋아하는 채소밭을 하나 가지고 있어서 올 가을에는 채소에 관한 단원을 하고자 생각하였는데 아이들이 별 관심을 가지고 있지 않다는 것을 알게 되고는 채소에 대한 수업대신에 아이들이 관심을 가지고 있던 애완동물에 대한 수업을 했다. 핼펀 선생님은 아동들의 흥미에 맞게 가르치는 일과 그들의 자부심을 계발하는 일은 깊은 관련이 있다고 지적했다. 그는 아동들이 관심

---

442) John Jarolimek, Clifford D. Foster, 김재복 역, 인지·정의·기능학습을 위한 전략(서울: 배영사신서, 1985), p.37.

을 가지고 있는 것들을 가치 있게 여김으로써 그들을 가치 있게 만든다고 생각했다. 흥미 중심 방법은 전혀 학습동기를 갖지 않는 학생들로부터 지속적이며 집중적인 노력을 끌어낼 수 있다. 그리고 학생들에게 자신만의 독특한 재능(조사연구, 창의성, 유머감각 등)을 계발하도록 도와준다. 하버드 대학 심리학자로서 다중지능이론[443]을 발표한 하워드 가드너가 지적한 바와 같이 교육이 아동 발달에 기여할 수 있는 가장 중요한 공헌 중의 하나는 그들 재능에 가장 적합한 분야, 그들이 만족하고 해낼 수 있는 그런 분야로 그들이 나아가도록 돕는 것이다. 성공에 이르는 길은 많으며, 그곳에 이를 수 있게 해 주는 많은 상이한 능력들이 존재한다. 우리는 아동을 서열화시키는 시간을 줄이고 그들의 타고난 능력과 재능을 그들이 확인하고 개발하도록 돕는 시간을 늘려야 할 것이다.[444]

Weinstein와 Fantini는 학습자의 관심사는 언제나 감정과 맞물려 있기에 사람들이 스스로에게 자주 질문하는 문제인 "나는 누구인가?", "왜 나는 그렇게 느끼는가?", "나에게 무슨 잘못이 있는가?", "그들은 내가 쓸모 있다고 생각하는가?" 등을 교사가 다룬다면 관련성이 맺어진다고 했다. 그러면서 그들은 학생들이 갖는 관심사들의 여러 가지 원천을 연구한 결과 관심사들은 주로 다음과 같은 세 가지 부류에 속한다고 했다. 첫째는, 자아상에 관한 관심, 둘째는, 비연대감을 향한 관심으로 타인이나 사회와 관계를 형성하고 사물들의 도식 속에서 개인이 어디에 처하고 있는지를 알고자 하는 바람이다. 예를 들면, "나는 왜 부모 말씀을 들어야 하는가?", "그들이 사는 방식을 보라!", "내가 교육받기 위해서는 당신처럼 되어야 하나?", "나는 무엇인가?"이며, 셋째는, 개인 삶의 통제에 관한 관심이다.[445]

인간중심 교육과정이 실제로 어떻게 편성된 것인가에 대해 조이스는

---

443) Howard Gardner, Frames of Mind: The Theory of Multiple Intelligences(New York: Basic Books, 1983).

444) 토마스 리코나, 박장호·추병환 역, 「인격교육론」(서울: 백의, 1998), pp.259-260.

445) G. Weinstein·M. D. Fantini, 윤팔중 역, 전게서, pp.34-35, pp.50-51.

세 가지 교육과정 양식을 제시했다. 첫째가 인공두뇌체제의 양식이며, 둘째가 개인지도 양식이며, 셋째가 집단 교육과정 양식이다. 이 집단 교육과정은 주로 사회적인 논쟁점이나 문제를 다루는 것으로 어느 모로나 학습자 자신과 관련된 것이다. 다시 말하면 개인적인 관심사이다. 예를 들면 세계적인 공해문제, 인종차별과 같은 공동관심사의 탐색은 개인의 문제가 아니라 그 개인을 포함한 많은 사람들의 공통된 문제로서 해결의 방도가 강구되어야 하는 것이다.446)

매닝은 오늘날의 교육과정 개혁운동이 학생들과의 접촉에 있어 실패한 것은 그것이 많은 어린이들의 내적인 적절성을 결여하였기 때문이라 말하면서 그 이유로 첫째, 학습자의 경험에 의한 지식과 무관하거나 관련이 적은 학습자료를 제시한다는 것이며, 다른 하나는 학습자의 관심을 무시한 교육내용에 있다고 했다.447)

미국의 학문중심 교육과정도 1970년대에 들어가서 다시 방향을 크게 바꾸지 않으면 안 되었는데 그것은 교육의 적절성을 새롭게 강조한 데서 비롯된다. 브루너도 이 생각을 받아들여 70년대의 교육과정 운동을 다음과 같이 내다보았다.

"70년대의 교육과정 프로젝트에 대하여 지금 내가 그 방향을 결정할 수 있다면 그것은 우리 사회의 본래 가치에 대한 감각과 생활의 우선순위를 되찾는 수단을 교육과정에서 찾아야 한다는 것이다. 그리하여 나는 역사의 구조, 물리학의 구조, 수학적 일관성의 특질을 다루는 일과 같은 것을 덜 강조하더라도 교육과정을 우리가 당면한 문제의 맥락 속에서 다루어야 한다고 단언하게 된 것을 흐뭇하게 생각한다."448)

---

446) Bruce Joyce, "Curriculum and Humanistic Education: Monolism VS. pluralism", in Carl Weinberg(ed), Humanistic Foundations of Education(Englewood Cliffs, N. J. Prentice Hall Inc., 1972), pp.187－188.

447) Duane Manning, Toward A Humanistic Curriculum(New york: Harper and Row, Publishers, 1971), pp.19－23.

448) 홍웅선, "전인교육이념", 서울특별시 교육위원회(편), 「전인교육의 이론과 실제」, p.23.

오늘날 학교는 어떤 과목을 가르칠 때 학교가 설치할 수 있는 다른 어떤 과목이 있을 수 있는가 하는 가능성을 면밀히 검토하지 않고 그저 전통적으로 가르쳐 온 과목이니까 가르친다는 입장이다. 우리가 가르치는 것의 대부분은 관습에 의해서 계속되고 있다. 그러는 중에 학생들에게 절대적으로 유용하다고 입증된 것들을 가르치게 되지 않는 경우가 있는 것이다.449)

인간교육상 학과는 학습자와 관련되어 그 자신의 혁신과 흥미·소명으로부터 생긴다. 순수한 교육은 외부에 단편과 조각으로서 존재하는 것이 아니다. 그보다는 인간의 능력, 재능, 선호성 내에 있는 것이다. 이는 세계와 만나는 자아의 중심에 있는 것으로 이런 만남은 개인에게 지식이나 흥미 있는 것을 연구하고 의문을 들어 심화시키도록 고무하고 동기를 갖게 하고 몰두하게 한다.450)

학생들 중에는 학업에 열의가 없는 학생들이 많다. 그 원인을 아홉 가지로 살펴보면 첫째, 자신이 원하는 학교를 다니지 않고 있다. 둘째, 자신이 원하는 공부(학과)가 아니다. 셋째, 기초 실력이 모자란다. 넷째, 좋지 않은 학습습관을 지니고 있다. 다섯째, 외톨이가 되길 선호하고, 도움을 받기를 꺼린다. 여섯째, 선택한 학문이 적성에 맞지 않다. 일곱째, 개인 사정이 있다. 여덟째, 성공에 대한 불안감이 높다. 아홉째, 졸업장이 목적이다. 이런 학생들에게 좋은 평가를 받기 위해서는 동기유발이 필요하다. 요즘 학생들한테는 자기 존중감과 자아실현이 가장 중요한 동기유발이 된다. 그 예로 어떤 학생은 졸업에 필요한 과목은 아니지만 무척 많은 것을 배우고 느끼게 되었다. 이 강의는 한 번도 빼먹은 적이 없다고 말했으며 또 다른 학생은 이 과목의 성적이 좋지 않지만 이 과목을 들은 것을 천만다행이라고 생각한다. 이 수업에서 무척 많은 생각을 하게 되었다고 했다.451) 이처럼 학생들은 성적이나 취업과는 무관하더라도

---

449) Clark Mustakas, op. cit., p.15.
450) Ibid., p.63.

그 수업을 통해 자신이 무엇인가를 배울 수 있거나 발전했다면 만족한다는 점이다.

이에 실존주의 교육자들은 인간적인 교육내용으로 역사·문학·철학·예술 등을 제시한다. 왜냐하면 이런 것들은 누구나 삶을 통해 겪는 삶·죽음·고통·행복 등을 다룬 것으로 이를 통해 위대한 사상가들의 생각을 접하고 자신에게 도움이 되는 실존적 자각을 할 수 있다고 보았기 때문이다.[452] 이것은 굉장히 중요하다고 본다. 교과내용이 인생을 살아가는 데 있어서 그리고 삶의 한 과정으로서의 학교에서, 미래 삶에서 실제로 당면할 문제(주제)를 다루는 것이 꼭 필요하다 할 것이다. 이 과정에서 실존적 자각이 더 이루어질 것이다.

Morris는 실존적 자각과 자기창조의 경험을 도울 수 있는 교과로서 예술과 문학, 역사, 종교를 들었다.[453]

첫째는 음악과 무용, 연극과 창작저술, 조형미술 등으로 이들 교과는 완전히 자기 자신의 경험에 의존한다는 것이다. 왜냐하면 여기서는 각자가 자신의 눈으로 세계를 표현할 것이 요구되기 때문이다.

둘째는 역사로서 역사를 통해 자신의 현재와 미래를 스스로 만드는 데 기여한다고 보기 때문에 중요하다는 것이다.

셋째는 문학이다. 문학은 삶에서의 중요한 문제들을 다루고 있다. 그래서 예를 들어 셰익스피어의 햄릿에서 우리는 우리들이 햄릿이었다면 어떻게 행동했을까 하는 물음을 통해 문학작품은 감성을 일깨워 줄 뿐만 아니라 자아감과 삶에 대한 방향을 선택하게도 한다는 것이다.

넷째는 종교이다. 이것은 인간이 숭고한 삶을 살게 한다는 것이다. 우리나라는 종교교육이 거의 이루어지고 있지 않은 현실이다. 특히 오늘날과 같이 여러 가지 청소년들의 비행을 볼 때 학교에서 지역사회의 도움

---

451) 조벽, 전게서, pp.138-140.

452) G. F. Kneller, 전게서, Introduction to the Philosophy of Education, p.82.

453) V. C. Morris, 전게서, Existentialism in Education, pp.125-126.

을 빌려 기독교든지 불교든지 관련인사를 초빙하여 학생들이 자기가 원하는 것을 듣도록 하는 것이 정서 교육적 차원에서도 바람직하다고 보기 때문에 꼭 있어야 한다고 본다. 그리고 문학과 역사 등의 수업도 실제로 학생 각자에게 의미가 있도록 관련지어 교육이 이루어지도록 해야지 학생이 그냥 시험을 위해 그 내용을 암기하고 이해하는 정도가 되지 말아야 할 것이다.

인간주의 교육내용으로서의 인문학의 필요성을 특히 강조한 Rich는 진정한 인문교육은 창조성, 심미성, 규범성, 종합성에 접하게 하고 또한 이를 계발 발전시킨다고 하면서 인문학의 특성을 다음의 세 가지로 설명했다.454)

첫째, 인문학에는 두드러진 어떤 창조적 요소가 있다는 것이다. 이 요소는 인간의 내적인 삶(인간의 소망, 기쁨, 고통, 동경, 실패)을 통찰하고 탐구하는 시도 속에서 발견된다. 즉 인문학의 정수는 인간의 내적 삶에 관한 좀 더 깊은 관조와 인간의 가능성을 확장하기 위해서 창조적 태도와 행동 양식을 끌어내는 것이다. 둘째, 인문학은 쉽사리 측정하고 계량화할 수 없는 인간의 가치, 흥미, 감상의 여러 형식에 관심을 둔다는 것이다. 그래서 감상자에게 감상적 감정을 일으키게 한다. 인문주의적 작품의 기본적 매력은 심리적 경험을 창출하는 능력이다. 셋째, 인문학은 어떤 한 가지 평가기준만이 아닌 정치, 경제, 역사, 심미 등의 다양한 기준을 받아들이며, 보통 질적인 평가가 인문주의의 평가가 되고 있다는 것이다.

허친스는 오늘날의 문명이 물질지상주의에 의해서 인간을 더욱더 파멸로 몰고 가고 있다고 외치면서, 이런 시련을 극복하기 위해서는 교육의 마당에서 과학숭배주의 등을 추방하고 인류사적 차원의 종교적 세계관을 바탕으로 하는 정신을 귀히 여기고 키워야 한다고 주장했다.455) 그래서 그는 지혜와 도덕적 선을 가져다줄 '위대한 책들(Great Books)'을

---

454) J. M. Rich, 김정환 역, 전게서, pp.237−246.
455) 김정환, 전게서, 「전인교육론」, pp.44−45.

제시했다. 장차 국가 사회의 지도자가 될 대학생은 물론이고 슬기로운 일반국민을 기르는 초등학교, 중·고등학교에서도 '위대한 책들'이 교육 내용의 대종을 이루어야 하며, 만약 이것이 어려우면 쉽게 요약해서라도 모든 국민들이 이를 접할 수 있게 해 주어야 한다고 외쳤다. 그 후 여기에 동조하는 학자·교육자와 대학들이 벌인 '독서운동'은 인간화 교육의 한 방안이 되어 오늘에 이르고 있다.

가다머는[456] 인간에게 있어서 필요한 것은 궁극적 문제에 대해 끊임없이 질문을 하는 것뿐만 아니라 지금 당장 실행하는 것, 가능한 것, 옳은 것에 대해 느끼는 것이라고 단언하면서 이것은 서양 전통의 위대한 저서의 해석에서 가능하다고 했다.

마르쿠제는[457] 예술작품은 사회와는 맞지 않는 인간의 무의식적인 본능을 보여 준다는 것이다. 그는 예술작품은 개인의 운명 속에 만연되어 있는 인간의 억압과 그에 대한 반항적인 힘, 심미화된 실재를 부수고 변화의 지형을 보여 준다는 것이다.

한편 리쾨드도[458] 특히 문학 작품과 역사에 의해 정신이 편견으로부터 해방된다고 주장했다. 그는 과거의 진실한 역사는 현재에 묻혀 있는 잠재력을 드러낸다고 하였다.

그리고 오늘날의 교육은 다분히 인간을 차별하기 위하여 또는 분열을 조장하기 위하여 교육되어 왔다고 믿은 H. Read는[459] 개인적·사회적 조화의 달성에 교육의 목표를 두고 이에 대한 자연스러운 방식은 곧 예술적 정신의 함양에 있다고 했다.

존 스탠포드는 교육구 전체의 협력을 얻어서 학생들의 장점과 흥미를 돕고 학생들이 다음에 사회에서 성공하기 위하여 필요로 하는 기능을

---

456) G. F. Kneller, *Movements of Thought in Modern Movement Education*, 안인희 옮김(서울: 서광사, 1987), p.95.

457) Ibid., p.194.

458) Ibid., p.104.

459) Hebert Reid, 정순목 역, 「예술교육론」(서울: 교육과학사, 1974), p.128.

획득하기를 바라며 확대 교육과정을 위한 학습목표를 수립했다. 그는 교육구 안팎에서 많은 사람들을 만난 뒤, 6개 기본 중요 영역을 선택하고 여기에 세 가지 기능을 더 추가하여 9개 영역을 설정했다. 여기서 6개의 기본 영역만 살펴보면 다음과 같다.[460] 첫째, 학업 성취: 이것은 우리가 행하는 모든 것의 초점이기 때문이다. 둘째, 시각 예술 및 공연 예술: 예술에 대한 경험은 문제를 해결하고 인내하며 팀과 협동적으로 일하는 학생들의 능력을 강화하기 때문이다. 셋째, 스포츠: 스포츠에서 배울 수 있는 교훈은—경쟁하고 연습하며, 이기기도 하고 지기도 하며, 개별적으로 노력도 하고 팀과 협동도 하는 것 등— 학생들에게 일생 동안 필요한 교훈이기 때문이다. 넷째, 국제간의 언어와 문화: 우리 학구는 80개의 언어와 115개 문화의 본부이기 때문에 그리고 학생들이 세계적으로 연결된 사회에서 성공하기 위하여 다문화적인 기능과 감수성이 필요하기 때문이다. 다섯째, 산학 협동: 그들의 포부와 상관없이 모든 학생들은 직업 세계에서의 성공을 위하여 대비할 필요가 있기 때문이다. 여섯째, 특수교육: 우리 학생들의 10퍼센트는 장애로 인하여 특별한 교육적 조치와 관련 서비스가 필요함에도 우리가 제공하고 있는 프로그램이 불충분하기 때문이다.

이와 같이 인간주의 교육내용은 학습자가 지·정·의가 고루 발달한 전인적 인간과 자기의 소질과 능력을 발휘할 수 있는 자아실현인이 될 수 있게 재편되어야 할 것이다. 그래야 세계와 삶 그리고 자기 자신을 포함한 타인을 진정으로 사랑할 수 있는 인간이 더 될 수가 있다. 달리 말하면 첫째, 학생의 삶과 잠재능력 및 흥미와 관련된 내용을 더 배울 수 있도록 기존의 교육 혹은 교과목에 대한 의식개혁이 있어야 하며, 둘째, 삶과 자신을 더 이해하고 보다 차원 높은 인간이 되게 하기 위해 인문학(문학·역사·철학) 및 예·체능에 대한 올바른 이해 및 교육과정 상에 있어서 이 부분에 대한 확대가 필요하다.

---

460) 존 스탠포드 외, 조병효, 「학교의 승리」(서울: 말과 창조사, 2000), pp.185-186.

제5장

인간주의 교육이 지향하는 가치와 실천방향

1. 자유로운 삶을 통한 인간화

1) 자유의 필요성

자유는 인류역사를 통하여 가장 심각하게 문제시되어 온 이념 중의 하나이다. 그래서 우리의 과거는 자유를 위한 투쟁사라 해도 과언이 아니다. 여러 차례의 정서적, 사회적, 경제적, 법률적 혁명이 자유의 가치 하에 시도되었다는 점은 자유가 만인에게 가치 있는 것으로 수락되어 왔다는 것을 사실로 말해 준다.461) 따라서 자유가 인간에게 있어 매우 소중하다는 것을 말하고 있어 자연히 교육에 있어서도 자유가 중요한 가치가 된다.

인간에게 있어서 자유는 필수 불가결하다는 것이 여러 측면에서 주장되어 왔다. 먼저 인간이 본질적으로 자유로운 존재라는 것은 동물과 비교해서 보면 보다 명확하다. 인간은 동물과 달리 자유로운 존재로서 자유 없이는 행복할 수 없다. 그러나 동물은 그렇지가 않다. 원래 자유스러운 존재가 아니기 때문이다. 이에 헤르더(J. G. Herder)는 동물이 본능의 기계적인 노예인 데 반해서 사람은 자유로운 존재로 창조되었다고 말했다. 사람은 자연의 손에 의해서 조종되는 빈틈없는 기계가 아니라는 것이다.462) 인간은 무한한 가능성을 가진 자유로운 존재이며 항상 열려

---

461) 장상호, 『인간행동과 자유』(서울: 교육과학사, 1982), p.274.
462) 이규호, 『사람됨의 뜻』(서울: 제일출판사, 1967), p.86.

있다. 따라서 그에게는 자유가 필요하며 꼭 있어야 한다. 만약 자유가 없으면 그는 물건과 똑같은 것이 되고 말며 그 순간 인간적이지 못하게 된다. 그리고 모든 인간들은 각기 하나의 인격체로서 하나님은 인간에게 자유의지를 주었다는 점이다.

가세트(Ortega y Gasset)도 인간이란 고정된 존재가 아니기 때문에 인간은 바로 자기 존재를 자유로이 형성할 수 있는 가능성을 가지고 있다는 것이다. 그러므로 그는 사르트르(J. P. Sartre)의 표현방식이 지배적이다. 가세트는 인간은 자기가 좋아하건 싫어하건 상관없이 자유라는 것이다. 그래서 인간이 자유로 존재할 수 없다면 인간은 이미 인간이 아니라고 했다.463)

이에 대해 칸트(I. Kant)는 인간은 태어나면서부터 자유를 향한 하나의 커다란 성향을 가지고 있으므로 만약 그가 처음에 오랫동안 자유에 익숙해진다면 그는 자유를 향하여 모든 것을 희생시킬 것이라고 했다.464) 인간은 세계에 대하여 독자적으로 행동할 선택의 자유를 가진 영적인 존재가 된다.

헉슬리는 Brave New World에서 자유가 없는 인간세상은 로봇으로 구성된 군대사회와 같이 인간적인 것은 하나도 없게 된다고 말했으며465) 닐러(George F. Kneller)도 인간은 자유롭게 태어났을 뿐만 아니라, 숙명적으로도 자유로운 존재라 말했다.466) 인간은 자유 그 자체이기 때문에 인간이 자유를 획득하거나 소유하는 것은 아니다. 인간은 나면서부터 고정된 불변의 형태를 갖고 있지 않다. 그 후 그의 삶을 통해서 자유롭게 자기의 모습 곧 사람이 됨을 형성해 가는 것이다. 그러므로 모든 사람은 자기의 모습에 대한 책임을 스스로 회피하지 못한다는 것이다.467) 따라

---

463) O. F. Bollnow, Die Lebensphilosophie 백승균 역, 『삶의 철학』(서울: 경문사, 1979), pp.71−72.

464) Kant, Education(The University of Michigan Press, 1971), p.26.

465) J. L. Allard, Education for Freedom(Ottawa: University of Ottawa Press, 1982), p.29.

466) 김종서 편, 『현대교육론 Ⅱ』(서울: 서울대학교 출판부, 1983), p.107.

서 인간존재는 책임 있는 자유를 구사함으로써 그만큼 넓고 깊은 의미를 찾고자 하며 자아를 확대하고자 하는 생명체인 것이다.

한편 인간은 누구나 행복을 추구하는데 이 행복도 자유와 매우 관련이 있다. 행복은 가장 기본적으로는 포만감에서 오기도 하고 안정감에서 오기도 하고 타인을 돕는 데서도 오지만 자기가 하고 싶어 하는 일을 이루었을 때 온다. 그런데 인간능력에 대한 신뢰, 인간본성의 활동적 특성 및 개인차를 전제로 한 자아실현, 인간적 특성 등 모두가 자유라는 가치를 조건으로 할 때에만 성립 가능하다.468) 따라서 자유는 인간행복의 중요한 필요조건이 되는 것이다. 그래서 인간을 존중한다는 의미는 곧 인간의 행복을 바라는 것으로 자유롭기를 바란다.

사람을 존중해야 한다는 것은 바로 사람에게 보호되어야 할 어떤 중요한 신성한 도덕적 권리가 있다는 것을 인정하는 것이다. 롤스(J. Rawls)에 의하면 인간 본성 그 자체에 그러한 권리가 주어져 있다는 것을 정당화했고 그 가장 중심적인 것으로 자유를 들었다.469) 이는 인간이 행복을 추구하는 이성과 자유를 지닌 통합체임을 말한다. 따라서 자유롭지 못한 것과 인간이 존중받지 못하고 비인간적인 것과는 상관관계가 있다 하겠다.

프롬(E. Fromm)은 인간이 몸담고 있는 사회를 자유와 관련하여 건전한 사회와 불건전한 사회로 나누었다. 불건전한 사회는 구성원 간의 불신과 의혹을 조장시키고 개인이 가진 자아의 충분한 실현을 억압하는 데 반해 건전한 사회는 그 구성원이 서로 사랑하고 건설적이며 창의적이며, 그들의 이성과 객관성을 예리하게 드러내며, 그들의 자아가 유감

---

467) George F. Kneller, Existentialism and Education(New York: John Wielley & Sons, 1967), p.90.

468) 한명희, "인간화의 본질", 서울특별시 교육위원회 편, 『80년대 서울교육의 과제』, 1980, p.141.

469) 강승규, "인간존중과 학생존중에 관한 이론 분석", 『우석대학교 논문집』 14. 1992, pp.18.

없이 충분히 실현되도록 촉진시킨다고 했다.470) 여기서 자유롭지 못한 사회는 개인의 자기 발전을 억압하고 자유로운 사회는 개인의 자아 발전을 신장시킨다. 따라서 보다 인간적인 삶은 자유가 있는 삶이다. 이는 학교도 마찬가지일 것이다. 건전한 학교는 자유로워서 각 개인의 자아발전을 도와주는 학교이고 불건전한 학교는 개인의 자아를 억압한다.

한편 닐(A. S. Neill)은 자기 자유의 소중함을 아는 사람은 남의 자유를 존중할 줄 하는 사람이 되며, 자기의 권리를 주장할 줄 아는 사람은 타인의 권리를 존중할 줄 아는 사람이 된다고 생각했다. 따라서 어린이의 자유를 보장하는, 또는 어린이가 자유롭게 생활할 수 있게 도와주는 학교가 바로 현대의 병든 사회를 치유하는 가장 귀한 곳이 될 수밖에 없었다. 닐은 교육에 있어서 자유가 귀한 것임을 몇 가지로 말하고 있다.471) 첫째, 품성의 발전이다. 자유 속에 생활하는 아이들은 자유에 의해 무의식 속의 것을 더 잘 의식하게 되므로 이들은 자유에 의해서만 자기 자신의 품성을 발전시킨다. 둘째, 개성적 자각이다. 자유로운 아이들은 남에게 쉽사리 영향을 받지 않는 개성적 인간이 된다. 그 이유는 공포가 없기 때문이다. 공포가 없는 것이야말로 아이들에게 가장 바람직한 것이다. 셋째, 인생에 대한 긍정적 태도이다. 자유는 인간의 정신으로부터 자기혐오와 남에 대한 혐오를 없애 주는 신선한 공기의 호흡과도 같은 역할을 한다. 넷째, 타인에 대한 친밀감이다. 자유 속에서 사는 어린이들은 다른 아이들에 비해 공격성을 보이는 일이 훨씬 적다. 자유가 주어진다는 것은 사랑이 주어진다는 것이므로 사랑은 사랑을 키우고, 증오는 증오를 키운다는 법칙에 의해, 증오를 받지 않고 사랑으로 길러지는 아이들은 자기들도 증오심을 일으키지 않고 따라서 공격성을 보이는 일이 적다. 다섯째, 자유는 정상적인 아이들을 올바르게 자라게 할 뿐

---

470) 장상호, 전게서, p.32.

471) 김은산, "A. S. 닐연구 ─ 그의 사상과 서머힐 학교의 교육사적 위치", 이화여자대학교 박사학위 논문, 1975. 12. 참조; 김정환, 『전인교육론』(서울: 세영사, 1982), pp.49 ─ 50.

아니라 문제아들도 선량하고 행복한 정상아로 돌아가게 하는 데 필수적이다.

한명희도 자유의 요소가 인간화에 있어 절대적 조건이 되는 이유에 대해 다음의 몇 가지를 제시했다.[472] 첫째, 자유의 요소만이 인간성의 실현과 개화에 영향을 주며, 둘째, 자유로운 분위기 속에서만이 개성이 자랄 수 있으며, 셋째, 그 속에서만이 진정한 학습과 탐구정신이 자랄 수 있고, 넷째, 자유로운 생활에 의해서만 믿음, 사랑, 존경이 깊이 있게 자랄 수 있다는 것이다. 그래서 인간이 인간답기 위한 기본조건은 자유라고 할 수 있다. 따라서 인간을 존중한다는 것은 그에게 자유를 주는 것이 된다. 여기서 문제가 되는 것은 그에게 얼마만큼의 자유를 주어야 하는가이다. 이는 또 다른 연구에서 계속 연구가 될 필요가 있다 하겠다. 분명한 것은 인간에게 있어 자유가 소중하며 자유를 통해 보다 자율적인 인간이 되게 하는 데 있다 하겠다. 그런데 그 걸림돌은 무엇일까? 여기에는 관습과 제도와 조직 그리고 문화 등 여러 요인들[473]이 있을 수 있다. 그런데 간과해서는 안 되는 것은 비인간적 상황을 만드는 구속과 통제는 비민주적인 사회일수록 심하다는 점이다. 왜냐하면 민주주의는 자유와 평등을 그 이념으로 하기 때문이다. 물론 그 뿌리에는 인간에

---

472) 한명희, 전게서, p.150.

473) Schwab은 인간은 내적 전제자를 가지고 있어서 거기에 예속되어 있는데 그 내적 전제자에는 두 종류가 있다. 하나는 출생 때 가지고 나오는 것이고 다른 하나는 원래는 외적인 것이지만 우리에게 내면화되었다고 말했다. 그는 전자에 해당되는 것으로 무지, 욕구, 기분, 정서를 들었고 후자에는 편견, 미신, 금기, 습관을 들었다. Schwab의 지적처럼 인간의 자유를 위협하는 힘들은 통치자들에 국한되지 않는다. 인간의 내면으로부터 분출되는 제어하기 어려운 힘들과 관습의 형태로 활약하는 여러 힘들 때문에 자유롭게 살아가지 못하고 있다. 그래서 그는 무지, 충동, 편견, 미신, 악습으로부터의 자유와 해방을 위해 교양교육을 해야 한다고 주장한다. 교양교육은 본질적으로 사회의 지배나 국가 또는 사회계급의 관습으로부터 인간을 자유롭게 하려고 한다는 것이다. 교양교육이 지적 독립과 비판적 사고와 같은 자유인의 특성을 갖도록 해 주기 때문에 독재국가들은 이 교육을 기피하고 과학기술과 직업을 위한 훈련을 강화하려고 한다. 이처럼 교양교육의 목적은 인간성을 억누르는 모든 힘들을 제거하고 조절하려는 것과 관련되어 있다. 신득렬, 『허친스의 교육사상』(대구: 계명대학교 출판부, 1990), pp.241－242.

대한 존중과 자유의 필요성에 대한 간과와 인격체로서 보지 않는 것이 깔려 있다. 독재와 자유 민주사회의 차이점은 각 개인들에게 자유가 더 있느냐 없느냐이다. 한 사람이 모든 것을 좌지우지하고 다른 사람들은 시키는 대로 하는 경우에는 자율적 선택의 의지가 없다. 즉 권력이 한곳에 집중되어 있거나 규제가 많은 경우이다. 따라서 그 해결방안은 권력의 분산으로 인한 자율성 확대나 독재방지를 위한 제도적 장치 마련, 그리고 교육을 통한 자율적이고 민주적인 인간이 되게 하는 것이다.[474] 우리는 보다 노력해야 할 것이다.

한편 각종 사회문제와 청소년문제도 따져 보면 이 자유와 무관하지는 않다는 데 있다. 물론 가정도 마찬가지이며 어찌 보면 더 중요하다고 할 수 있을 것이다. 예를 들면 어릴 때부터 부친에게 절대 복종하는 것을 강조한 가정에서 그러한 사람이 되지 않을 수 없도록 만들어진 사람은 어른이 되어도 부친에게 복종할 따름이고 자유롭게 사고하고 행동할 수 없는 사람이 된다. 이와 같이 어릴 때부터 엄하게 어떤 행동을 강요하거나 강조해서 그 행동이 습관화되고 몸에 배게 되면 그런 행동밖에 할 수 없는 부자유한 사람이 될 우려가 많은 것이다.[475] 따라서 우리는 이성적인 이해가 부족한 유아에게 어떤 행동을 강요하고, 또 원숭이같이 모방하게만 해서 작은 어른을 만들어서는 안 되는 것이다. 가장 명심해야 할 것은 아량이 넓고 융통성이 있는 창조적이고 자유로우면서 행복한 사람을 만드는 것일 것이다.

그런데 오늘날 학교교육은 어떠한가. 교사를 포함한 학생들이 보다 자유로운 생활을 하고 있는가 하는 점이다. 왜냐하면 자유를 통해 보다 자율적이고 주체적인 인간이 가능하기 때문이다. 여기에 대해 닐은 현대의 그릇된 교육을 다음과 같이 비판하였다.

---

474) 문제는 우리나라 사람들 중에는 똑똑한 사람들이 많기에 자기 위주로 생각하고 행동할 경우에는 자칫 선장이 많으면 배가 산으로 간다는 속담처럼 그렇게 될 수도 있기에 타인을 배려하는 성숙한 의식과 자세가 요구된다.

475) 신연식,『부모교육』(서울: 학문사, 1981), pp.378－379.

권력의 자리에 있는 자는 언제까지나 가지고 있으려고 한다. 그러기 위해서는 그들이 지배하고 있는 국민이 말을 잘 듣는 순한 양과 같지 않으면 안 된다. 그래서 그들은 가장 근본적인 데서부터 손을 댄다. 즉 어린아이를 붙잡아서 어른에게 복종하도록, 성의 욕구를 억압하도록, 그리고 권위를 두려워하도록 가르친다. 그 결과 거세된 소와 같이 되어, 기성의 권력에 도전하거나 반역하거나 할 수 없는 어른이 된다. 그러니까 학교에서 역사나 지리를 가르치는 것은 표면적인 목적에 불과하고 정말로 노리는 것은 어린이의 성격을 틀에 집어넣어 만드는 데 있다.[476]

닐은 문제아들만 골라서 가르치면서 그들 문제의 근원이 억압에 비롯한 정서의 불안정에 있다는 것을 확인하고 자유를 만끽하면서 생활을 자율적으로 해 나가는 자유의 생활화를 강조했다. 여기서 우리는 자유교육이 절실함을 느낀다. 그리고 학교에서부터 생활화되는 것이 필요하다. 또한 자유는 인간을 행복하게 하는 데 있어 필요하다. 왜냐하면 행복은 여러 가지에서 오지만 억압이 있는 삶을 행복한 삶이라고 할 수가 없기 때문이다. 자유가 없는 구속이나 억압은 인간에게 여러 가지로 좋지 못한 영향을 끼친다.

민주주의적 생활에서도 첫째로 전체적이고 일반적인 인간발달을 위한 자유교육이 요구되는 것이다. 산업적인 교육성과를 위해서도 인간의 심정을 해방시키고 넓혀 주는 교육을 통해서 강화할 수 있는 인간의 자유로운 창조성이 기술적 전문화와 꼭 같이 중요한 것이다.[477] 오늘날 우리에게 요구되는 창의력도 자유와 관련이 있다.

한편 우리사회의 현실을 볼 때 자유가 더욱더 많아져야 함이 여러 군데에서 발견된다.

우리는 해방 후 지금까지 민주주의를 이념으로 하고 있다. 그리고 민주주의의 핵심이 바로 자유이다. 우리는 그것이 인간적인 삶의 최고선을

---

476) 김은산, 『니일의 인간교육사상』(서울: 배영사, 1982), p.37.
477) 자크 마리탱, 왕학수 외 역, 『교육철학』(서울: 경향잡지사, 1958), p.25.

약속할 수 있는 것이라고 믿기 때문이다. 자유민주주의가 근본적으로 윤리적 심성의 기반 위에서 성숙되어 가는 것이라면, 그 심성적 기반의 구축은 바로 교육의 책임이다. 그 책임을 다하려면 원칙적으로 교육은 자유민주적 풍토에서 진행되어야 한다. 그러나 종래에 그리고 지금도 우리의 학교엔 권위주의적 풍토가 더 짙다. 이것이 문제다. 학교건, 정부건, 기업체건 조직체에서 작용하는 권위주의는 그 경영과정에 몇 가지 특징적 행태가 있다. 몇 가지만 보면 권력집중, 타율, 지시, 집단, 획일, 폐쇄 등의 행태이다. 이에 반해서 민주주의는 분권, 자율, 참여, 개인, 다양, 개방 등의 특징을 지니고 있다.

여기서 타율의 풍토가 야기할 수 있는 여러 가지 위해(危害) 중 몇 가지만 보면 다음과 같다.[478] 첫째, 한 사회가 근대화, 산업화, 다량화, 전문화, 개방화됨에 따라, 그 사회엔 매일 결정해야 할 일들의 총량인 '결정부하량'이 점점 기하급수적으로 늘어나기 마련이다. 그런데 이 결정부하량이 어느 시점을 넘어서면 중앙집권적 관료체제로서는 그 많은 결정을 더 이상 감당해 낼 수 없게 된다. 그 시점을 넘어서도 중앙집권적 결정체제를 고집하면, 부적절한 결정, 때늦은 결정, 실정에 맞지 않는 결정, 부작용이 많은 결정, 그래서 나중에 후회하고 바꾸게 되는 결정이 속출하기 마련이다. 이것이 공산주의 독재가 망했던 큰 원인의 하나이다.

둘째, 타율상태는 근본적으로 무도덕 상태 또는 도덕적 무감각 상태를 빚어낸다. 나치는 태연하게 수백만의 유태인을 학살했다. 죽이라고 명령한 자는 직접 사형의 집행자가 아니기에 죄의식이 없고, 사형 하수인은 '명령받고 하는 일'이기에 죄책감이 없다. 기실 타율상황은 엄청난 잔인성을 발휘한다. 스스로는 벌레 한 마리 죽이지 못하는 사람이 어쩔 수 없는 타율의 명령하에서는 잔인한 살인자가 된다. 타율받는 상황은 노예처럼 책임 없는 상황이며, 책임 없는 상황은 도덕을 물을 수 없는 무도덕의 상황이다. 따라서 타율상황에서는 도덕적 감각이나 도덕적 심성이

---

478) 정범모, 『한국의 교육세력』(서울: 나남출판, 2000), pp.154－162.

길러질 수 없는 상황이라는 결론이 나온다.

셋째, 인간은 본래 타율적 상황에서는 인간적 모멸을 느끼고 자율적 상황에서 인간적 희열을 느끼는 존재다. 인간은 이래라 저래라 명령만 받아야 하는 상황에서는 "내가 개·돼지냐!"라고 반발하게 되어 있다. 그 때문에 인간은 독재, 전제, 권위주의의 타율과 지시를 싫어한다. 인간은 근본적으로 자기가 자기의 명령자가 되고 싶어 한다.

김동춘은 학교붕괴의 한 배경으로 학교 규율체제의 붕괴를 들었다. 오늘날 학급의 붕괴는 곧 학교 규율체제의 붕괴를 의미한다. 한국의 학교 규율체제는 일제강점기의 학교 군사화, 유신체제하에서의 학교 병영화 과정을 거치면서 크게 도전받지 않은 채 지금까지 존속해 왔다. 이러한 규율체제는 학생을 인격적인 존재로서 간주하지 않고, 입시 경쟁의 전사로서, 국가의 충실한 국민으로서 양성하려는 이념에 근거하고 있다. 학교는 과거 식민지 시절, 군사정권 시절의 규율이 여전히 잔존하고 있다. 1989년 전교조의 학교 민주화 요구는 묵살되었으며 변화를 추구하는 움직임은 좌절되었다. 그 결과 교무실은 민주화되지 않았으며, 나약한 말단 관료로서 교사들은 여전히 학생들을 통제하는 존재로서 나타났으며, 학교장의 절대적인 권위는 도전받지 않고 건재하였다. 전교생을 집합시킨 아침조회, 정해진 수업시간, 획일화된 교과서, 명령을 하달하는 교무회의 등 학교는 식민지적 통제의 망령이 살아서 숨 쉬고 있다. 50여 년 동안의 분단, 30여 년 동안의 개발독재의 체제는 복종, 경쟁, 성공의 가치 외에 학생들에게 심어 줄 아무런 적극적인 가치체계를 준비하지 않았다고 할 수 있다.[479] 그동안 막강한 국가기구의 보호를 받으며 군림해 온 학교라는 거대한 관료기구는 탈대량생산 체제를 벗어나는 시점에서 또 정보화가 본격적으로 진행되는 시점에서 더 이상 아이들을 잡아 둘 수 없게 된 것이다. 파행적 근대화 과정에서 강화된 어른 중심주의는 세

---

479) 김동춘, "학교해체 현상을 통해본 한국의 국가, 계급, 그리고 청소년", 연대청년 문화센터 『왜 지금 우리는 청소년을 이야기하는가?』, 1999, pp.20−21.

대 간의 의사소통을 차단시켜 버려서 상황을 더욱 악화시켜 왔다. 실제 학교를 떠나는 아이들의 수는 적지만 다수의 아이들이 몸만 학교에 있는 식의 태업에 들어갔고, 상당수는 학교생활을 삶의 일부로만 간주하는 사고방식을 갖게 되었다.480) 특히 우리나라는 냉전체제하에 권력을 유지하기 위해 국가는 통제를 강화했으며 개인적으로는 억압과 가난에서 벗어나기 위해 출세를 생각하고 권력을 향했던 것이다. 현재 학교교육의 문제 발생의 여러 이유 중 특히 점진적이며 지속적인 자율적 생활교육을 하지 않은 상태에서 별 대책 없이 교육정책481)을 바꾼 것이 방임의 형태를 띤 한 요인이 되었다.

최근 제도적 형태의 학교교육을 근본적으로 개혁하기 위한 움직임으로 대안학교 운동이 전개되고 있다. 이 중에서 학생들에게 자유를 허용하는 학교들은 학교로부터 중도 탈락한 학생들이 제대로 적응해 가지 못하고, 학교를 뛰쳐나와 길거리에서 방황하거나 폭력적인 성향을 가진 학생들이 되는 가장 중요한 이유는 학교가 학생들을 지나치게 억압하고, 간섭하기 때문이며, 학생들 각자의 개성과 취향을 무시하고, 이들을 이해와 사랑으로 감싸 안지 못하기 때문이라고 생각한다.482) 그러나 문제

---

480) 조한혜정, "청소년 문제에서 청소년 존재에 대한 질문으로: 한국의 근대화와 청소년의 주체 형성", 연대청년문화센터, 전게서, pp.32 – 33.

481) 그 한 예로 수년 전에 학생들이 잘못을 했을 때 교사들이 취할 합리적인 제반 조치 및 자율적인 풍토가 제대로 형성되지 않은 상황에서 교과부의 느닷없는 체벌금지 발표로 학생들 중에는 이제는 교사가 체벌하지 못한다는 의식이 퍼져 자기 멋대로 행동하여 일부 학교에서는 혼란이 야기되었다. 그래서 경찰이나 상급 기관에 신고를 하거나 함부로 교사에게 대드는 일도 생김. 또한 몇 년 전 실시한 교육정책의 하나로 경찰서나 교도소에 가거나 사고 등의 이유로 퇴학을 하더라도 자기가 원하면 언제든지 다시 학교에서 받아 줄 수 있게 하니까 자기 마음대로 하는 경우가 있었으며 이때 교육적으로 다른 학생들에게 매우 좋지 않은 영향을 준 사례도 있었다.

482) 우리나라에서 현재 진행되고 있는 대안학교 운동에서 가장 두드러진 교육방향은 '자연 생태계의 보존을 위한 교육'과 학업과 생활지도에서의 학생들의 자유 허용이라 할 수 있다. 전자에는 민들레 만들레, 숲 속 작은 마을 학교, 두밀리 작은 학교, 풀무농업기술학교, 창조학교 등이 있으며 후자에는 전남 영광의 성지학교와 경상도 지역의 원지학교, 천주교계통의 양업고 등이 있다. 정진곤, "대안학교에서의 자유의 의미와 비판적 분석", 『교육철학』 22집, 1999. 6. pp.163 – 164.

는 여기서 어떻게 교육시키느냐이다.

학습에 있어서도 의미의 개인적인 발견은 개인차가 존중되고 조장되며 넓은 선택이 주어지고 개인적인 결정이 존중되는 교육 프로그램을 요구한다. 따라서 무엇이든지 고찰하고 시험해 볼 자유가 있어야 한다. 그리고 이러한 상황을 창출하는 데에는 학생의 탐색과 개인차 및 선택을 적극적으로 조장하는 데에 방해되는 요소들을 제거되어야 할 것이다.483) 사람이 어떤 일을 할 때, 그것을 누가 시켜서 하느냐, 아니면 자기 스스로 하느냐는 일의 과정이나 결과에서 여러 가지 차이를 가져온다. 자발적으로 하는 경우에는 대체로 그 일을 하는 데 따른 지각의 장이 확대된다. 즉 눈도 더 크게 뜨여서 남이 못 보는 것을 보게 되고, 귀도 크게 열려서 남이 못 듣는 것을 듣게 되며, 머릿속의 생각도 아주 다양해진다.

오늘날의 사회는 콘크리트로 다져진 건물처럼 꽉 짜인 사회다. 그리고 학교도 교육도 이런 사회를 모델로 해서 기획·운영되고 있다. 여기에는 인간이 자유를 느낄 수 있는 여가가 거의 없다. 그래서 인간은 이에 대해 반항을 한다. 마치 반항만이 유일한 자유이며, 반항만이 자신의 삶을 실감하는 유일한 기회인 것처럼! 한때 세계의 젊은이들 사이에 만연하기 위해 먹은 환각제, 마멸된 삶을 다시 찾고자 쳐 대는 흑인들 애용의 북, 그리고 자유의 세계에서 노닐고 싶은 꿈, 이 세 가지가 히피의 본질이라 한다면, 그것은 분명 자유 결핍의 소산이라고 할 수 있다.484)

육체적이며 정신적인 휴양, 유희, 영화, 오락 등은 유익한 것이며 필요한 것이다. 그리고 여가는 인간에게 가장 인간적인 것이며 알맞은 것이라 볼 때 우리는 모든 사람에게 자유교육을 보급시켜야 할 이유를 갖는 것이다.485) 여가는 인간에게 주어진 자유의 시간에 포함된다. 노동 후에

483) A. W. Combs, R. A. Blume, A. J. Newman, H. L. Wass, 김선양·이문태·이현남 공역, 『교사교육의 혁신』(서울: 교육과학사, 1988), p.59.

484) 김정환, 『전인교육론』(서울: 세영사, 1982), p.50.

485) J. Maritain, op. cit., p.104.

주어지는 여가시간은 참으로 고귀한 시간이다. 그런데 자유를 향유할 능력이 결여되어 있을 때 선택의 요구는 하나의 고통이듯이 가치 있는 활동을 경험하지 못한 사람들에게 주어지는 여가시간은 고통일 수 있으며 오히려 타락시킬 수 있는 요인이 된다. 따라서 보다 여가가 있으며 자기 스스로 뭔가를 할 수 있는 자유가 있고 있을 때 자율이 함양될 것이다.

　인간이 인간을 최우선의 가치로 여기고 인간을 위한 삶을 살기 위해서는 보다 타인에게 자유를 주고 보다 자유로운 분위기를 만드는 것이다. 오늘날 우리에게 자유는 충분한 것인가 하는 문제를 제기할 수 있다. 특히 학교의 생활을 보면 그렇지가 못하다. 따라서 미래의 우리 사회 민주시민이 될 학생들이 먼저 학교에서부터 자유로운 생활을 하고 자유 속에서 스스로 살아가는 자립적이고 자율적인 주체적인 인간이 될 수 있도록 되어야 할 것이다.

2) 자유의 개념

　자유가 소중한 만큼 그 뜻 또한 보는 관점에 따라 다양하다는 점이다. 고대희랍의 도시국가 시민들은 자유인이 되기 위한 훈련을 받은 바 있으며 로마 문명에 있어서의 스토아 철학은 사람을 자유롭게 하는, 특히 마음에 있어 자유로워지는 문제에 큰 관심을 기울였다. 유태교인과 신교 및 천주교인들 역시 여러 세기 동안에 걸쳐 진리를 전파하려고 힘썼는데, 이 또한 사람을 죄와 무지의 속박에서 벗어나게 하여 자유롭게 해 보자는 것이었다. 한편 현대사가 다른 시대의 역사와 다른 점이 있다면 그것은 자유라고 하는 것을 하나의 특권계급에만 귀속시키지 말고 모든 사람의 것으로 인정하게 하는 데 있다고 할 수 있다.486) 여기서의 자유는 주로 가난과 억압(독재)으로부터의 자유를 이야기하는 것이다.

---

486) P. H. Phenix, 성내운 옮김, 『교육철학』(서울: 교육과학사, 1981), p.206.

따라서 인간의 가장 큰 열망 중 하나인 자유는 첫째, 어떤 억압이나 구속에서 벗어나는 것으로 이는 내부에서 혹은 외부에서 오는데 그는 이때 자신이 원하는 것이나 하고자 하는 것으로부터 자유롭지 못하여 그것에 종속되는 상태라 할 수 있다. 둘째, 자유는 자연적으로 주어지는 것이라기보다는 자신의 노력에 따라 확장되는 것이므로 내적 혹은 외적으로 보다 더 자유롭기 위해서는 끊임없이 노력하고 구해야 하는 것이 된다.

이에 프롬(E. Fromm)은 '자유'를 소극적 의미와 적극적 의미의 자유로 구분하였다. 전자는 어떤 속박으로부터의 탈출을 의미하는 자유로 그는 이것을 "……으로부터의 자유"라고 칭했으며 후자는 건설적 또는 극복, 획득에 의한 자유란 뜻으로 예를 들면 현대에 있어서의 고독과 불안을 해소하여 완전한 자유사회를 건설하는 경우의 자유로 이것을 "……에로의 자유"라 했다.[487] 그런데 이 두 가지 자유 개념은 엄밀하게는 구분할 수 없기도 하고 함께 지향해야 하는 것이다. 교육은 인간의 사고를 다루는 것으로 위에서 이야기된 전자와 후자 모두에 관련되나 엄밀히 따지면 지금 더 요구되는 것은 전자보다는 오히려 후자에 더 가깝다고 할 수 있다. 왜냐하면 가난이 그를 구속한다고 지금 해결되는 것이 아니고 보다 필요한 것은 자유에 대한 소중함, 그리고 인간이 보다 자유로운 존재가 되기 위해 스스로 결정하게 하는 힘을 키우는 것이라 하겠다.

매컬럼(Gerald MacCullum)은 자유에 대한 여러 가지 의미는 결국 우리가 방해를 받고 싶지 않은 혹은 하고자 하는 것이 무엇이며, 그것에 대하여 상대적으로 얼마만큼의 중요성을 부여하고 있는가에 달려 있다고 했다.[488] 자기가 하고자 하는 바를 될 수 있으면 방해받지 않고 할 수 있기를 바라는 것이다. 물론 이때의 의미에는 타인에 대해 피해를 주

---

487) Erich Fromm, The Fear of Freedom, 이상두 역, 『자유에서의 도피』(서울: 범우사, 1975), p.5.
488) 정진곤, 전게서, p.169.

지 않는 범위에서이다.

닐(A. S. Neill)은 이와 같은 자유에 대해 자유와 방종 간의 차이를 구별하면서 좀 더 적극적이며 명확한 정의를 내렸다. 그는 자유란 남의 자유를 침해하지 않는 한에서 자기가 하고 싶은 일을 하는 것이라고 말했다. 그래서 그는 자유란 남의 자유를 개인적인 자유와 사회적인 자유의 둘로 나누고 모든 사람이 개인적인 자유를 누려야 하지만 남의 권리, 즉 다른 사람의 자유도 존중해야 하기 때문에 사회적인 자유는 완전히 가지지 못하는 법이라고 주장했다.[489] 따라서 그에게 자유는 방종이 아니기에 방종을 의미하는 절대적인 자유 같은 것은 존재하지 않는다고 했으며 결국 진정한 자유는 서로 주고받는 상호적인 것이어야 하며 자기통제를 의미한다. 왜냐하면 자유의 행사가 타인에게 피해를 주지 않고 타인을 오히려 자유롭게 하거나 이롭게 하는 쪽으로 나아가야 하기 때문이다. 따라서 인간이 사회적인 동물로서 다른 사람과의 관계 속에서 살기에 그가 말한 자유에는 자율의 의미가 함축되어 있다고 볼 수 있다.

서머힐을 흔히 자유의 천국이라고 하지만 여기에도 규율은 있다. 왜냐하면 자유는 규율의 폐지가 아니기 때문이다. 예를 들면 어린이 6명당 1명씩의 생명 구조원이 있을 때만 수영을 할 수 있다든지, 11살 이하의 어린이는 혼자서 자전거를 타고 길거리에 나갈 수 없다는 것 등이 그것이다. 그런데 여기서 특이한 점은 모든 규칙을 전교회의에서 어린이들 자신들이 정한다는 것이다. 그래서 그들은 더욱더 규칙의 의미를 잘 알고 행한다는 사실이다.[490] 누가 시켜서 하는 일과 자기 스스로 하는 일은 천지차이이다.

이와 같은 의미로 샤르트르(J. P. Sartre)는 인간의 정의(定義)로서 자유는 물론 타인의 자유에 의존하지 않는다. 그러나 앙가주망이 생기자마자 그는 그의 자유와 동시에 타인의 자유를 원하지 않을 수 없으며, 또

---

489) 김은산, 전게서, pp.44－47.

490) A. S. Neil, Summerhill, 김은산 역, 『행복한 학교』(서울: 양서원, 1987), p.37.

한 내가 타인의 자유를 목적으로 삼아야만 나의 자유를 목적으로 삼을 수 있다고 했다.491) 이와 같이 진정한 자유는 남의 자유를 존중하는 범위 내에서 가능하다고 할 수 있다. 만약 그렇지 않으면 모두가 남의 지배를 침해하여 진정한 자유는 말할 것도 없고 파멸이 생기게 된다. 그래서 자율은 자유, 자주, 자강, 자조 등과 상용되는 개념으로서 개인이나 집단이 자기규율을 세우고 자기 통제를 가함으로써 타율과 외부통제를 배제할 수 있게 되는 것을 의미한다. 또한 자유는 인간의 창의적인 자기실현의 전제가 되는 것이다. 따라서 진정한 의미의 자유 값은 그것을 책임 있게 행사함으로써 빛나는 것이다.

따라서 진실로 자유로운 사람은 무책임한 이기심의 충동에서 해방된 인간이며, 스스로 자립적이 되고 자율적이 되며 더 나아가 공공의 복리를 위하여 민감하게 반응한다. 진정한 자유는 이기주의가 아니라 상호적인 것이다. 이기주의는 좁은 개인적 이익에 의해 이루어진다. 개인의 선택은 자기만족이 아니라 자기의 통제에 있다. 자유는 개방적이고 역동적이다. 또한 다른 사람에 대한 자유도 의미한다. 그래서 자유는 주는 것이다. 자유의 완성은 다른 사람과의 관계에서 이루어지는 것이다.492) 따라서 정말로 자유로운 사람은 자기 자신의 열정을 다스릴 수 있는 사람이다.

부버(M. Buber)도 교육에 있어서의 강제는 분열, 굴복, 그리고 반항을 의미하고 친교는 통일과 개방을 의미하는데 이 친교를 가능하게 하는 것이 바로 자유라고 말했다.493) 이처럼 사람과 사람 사이에 분열과 반항이 생기지 않기 위해서뿐만 아니라 서로 상호적이 되기 위해서는 자유가 있어야 한다. 그래야 보다 더 친밀해진다. 따라서 보다 인간이 자율

---

491) J. P. Sartre, Existentialism and Humanism(London: Methuen & Co., Ltd., 1948), 방곤(역), 「실존주의는 휴머니즘이다」(서울: 문예출판사, 1975), p.44.

492) G. F. Kneller, Introduction to the Philosophy of Education(New York: John Wiley Sons, Inc., 1971), p.75.

493) 강선보, 『마르틴 부버, 만남의 교육철학』(서울: 원미사, 2003), p.152.

적이게 하는 교육이 필요하다. 자율적이지 못한 사람은 종속적이고 타율적인 사람이다. 따라서 교육적 환경이 보다 자유로워서 각자가 자율적 인간이 될 수 있도록 하는 환경과 스스로 결정할 수 있는 기회를 많이 마련함이 요구된다.

여기서 우리는 자유가 사랑과 인격과도 관련됨을 알 수 있다. 따라서 공통점은 자기만 생각하지 않고 타인에 대해 생각한다는 것이다. 이것은 타인에 대한 존중과 배려와 사랑으로 이어진다.

자유로운 인간이 되는 것은 자율적 인간을 지향하는데 이때의 자율성이라는 것은 스스로 받아들인 규칙에 따라 자기의 생활을 규제하는 능력과 의향을 의미한다. 한편 자율에 대해 살펴보면 자율에는 세 가지가 있다. 정서적 자율, 내면적 자율, 자기 입법적 자율이다. 정서적 자율이란 흔히 사춘기의 청소년들이 원하는 것으로서 예를 들면 가정적 유대의 중압에서 풀려나오고자 하는 등의 독립감, 주어진 사회적 규범에서 자유롭고자 하는 등의 저항감, 그리고 주어진 또는 자기가 그 틀 안에 짜인 체제로부터 벗어나고자 하는 등의 해방감 등이다. 내면적 자율은 사회적으로 주어진, 또는 전통적·관습적으로 내려온 규범을 자기 양심에 비추어 비판하는 마음가짐을 말한다. 자기 입법적 자율은 자기의 행동을 자기규범에 의해서 하는 주체적 단계를 말한다. 칸트는 이 자기 입법성을 인간의 가장 귀한 것으로 여겼다. 그런데 그에 의하면 자기 입법적 행위는 필연적으로 보편 타당적 행위가 된다는 것이었다. 왜냐하면 인간이 양심에 의거해서 행위를 하는 한, 모든 인간의 양심은 하나님으로부터 이어받았기 때문에, 그 행위도 같을 수밖에 없기 때문이라는 것이다. 칸트가 주관적 규정원리에 의한 의지의 격률이 동시에 보편적 입법의 원리가 된다 한 것도 이 뜻이다. 이런 생각은 공자의 칠순 경지인 종심소유 불유구와 맞닿는 생각이다. 칸트에 의하면 자기가 세운 법칙에 자기가 자진해서 따르는 데 진정한 인간의 자유가 있다는 것이다.494) 그

---

494) 김정환, 전게서, p.78.

에게 있어서 사람의 본질은 이성과 감성의 통일이라는 의미의 인간성에 놓여 있지 않고 오히려 이를 넘어서 인격성이라는 의미의 인간성에 놓여 있다. 그런데 이 인격성은 자기 책임과 자율이다. 그리고 이 자율은 자신 스스로를 도덕법칙 아래 세우는 것과 이 도덕법칙에 따라 행위를 하는 것이라 했다.[495] 자율은 책임과 밀접하고 자유로운 생활에서 자유로운 선택에 의해 책임을 느끼는 것이 보다 바람직할 것이다.

자율의 근간은 자기 스스로 자신 삶의 본질적 방향을 현명하게 선택하는 개인의 능력에 달려 있다. 이것은 판단과 행동 과정이 잘못된 결과로 나타날 때, 그것을 다른 사람이나, 혹은 집단의 탓으로 돌리는 것이 아니라 자기 자신이 독자적인 가치판단의 기준을 마련해서 결과에 대해서 책임을 지는 선택을 의미한다. 그때 개인은 가치판단 기준의 중심이 자신에게 있음을 느끼게 된다. 이러한 느낌은 그가 타인을 무시하거나 권위 있는 전문가들의 업적을 배척하는 것을 의미하지는 않는다. 그보다는 그에게 유용하고 다양한 정보의 출처, 상이한 발견, 가치 체계의 타당성을 평가하고 스스로의 힘으로 가장 최선의 행동 과정을 결정하는 것이 바로 개인의 임무임을 의미한다.[496]

자유는 자율의 전제조건이며 책임을 가능하게 하는 조건이다. 만약 개별적 인간에게서 스스로 책임지는 일이 원칙적으로 불가능하다면, 스스로 책임질 수 있는 인간을 양성하려는 교육은 무의미하고 소용없는 일일 것이다. 인간에게서 자유가 없다면 자율적 결단을 내리는 일도 불가능하다. 이러한 경우 인간은 스스로 행한 바의 궁극적 원인이 될 수 없기 때문에 더 이상 자신의 사유와 행위를 책임질 수 없다.[497] 자유는 자립과 자율 그리고 책임과 밀접히 관련된다. 따라서 먼저 자유로워야 한다. 이는 자기 스스로 생각하여 결정할 수 있는 자유가 있는 상황으로서

495) 정은해, 『자유교육의 철학』(서울: 문음사, 2000), pp.134-135.
496) C. H. Patterson, Humanistic Education. 장상호 역, 『인간주의 교육』(서울: 박영사, 1980), p.347.
497) 정영근, 『인간이해와 교육학』(서울: 문음사, 2000), pp.270-271.

그 속에서 그는 자기 스스로 일을 선택하고 해 봄으로써 더 자율적이며 책임감 있는 사람이 될 수 있기 때문이다. 따라서 선택하도록 조장되지 않으면 자립과 자율을 배울 가능성이 없다. 달리 말하면 자기가 스스로 할 수 없는 자유가 보장되지 않은 상황에서는 책임감이 없고 의존적이고 수동적인 인간이 길러지고 자율적 인간이 길러지기는 어렵다는 말이다.

위에서 살펴본 바와 같이 자유는 타인에게 피해를 주지 않는 범위 안에서 자기가 하고자 하는 것을 하는 것을 말한다. 따라서 자기가 하고자 하는 바를 선택하게 하는 것은 그를 자유롭게 하는 것으로 선택은 자유의 기본이 된다 하겠다. 그리고 그는 진정한 자유인은 타인을 생각하여 행동하기에 자기 통제적인 자율적 인간이라 할 수 있다. 따라서 자유는 자율로 이어지며 자기 스스로의 선택적 행위를 많이 해 봄으로써 그는 보다 자립적이고 자율적인 인간이 된다.

3) 자유 교육의 실천방향

인간은 누구나 규제가 많아 스스로 할 수 없는 자유롭지 못한 조건이나 억압이 많을 때보다는 스스로 선택하고 결정할 수 있는 자유로운 상태를 지향한다. 이것이 행복의 필요조건의 하나이기도 하고 또한 이 속에서 보다 더 자립적이고 책임감 있는 인간이 형성된다. 삶 자체가 교육이 되기에 자유롭지 못한 삶을 지양하는 교육이 선행되어야 할 것이다. 교육은 학생 스스로 학습할 수 있는 필수적인 능력과 지적 자립뿐 아니라 스스로 문제를 해결하는 자율적이며 책임감 있는 성숙한 인격인을 갖추는 데 있다. 그런데 어떤 교육과정에서는 학생들을 자유롭게 하지 못하고 교과서나 수업에만 얽매이게 한다. 모든 일정이 정해져 있고 배울 내용도 정해져 있다. 달리 이야기하면 무엇을 해야 할지가 정해져 있어서 학생은 그것을 하기만 하면 된다. 심지어 수업시간에서도 교사가 입에 밥을 먹여 주는 모양이 되었다. 그래서 잘 먹고 잘 소화만 하면 된다. 교육이 삶 속에서 이루어지기도 하는데 자유교육은 더욱더 그렇다고 볼 수가 있겠다. 따라서 학교생활이 모든 학생들에게 지금보다 더 자유로워져야 할 것이다. 왜냐하면 불필요한 의존성을 기르는 수동적인 학교생활에서는 제대로 민주시민으로서의 자질을 기를 수 없고 또한 인격교육을 할 수도 없기 때문이다.

교육의 장에서 흔히 "자율을 허용해야 한다."라는 말은 미성숙한 학습자에게 자율을 실현하기 위한, 다시 말하자면 학습자가 성숙한 행동을 할 수 있게 하기 위한, 조건을 마련해 주어야 한다는 뜻으로 해석해야 할 내용이다. 따라서 학생에게 자율을 보장한다는 말은 자율적 인간이 되기 위한 교육적 상황을 마련해 준다는 뜻이다.498) 그래서 우리는 학생들에게 자유로운 삶을 경험할 수 있게 할 필요가 있다. 왜냐하면 실제로 스스로 해 보지 않은 상황 속에 익숙한 사람은 어떤 곳에서든지 바로 자율적이 되기가 어렵기 때문이다.

학생들은 점차적으로 자신의 발로 서고 자신의 삶을 방향 짓는 것을 배우지 않으면 안 된다. 만약 그들이 제한된 경험 안에서 책임을 지고 중요한 문제에서 선택을 하도록 조장되지 않는다면 그들은 자립과 자율을 배울 가능성이 없다.499) 따라서 선택의 기회를 많이 마련하며 스스로 할 수 있는 삶을 갖도록 하는 것이 그 밑바탕이 된다 하겠다.

(1) 수업일정의 개방성과 선택의 자유

인간성장 과정에서 매우 중요한 시기인 청소년기에 "학생들은 무엇을 해야 하나?"라고 물으면 이상한 사람 취급받을 것이다. 젊을 때 열심히

---

498) 강승규, "지방 교육 자치 실현과 자율의 조건", 고려대학교교육사 철학연구회 편, 『새로운 교육의 탐색』(서울: 내일을 여는 책, 1997), pp.142－146.

499) R. S. Peters, Ethics and Education, 이홍우 역, 『윤리학과 교육』(서울: 교육과학사, 1991), p.209.

공부하는 것이 진리이기 때문이다. 문제는 공부 외에는 무조건 억제라는 틀 속에서 우리 사회의 청소년 문제는 날로 심각해져 간다는 데 있다. 그렇다고 공부를 하지 않게 할 수도 없다. 사회가 요구하고 또한 인간으로 당연히 해야 하는 일이기 때문이다. 문제는 공부하는 것과 인간다운 삶, 그리고 자율적이고 인격적인 인간과의 관계이다. 각기 다른 것으로 보지 말고 하나로 보아야 한다. 그 이유는 청소년들은 지·덕·체(지·정·의)가 고루 발달 되어야 하며, 공부란 넓게 보아 삶 속에서 이루어지고 대자연을 통해서도 귀한 깨달음을 얻을 수 있기에 너무 좁은 범위로 국한하여 책상 앞에서 문서화된 책을 통해서만 가능하다는 편견을 버려야 한다.

한편 우리는 우리의 아이들이 자유롭고 건강하고 자율적이기를 원하지만 아직까지 우리 사회는 청소년들에게 자율적인 의사 결정을 허용해 주지 않고 있다. 교사나 학부모들은 강압적인 방법으로 학생들을 다루려고 하며 일방적으로 지시하고 따르라고 하며 자율을 허용하면 모든 아이들이 나쁜 길로 들어서게 될 것이라는 생각들을 많이 한다.[500] 이렇게 될 때 미래에도 과거와 형태의 교육이 되고 만다. 자유롭고 민주적인 사회가 되기 위해서는 더욱더 학교가 달라져야 한다. 따라서 서서히 보다 더 자율적인 환경이 될 수 있도록 방향이 잡혀야 할 것이다. 오늘날의 자유롭지 못한 학교생활의 한 실례를 보면 다음과 같다.

> 서울 S고등학교 김 모 양(17세)의 하루 수면 시간은 4시간 30분. 오전 수업 중 휴식 시간 10분을 이용하여 도시락을 미리 먹고 점심시간에는 암기 과목을 공부하는 김 양의 일과표는 숨 돌릴 틈도 없이 빡빡하다. 그는 "새벽에 깨워 주고 도시락 2개를 싸 주시는 어머니를 생각하면 한 눈 팔 겨를이 없어요. 좋아하는 소설도 '책은 대학에 가서 봐도 된다.'는 부모님과 학교의 극성 때문에 아예 읽기를 포기했어요."라고 말한다.[501]

---

500) 인간교육 실현 학부모연대 편, 『성숙한 부모, 자유로운 학교, 건강한 아이』(서울: 대화출판사, 1993), pp.256－259.

이와 같이 대부분의 인문계 학생들은 수면시간이 부족할 정도로 아침 일찍부터 저녁 늦게까지 책과 씨름한다. 왜냐하면 학생들이 학교에서 거의 강제적으로 밤늦게까지 학습해야만 하는 소위 자율학습을 대부분의 인문계 고등학교에서는 실시를 하고 있고 휴식시간이 적으며 시험과목 이외의 다른 책들은 잘 보지 않음을 알 수 있다. 그래서 대다수는 대학 가면 모든 것을 할 수 있고 억눌린 것을 풀어야 한다고 생각한다.

따라서 먼저 학교에서의 생활이 보다 인간적이기 위해서도 자유로워 져야 할 것이다. 즉 한마디로 여유가 부족하고 선택이 필요 없는 획일적인 생활을 한다는 것이다. 충분히 인생에 대해, 자기 자신에 대해, 그리고 인간다운 삶을 위한 취미 등도 당연히 할 수 있는 분위기가 있어야 할 것이다. 그런데 학교는 경직되고 획일화되어 있다. 따라서 우리에게 우선 무엇보다 요구되는 것은 학교에서 학생들에게는 지금보다 더 많은 자유가 필요하다. 여기에는 더 많은 휴식시간을 포함한 자유시간의 확대, 자율적인 자치 활동, 선택의 자유 등이 있을 것이다.

일반적으로 거의 대다수 학교의 시간표를 보면 정해진 과목을 수업, 휴식, 수업, 휴식, 수업, 휴식을 아침부터 오후까지 계속 반복하고 있으며[502] 그것도 대부분 교실에서, 교과서에 얽매여 하고 있다. 쉬는 시간은 10분 정도이다. 아직까지는 자유로운 토론식이나 발표식보다는 주로 수동적으로 앉아서 수업을 받는 경우가 대부분[503]이며 겨우 10분의 휴

---

501) 함수곤, 『교육과정과 교과서』(서울: 대한교과서주식회사, 2000), p.212.

502) 대부분의 고등학교는 인문계학교로서 정규수업 이외에 0교시를 실시하며 정규수업이 끝난 후에는 특기·적성교육이란 이름하에 국어, 수학, 영어 등의 입시과목 위주로 수업을 진행하고 있다. 그리고 밤늦게까지 학교에서 공부하도록 하고 있다. 문제는 대학을 가고 싶어 하고 가고자 하는 의사가 있는 학생들이나 대학 가서 꿈을 이루고자 하는 학생들 등에게는 별문제가 되지 않는데 그렇지가 않은 학생들에게는 힘들 것이다. 그리고 실업계 학생들은 평균적으로 보아 중학교 1, 2학년 정도의 학력을 가지고 있으며 집안 형편이 그렇게 좋은 상태가 아닌 경우가 많아 정신적으로나 심적으로 매우 불안정하고 매우 낮은 자존감을 가지고 있는 편이다. 그래서 교사가 지도 및 교육하기가 매우 어렵다. 이 학생들은 꿈을 상실한 경우거나 대학 가는 것이 목표가 아니거나 학교 공부에 관심이 없는 학생들이 많다. 이들을 어떻게 하면 잘 교육시킬 것인가 하는 문제는 교과부의 몫인데 아직도 문제가 상존해 있다.

식504)만 취하고 계속 교실에 앉아 있을 수밖에 없다. 개인적인 여유시간
이 없을 뿐만 아니라 공간도 부족한 편이다. 왜냐하면 앉아서 조용히 책
을 보고 공부하는 것이 더 효율적이라고 보기 때문이다. 그래서 시간에
얽매이게 되고 또한 학교 담장 안에 매이게 된 것이라 본다. 여기에다가
자기가 하고 싶은 공부나 일은 할 수 없는 처지이다. 선택의 여지가 없
다. 물론 현실적으로 많은 어려움이 있기에 조금씩 여지를 주어야 할 것
이다. 학생뿐만 아니라 대부분의 교사들도 역시 마찬가지이다.

　　다음 글은 교육부에 제시된 비판의 일부이다.

> 모든 학교에서 학생의 일과를 통제하여 실험실의 흰쥐처럼 틀 속에서
> 키우면 차별 없고 균등한 사회인이 나올 것입니다. 교육부 장관님! 공
> 장에서 빵 만들 듯 특징 없고 창의력 없이 겉모양만 동일한 인간이 만
> 들어지길 원하십니까? 사회에서 그저 시키는 대로 복종만 하는 인간
> 말입니다. 학생들에게 최대한의 자유시간을 주고 자기 스스로가 자기
> 시간을 관리하게 함으로써 학생들의 자유 경쟁력을 키울 수 있도록 해
> 주십시오. 한국 학생들은 너무 자유가 없고 획일적인 교육을 받아 그들
> 이 생각하는 문제해결 방법도 대개 획일적인 흑백논리뿐입니다.505)

　　학생들은 학교생활에 있어서 똑같은 시간에 모든 학생들이 정해진 일
정표에 따라 같이 움직이고 같은 공부를 하고 있다. 자유시간은 거의 없
다. 그리고 개인적으로 따로 배우는 시간도 없다고 할 수 있다. 휴식시

---

503) 여기에도 여러 가지 이유가 있을 수 있다. 보기에 지엽적인 것인지 몰라도 한 가지
　　언급하면 과목별 교실이 없고 현재 교사가 교실을 돌아다니면서 수업을 하는데 그
　　교실에는 10분의 휴식시간 빼고 계속 과목별 수업이 이루어지기에 교사가 하려는
　　의지가 매우 요구된다. 그리고 토의를 위한 별도의 공간이 부족한 점도 있을 수 있다.
504) 수업의 환경 그리고 교과서 등이 아직까지 학생들이 수동적으로 배우게끔 맞추어져
　　있다. 그리고 수업시간이 어느 정도여야 효과적인가에 대한 연구가 거의 없으며 중
　　학교 45분, 고등학교 50분의 수업시간은 수십 년간 그대로 이어져 오고 있다. 보다
　　열린 교육 그리고 밀도 있는 수업을 위해 다소 신축적인 과목에 대한 시간 배정이
　　필요하다고 본다. 무엇보다도 개선되어야 할 것은 쉬는 시간(휴식 시간)의 연장이다.
　　쉬는 시간이 10분 정도인데 더 확대되는 것이 바람직하다.
505) 신남호, 『말로만 교육개혁』(서울: 인간과 자연사, 2000), pp.77－78.

간과 점심시간이 전부이다.

이와 같은 학교생활에 대해 홀트(John Holt)는 이 세상에 사람들이 강제로 억류당하고 자유를 빼앗기며 억압에 복종해야 하는 장소가 있는데 그곳은 감옥, 정신병원, 군대 그리고 학교라 했다. 그래서 학교는 학생들이 서로서로 상처받지 않도록 보호하는 규칙만 있으며 된다는 것이다.506) 또한 그는 "우리가 마치 아동들이 시간표에 의해서 달리는 기차인 것같이 행동하며 그들을 시간표에 의해서 통제하려고 한다."고 말한다.507) 그는 개인적인 자유가 학교에서는 부족하고 강제적이고 억압적인 분위기는 교육적으로 바람직하지 못한데 특히 통제는 시간표에 의해 이루어진다는 점이다. 여기서 단순히 시간표는 일을 보다 효과적으로 운영하는 계획이라고 볼 때 그럼 무엇이 걸림돌이 된다는 것인가? 그것은 시간표를 그 스스로 전혀 짤 수가 없으며 자유시간이 없고 단체로 움직여야 한다는 것과 같은 요인 때문일 것이다.

아동은 초등학교에서부터 급속도로 분리되고 멀어진다. 즉 자기가 하고 싶은 일로부터 소외된다. 그래서 하루일과 중에서 가장 좋은 때는 휴식시간이라고 말하는 것은 당연하다. 자신의 시간이 이미 계획되어 있으므로 시간표로 짜인 활동들은 실제로 자신과는 별 관련성이 없다. 그래서 아동이 숙제와 수업시간에서 벗어나 개인적인 자기만의 견해와 감정, 독특한 생활양식과 그 보조를 지키는 것이 가능할수록 훌륭한 결과를 성취한다는 것이다.508) 이와 관련하여 코올(H. R. Kohl)은 학생들이 자유로운 생활을 할 수 있도록 하루에 10분만 할애하여 이 시간 동안 학생들에게 하고 싶은 일을 할 수 있도록 선택의 자유를 주고 교사는 그들이 흥미 있어야 할 만한 자료를 준비하고 지켜보면 학생들은 이 10분

---

506) W. B. Kolesnik, Humanism and/or Behaviorism in Education. 김상호·김기정 공역『인간주의 교육과 행동주의 교육』(서울: 문음사, 1988), p.77.

507) John Holt, How Children Learn(New York: Pitman Publishing Corporation, 1967), p.107.

508) Clark Moustakas, op. cit, p.19.

이 하루 중에서 가장 중요한 시간이라 말했다는 점이다.509) 영국의 비형식 학교의 교사들도 30분마다 눈앞에서 벌어지는 수업내용에 대해 예의 바르게 앉아 있는 수동적인 아이들보다 스스로 배우고 싶은 것을 배우는 아이들이 교육 기회 면에서 더 많이 배운다고 했다.510) 따라서 학교교육은 보다 자유로울 필요가 있으며 이를 위해서는 자유에 대한 제고뿐만 아니라 학생들에게 보다 다양한 선택의 기회를 제공하기 위한 여러 제도적 뒷받침이 있어야 할 것이다.

시간일정에 대한 강박관념은 수업시간에 국한되지 않는다. 그 강박관념은 매주, 매 학기, 매년에 걸쳐 다루어져야 할 학과목의 처방을 통해서 교육과정을 지배하며, 아동들은 학교생활을 하는 동안 그 통제에서 벗어날 수 없다. 시간일정은 학교에서 아동들이 꼼짝할 수 없게 하는 통제수단의 한 국면을 이루고 있다. 자유시간은 있어서는 안 되며, 이것이 주어진다면 무슨 일이 일어나고 말 것이다. 수업과 수업 간의 시간은 최소로 단축되며 한 수업에서 다른 수업으로 넘어가는 것이 철저하게 검색된다. 학교가 군대조직을 닮으면 닮을수록 많은 행정가들의 눈에는 사태가 더욱 개선되는 것으로 여겨진다. 비유를 바꾸면, 그런 행정가의 목적은 "빠듯하게 해치운다."는 데 있다. 이러한 체제를 변화시키는 것은 분명히 용이치 않은 과제이지만 그것이 전혀 불가능한 것은 아니다. 다수의 새로운 인간주의적 학교들, 예컨대, 서머힐, 제일노상학교, 영국의 초등학교에서 그 변화가 가능하였다. 그것은 학교가 지향하는 방향에 기본적인 변화를 요구한다.511) 따라서 현재 학교는 보다 자율적이며 보다 주체적인 인간을 길러 내는 쪽으로 운영되고 있지 않다. 따라서 학교가 아동들을 구속하고 고정된 딱딱한 일정에 집착하여 그들의 흥미를 좌절

---

509) H. R. Kohl, The Open Classroom: A Practical Guide to a New Way of Teaching, 조연순 외 공역, 『개방적 교육』(서울: 교육과학사, 1991), pp.104－105.

510) C. E. Silberman, Crisis in the Classroom, 배영사편집실 편역, 『교실의 위기 Ⅱ』(서울: 배영사, 1980), p.252.

511) C. H. Patterson, op. cit., pp.119－121.

시키는 일은 고사하고 개인적인 활동이 제한되어 있기에 더 이상 계속하지 않으려면 현 상황을 개선하는 일이 필요하게 될 것이다.

학생은 정해진 수업을 잘 받기만 하면 된다고 생각할 때 학생은 공부만 해야 하는 수동적인 기계가 된다. 그의 인간적인 특성은 무시된다. 수업이 우선시될 때 교과목에 따라 그는 움직이다. 따라서 수업과 수업 간격의 확대로 인한 휴식시간의 증대와 공부에 대한 융통성 혹은 자율성과 학교생활에서의 비교와 공부에 대한 확대가 학생들을 위하는 것이고 보다 개성을 찾고 한숨을 쉬게 하는 인간적인 활동이라 하겠다.

이와 관련하여 미국 내의 고등학교에서 추진되고 있는 개혁운동은 세 가지로 분류된다.[512] 그 첫째는 학교 규칙의 온건한 개혁이다. 이는 교실 밖에서보다 더 자유롭고 인간적인 분위기를 만들고자 의도하는 것이다. 둘째는 학교 전체를 보다 더 인간미가 있게 하려는 것으로 필수과목을 줄이고 개인 학습을 위한 자유시간을 늘리고 선택과목의 범위를 넓히거나 수업 외의 연극, 휴식, 오락시간을 배정하는 것이다. 셋째는 발본적인 개혁을 포함한 급진적인 개혁으로 교육, 학습과정 전반에 걸친 재편성이다.

우리의 교육이 현재 해 오고 있는 수업일정은 상당부분 입시와 많은 관련이 있다. 그리고 미국 내의 고등학교에서 추진되고 있다는 개혁운동에 비추어 우리 교육이 못 하고 있는 장애물 중의 하나는 교육이 전인을 위한 활동에 초점을 두고 있기보다는 교육은 교과교육이라는 신념에 따른 교과교육에 대한 지나친 강조이다. 따라서 가르칠 교과, 내용, 지식이 많기에 학생 개인에게 자유시간을 줄 수가 없거나 선택의 어려움을 가지거나 교과 외의 활동시간을 줄 여력이 없다고 판단하는 것이다. 따라서 요구되는 것은 교육의 목적과 목표를 바로 세우고 필수과목을 대폭 줄이거나 선택과목이 확대되는 교육과정의 변화이다. 또 한 가지는 더 많은 자유가 있어야 한다는 것에 대한 불필요성 같은 것이다. 자유에 대한 소중함과 그 긍정적인 결과보다는 자유에 대한 부정적 생각과 학생

---

512) C. E. Silberman, op. cit., pp.139−140.

들에게 자유를 더 주는 것은 더 많은 혼란을 야기할 것이라는 생각이다.

초등학교 3학년만 되면 도시락을 준비해 가야 하며 시간표가 온통 교과 수업시간들로 편성되어 교과서를 붙들고 씨름해야 하는 것이다. 중·고등학생들의 경우는 하루의 3분의 2 이상의 삶이 교과서에 묶여 있는 셈이다. 사정이 이러하므로 학생들은 학교와 공부를 즐겁고 재미있는 장소와 일로 생각하기보다는 지겹고 혐오스런 장소와 일로 생각한다.513) 따라서 학과 공부에서 좀 더 자유로워질 필요가 있다. 그래서 특별활동 시간이 부족하다 하겠다. 왜냐하면 주당 1~2시간으로는 학습효과도 얻기가 힘들기 때문이다. 따라서 교과 외 활동의 확대로 인해 자기 선택의 폭을 넓혀 자기 수준에 맞는 공부를 하거나 보다 다양한 교육활동을 선택하게 하는 일이다.

코메니우스(John Amos Comenius)도 학습하는 일이 더 쉽고 즐거운 것이 되게 하려면 학교 수업은 4시간 정도로 줄이고 같은 시간만큼 자유수업을 해야 한다고 했다.514) 물론 자유수업은 학생들을 그냥 놀게 하는 것이 아니고 자기·타인·삶을 공부할 수 있게 하는 것으로 먼저 보다 구체적인 프로그램이 있어야 할 것이다. 그리고 과거보다 지식의 양이 늘어서 배우는 내용이 당연히 많겠지만 학자들이 모여 가장 중심이 되는 핵심적 내용을 추리거나 과목에 대한 시수를 조절하는 등의 방법이 있을 수 있을 것이다.

레오나드(George B. Leonard)도 어떤 교실을 방문한 것을 기술하면서 아동이 고통받고 있는 경험이 과연 어떤 것인지를 지적했다. 그들은 계속 앉아서 말도 못 하고 쉬지도 못하고 여기저기를 움직일 수도 없었다. 심지어 휴식시간의 유희조차도 진정한 의미의 유희가 아니라 단지 교실의 억압상태에서 긴장을 푸는 하나의 수단에 불과했다는 것이다.515)

---

513) 손충기, "개성을 무시한 획일적 교육", 『교육학연구』 제31권 2호, 1993, pp.42－43.

514) J. A. Comenius, 정확실 역, 『대교수학』(서울: 교육과학사, 1989), p.147.

515) George B. Leonard, Education and Ecstasy(New York: Dell, 1968), pp.106－109.

그리고 이러한 체제는 왜 생기는 것일까? 그 이유 중 하나는 학생들이란 믿을 수 없으며 대화의 자유와 이동의 자유는 혼란을 초래할 것이라는 가정에 토대를 두고 있다. 자유는 학교에서 소음과 활동수준을 증가시킬 것이 분명하며 이것은 또한 많은 교사와 행정가들의 기분을 나쁘게 할 것이다. 오랫동안 부자연스럽게 억압됐던 아동들이 갑자기 그 억압으로부터 해방되면 일시적인 혼란이 일어날 것은 분명하다. 그러나 아동들은 이내 안정상태에 들어가며, 필요하다면 그들이 자신들을 통제하는 제도를 찾게 된다. 이는 실험학교에서 누차에 걸쳐 입증되어 왔으며 영국의 초등학교는 그 증거의 하나이다.516) 이는 자유보다 안정을 더 추구한 결과이고 소란함이 싫다고 계속 자유를 거부하면 학생들에게 자율적인 태도를 기를 수 없게 만든다.

자유로운 학교의 대표적인 학교인 서머힐 학교의 생활은 구체적으로 어떻게 진행되고 있는지에 대해 전형적인 어느 하루의 생활을 보면 다음과 같다.

오 전

8시 15분~9시: 아침식사

9시~9시 30분: 침대정리

9시 30분: 첫째 수업시작

11시: 둘째 수업시간 시작

12시 30분: 연소아반 점심

오 후

1시: 연장아반 수업 끝

1시 30분: 연장아와 교직원 점심

1시 30분~4시: 자유시간

---

516) C. H. Patterson, op. cit., pp.123 – 124.

4시～5시: 간식과 차

5시: 여러 가지 활동 개시

시간표는 매 학기 초에 발표되지만 이것은 교사들을 위한 것이다. 한 교사는 월요일 첫째 시간과 화요일 둘째 시간에 실험실에서, 또 다른 교사는 지리와 역사는 어느 요일 몇째 시간 어느 교실에서 한다는 식으로 되어 있다.[517]

이 논의와 관련하여 가장 대표적인 사람은 어찌 보면 혁명적이고 급진적이라 할 수 있는 서머힐 학교의 닐이다. 다소 지나친 자유부여의 면이 있어서 똑같이 할 필요는 없지만 우리가 배워야 할 점이 있다고 본다. 먼저 그의 공부와 관련해서 말한 자유에 대한 글을 살펴보자.

자유를 최대한 주어야 한다는 닐은 각기 다른 흥미와 재능을 가진 어린이들에게 혹은 아직 놀고 활동하고 싶어 하는 어린이들을 억지로 책상에 붙들어 앉혀 놓는 일은 그들의 창의력을 손상시킬 뿐만 아니라 오히려 수업혐오증에 걸리게 하고 역효과를 낸다고 했다.[518] 왜냐하면 자유롭게 자라는 아이가 훈육을 받은 아이보다 더 쉽게 배운다는 것이다. 자유로운 아이들은 자기가 원하는 것이 무엇인지를 알기 때문에 더 열심히 배우려고 한다. 예를 들면, 자유롭게 배우는 아이는 강요에 의해 할 수 없이 배우려는 아이가 5년 이상 걸려서 배운 것을 단 1년 동안에 배울 수 있었다는 것이다.[519] 또한 그는 자유의 중요성을 다음의 실례를 들어 잘 설명했다.

닐은 17세에 서머힐을 떠나 기계공장에 간 자크라는 소년을 예로 들었

---

517) 김은산, 전게서, pp.108 － 109.

518) 김은산, "자유와 교육", 한국교육학회 교육사교육철학연구회 편, 『현대 교육철학의 제 문제』(서울: 세영사, 1981), p.152.

519) A. S. Neill, The Problem Family, 김인회 외 옮김, 『문제의 가정』(서울: 양서원, 1990), p.76.

다. 하루는 공장 지배인이 그를 불렀다. "자네가 서머힐 출신이지? 다른 학교에서 교육받은 소년 둘 사이에 섞여 지내면서 서머힐을 어떻게 생각하고 있는지 알고 싶네. 만약 자네가 지금 다시 학교에 간다면 이튼에 가겠나 아니면 서머힐에 가겠나?"라고 지배인이 물었다. 그는 "그거야 물론 서머힐이죠."라고 대답했다. 그 이유에 대해 그는 그곳은 완전한 자신감을 갖게 해 주기 때문이라고 했다.[520]

따라서 닐은 권위로써 부과하는 일은 어떤 것이든지 나쁘다고 믿는다. 그는 자기 자신이 그 일을 해야겠다고 스스로 생각하게 될 때까지는 결국 어떤 일이든지 억지로 시켜서는 안 된다고 했다.[521] 이에 대해 호머 레인(Homer Lane)도 어떤 정도의 최면이든—즉 타인에 대하여 자신의 의지를 종속시키는 것은— 이미 타락한 정신 이상자를 제외하고는 누구든 전적으로 타락하게 한다고 말했다.[522] 따라서 수업이나 학교생활에서 서머힐처럼 똑같이 되지는 않더라도[523] 그가 원하는 것을 배우게 하는 것이 필요하다. 닐은 학생들은 각기 흥미와 재능이 다르다고 보았으며 강요에 의한 수업은 오히려 역효과가 생기며 학생들이 보다 자신감을 가지게 하기 위해 그가 원하는 것을 배우게 하는 것이 필요하다고 했다.

이렇게 생각하는 데는 그의 자유사상이 그 바탕이 되고 있음을 알 수 있다. 닐은 자유라고 하는 것을 다른 사람의 자유를 방해하지 않는 한 자신이 하고 싶어 하는 것은 무엇이나 할 수 있다고 보았기 때문에 그

---

520) A. S. Neill, Summerhill, 김은산 역, 『행복한 학교』(서울: 양서원, 1987), p.22.

521) A. S. Neill, The Problem Children, 김은산·한희경 옮김, 『문제의 아동』(서울: 양서원, 1991), p.105.

522) Homer Lane, Talks to Parents and Teachers, 김은산 역, 『아동교육론』(서울: 학문사, 1982), p.155.

523) 현실적으로 서머힐처럼 하기가 여러 면에서 어려울 것이다. 아직까지 우리 교육은 길 잃은 한 마리의 양을 소중히 여기는 데까지는 못 미치고 있기 때문이다. 문제는 그 중요함을 인식하고 서서히 하려고 하는 노력이 필요하다고 본다. 그리고 공부하기 싫은 아이를 내버려 둘 수가 없는 현실에서 어떻게 하는 것이 올바르며 자유롭게 행동하게 한다면 언제까지 그렇게 하는 것이 보다 올바른 것인가에 대한 조사 및 연구가 필요하다고 본다.

는 어린이가 돌을 던지는 일을 그만두도록 하는 일과 그에게 라틴어를 배우게 하는 일과는 다르다고 했다. 돌을 던지는 일은 다른 사람과 관계하지만 라틴어를 배우는 일은 그 소년 한 사람에게만 관계한다. 공동체는 반사회적인 사람을 제지할 권리를 가지고 있다. 왜냐하면 그가 다른 사람들의 권리를 방해하고 있기 때문이다. 그러나 학생이 라틴어를 배우도록 강요할 권리는 공동체가 갖고 있지 않다는 것이다. 왜냐하면 라틴어 공부는 개인적인 일이기 때문이다. 이에 대해 닐은 자신의 경험을 이야기했다. 소년시절 그는 라틴어를 공부하게 되었는데 그 책으로부터 아무것도 배울 수 없었다는 것이다. 왜냐하면 관심이 라틴어에 있지 않고 다른 곳에 있었기 때문이다. 그러나 그 후 21세 때 라틴어를 모르고서는 대학에 갈 수 없다는 사실을 알고는 그 후 1년도 채 못 되어 입학시험에 입학할 만큼 공부하게 되었다는 것이다.[524] 또한 서머힐에서는 대입 자격 시험준비를 위해 교육시키지 않는다. 그러나 대입 자격고사에 합격했거나 졸업 시험에 합격한 학생들은 모두 자기 스스로의 노력에 의해 그렇게 한다는 것이다. 부모가 귀찮게 계속 들볶아 대서 아이가 시험에 합격한 경우는 없다고 닐은 말한다.

닐이 이와 같은 생각을 하는 이유는 그는 어린이는 태어날 때부터 본성적으로 실제적으로 슬기롭다는 것이다. 그리고 어른들이 간섭하지 않고 그들에게 맡겨 둔다면 그 어린이는 자기가 발전할 수 있는 최대한까지 발전한다고 믿었기 때문이다. 그는 선택적으로 학자가 될 소질을 타고나서 학자가 되고 싶어 하는 어린이는 자기 나름대로 열심히 하여 학자가 되고 도로 청소부나 예술에 적합한 능력을 갖고 태어난 어린이들은 자기도 원하여 그렇게 된다는 것이다.[525] 따라서 서머힐에서는 수업에 들어가든지 들어가지 않는 것은 자기 마음이다. 만약, 그가 들어가기를 원하지 않으면 들어가지 않아도 된다. 강제적이지 않다는 것이다.[526]

---

524) A. S. Neill, The Problem Family, p.128.
525) A. S. Neill, 김은산 역, op. cit., p.21.

이상을 종합해서 볼 때 닐은 첫째, 자유를 주면 자신이 무엇을 해야 하는지를 알게 되며 이때 알게 된 일은 타인에 의해 하도록 주어질 때보다 더 열심히 한다는 것이다. 둘째, 자신의 경험을 통해 라틴어 공부와 같은 것은 안 해도 타인에게 해를 주는 것이 아니라고 보았으며 관심이 없으면 아무것도 배울 수 없다는 것이었다.

여기서 우리는 몇 가지를 배워야 한다고 생각한다. 첫째, 서머힐 학교의 생활에서 알 수 있듯이 자유시간을 많이 주었다는 점이다. 이는 자신이 자신에 대해 보다 더 알게 하였으며 앞으로 무엇을 해야 하며 어떤 길로 가는 것이 올바른지를 깨닫게 해 주는 귀한 시간이 된 것이다. 따라서 서머힐에서 자유를 준 것은 방임이 아니라 자신을 발견할 수 있게끔 여러 가지를 접할 수 있게 하고 경험을 하게 했다는 점에서 매우 의미 있고 중요하다. 우리는 그와 똑같은 방법으로 하지 않더라도 각자가 자신이 어떤 소질이 있으며 무엇을 해야 하는지를 알게 하는 자유시간이나 그렇게 할 수 있도록 하는 진로지도 교육527)이 있어야 할 것이다. 그래야 자신에 대한 앎으로 더욱더 행복해질 수 있으며 이를 통해 진로 및 성격교육도 자연 이루어지기 때문이다. 여기서 간과해서는 안 되는 점은 학교 정규시간 안에 자유시간을 둔 것으로 방과 후가 아니라 정상 일과였다는 점이다. 따라서 방과 후 집에서 각자 알아서 하도록 자신의 소질과 적성교육을 떠넘긴 것도 아니었고, 우리나라의 경우처럼 방과 후에 일방적으로 과목을 정해서 하도록 하는 것도 아니다. 우리나라의 특히 교과부관리들은 아직까지도 학교정규교육과정시간에 자유시간을 둘 생각을 하지 못할 정도로 폐쇄적이고 경직되어 있다. 우리교육은 교육하면 교과서가 있어야 하고 선생님이 교단에서 수업해야 하는 것으로 생

---

526) A. S. Neill, The Dreadful School(London: Purnell and Sons, LTD, 1937), p.35.

527) 과거 학교에서 실시한 적성진로검사는 그 검사의 종류 및 내용이 실질적인 활용에 별 도움이 되지 않아 형식적이었다고 할 수 있다. 요즘 성격진로검사로 많이 이용되고 있는 MBTI검사결과가 학교교육과 연계가 되어야 할 것이다. 그렇지가 않으면 1회용이 된다.

각하는 수준에 머물고 있다. 자연스러운 놀이와 동료 친구들 간의 자유로운 토론과 유대를 통해 더 좋은 것을 보고 배울 수 있고 또한 깨달을 수가 있다. 둘째는 서머힐에서 수업에 들어가는 것을 자유로 하는 것은 현실적으로 시행하기가 매우 어렵다. 또한 바람직하지 못하다고 보며528) 그 대안으로 과목에 대한 선택권이 부분적으로나마 있어야 한다는 것이다. 물론 모든 과목에 대한 선택이 아니다. 꼭 필요하고 있어야 하는 것은 배우도록 해야 할 것이다. 이것도 생각하기에 따라 다르지만 학생들을 위한 내용이어야 할 것이다. 우리도 그와 같은 취지로 최소한 학생들에게 선택할 수 있는 기회를 부여하기 위해 7차 교육과정에 따라 올해부터 고등학교 2학년을 대상으로 실시하며 내년에는 3학년을 대상529)으로 실시한다고 한다. 그런데 그 과정에서의 혼란530)은 없어야 할 것이다.

　한편 지식학습에 있어서 무형식학습의 기회는 형식학습 못지않게 중요하다. 따라서 학교에서의 공식수업 이외에 그 경험과 결과를 학생들끼리 공유하며 머리를 맞대고 협력적 사고를 수행해 낼 수 있는 공간과 시간이 허용되어야 한다. 초·중고등학교의 재량시간 혹은 자율활동시간과 공간이 대학에서와 마찬가지로 마련되어야 한다. 하루 5~6시간의 학교 일과시간 중에서 최소한 한 시간 이상은 학생들의 그룹활동과 자유로운 대화를 위해 제공되어야 한다.531) 그런데 7차 교육과정의 재량활

---

528) 간디학교에서도 이것을 시행하다가 2001학년도부터는 폐지하도록 했다고 함.

529) 대학입시라는 것 때문에 우려되는 것은 자칫 잘못하면 선택하는 것이 형식적이 되어 그 과목 여하에 불문하고 실질적으로는 학교에서는 대학입시공부를 하게 할지도 모른다.

530) 몇 가지 문제들이 생길 수 있다. 그중의 하나는 신청한 과목에 대한 지원자가 거의 없거나 현저히 적을 때 어떻게 할 것인가 하는 문제이다. 따라서 이때 학교에서는 교사수급문제 때문에 먼저 학생들이 선택하기 전에 교사가 담당할 수 있는 가능한 범위 내에서 하도록 유도할 것이다. 그런데 이와 같이 될 때 모든 학생들에 대한 실질적인 선택은 되지 않을 수도 있다. 우리교육의 질적 향상을 위해서 더욱더 요구되는 것은 교과목에 있어서의 과감한 개방이 선행되어야 한다. 법으로 정해진 교과목에 대한 획기적인 확대가 필요하다. 그래야 매우 다양한 교육내용을 학생들이 배울 수가 있을 것이다. 그러면 인간관계론, 성공학, 행복학, 인성교육, 심리학, 교육학, 지도자론 등을 많이 개설할 수 있을 것이다.

동시간도 교과활동시간과 교과재량활동을 통해 다시 교과수업을 받을 수 있기에 여기에 맞게 보다 창의적 재량활동시간을 활용하는 방법도 있을 것이다.

에드거 프리덴버거도 청년기는 젊은이가 자기는 무엇이며 자기가 정말로 느끼고 있는 것은 무엇인가를 배우는 시기라 했다. 청년기는 비록 그 문화의 조건 아래서라도 젊은이가 자기의 문화로부터 자신을 식별하는 때이다. 이것이 이루어지기 위해서는 청소년은 개인적인 성장이나 탐구를 위해 자기가 그에 대해 성실할 수 있는 대상을 찾기 위해 많은 자유가 필요하다는 것이다.532) 그래서 학교의 분위기가 위협적인 것이기보다는 도전하도록 유도하는 것이라고 느끼게 하는 가장 유효한 방법은 학생들에게 선택의 기회를 제공하는 일이라 하겠다. 융통성이나 차이점이 용인되는 곳에서만이 창조적인 행위가 가능해진다. 따라서 될 수 있으면 많은 규칙을 세우지 말고 선택권을 늘려 주어야 하는 것이다.533)

이에 굿만(Paul Goodman)은 학생들에게 학습에 있어서 무엇을 배워야 하는가에 있어 자유로운 선택권을 주어야 한다고 했다. 그 이유를 그는 몇 가지로 설명했다. 첫째는 아무리 시험을 통해 암기를 시킨다 하더라도 자신의 욕구와 관심에 맞지 않으면 결국 효과적이지 않다는 것이다. 둘째는 자유는 진정한 시민을 기르는 유일한 길이라는 것이다. 거대한 과학조직에 의해 학교에서도 학생들은 로봇화되어 가고 있다고 보았다. 셋째는 자유로운 선택은 학생들 스스로가 자신이 한 인격체로 대우받고 있다고 느끼게 해 준다는 것이다.534) 그래서 학생들에게 무엇을 배워야 한다는 것을 미리 결정하는 것은 바람직하지 못한 일이다.

531) 매일경제 지식부·한승희, "신지식인의 효율적 육성에 관한 연구", 『학습혁명보고서』(서울: 매일경제신문사, 2000), p.189.

532) C. E. Silberman, op. cit., p.143.

533) 미국 교육과정 연합회 편저, 이해명 역, 『전인교육을 위한 학습지도 방법』(서울: 교육과학사, 1984), p.171.

534) Paul Goodman, "Freedom and Learning: the Need for Choice", R. Hooper(ed.), The Curriculum(Edinburgh: Oliver & Boyd, 1971), pp.107－111.

일리치(Ivan Illich)는 학교의 수업방식 중 최악의 상태는 학급의 학생 전원을 한방에다 모아 놓고 수학, 일반사회 및 철자 등을 개인차를 무시해서 전원에게 똑같은 순서로 가르치는 것이라 했다. 그는 가장 바람직한 수업 방식은 학생 개개인에게 몇 개의 제한된 교과 중에서 하나를 선택하도록 허용하는 것이라 했다.[535]

따라서 최소한 선택의 자유는 있어야 하는 것이다. 선택, 결정한다는 것은 중요하다. 아동의 경우 선택이란 독특한 인격체로서 스스로 볼 수 있는 가치관을 창조하는 제일보이며, 교사에게 선택이란 자아를 보다 훌륭히 정연하는 것이며, 실천하는 교사의 정체성―교사의 신조, 신념, 기호 등―을 반영하는 것이다. 그의 선택에 따라 참된 인격체는 스스로를 창조한다. 그는 다른 것이 아닌 어느 한 가지를 선택하며 보다 완전한 자신이 되려고 한다. 그래서 선택의 자유는 자존감이라는 의식을 얻고 내적인 힘의 원천을 개발하는 데 필수적인 것이다. 이것은 새로운 문제나 도전에 직면하고 좌절, 패배감 위기를 맞으면서도 살아나가는 것이며 위험이나 고난에 의해 깨어지거나 파괴되지 않고도 지낼 수가 있는 것이다.[536] 그 실례로 스탠포드는 다음과 같이 말했다.

> 학교에서 그는 늦게 철이 든 소년이었다. 그리고 공부에 전념하지 못했다. 칠판 앞에서 강의하는 교사에게 귀를 기울이기보다는 옆자리의 소년과 노는 것이 훨씬 더 쉬웠다. 그 후 그는 6학년을 낙제하게 되었다. 그런데 중학교에서는 사정이 약간 바뀌었다. 그것은 그가 합창단에 참가하고 학교 연극도 했으며 스포츠에도 반했기 때문이다. 농구와 축구에 대한 흥겨움 때문에 학교에 흥미를 가지게 되었고 8학년이 되어서야 비로소 학업의 성취에 처음으로 흥미를 가지게 되었다. 그리고 그는 불어 수업을 택했는데 놀랍게도 그 수업이 좋아 여기에서 자신감을 길렀고, 이 자신감은 그 후 다른 과목으로 퍼져 나갔다. 따라서 학교가

---

535) Ivan Illich, Deschooling Society(New York: Harper & Row, 1971), p.158.

536) Clark Moustakas, Personal Growth: the Struggle for Identity & Human Values, 이혜성(역), 『인간적 성장』(서울: 이화여자대학교 출판부, 1983), p.72.

그를 스포츠와 엮어 주었기 때문에 학업으로 방향을 바꾸었다. 그러나 지금의 아이들은 그런 선택을 하지 않는다. 스포츠, 미술, 음악 및 연극 은 학업에 집중한다는 명분에 가려 거의 사라졌다. 그러나 이러한 좁아 진 집중에도 불구하고 학업 성적은 향상되지 않았던 것이다! 따라서 우리 는 그릇된 방향으로 움직이고 있는 것이다. 우리는 기초 과목에만 국한 해서 집중할 수는 없다. 우리의 재정 문제에도 불구하고, 우리는 모든 학 교에 여타의 것들을 추가하지 않으면 안 된다. 따라서 미술과 음악, 스포 츠와 언어를 다시 찾아서 우리 아이들을 학교에 붙들어 두어야 한다.[537]

따라서 선택은 그가 보다 자기 자신에 대한 자신감을 생기게 할 수 있 다는 점을 잘 말해 주고 있다. 일시적으로 공부에 별 관심이 없을 때는 물론이고 정해진 공부에 흥미를 갖지 못하거나 자신의 소질이 다른 것 에 있는 학생을 생각해서라도 다양한 과목에 대한 선택은 분명 그에게 힘을 불어넣어 주거나 용기를 주는 계기가 될 것이다.

인간주의자들은 누군가에 의해서 만들어진 임의적인 표준과 미리 결 정된 목표를 학생들이 좋아하도록 노력하기보다는 학생 자신이 배우기 를 원하고 배울 수 있다고 느끼는 학습에 학생이 자발적으로 참여하도 록 자유와 기회를 허용해야 한다고 믿는다.[538] 인간주의자들은 또한 모 든 수준의 학생들이 지도, 지시, 제안, 도움을 필요로 하고 또 받아야 하 지만 이런 것들은 최소한으로 유지되어야 한다고 인식한다.

이에 함수곤은 1995학년도부터 적용되기 시작한 제6차 교육과정에서 '학교교육 과정'이 등장했는데 이 학교교육 과정에는 해당 학교의 교육 목표와 경영철학, 전통, 특성 등이 치밀하게 반영되며 그 학교의 창의적 이고 독특한 교육내용, 방법과 특색 있는 운영방안이 나타나 전국의 각 학교는 제각기 다양한 교육의 모습을 보일 수 있게 된다고 했다. 그리고 훌륭하고 다양한 교육활동들이 실천될 수 있는 것은 그러한 교육활동이

---

537) 존 스탠포드 외, 조병효 역, 『학교의 승리』(서울: 말과 창조사, 2000), pp.181−182.
538) W. B. Kolesnik, op. cit., p.77.

계획되어 있는 훌륭한 교육과정과 구체적인 교육 프로그램 등이 존재하였기에 가능하다. 특히 의미 있는 교육활동이 이루어지기 위해서는 그 학교의 뚜렷한 교육목표와 기르고자 하는 인간상이 먼저 설정되어 있어야 하는데 이를 위해서는 그 학교의 교장과 전 교원의 확고한 철학과 노력이 뒤따라야 한다는 것이다.539) 따라서 우리나라도 7차 교육과정을 통해 보다 더 융통성 있게 할 수 있도록 했기 때문에 특히 교장과 같은 관리자의 교육철학과 그 의지가 무엇보다 중요하다. 왜냐하면 이것은 획일적으로 강요할 수 없는 것이기 때문이다. 그래서 보다 융통성 있는 교과 과정운영의 여지를 더욱더 입시 위주의 교육을 하는 쪽으로 하거나 아니면 보다 인성교육으로 할 것인가는 미지수다. 학생들을 위해 보다 자유롭게 하고 학교에 대한 흥미를 가지며 또한 자기 자신의 잠재능력을 발휘하게 하지 않으면 그 의미는 줄어들 것이다. 그래서 문제는 법적으로 이수할 교과목에 대한 단위수의 제한이나 축소가 있어야 한다는 것이다.

제7차 교육과정이 과거보다 더 적극적이고 개방적인 의미의 자율성을 지향하고 있음은 분명하다. 그러나 법규상 자율적인 교육과정 편성권이 허용되지 않고 있을 뿐만 아니라, 교육과정 문서 및 교과서 제도 자체가 극히 폐쇄성을 지니고 있어서 획일성과 경직성을 벗어나지 못하고 있다.540) 따라서 보다 자율적인 교육과정이 있어야 한다. 교과별 연간 수업시수의 일정비율(60~70%)에 해당하는 시수 동안만 교육내용을 배정하고, 나머지 시수에 해당하는 내용은 교사와 학생이 자율적으로 교육과정을 구성하여 수업을 운영하도록 교육과정 편성 및 운영체제를 개선할 필요가 있다. 예를 들면 중1학년 사회과의 경우, 연간 수업시수 102시간 중 68시간분만 교육내용을 배정해 주고, 34시간은 교사, 학생이 자율적으로 교육과정을 만들어 가면서 교수·학습활동을 수행할 수 있도록 제

---

539) 함수곤, 『교육과정과 교과서』(서울: 대한교과서주식회사, 2000), pp.215－216.
540) 최호성, 학교중심의 자율성을 살리는 교육과정, pp.160－161, 심영보, "초등학교 제7차 교육과정 운영을 위한 조건 분석과 그 운영의 자율성·책무성 한계연구", 한국교원대학교 석사학위 논문, p.60.

도화할 수 있을 것이다.[541] 지금 학생들은 적성 분야를 그리워하고 있다. 그러나 많은 교과목이 그들을 제약하고 있다. 따라서 교과목의 축소, 나아가 과목선택제가 해결의 열쇠이다. 2002년 7차 교육과정 대상 학생들의 평균 과목은 여전히 많다.[542] 따라서 배워야 할 과목의 축소뿐만 아니라 내용의 축소도 필요하다. 그리고 교사와 학생들이 보다 자유롭게 수업할 수 있는 내용축소 및 재량권을 주는 것도 필요하다. 그러나 빼놓을 수 없는 것은 교과과목에 대한 이수 단위의 축소이다. 예를 들면 영어를 주당 4시간씩 하는 것을 주당 3시간씩만 하도록 법제화하고 다른 다양한 활동을 필히 하도록 명문화하는 것이다. 이렇게 하는 방향으로 가야지 지금과 같은 분위기에서는 자율재량기간은 여전히 입시교육을 하는 시간으로 충당하기 때문이다. 보다 다양한 학교가 있도록 하기 위해서는 과감한 입시위주교육에 대한 제한선이 먼저 필요하다고 본다.

따라서 공교육제도 속에서도 학생이나 부모가 보다 다양한 교육 형태를 선택할 수 있도록 해야 한다. 한 가지의 선택밖에 없는 현재의 시스템이 아니라, 보다 많은 선택의 여지가 있는 공교육제도를 만들어야 한다. 선택 자유의 확대는 학교 내부에서의 학습 과정에 한정하지 않고, 대안학교나 홈스쿨링도 포함하여 학교 그 자체의 선택도 포함하고 있다.[543] 그러나 지금 우리나라는 학부모와 학생의 학교선택권이 거의 없는 편이다. 비평준화나 자립형 사립고등학교 혹은 특목고를 지원하는 형편이다. 학교가 다양화되고 선택의 폭도 지금보다는 더 넓어야 할 것이다. 그러나 가장 큰 문제는 학생이나 학부모들이 선택할 수 있을 정도로 학교가 다양하고 개성적이지 못하다는 데 있다. 그래서 제도적인 선택을 단계적으로 실시하더라도 먼저 되어야 할 것은 학교의 다양화이다. 이는 다양한 교육과정을 말한다. 가장 바람직한 학교는 관리자의 훌륭한 교육

---

541) 박도순, "자기주도적 학습실현을 위한 교육과정", 이돈희 외, 『교육이 변해야 미래가 보인다』(서울: 현대문학, 1998), p.53.

542) 신남호, 『말로만 교육개혁』(서울: 인간과 자연사, 2000), p.311.

543) 송민영 외, 『홀리스틱 교육의 이해』(서울: 책사랑, 1999), p.150.

철학하에 지식뿐만 아니라 정서교육과 인격교육도 골고루 함양하는 학교일 것이다.

그와 관련하여 현실적으로 시험 성적이 교육을 좌우하고 있기에 인간교육 즉 도덕 교육에 대한 시간은 부족하다는 것을 다음의 예를 통해 살펴보자.

> 학교에서 4~6학년 학생들에게 과학을 가르치고 있는 한 교사의 말에서 알 수 있다. 그는 한마디로 가르쳐야 할 양이 너무 많다. 아이들은 지금 자신들이 무엇을 하고 있는지에 대해 생각할 겨를이 없다. 우리는 아이들에게 더 많은 정보를 주입하려 하고 있다고 했다. 그리고 교사들의 태도는 "나는 이것을 2주 만에 다 가르쳤다!"는 식이다. 그러다 보니, 학습 속도가 느린 아이들일수록 그들이 겪는 고통은 클 수밖에 없다. 그러나 그것은 영리한 아이들에게도 마찬가지로 손해를 주는 것이라 말했다. 이런 학교에서 교사와 학생들이 상호 작용하는 방식은 새로운 시간 압력에 의해 현저하게 변화되고 있다. 여기에 대해 그 교사는 "도덕 문제에 대한 집단 토론의 시간은 전혀 불가능합니다. 사실상 아이들이 필요로 하는 일대일 대화는 더욱 말할 것도 없습니다."라고 말했다. 이는 우리의 교육이 인성보다는 지식정보교육에 치우쳐 있으며 양도 많아 여유가 없음을 말하고 있다. 따라서 보다 도덕적 인간을 기르기 위해서는 여기에 대한 시간적 확보가 있어야 할 것이다.[544]

따라서 학교에서 교사가 한 학생 한 학생에게 일대일 교육을 시킬 수 있도록 기존의 교과과정이 달라져야 한다. 그래서 교과교육이 전부이고 이것이 교육이라는 생각이 달라져야 할 것이다.

교사도 여러 과목 중 먼저 선택할 수 있어야 할 것이다. 그리고 수업의 면에서 보다 자율적이어야 할 것이다. 그래야 학생들에게 선택의 기회를 줄 수 있다.

자유로운 수업을 위해 스탠포드(Ruth Sanford)는 학생들에게 배우고

---

544) Thomas Lickona, 박장호·추병환 역, 『인격교육론』(서울: 백의, 1998), pp.401－402.

싶은 것을 그들 나름대로의 방식으로 배울 수 있는 시간과 공간을 제공하여 정규필수과목을 보충하여 통합했다. 어떤 그룹들은 학생들의 동의를 얻어 영화토론, 그리고 미술을 할 수 있는 연속시간을 만들기 위하여 매일같이 자유시간에 붙여서 한두 시간씩 만났고 다른 그룹들은 매주 연속시간과 미술, 음악, 읽기 시간에 할당한 시간까지 합쳐 두 번씩 만났다. 일주일에 한 번씩 워크숍과 카운슬러들이 진행하는 시간에 참여할 수 있도록 교사들의 수업준비 시간과 자유시간도 조정되었다. 그 학습의 결과는 상당히 긍정적이었다는 사실이다. 한 학생은 학교생활 1년 만에 처음으로 자기가 존재한다는 것을 느꼈다고 했으며, 교사들은 대체로 학생들은 학점이라는 자극이 없어도 공부를 더 많이 하고 규율 문제도 줄어든다는 것을 배웠다고 말했다. 또한 이 그룹에 속한 학생들은 훨씬 더 적극적으로 공부를 하고 문제를 흑백으로 갈라보지 않았으며 이 프로그램에 1, 2년 참여 후에는 그들의 특별한 흥미와 관련된 다양한 활동에 더 적극적으로 참여하였다는 것이다.545)

이처럼 자기가 배우고 싶은 것을 배우게 여러 가지 시간적, 공간적 여건을 조성했을 때 보다 능동적이고 삶에 있어 주체적인 행동을 통해 자기 스스로 만족감을 느껴 자기 자신에 대한 존중감을 높일 수 있었다는 것이다. 또 한 가지는 바바라 쉘 교사의 몇 가지 실험적 시도에서 보인다.

그는 첫째, 학생중심수업에 근거하여 6학년 학급에 새로운 수업을 시작했다. 그는 어린이들에게 하루 종일 하고 싶은 것은 무엇이나 해도 좋다고 했다. 많은 어린이가 그림을 그리기 시작했다. 어떤 아이들은 하루 종일 그리거나 색칠을 했다. 다른 아이들은 책을 읽거나 산수문제를 풀거나 그 밖의 것들을 했다. 온종일 흥분된 분위기였다. 많은 어린이가 자기가 하는 일에 흥미가 있어서 점심기간이나 휴식시간에 밖에 나가려 하지 않았다는 점이다. 그들은 자신들이 할 일을 결정짓기를 좋아

---

545) Care R. Rogers, Freedom to Learn, 연문희 역, 『학습의 자유』(서울: 문음사, 1990), pp.156－159.

262

했고 강요당함이 없이 공부하는 것을 즐겨했다. 다음은 계약수업의 개념을 도입한 것이다. 각 어린이는 자기가 그날에 할 구체적인 계획과 공부할 영역을 선택하여 계약서를 쓰게 되었다. 연습문제를 끝낼 때마다 각 어린이는 교사용 지도서를 이용하여 자기가 한 것을 확인하고 수정하는 것이었다. 그들이 한 것은 계약서와 함께 서류철 속에 보관되었다. 학습자료는 제공되었고 필요한 제언도 있었으며, 필요할 때 사용할 연습문제도 만들어 놓았다. 그 결과 네 명을 제외하고는 모든 어린이가 좋아했고 학교가 훨씬 더 재미있다고 생각했다.[546]

이는 수업에 있어서 매우 융통성을 발휘하는 것으로 하루 종일 하고 싶은 것을 하라는 독특한 수업방식을 통해 학생들은 자기가 좋아하는 것을 할 수 있었다는 것으로 가끔씩 시도해 봄직한 방법이라 생각한다. 그리고 학생들이 보다 주체적으로 수업에 참가하여 자기가 스스로 하루의 계획을 세워서 공부하는 것으로 공부를 잘하는 학생들에게는 한 번 시도해 봄직한 방법이 될 것이다.

한편 제도적으로 다양한 수업을 하게 교육과정을 운영할 수도 있다는 것이다. 우리나라도 최근 실시의 움직임이 보이기 시작하는데 이를 위해서는 대학에서 먼저 원하는 방법이 있을 수 있다. 그러나 무엇보다도 진정 개별학생들을 사랑한다면 먼저 중·고등학교의 교육에서 그에게 맞는 교육을 실시해야 할 것이다.

미국 노스캐롤라이나 오렌지카운티 이스트 채플 고등학교의 사례를 보면 다음과 같다. 과목이 내용별로 세분되어 있다. 여러 개의 세부과정이 개설되어 있다. 그중 어느 것을 들어도 학점을 인정받을 수 있게 되어 있다. 예컨대 예술의 경우 미술, 음악, 드라마로 나뉘고, 미술은 다시 디자인, 회화, 조각 등으로 세분되어 있는 식이다. 음악도 음악이론, 합창, 밴드, 재즈 등으로 나뉘어 있다. 학생들은 이 가운데 어느 하나만 선택해 들으면 된다. 수학도 약 15개 세부과목으로 분류되어 있다. 다시,

---

546) Ibid., pp.68 - 69.

과목을 난이도에 따라 세분하고 있다. 여기서 난이도는 일반(General), 아너스(Honors), 고급(AP: Advanced Placement)의 세 등급으로 나뉜다. '일반'은 아주 쉽고 기초적인 것, '아너스'는 보다 어렵고 가산점을 받는 수준, 'AP'는 대학의 교양과목 수준이다. 고교 때 AP과목을 들으면 대학에서 해당 교양과목을 면제받는 수가 많아 대학 조기졸업도 가능해진다. 그러나 모든 학생이 아너스나 AP에 연연하지 않고 학교도 이를 강요하지 않는다. 평가는 아너스 과목은 1점, AP과목은 2점의 가산점을 준다. 예를 들어 영어의 경우 일반영어 대신 아너스 영어를 신청한 학생이 C 학점을 받으면 B 학점을 받은 것으로 인정된다.547) 우리의 경우에는 아직까지 과목이 세분화되어 있지 않으며 학생 수가 많고 획일적인 교육과정을 하고 있을 뿐만 아니라 입시가 있어서 현실적으로 어렵지만 과목에 대한 외부의 박사수준 전문가들이 학교에 가서 수업하는 방법도 있을 수 있다고 본다. 이를 위해서는 학교가 보다 개방되고 유통성 있는 교육과정을 운영할 때 가능할 것이다.

현재 학교에서 학생들의 삶은 자유롭지 못하다. 우리는 먼저 시간표상에서 잘 알 수가 있다. 거의 대부분이 휴식시간이 10분이고 교과목 수업을 과목에 따라 연달아 하고 있다. 따라서 먼저 시간표가 보다 융통성 있게 운영될 필요가 있다 하겠다. 이를 위해서는 교과목에 대한 학습의 단위 수를 줄이고 보다 선택의 폭을 넓히며 다양한 교육활동을 할 수 있게 변화하는 것이다. 교과서 공부만 하는 학교생활보다는 여러 활동을 많이 하게 하여 공부에 자신이 없는 학생들에게 성취감과 자신감을 불어넣어 주기도 하고 학생들이 보다 흥미를 가질 수 있게 하는 것이다. 물론 휴식시간을 더 늘리는 것이나 자유시간을 갖는 것도 필요하다. 이 자유시간을 통해 보다 자기의 소질과 적성을 파악하고 능력을 계발하도록 하는 것이다. 한 걸음 더 나아가 만약 서머힐처럼 할 수 없다면 최대한 이를 반영하는 것이 필요하다. 학생들의 학교생활은 모두 정해져 있

---

547) 신남호, 전게서, pp.181-182.

어서 선택할 필요가 없다. 특히 교과목에 있어서 그들은 오직 정해진 과목의 내용을 공부만 하면 된다. 따라서 처음에는 몇 과목부터라도 선택을 더 할 수 있게 하며 궁극에는 매우 다양한 과목의 개설이 되어야 할 것이다. 그리고 공부에 흥미를 가지지 못하는 학생들은 다른 활동을 선택하게 하거나 기초나 기본적인 내용을 다시 배우게 하고 공부에 소질이 있는 학생들은 보다 수준 높은 과목을 배우게 하는 것이다.

(2) 자율과 참여를 통한 책임감 있는 주체적 인간

인간주의적 관점을 취하는 교육학자들은 인간을 기계적인 자극 − 반응의 객체로 보는 행동과학적인 관점을 배격하고 능동적인 주체로 본다.[548] 이는 자유의지에 의하여 자신의 삶을 창조해 가는 주체자라는 인간관이다. 그럼 어떻게 하면 보다 주체적인 인간이 되게 할 수 있는가이다. 그것은 자율성과 참여를 확보하는 데 있다고 볼 수 있다. 자율적이지 못하고 타율적일 때는 주체적이라고 할 수 없다. 소극적이고 의존적이며 타인의 지시에 따르는 그는 자기 삶의 주체가 되지 못한다. 자기와 삶으로부터의 소외를 겪고 있는 것이다. 또한 자신이 속한 사회 속에서 의사결정에 있어서 능동적인 참여를 할 수 없거나 보장되지 못해도 주체적이라 할 수가 없는 것이다. 그는 그 조직으로부터 소외되어 있다고 볼 수 있다. 따라서 주체적인 인간이 되기 위해서는 무엇보다도 자율적이고 참여할 수 있는 여건이 필요하다. 이때 그는 주인의식을 느끼며 책임감을 더 가질 것이다. 특히 오늘날은 자기 자신뿐만 아니라 자기가 몸담고 있는 사회에서 보다 책임 있는 사람이 요구된다.

급변하는 사회환경에 능동적 또는 자율적으로 대처해 나가기 위해서는 의사결정이나 선택을 보다 현명하게 할 수 있는 능력이 필요하다. 이와 같은 능력은 자율적으로 의사를 결정하고, 선택해 보는 경험을 통하

---

548) 장승희, "인간주의 교육의 계보", 고려대학교교육사철학연구회 편, 『인간주의 교육사상』(서울: 내일을 여는 책, 1996), p.42.

여 얻어질 수 있다. 그럼에도 불구하고 오늘날 학교교육은 본의 아니게 학생들의 자율과 참여가 활발히 이루어지고 있지 못하다. 따라서 학교교육에서 학생들과 교사들이 보다 책임감 있는 주인의식을 가지도록 한 인간에게 더 자율을 허용하고 더 참여하게 하는 것이다. 그런데 그렇지가 못한 것은 입시 위주의 교육을 하기 때문이기도 하고 사회 자체가 독재적이고 권위적이어서 몇 사람만 주인이고 자율적이며 나머지는 위에서 시키는 대로 하면 된다는 타율의식을 가지고 있기 때문이기도 할 것이다. 따라서 오늘날 우리의 학교상황에서 자라나고 있는 학생들은 자기지도, 자기책임, 자기결정, 자기통제 및 자기평가와 같은 자율적인 행동특질들을 발달시킬 수 없게 되었다. 자율과 참여와는 거리가 아주 먼 교육을 해 왔으며 지금도 그러하다고 볼 수 있다.

따라서 우리의 교육체제는 말로만 독립성을 교육목표의 하나로 삼고 있다. 자율능력과 책임감을 갖도록 돕자는 말도 많이 오가고 있다. 그러나 아동들이 정작 그런 특성들을 배울 기회는 없다. 사실상 학교의 전체 환경이 가르치고 있는 것은 그 반대이다. 즉 의존성, 외적 규율, 무책임감이다. 이제까지 "학교는 학생들이 성숙하고 자립적이고 자기 동기화된 개인으로 발달하는 것을 돕기는커녕 젊은이들로 하여금 고질적이고 거의 유아기적인 의존상태에 계속 머물도록 방치한 것이다."[549] 이것은 그만큼 자유가 없었다는 말로서 규제, 간섭, 명령, 지시가 지배적이었음을 의미한다. 달리 말하면 학교가 자율적이지 못하고 질서와 통제를 강조하는 권위주의적이었다는 점이다. 이것은 교육이 단기적인 효율을 추구하고 성적 위주의 교육에 초점이 맞추어졌고 자율적이고 책임감 있는 인간의 양성은 뒷전이었기 때문이다. 따라서 그 노력은 당연히 미약했다.

이에 레빈, 리피트 그리고 화이트(K. Lewin, R. Lippitt, & R. K. White)는 고전적인 연구를 통해 독재적인 방법과 민주적인 방법에 노출된 아동집단을 비교했는데 독재적인 집단에서 자란 학생은 더욱 적대적

---

549) C. E. Silberman, op. cit., p.134.

이거나 더욱 묵종적이며 덜 자발적인 성향을 보이는 데 반해서, 민주적인 집단에서 생활한 학생은 더욱 친절하고 개방적이며 협동적인 성향을 보였다는 것이다.550) 따라서 권위주의적인 환경은 통제가 제거되었을 때 지속되어야 할 학습이나 자유적인 행동변화에 공헌하지 않는다는 점이다. 그래서 될 수 있으면 권위주의적인 환경이 바뀌어야 할 것이다. 이와 같이 책임 있는 주체적인 인간이 되게 하기 위한 교육이 필요하다.

책임은 진공상태에서 학습되는 것이 아니다. 그래서 책임이 없는 사람은 책임 있는 학생이 되도록 학습되어야 한다. 여러 환경이 그러하지 못할 때 책임 있는 인간은 형성되기 어렵다. 사람들은 책임이 주어짐으로써 책임 있는 사람이 되도록 학습한다. 책임도 다른 '교과'처럼 더 크고 어려운 계획을 가지고 성공적인 경험을 함으로써 학습된다. 학생의 독립성을 억제하는 권위주의적인 학교에서 수년간 보낸 학생들은 새로운 생활방식과 새로운 기대에 적응하는 데에 시간이 걸렸다는 점이다. 그러므로 자아지시와 책임의 요구에 대한 그들의 첫 반응은 불안하고 저항적이기 쉽다. 그러나 자아 지시와 책임을 정직하게 존중하고 조장하는 것이 요구된다.551) 따라서 먼저 자율적이고 책임감 있는 인간이 되게 하기 위해서는 학교의 환경이 권위주의적인 분위기를 지양하고 보다 자유로운 환경 속에서 스스로 하게 하고 참여하는 과정에서 책임감을 가지도록 하는 환경과 교육이 필요하다.

그런데 우리 교육의 현실은 교육부나 교육청의 관료 그리고 학교의 장 모두 과거의 권위주의적 관행에서 벗어나지 못하여 학교 운영 자체가 자율적이지 못하다는 점이다. 따라서 학교가 보다 자율적이기 위해서는 관료나 학교의 장이 권위주의적인 방식을 지양하는 쪽으로 나아가야

---

550) K. Lewin, R. Lippitt, & R. K. White, "Patterns of Aggressive Behavior in Experimentally Created Social Clites", Journal of Social Psychology, 1939, pp.271－294. Quotied in C. H. Patterson, op. cit., p.155.

551) A. W. Combs, R. A. Blume, A. J. Newman, H. L. Wass, 김선양·이문태·이현남 공역, op. cit., pp.58－59.

할 것이다. 그래야 학교의 학생들과 교사들은 보다 자율적이고 참여를 많이 할 수 있고 주체적으로 교육에 더욱더 책임감과 보람을 가지고 일을 할 것이다.

특히 교사의 자율력 신장은 학교의 자율을 신장시키는 데 있어 큰 역할을 할 것이다. 왜냐하면 권위주의적 타율 지시행정을 지양하고 교사의 전문적인 자율을 신장함이 없이는 교사의 사기는 앙양될 길이 없고, 교사의 사기가 앙양됨이 없이는 지금 여러 교육의 폐해는 백년하청일 수밖에 없기 때문이다.552) 실제로 3공화국 이후 역대 정권마다 '교육개혁'을 요란하게 시도했지만, 그때마다 타율의 정도는 증대했으며, 정작 개혁의 주체가 되어야 할 교사집단은 점점 더 사기가 떨어지고 점점 더 스스로를 개혁에서 소외시켜 왔다는 사실이다. 따라서 교사들이 보다 더 교육의 주체가 될 수 있도록 되어야 할 것이다.

학교 자체가 보다 민주적으로 조직·운영되고, 어린이가 그 학교 안에서 민주주의의 귀함을 체험해야 하고, 또 그 때문에 교사는 그 교직 생활을 통해서 민주주의적 삶의 틀과 본을 어린이에게 보여 주어야 한다.553) 이와 같이 학교 자체가 보다 민주적이고 자율적이 될 때 교사들은 보다 더 학생들을 민주적으로 교육시킬 수가 있다.

학교가 보다 자율적이기 위해서는 교사에게 다양한 자율적 분과활동, 학교 단위의 교사회 구성, 학습활동을 위한 교과연구모임활동, 학생생활연구모임 등 소위원회를 구성하여 학교교육의 주체로서 자리를 확보하기 위한 노력이 절실하다. 그리고 학교운영위원회의 활성화도 있을 수 있을 것이다.554) 따라서 단위학교에서 교사와 학생이 보다 자율적이기 위해서는 학교장이 신념을 가지고 보다 민주적인 의사결정을 존중하려는 태도와 노력을 해야 할 것이다. 교사들이 보다 자율적이고 참여를 할

---

552) 정범모, 『한국의 교육세력』(서울: 나남출판, 2000), pp.166-167.

553) 김정환, 『인간화교육 어떻게 할 것인가』(서울: 내일을 여는 책, 1995), p.16.

554) 강승규, "지방 교육 자치 실현과 자율의 조건", 고려대학교교육사 철학연구회 편, 앞의 책, pp.148-150.

수 있을 때 그는 보다 더 열의를 가지고 학생들에게도 자율적이고 참여적인 삶을 살 게 할 것이다.

그런데 이러한 참여의 교육이 제대로 작동하기 위해서는 교육현장에서 이루어지는 의사결정에 먼저 힘을 실어 주어야 하는데 이는 쉽지 않다. 권력과 권한의 분산을 가지고 있는 사람들은 좋아하지 않는다. 그러나 학교가 보다 나아지고 보다 주체적이고 책임감 있는 인간을 형성하기 위해서는 필요하다는 점에 대한 공감대의 확산과 함께 이를 위해 교사들은 학교가 보다 자율적이고 민주적이 될 수 있도록 그리고 교육관리들이 협조하도록 하기 위해 전문적인 능력을 갖추고 보다 전문가가 되는 것도 그 방법의 하나라 본다.

자율성과 전문성은 불가분의 관계에 있다. 전문성이 제고되면 자율성은 높아지기 마련이다. 왜냐하면 아직까지 교직은 전문직이라 할 수 없을 정도로 애매한 위상을 갖고 있다. 따라서 필요한 것은 학교부문 종사자들의 전문성 제고를 위한 자기반성과 각고의 노력이다.555) 하지만 여기서 생각해 볼 문제는 예를 들면 교사가 박사급의 전문적인 식견을 가지고 있는 것은 그렇지 못한 경우보다 더 자율적일 수 있다. 하지만 가르치는 일만 하는 것이 아니고 학생들과 함께 하루 대부분을 보내고 입시와 관련하여 가르치는 교과서나 평가에 있어서 자유롭지 못하고 여러 업무도 해야 하고 학교 제반사항에 대한 결정에 있어 소외되는 면이 많기에 보다 전문적이고 자율적일 수 있도록 먼저 환경을 만들어 주는 것도 필요하다.

힘(권한)의 이양 없이는 자율과 참여가 교육의 주체성 회복으로 직접 연결되기 힘들다. 따라서 먼저 권한의 이양은 곧 교사의 결정과 교직사회의 전문성에 힘을 부여하는 것이며, 동시에 그 결과에 대한 책임을 교육현장에 묻는 것이기도 하다. 여기서 학교 사회의 핵심 구성원은 교사

---

555) 신현석, "공교육 정상화를 위한 학교와 정부의 역할", 안암교육학회, 『한국교육학연구』 제9권 제1호, 2003, p.156.

이며, 힘의 이양은 이들에게 권한과 책임을 동시에 부여하는 것을 중요한 한 축으로 삼는다는 것을 의미한다. 이러한 참여를 통하여 학교현장은 교육의 주체성을 회복할 수 있다. 그리고 이러한 주체성의 회복은 학교가 교육의 이상을 실현할 수 있는 바탕이 된다. 교육주체의 참여와 노력을 통하여 학교는 학생에게는 즐겁고 자아를 실현할 수 있는 공간이 될 것이며, 교사 자신에게는 보람 있는 교직이 될 것이고, 학부모에게는 머물고 싶고 머물게 하고 싶은 열려져 있는 교육공간이 될 것이다. 참고로, 몇몇 연구들은 교수·학습에 대한 교사의 태도 변화는 학교사회의 제도와 조직을 바꾸어 줌으로써 가능하다는 연구결과556)를 제시하기도 하였다.557) 이러한 교육적 참여를 통하여 학교현장의 교육은 변화될 수 있으며, 힘을 부여받을 수 있다. 참여를 통하여 사적인 요구가 공적으로, 갈등이 협력으로 변화되며, 타율적 제재가 자율로, 그리고 개방적이면서 개인적 내지는 사회적 변화가 쉽게 수용된다. 또한 교육현장이 자기 결정력을 지닐 수 있게 된다.

한편 학교에서 보다 자율적인 인간을 기르기 위해 힘쓰는 몇 학교를 통해 그 방법을 알아보도록 하자.

슈타이너(Rudolf Steiner)의 발도르프 학교에서는 자주(自主)교육을 실시하고 있다. 교장이 없는 학교가 이상적이라 본다. 왜냐하면 이 경우는 모든 교사, 모든 학생, 모든 학부모가 다 교육의 주체로서 책임과 자율을 누릴 수 있기 때문이다. 또한 실제로 발도르프 학교 교사들은 교육내용이나 방법을 자유로이 결정한다.558) 우리의 학교 현장에서는 교감과 교장이 직접 가르치지 않지만 학교의 제반 사항들을 총괄하여 결정하는 입장에 있다. 따라서 교장이 없을 경우에는 교사들이 함께 모여 학교의 일을 결정하기 위해 보다 더 참여하게 되고 방향을 제시하거나 감독하

---

556) Elmore, Richard, Restructuring in the Classroom, Jossey－Bass, California, U.S.A.
557) 조영달, "참여의 교육체제 구축과 교육주체성의 회복", 이돈희 외, 『교육이 변해야 미래가 보인다』(서울: 현대문학, 1998), pp.213－219.
558) 김정환, 『전인교육 어떻게 할 것인가』(서울: 내일을 여는 책, 1997), p.148.

는 사람이 없기에 교사들이 보다 더 전문적이 되고 책임감을 갖추는 것이 요구된다 하겠다.

　거창고등학교는 인간교육의 핵심을 '자율성'으로 보고 자율성을 통한 인간교육을 목표로 하고 있다. 교육활동의 핵을 자율성을 기르는 것이라고 본다. 따라서 인간이 어떤 조건하에서도 스스로의 판단 아래 스스로의 행동을 결정할 수 있는 가능성을 갖고 있다고 보고, 그것을 실제 학교생활 속에서 체험하도록 하고 있다. 학생들의 자율성을 신장시키기 위한 교육활동의 원칙은 첫째, 가능한 한 모든 학생들이 참여하도록 한다. 둘째, 자율적으로 하도록 한다. 셋째, 협동을 이루도록 한다. 넷째, 창의성을 살리도록 한다. 그리고 이 네 가지 원칙을 지키려면 다음 두 가지 조건이 필요하다. 하나는 학교의 규모가 작아야 한다. 학생 수가 적으면 좋다. 또 하나는 교무회의, 즉 교사들 자신들이 자율성을 가지지 않으면 안 된다. 왜냐하면 자율성을 가지지 못하는 교사들이 학생들과 생활하면서 그들이 자율성을 길러 줄 수가 없기 때문이다.[559] 학생이 주체가 되게 하는 가장 대표적인 것이 이 학교의 개교 기념 예술제이다. 사흘 동안에 걸쳐 행해진다. 이것은 이 학교의 정신이 가장 깊게 배어 있는 행사이다. 준비하는 과정에서부터 학생들이 주체가 되어 예산 편성과 집행은 물론 진행과 시상에 이르기까지 모든 일을 자율적으로 하기 때문이다. 학생회에서는 몇 차례 회의를 열어 예술제에 관한 모든 것을 결정하고 나면 안내장을 겸한 예술제 프로그램을 작은 책자로 만든다. 예술제가 시작되면 모든 진행은 학생회에서 한다. 예술제 시작을 알리는 개회 선언도 대회사도 학생회장이 한다. 개회식 행사에서 '학교장 말씀'만 겨우 네 번째 순서에 있을 뿐 선생님들의 순서는 하나도 없다. 예술제가 시작되면 각 종목은 학생회의 지시에 따라 시간에 맞춰 진행된다. 심판도 물론 학생들이 한다. 심판의 수준은 낮으나 판정은 엄정하고 권위가

---

559) 이정원, "대안교육의 발전방안에 관한 연구", 조선대학교교육대학원 석사학위 논문, 2001, p.136.

있다. 설사 심판이 하급생일지라도 상급생은 판정에 항의를 하지 않는
다. 판정에 이의가 있으면 주장을 통해서 항의를 하지만 대부분의 경우
는 심판의 판정에 승복한다. 이것은 매우 중요한 일이다. 바로 이러한
과정을 통해서 민주 시민으로서의 자질을 키울 수 있기 때문이다. 자율
과 질서, 그리고 참여를 통해서 함께 어우러져 생활하는 공동사회의 일
원이 되는 것이다.560) 그리고 거창고등학교에서는 교장과 교감도 평교사
처럼 꼭 수업에 들어가 학생들에게 평교사의 한 사람으로 여기게 하
며561) 교사가 학교교육 과정편성에 안을 내도록 하며 부장도 돌아가면
서 하는 등 여러 면에서 주체의식을 가지게 하고 있다. 이처럼 학교의
일에 주체적으로 참여하는 방법은 많다. 부장을 돌아가면서 하는 것은
보다 학교 일에 책임감을 느끼게 한다.

또한 이것은 무엇보다도 책임감을 키워 주기 위한 방안인 도산의 '주
인 의식'의 실천과도 관련된다. 주인이 따로 없고 잘난 사람이 따로 없
다는 의식을 심어 주는 교육 방안 중 가장 좋은 것이 모든 아이에게 책
임을 맡기는 일이다. 귀한 일을 맡아보면서 보람을 느껴야 한다. 반장,
회장직까지도 다 윤번제로 돌아가면서 시키고 모든 일을 공동으로 책임
지게 하는 방식이다.562) 이를 위해서는 학생들을 모두 존중하고 모두 학
교 일에 참여하게 하는 것이다. 차별이 아닌 사랑을 행하는 것이다.

기존의 민주시민 교육이 참여를 전제하는 것으로 발전되었음에도 불
구하고 그 실효성이 나타나지 않는 근본적 이유는 이론적 목표와 학교
현실의 괴리, 그리고 타성에 젖은 관리 위주의 소극적 교육의 결과로 보
아야 한다. 이것은 수업활동뿐만 아니라 특별활동, 기타 자치활동의 영
역에서 학생들이 주체가 되어 참여하지 못하고 보조적인 입장에서 수동
적으로 적응해 온 교육관행에 의한 것이다.563) 특히 학교는 학생들의 일

---

560) 함수곤, 『교육과정과 교과서』(서울: 대한교과서주식회사, 2000), pp.213-214.
561) 김정환, 전게서, 『인간화 교육 어떻게 할 것인가』, p.321.
562) 상게서, p.101.
563) 조항연, "참여 민주적 시민교육의 모형 모색", 한국교원대학교 석사학위 논문, 2002,

상적인 생활공간으로서 큰 비중을 차지하고 있다. 그러므로 수업활동에의 참여 못지않게 선택을 통한 특별활동에서의 참여 등을 활성화시키는 것이다. 그중 가장 중요한 것은 학생들이 자기 의견이 반영되고 의사결정자가 될 수 있게 하는 회의이다. 가깝게는 학급회의에서부터 멀리는 학교 전체의 운영이나 규칙의 제정에 의견이 반영되고 참여하는 것이다.

이에 강승규는 학생의 자율을 신장시키는 방법으로 보다 자유로운 학교 일정과 교과선택뿐 아니라 학습활동의 자유, 학생회의 자치적 운영 확대, 학생행사의 자치적 운영, 과외활동의 자치 영역 확대 등을 들었고 특히 학교운영위원회를 통한 학생의 의견 반영도 있을 수 있다고 했다.564) 따라서 이는 교사의 노력뿐만 아니라 교육행정가 및 관리자의 의지와 노력이 요구됨을 말한다.

고오든(Thomas Gordon)은 학교에서의 자율적 인간육성에 필요한 몇 가지를 제시하고 있다. 세 가지를 보면 다음과 같다.565) 첫째가 적극적인 경청의 사용이다. 이것은 대부분의 교사들이 학생문제에 대하여 해결책을 주거나 암시해 주는, 종래의 방법과는 반대되는, 학생들로 하여금 스스로 자신의 문제에 대한 해결책을 발견할 수 있도록 해 주는 방법이다. 학생들이 자신의 문제를 스스로 해결하는 책임을 지게 될 때, 그들은 자기 책임감과 자신감을 가진 인간으로 성장하게 된다. 적극적인 경청은 성장·독립성·신뢰 그리고 자율성을 증진시킨다. 둘째는 나-메시지이다. 이는 행동변용에 대한 책임을 학생들이 직접 가지게 한다. 즉 나-메시지는 교사의 욕구에 얽매이지 않고도 학생 스스로 자신의 행동 변화를 주도하는 기회를 갖게 한다. 그 결과로 학생들은 보다 쉽게 자기 선택적이고 자기 결정적인 행동으로 반응할 수 있게 될 뿐만 아니라 나

---

pp.70-72.

564) 강승규, "지방 교육 자치 실현과 자율의 조건", 고려대학교교육사철학연구회 편, op. cit., p.150.

565) Thomas Gordon, 이형득 공역, 『학교에서의 자율적 인간육성의 원리』(서울: 형설출판사, 1986), pp.18-36.

아가서는 자기 책임을 다하는 성숙한 인간이 된다. 나 - 메시지는 두 가지 이유 때문에 '책임 메시지'라고도 불린다. 그 하나는 나 - 메시지를 보내는 교사가 자기의 내적 상태에 대하여 스스로 책임을 지며 학생에게 교사 자신을 충분히 개방할 수 있는 책임을 질 수 있다고 가정하기 때문이다. 또 다른 하나는 나 - 메시지는 학생에게 학생의 행동에 대한 책임을 부여하기 때문이다. 그리하여 나 - 메시지는 너 - 메시지에 의해서 수반되는 부정적 영향을 배제시켜서 학생으로 하여금 분노 대신에 사려 깊은 성찰을 하도록 돕는다. 셋째는 학급규칙 제정이다. T. E. T. 학급에서 교사들은 강압과 권위 대신에 실제로 더 효과적인 방법을 배우게 된다. 즉 그들은 학급의 규칙들을 제정하는 데 모든 학생을 다 참여시키는 학급회의의 진행방법을 배우게 된다.

자율교육과 관련하여 서머힐에서 실시하고 있는 것도 바로 자치회의이다. 이 과정에서 학생들은 결정하는 힘과 책임을 배울 수 있는 것이다. 자유의 학교인 서머힐이 무질서와 혼돈의 장소가 되지 않고 진보적인 학교로서 성공할 수 있었던 것은 이곳에서 민주적인 자치가 행해졌기 때문이다. 이것은 민주시민으로서의 훈련교육이 될 뿐만 아니라 많은 사람들 앞에서 자기의 의견을 거침없이 발표할 수 있는 능력도 길러 주는 좋은 기회가 된다고 말했다. 구체적으로 살펴보면 이 자치회의에서 학교의 모든 규칙이 정해질 뿐만 아니라 사회적인 위반행위에 대한 여러 가지 제재도 투표에 의해 결정, 집행했다. 교직원과 학생 누구나가 연령에 관계없이 똑같은 한 표씩을 행사하는 이 회의에서는 교장인 닐이 낸 제안이 다수인 나이 어린 아이들에 의해 부결되기도 한다. 취침시간의 규칙은 매 학기 초에 투표에 의해 결정되는데 그 시간은 연령에 따라 다르다. 이 밖에 스포츠 위원, 학기 말의 댄스위원, 연극위원, 교외위원(학교 밖에 나갔을 때 아이들의 좋지 못한 행동을 주의시키기 위한 위원)들도 선거에 의해 선출된다.566) 닐은 일반 학교에서 학생들의 자유

---

566) 김은산, 전게서, 『니일의 인간교육사상』, pp.117 - 118.

가 학교 당국이나 교사에 의하여 침해되고 있으며, 그것은 학생들에게 심리적으로나 정서적으로 매우 부정적인 영향을 미치고 있다고 생각한다. 따라서 닐이 설립한 서머힐은 자유와 권리가 철저하게 보장되고 지켜지는 학교이다.567) 현재 학교는 학생에 대한 자율성을 가지기에 부족하기에 자율성을 기르는 기회를 주어야 할 것이다. 그것은 학생들을 보다 많이 참여하게 하는 것이다. 즐거운 학교를 만들기 위해서도 학생들의 자치활동을 확대시켜야 할 것이다. 그러나 우리의 교육현실은 안타깝게도 그렇지가 못하다. 여러 면에서 학생들은 수동적이다. 그래서 자율적이지 못하고 주체적이지 못하다. 그 제일 좋은 방법은 회의를 통하는 방법이라 본다. 그런데 회의가 거의 활성화되어 있지 못하다. 그리고 비민주적이다. 물론 대규모의 학교로 되어 있기에 그 실현 가능성이 희박하다. 따라서 이것과 관련해서도 앞으로는 학교가 소규모화가 되는 것도 그 이유 중 하나일 수도 있다 하겠다. 심지어 학교의 학급회의 시간마저 또한 예외가 아니다. 주로 학교에서 정해 준 주제를 가지고 회의를 하며 건의 사항은 형식적인 경우가 많아 시간 때우기가 되기도 한다. 주훈도 교사가 정하여 하달한다. 오직 학교에서 학생들은 공부만 열심히 하고 시키는 대로 하면 된다. 따라서 현실적으로 중요하지 않는 것이다. 자유롭지 못하고 자율적인 토론이나 각자가 결정할 여지가 거의 없다. 그리고 그들은 오직 성적에 매달려 있다. 교사도 마찬가지이다.

학교에 자치회의 같은 형태의 것이 있어 보다 강조하고 활성화될 때 보다 자율적이고 참여적이 되는데 아직까지 그렇지가 못하여 인터넷을 많이 활용하고 있는 실정이다.

초등학생들이 학급회의를 가장 잘한다는 사실은 아이들 자신 즉 개인들의 노력이 사회를 바꿀 수 있다는 극히 천진스럽고 매우 정상적인 사고를 하기 때문이기도 할 것이다. 그러나 성장하면서 아이들은 철이 든다. 그래서 자신들의 의지가 세상을 바꾸기에는 너무 미약하다는 것을

---

567) 정진곤, 전게서, p.171.

알아챈다. 현재 중·고교학생들은 학급회의를 포기하고 있다. 이로써 위대한 개인이 아니라 평범한 개인이 사회를 만들고 바꾼다는 사실을 체험적으로 교육받지 못하는 것이다. 물론 이치에 근거한 토의의 모습도 없다. 이는 학급에서 국회까지 동일하다. 학교에서 사회까지 연결 고리로 형성되어 있는 개인지배와 지시풍토가 획일적인 것이다.[568] 즉 회의해도 소용이 없는 것임을 알았기 때문이다. 그만큼 자율과 참여가 보장되지 않는 구조이기 때문이다.

학생기구는 거의 예외 없이 어처구니없는 허수아비에 불과하며, 학생들은 그 사실을 알고 있다. 그럼에도 불구하고 그들은 순종이 미덕인 것으로 조건화되어 규칙과 통제에 대한 의문을 좀처럼 갖지 않았다. 그런데 지금은 많이 변화하고 있다. 과거 3년 동안 고등학생들은 규칙을 제정하고 통제력을 발휘하는 데 다소간 참여할 것을 요구하고 있으며 또한 전통적으로 내려오는 행동규제의 약간에 대해서 의문을 제기하고 있다. 그럼에도 불구하고 대다수의 학생들은 학교의 자의적인 권위주의 속에서 다년간 살아온 관계로, 혹은 별일 없이 살아남아 졸업이라는 관문을 통과할 의향을 가지고, 그 상황을 수락하고 만다. 그들이 졸업 후 성인생활에 부과하는 책임을 수락할 만한 준비상태에 미달한다는 것은 의심의 여지가 없다. 혹은 그들이 대학에 들어가서 좀 더 많은 자유와 책임에 봉착하였을 때, 그들 가운데 다수가 자율적으로 공부할 수 없는 관계로, 그들의 시간을 활용할 계획을 세울 수 없는 관계로, 혹은 연습과 부과되는 숙제가 없이도 시험에 대비할 수 없는 관계 등으로 학업에 실패하는 것은 당연하다.[569]

일반적으로, 토의하는 분위기와 규칙에 대한 이유의 제시 및 강조는 자율적 단계로의 발달에 확실히 많은 기여를 하고 있다. 선택의 바탕을 제공하는 문학이나 역사와 같은 학문 분야에 관심을 보이는 교육과정

---

568) 신남호, 전게서, p.187.
569) C. H. Patterson, op. cit., pp.124－125.

또한 분명히 기여한다. 그러나 중요하고 크게 영향을 미치는 것은 말할 필요도 없이 학교의 일반적인 통제제도와 이것을 지지하는 동기부여에 관한 것이다. 여기서 중요한 것은, 그것이 무엇이든 교장의 명령에 의해 결정되어야 하고 무엇이 옳은가를 결정하는 유일한 방법이 한 사람에게 호소해야 하는 권위주의 통제체제에 의해서는 자율성이 촉진되지 않는다.570) 다만 아직도 많은 청소년들이 첫 번째인 전 도덕(pre-moral) 수준에 있다는 콜버그의 지적과 관련하여 아동의 발달 단계를 고려하여 단계적으로 그리고 적절하게 실시함이 바람직할 것이다.

학급회의는 학생들을 가능한 한 최상의 교실을 만드는 데 충실한 동반자로 만듦으로써 민주주의에 대한 경험을 하게 해 주고 새로운 활력을 불러일으키며, 교사와 학생들 간의 유대를 깊게 해 주며, 그리고 학생들의 역할과 책임을 넓혀 주는 동시에 본보기와 스승으로서 교사의 영향력을 높여 주는 매우 중요한 것으로 그 가치와 의의에 대해 구체적인 예를 들면 다음과 같다.

윌콕스라는 교사는 돌 반으로 통한다는 말썽꾸러기아이들 때문에 신경쇠약으로 휴직한 정교사 대신 이 반을 맡게 된 임시교사로서 자신이 늘 하던 방식대로 학급회의를 시작했다. 토의를 위한 기본 규칙을 이끌어 내고, 아이들에게 그들이 제안한 각 규칙에 대한 이유를 제시할 것을 요구했으며 그다음은 학급 전체에 대한 규칙으로 넘어갔다. 그런데 여기서 그녀는 대다수의 학생들이 부정적이 규칙을 제안한다는 것을 알게 되었다. 이를테면, "밀지 말 것", "때리지 말 것", "다른 아이의 숙제를 찢지 말 것"들이었다. 그래서 그녀는 "우리가 남을 밀거나 때린다는 것은 대체 무슨 뜻이지?"라고 묻자 한 학생이 "그건 우리가 다른 아이를 배려하지 않는다는 것입니다."라고 말했다. "그렇다면, 이 반을 좀 더 나은 반으로 만들기 위해 우리가 할 수 있는 일은 어떤 것들이 있지?"라고 또 묻자, "서로서로를 아껴 주는 것이지요."라고 또 다른

---

570) R. S. Peters, 남궁달화 역, 『도덕발달과 도덕교육』(서울: 문음사, 1993), pp.178-179.

한 아이가 대답했다. 그때 그는 전지에다 큰 글씨로 "서로서로 배려하
자."라고 적어 칠판에 걸었고 이것이 그들의 제1의 기본 규칙이 되었던
것이다. 다음 주, 교사는 매일 학급회의를 열었다. 모임이 계속되자, 학
생들의 참여도는 증대되었고 학생들은 누군가가 말을 할 때면 예전보
다 더 조용히 들었다. 그 이후 잔여기간 동안, 윌콕스는 학생 행동에서
의 작은 변화들이 일기 시작했다고 보고했다. 사사건건 문제를 가지고
교사에게 달려오던 아이들의 행동이 없어졌다. 그 대신 무엇이 잘못된
것이고 어떻게 하면 될 것인가를 자체적으로 논의하고 결정하는 일이
잦았다. 서로가 나누어 갖는 버릇이 생겨서 "이리 내놔. 그건 내 거란
말이야!"란 말을 사용하지 않게 되었다. 학생들의 학업 또한 많은 발전
이 있었고, 이제는 학교에 오는 것이 즐겁다는 말도 하게 되었다. 그녀
는 이러한 변화를 가져오게 한 주요인으로 학급회의와 학급규칙에 대
한 책임의식이 수반된 것을 꼽았다. 그리고 회의는 또한 "각 어린이들
에게 자기의 말도 들어 볼 가치가 있다고 느끼는 동료집단"을 제공해
주었으며 그들 자신을 존중하기 시작할 때 다른 사람들을 존중하는 마
음도 발달하게 된다는 것을 보여 준 것이다.[571]

이와 같이 의사결정자가 되게 하는 것은 매우 큰 의미가 있다. 이때
물론 교사가 의사결정의 책임에 대한 통제권을 포기하는 것은 아니기에
먼저 여러 선택안들을 분명하게 구조화할 필요가 있다. 그리고 아이들은
자신들이 적극적인 의사결정자가 될 때 보다 큰 가치를 느낀다. 왜냐하
면 그들은 학업에 대해 보다 강한 열정을 느끼며 그들이 우리를 위해서
하는 어떤 것보다 그들이 가치 있다고 여기는 어떤 것에 더 많은 투자
를 하기 때문이다. 여기서 학급회의가 아주 기본적이면서 학생들에게 의
미 있는 주제부터 정해서 의사결정자가 되게끔 만드는 것이 학생들에게
자기존중감과 책임감을 높이게 하는 좋은 방법임을 알 수 있다.

한편 학교체제는 학생들의 자기표현을 질식시키며 원한, 소외, 자기
증오를 유발시키며, 일치된 행동만을 유도하기에 분명히 이것은 자아실
현의 행동이나, 책임 있는 시민이라는 개념에 위배된다.[572] 따라서 보다

---

571) Thomas Lickona, op. cit., pp.169－182.

학생들이 살아 있음을 느끼도록 스스로 해 보게 하는 활동들을 많이 하는 것이 필요하다. 학교가 다양한 활동들을 많이 하고 학생들이 학교의 일에 참여하는 활동을 많이 하게 하는 것은 그가 더욱더 학교에 흥미를 느끼게 할 뿐만 아니라 주체의식과 책임의식을 가지게 할 것이다.

따라서 자신의 언어를 만들어 갈 수 있는 시간과 공간을 주어야 할 것이다. 여기에는 교내 특별활동을 활성화하여 청소년의 주체적 문화를 형성하게 하고 교내신문을 만들게 하는 것도 있을 수 있고, 청소년들이 볼거리를 많이 만들어 내면서 그들 스스로 많은 토론을 하면서 작품을 만들어 가게 하는 방법도 있겠다. 가정에서도 부모들도 아이들이 읽는 책을 함께 읽으며 토론하고 아이들이 보는 텔레비전 연속극을 함께 보면서 그들이 자신의 언어를 만들어 갈 능력을 갖도록 도와야 한다.573) 자기 스스로 뭔가를 만드는 창조적이고 활동에 많이 참여하게 하는 것은 보다 주체적이고 책임감이 있게 만들 것이다.

특히 테크노 레이브 파티장에 가 보면 새 기운을 느낄 수 있다. 이 임시로 만들어진 자율 자치 공간에 가면 개인들은 각기 내부의 힘을 느끼고, 자신 내부의 소리에 맞추어 춤을 춘다. 그러면서 '따로 또 같이' 가는 공동체적 분위기가 형성된다.574) 이런 활동을 통해 청소년들은 통제 상태에서 벗어나 사회적 주체로서의 감각을 되살리려 나간다. 이들은 수동적인 관객이거나 시키는 대로 따라 하는 조직원이기를 강요하는 거대한 고도관리 사회에서 능동적 존재로서의 감각을 되살리면서 스스로 자기 관리를 하는 정신에 관심을 갖기 시작한다.

자신이 직접 경험을 하지 않고서는 자신감을 가진 사람이나 창의적인 사람이 나올 수 없다는 사실이다. 사실 학교교육은 입시교육으로 경험의

---

572) C. H. Patterson, op. cit., pp.136－137.

573) 인간교육 실현 학부모연대 편, 『성숙한 부모, 자유로운 학교, 건강한 아이』(서울: 대화출판사, 1993), p.288.

574) 우에노 도시야, "1990년대 일본의 도시부족과 미디어부족", 연대청년문화센터, 『왜 지금 우리는 청소년을 이야기하는가?』, 1999, p.16.

기회를 박탈함으로써 한국 청소년들을 모두 자신감이 없는 사람으로 만들고 있다는 데 있다. 따라서 학교교육에서는 다양화와 특성화가 하루속히 이루어져야 하고 교사와 학생이 개인적 능력을 제대로 발휘할 수 있는 체제가 만들어져야 한다. 즉 청소년들에게 자신감과 사고력과 상상력을 돌려주는 학교들이 생겨야 한다.575) 그리고 학교교육 외적으로는 청소년들에게 자치공간을 주어 스스로 일을 꾸려 가고 책임을 감당해 가도록 하는 일이다. 지금까지 학생 신분으로서의 존재만을 인정했던 청소년들에게 학생 외의 신분으로 곧 사회 성원으로 여러 가지 일을 스스로 벌이고 경험해 나갈 수 있는 공간을 마련하는 일이 시급하다. 지금까지 청소년들은 적극적으로 자신이 원하는 일을 추구해 본 적이 없다. 그래서 그들은 모든 책임은 간섭과 규제로 일관해 온 어른들에게 있다고 하면서 자기 편리대로 책임회피를 하게 되었다. 이제는 청소년들이 자치활동을 마음 놓고 할 수 있는 자치공간을 가까운 지역마다 마련해서 스스로 삶을 일구어 가는 경험을 하게 해야 한다. 청소년들에게 권리와 의무가 있는 삶을 돌려주어야 하는 것이다. 그래서 청소년 자신들에게도 평가권을 주어서 그 자신들이 참여해 온 프로그램을 평가하게 하는 작업으로부터 그 훈련을 시작하는 것이다. 왜냐하면 청소년기는 다양한 삶의 체험과 실험이 가능한 독자적인 생애 주기이기 때문이다.

한편 자율적이고 책임 있는 주체적인 인간이 되게 하기 위해서 가정에서는 부모가 어떻게 하는 것이 바람직한지에 대해 알아보자.

먼저 자율적이지 못하고 책임감이 없는 자식을 만들지 않기 위해 피해야 할 몇 가지를 보면 다음과 같다.

그 하나는 마음대로 키우는 것이다. 즉 방임하는 경우이다. 사랑을 하지 않고 무책임하여 아무런 신경을 쓰지 않는 경우이다. 부모가 먼저 모범을 보여야 하는데 그렇지가 못하면 자식은 자기 통제감을 잃고 자기

---

575) 조한혜정, "청소년에게 인권과 시민권을 돌려주자", 연대청년문화센터, 『왜 지금 우리는 청소년을 이야기하는가?』, 1999, pp.96-99.

멋대로 하며 또한 책임감도 느끼지 못한다.

둘째는 자식에 대한 사랑이 지나쳐 과잉보호하여 자식이 하고 싶은 것을 다 들어주며 키우는 경우이다. 이때 그는 의존적이고 수동적인 인간이 된다. 그는 스스로 판단하고 일을 처리하기보다는 부모나 타인에게 의지하게 된다.

세 번째는 자식을 소유물로 여기며 독재를 하는 경우이다. 이는 욕심에서 비롯한다.

따라서 먼저 자식을 하나의 인격체로 존중하는 것이다. 특히 청소년기 자율성의 추구는 매우 자연스럽고 당연한 것으로 장차 자율적인 인격체로 성장하는 발판이 되기에 그들의 자율성에 대한 요구는 충분히 인정해 주면서도, 그것이 방종이나 무지성으로 흐르지 않도록 세심하고 지속적인 지도를 해야 할 것이다.[576]

그런데 이해심이 없는 성숙하지 못한 부모는 자식을 부모의 대리인으로 여겨 자신의 욕망이나 꿈을 강요하는 경우이다. 자식이 엄연한 한 인격체로서 자율적으로 행동해야 함에도 불구하고 부모가 많이 간섭을 하는 것이다. 물론 자식 잘되기를 바라는 마음에서 그렇기도 하지만 지나친 것은 바람직하지 못할 것이다. 그리고 가정에서부터 나약하고 의존적인 인간으로 키우고 있음을 우리는 반성해야 할 것이다. 특히 자신의 포부를 못다 한 부모일수록 이런 경향이 짙다. 그러나 부모의 무책임이 빚는 결과는 간단한 것이 아니다. 귀한 청춘을 헛되게 보내게 하고 있음을 알아야 한다. 나무랄 수만 없는 이야기이지만 수석을 한 학생이 법과를 지망한 것이 "주위의 기대가 있고 해서"였다. 무엇보다도 많은 고교생들이 스스로가 무조건 대학에 입학하는 것이 인생 최대의 목표인 양 생각하고 있는 것은 정말 우리를 슬프게 한다. 자신의 장래와 적성을 도외시하는 것은 결국 자신을 무시하는 것이 되고 자신을 불행한 인생으로 만

---

576) 김태길 외, 『자녀지도를 위한 부모교육』(서울: 재단법인 청소년대화의 광장, 1993), pp.72－73.

드는 원인이 되게 한다. 따라서 본인이 결단하고 본인이 책임지도록 되어야 한다. 고교생들에게 그것을 기대하기에는 너무 이르다고 말할 사람이 있을지 모른다. 그러나 얼마나 많은 대학생들이[577] 성적이 아닌 적성으로 방황하고 또 다른 길을 가려고 하고 있는지를 알아야 한다. 이는 가정에서 자식에 대한 관심과 이해보다는 자기 자신의 관점에서 생각한 결과인 것이다.

또한 효가 지나쳐 부모를 위한 효자 노릇 하려고 어느새 자기도 자신의 인생을 가진 하나의 인격이란 귀중한 사실을 잊어버리고 자신을 위한 것이어야 할 인생이 부모를 위한 인생처럼 생각하게 된다. 그러니 내 인생은 내가 가진다는 책임의식이 희미해져 가며 의타심이 생긴다.[578] 이와 같은 문제들을 풀기 위해서는 가정에서 자식을 한 독립된 인격체로 간주하고 의사를 존중하고 관심을 가지고 지켜보며 욕심을 부리지 말고 냉철하게 자녀의 소질과 능력을 파악하여 키워 줄 수 있도록 도와 주는 입장이 되어야 할 것이다. 그렇지 못할 경우에는 부모는 자기를 사랑하지 않는다고 생각하기도 하며 대화가 부족해지며 독립심과 자신감을 가지고 주체적인 인생을 살기가 힘들 것이다.

탯줄이 잘라지는 순간부터 아이는 독립된 별개의 인간이다. 그러나 우리는 아이와의 신체적 분리는 쉽게 받아들이지만, 아이가 우리 자신의 심리적인 연장물도, 소유물도, 반영물도 아니라는 사실은 종종 잊어버린다. 아이를 보호하고 영향을 주려는 것은 지극히 당연하다. 그러나 만약 우리가 통제를 계속한다면, 아이는 스스로 기능할 수 있는, 즉 자율적인 '자기통제적인' 사람이 될 수 없다. 우리는 부모로서 자녀를 통제하길 원한다. 통제력을 행사하는 방법 중의 하나는 가능한 한 많은 것을 아이를 위해서 부모가 대신해 주는 것이다. 그러나 우리가 아이들을 위해서

---

577) 적성에 맞지 않아 전과나 편입학하는 학생들의 비율 및 자신의 진로, 즉 전공학과를 언제 주로 정하는지에 대한 체계적인 조사 및 연구가 필요하다.
578) 박아청, 『인간과 교육』(서울: 배영사신서, 1986), pp.3－11.

많은 것을 해 주면 해 줄수록 아이들 스스로 하는 일은 적어지고, 자신이 결정할 일에 대해서도 부모에게 더욱 의존하게 된다.[579] 여기서 우리는 통제가 과잉보호와 관련이 있음을 알 수 있다. 이 둘 다 부모의 욕심에서 비롯한 것이고 너무 아끼는 마음이 있으면 혹은 소유욕은 안쓰러운 마음에서 혹은 자기 입맛에 맞게 되기를 바라기 때문에 그는 더 간섭하고 통제하는 것이 된다.

부모들 중에는 자녀들이 해야 될 일을 지나치게 도와주거나 대신 해 주는 이들이 있다. 하지만 이런 도움은 자녀를 위하는 일이 아니라 오히려 그르치게 하는 일이다. 왜냐하면 무슨 일을 남이 도와주거나 대신해 주면 어린이는 자기 머리로 생각하고 자기 몸으로 부딪쳐 볼 수 있는 기회를 그만큼 상실해 버리기 때문이다. 과잉보호를 받는 자녀들이 학습 부진을 일으키는 가장 큰 이유는 공부하는 고통을 참고 견딜 수 있는 의지가 약하다는 데 있다. 그것은 학습은 의지와 인내로 하는 정신적 중노동이며 자신과의 힘겨운 싸움이기 때문이다. 이 의지를 길러 주려면 자녀에게 어릴 때부터 고통을 참는 힘과 자기 일에 대한 책임감, 그리고 자기 일은 자기 힘으로 처리하는 생활 습관을 몸에 익히도록 해 주어야 한다.[580] 자녀들을 결코 편하게 키우거나 받들어 키워서는 안 된다. 또 저학년 때부터 혼자서 공부하는 자학자습의 습관을 몸에 익혀 주는 일이 무엇보다 중요하다.

한편 지시나 명령의 권위적인 분위기는 지양되어야 할 것이다. 억압은 억압을 낳으며 지시는 지시를, 명령은 또 다른 명령을 낳기 때문이다. 또한 말할 때 가능하면 명령이나 금지보다는 의뢰하는 형식을 취하는 것이 인격적으로 취급하는 것이다. 청소를 아이에게 부탁할 때도 "너는 영리해서 청소도 잘하니까 엄마를 좀 도와주지 않겠니?" 하고 말하는

---

579) Nancy Samalin & Moragan Jablow, 김진숙·연미희·이인수 옮김, 『바람직한 자녀와의 대화방법』(서울: 학문사, 1991), pp.181－182.
580) 황태근, 『존중받는 아이가 공부 잘한다』(서울: 범조사, 1998), pp.160－161.

것이 좋다. "엄마는 지금 대단히 바쁘기 때문에 네가 엄마를 위해서 상을 좀 보아주면 퍽 고맙겠어."라는 말은 명령이 아니고 의뢰하는 형식이기 때문에 더 예의 바른 태도라고 할 수 있다. 이러한 취급법은 명령이나 강요가 아니고 아이 자신이 능동적으로 자발적으로 하는 기쁨과 만족감을 가지게 한다.581) 우리의 교육 목적은 무엇이나 강요당해서 할 수 없이 하는 소극적이고 수동적인 사람을 기르는 것이 아니고, 기쁘게 자발적으로 남을 사랑하는 마음으로 하는 사람을 기르는 데 둘 때 사실 강요는 금물이다. 이때까지의 훈련은 아동을 일정한 틀 속에 끼워 넣으려고 했다. 따라서 이러한 훈련은 명령에 복종하는 아이는 만들 수 있지만 창의적으로 자주적으로 하는 책임감이 있는 사람을 만들지는 못한다.

인간에게는 자아를 실현하고자 하는 천부의 성향이 있다. 자기 자신을 보호 유지하고 여력이 생기면 타고난 잠재능력을 최대한으로 구현하고자 하는 성향을 자아실현의 성향이라고 한다. 자아를 실현하는 사람들은 생각과 행동이 자율적이고 자주적이다. 허용적이고 수용적인 분위기에서 선택의 자유를 만끽하고 내적 동기를 좇아 살아온 그들은 자기 자신을 신뢰하고 수용한다. 따라서 자율적이고 자주적으로 생활한다. 그들은 이미 자기 자신을 긍정적으로 받아들이고, 자기 자신을 좋아하는 사람들이기 때문에 남들이 자기를 좋아하든 싫어하든 크게 염려할 필요가 없게 된다. 학원이나 학교에서 어른들이 시켜서 공부하는 학생들은 능률적인 학습을 기대하기가 어렵다. 자기가 하고 싶어서 공부하고, 알고 싶어서 배우는 습관을 길러 주어야 자주적이고 자율적인 인간이 된다. 그런 경우에 학습능률은 오르고, 학습의 성과는 놀랄 만큼 신장된다. 그런데 어른들의 계획과 목적에 따라 청소년들을 일방적으로 지도하면 그들은 수동적, 타율적, 의존적인 사람이 되고, 타인 지향적인 인간이 된다.582) 따라서 인간본성에 대한 신뢰와 자아실현의 성향이 있는 어른들은 청소년

---

581) 신연식, 『부모교육』(서울: 학문사, 1981), pp.380-381.
582) 연문희, 『성숙한 부모 유능한 교사』(서울: 양서원, 1999), pp.18-21.

들을 내버려 둘 수 있고, 믿고 내버려 두면 그들은 자주적이고 자율적으로 살아가게 된다고 믿는다. 청소년들을 신뢰하고 존중할 수 있는 어른들은 근본적으로 자신의 중요성과 존재가치를 깨닫고 자신을 사랑하는, 자기상이 긍정적인 어른들이다. 따라서 어른들이 먼저 자아를 실현하는 인간이 되도록 노력하여야 한다.

아이들이 부모의 통제하에서 그저 부모가 시키는 대로 잘 따라 하면 부모들은 아이가 말을 잘 듣는다, 참 착하다, 속을 안 썩인다고 대견스러워한다. 그런데 그런 아이들은 어찌 보면 노예나 다름없이 변해 가고 있는 것이다. 노예는 주인의 다스림만을 받을 뿐, 자발적으로 일을 하는 법이 없다. 아이들이 자기를 스스로 다스리도록 하려면 우선 크고 작은 모든 일을 스스로 판단하고, 선택하고, 결정하는 일부터 시작함이 좋다. 밥을 먼저 먹고 숙제를 할까, 숙제를 하고 밥을 먹을까? 숙제는 어느 것부터 할까? 나가서 뭐 하고 놀까? 누구하고 놀까? 어떤 옷을 입고 학교에 갈까? 머리는 오늘 깎으러 갈까, 내일 깎으러 갈까? 몇 시에 깎으러 갈까? 문방구는 머리 깎으러 갔다 오다가 들를까, 문방구부터 갔다 오다 이발소에 들를까 등등 하루 생활 중에서 크고 작은 모든 일을 아이 스스로 계획하도록 하는 것이 곧 자율의 출발이다. 물론 이러한 계획을 세우는 일은 꼭 하루의 생활에서만 있는 것은 아니다. 방학 같은 한 달이 넘는 긴 기간의 계획도 아이 스스로 세우게 할 수 있어야 한다. 한 달, 한 주간의 짧은 기간의 계획도 아이들은 곧잘 자기 스스로 세운다. 또는 아주 특별한 일, 이를테면 자기 생일날을 어떤 식으로 보낼까, 친구 몇 명이서 수영을 가기로 했는데 어디로 어떻게 가서 수영을 하고 올까 등의 일에 있어서도 아이들에게 기회를 주면 아이들은 자기 스스로 계획을 잘 세운다. 학습에 대한 계획도 마찬가지다. 내가 이 동화책을 일주일 동안 다 읽을 것이냐 아니면 열흘 동안 읽을 것이냐, 컴퓨터를 어떻게 어디에 가서 배울까, 한자 공부도 하고 싶은데 하루에 두 자씩 매일 할까, 아니면 방학 중에 집중적으로 할까? 이런 일에서도 부모는 자녀에게 얼마든지 자율의 기회를 줄 수 있다.583) 특히 오늘날의 어린이들은 과거의 어린이들보다 '자기 신뢰(Self-reliance)'가 더욱 어렵다. 왜냐하면 부모들이 대신 해 주는 일이 많아져 자연 소극적이 되기 쉽기 때문이다. 스스로 하게 해야 수동적이거나 의존적이거나 책임감이 없는 사람이 되지 않고 보다 자기를 신뢰하며 주체적이 되게 한다.

인간을 사랑하고 개개인의 존엄성을 믿으며 자율적이고 책임감이 강하고 창의적인 자녀를 양육하기 원한다면 그와 같은 가정의 부모-자녀 관계의 특징은 다음과 같다.584) 첫째, 부모와 자녀가 서로 존중한다. 둘째, 부모와 자녀가 서로 신뢰한다. 셋째, 부모와 자녀가 서로 소중하게 생각하고 아끼고 사랑한다. 넷째, 서로 상대방에게 경청할 줄 알고 공감적으로 이해한다. 다섯째, 서로 상대방의 결점이나 약점보다는 장점을 보고 살아간다. 여섯째, 문제나 갈등이 생기면 더불어 해결하려고 한다. 일곱째, 생각이나 감정을 숨기지 않고 진솔한 대화로 풀어 간다. 여덟째, 서로 있는 그대로 수용하고, 성장과정에서 완전하지 않아도 존재가치가 있음을 인정한다. 이렇게 서로 존중하고 신뢰하며 아끼고 사랑하는 민주적인 관계가 되려면 부모가 바로 서야 하고 자식을 대리만족의 수단으로, 혹은 소유물로 여기지 말고 존중받아야 할 하나의 인격체로 대우하는 것이다. 이때 청소년들은 개방적이고 융통성 있는 성격을 형성할 수 있으며 또한 자주적이고 책임감 있으며 창의적인 사람으로 성장 발달할 수 있다.

한편 어린이가 발달적으로 불가피한 사춘기에 직면할 때에 부모가 해야 할 역할이 어린이의 자립을 포함하는 심리적인 발달을 촉진시키는 작용을 하는 것이다. 때로는 어린이를 신뢰하고 참고 기다리는 것도 부모에게 기대되는 역할이다. 더 나아가서는 분별이 없다고 하여 어린이를 꾸중하기보다는 어린이에게 뛰어난 점이라고 생각되는 것이나 자신이

---

583) 이성호, 『흔들리는 부모 방황하는 아이들』(서울: 조선일보사, 1997), pp.138-141.
584) 연문희, 전게서, pp.249-250.

있다고 생각되는 점에 대해서는 따뜻하게 칭찬해 주는 말이 중요하다. 왜냐하면 부모에게서 분명히 지원을 받고, 사고 행위를 칭찬받은 경험으로부터 어린이는 사회인으로서 자립해 가기 위하여 필요한 노력과 시도를 해 볼 수 있기 때문이다.585) 또한 정리 잘하는 습관을 가진 사람도 책임감이 강하며, 따라서 자신감, 성취감 또한 높아진다.

자율적이고 책임감 있는 주체적인 인간이 되게 하기 위해서는 어릴 때 가정에서부터의 교육이 필요하다. 먼저 부모가 욕심을 버리는 것이다. 왜냐하면 자식을 소유물로 여기거나 대리 만족의 수단으로 여기거나 과잉보호를 하면 한편으로는 의존적이고 수동적인 인간이 되고 또 다른 한편으로는 통제를 많이 받으며 이때 부모는 독재적으로 되기도 하기 때문이다. 하나의 존중받아야 할 인격체로서 간주하며 자신이 스스로 계획을 세워서 일을 할 수 있도록 습관을 형성하는 것이다. 그리고 학교에서도 학생들이 스스로 할 수 있는 교육활동을 보다 많이 마련해 주며 또한 전체적인 활동에 있어서의 참여를 많이 하게 하여 주인의식을 가지게 할 필요가 있다. 그리고 다양한 활동을 통해 학생 스스로가 계획을 세워 꾸려 갈 수 있는 교육도 필요하다. 그런데 가장 좋은 방법은 회의의 활성화라 하겠다. 이는 학급회의에서부터 학교행사에까지 학생들이 보다 더 참여하여 의사결정자가 되게 하는 것으로 교사들도 마찬가지이다.

2. 사랑을 통한 인간화

1) 사랑의 필요성

사람이 세상을 살면서 일으키는 좋지 못한 것들, 예를 들면 가정 안에

---

585) 박아청, 전게서, p.93.

서의 이혼이나 가출 등과 사회의 각종 범죄들은 대부분 사랑이 부족하거나 사랑이 없어서 일어난 것이라 볼 수 있다. 그리고 사람이 보다 건강하게 살기 위해서도 사랑이 필요하다. 우리는 태어나서 죽을 때까지 사랑을 받거나 사랑을 하면서 살고 있다. 따라서 사랑과 밀접한 관련을 가진 존재이기에 여기에서 사랑을 다룬다는 것은 매우 의미가 있다. 궁극적으로는 교육을 통해 사람이 보다 더 사랑을 할 수 있는 존재가 되도록 힘써야 할 것이다.

일찍이 톨스토이는 "사람은 무엇으로 사는가"라는 책에서 모든 인간은 스스로를 걱정하는 마음으로써가 아니라, 사랑으로써 살아가는 것이라고 했다. 이것은 각자 자신을 걱정함으로써 살아갈 수 있다고 생각하는 것은 인간들의 착각일 뿐, 진실로 인간은 오직 사랑에 의해 살아가는 것이다. 마음에 사랑이 가득한 자는 하느님의 나라에 살고 있는 것이며, 하느님은 그 사람 안에 계신다. 왜냐하면 하느님은 사랑이시기 때문이라는 것이다.586) 그런데 현대인들은 그렇지가 않은 경우가 많다. 이에는 여러 가지 원인이 있을 수 있겠다. 자본주의 사회라는 체제, 경쟁이 치열한 분위기, 개인적으로 먹고사는 문제가 시급하기 때문에, 혹은 보다 더 잘살려는 욕구 등이다. 따라서 삶에 있어서 우리가 무엇을 추구해야 하는가에 대한 반성이 요구된다 하겠다.

현대인의 행복은 상가진열장을 들여다보는 쾌감에 존재하고, 또 현금으로 혹은 월부로 그가 살 수 있는 모든 것을 사들이는 데 존재한다. 현대인의 사람도 이와 유사한 방법으로 바라본다. 그래서 거의 모든 에너지는 성공·위신·금전·권력 따위의 목적들을 달성하는 방법을 습득하는 데 쓰이고 있다. 뿌리 깊은 사랑에 대한 갈망이 있음에도 불구하고 거의 모든 다른 것들이 사랑보다 더 중요한 것으로 간주되고 있다.587)

---

586) 톨스토이, 안의정 옮김, 『사람은 무엇으로 사는가』(서울: 맑은 소리, 1998), pp.45-46.
587) E. Fromm, The Art of Loving, 강승규 역, 『사랑이라는 예술』(서울: 왕문사, 1974), pp.11-17.

이는 물질이 다른 어떤 가치들보다 우선시되고 있음을 말하고 있다.

물론 인간이 살아가는 데 있어서 필요한 것은 물질적인 것이다. 왜냐하면 다른 생명체와 마찬가지로 인간도 일단 먹지 않으면 살아갈 수가 없기 때문이다. 그리고 사회에서 일어나는 많은 사건들도 이 먹는 것과 밀접한 관련을 가지고 있음을 우리는 잘 알고 있다. 그럼 어떻게 해결할 것인가 하는 문제가 그다음 제기될 수 있다. 이와 같은 문제들을 줄이기 위해서도 사랑이 필요하다는 점이다. 여러 가지 제도나 체제의 변화에 앞서 무엇보다 중요한 것은 인간이 다른 인간에 대한 사랑이 그 바탕이 되어야 한다. 사랑하려는 마음과 실천이 없으면 어떤 형태로든지 도와주지 못하기 때문이다. 그리고 만약 모든 사람들이 먹는 문제에서 벗어났을 때 그럼 사회문제가 일어나지 않는가 하는 문제이다. 이때에 일어날 새로운 문제들은 사랑의 결핍에서 비롯되는 것이기에 사랑이 절실히 요구된다 하겠다. 따라서 가정이나 학교에서 학생들에게 사랑을 보다 더 실천할 수 있는 마음가짐과 습관을 가지게 하는 교육이 요구된다. 사랑이 있어야 한다. 이것은 이기주의가 아니고 희생이요 나눔이요 더불어 살아가야겠다는 마음이다. 사랑하는 행위는 타인을 구속하는 것이 아니기 때문에 인간주의 교육은 사랑을 그 핵심으로 간주한다. 일찍이 매슬로는 인간이 가져야 할 여러 가지의 욕구들 중에서 애정의 욕구를 말했다. 불안과 착취와 억압 등의 이 모든 것들도 다 사랑의 결핍에서 나오는 것이다. 사회에는 날마다 화재, 차사고, 배사고, 살인, 강도 등과 같은 각종 사고들이 일어나고 있다. 이것들은 다 사랑의 부족 때문이라 볼 수 있으며 서양에서 물질적인 풍요 속에서도 허전함을 느끼는 것도 사랑 때문인 것이다.

외로움을 경험하는 것은 또한 불안감을 불러일으킨다. 실로 외로움은 모든 불안의 근원이 되는 것이다. 고립된다는 것은 나의 인간적인 역량을 발휘할 능력을 지니지 못하고 외부로부터 차단되는 것을 의미한다. 그러므로 인간의 가장 중대한 임무는 그의 고독을 정복하는 일, 즉 외로움의 감옥을 헤치고 나오는 것이다. 모든 시대, 모든 문화권 내의 인간은 하나의 같은 문제에 봉착해 있다. 즉 어떻게 고독을 정복하고 결합하며, 자기 자신의 개인적인 삶을 초월해서 남과 하나가 될 수 있는가 하는 문제이다. 해답은 각각 다르지만 프롬(E. Fromm)의 사랑 필요성을 통해 좀 더 구체적으로 몇 가지 이유들을 살펴보면 다음과 같다.

먼저 모든 종류의 祭儀(제의)에 수반되는 난장판 같은 상태이다. 이것들은 때로는 환각제의 도움을 얻어, 또는 스스로 유도하는 형태의 황홀경일 수도 있다. 원시종족들의 많은 의식들이 이런 유형의 해결책의 생생한 모습을 보여 주고 있다. 고양된 느낌을 갖는 상태에 빠졌을 때, 바깥세상은 자취를 감추고 또한 바깥세상이 사라지면 그곳으로부터의 고립감도 동시에 없어지는 것이다. 부락 단위로 거행하는 성적 의식은 원시적 의식 중의 일부였다. 의식의 경험을 가진 후에는 인간은 한동안 그의 고립감으로부터 혹심하게 고통을 받지 않고도 지낼 수 있었다. 그러나 같은 방법을 이러한 공동행위를 하지 않는 문화권에서 한 개인이 선택한다면, 문제는 판이하게 달라진다. 알코올중독·약물중독은 제의를 행하는 문화권이 아닌 곳에서 개인이 취하는 형태들이다. 사회적으로 시인된 해결책에 참가하는 사람들과는 달리, 그러한 개인들은 죄책감과 후회로 괴로움을 겪는다. 그들은 알코올이나 약물 속에 도피처를 마련함으로써 고독감을 피해 보려 애쓰지만, 그 황홀한 느낌이 지나고 나면 더욱 더 심한 외로움을 느낀다. 그리하여 더 빈번히 그리고 더 격렬하게 쫓기듯 알코올이나 약물을 찾게 된다.

한편 이것과 조금 다른 것은 성적으로 황홀감을 맛보는 방법을 추구하는 것이다. 어느 정도까지는 이것이 외로움을 정복하는 자연스럽고도 정상적인 방법이며, 부분적으로는 고독의 문제에 대한 해답이 될 수도 있다. 그러나 외로움이 다른 방법으로 달래지지 않는 많은 개인들에게 있어서는, 성적인 오르가즘의 추구는 알코올중독이나 약물중독과 별 다를 바 없는 기능을 갖게 된다. 그것은 외로움이 낳은 불안을 피하려는 결사적인 시도가 되며, 그 결과로 더욱더 증가하는 고립감을 초래한다. 그 이유는 사랑이 없는 성행위는 순간적으로는 몰라도 두 사람 사이의 간격에 결코 다리를 놓아 주지 못하기 때문이다.

또한 현재 서구 사회에 있어서도 단체와의 결합은 외로움을 이겨 내는 방법으로 성행하고 있다. 만약 우리가 고립되지 않으려는 욕구의 깊이를 이해한다면 쉽사리 남들과 다른 데서 오는 공포의 힘, 즉 군중으로부터 불과 몇 발자국 떨어져 있는 데서 오는 공포의 힘이라는 것이 어떤 것인가를 이해할 수 있을 것이다. 그런데 대부분의 사람들은 그들이 남과 같이 행동할 욕구를 지니고 있다는 사실마저도 의식하지 못하고 있다. 이 인간 대 인간의 결합에 대한 욕망은 인간이 지닌 가장 강렬한 욕구이다. 이것이 가장 근본적인 감정이며, 인류를 다시 말해서 민족·가족·사회를 뭉쳐 주는 힘이다. 따라서 가장 중요한 해결책은 사랑 속에서 다른 개인과 하나가 되는 인간과 인간의 결합의 성취에 있다. 이것을 달성하지 못하는 것은 정신 이상이거나, 자신의 파멸 혹은 타인의 파멸을 의미한다. 인간은 사랑 없이는 단 하루도 존재할 수가 없는 것이다.588) 그래서 인간의 정신생활을 위해서 절대 필요한 것이 바로 사랑이다. 사랑이 없으면 분노, 증오, 시기, 불안이 따르며, 너와 나는 결합되지 못하고 싸움만이 계속되고, 분열이 인간을 파멸로 이끌어 가서 인간은 결국 불행해지고 사회는 무질서해지고 이상사회는 요원한 꿈으로 화하게 된다.589) 따라서 사랑의 행위는 희망의 행동이며, 증오의 행위는 두려움에 가득 찬 행동이다. 만일 인간의 사랑이 모든 인류와 모든 공동사회에로 확산되지 않는다면 인간은 완전하게 행복할 수가 없다. 왜냐하면 사랑은 역동적이며 보편적이기 때문이다. 자기공동체 이외의 어떤 다른 사회에 대한 불신이나 두려움은 자기 사회를 증오로 감염시킬 것이며,

---

588) E. Fromm, The Art of Loving, 박희진 역, 『사랑의 본질』(서울: 박영사, 1976), pp.20－35.

589) 최정웅, "교육과 이상사회실현", 한국교육학회, 교육사 연구회 편, 『현대교육철학의 제 문제』(서울: 세영사, 1981), p.312.

그 사회의 조화를 파괴하는 것이다.590) 따라서 범죄자들이란 사회의 대부분 사람들로부터 이 인정을 받으려는 욕구를 포기한 사람이거나 아니면 이런 욕구에 반대로 거슬리도록 강요당한 사람들인 것이다.591) 우리는 신창원의 예를 통해서 잘 알고 있다. 왜냐하면 그가 그렇게 한 이유는 '어릴 때의 사랑 부족' 때문이었다고 했기 때문이다. 사랑의 반대는 미움이 아니고 무관심이다. 따라서 무관심 때문에 마땅히 보호를 받아야 할 어린이들의 심신이 시들어 가고 위축되고 비뚤어진다. 이들은 온갖 방법으로 주목과 관심과 인정을 받으려고 몸부림치며 좋지 못한 일까지도 저지르게 된다. 그래서 사랑은 사랑의 대상에 관한 것, 그에게 일어난 모든 것에 대하여 세심하고도 극진한 관심을 보여 주는 마음이다. 그러므로 사랑이 깊을수록 배려와 관심이 큰 것이다. 사랑이 없을수록 그와 나와는 아무런 상관이 없는 사람처럼 무관심해진다. 살이 쪘든지 건강이 나쁘든지 얼굴이 아름답게 보여도 한마디 말로도 관심을 보이지 않고 너는 너고 나는 나다, 너와 나와 무슨 상관이 있느냐는 식으로 산다면 그곳에 사랑이 있다고 할 수 없는 것이다.592)

닐(A. S. Neill)도 어린이가 물건을 훔치는 것은 대개 사랑의 결핍 때문이라고 보았다. 그래서 훔친 아이에게 사랑을 듬뿍 주는 것이 오히려 치료를 가능하게 했다는 것이다. 이에 대한 예로 어린 도둑에게 훔쳤다는 보상으로 오히려 6펜스를 주니까 그 아이는 도벽을 그만두었다는 것이다.593) 사랑은 세심하고도 극진한 인정과 관심으로 나타나기에 사랑을 많이 받는 학생들은 그만큼 배려와 관심을 더 받고 있는 존재가 된다. 사랑이 없으면 같이 살고 있을지라도 아무런 관련이 없는 사람처럼 서

---

590) Homer Lane, Talks to Parents and Teachers, 김은산 역, 『아동교육론』(서울: 학문사, 1982), pp.159-160.

591) A. S. Neill, Summerhill, 강성위 역, 『서머힐 Ⅱ』(서울: 배영사, 1977), p.55.

592) 신연식, 『부모교육』(서울: 학문사, 1981), pp.70-71.

593) A. S. Neill, The Problem Family, 김인회 외 옮김, 『문제의 가정』(서울: 양서원, 1990), p.62.

로에게 무관심하다. 그러면 그곳에 있는 사람은 존재하지 않게 된다. 따라서 부모가 자식을 사랑하지 않으면 그 자식은 그에게 존재하지 않는 것이 되고 만다. 그래서 사랑을 먹고 살아야 할 아이가 사랑에 굶주리면 비정상적인 행동을 하게 되고 존재감을 찾기 위해 방황하고 몸부림친다.

사랑이 없다면 인간은 삶에 대해 절망감에 빠진다. 따라서 어린 도둑이 처음부터 새로이 시작해야 할 것은 바로 사랑, 삶에 대한 사랑이다. 이 삶에 대한 사랑은 사랑하고 싶어 했고, 그들의 자녀를 또한 삶을 사랑하게 되길 바랐던 그 아이의 부모들에 의해서 억압되었던 것이다.594)

사아밧티이의 온 시민들을 공포에 떨게 하던 살인귀 앙굴리마알라를 귀의시킨 것은 부처님의 불가사의한 신통력이 아니었다. 위엄도 권위도 아니었다. 그것은 오로지 자비였다. 아무리 흉악무도한 살인귀라 할지라도 차별 없는 훈훈한 사랑 앞에서는 돌아오지 않을 수 없었던 것이다. 바닷가의 조약돌을 그토록 둥글고 예쁘게 만드는 것은 무쇠로 된 정이 아니라, 부드럽게 쓰다듬는 물결인 것이다.595) 그래서 인간학적 노력으로서 사랑이란 인간을 인간답게 관계 지우는 최선의 인간적 행위인 것이다. 그리고 교육은 이러한 사랑을 기반으로 영위되어야 가장 인간적이 된다. 왜냐하면 만약 사랑이란 것이 행위를 가지지 않고 관념만으로 존재할 때 그것은 인간에게 별로 큰 의미를 주지 못하기 때문이다.596)

한편 사랑은 허무주의로부터 구원해 준다. 사랑은 또 상대가 직면하는 허무주의로부터 상대를 구하는 힘이 되기도 한다. 그리고 사랑은 얼핏 보기에 사랑이 불가능한 것으로 보이는 것을 사랑으로 바꾸게 하는 힘을 가진다. 따라서 그러한 사랑의 힘은 신비적인 힘이지만 결코 비현실적인 것이 아니다. 아우구스티누스는 그의 참회록 속에서 "나를 기쁘게 한 것은 사랑하고 사랑받는 것 바로 그것이었다."라고 고백하고 있

---

594) 상게서, p.64.

595) 법정, 『무소유』(서울: 범우사, 1993), p.40.

596) 김재만, 『사랑과 교육관』(서울: 배영사신서, 1977), p.22.

다.597) 따라서 사랑하는 것은 사는 것이고 사는 것은 사랑하는 것이다.

그리고 윌리엄 에버리트(William Everett)는 인간이 사랑을 받아야 하는 이유를 네 가지로 설명하였다.598)

그 첫째는 태어나기 위해서이다. 실제로 사람이 세상에 태어났다는 것은 이미 사랑을 받았다는 것이다. 어머니가 새 생명의 탄생을 위해 10개월간이나 몸조심하고 불편을 참아 온 인내의 선물인 것이다.

둘째는 살아가기 위해서이다. 자살을 하는 사람들은 여러 가지 이유가 있는데 그렇게 하는 것에는 사랑이 없었기 때문이다. 주위에 그를 인간으로서 사랑해 줄 사람이 없는 것이다. 따라서 사랑의 결핍에 의한 것으로 인간은 사랑받지 못하면 살아갈 수 없다.

셋째는 진정한 자기가 되기 위해서이다. 만일 어떤 사람이 끊임없이 적에 둘러싸여 있다면 아마도 웬만해서는 자기의 참모습을 드러내지 않는 거북이 같은 인간이 되어 버릴 것이다. 반대로 만일 언제나 사랑 속에 성장하고 있다면 자기의 참모습을 구김살 없이 드러내고 자기의 내면에 있는 가능성을 발휘할 수 있는 인간이 될 것이다. 즉 오랫동안 사랑의 보살핌을 받음으로써 비로소 진정한 자기가 되는 것—자기실현—이 가능한 것이다.

넷째는 타인을 사랑하기 위해서이다. 사람은 태어났을 때 마음속에 어떤 사랑도 지니지 않은 백지상태이다. 외부에서 마음속에 사랑이 주입되지 않는 한 그 사람은 평생 타인을 사랑할 수는 없는 것이다. 이렇게 미루어 볼 때 사랑에 대한 대원칙을 끌어낼 수 있다. 즉 인간은 사랑하기 전에 우선 사랑받지 않으면 안 된다. 그리고 깊은 사랑을 받은 사람일수록 타인을 깊게 사랑할 수가 있다는 것이다.

몬타구(A. Montagu)는 어린이에게서 숨 쉬는 것을 방해하면, 그는 즉

---

597) 박아청, 『인간과 교육』(서울: 배영사신서, 1986), pp.81-82.
598) William Everett, 이희구 역, 『어떻게 사랑할 것인가』(서울: 한마음사, 1982), pp.19-22.

시 죽는 것과 마찬가지로 어린아이의 사랑에 대한 욕구가 좌절되면 그는 인간적인 욕구가 좌절되어 정상적이지 못하며, 인간적이지도 못하게 된다고 했다.599) 이는 사랑을 할 수 있는 것은 먼저 사랑을 받은 경험이 있어야만 가능함을 말하고 있다.

발달이 많이 된 진화된 동물일수록 인간이 사랑하는 모성애를 가지고 그들의 자식들을 돌본다. 그런데 이는 본능으로서 자식이 환경에 적응할 수 있을 때까지만 이루어진다. 이것이 인간과 동물의 차이점인 것이다. 어린이들은 다른 동물보다도 더 많은 관심과 도움을 필요로 한다.600) 어린이들이 이 세상에 태어났을 때의 첫 모습을 관찰하면 매우 창피하다. 갓난아이는 의지할 데 없는 이방인으로 이 세상에 태어난다. 자기의 욕망을 말하지도 못하며, 어떤 동물보다도 육체적으로 약하고 힘도 모자라는 기간을 생후 꽤 오랜 기간 갖는다는 것이다. 그래서 인간적 생존의 첫출발은 단순한 동물적 생존의 단계에서 보아도 가장 낮은 위치에 있으며601) 인간에게 있어서 어린이의 보호와 양육의 필요성은—물론 중립적인 수학적인 시간의 의식, 그러므로 생물학적 측정과는 다른 시간의 의식에 있어서— 다른 동물보다 훨씬 오래 걸린다는 것이다.602) 이와 같이 다른 동물들과 비교해 보더라도 인간이란 먹는 것만으로는 부족하고 더욱더 사랑을 필요로 하는 존재임을 알 수 있다. 사랑은 인간이 심리적으로 안정감을 가지게 하여 일탈이나 범죄로부터 벗어나게 한다. 왜냐하면 인정받고 소속감을 가짐으로써 정신적으로 편안함을 가지기에 삶에

---

599) Alleen Baker, "The Early Primary Grades: Kindness, Like, Love, Lives Through Humane Education", Stuart R. Westerlund(ed.), Humane Education and Realms of Humaneness (Washington D.C.: University Press of America, 1982), pp.169－170.

600) E. Spranger, "The Role of Love in Education", J. R. Strain(ed.), Modern philosophy of Education(New York: Random House, 1971), p.531.

601) J. H. Pestalozzi, 김정환 역, 『페스탈로찌가 어머니들에게 보내는 편지』(서울: 양서원, 1989), pp.57－58.

602) E. Spranger, Der Geborene Erzieher, 김재만 역, 『천부적인 교사』(서울: 배영사신서, 1976), p.121.

있어서 의미가 있는데 그러하지가 못하면 정신적으로 고독이나 불안 속
에서 자신의 존재가치를 찾기 힘들기 때문이다.

2) 사랑의 개념

사랑을 하지 않을 수 없는 존재로서의 사람은 사랑이 중요하고 필요
함을 잘 알고 있다. 그런데 그 실천부분에서 제대로 되고 있지 못한 것
은 아마도 그에 대한 올바른 이해가 부족한 측면도 있을 것이다. 따라서
여기에서는 보다 더 사랑을 하는 사람이 되고 또한 보다 올바르게 사랑
하는 사람이 되기 위해 사랑에 대한 지식과 기술이 요구된다고 보고 먼
저 사랑이 무엇인가에 대해 간략히 살펴보고자 한다.

사랑에 대한 개념 정의에는 여러 가지가 있는데 그중 가장 대표적인
것은 성경에 나오는 설명일 것이다. 신약성서의 고린도 전서 13장의 사
랑의 요체로 대표되는 명구절을 보면 다음과 같다. "사랑은 오래 참고,
사랑은 온유하며, 시기하는 자가 되지 아니하며, 사랑은 자랑하지 아니
하며, 교만하지 아니하며, 무례히 행치 아니하며, 자기의 유익한 것을 구
하지 아니하며, 성내지 아니하며, 악한 것을 생각지 아니하며, 불의를 기
뻐하지 아니하며, 진리와 함께 기뻐하고, 모든 것을 참으며, 모든 것을
믿으며, 모든 것을 바라며, 모든 것을 견디느니라."[603]

여기에서 우리는 사랑은 그야말로 생활에 꼭 필요한 좋은 내용들을
담고 있으며 그 의미가 굉장히 넓음을 알 수 있다. 그 내용에는 화를 내
거나 무례한 행동을 하지 않는 것도 있지만 그 핵심은 바로 자기의 이
익을 구하지 않는 것과 인내를 하는 것이다. 따라서 이 사랑은 에로스의
사랑보다는 아가페의 사랑에 더 가깝다고 할 수 있다.

좀 더 구체적으로 보면 사랑에는 크게 에로스의 사랑과 아가페의 사

---

[603] 신약성서, 로마서 고린도전서, 13장 4절－7절 참조.

랑이 있다. 플라톤은 에로스의 사랑을 5단계로 나누고 있다. 가장 초보적인 단계는 남녀 간의 성적 사랑이고 거기에서 새로운 생명이 탄생한다. 두 번째 단계는 폭넓게 감각적으로 아름답다고 느끼는 것에 대한 사랑이고, 세 번째 단계는 가정이나 조국에 대한 사회적인 사랑이고, 네 번째 단계는 진리·지식·도덕을 추구하는 사랑이다. 그리고 가장 고도의 에로스 사랑은 미(美) 또는 선(善) 그 자체와 일체가 되고자 하는 욕망이라고 말했다.

그런데 한편 성서는 신을 출발점으로 하여 사랑을 설명한다. 우주 사랑의 역사는 신과 함께 시작된다. 왜냐하면 신은 존재하고 선이다. 우주는 신의 사랑에 의해 빛나고 있다. 이것은 주는 사랑, 즉 아가페의 사랑이다. 보다 가까운 아가페의 예로는 어머니의 사랑이 있다. 여기서 아가페의 사랑이 주장하는 자기를 준다는 것의 의미는 우선 상대방을 받아들이는 것, 상대방을 이해하는 것, 상대방에게 봉사하는 것, 그리고 자기 자신을 주는 것이다.

좀 더 구체적으로 보면604) 첫째, 상대방을 받아들이는 것은 모든 인간관계에 있어서 가장 기본적인 태도로 상대방을 거절하지 않고 하나의 인간으로서 인정하는 것이다. 상대방이 외적 조건에서 어떤 특성을 가졌다고 하더라도 수용함을 의미한다. 그러므로 예컨대 만일 백인이 흑인과 함께 차에 타거나 같이 일하기를 거부한다면 이 최소한의 호의를 상대방에게 베풀기를 거부하는 것 - 사랑하기를 거부하는 결과가 되는 것이다.

둘째, 상대방을 이해하는 것이다. 상대방을 이해하기 위해서는 인내와 시간이 필요하다. 그래서 매우 힘들고 노력을 해서 넓은 가슴을 가져야 할 것이다. 이는 주로 상대방의 행동에 해당된다 하겠다. 따라서 멈춰서 시간을 할애하는 것은 사랑하기 위한 필요조건이다. 그리고 보는 것이다. 본다고 하는 행위는 일종의 자기를 주는 것이고 따라서 사랑하는 것이다. 사랑하는 사람은 반드시 보고 있다. 그리고 보면 작은 것에도

---

604) William Everett, op. cit., pp.17－34.

마음을 쓰는 것이다. 자기 생각의 기준에 따라 판단하는 것이 아니고 상대방과 같은 입장으로 보는 것이기 때문에 사랑하는 사람은 상대방과 같은 감정을 공유하지 않으면 안 된다. 기뻐하는 사람과 함께 기뻐하고, 우는 사람과 함께 우는 것이다. 간디가 단식한 것은 단순히 영국정부에 항의하기 위해서가 아니었다. 그것은 억압받는 인도인들의 고통을 함께 나누는 그의 방법이었던 것이다.

셋째, 상대방에게 봉사하는 것으로 사랑하는 사람은 언제나 자기가 할 수 있는 일을 찾고 있다. 따라서 사랑은 보다 적극적인 활동이자 참여가 된다. '어머니가 좀 피곤한 모양이다. 오늘밤은 내가 설거지를 해 드리자.', 'A는 아르바이트 자리를 찾고 있다. 이번에 선배를 만나면 좋은 자리가 없는지 물어보자.', '저 노인은 몸이 불편한 것 같다. 자리를 양보해 드리자.', 'B는 실연을 맛보고 실의에 젖어 있다. 오늘밤 술자리를 마련해 주자.', 'C는 벌써 일주일간이나 학교를 쉬고 있다. 어떤 영문인지 오늘밤 전화를 해 보자.' 등 이러한 구체적인 행위를 실천하려면 확실히 용기가 필요하다. 과감하게 실행에 옮겨 보면 차츰 그것이 습관이 되어 오히려 솔직하게 여러 가지 상황에 대응할 수 있게 하는 것이다. 반대로 상대방에게 배려를 하면 할수록 사랑이 깊어진다는 것도 사실이다.

넷째, 자기 자신을 주는 것이다. 우리들은 제각기 다른 재능이나 개성을 갖고 있기에 자기가 주는 방법도 제각기 다르다. 따라서 그 사람에게 가장 잘 어울리는 방법으로 자기를 주려고 하면 되는 것이다. 사랑의 가장 깊은 형태는 자기의 몸 또는 마음을 직접 타인에게 주는 것이다. 이때 그는 상대방에게 자신의 시간과 열정 등을 준다.

로버트 스턴버그(Robert J. Sternberg)는 사랑에 있어서 다른 어떤 부수적인 특성들보다 중요한 요소로 세 가지를 들었다. 그것은 친밀감, 열정, 그리고 헌신(실행)이다.[605] 그중 친밀감이란 어떤 관계에 있어서 가

---

605) Robert J. Sternberg, 이상원·류소 옮김, 『사랑은 어떻게 시작하여 사라지는가』(서울: 사군자, 2000), pp.23−31.

까움, 유대, 결속 등의 감정들을 말하는데 여기에는 사랑하는 사람의 복지를 증진시키는 것뿐만 아니라 사랑하는 사람과 자신 및 자신의 소유물을 나누는 것 등이 포함되어 있다.

우리가 사랑할 수 있는 능력을 가지려면 먼저 자신이 자신을 위하는 사람으로서의 능력을 가져야 한다. 사랑한다는 것은 애당초 주는 것을 말한다. 그래서 주기 위해서는 자기감정의 성숙이 전제되어야 하는 것이다.606) 이는 인내가 그 바탕이 됨을 말하고 있다. 왜냐하면 주는 것이 타인에게 성냄과 같은 나쁜 것들을 주는 것이 아니라 밝음·웃음과 같이 좋은 것들을 주는 것이기 때문이다.

그러기에 사랑하기 위해서는 줄거리가 있어야 한다. 이것이 힘이다. 체력도, 정력도, 국력도, 지력도, 권력도 다 힘이다. 그런데 사랑을 하기 위해서는 사랑을 받는 상대가 있어야 한다. 그것은 소크라테스에 의하면 무력한 자이다. 사랑하는 자가 힘이 있는 데 반하여 사랑받는 자는 힘이 없어야 한다. 그러기에 육체적으로 관찰할 때 어린이나 노약자들이 사랑을 받을 대상들인 것이다.607) 사랑은 주는 것이고 인간이 살아가려면 사랑이 필요하기에 다른 사람들에게 가능한 한 주어야 할 것이다. 이는 우리 모두에게 해당된다. 왜냐하면 각기 그 처지와 능력이 다르기에 서로가 힘이 될 수 있기 때문이다.

스피노자는 감정을 능동적인 것과 수동적인 것으로 구분하면서 능동적인 감정을 행사함에 있어서는 인간은 자유로우며 감정의 주인이 되지만 수동적인 감정의 행사에 있어서는 인간은 쫓기고 그 자신이 깨닫지 못하고 있는 동기의 대상이 된다고 했다. 그에게 있어 사랑은 수동적인 감정이 아니고 능동적인 활동이며 자유로운 가운데서만 실천이 될 수 있고 절대로 강요되어서는 안 되는 그런 활동인 것이다. 달리 표현하면,

---

606) R. May, Man's Search for Himself, 백상창 역, 『자아를 잃어버린 현대인』(서울: 문예 출판사, 1986), p.237.

607) 김재만, 전게서, pp.13 - 14.

사랑의 활동적인 성격은 받는 것이 아니고 주로 주는 것이라는 것으로 설명될 수 있다. 이에 대해 프롬(E. Fromm)은 잘 설명하고 있다.

그럼 주는 것이란 어떤 것을 의미하는가? 여기에 대해 가정 널리 퍼져 있는 오해는 준다는 것이 그 어떤 것을 주어 버리는 것, 즉 빼앗기고 희생하는 것이라고 생각하는 것이다. 어떤 사람의 인격이 받기만 하고 착취하거나 모으는 데만 급급한 단계를 넘어서서 한 걸음 더 발전하지 못한 사람은, 주는 행위를 이런 식으로만 체험한다. 장사 속이 밝은 사람은 즐겨 주지만, 단지 받는 것에 대한 교환으로서만 준다. 그에게 있어서 받지는 않고 주기만 하는 것은 사기를 당하는 것과 같은 것이다. 주로 비생산적인 쪽으로 교육을 받은 사람은 주는 것을 가난해지는 것으로 느낀다. 그러므로 이런 유형의 인간들은 주기를 거부한다. 어떤 이들은 희생의 뜻으로 주는 것을 미덕으로 만든다. 그들은 주는 것이 괴롭기 때문에 주어야 한다고 느끼고, 그들에게 주는 미덕은 그 희생을 수락하는 바로 그 행위에 있는 것이라고 생각한다.

한편 생산적인 성격의 사람에게 준다는 것은 전적으로 다른 의미를 가진다. 이때 준다는 것은 힘의 가장 높은 표현이 된다. 주는 바로 그 행동에 의해서 그는 자신의 힘·재산·권력을 경험하는 것이다. 고양된 정력과 능력을 경험하는 것은 자신을 기쁨에 가득 차게 만든다. 즉 자신을 충만해 있고 발랄하며 기쁨에 차 있는 것으로 만든다. 이처럼 주는 것이 받는 것보다 더 즐거운 것은 그것이 빼앗기는 것이거나 손해를 보는 것이 아니라, 오히려 주는 행위가 자신의 발랄함의 표현이자 인간으로서 참기쁨을 맛볼 수 있는 기회가 되기 때문이다.

물질적인 세계에서 주는 것은 그 사람이 부유하다는 것을 뜻한다. 많이 가진 사람이 아니라 많이 주는 사람이 부자인 것이다. 물건을 잃는 것에 대해서 몹시 걱정을 하는 구두쇠는, 그가 얼마나 가지고 있는가에 상관없이 심리적으로 이야기해서 가난한 사람이다. 자기의 것을 줄 수 있는 사람이면 누구나 부유한 사람인 것이다. 그는 자신의 것을 다른 사람들에게 줄 수 있는 사람으로서의 자기를 체험하게 된다. 그러나 주는 것의 가장 중요한 영역은 물질적인 영역이 아니고, 인간적인 영역이라는 것이다. 한 사람이 진정으로 다른 사람에게 무엇을 준다는 것은 그 자신의 일부를, 그가 가장 소중히 여기는 것을 준다는 것을, 다시 말하면 그의 생명의 일부를 주는 것이다.608) 이것은 반드시 그가 다른 사람을 위해서 그의 생명을 희생한다는 것을 뜻하는 것이 아니라, 그 안에 생기발랄하게 살아 있는 것의 일부를 주는 것을 의미한다. 즉 그는 그 안에 생동하고 있는 모든 것의 표현, 그의 기쁨, 흥미, 이해, 지식, 유머, 슬픔 등을 전해 주는 것이다. 이렇게 그의 생명 일부를 줌으로써 그는 다른 사람의 인생을 더 풍성하게 해 주는 것이다. 그는 그 자신의 생동감을 고양시킴에 의해서, 다른 사람의 생동감도 앙양시켜 주는 것이다. 그는 받기 위해서 주는 것이 아니라 주는 것 그 자체가 정교한 기쁨인 것이다. 진정한 의미의 주는 행위를 하면, 그는 그에게 다시 주어진 것을 받지 않을 수 없게 된다. 준다는 것은 상대방을 또한 주는 사람으로 만든다는 뜻을 내포하고 있어서, 그들은 둘이 다 그들의 인생에 가져온 것에 대한 기쁨을 같이 누리는 것이다. 주는 행위 속에서 무엇인가가 생겨나고 연관이 지어진 두 사람은, 그들 둘에게 탄생된 삶에 대해서 고마움을 느끼게 되는 것이다. 또한 준다는 요소 외에도 사랑의 능동적인 특징609)

---

608) 교사와 교감과 교장 등 관리자들은 말만이 아니고 실제로 삶 속에서 올바른 모습을 먼저 보여 주어야 한다. 특히 학생에 대한 인성교육을 지극히 원한다면 관리자들부터 남에게 무조건 주는 인품과 남의 잘못을 용서할 수 있는 넓은 마음을 가져야 한다. 그 속에서 자연히 학생들은 보고 배우게 된다. 따라서 이 부분은 대학에서의 교사교육과 관리자를 뽑고 승진시키는 시스템에서 더 강조되어야 한다. 내 생각은 교육은 말로 다 할 수 없고 삶 속에서도 배우며 훌륭한 인격을 갖춘 선생님 밑에서 배운 학생은 자연히 훌륭한 인격을 더 가진다는 것이다. 따라서 2010년 초에 인터넷에 보도된 서울시교육청의 승진(교감, 교장 및 장학사 되는)에서 수천만 원이 오갔다는 것은 도덕 불감증이 없는 매우 위험한 사태로 자라나는 어린 학생들을 가르치는 분야에서 특히 이런 일은 절대 있어서는 안 된다. 교육을 정말 바로 세우려면 교직에서의 승진시스템을 바꾸어야 한다. 비굴하고 아부하게 만들어 심지어 비리로 승진된 관리자가 행하는 교육은 어떠하겠는가?

609) E. Fromm, The Art of Loving, 박희진 역, op. cit., pp.41－58.

에는 배려(관심), 존중, 책임, 지식(앎) 등의 요소들이 포함되어 있다.

능동적인 행위로서의 사랑은 주는 것인데 그 가장 먼저 선행되어야 하는 것은 관심이다. 그래서 한 번이라도 더 신경을 쏟게 되는데 이에는 넓은 가슴과 여유가 필요하다.

사랑에 배려가 포함되는 것은 어머니의 자식에 대한 사랑에서 가장 명백해진다. 유아에 대한 어머니의 보살핌이 부족함을 볼 때, 그리고 그를 양육시키는 데나, 목욕을 시키는 데나, 몸을 편안하게 하여 주는 데에 게을리하는 것을 볼 경우에 그녀의 사랑에 대한 어떤 확증도 우리에게 보여 주지 못할 것이다. 또한 사랑은 우리가 사랑하는 대상의 성장과 생명에 대해서 관심을 가지는 것이며 어떤 것을 성장시키기 위해서 무진 애를 쓰는 것이어서 사랑과 노력은 불가분의 관계에 있는 것이다. 배려와 관심은 사랑의 또 다른 면, 즉 책임을 포함하고 있다. 오늘날 책임은 외부로부터 부과된 어떤 것, 즉 의무에 전념하는 것을 종종 의미하고 있다. 그러나 참된 뜻에서의 책임은 전적으로 자발적인 행위이다. 즉 그것은 표현이 되었거나 안 되었거나 간에 상대의 요구에 대한 나의 반응이다. 책임을 진다는 것은 반응할 능력이 있고, 반응할 준비가 되어 있음을 의미한다. 또한 사랑의 또 하나의 구성인자인 존중이 없으면, 책임감이라는 것은 쉽게 지배나 소유로 타락해 버릴 수 있다. 존중은 두려움이나 경외가 아니다. 어원에(respicere = 바라다본다.) 따른다면, 있는 그대로 사람을 보는 능력, 즉 사람의 독특한 개성을 아는 능력을 의미한다. 존중이란 상대방이 성장하고 있는 그대로의 자기를 드러낼 수 있도록 신경을 써 주는 것을 의미한다. 그러므로 존중은 착취의 행위가 끼어들지 않는 것을 뜻한다. 내가 상대방을 사랑하면 나는 상대와 하나가 되는 것을 느끼지만, 이때의 그는 있는 그대로의 그이며 절대로 내 용도를 위해서 내가 필요로 하는 바대로의 그가 아닌 것이다. 따라서 한 사람을 존중한다는 것은 그에 대한 앎이 없이는 불가능하다. 그것은 나 자신에게로 쏠리는 관심을 초월하여 상대방을 그의 입장에서 바라다볼 때에 비로소 가능한 것이다. 예를 들어, 그가 밖으로 드러내지 않더라도 화가 나 있으면 그 사실을 아는 것이다. 한 인간을 객관적으로 알 때에야 비로소 사랑의 행위 속에서 그의 본질을 파악할 수 있는 것이다.610)

참다운 사랑은 위의 네 가지 요소가 모두 갖추어진 사랑으로서 다음과 같은 특징을 가진다.611) 첫째, 사랑은 상대방의 잠재능력을 개발시켜 주는 의지적 행동이다. 둘째, 사랑은 상대방의 발전을 도와주기 위해 자기 확대를 시도하는 자기 발전적인 행동이다. 셋째, 사랑은 상대방과 가깝고 따스한 관계를 창조하는 행동이다. 넷째, 사랑은 상대방을 있는 그대로 인정해 주는 존중의 행동이다. 다섯째, 사랑은 상대방의 생명과 성장에 적극적으로 관여하는 행동이다. 여섯째, 사랑은 상대방에게 자신의 모든 것을 투자하는 열정적 행동이다. 일곱째, 사랑은 상대방의 요구에 적극적으로 반응해 주는 책임적 행동이다.

사랑은 한 개인이 다른 한 개인과 섞이는 것을 의미한다. 그러나 동시에 한 사람이 많은 사람들을 사랑할 수는 없다. 불가능하다. 여기에 대해 페스탈로치는 사랑의 매개체를 강조했다. 이것은 사람이 다른 사람들과 사랑할 수 있는 분위기를 뜻한다. 그래서 사랑에는 많은 것들이 요구된다.612) 따라서 학교교육에서는 모든 학생들이 느낄 수 있도록 배려를 하기 위해서 가장 필요하고 좋은 방법은 여러 환경적인 부분에서의 노력이 요구된다. 여기에는 교사의 얼굴표정, 복장, 쓰는 말씨부터 학생들이 편안하게 생활할 수 있는 학교시설 등이 있을 것이다.

사랑이란 다른 사람과 같이 있을 때 기쁨을 느끼고 그의 가치와 발전을 자기 자신의 경우 못지않게 인정해 주며 기원하는 것을 말한다. 그래서 사랑에는 두 가지 요인이 있다. 첫째는 타인의 가치와 선을 받아들이는 것이며 둘째는 그와 관계를 맺는 과정에서 기쁨과 행복을 느끼는 일

---

610) E. Fromm, 강승규, 『사랑이라는 예술』(서울: 왕문사, 1974), pp.36－44.

611) 박영태, 『사랑의 학습지도법』(서울: 학지사, 1999), pp.61－62.

612) E. Spranger, The Role of Love in Education, J. R. Strain(ed.), op. cit., p.542.

이다. 그래서 사랑을 하려면 타인에 대한 공감의식을 느끼고 그의 잠재능력을 평가하고 인정해 주어야 하는 것이다.613)

이와 같이 사랑은 삶을 보다 윤택하게 하는 것이고 희망이다. 사랑은 상대방을 위하는 모든 행위를 말하는데 특히 타인에게 주는 능동적인 행위이기에 주기 위해 항상 부단히 노력하고 준비를 해야 한다. 밝은 웃음까지 포함될 것이다. 그리고 상대방을 있는 그대로 받아들이는 것이기에 그가 한 행동과 말을 그대로 포용하고 이해하는 것이기에 넓은 이해심과 포용력이 요구된다 하겠다.

3) 사랑 교육의 실천방향

(1) 독립된 존재로 존중하는 화목한 가정

① 사랑을 배우는 화목한 가정

가정은 사람이 이 세상에서 살면서 가장 중요한 사랑을 배우는 가장 본질적인 곳이다. 왜냐하면 그가 태어나 가장 먼저 접하는 사회가 가정이고 이 가정의 구성원이 그의 인간관계의 시초이기 때문이다. 사랑으로 결합하여 구성된 가정에서 사랑을 배우지 못하면 어떻게 될까? 여기에 모든 문제가 있다고 본다. 따라서 가정의 여러 가지 역할 중에서 가장 중요한 일은 후대의 자식들에게 삶을 사랑하고 자기를 사랑하고 이웃을 사랑하게 하는 태도와 마음을 가지게 하는 일이다. 생활의 대부분을 그리고 가장 예민하고 미숙한 시기를 보내는 가정은 사랑으로 결합되어 피로 이어진 아주 끈끈한 인간관계로 형성되었다. 그래서 사랑을 배우기에 아주 적합한 곳이라 할 수 있다.

여기에 대해 슈프랑거(E. Spranger)는 부모들의 자식사랑은 피 때문에 그 어느 무엇도 모성애와 헌신적 아버지의 관심보다 크지 않기 때문에

---

613) R. May, op. cit., pp.234－235.

진정한 교육은 가정에서부터 일어난다고 했다.614) 따라서 부모의 자식에 대한 사랑은 운명적인 것이고 본능적인 것으로 사랑이 오고 가지 않을 수가 없는 곳이다. 그런데 모든 사람들이 가정을 가지고 살아가고 특히 어릴 때의 부모로부터의 사랑이 있기에 가정은 사랑의 장소이고 사랑을 배우는 장소로 한 인간에게 있어 매우 중요하다.

페스탈로치(J. H. Pestalozzi)도 모든 교육의 기초는 가정에서 특히 어머니와 어린이 사이의 사랑 대화와 아늑한 삶의 공동체 안에서의 공감으로 이루어진다고 했다. 가슴속에는 그 자녀들의 행복을 갈망하는 욕구가 있다. 모성애는 온 자연의 질서 중에서 가장 아늑하면서도 가장 매서운 힘인 것이다.615) 어머니의 자식에 대한 감정은 사랑 자체이며 어머니의 자식에 대한 느낌은 그 어떤 다른 감정보다도 질기고 짙은 것이다. 그래서 모성애는 모든 인간적인 사랑의 으뜸으로 찬양된다.616) 이때 그는 자식을 자신의 일부라고 생각하며 특히 사랑하는 사람에게서 낳았기 때문에 더욱더 자식을 사랑하게 된다. 그래서 어머니가 자식을 사랑하는 것은 자연의 이치고 물이 위에서 아래로 흐르는 것과 같다.

그럼 이 세상의 모든 사람들이 서로 사랑을 하고 사는 사회가 되어야 하는데 그렇지가 못한 것은 왜일까? 그것은 부부간에 희생과 봉사와 인내를 포함한 의미의 진정한 사랑을 하지 못했기 때문일 것이다. 이것은 결국 부모가 자식에게 사랑을 가르쳐 주지 않았다는 것을 말한다.

프롬(E. Fromm)은 모성애가 아동의 생명과 그 요구에 대한 무조건적인 긍정을 말하는데 이에는 두 가지의 측면이 있다고 했다. 그 하나는 아동의 생명 유지와 그 생명을 위하여 절대적으로 필요한 배려와 책임이며, 다른 한 측면은 단순한 생명의 유지를 훨씬 초월하는 것으로 이는 삶을 위한 사랑을 어린이에게 불어넣는 태도이다. 즉 사는 일은 좋은 일

---

614) E. Spranger, op. cit., The Role of Love in Education, p.531.

615) J. H. Pestalozzi, 김정환 역, op. cit., p.13.

616) 안인희, 「사랑과 교육」(서울: 사랑과 교육 출판준비위원회, 1987), pp.50-51.

이며, 소녀·소년임은 좋은 것이며, 존재하고 있음 또한 좋은 일이라는 느낌을 자식들에게 주는 것이다.617) 이는 삶을 사랑하게 하는 태도이고 어린이가 자가 자신에 대해 가치를 느끼게 하는 것으로 이것은 좋은 어머니가 되는 것을 의미하는데 매우 어렵다. 하지만 진정한 사랑은 단순히 자식의 육체적인 생명의 유지를 넘어서 정신적으로 안정되고 자기 자신과 세상을 사랑하는 밝은 성격의 소유자가 되게 하는 것이기에 많은 노력이 요구된다.

그럼 부모가 자식에게 어떻게 해야 하는가 하는 문제가 제기될 수 있겠다. 여기서 가장 중요한 것은 먼저 안정감과 신뢰감을 가지게 하는 것이다.

어렸을 때 아이들은 어머니의 가슴으로부터 생존에 필요한 영양분을 공급받으면서 어머니를 사랑하고 신뢰하고 어머니에게서 안정감을 느낀다. 아이들의 인격적인 건강한 성장은 육체적인 영양분의 제공만으로는 불가능하다. 아무리 잘 먹인다 하더라도 부모한테 기본적으로 사랑과 신뢰, 안정을 느낄 수 없다면 아이는 제대로 자랄 수가 없다. 따라서 사랑이나 신뢰, 안정감은 아이들의 기본적인 욕구가 된다.618) 특히 다른 무엇보다 가정이 주는 안정감과 신뢰성은 학생으로 하여금 삶에 대한 긍정적인 태도와 자신감을 갖게 하여 자신의 고유한 세계를 적극적으로 구성할 수 있게 한다.619) 가정에서의 안정감과 신뢰감이 부모로부터 얻어지는 것이다. 따라서 어린이에게는 둥지의 역할을 하는 어머니가 보다 중요하다. 음악처럼 흐르는 말속에 사랑의 물결이 친다. 어린이는 우선 이 세상에 뿌리를 내려야 하기 때문에 안정감이 어린이에게 주어져야 한다. 이 안정감을 갖지 못하는 어린이는 후일 내면세계를 발전시키지 못하게 된다.

---

617) E. Fromm, 강승규 역, op. cit., pp.69－72.
618) 전풍자, "학부모 입장에서 본 바람직한 자녀교육", 김태길 외, op. cit., p.281.
619) 정영근, 『영화로 만나는 교육학』(서울: 문음사, 2002), p.99.

놀트(Dorothy L. Nolte)도 어린이들이 성장 발달 과정에서 정서적으로 지지받고 사랑을 체험하는 것이 얼마나 필요한 것인가를 다음과 같이 표현했다.620) 격려를 받으며 자란 어린이는 자신감을 얻는다. 칭찬을 받으며 자란 어린이는 감사할 줄을 안다. 공평한 대우를 받으며 자란 어린이는 정의를 배운다. 안정감 속에서 자라난 어린이는 믿음을 가지게 된다. 인정받으며 자란 어린이는 자기 자신을 좋아하게 된다. 수용과 우정 속에 자란 어린이는 이 세상에서 사랑을 발견할 줄 안다는 것이다. 따라서 삶을 보다 긍정적으로 살아가도록 하기 위해서는 칭찬과 격려가 필요하다.

영국의 교육학자인 맥페일은 아동들은 배려와 따뜻함 속에서 대우받을 때 기쁨을 느낀다고 했다. 그들이 행복을 느끼는 주요 동인은 이와 같은 방식으로 대우받는 것이다. 나아가 아동들이 그와 같은 대우에 의해 지지될 때, 그들은 사람과 동물 그리고 심지어는 무생물까지도 그와 동일한 방식으로 다루는 데서 기쁨을 느끼게 된다.621) 따라서 먼저 부모의 성격과 생각이 보다 긍정적이고 안정감을 가질 때 자식은 그와 같은 것을 배운다는 점에서 부모의 태도가 중요하다.

이와 같이 부모가 자식에게 주는 사랑은 안정감과 신뢰감을 형성하고 성격에도 큰 영향을 미치는 중요한 것이다. 따라서 이를 위해서는 안정감과 신뢰감을 주지 못하는 요소들을 한 번 생각해 보아야 할 것이다. 그 하나는 경제적인 문제로 자식에게 무심하거나 방임하거나 사랑을 물질적인 것으로 보는 경우일 것이다.

특히 현대에서는 경제적인 문제 때문에 가정불화 혹은 자식에 대한 사랑을 소홀히 하고 있다. 부모는 부모대로 출세, 돈벌이, 재미 보기 등으로 아이를 방치한다. 그래서 많은 아이들은 한두, 세 살 나이에 탁아

---

620) 연문희, 『성숙한 부모 유능한 교사』(서울: 양서원, 1999), p.42.

621) William Bennett and Edward DeLattre, "A Moral Education", American Educator (Winter, 1976), p.6.

소에 맡긴다. 탁아소의 환경이 아무리 좋아도 여러 가지 의미에서 어머니 품만은 못하다. 이에 영국의 아동학자 리치(Leach)는 그것은 잘못이라고 선언하면서, 어머니들은 적어도 생후 5~6년은 전적으로 아이를 위해 시간을 보내야 하며, 그런 다음에도 자기 자신을 찾을 수 있는 자아실현의 시간은 아주 많다고 어머니들에게 충고했다.622) 따라서 부모의 존재는 어린 시절에는 필요 불가결하여 같이 있는 시간을 많이 가지는 것이 사랑의 기본이 될 것이다. 그래서 요즘은 사랑은 시간이라고 말하기도 한다. 안정감을 가지게 하는 가장 최소한의 것은 부모가 옆에 있으며 보살펴 주는 것이다.

많은 부모들이 자식에게 물리적 조건을 갖추게 하면 인간으로서의 성장조건이 충분한 것으로 생각하는 경향이 있다. 그러나 이것은 옛날 자신이 경제적으로 어려웠던 시절만을 생각했기 때문이다. 그리고 성인들은 물질지향623)으로 되어 가고 있기 때문이다. 그러나 인간이 자라는 데는 물질적인 보호와 아울러 정신적인 보살핌이 절대적으로 필요하다.624) 이것이 사랑이다. 따라서 자식에게는 물질뿐만 아니라 정신적인 보살핌도 필요함을 인식하고 더 많은 시간을 자식과 함께해야 할 것이다. 둘째는 부부간에 갈등과 불화가 있거나 이혼의 상태가 되어 서로 사랑하고 존중하지 못하는 경우이다.

---

622) 정범모, 『한국의 교육세력』(서울: 나남출판, 2000), pp.95-97.

623) 생텍쥐페리는 어린 왕자를 통해 어른들은 숫자를 좋아한다고 말한다. 만약 어른들에게 "창틀에는 제라늄이 피어 있고 지붕에는 비둘기들이 놀고 있는 아름다운 붉은 벽돌집을 보았다."고 말하면, 그들은 그 집이 어떻게 생겼는지 생각해 내질 못한다. 따라서 "1억 원짜리 집을 보았어."라고 해야 한다. 그러면 "거 참 굉장하구나!" 하고 감탄한다는 것이다. 그리고 어린 왕자는 그런 사람들을 버섯이라고 했다. "그는 꽃향기를 맡아 본 일도 없고 별을 바라본 일도 없고, 누구를 사랑해 본 일도 없어. 더하기밖에는 아무것도 한 일이 없어. 그러면서도 온종일 나는 착한 사람이다, 나는 착한 사람이라고 되뇐다. 가장 중요한 것은 눈에 보이지 않아. 잘 보려면 마음으로 보아야 한다. 사실 눈에 보이는 것은 빙산의 한 모서리에 불과해. 보다 크고 넓은 마음으로 느껴야지. 그런데 어른들은 어디 그래? 눈앞에 나타나야만 보인다고 하거든. 정말 눈뜬장님들이지. 법정, 『무소유』(서울: 범우사, 1993), pp.99-100.

624) 박아청, 『인간과 교육』(서울: 배영사신서, 1986), p.36.

308

어머니가 어린아이의 출생을 기뻐하고 평안한 기분으로 애정 어린 마음으로 키우면 그 아이에게는 그러한 평안한 기분과 마음이 그대로 들어가서 이것이 어머니와의 신뢰감을 형성시키고 더 나아가 인간에 대한 기본적 신뢰로 발전하게 된다. 그러나 생후 얼마 되지 않은 어린아이가 가정문제, 특히 부부문제로 어머니의 불안정한 상태를 느끼게 된다거나 또는 어머니가 어린아이에게 진정한 애정을 쏟을 수가 없게 되면 어머니의 그와 같은 불안정이나 불안감이 어린아이 속에 들어가 기본적인 불신감이 어린아이 속에 생겨나는 것이다. 심지어 사춘기에 나타나는 문제의 근원이 생후 처음 1, 2년간에 이루어지는 것이라고 주장하는 학자도 있다.625) 아버지 어머니가 자주 싸우는 가정에서 자란 어린이는 자기도 모르게 정신건강에 타격을 받지 않을 수 없다. 이와 같은 갈등, 불안, 불행감이 심하면 자신을 해치거나 남을 해치는 경우까지 가게 되며, 심하면 이들이 마지막으로 가는 곳은 정신병원이나 감옥일 것이다.626) 따라서 첫째, 무엇보다도 부부간에는 서로 싸우는 것을 피해야 할 것이다. 부부간에 자주 싸우는 가정은 자식에게 그 영향이 미치고 자식에게 또한 애정을 잘 쏟지 못한다.

부부가 서로 존중하며 사랑해야 자식이 보다 밝게 자란다. 왜냐하면 아이들은 부모의 사랑과 웃음으로 자라는 나무이기 때문이다. 밝은 웃음과 사랑이 없으면 아이들은 시들해진다. 가정에서 웃음은 온실 같아서 따뜻한 햇볕은 받아들이고 차가운 바람은 막아 준다. 연인끼리는 서로 마음의 끈을 붙들고 있지 않아도 때로는 애정이 자라지만 부부가 된 후의 애정은 노력하지 않으면 자라지 않는 법이다.627) 따라서 서로 가릴 것 없이 '안녕', '좋은 아침이에요'라는 인사를 먼저 시작해 본다. 가정에서 이보다 더 좋은 인사는 없을 것이다.

---

625) 상게서, pp.12 – 13.

626) 신연식, 전게서, pp.375 – 376.

627) 노만택, 『건강이 샘솟는 웃음, 성공을 부르는 웃음』(서울: 보성출판사, 2001), pp.21 – 59.

그 방법의 하나로 먼저 단란한 가정에서는 대체로 어머니가 아이들에게 은연중에 아버지의 위신을 세우는 말을 한다. 예를 들면 "아버지는 너그럽고 성실한 분이야. 게다가 믿음직한 분이기도 하시지." 아버지 쪽도 마찬가지다. "엄마는 자신보다도 나나 너희들을 더 깊이 생각하신다. 엄마는 정말 좋은 분이야." 이렇게 어머니의 위신을 세워 준다. 이는 부부 사이가 원만하기 때문에 서로의 위신을 세워 주는 것이기도 하고, 서로 위신을 세워 주기 때문에 부부 사이가 원만하기도 한 것이다.628) 그런데 가장 기본적인 것은 부모가 책임을 가지고 그 역할을 다하여 경제적으로 크게 어려움이 없도록 해야 할 것이다. 왜냐하면 가정불화나 이혼의 대부분은 서로 진정으로 사랑하지 않은 면도 있지만 경제적인 요인이 크기 때문이다. 따라서 남편이 주로 경제적인 역할을 담당하기에 가정의 화목을 위해서는 그 비중이 크다 하겠다.

세상에 태어난 아이가 어린 시절에 무엇을 하며 어떻게 자라나느냐는 우선 부모가 그 아이를 어떻게 기르느냐에 달려 있다. 이런 의미에서 부모는 가장 원초적인 교육세력이며, 의식형성 세력임에는 이론의 여지가 없다. 따라서 한 나라 사람들의 마음가짐을 바로잡으려면 가장 원초적으로 그 나라 부모들이 아이들을 어떻게 기르고 있고 어떻게 대하고 있는지가 중요하다. 부모의 역할이 더 결정적으로 중요한 것은 아이의 정서 발달 부분이다. 정서의 발달은 도덕성 발달의 기저를 이룬다는 점에서 그 중요성은 더해진다. 여러 정서적 능력 ─ 자기감정 알기, 감정 삭이기, 충동 자제하기, 남의 감정 느끼기, 남의 감정에 적절히 행동하기 등은 거의 다 아이가 부모와 정을 주고받는 경험에서 길러지며, 그 바닥에는 그런 경험으로 형성되어 가는 신경연결이 있다.

특히 남의 감정, 아픔, 슬픔, 즐거움을 내 것처럼 느끼는 감수성, 감정이입(empathy)의 능력은 엄마가 아이의 감정을 알아주고 받아 주며, 아

---

628) 세키네 마사아키, 조석현 옮김, 『당신의 아이를 칭찬하는 방법』(서울: 장원, 1995), p.108.

이의 아픔을 아파해 주고 즐거움을 즐거워해 주는 잦은 감정의 공명 (attunement) 경험들이 쌓이고 쌓여서 길러지는 것이다. 이렇게 해서 길러지는 감수성, 감정공명, 감정이입, 감수성은 건전한 정신건강의 기저가 될 뿐만 아니라, 사회성의 기초도 된다는 것은 쉽게 짐작이 간다. 부모와 아이 사이에 오랫동안 이런 다정한 감정공명의 기회가 없거나 드문 경우에는 아이는 엄청난 정신적 손상을 겪게 된다. 부모와의 다정한 교감의 충분한 기회를 거쳐 보지 못한 아이는 지나친 불안, 우울, 고독 등 불건전한 부정적 정서에 빠지기도 쉽지만, 심하게는 잔인한 범죄자들에게 보듯 극히 '무정'하고 냉혹한 반사회적, 반도덕적 성격을 결과할 수도 있다.629) 따라서 스킨십과 같은 다정한 교감을 많이 하여야 하는 것이다.

가정에서 사랑의 중요함은 누구나 잘 알고 있다. 특히 어릴 때 가정에서 부모로부터 사랑을 받았는지 그렇지 못했는지는 성인이 된 후에도 그 사람의 행동에 큰 영향을 주며 심지어는 사회문제가 되기도 하기에 앞으로 사회가 보다 사랑이 넘치는 사회가 되고 건강한 사회가 되기 위해서는 어린 시절 부모의 사랑은 필수 불가결한 것이다. 그 한 예로 욕구불만에 차 있는 사람이나 애정 결핍증에 걸린 사람은 자기 자신의 문제에 사로잡혀 있기 때문에 사물에 흥미를 느끼거나 인간에게 관심을 가질 수 없게 된다. 즉 자신의 문제에 사로잡혀 있고 갈등과 불안으로 마음이 복잡해진 사람은 남에게 관심을 가질 마음의 여유가 없다.630) 그러므로 일찍부터 가정에서 기본적인 욕구가 채워지고 행복하게 자란 사람일수록 남에게 관심을 많이 가질 수 있고 그만큼 남을 사랑하는 능력이 많은 사람이 될 수 있다는 점이다. 따라서 남의 일을 내 일같이 관심을 가지고 남을 내 몸과 같이 사랑하는 사람이 되게 하는 방법은 바로 여기에 있는 것이다.

---

629) 정범모, 전게서, pp.81-82.
630) 신연식, 전게서, pp.72-73.

또한 어떤 학자는 말하기를 "비행소년은 오히려 성을 수단으로 제공함으로써 친구들과 접촉을 구하고, 애정욕구를 충족시키려 한다."고 보고하고 있다. 비행청소년에 대한 한 자료에 의하면 "가정이 어둡고 즐겁지 않은 분위기 속에서 자라난 여자아이들 가운데는 많은 아이들이 성체험을 하고 있다."는 것이다. 가정의 분위기는 가족 내의 사람과 사람과의 결합에 의해 만들어지는 것임은 두말할 나위가 없다. 그래서 가족간의 분위기가 바람직한 것이 아닐 경우 또는 애정이 없거나 희박한 경우에는 당연히 애정욕구는 가족 밖의 대상으로 향하게 되는 것이다.[631] 따라서 부모의 따뜻한 사랑이 무엇보다 요구된다. 이는 인간에게 있어 안정감과 신뢰감을 먼저 주기 때문이다. 그리고 부부간의 사랑과 부모의 모범을 보여 주는 것이다.

좋은 나무에 좋은 열매가 맺히듯이 좋은 부모에게서 좋은 자식이 나온다. 유전성도 좋아야 하지만 부모의 인격과 인생관과 가치관과 부모의 신앙이 그대로 무비판적으로 자식의 것이 된다. 그래서 자식은 부모의 거울이기 때문이다. 특히 인격형성기라고 불리는 유아들에게는 그들이 본받게 될 모델이 바로 부모이기 때문이다. 자녀들은 날마다 그 모델을 보고 자화상을 그리고 있다. 사랑은 먼저 받아야 줄 수 있다. 어린이가 먼 훗날 세상과 사람들을 좋아하고 신뢰하며 모든 사람들과 좋은 인간관계를 맺어서 이들로 하여금 사랑과 존경을 주고받게 하기 위해서는 일찍부터 그는 이러한 신뢰와 존경을 받아야 한다. 이러한 존경과 사랑과 신뢰를 받아야 어린이들은 자신들을 존경하고 사랑하고 신뢰하며 나아가서는 다른 사람들도 그렇게 할 수 있는 것이다. 시성이라고 불리기까지 한 괴테는 평생토록 따뜻한 사랑의 빛으로 싸여 있었다고 한다. 그는 그의 어머니 풍만한 애정을 받았을 뿐만 아니라, 그녀의 '여성다움', '밝은 인생관' '풍부한 상상력과 창조력'도 물려받았다고 한다. 그가 대시인이 된 것은 실로 그가 받은 놀라운 사랑과 어머니의 감화 때문이었

---

631) 박아청, 전게서, pp.34－35.

으며 그의 깊고도 오묘한 시의 비밀이 된다.632) 이처럼 부모로부터 자식
은 많은 것들을 배운다. 타인과의 관계 및 행동, 말씨뿐 아니라 인생관
과 세계관도 배운다는 것은 매우 중요하다.

부모의 올바르지 못한 본을 본 자식은 할 수 없이 부모와 같은 사람이
된다. 부모에게 매를 많이 맞고 자란 아이들은 부모의 매를 못마땅하게
생각하고 자기는 그런 사람이 되지 말아야겠다고 생각하나 결국 자기도
자기 자녀들을 잘 때리는 사람이 되기 쉬운 것이다. 또한 가정에서의 인
간관계가 모든 인간관계를 결정지어 준다고도 했다. 부모가 사랑스러우
면 세상 사람들도 사랑스럽게 보이고 부모가 미우면 다른 사람들도 미
워지는 것이다. 가족 간에 따뜻한 애정이 없이는 따뜻하고 원만한 인간
성의 발전이란 있을 수가 없으며 남도 그렇게 취급할 수밖에 없는 것이
다.633) 여기서 사물을 보는 눈이 긍정적이 되기보다는 부정적으로 된다.
왜냐하면 긍정적으로 생각하고 좋은 감정을 갖게 되면, 그 대상이 사람
이거나 사물이건 생각과 느낌이 활짝 열린다. 즉 심리학적 용어를 빌린
다면, 지각의 장이 확대되는 것이다. 따라서 개방적인 삶의 태도를 갖게
하려면 무엇보다도 그들이 세상 모든 존재, 모든 사람, 모든 현상에 대
하여 긍정적으로 생각하게 하는 것이 중요하다.634) 따라서 부모가 어떻
게 사물을 보고 삶에 임하는가가 매우 중요하다. 왜냐하면 은연중에 이
것이 자식들에게 전해지기 때문이다.

가정은 한 인간이 제일 처음 태어나 성장하는 곳으로 어릴 때 안정감
과 신뢰감을 형성하는 시기이기에 부모의 사랑이 매우 요구된다. 모성애
에는 물질적으로 성장하게 하는 것뿐만 아니라 한 인간이 보다 삶을 사
랑하도록 긍정적인 사고를 하게 하는 것까지를 포함하기에 더욱더 어렵
다고 볼 수 있다. 따라서 부모가 그 모범이 되기 때문에 보다 사물을 긍

---

632) 신연식, 전게서, pp.248－250.

633) 상게서, pp.252－261.

634) 이성호, 『흔들리는 부모 방황하는 아이들』(서울: 조선일보사, 1997), p.268.

정적으로 보고 삶을 사랑하는 태도를 가지는 것이 필요하다. 이에 가정이 화목하기 위해 부부싸움을 하지 말고 자식과 많은 교감을 하며 사랑을 해야 함이 요구된다. 특히 부부간의 사랑은 자식에게 많은 영향을 미치므로 부부간의 사랑은 바탕이 된다 하겠다. 세상에서 제일 먼저 만나고 영향을 제일 많이 받는 부모로부터의 사랑이 부족하면 원만한 인간관계를 하지 못하거나 범죄를 유발할 소지가 많기에 더욱더 가정에서 사랑이 필요하다 하겠다.

② 독립된 존재로 존중하는 성숙한 부모

부모가 자식을 교육시킬 때 제일 필요한 것은 사랑임을 모르는 사람은 아무도 없다. 그럼 어떻게 사랑해야 하는 방법적 문제가 남는다. 사랑하기 위해서도 지식과 기술이 요구된다. 먼저 위에서는 제일 바탕이 되는 부분에 대해 살펴보았다. 가정의 안정과 화목이 그것이다. 그러나 그것만으로는 부족하다. 인격적 존재로 대우하는 것이다. 왜냐하면 오늘날 여러 환경적 조건으로 특히 조숙하며 감수성이 예민하고 사랑을 받아야 하며 또한 사랑을 갈구하는 학생들이 거의 대부분 가정에서 대접을 못 받고 소외되고 있으며 대화가 부족하거나 거의 없다. 대화가 없거나 대접을 받지 못하는 곳에서는 사랑이 있다고 말할 수가 없는 것이다. 물론 여기에도 여러 가지의 답이 있을 수가 있는데 그중 하나가 바로 자식을 소유물로 생각하거나 자기 욕구를 대신 충족시키는 존재로 보거나 자식을 더 이해하고 있지 못하기 때문이라 본다. 이는 바람직한 사랑이 아니며 근본적으로 자신과 자식을 분리하지 못했기 때문이다. 이것이 자식을 또 다른 인격체로 보는 것으로 이어진다.

어린이는 성장하여야 한다. 그리고 어머니의 품 안으로부터 벗어나야 하고 그의 모태로 벗어나야 한다. 그리고 결국에는 완전히 분리된 인간으로 되어야 한다. 모성애의 본질은 바로 어린이의 성장을 돌보는 것이며, 그 자신으로부터 어린이가 분리되기를 바라는 소망을 의미한다. 여기에 바로 성애(性愛＝erotic love)와 기본적으로 다른 점이다. 성애에 있어서는 분리되었던 두 사람이 하나가 되는 것이다. 그런데 모성애는 하나였던 두 사람이 분리된다. 어머니는 관대해야 할 뿐만 아니라 어린이가 부모로부터 분리되기를 협조하고 원해야 한다.635) 따라서 모성애는 아무것도 바라지 않고 모든 것을 바치는 능력과 이기적이지 않은 성질을 요구한다. 그런데 이는 매우 어려워서 많은 어머니들이 실패를 한다. 그런데 여기서 받는 것보다는 주는 것에서 더 행복을 느끼는 여성이나 그 자신의 실존에 굳게 기초되어 있는 여성들은 어린이가 분리되어 가는 과정에서도 진정 사랑하는 어머니가 될 수 있다.

일찍이 슈프랑거(E. Spranger)는 아버지나 어머니의 존재, 나아가서는 아버지나 어머니의 따뜻한 사랑 그 자체에 결코 진정한 교육자의 정신이 갖추어져 있는 것은 아니라고 했다.636) 부모와 자식 간의 피로 맺은 관계에서 나오는 사랑만으로는 부족하다. 보다 교육자로서의 부모가 되기 위해서는 자신이 아동에 대해 많이 알고 성실하게 노력할 필요가 있다. 단순한 자연적인 부모의 애정은 그만한 높이에 올라가기가 어렵다.

먼저 아이들은 특히 어릴 때 사랑을 받기만을 원하는 존재이다. 왜냐하면 아이들은 주는 것이 아니라 받는 것에만 관심이 있기 때문이다. 그래서 현명한 어머니는 결국 자녀에게 아무것도 요구하지 않아야 한다.637) 이에 대해 H. S. 설리반도 어린이는 사춘기의 전 단계에 가기 전까지는 사랑을 할 수 없다고 했다. 이 말은 이 시기에 가져야 자기의식과 타인을 인정하는 능력이 충분히 성숙하기 때문에 사랑이 가능하다는

---

635) E. Fromm, 강승규 역, op. cit., p.72.

636) 교육애의 기본은 어버이의 사랑이다. 왜냐하면 거기엔 강한 피의 연결이 있기 때문이다. 그러나 피의 연결로 인해 교육에 있어서 필수 불가결한 요건인 열성과 배려를 낳을 수는 있지만, 단순히 이것만으로는 부족하다. 슈프랑거는 교육을 잘하기 위해서는 둥우리의 따뜻함 이상의 것이 요구된다고 하였다. 그것은 피를 초월한 객관정신이나 도덕 또는 진리에의 열렬한 추구심, 탐구심, 심지어는 희생과 봉사까지를 의미한다. E. Sparanger, Der Geborene Erzieher, 김재만 역, op. cit., p.122－126.

637) A. S. Neill, The Problem Family, 김인회 외 옮김, op. cit., p.96.

것이다.[638] 즉 8세 6개월부터 10세 이전까지의 대부분 어린이에게 문제되는 것은 대개 사랑받는 문제―있는 그대로의 사랑받기―에 한정되어 있다. 이 나이에 이르기까지 어린이는 아직 사랑하지 못하며, 단지 사랑받는 것에 감사하고 즐거움을 느낄 따름이다.[639] 따라서 부모는 사랑을 주어야 하는데 사랑을 받으려고 할 때 문제가 생긴다. 부모나 교사는 아동의 성적이 떨어지면 아동만 탓하지 그 원인을 규명하여 자발적으로 도와주려고 시도하지 않는다. 이는 우리들이 사랑의 문제를 사랑할 수 있는 능력의 문제로서보다는 주로 사랑받는 문제로서 생각하고 있다는 증거이다.[640] 부모들이 먼저 어떤 기준을 정해서 요구를 하거나 타인과의 비교를 통해 자식들이 해 주기를 바라는 욕심이 앞선 경우이다.

지브란(Kahlil Gibran)은 『예언자』란 그의 저서에서 어린이에 관한 견해를 밝히고 있다.

> 당신의 어린이는 당신의 소유가 아닙니다.
> 그들은 생명 그 자체를 갈구하는 대생명의 아들이요 딸입니다.
> 그들은 당신의 몸을 통해 태어났으나 당신으로 인하여 오게 된 것은 아닙니다.
> 그리고 비록 그들이 당신의 몸을 통해 태어났으나 당신으로 인하여 오게 된 것은 아닙니다.
> 당신은 그들에게 당신의 사랑을 주어야 될 것입니다.
> 그러나 당신의 생각을 주어서는 안 됩니다.
> 왜냐하면, 그들은 그들 자신의 생각을 지니고 있기 때문입니다.
> 당신은 그들의 육신이 살 집을 주어야 될 것입니다.
> 그러나 그들의 영혼에까지 집을 주어서는 안 됩니다.
> 왜냐하면, 그들의 영혼은 내일의 집에 살고 있으며, 당신은 그곳을 갈 수 없고 꿈에조차도 찾아갈 수 없기 때문입니다.
> 당신은 그들과 같이 되려고 애써야 할 것입니다.

---

638) R. May, op. cit., p.236.

639) 강승규 역, 전게서, p.58.

640) 박영태, 『사랑의 학습 지도법』(서울: 학지사, 1999), pp.14-15.

　　그러나 그들을 당신과 같이 만들려고 해서는 안 될 것입니다.
　　왜냐하면 생명은 뒤로 물러가는 법이 없고,
　　또한 어제에 꾸물거리며 머무는 법도 없기 때문입니다.641)

　지브란의 시는 수많은 학자들의 연구결과보다 더 간결하고 분명하게 부모가 어떤 입장에서 아이들을 키워야 도리인가를 가르쳐 주고 있다. 아이들에게 부모의 기대를 일방적으로 강요하거나 마치 물건을 소유한 것처럼 그들을 소유하려고 한다면 아이들은 내일의 이상적인 집에서 편안하게 살 수 있는 준비를 하기는 어려울 것이다.

　닐은 문제아가 자기학교에 와서 행복하고 정상적인 어린이가 되는 것은 바로 치료과정에서 보여 준 자비와 신뢰 그리고 이해라 말했다. 자신과 어린이의 본성을 보다 많이 아는 부모들은 자기 자녀들을 신경증에서 벗어나게 한다. 부모들이 지난날의 신념과 태도와 도덕을 억지로 강요함으로써 자녀들의 생활은 망쳐지는 것이다.642) 그래서 부모의 자식에 대한 사랑은 연애를 하는 경우처럼 보다 깊은 이해와 관심을 전제로 한다는 것이다.643) 그런데 부모나 교사는 아동을 있는 그대로 보아주지 않고 있는 데 문제가 있다. 자신의 관점에서 아동을 판단할 뿐만 아니라 나아가 그에 적합한 아동의 행동을 요구하고 있고, 아동은 이 요구를 충족시킬 수 없어 좌절을 반복하고 있다. 이는 부모들이 사랑에 빠지는 것이 진짜 사랑이라고 보고 있다는 증거이다. 사랑에 빠지면 나와 너의 합일현상에 의하여 나와 너의 구분이 되지 못하고 모든 것을 주관적으로 생각할 위험이 있다. 진정한 사랑은 자신과 다른 사람 사이의 구분이 항상 유지되고 보존되어야 한다. 다시 말하면 아동을 있는 그대로의 모습으로 받아들여 그들의 개성과 독특성을 인정하는 존경심을 가져야 한다. 부모들은 예를 들어 "내가 너만 할 때는 안 그랬다.", "그것도 못 하

---

641) Kahlil Gibran, 강은교 역, 『예언자』(서울: 문예출판사, 1994), pp.23－25.

642) A. S. Neill, The Problem Children, 김은산·한희경 옮김, op. cit., p.219.

643) 김재만, 전게서, pp.15－16.

니?", "아이고, 하는 꼬락서니하고는?" 등 지금 성인이 된 자신의 능력에 비추어 자녀의 행동을 요구한다. 이러한 존경의 결핍은 자녀로 하여금 심리적 안정감을 가지지 못하게 하고, 나아가 부모의 사랑을 느끼지 못하게 한다.644) 학생을 있는 그대로 보고 수용함은 한 인격체로 대하는 것이고 과욕을 부리지 않는 것이고 아이를 편하게 하는 것이다.

청소년들이 자아를 실현하는 인간으로 성장 발달하도록 돕기 위해서 어른들은 청소년들을 있는 그대로 신뢰하고 그들을 존중해 주어야 한다. 청소년들은 어른들의 이해와 사랑을 먹고 자란다. 성장과정 동안에 그와 같은 인간관계를 경험한 청소년들만이 자기 자신을 신뢰하고 존재가치를 느낄 수 있다. 있는 그대로의 자기 자신이 조건 없이 받아들여질 때 우리는 깊은 안도감을 느끼게 된다. 남몰래 간직해 온 생각과 감정을 있는 그대로 받아들여 주는 사람을 만나면 우리는 감격하여 자신도 모르게 눈시울을 적실 때가 있다.645)

인본주의 심리학을 부모교육에 적용한 기노트(Ginott)는 부모가 자녀의 정서적, 지적, 사회적 발달에 개입하여 지도하고 개발시킬 수 있는 교육자의 기능을 효과적으로 수행하기 위해서는 부모가 자신을 이해하고 인정하여야 한다고 했다.646) 아동은 부모가 자기를 이해해 주고 있다는 것을 느끼면 외로움이나 상처가 다 사라진다. 특히 어머니의 이러한 이해심은 정서적인 치료제 역할을 하게 된다. 그리고 아동과의 의사소통에서 기본이 되는 것은 존중과 기술이다. 부모의 자존심만큼 아동의 자존심도 존중하여야 하며, 충고나 지시를 할 때 먼저 부모 자신이 그 말을 충분히 이해하고 난 다음에 말로 전달하여야 한다. 즉 아동의 입장에서 정말 도움을 줄 수 있는 것인지 충분히 검토한 다음에 말해야 한다는 것이다.

---

644) 박영태, 전게서, pp.15－16.

645) Carl R. Rogers, op. cit., pp.21－41.

646) 이재연 외, 『부모교육』(서울: 양서원, 1989), pp.146.

어린이들을 이해해야 한다. 이들은 대개 다 부모를 기쁘게 하려 하고 착한 아이들이 되어서 부모에게 인정과 칭찬을 받고 싶어 한다. 고의적으로 나쁜 짓을 하는 아이란 거의 없다. 잘하려고 하다가 실수할 때가 많다. 그런데 부모들이 그 어린이의 마음, 즉 동기를 보지 않고 결과만 보고 꾸짖기 쉽다. 결과가 나쁘더라도 잘하려고 하다가 실패했을 경우에는 부모는 오히려 칭찬해 주고 위로해 주어야 한다. 그래야 어린이의 마음속에서 돋아나는 선심이 아름답게 자랄 수 있는 것이다.647) 이해하는 것은 상대방의 입장에서 보는 것이고 그들의 말을 잘 듣는 것이다. 이는 한 인간을 인격체로 존중하는 것이 된다. 따라서 사랑의 본질이라 할 수 있고 진정한 이해는 그들의 감정까지 이해하는 데서 출발해야 할 것이다.

청소년들의 감정표현을 긍정적인 것이든 부정적인 것이든 그대로 받아 주는 것이 중요하다. 청소년들은 그들의 생각과 감정을 있는 그대로 받아 이해하여 줄 때에 안도감을 맛본다. 그리고 아낌을 받는다고 느끼게 된다. 즐거움이나 행복감은 물론 부정적인 감정, 즉 증오, 질투, 실망, 불만 등과 같은 표현일지라도 정성껏 귀담아들어 줄 때 그들은 사랑받고 있음을 확인하게 된다.648) 이때 아이들은 부모에게 마음의 문을 열고 보다 친밀해진다. 따라서 부모는 자식을 사랑한다면 그들의 감정을 존중하여야 한다.

대부분의 부모들은 자신이 아이들에게 쉬지 않고 명령하는 말들을 의식하지 못한다. 부모가 되면 우리는 아이들의 행동을 향상시키기 위해 하루 24시간 동안 계속해서 가르쳐야 된다고 생각한다. 이럴 때 대부분의 부모들은 한 가지 교수법 즉 설교에 의존하는데 부모의 설교는 부모—자녀 간 쌍방의 대화를 촉진하지 못한다. 그래서 아이가 부모에게 대들거나 무시하는 결과를 초래하게 된다. 특히 부모는 아이의 감정에 대해 관대해야 할 것이다.

---

647) 신연식, 전게서, pp.251－252.
648) Carl R. Rogers, op. cit., pp.60－61.

부모가 사용하는 특정한 말들도 아이들의 반응방식을 결정한다. 다음의 예가 그것이다.

진숙: 성희가 제 생일 파티에 오는 게 싫어요.
엄마: 그래도 성희는 네 친구잖아.
진숙: 아니에요.
엄마: 그런 말이 어디 있니. 성희가 네 말을 들었으면 얼마나 섭섭하겠니.
진숙: 괜찮아요. 성희는 못 오게 할 거예요.
엄마: 그럼, 생일파티를 하지 말아야겠구나!
진숙: 좋아요. 생일파티는 필요 없어요.

진숙이 엄마는 먼저 "성희는 네 친구잖아."라고 말함으로써 딸의 감정을 부정했다.

진숙이는 분명히 성희가 생일 파티에 오는 것을 싫어했지만 엄마는 딸이 왜 그러는지 이유도 알아보지 않고 반박했다. 또 엄마는 "그런 말이 어디 있니. 성희가 네 말을 들었으면 얼마나 섭섭하겠니."라고 설교했다. 부모가 설교할 때 아이들은 진숙의 "괜찮아요."라는 반응처럼 부모의 말을 무시한다.

많은 부모들은 어떻게 해야 좋을지 모를 때 아이를 위협("그럼, 생일파티를 하지 말아야겠구나!")하게 된다. 그러나 부모가 자녀를 위협할 때 함정에 빠지기 쉽다. 부모는 자신의 위협대로 생일 파티를 해 주지 않거나 아니면 자신의 말을 취소하고 생일파티를 해 주어야 한다. 만약 부모가 자신의 말을 취소하고 항복하면 아이는 부모의 말을 다시는 진지하게 받아들이지 않을 것이다. 이 경우 어떠한 선택도 효과적인 훈육은 아니다. 진숙이는 엄마의 으름장에 대해 "좋아요. 생일파티는 필요 없어요."라고 소리침으로써 파티를 취소시키겠다는 협박에 교묘하게 반응했다. 결국 이 시점에서 엄마와 진숙이 어느 누구도 이기지 못하는 막

다른 골목에 이르게 되었다. 잠시 후 진숙이 엄마는 앞으로 논의될 몇 가지 기술을 사용해서 다음과 같이 다른 방식으로 딸에게 말했다.

> 엄마: 성희가 널 성가시게 굴었나 보구나.
> 진숙: 예, 성희는 항상 제 인형을 갖고 놀아요.
> 엄마: 그래서 넌 정말 속상하겠구나.
> 진숙: 예, 성희가 그러는 게 정말 싫어요.
> 엄마: 생일파티에서 그 문제를 해결할 좋은 방법이 없을까?
> 진숙: 음, 만약 이 층 방에다 인형을 갖다 놓고 파티를 아래층에서 연 다면 성희가 제 인형을 갖고 놀 수 없을 거예요. 아, 그럼 그 앨 파티에 초대해도 되겠어요.
> 엄마: 야, 멋진 생각이구나![649]

이 대화에서 "성희가 널 성가시게 굴었나 보구나."라고 말함으로써 엄마는 딸의 감정을 소중하게 생각하고 인정해 주었으며, 딸을 괴롭히는 것이 무엇인지를 알아낼 수 있는 좋은 기회를 갖게 되었다. 또한 "그래서 넌 정말 속상하겠구나."라고 말함으로써 성희에 대한 딸의 감정을 인정해 주었을 때 진숙이는 엄마가 진심으로 자신을 이해한다고 생각하게 되었다.

내가 그 사람의 이야기를 들어 준다고 하는 것은 곧 내가 그 사람에게 관심이 있음을 뜻한다. 남에게 사랑받고 이해되기를 원하는 것이 인간 본래의 감정이라면 남의 이야기에 귀를 기울이는 것은 바로 그 사람을 도와주는 첫걸음이 되는 것이다. 남의 어려운 이야기를 듣는다는 것은 그 사람에게 문제를 해결해 주는 것이 아니라 그 사람에게 자신의 문제를 바로 알고 자기가 그 문제를 극복할 수 있는 기력을 회복시키는 것이다.[650]

---

649) Nancy Samalin & Moragan Jablow, 김진숙·연미희·이인수 옮김, 『바람직한 자녀와의 대화방법』(서울: 학문사, 1991), pp.13 – 18.
650) 박아청, 『인간과 교육』(서울: 배영사신서, 1986), pp.106 – 109.

일반적으로 사람은 자기의 말을 잘 경청해 주는 사람의 요구에 더 잘 따르는 것이다. 그래서 상대방을 설득시키려면 무엇보다도 상대의 입장을 생각하고 공감할 수 있는 경청하는 태도가 있어야 한다. 남의 말에 귀를 기울여 주면 상대방이 자기의 말을 잘 들어 준다고 생각하고 대화에 있어서 마음의 안정을 기할 수 있다. 상대방이 자기의 이야기를 수용해 줄 수 있다고 판단될 때 마음을 개방하여 진지하게 이야기를 하게 된다. 어린이가 가장 듣기 싫어하는 말은 부모들이 가장 많이 하는 말이다. 부모가 많이 하는 말일수록 어린이들에게는 필요하고 옳은 말이다. 그러나 어린이들은 그런 부모의 말씀에 대한 가치를 인정하면서도 거부감을 느끼는 것은 부모의 아이에 대한 공감이 결여되어 있기 때문이다. 부모가 어린이의 입장이나 처지를 이해하고, 그들의 감정을 이해해 주는 공감이 결여되어 있으면 아무리 좋은 말이라도 그것은 올바르게 전달되지 않고 오히려 간섭적인 말로 들리게 된다.651) 따라서 어린이를 이해하고 공감할 수 있는 방법은 먼저 존중하고 수용하는 자세를 가지는 것이다. 그래서 부드러운 시선과 말을 사용하며 역지사지란 말처럼 입장을 바꾸어 생각해 보기도 하며 상대가 느끼고 행하는 것이다. 따라서 부모가 최대한으로 자녀에게 도움을 베풀 수 있는 것은 그들이 느끼고 있는 감정뿐만 아이라 그 감정이 뜻하는 것까지도 이해한다는 것을 보여 주어야 한다. 그런데 어머니의 자녀교육 방식 가운데 바람직한 것으로 추천되는 것은 수용적 태도로서 다음과 같은 특징을 갖는다.652) 첫째, 부드럽고 애정이 있어야 한다. 둘째, 자녀의 요구에 민감해야 한다. 셋째, 자녀와 함께 즐길 수 있어야 한다. 넷째, 자녀의 학습과 성장속도에 따른다. 다섯째, 자녀의 자발성을 수용해야 한다. 여섯째, 자녀의 미숙한 행동을 수용해야 한다. 일곱째, 자녀가 거부하는 것을 받아들여야 한다. 여덟째, 현실적이어야 한다.653) 타인의 수용은 먼저 스스로의 수용으로

---

651) 김영호, 전게서, pp.94 - 101.

652) 박세훈 편저, 『인간관계론』(서울: 한국심성교육개발원, 1997), p.146.

부터 가능해진다. 타인의 인성이나 행동을 있는 그대로 수용하는 자세는 효과적인 인간관계의 기반이 된다. '왜 나와 같지 않은가'라는 일방적인 의문이나 자세는 부정적인 인간관계의 요인이 된다. 모든 인간은 하나같이 다르기 때문에 가치가 있고 존엄한 것이다. 상대방의 다른 점을 수용하고 존중함으로써 우호적인 인간관계가 성립된다. 자·타의 수용이란 스스로의 자아상을 그대로 받아들이는 동시에 타인의 인성이나 행동을 있는 그대로 이해하고 받아들임을 의미한다. 이러한 자·타의 수용은 스스로와 이웃을 자유롭게 풀어 줌으로써 상호 간의 의견 차를 줄여 주고 우호적인 인간관계를 형성할 수 있게 된다. 따라서 자·타의 수용은 서로의 인격적인 가치를 높이고 개방적인 태도를 갖게 하여 수준 높은 인간관계의 기술이 된다.

육아의 실제에 관한 가장 일관성 있는 연구의 결과는 합리적 선택을 할 수 있는 분별 있는 아이들의 출현은 그들을 따뜻하게 수용하는 부모의 태도이다.[654] 아이들을 수용하는 태도는 타인들에 대한 신뢰와 자신의 능력 및 자신감을 고무하는 경향을 길러 준다.

가장 행복한 가정은 부모들이 자녀들에게 솔직하고 정직하게 대하는 가정이다. 이런 가정에서는 사랑이 크게 자란다. 그러나 이와 다른 가정에서는 두려움 때문에 사랑이 부서진다. 권위와 존경은 사랑을 멀리 떼어 놓는다.[655] 가정에 사랑이 있을 때 아이들은 부모들의 의견을 잘 받아들인다. 그러나 적대감이 있으면 아이들은 아무것도 받아들이지 않든지, 무엇이나 부정적으로 받아들이며, 심지어는 파괴적이거나 건방지게 된다는 것이다.[656] 따라서 한 인격체로서 의사를 존중해 주고 행동에 대한 이해의 폭을 넓힐수록 두려움이나 불안보다는 안정감과 보다 밝게

---

653) 김경희, "심리학에서 본 바람직한 자녀교육", 김태길 외,『자녀지도를 위한 부모교육』, 청소년 상담원, 재단법인 청소년대화의 광장, 1993, pp.38－41.

654) R. S. Peters, 남궁달화 역,『도덕발달과 도덕교육』(서울: 문음사, 1993), p.171.

655) A. S. Neill, The Problem Children, 김은산·한희경(옮김), op. cit., p.149.

656) A. S. Neill, The Problem Family, 김인회 외 옮김, op. cit., p.36.

자랄 것이다

애정의 증거에 대해 보면 어린이를 무시하거나 그들의 욕구를 채워주는 데 있어 배려를 게을리하거나 미소를 던지는 대신 얼굴을 사납게 찌푸리거나 하면 그 아이는 더 이상 아늑하고 사랑스러운 기분을 갖지 않는다는 것이다.[657] 아이들에게 벌을 주면 사랑이 미움으로 바뀌게 된다는 것을 부모들은 잘 모르고 있다. 어린이들의 미움을 알아채기란 쉬운 일이 아니다. 흠뻑 얻어맞은 뒤에 고분고분해지는 그런 어린이의 어머니들은 그 어린이가 일시적으로 자기의 미움을 억누르고 있다는 것을 알아야 한다. 억누르고 있는 감정은 죽은 것이 아니라 오직 잠자고 있을 뿐이다.[658] 부모들은 자녀들에게 자기들의 부모로부터 이어받은 권위를 강요한다. 그러나 이때 자식들은 미움을 갖게 된다. 왜냐하면 그것은 어린이들에게 주어야 할 안정감과는 정반대가 되기 때문이다.[659] 아버지의 사랑은 다음과 같은 원칙과 기대에 의해 관리되어야 한다. 즉 권위주의와 위협보다는 관용과 인내로서 관리되어야 한다. 성장하고 있는 어린이에게 차츰 권한을 주어야 하고 결국 그 자신의 권위를 인정해 주며 아버지의 권위로부터 벗어나도록 허락해야 할 것이다. 결국 성숙한 사람은 그 자신이 아버지이며 어머니라는 경지에까지 도달한다.[660]

이와 관련하여 우리가 간과해서는 안 되는 점은 연장자 중심의 유교적 사고와 생활방식으로 이것이 어린이와 학생을 바로 이해하는 데 적지 않은 부정적 영향을 주고 있다는 점이다. 이는 우리의 언어사용에서 나타나는 연장자와 연하자 사이의 지배 혹은 복종의 어법을 관찰하면 잘 나타난다. 따라서 어른들의 자기중심적 사고가 우리 삶에 만연되어 있다는 점이다.[661] 한국의 전통사회는 어른중심의 사회여서 청소년들을

---

657) J. H. Pestalozzi, 김정환 역,『페스탈로찌가 어머니들에게 보내는 편지』(서울: 양서원, 1989), p.78.

658) A. S. Neill, Summerhill, 강성위 역, op. cit., p.106.

659) Ibid., p.50.

660) 강승규 역, 전게서, pp.60 - 62.

있는 그대로 이해하고 존중하려는 태도보다는 항상 어른들과 비교하여 부족하고 미숙한 점을 지적해 주는 경향이 있다. 청소년들의 생각이나 감정은 위험스럽거나 유치한 것으로 규정짓고 되도록 억제하거나 무시해 왔다. 따라서 전통적인 관점에서 볼 때 바람직한 청소년이라면 어른들에게 순종하고 그들의 기대대로 행동하는 퍽 수동적이고 타율적인 인간상이 만들어진다. 그들을 이해하고 수용하지 못하는 권위주의적 가정에서는 진정한 대화도 부족하고 대화 자체도 잘하지 않는 경우가 많다. 인격적으로 대하는 부모는 자식에게 무리하게 무엇을 바라지도 않으며 그의 생각을 강요하기보다는 이해하고 수용하려고 하기에 자식들은 더욱더 부모와 거리감을 덜 느끼고 대화를 하려고 한다. 그리고 그 한편 부모와 자녀 간의 친밀감 형성은 대화에 의해 크게 좌우된다. 그런데 실제로 가정에서 부모와 자녀 간의 의사소통은 극히 미비하다. 어린이 문화진흥회에서 서울에 사는 초등학교 4∼6학년생 1,108명을 대상으로 가정과 학교 환경에서 받는 어린이의 스트레스에 관해 실시한 설문조사 결과는 이를 잘 나타내고 있다.

대화가 없는 썰렁한 집안 분위기, 공부만 하라고 다그치는 부모, 우리나라에서는 이 두 가지에 가장 많은 스트레스를 받고 있는 것으로 나타났다. 특히 이런 스트레스는 여자 어린이보다는 남자 어린이에게 심한 것으로 나타났다. …… 어린이들이 가정에서 겪는 고민은 가족 간의 대화부족(26.2%), 부모의 공부 강요(23.5%)가 압도적으로 컸다. …… 50.2%의 어린이가 "나는 부모님께 그날 있었던 일을 그대로 이야기하지 않는다."고 했다. 또 38.1%가 방과 후 집에 돌아가면 아무도 없는 때가 많다고 했고, 17.8%가 가족과 같이 있어도 외롭다고 했다. …… 그리고 60.3%가 부모의 공부 강요를 지적하고 있다는 점이다.662)

인간은 대화하는 동물이다. 대화는 올바른 인간관계를 알게 하는 중대

---

661) 정영근, 『영화로 만나는 교육학』(서울: 문음사, 2002), p.91.
662) 박영태, 전게서, pp.120−121.

한 역할을 한다. 대화가 없는 곳에는 언제나 오해와 충돌의 위험이 따른다. 대화는 상대방의 입장을 내가 이해하고, 나의 입장을 상대방에게 전달하는 기교이다. 그러므로 서로를 이해하고 용납하며 협조해서 살 수 있다. 이런 의미에서 대화는 이해를 낳고, 이해는 사랑을 유발시키기에 대화를 많이 하도록 노력해야 할 것이다. 대화는 무엇보다도 상대방과 나를 하나로 만드는 역할을 한다. 그리고 우리는 주변 사람들과 많은 말을 주고받지만 대화다운 대화는 별로 하고 있지가 못하다. 마음과 마음의 만남이 되어야 하는데 일방 통행적인 분위기에서는 마음의 문이 닫히기 마련이어서 진실한 대화가 불가능하다. 따라서 명령보다는 의논이나 의뢰로써 모든 사람들과 대화하는 심정을 가지도록 노력해야 한다. 이렇게 되기 위해서는 상대방을 천시하고 얕보는 심정을 가져서는 인격적인 대화가 불가능하다. 언제나 상대방을 자기와 동등한 자유와 인격과 권리를 가진 인간으로 만나야 하며, 상대방이 어떤 천한 지위와 신분을 가졌다 하더라도 그를 친구로서 대접해야 마땅하다. 그러므로 참된 대화가 있기 위해서는 인간의 존엄성을 인정하고 인간을 극진히 사랑하는 바탕이 있을 때 가능하다고 볼 수 있다.

식구들이 서로 이야기하는 것을 경청하는 자세, 특히 부모가 자녀의 이야기에 관심과 흥미를 보이는 일은 아이에게 큰 용기가 되어, 아이가 사람들을 열심히 만나고, 열심히 듣고, 열심히 보게끔 한다. 그리고 가정에서 부모와 나누는 언어적 경험은 여러 가지 뜻과 가치를 지닌다. 이를테면, 문제 해결의 실마리를 찾고, 부모와 자녀 사이에 공감대를 형성하며, 상호 이해를 통한 완전한 심리적 가족 구성원으로서의 의식을 돈독케 한다.663)

부모-자녀 간에 먼저 마음과 마음이 통하는 대화를 하도록 노력하며 특히 의사소통의 길을 막는 표현을 삼가야 하겠다. 의사소통의 걸림돌이란 대화자의 자존심에 상처를 입히고, 끝내는 의사소통이 단절되게 하는

---

663) 이성호, 전게서, pp.165-166.

청취자의 언어나 태도를 말한다. 여기에 해당되는 것으로 명령하기, 충고하기, 회유하기, 심문하기, 관심 돌리기, 심리 분석하기, 빈정대기, 도덕적 판단하기, 해결사 노릇 하기 등이다. 의사소통의 걸림돌을 사용하는 것은 대개가 자녀에 대한 존경심이 부족한 탓이다. 부모는 자녀를 돕고 싶은 마음에서 어떤 말을 했지만, 그러나 우리의 태도가 어느 면에서 자녀를 무시한 것으로 보이기 때문에 대화를 가로막는 걸림돌로 기능하게 된다. 반면에 적극적인 의사소통의 기법은 부모로 하여금 자녀가 자신의 문제를 처리해 나갈 때에 지지를 해 주는 일련의 대화기술이다.[664] 첫째, 적극적으로 경청한다. 둘째, 감정에 귀를 기울인다. 셋째, 감정과 이야기 내용을 연관시킨다. 넷째, 대안을 찾아보고 결과를 평가한다. 다섯째, 추후지도를 한다.

로날드 아들러(Ronald Adler)는 대화에는 사차원이 있다고 주장하고 그것을 첫째, 일상적인 대화, 둘째, 사실이나 정보를 교환하는 대화, 셋째, 의견이나 견해를 말해 주는 대화, 넷째, 자신의 감정을 보여 주는 대화로 구분한다. 따라서 부부간이나 부모와 자녀들 사이에 허심탄회한 대화가 이루어지지 않는다면 그들의 관계는 관념적일 뿐이지 서로의 존재에 변화를 줄 만한 의미 있는 인간관계라고 말할 수 없다. 인간은 저마다 자기 자신의 경험세계 속에 홀로 존재하기 쉽다. 타고난 소질이 다르고 자라 온 환경이 저마다 독특하기 때문에 그 경험세계는 유일무이하기 마련이다. 우리가 진실한 대화를 통하여 저마다의 경험을 다른 사람과 나누어 가지면 그만큼 우리는 공감하고 이해하는 영역을 넓히게 된다. 그런데 어른들은 자기들과는 다른 정치, 경제, 사회, 문화, 혹은 교육적 배경에서 자라고 있는 청소년들의 독특한 경험세계를 제대로 이해하지도 못하면서 청소년들의 제 문제의 해답을 제시하고, 충고, 설득, 강요, 혹은 협박하는 경우가 종종 있다. 이것은 대단히 위험스러운 태도이

---

664) Popkin, 홍경자 역, "현대의 적극적 부모역할 훈련 부모용 지침서"(서울: 한국심리교육센터 출판부, 1995), 한국교육학회, 『인성교육』, pp.184 – 186.

다. 청소년들과 어른들의 효율적인 대화를 방해하는 요소들은 이런 잘못
된 태도에서 발생할 수 있다.665)

한편 자식을 인격체로 대하고 보다 존중하고 이해하기 위해서는 자녀
에 대한 올바른 판단을 함이다. 능력과 소질을 제대로 파악하는 것은 자
녀를 인격체로 대하는 한 방법이 될 것이다. 그렇지 못하면 아동에게 지
나친 기대를 하게 되는 것이다.

이에 로크는 아동마다의 독특한 성격을 고려하여 교육해야 된다고 충
고하였다. 그는 아동의 특성과 능력을 알기 위해서 아동을 관찰해야 하며
아동의 관심과 뛰어난 점을 격려하고 충분히 개발해 주어야 한다는 주장
을 했다. 루소는 부모와 교사가 아동들을 면밀히 관찰하여 아동에게 맞는
교육을 하고, 아동의 능력에 넘치는 읽기를 강요하지 말라는 것을 분명히
했다.666) 따라서 학생들의 잠재된 가능성을 일깨워 주는 일을, 부모들 역
시 자녀에게 해야 할 것이다. 자녀의 잠재적 가능성은 그들의 일상생활을
누구보다 가까이서 지켜보는 부모, 특히 엄마의 눈에 잘 보인다. 이를테
면, 어떤 집 아이는 사람과 사귀기를 즐거워하고, 언제나 다른 사람의 이
야기를 경청하고, 다른 사람의 입장을 생각해 주는 특성을 지녔음을 부모
는 느낄 수 있을 것이다. 그러한 경우 아이의 장점을 살려서, 잠재된 적
성을 표출시켜 주는 것이 부모의 자녀에 대한 참사랑인 것이다.667)

인격적인 존재로 존중함은 자식을 자신과 분리된 하나의 독립체로 보
는 것이다. 이때 부모는 자식을 소유물로 여기지 않으며 강요하거나 무
리한 기대를 하지 않고 그들의 생각과 감정까지 이해하고 존중하고자
하는 열린 마음으로 경청하고 수용하는 자세를 가진다. 그래서 대화가
보다 활발해지며 자녀의 소질과 능력에 대한 보다 객관적인 태도를 가
지게 된다.

---

665) Carl R. Rogers, op. cit., pp.70－86.
666) 이재연 외, 전게서, pp.41－42.
667) 이성호, 전게서, p.213.

(2) 존귀함을 일깨워 주는 사랑의 교사

① 이해심이 넓은 사랑의 교사

인간적인 교사란 어떤 특성을 가진 사람일까에 대해 패터슨은 서슴없이 세 가지를 제시한다. 첫째, 진실한 교사여야 한다는 것이다. 말하자면 가식적이거나 권위적이지 않고 개방적이고 온화성을 유지하는 것을 말한다. 둘째, 학습자를 하나의 인간으로 존중하는 교사여야 한다는 것이다. 이는 제 나름대로의 가치가 있는 개인으로서 깊이 존중하는 것으로 남과 달라야 한다는 요구를 하지 않는다. 셋째, 공감적 이해를 하는 교사이다. 공감적 이해란 교사가 자신을 학생의 입장으로 바꾸어 놓고 거기서 진행되는 사실에 대해서 민감하게 지각하고 느끼게 되는 것을 말한다. 그런데 이 세 가지는 애정을 말한다. 그리고 인간적인 교사의 태도는 학생을 이해하려고 한다는 것이다. 사랑을 가지면 이해를 하게 되고 이해를 하는 것은 사랑을 하는 것이라 할 수 있겠다.

사랑은 원래 정신이 눈뜬 두 개의 개성이 연결되는 상태로 서로 주고받는 것을 원칙으로 한다. 하지만 문제는 이 같은 상태가 언제나 일어난다고는 할 수 없다는 점이다. 그럼 어떻게 하면 보다 가능할까? 그것은 敎育愛이다. 왜냐하면 이것은 일방적으로 지속될 수가 있기 때문이다. 정신이 눈뜨지 아니한, 그렇기 때문에 자기가 사랑을 받고 있는 의미를 전혀 모르는 자에게 사랑이 향하고 있을 때가 바로 교육적인 사랑이다. 교육애는 보다 고차원적인 단계의 것으로 하나의 개성이 타의 개성을 감싸 주는 형태의 사랑인 것이다. 그래서 진실한 교사는 이 정신적인 태도가 무엇인가를 마음에 품어야 하며, 만일 누가 교사의 직업을 선택했다면 그의 가슴속에는 높은 차원의 교육적인 사랑의 불빛이 타올라야만 하며668) 부모가 자식에 대해 가지는 본능적 사랑을 가지고 학생들을 대해야 한다.669) 이때 한 사람의 소년에 대한 따뜻한 흥미만 있다면 그를

---

668) E. Spranger, Der Geborene Erzieher, 김재만 역, op. cit., pp.140－141.

669) E. Spranger, J. R. Strain(ed.), op. cit., p.531.

보다 좋게 만드는 데 충분하다고 생각한다면, 닻은 있지만, 배도 바람도 없는 것과 큰 차이가 없다. 그래 가지고는 아무런 운동도 없다. 우리가 모범이 되기 위해서는 무엇이지 않으면 안 되고, 줄 수 있기 위해서는 무엇을 가지지 않으면 안 되며, 에너지를 생기게 하기 위해서는 자기가 에너지를 쓰지 않으면 안 된다. 교육하는 능력의 양은 자기가 교육에 기울인 힘의 양에 비례한다. 진정한 교사는 내면적으로 생명이 충실해서, 말하자면 그것이 넘쳐흘러서, 가까이의 논과 밭을 기름지게 하는 것이다. 그것도 다른 사람까지 휩쓸어 가는 상승의 힘인 것이다.670) 그럼 교사는 학생들에게 무엇을 주어야 하나? 그것은 지식뿐만 아니라 진리를 주어야 하는 것이다. 교사에게 생도가 받고자 하는 것은 물적인 것이 아니라 진리이다. 이때 물적인 것이 아니라는 것은 정신화·영혼화를 의미한다.671) 소크라테스가 자기를 가리켜 진리를 받아들이는 산파라고 한 것은 무릇 교사는 관심의 이중적인 측면을 지녀야 한다는 것을 말한다. 이때 교사는 자기가 가르치는 학문의 원리뿐 아니라 아동이 탐색하고자 하는 세계에 대한 아동 자신의 견해를 소중히 여긴다. 따라서 교사는 이 두 가지 관심 중의 어느 한 가지도 소홀히 해서는 안 되는 것이다.672) 어찌 보면 이 두 가지가 서로 연관이 되어 있다고 할 수 있다. 많은 지식을 가지고 있고 잘 가르치는 것은 호감을 줄 수 있으며 교육이 인간적인 대면에서 발생하는 인간교육으로 교사의 인간됨이 좋아 학생들이 좋아하면 학생들은 더욱더 그 교과목에 대한 학습에 관심과 노력을 기울이기 때문이다.

인간적인 교사가 지적이거나 학문적인 성취를 촉진한다는 것은 명백하다. 그러나 더욱 중요한 것은 그가 보여 준 성격특성이 의미 있는 성격학습이나 성격발달을 유도한다는 사실이다. 따라서 인간주의적인 교사

---

670) E. Spranger, Der Geborene Erzieher, 김재만 역, op. cit., p.155.

671) 김재만 역, op. cit., p.34.

672) 이홍우, 『윤리학과 교육』(서울: 교육과학사, 1981), p.61.

는 모든 아동들을 있는 그대로 받아들여 주고 인정해 주며 존중해 주는 행위를 통해 인성적 측면뿐만 아니라 아동의 지적인 측면에도 기여한다고 볼 수 있다.

훌륭한 가르침은 기술상의 문제나 방법상의 문제이기도 하지만 실은 교사의 사람됨이 더욱 중요한 것이다. 가르친다는 것은 하나의 체제나 방법들을 응용하는 것은 아니고 바로 하나의 인간적인 관계인 것이다.[673] 그래서 교사가 쓰는 체제나 방법보다는 그 교사가 어떤 부류의 인간이냐가 더욱 중요하다. 다시 말하면 얼마나 이해심이 있나 하는 것이다. 이해심이 있기 위해서는 아동을 있는 그대로 보고 보다 넓은 가슴을 가지는 것이다. 먼저 이를 위해 어떤 자기의 고정관념이나 판단의 기준에 얽매이지도 말고 차별을 하지 않는 것이 필요하다. 즉 모든 학생들을 가치 있다고 보고 존중하는 것이다. 이때 그는 학생이 어떤 조건이 있더라도 받아들이는 자세를 가지며 보다 학생을 이해하고자 하기 때문에 가르치는 내용을 학생에 맞게 수업도 할 것이다.

인간주의 교사들은 각 아동을 하나의 고유한 인간, 제 나름대로의 가치가 있는 인간으로서 깊이 존중한다. 존중은 각 아동을 그의 현존상태 그대로 적나라하게 수용해 주는 일을 포함한다. 존중은 그가 남과 달라야 한다는 요구를 하지 않는다. 그것은 무조건적인 것이다. 이것은 상대편을 소유하려는 보살핌이나 온정성이 아니고 한 개인으로서 그의 온정성을 시인하는 성질의 것이다. 그것은 타인을 신뢰하고 인정하는 것, 즉 하나의 믿음이다. 그리고 학생에 대한 존경은 학생 내부에 자존심을 배태시킨다. 그들에 대한 신뢰는 그들 안에 자신감을 잉태시킨다.[674] 존중은 자신감과 연결된다. 존중하지 않는 교사는 학생의 소질이나 능력발휘에 미흡할 수 있으며 학생이 보다 학교생활을 잘하고 낙오하지 않도록 하기 위해서는 남과의 비교는 금물이다. 그 학생에 대한 파악과 함께 학

---

673) C. H. Patterson, op. cit., pp.147－148.
674) Ibid., pp.161－162.

생의 수준에 맞게 요구하기에 자신감을 꺾지는 않을 것이다. 이와 같이 교사에게 요구되는 것은 인간적인 존중이다. 이 존중심은 교사가 학생에 대하여 맺고 있는 특별한 관계에 국한된 특이한 감정인 것이다. 인간에 대한 존중은 상대방을 독립된 의식의 구심점으로 지각할 때 일어나는 감정이다.

부버에 의하면 에로스는 선택을 의미하고 기호에 의해 취해진 선택이어서 이것은 교육이 아니라 하였다.[675] 현대의 교육자들은 자기 앞에 앉아 있는 다양한 학생들을 접하게 된다. 즉 교사가 교실에 들어갔을 때 그는 그가 선택한 학생들을 향해 들어간 것이 아니어서 다양한 종류의 학생들과 만난다. 여기서 에로스적 선택을 하게 되면 교사는 학생들을 편애하는 것이 되고 무시하는 것이 되어 그는 교육의 본래적 정신에서 벗어나게 된다. 따라서 결과적으로 포용하고 수용함을 의미한다.

교사가 학생들을 대할 때 자기 나름의 기준을 가지고 선택하는 것은 달리 말하면 색안경을 끼고 있다는 것이다. 그 대표적인 사례를 보면 다음과 같다.

> 한 교사는 지금까지 자신이 색안경을 쓰고 학생들을 대했다는 점을 느끼게 된 경우이다. 그는 수업 후, 한 면에 한 학생씩 이름을 쓴 공책을 손에 잡히는 대로 펼쳐서 양면에 있는 두 학생의 이름을 보며, 오늘 그들에게 어떤 말을 했고 교사로서 어떻게 처신을 했는지, 그리고 그 학생들이 어떤 반응을 보였는지에 대해서 생각나는 대로 적었다. 도저히 생각이 나지 않으면 다음 면으로 넘어갔다. 한 달이 지나고 두 달이 지나고 시간이 흐른 후 보니 내용이 크게 세 종류로 나누어졌던 것이다. 첫째는 백지로 남은 면이다. 그것은 교사인 자신이 아무것도 알지 못하는 학생들이다. 그 학생이 내 시야에 들어오지 않았던 것이다. 그래서 그 학생에게 관심을 쏟지 않았다고 말해도 어쩔 도리가 없는 것이다. 물론 그들은 분명히 아무런 문제도 일으키지 않는, 너무 평범해서 눈에 띄지 않는 학생들일 것이다. 그리고 내성적인 학생들일 수도 있다. 둘

---

675) 강선보, 『마르틴 부버 만남의 교육철학』(서울: 원미사, 2003), p.148.

째는, 빽빽하게 기록된 것으로 자신이 호감을 갖고 있는 면, 다시 말해
서 칭찬의 말들이 가득 차 있는 면이다. 셋째는 그 정반대이다. '이런
아이가 있기 때문에 우리 반이 엉망이야.', '이 녀석이 또 말썽을 저질
렀어.'와 같이 교사 자신의 불안정한 마음이 줄줄이 적혀 있는 면이다.
따라서 백지로 남은 학생들의 좋은 점을 찾아내고 부정적인 이미지밖
에 적혀 있지 않은 학생들은 장점을 찾는 것이다.[676]

자신의 선입관, 집착, 고집과 같은 것에 좌우되면 사물을 올바르게 볼
수 없다. 따라서 학생들의 장점도 눈에 띄지 않게 된다. 그저 천방지축
으로 행동하기만 하는 듯이 보이는 학생들에게도 장점은 얼마든지 많다.
다만 우리의 눈에 띄지 않을 뿐이다. 장점이 보이지 않으므로 언제나 그
학생을 부정하게 된다. 그리고 학생은 자신을 부정하는 교사를 부정하게
된다. 내관이라는 자기분석법을 통해 자신을 되돌아봄으로써 상대의 언
동을 그대로 받아들이게 된다. 자신의 해석이나 억측이라는 필터를 통해
서 상대를 보는 게 아니라 상대의 언동을 있는 그대로 보고 있는 그대
로 느낄 수 있게 된 것이다. 이렇게 되자 학생들의 모습이 점차 다르게
보이기 시작한 것이다.

학습자에 대한 사랑에는 학습자에 대한 존중 즉 학습자의 느낌, 학습
자의 의견, 학습자의 인간성에 대한 존중이 포함되는데 이것이 바로 비
소유적 사랑이다. 이것은 다른 사람을 별개의 인간으로 존재가치가 있는
개인으로 수용하는 것으로 한 사람이 근본적으로 믿을 만한 가치가 있
다는 기본신뢰이다. 우리가 그것을 인간에 대한 존중, 수용, 신뢰라고 부
르든 혹은 다른 말로 부르든 간에, 그것은 관찰이 가능한 다양한 방식으
로 나타난다. 이와 같은 태도적 자질을 갖추고 있는 촉진자는 학생들의
성취감은 물론 새로운 문제에 접근할 때 학생들이 느끼는 두려움과 망
설임도 충분히 수용할 수 있다. 그 교사는 학생들의 주요한 학습목표를

---

676) 세키네 마사아키, 조석현 옮김, 『당신의 아이를 칭찬하는 방법』(서울: 장원, 1995),
　　 p.24.

성취하고자 하는 노력은 물론 학생들의 무관심과 학습목표를 벗어난 학
생들의 별난 욕구도 받아들일 수 있다.677) 여기에서 묘사하는 것은 많은
느낌과 잠재력을 가지고 있는 불완전한 인간존재로서 학습자를 존중하
는 것을 의미한다. 학습자에 대한 촉진자의 존중이나 신뢰는 인간유기체
의 능력에 대한 기본적인 확신과 신뢰의 실제적인 표현이다.

　자연주의자인 루소가 『에밀』에서 중요하게 여기고 있는 점은 교사의
인성과 성품 그리고 자질이다. 교사의 인성은 학생의 교육에서 매우 중
요하다. 자연주의에서 강조하는 교사에게 요구되는 세 가지 태도는 다음
과 같다.678) 첫째, 교사는 어린이의 본성을 인식하고 성장과 발달의 수
준을 잘 알아, 환경과 잘 어울려 교류하면서 성장할 수 있도록 어린이를
돕고 격려하여 학생이 가지고 있는 능력을 잘 표현할 수 있도록 고무
자극할 수 있는 일이다. 둘째, 교사는 학생을 대신하여 지식을 주입하는
대신에 학생 스스로 지식을 발견하도록 하기 위해 인내를 가지는 일이
다. 셋째, 학생의 학습과정에서 교사는 거의 눈에 띄지 않는 안내자의
역할을 하는 것이다.

　한 사람을 존중한다는 것은 그 사람을 알지 못하면 불가능하다. 그래
서 그 사람에 대해 잘 알지 못하면서 존중한다는 것은 다소 형식적일
수 있다. 관심을 가지고 존중하면 그는 그 사람에 대해 보다 더 잘 알기
때문이다. 그의 머릿속에 그가 있다. 지식에 의해서 인도되지 않으면 책
임감도 무분별한 것이 되고 만다. 한 인간을 객관적으로 알 때에만 비로
소 사랑의 행위에서 그 본질을 파악할 수 있는 것이다.679) 따라서 교사
가 주어진 상황과 사태를 잘 인내하기 위해서는 해당 학생에 대한 정확
한 지식은 물론 아동발달에 대한 보편적이고 개별적인 지식이 필요하다.
이런 점에서 볼 때 교사에게 심리학적 지식은 매우 중요한 것이다.680)

---

677) Carl R. Rogers, op. cit., p.176.

678) 박의수·강승규·정영수·강선보, 『교육의 역사와 철학』(서울: 동문사, 2002), p.290.

679) E. Fromm, 박희진 역, op. cit., pp.41－53.

680) 정영근, 전게서, pp.57－58.

각각의 학생을 나름대로 이해하는 자세는 다양한 교육적 조처 가운데 특별히 슬기로울 뿐만 아니라 교사를 인내하게 하는 결정적 수단이 된다. 그런데 이 이해는 평상시의 학생에 대한 지식을 가지고 있을 때 보다 가능하다.

따라서 무엇보다도 가르치는 사람의 마음자세가 중요하다. 특히 배우는 학생들을 인격체로 대하고 존중해 주는 긍정적인 인식이 필요하다. 그 방법으로는 학생들이 모르는 것은 당연하다든지, 모르기 때문에 실수하는 것은 배우는 학생의 권리라든지, 학생들은 같은 실수를 반복하지 않도록 배워야 할 책임이 있다든지, 가르침이란 학생들이 배움을 책임지도록 돕는 것이라는 같은 생각을 하는 것이다. 이런 긍정적인 마음이 교실 분위기와 학생들의 태도에 긍정적인 변화를 가져올 수 있다는 점이다.681) 이런 사람들은 자아존중감이 높은 사람들이라 할 수 있다. 왜냐하면 자아존중감이 낮은 교사는 학생의 행동을 이해하는 인내심도 부족할 뿐만 아니라 체벌하는 것을 좋아하며 권위주의적인 방식으로 학생을 지도하는 경향이 있기 때문이다.682) 따라서 교사는 감정에 지배당하지 않기 위해서는 감정을 이성적인 사고의 대상으로 삼아야 한다. 감정을 이성적으로 처리할 수 있는 수련을 쌓아야 한다. 예를 들면. 잘못을 다룰 때도 학생이 수치심을 느끼지 않도록 자애로운 마음으로 문제를 처리해야 할 것이다.

학생 쪽에다 털어놓는 분노가 갖는 해로운 영향이 어떤 것인지는 분명하다.683) 이때 아이들은 상처받고, 혼동하며, 무서워하고, 죄의식을 느끼며, 긴장하고, 분노한다. 인간적인 교사는 자신의 감정이나 반응에 대한 비난을 학생들에게 투사시키지 않는다.

아이들을 사랑한다는 것은 아이들 편에 선다는 것을 말한다. 소유적인

---

681) 조벽, 『조벽 교수의 명강의 노하우&노와이』(서울: 해냄, 2001), p.156.

682) 강승규, 『나다움, 어떻게 찾을까!』(서울: 학지사, 2002), p.145.

683) Herbert M. Greenberg, Teaching with Feeling: Compassion and Self-awareness in the Classroom Today(New York: Macmillan, 1969), 61ff.

사랑이나 감성적인 사랑이 아니라 아이들이 사랑을 느낄 수 있도록 아이들을 대하는 것이다.684) 교사가 학생반응의 동기를 이해할 능력이 있고 교육과 학습과정에 대해 학생들이 지각하는 방법을 민감하게 알아차리면 의미 있는 학습이 일어난다. 그래서 공감적인 이해가 있을 때 학습자의 반응은 마침내 어떤 사람이 나를 분석하거나 판단하지 않고 있는 그대로 나의 감정을 이해하고 있음을 느낀다는 것이다.685) 공감적 이해는 교사가 자신을 학생의 입장으로 바꾸어 놓고 거기서 진행되는 사실에 대해서 민감하게 지각하고 느끼게 되는 것을 말한다. 그것은 하나의 경험이 특정한 아동에게 어떤 의미를 갖는가를 보는 완전한 공명정대한 태도이다.686) 한 예로 삐아제와 에릭슨의 연구에 의하면 어린이들은 성인과는 훨씬 다르게 세상을 본다는 것이다. 그래서 만약에 교사가 이러한 어린이의 관점을 알지 못하면 그 어린이의 성장은 방해받게 된다는 것이다.687) 이와 관련하여 Schmuch의 흥미 있는 연구는 교사들이 학생들에게 공감적 이해를 해 줄 때 그 학생들은 서로를 더 좋아하는 경향이 있음을 보여 주었다. 이해하여 주는 교실 분위기에서는 모든 학생들이 동료에게 호감을 가지는 경향이 있고 자기 자신과 학교에 대하여 긍정적인 태도를 가졌다는 사실이다.688) 또한 초등학교 2학년 어린이를 다루는 버지니아 액슬린의 예를 인용하면

> 제이는 7세이고 공격적이었으며, 문제아였고 언어발달이 느린 학습부진
> 아였다. 그가 욕을 했기 때문에 교장실에 끌려갔고, 교장선생님은 그를
> 때려 주셨는데, 액슬린은 그 사실을 모르고 있었다. 자유시간에 제이는
> 점토로 된 인형을 모자와 주머니 속의 손수건까지 아주 조심스럽게 만

---

684) A. S. Neill, 김인회 외 옮김, op. cit., p.100.

685) 장상호, 『학습의 자유』(서울: 교육과학사, 1982), p.178.

686) C. H. Patterson, op. cit., p.164.

687) J. P. Miller, Humanizing the Classroom, 김호권 역, 『학습지도의 인간화』(서울: 배영사, 1987), p.106.

688) 장상호, 전게서, 『학문의 자유』, p.183.

들었다. 액슬린이 "그 인형이 누구냐?"고 물었다. 제이는 "몰라요."라고
응답했다. "그 인형은 교장선생님 아니야? 교장선생님은 그 인형처럼
주머니에 손수건을 넣어 다니시거든." 제이는 점토로 된 인형을 노려보
면서 "맞아요."라고 대답하였다. 액슬린은 "너는 때때로 그의 머리를
비틀고 싶지? 교장선생님이 밉지?"라고 말했다. 제이는 한쪽 팔을 뜯
어내고, 또 다른 쪽을 비틀더니 주먹으로 인형을 쳐서 망가뜨렸다. 제
이의 마음을 아는 다른 소년이 "제이는 오늘 점심때 교장선생님한테
몹시 혼났기 때문에 화가 나 있어요."라고 말하였다. "그렇다면 이제
기분이 후련해졌겠다."라고 액슬린이 말했다. 제이는 씩 웃으며 교장선
생님을 다시 만들기 시작하였다. 이는 학생들을 있는 그대로 이해할 때
얼마나 고맙게 여기는가를 보여 준다.689)

　　만약에 어떤 교사가 학생들의 감정표현에 대하여 하루에 한 번씩 무
비판적, 수용적, 공감적 이해를 해 주려고 노력한다면 이런 이해의 위력
을 발견하게 될 것이다.

　　닐은 아동들이 보이는 비행의 대부분은 교사의 그들에 대한 호감과
존중심을 시험해 보기 위한 것이라고 했다. 그들은 선생님이 내가 무슨
행동을 하든지 간에 나를 진짜 좋아할까 하는 물음을 갖는다는 것이다.
따라서 이는 아동들이 단순히 자신의 행동에 대해서가 아니라 자신이
자신임으로 해서 상대편으로부터 호감을 받고 수락을 받고 싶어 한다는
사실임을 알 수 있다.690) 따라서 총애를 받는 학생이나 미움을 사는 학
생 없이 모든 학생들이 생활 속에서 사랑과 인정을 체험하는 그런 교실
분위기를 만드는 것이다. 이와 같은 심리적 분위기를 조성한 교실에서는
학생들은 전통적인 교과목에서도 더 많은 것을 배운다. 가르치겠다, 고
쳐 주겠다, 지도하겠다는 생각을 버리고 학생들이 어떤 마음을 갖고 있
는지, 그 아이들이 왜 그런 생각을 갖게 되었는지를 배우겠다는 자세로
아이들을 대하는 것이 중요하다.

---

689) Carl R. Rogers, op. cit., pp.178－183.
690) C. H. Patterson, op. cit., p.213.

타고난 능력과 재능이 다른 어린이들에게서, 사춘기처럼 교육적으로 다루기 힘든 성장단계에서, 그리고 다양한 성격유형의 어린이들을 대하게 되는 교육실천에서 인내는 교사가 스스로의 사유와 행위를 조절하게 한다. 그리하여 성급한 반응이나 흥분하는 행동을 억제하게 도와 교육이 빛을 발할 수 있게 이끈다. 교사의 인내심은 학생들의 미숙함이나 잘못을 사랑과 이해에 기초하여 침착하게 참아 내는 태도라고 할 수 있다. 인내는 어린이의 성장과 발달에 주의 깊게 동행함으로써 가능하게 되는 속성을 지닌다.691)

오늘날의 교육 과제 중의 하나도 교육을 비에로스적인 것으로 전환시키는 것이다. 그래서 교사는 자신의 면전에 있는 학생들을 있는 그대로 받아들여야 하며 그들 모두를 수용하고 포용해야 한다. 그래서 참된 교사는 학생의 입장에서 교과목의 의미를 자각하고 배움의 정황에 대한 지기편의 입장에 예민한 관찰을 하게 된다.692) 에로스적인 사랑이 될 때 교사는 자기에게 맞는 학생들을 좋아한다. 이때 모든 학생들을 이해하지 못하며 이 학생들은 교사와 서먹서먹하고 소외되어 밖으로 돌고 학교에서 흥미를 가지지 못할 것이다.

교사와 학생 사이에 좋은 관계가 맺어지는 밑바탕에는 모든 학생들에게는 그 나름의 장점과 소질이 있다는 믿음과 잘못한 부분을 크게 보지 않으려고 하는 사랑이 있다. 서로가 노력을 해야 한다. 교사는 사랑을 더 가지도록 하고 학생은 거짓말을 계속 하지 않는다든지, 예의를 가지고 선생님의 말씀을 잘 듣고 행하는 것 등과 같은 가장 기본적인 태도를 가져야 한다. 이때 더욱더 학생의 장점이 잘 보일 것이다. 그리고 누구나 실수를 할 수 있고 단점이 있음을 인정하는 것은 보다 넓은 마음

---

691) O. F. Bollnow, 오인탁·정혜영 공역, 『교육의 인간학』(서울: 문음사, 1990), p.92.

692) 부버는 그 자신의 용어인 포용(inclusion)을 도입한다. 이 용어가 지향하는 바는 두 인간 간의 직접적인 관계이다. 이처럼 인식의 직접성을 강조하기 때문에 직관론자들과 마찬가지로 부버는 인간의 전 존재로 획득하는 앎(knowing)을 강조한다. 따라서 "근원어 『나-너』는 전존재로만 말해질 수 있다" 강선보, 전게서, pp.150-151.

을 가지는 것이다. 따라서 교사가 먼저 학생들의 장점을 발견해서 그들을 치켜세우도록 노력하고 결점이 조금 있더라도 넓은 아량으로 덮어주는 자세를 취하면 학생들도 "우리 선생님이 최고야!" 하고 선생님의 칭찬을 침이 마르도록 한다.693) 그리고 좋은 점을 발견하기 위해서는 느긋한 기분으로 마음에 여유를 가지는 것도 필요하다. 무엇보다도 마음의 여유를 가지기 위해서는 하루에 열 번은 "감사합니다." 하고 말할 수 있는 기회를 적극적으로 찾아야 할 것이다. "감사합니다."라는 말은 상대의 언동을 받아들이는 말로서 보다 겸손하고 열린 마음을 가질 때 생긴다. 그리고 자신의 마음속에 맺힌 응어리, 집착, 고정관념 등 따위를 떨치면 심리적으로 대단히 편안해진다. 편안하다는 것은 인간관계의 거리가 짧아지고 사람끼리 가까워졌다는 것을 의미한다.

교사들은 때때로 학생들과의 상호 작용하는 과정에서 학생의 자기존중감과 행동에 부정적인 영향을 끼친다. 이러한 부정적인 영향 중의 일부는 개인의 삶을 통해 지속될 수 있다. 이와 관련하여 교사들의 잘못된 교육장면을 프리이와 칼록(D. Frey & C. J. Carlock)은 다음과 같이 말하고 있다.694) 첫째, 교사의 권위적이고 지나친 억압이 학생의 자기 존중감을 떨어뜨린다. 둘째, 지나치게 완전주의적이고 비판적인 교사는 학생의 자기 존중감을 떨어뜨린다. 셋째, 교사의 거절이 학생의 자기 존중감을 떨어뜨린다. 넷째, 학생훈계의 잘못된 개념이 학생의 자기 존중감을 떨어뜨린다. 권위와 억압은 아집과 다른 사람들의 요구를 인정하지 않으며 비판적인 교사는 보다 더 다른 사람의 잘못을 부각시킴으로써 부정적인 영향을 준다.

이에 오클랜드는 이러한 잘못된 교사의 태도를 바로잡고 학생의 자기 존중감을 향상시키기 위해 다음과 같은 지침을 제시했다.695) 학생의 감

---

693) 세키네 마사아키, 조석현 옮김, op. cit., pp.103 – 121.

694) 한국교육학회, 『인성교육』(서울: 문음사, 1998), pp.345 – 346.

695) Thomas Lickona, 박장호·추병환 역, 『인격교육론』(서울: 백의, 1998), p.96.

정에 주의를 기울이고, 인정하고 그리고 수용하라. 존경과 수용으로 학생을 대접하라. 구체적인 칭찬을 하라. 정직하라. '너' 전달보다는 '나' 전달을 사용하라. 학생에게 책임감, 독립심, 선택할 자유를 주어라. 학생의 독특성을 존중하라. 좋은 모델이 되라. 비판을 피하고 아이의 비판을 수용하라. 학생의 느낌을 존중하고 부정적 감정으로 부인하지 마라. 교사는 학생들의 생각과 감정을 신중하게 고려함으로써 존중을 가르치고 학생들은 교사의 마음을 잘 읽기 때문에 학생들의 관심을 소중하게 여기면 교사와 학생 간의 상호 존중의 관계에 중요한 공헌을 하게 된다.

이와 같이 이해심이 넓은 사랑을 실천하는 교사는 학생들을 각기 가치 있는 존재로 여기고 있는 그대로 존중하고자 한다. 그리고 단점보다는 장점을 발견하려고 하고 자신의 색안경이라는 고정관념이나 집착에서 벗어나 편애하지 않고 학생들을 보다 이해하고 포용하려고 하는데 이에는 많은 노력과 인내가 요구된다 하겠다.

② 자아각성을 돕는 교사

사람이 살아가면서 자신이 어떤 사람인지 그리고 어디로 가야 하는지에 대해 아는 것은 어느 무엇보다도 중요하다. 왜냐하면 인간은 목적적 존재로서 자기 자신을 먼저 알아야 바람직한 목표도 세울 수 있고 자신의 능력도 함양시킬 수 있기 때문이다. 따라서 이것은 인성교육이나 진로지도 교육과도 관련이 있다 하겠다. 예를 들어 자신이 공부를 해서 무엇을 이루려고 하며 자신은 어떤 소질과 능력을 가지고 있으며 어떤 식으로 인생을 살며 보다 흥미 있고 즐겁게 살기 위해 무엇을 고치고 어떤 노력을 해야 하는지에 대해 생각을 하는 것이 바람직하다.

현재 우리나라의 학교교육은 획일적인 교육이고 교과 위주와 입시 위주로 이루어지고 있고 학교공부를 못하는 학생들에 대한 관심과 지도가 거의 부족한 실정이다. 따라서 이에 요구되는 것이 바로 자아회복과 자아 존중감을 높이기 위한 다양한 방법이 요구된다. 학교에서 주로 배우는 것은 교과목이고 또한 그 교과목의 성취 여부에 따라 평가가 되고 있는 현실이다. 그리고 모든 학생들이 같은 내용을 같은 시간에 공동 학습하고 만다. 여기에서 자기 자신을 알기는 매우 힘들다. 따라서 학교가 각 개인의 소질과 능력 그리고 자아 각성 및 자신감을 갖도록 하기 위한 많은 노력이 요구된다.

학교 안에서 보내는 학생들의 삶은 일종의 군영(軍營)처럼 아이들이 언제나 무리를 지어 이리저리 몰려다닌다. 아이들이 초등학교 입학식 날 군대식 제식훈련부터 받는 자주 보는 광경은 우리 교육이 아직도 일제 때의 군국적 집단주의에서 벗어나지 못했음을 상징한다. 모든 아이들이 학교에서 하는 공부나 하는 일은 거의 다 똑같다. 대개 집단으로만 교수 받고 공부하며, 그 진도도 같고, 같은 방법으로 배우고, 같은 일과 같은 모양으로 하루하루를 보낸다. 집단생활이고 공동생활이다. 한편으로는 필요하고 의미가 있을 수 있지만 군대에서도 모든 병사들이 부대 안에서 똑같은 일을 하지는 않는다. 어떤 이는 행정의 일을 하고 어떤 이는 취사의 일을 하는 등 나누어져 있다. 따라서 집단적으로 똑같이 배우는 상황이 개성의 매몰, 창의력의 위축은 물론 학업성취 자체에도 큰 손상과 불평등을 초래할 수도 있다는 점이다. 또한 우리의 경우, 교과과정의 구성에서나 그 운영에서나 교육방법에서나 그리고 학교의 일상생활에서나, 개성의 고려, 개인차의 고려는 거의 없이 집단성과 집단활동만 강조되고 있는 상황은 크게 반성되어야 한다.696) 그러니 학생을 존중하는 교육이라 할 수 없고 학생 개개인의 소질과 잠재능력을 키우는 교육을 하지 못하고 있고 안 하고 있는 것이다. 그래서 교사가 학생들에게 보다 가깝게 다가가고 보다 그들의 능력을 끄집어낼 수 있도록 학교의 시스템이 달라져야 할 것이다. 그래야 생활 지도도 자연히 잘될 것이다. 이를 위해서는 먼저 소질계발 및 진로를 염두에 둔 교육시간을 통한 교육이 있도록 되어야 하고 그다음은 교사가 보다 학생들에게 사랑을 쏟기

---

696) 정범모, 『한국의 교육세력』(서울: 나남출판, 2000), pp.161－164.

위해서는 무엇보다도 학급의 크기를 최소화할 필요가 있다.697) 특히 교사와의 만남을 통한 전인교육을 실시하기 위해서는 학급당 학생 수가 선진국 수준인 20~30명으로 줄어들도록698) 지속적으로 노력해야 할 것이다. 왜냐하면 이는 교사들에게도 다양한 교육방법의 시도를 더 용이하게 하며, 학급 및 수업관리를 잘하도록 만들며, 학생들도 더 친밀히 선생님과 밀도가 높은 교육적 상호작용을 할 수가 있어 많은 학생들이 더 높은 자기 존중감을 느낄 것이다. 따라서 교육의 질적 향상을 위해서는 반드시 필요하기에 돈이 좀 들더라도 국가에서는 이 방향으로 가야 한다.

이에 테레사 수녀는 다음과 같이 말한 바 있다.

---

697) 교육의 질적인 발전이 있기 위해서는 필히 교사 1인이 소수의 학생들을 가르치는 수업이 보다 확대되는 쪽으로 나아가야 한다. 그래서 만약에 경제적인 돈 문제를 먼저 생각하고 이를 소홀히 취급하면 교육에서 가장 중요하고 필요한 것을 놓치고 있는 꼴이라 교육의 질적 발전은 요원하다. 이를 위해서는 법에 명시된 법정교원수의 확보를 넘어 더 많은 교사를 임용시켜야 한다. 숫자를 맞추기 위한 임시직, 계약직, 기간제 교사의 채용을 줄이고 정규교사를 많이 뽑아야 한다. 소수의 학생들을 교사가 가르치는 것이 매우 절실하고 중요하다는 것을 깨달아야 한다. 덜 깨달은 만큼 교육의 질적 발전은 더디고 계속 문제가 이어진다. 교사와 학생 모두 힘들어 진다. 특히 초등학교나 중학교와 같은 학교에서의 교사의 여유로운 삶이 보장 되어야 한다. 이를 위해서는 수업이 적어야 하고 업무도 적어야 한다. 또 한 가지는 수업을 받는 학생 수가 적어야 한다. 그러니 현직 선생님들은 수업이 많아 힘들고, 학생들은 학급당 학생 수가 많아서 덜 존중받고 있고, 교사지망생은 교사를 적게 뽑아서 실직자로 힘들어한다. 이런 현상을 하루빨리 없애도록 해야 한다. 반드시 교육의 본질로 가야 한다. 돈 혹은 경제 분야가 교육을 계속 2류로 남게 해서는 안 된다. 특히 교육본질에 대한 이해와 강한 실천의지가 있어야 하는데 그렇지가 못해 안타까울 따름이다. 오히려 출산율의 감소를 이유로 교사감축 등에만 신경 쓰는 좁은 시각을 버려야 한다. 따라서 이 문제에 대한 교과부의 의식은 반드시 바뀌어야 한다. 대대적인 인적 교체를 통해서라도 달라져야 한다. 또 다른 방법으로는 보조 교사를 활용하는 것이다. 그 대상으로는 교사자격증이 있는 사람을 활용하거나 사범대(교직과정) 학생들에게 현장 경험도 익힐 겸 일정기간(시간)을 근무하게 하여 학점을 주는 방법 등이 있을 수 있다고 본다. 우려해서 한 가지만 더 이야기를 하면 2010년 최근에 방과 후 학교선정을 둘러싼 교장들의 비리가 터져 나왔듯이 보조교사나 기간제 임시교사를 선정할 때도 철저하고도 투명하게 해야 한다. 만약 그렇지가 않으면 비리를 양산하는 학교가 될 가능성이 충분히 있다. 따라서 비리가 생길 그런 여지를 아예 없게 하는 대책이 있어야 한다.

698) 박도순, "자기 주도적 학습실현을 위한 교육과정", 이돈희 외, 『교육이 변해야 미래가 보인다』(서울: 현대문학, 1998), p.60.

저는 개인을 보살핍니다. 저는 한 번에 단 한 사람만을 사랑할 수 있습니다. 저는 한 번에 단 한 사람에게만 미음을 떠먹일 수 있습니다. 예수의 말씀처럼 "너희들 중 가장 비천한 한 사람에게 하듯, 나에게 하라." 여러분들도 그렇게 시작하십시오. 만일 제가 한 사람을 돌보지 못한다면, 42,000명을 돌볼 수는 없는 것입니다.[699]

오늘날 학교교육은 학습 위주의 교육이기에 학습 부진의 학생들은 당연히 학교를 싫어하게 된다. 그래서 학교에 정이나 흥미를 느끼지 못하여 즐거운 곳이 아니라 어쩔 수 없이 가는 곳이 되었다. 따라서 이것이 곧 교사의 권위를 인정하지 않게도 하고 지도에 따르지 않게도 한다. 그러니 자연히 소외감을 느끼게 되며 열등감과 고독감 같은 무리를 만들게 된다.[700] 따라서 학생에 대한 이해와 관심이 제일 필요로 하는 곳에 대한 학교차원의 대책이 있어야 할 것이다. 크게 보아 공부 못하는 쪽과 문제를 가진 쪽이다. 이 둘은 서로 관련이 있기도 하다.

한 학급에서 성적이 중간 아래로 축 처진 학생들 중 상당수는 어쩌면 이른 새벽부터 갈 곳도 없고, 그저 의무적으로 가야 하는 곳이니까 학교에 가기도 할 것이다. 이것이 실정이다. 따라서 선생님의 말씀은 귀에 잘 들어오지 않고, 잘 알아듣지도 못하겠고, 그러다 보면 머릿속에서는 싸 갖고 온 도시락을 1교시 끝나면 먹어 치울까, 아니면 2교시 끝나고 먹어 치울까 하는 생각으로 가득 찬다. 그래도 마음 같아선 나도 공부를 열심히 잘해 보고 싶지만, 워낙 처져 있고 보니 따라가기도 어렵고, 그렇다고 그런 나를 학교에서 따뜻하게 가르쳐 주는 것도 아니고 보면, 그들은 마음을 학교에 가져오기가 어려울 것이다. 학교에서는 온통 공부 잘하는 아이들, 대학에 갈 수 있는 아이들, 가능성이 있는 아이들에게만 관심을 쏟지, 처진 아이들은 그저 학교에서 말썽이나 피우지 말고 조용히 있어만 주면 될 아이들로 생각하는 것은 아닌가라고 생각한다면 그

---

699) Thomas Lickona, op. cit., p.358.
700) 박아청, 전게서, pp.56－57.

들은 마음을 학교에 가져오기가 어렵다. 그러면 이 학생들은 마음을 어디에다 가져갈 것인가? 공부 못하는 죄 하나로 집에서도 제대로 대접을 받지 못한다. 이럴 경우 아이들은 거리를 돌아다니기가 쉬우며 비행이나 폭력에 노출되기가 쉽다. 학교가 공부 잘하는 아이들만을 위한 곳은 아니다. 비록 영어, 국어, 수학을 남들처럼 잘 못하지만, 그래도 그들도 하나의 존엄한 인격체임에 틀림이 없다. 이 땅에 존재할 가치가 있어 생명을 얻었다. 학교는 그 모든 젊은이들에게, 그들 나름대로 이 땅에 유용한 사람이 되도록, 그들 나름대로 삶을 영위해 나갈 수 있도록 도와주기 위한 곳이다. 잠재된 그들의 가능성을 과학적으로 체계적으로 찾아 주고, 키워 주고 발전시켜 주어서 그들이 사회의 유용한 구성원이 될 수 있도록 도움을 주어야 하는 곳이 학교이다. 학교가 그런 일에 충실할 때, 모든 학생들은 기꺼이 그들의 몸과 마음을 학교로 함께 가져갈 것이다. 이는 가정에서도 마찬가지로 적용되는데 그래야만 그들은 스스로를 이 땅에 존재할 가치가 있는, 그래서 이렇게 오늘도 존재하고, 또 내일도 존재할 것이라는 신념을 갖게 될 것이다.701) 보다 행복한 사람이 되기 위해서라도 무엇보다도 자신에 대한 이해를 통한 자아 가치의 확인이 이루어져야 하기에 자신의 적성과 소질, 자신의 관심과 흥미, 자신의 장점과 단점을 이해할 수 있도록 되어야 할 것이다. 그 방법에는 여러 가지가 있을 것이다. 대표적인 것은 학생 각자의 소질을 발굴해서 키워 주는 것이다. 그러나 현실적으로 가장 시급히 해야 할 것은 공부를 잘하는 학생이나 못하는 학생이나 학교에서 보다 즐거움을 가지게 하고 자신의 능력이 조금이나마 발전하고 있도록 느끼게 하는 일, 즉 자기 존중감을 갖게 하는 일이다. 따라서 공부 못하는 학생들에 대한 관심을 더 보여야 할 것이다.

학생들 각자가 자신의 발전 가능성에 대해 긍정적 시각을 갖고 자신을 신뢰할 수 있게 해 주는 일은 학교가 해야 할 사명이다. 그것은 '나

---

701) 이성호, 전게서, pp.125 - 128.

다움'을 찾는 일이다. 이를 도와주는 일이 교사에게 요구된다.702) 따라서 학교에서는 삶의 가치와 보람을 찾을 수 있는 활동이 마련되어야 한다.

학교는 교사들이 학생들 개개인에게 주의와 관심을 기울이게 하게끔 도와주어야 할 것이다. 그 방법으로는 여러 가지가 있을 수 있다.

각 개인에게 기울인 관심이 큰 효과를 얻고 있음을 다음의 몇 가지 실례를 들면

첫째, 개별적인 방식으로 학생들을 알고자 많이 노력하는 한 교사는 학생들에게 "나의 특별한 재능은 무엇인가? 그리고 한 개인으로서 성장하는 데 그러한 재능들을 사용하기 위해서 나는 어떤 계획을 세웠는가?"라는 제목으로 작문을 해 보라고 하였다. 그때 한 소년은 자신의 운동 기능에 대해 확신에 찬 글을 읽어 주었고 그는 훌륭한 하키 선수가 되겠다고 했다. 또 한 소녀는 가수가 되겠다는 강한 의욕을 보였다. 이와 같이 그 교사는 이런 간단한 작문을 통해 아이들에 대하여 많은 것을 알아내었고 자신감을 심어 주기 위해 컴퓨터를 잘하나 노력이 부족하고 부끄러움을 많이 타는 아이에게 컴퓨터에 대해 아무것도 모르는 로버트에게 컴퓨터 사용법을 가르쳐 주는 것처럼 무언가를 다른 사람에게 가르쳐 줄 기회를 줌으로써 아이들의 자긍심을 신장하고자 했다.703) 이는 먼저 교사가 학생들에 대해 잘 알고 있어야 하며 학생들에 대한 파악뿐만 아니라 자신감을 불어넣어 주기 위해 각자에게 자기 자신을 되돌아보게 하며 자신의 능력과 그 실현에 대한 구체적인 계획을 갖도록 하였으며 후반부를 통해 각자가 다른 능력을 가지고 있으며 단점도 있기에 단점을 극복하고 장점을 살릴 수 있는 방법으로 동료학생들끼리 짝을 지어서 배우도록 한 것은 매우 의미가 있다고 본다. 서로서로에게 도움을 주는 과정을 통해 자신감을 가질 수 있다.
또 하나는 펜실베이니아의 포트워싱턴에 위치한 어퍼 더블린 고등학교의 빌 로즈라는 교사였다. 그는 학교생활에 오랫동안 적응하지 못한 이력을 가지고 있는 학생들을 대상으로 사랑과 존중의 힘을 보여 주었는데 그 방법은 그가 학교 공부에서 성공하도록 학생들을 돕는 것이었다.

---

702) 강승규, 전게서, pp.135－139.
703) Thomas Lickona, op. cit., pp.105－108.

다음은 그에 대한 예이다.

처음에 이 학생들은 실패에 관한 한 일그러질 대로 일그러진 학생들이었다. 그들은 다시 한 번 시도해 보기를 원치 않을 정도의 일종 공포감을 가지고 있었다. 그래서 그는 "빠른 성공으로 가는 길"이란 프로그램을 통해 학생들에게 자신이 8년 동안 해 온 공부하는 방법을 가르쳐 주었다. 그러자 그 학생들 스스로도 놀랄 정도로 두 번 만에 모든 것을 학습하게 되었다. 이때 그는 학생들은 일단 한 번 성공을 했기에 또 다른 성공을 원하며 그들은 자신들에 대해 좋은 감정을 가지게 되었기 때문에 행복했으며 여기가 좋은 곳이라고 말했다는 것이다. 그는 그들에게 필요한 것은 성공감 혹은 성취감이라고 보았다. 그들은 일단 한 번 성공을 했기에 또 다른 성공을 원하고 자신들에 대해 좋은 감정을 가지게 되었기 때문에 행복한 시점에도 도달하고 자신감을 가지게 된다고 생각했다.704) 여기에서 알 수 있듯이 적응을 하지 못하는 것은 자기가 하는 일에 자신감이 부족했기 때문이다. 계속되는 자신감 부족은 더욱더 그에게 공포감을 갖게 한다. 따라서 그 해결방법으로 학생들에게 성취감을 맛보도록 한 것이다. 이처럼 학교에서도 많은 학생들이 성취감을 갖고 자신감을 회복하도록 교사가 여러 면에서 노력을 해야 한다. 학교에서 성공하도록 학생들을 돕는 것은 교사가 자신들의 학생들을 이해하고 사랑하고 있다는 것을 보여 준다.

각 학생에 대한 관심과 존중의 의미에서 스탠포드는 자신의 경험을 토대로 다음과 같이 말하였다.705) "나는 모든 사람들이 같은 방법으로 뛰어날 수 없다는 것을 군대에서 알았다. 한 가지 전공을 가지고 훈련 중인 병사들이 만약 그 선택 분야에서 과정을 숙달할 기능이 없을 경우 다른 전공으로 옮기는 것을 많이 보았다. 군대는 그 사람이 성공할 수 있도록 돕기 위하여 개인이 강점을 가지고 일할 수 있는 길을 찾아 준 것이다." 따라서 학교도 힘을 북돋아 주며 융통성을 가지고 잘 돌봐 줄 필요가 있다. 우리의 모든 아이들은 어떤 일에 뛰어날 수 있다. 그리고

---

704) Ibid., p.94.
705) 존 스탠포드 외, 조병효 역, 『학교의 승리』(서울: 말과 창조사, 2000), pp.182.

자신의 잠재능력이 있다. 그래서 교사는 학생들의 강점을 발견하여 그들이 성공할 때까지 그들과 함께 노력하는 것이다.

따라서 학생들에게 공부에서 잃어버린 자기 자신과 자신감을 찾도록 교사가 그들에게 관심을 보이는 것이다. 여기에 학생들의 숨은 재능을 키워 준 분으로 다나카 선생님이 있다. 그는 6학년 졸업 직전의 학예회에 나가지 못한 '멍청이' 여학생만 골라, 손수 풍금을 치며 무용을 가르쳐, 위아래 흰 한복을 무용복 삼아 단장하여, 아름다운 동요에 맞춘 무용을 시켰다. 멍청이로만 보였던 계집애 여섯 명이 아름답게 춤을 추는 모습을 보고 모두들 감탄했다.706) 이와 같이 모두에게 외면되었고 능력이 부족한 학생들에게 그는 하나의 숨은 능력을 일깨워 키워 주는 능력과 개성의 계발을 하게 한 참교사였던 것이다.

한편 캘리포니아 주 클로비스에 있는 온유함과 낙관적인 모습을 풍기는 드라이 크리크 초등학교 교장인 칼 캠벨 선생은 드라이 크리크 초등학교의 목표가 다섯 가지 영역에서 학생들의 잠재력 계발을 도와주는 일이라고 설명했다.707) 그가 말하고 있는 다섯 가지 영역이란 바로 교과 공부, 예술적 성취, 학교에서의 시민정신, 지역사회에서의 시민정신을 일컫는다. 그리고 이러한 목표는 모든 학생에게 해당되었다.

우리나라에서는 대안학교의 하나인 세인고에서는 학생의 수준에 맞게 담임을 정해 개별화 학습이 가능토록 하고, 학부모는 가장 훌륭한 교사라는 원칙하에 학부모와의 공동과제해결 프로그램을 운영하는가 하면 '1인 1가지 운동'·악기 다루기로 건강과 정서력을 키워 주려고 노력하며 그 이외에도 5단계 학습법708)을 적용하는 등 학생이 자신의 소질과 능력을

---

706) 김정환, 전게서, 『인간화교육 어떻게 할 것인가』, p.311.

707) Thomas Lickona, op. cit., p.380.

708) 여기서 5단계 학습법에 대해 잠깐 보면 첫째, 심력: 매일 아침 3분 묵상법, 일생 고 공표 짜기를 통한 생의 목표의식 확립, 둘째, 체력: 아침·점심·오후 운동시간에 태권도, 육상, 검도 등과 5차원 건강법 실시, 셋째, 지력: 속해독서법, 글분석법, 글감상법, 글쓰기법 등 학문의 9단계 훈련, 사고구조 변환학습법을 통한 5차원 영어훈련, 함수화 학습법을 통한 5차원 수학학습법, 상관관계 학습법을 통한 역사사회학습, 시

최대한 개발해 보는 경험을 통해 어떤 위치에서든 삶을 행복하게 누려 갈 수 있는 전면적 실력자로 키우는 것을 궁극적 목표로 하고 있다.709) 문제는 그와 같은 잠재력을 공부에만 치중하지 않고 보다 여러 면에서의 노력이 요구된다.

너쉬르(R. T. Nasr)는 전인교육은 각 개인의 잠재력이 꽃을 피우기 위해 성숙될 수 있다는 전제하에서 출발한다고 했으며 개인의 잠재력을 실현시키는 과정에는 여러 요인들이 요구되는데 여기에는 도움이 되는 분위기 등과 함께 무엇보다도 자기 자신에 대한 지식이 있어야 한다는 것이다. 그리고 자기에 대한 지식은 자아실현으로 가는 첫 번째 단계로서 이것은 자기 자신에 대한 자기반성의 결과물로서 여기에는 자기가 좋아하는 것과 싫어하는 것, 자신의 정신, 자신의 공포와 두려움, 자신의 강점과 약점, 자신의 실질적인 포부와 자신의 이상적인 꿈, 자신의 기본적인 신념과 도덕적 가치, 옳고 그름에 대한 개념, 자신의 본능, 자신의 고정관념과 억제하는 것들, 자신의 자극에 대한 반응의 체계들이 있다. 따라서 교사의 최대 도전적이며 책임져야 할 부분 중의 하나는 학생들의 실제적인 본성을 발견하는 것이다. 이것이 될 때 각 개인을 위한 성장과 발달에 적합한 장을 열 수가 있고 다양한 방법을 쓸 수가 있는 것이다.710) 인간주의 교육에서는 자기 자신에 대해 아는 것을 매우 중요하게 생각한다. 리치(J. M. Rich)는 왜 자기 인식이 중요한가에 대해 두 가지를 말하고 있다.711) 첫째는 자신에 대한 올바른 이해를 함으로써 그릇

희곡 및 연극공연, 컴퓨터 교육, 넷째, 자기관리능력: 자율적이고도 올바른 시간 활용능력, 일기 쓰기 및 5차원 다이어리 작성, 다섯째, 인간관계훈련: 공동생활을 통한 인간관계력 증진 등 프로그램이 다양하다.

709) 현재 우리나라에는 정규 고등학교로 인정받은 15개의 학교를 포함해 20개가 넘는 대안학교들이 있으며 여기에는 인천 국제복음고, 거창고, 부여 반딧불학교, 화성군 두레자연고, 광주 동명고, 영광 영산상지고, 화랑고 등이 있다. 매일경제 지식부 외, 『학습혁명보고서』(서울: 매일경제신문사, 2000), pp.40−41.

710) R. T. Nasr, Whole Education(University Press of America, Inc., 1994), pp.7−8.

711) J. M. Rich, op. cit., pp.181−191.

된 행동이나 실수와 당황함을 피할 수 있다는 것이다. 둘째는 자신에 대한 깊은 이해는 삶을 효과적이고, 풍요하고, 즐겁고 만족스럽게 보낼 수 있게 해 준다. 이것은 개인적인 삶의 목적을 보다 현실적으로 설정하도록 해 주며 그 목적 달성을 보다 수월하게 해 줄 것이다. 또한 자신에 대한 인식부족은 대인 관계에 기초를 둔 사회적 활동을 불가능하게 하므로, 자기 이해는 곧 타인과의 원활한 관계 형성도 도와준다는 것이다. 그리고 지식에 대한 그의 견해에서 그는 모든 지식이 우리에게 필요한 것은 아니며 어떤 지식들은 해를 끼치기도 한다며 전인적이고 지혜로운 삶을 위해서는 자신에 대한 앎이 긴요하다고 본다.

특히 청소년기는 내일에 성인이 될 것을 예상하고 준비하는 시기로서 내일에 대한 꿈이 있으며 희망과 기대에 부푼 시절이다. 그러나 한편으로 아직 이루어지지 않은 단계이므로 불확실한 장래에 대한 불안과 불안정으로 방황하는 시기이기도 하다. 그러므로 확고한 자기의 할 일을 찾아 헤매는 때인 것이다.

그런데 실제 교육에서는 사람들이 스스로에게 자주 질문하는 문제, 즉 나는 누구인가? 왜 나는 그렇게 느끼는가? 나에게 무슨 잘못이 있는가? 학교는 아동들이 스스로에게 질문하는 문제들을 해결하도록 도와주는 대신에 다른 것들을 문제시한다.[712] 따라서 보다 자아각성을 하고 자기 자신의 소질을 연마하도록 되어야 할 것이다.

현장에서 볼 때 가치교육과 인성교육은 적성교육도 가능하다. 왜냐하면 자기에게 맞는 것을 함으로써 만족감과 성취감을 느끼고 학생들 스스로가 미래를 전망할 수 있는 자아개념을 밝게 가진다. 이 자아개념을 밝게 가지고 적성탐색에 몰두하는 과정에 기초질서와 도덕성 교육이 가미될 때 학생들의 정서가 순화된다.[713] 따라서 여기서 생각해 볼 문제는

---

712) G. Weinstein & M. D. Fantini(ed.), Toward Humanistic Education, 윤팔중 역, 『인간중심 교육을 위한 정의교육과정』(서울: 성원사, 1989), pp.32－35.
713) 신남호, 『말로만 교육개혁』(서울: 인간과 자연사, 2000), p.201.

먼저 자기 자신을 알게 하는 교육이 필요하며 특히 그 과정에서 긍정적인 자아관을 가지는 것이 중요하다. 그래서 이것이 하나의 중요한 교육목표가 된다. 그러나 현 학교교육에서는 교과목표가 거의 교육목표가 되어 있다. 따라서 교육이 보다 인간을 위하는 것이 되기 위해서는 학생들에 초점을 맞추어 교육되어야 할 것이다.

다행스럽게도, 긍정적인 자아개념을 기르는 일은 예산, 경비, 건물이나 장비에 구애받지 않는다. 그것은 경험을 통해 그리고 다른 사람들과의 상호작용을 통해 학습된다. 긍정적인 자아개념을 기르는 데 필요한 것은, "사람들이 좋아하지 않는 그녀를 어떻게 하면 좋아하도록 할 수 있을까?", "사람들이 원하지 않는 그를 어떻게 하면 필요한 존재로 느끼게 할 수 있을까?", "사람들이 인정하지 않는 그녀를 어떻게 하면 인정받도록 할 수 있을까?", "성공하지 못한 학생들에게 어떻게 하면 자신감을 느끼게 할 수 있을까?", "정직하고 성실한 사람으로 대접받지 못하는 그/그녀를 어떻게 하면 그렇게 대접받게 할 수 있을까?" 등과 같은 물음만으로 찾을 수 있다.[714] 따라서 이러한 질문의 답을 찾는 중에 우리는 보다 인간 중심적인 학교에 필요한 행동의 중요한 지침을 발견할 수 있을 것이다.

자아는 의미 있는 학습에는 어디에서나 내포되어 있다. 따라서 교사가 아동을 위해서 해 줄 수 있는 가장 중요한 것은 아동으로 하여금 자신이 중요한 사람이고 가치 있고 존중받는 사람이며 부적절하다기보다는 적절하며 인간적으로 실패작이 아니라는 생각을 하도록 그의 자아개념을 바꾸는 것이다. 긍정적 자아개념의 긍정적인 변화는 학습이 더욱 쉽게 일어나도록 돕는다.[715] 그런데 우리나라 교육은 획일적으로 모든 학생들이 같은 장소에서 똑같이 하도록 하고 있기도 하고 무엇보다 자기 자신에 대한 공부, 즉 자기 발견 및 존중감을 높이도록 하는 면이 부족

---

714) Arthur W. Combs, 구혜정·손준종 옮김, 『우리가 원하는 학교』(서울: 학지사, 1998), pp.101.

715) Patterson, op. cit., p.231.

하다고 할 수 있다. 어찌 보면 인간이 빠진 교육을 하고 있는 셈이다.

자신을 잃어 가는 근원적 원인은 첫째, 인간이 자기를 실존적으로 각성하지 못한 데서, 둘째는 사회구조적인 모순 때문이다. 따라서 그 방안으로 첫째는 주체적 자아각성의 촉구이며, 둘째는 프롬이나 하버마스가 주장하는 사회 혹은 문명의 틀을 뜯어고침으로써 이룰 수 있다는 것이다.716) 여기서 프롬은 현대 사회의 구조 때문에 나타난 소외 현상을 '건전한 사회'에서 다섯 가지로 지적했다.717) 그중의 하나가 바로 자기로부터의 소외인데 이는 자기의 자기와의 관계 상실이다. 인간은 진정한 인격체로서의 자기를 잃고, 자기가 지닌 어떤 기술이나 기능을 자기로 알고, 사랑하며 사고하는 개체로서의 자기는 버리고 사회적 역할로 정해진 기능적 자기를 상품처럼 파는 데만 힘을 쓰고 있는 현상이다. 그리고 프롬은 자기 자신을 꼭 찾아야만 하겠다는 결단을 내리는 일이 필요하다고 했다. 즉 힘을 다해서 자기를 찾고 자기 삶과 자기 행복을 성실하게 추구하는 일이라는 것이다.

심지어 허스(Heath)는 학생들은 자기 자신들의 교과과정 만들기를 원한다는 것이다. 왜냐하면 그들은 예술적이며 주체적인 삶을 원하기 때문이다. 우리는 우리들 자신에 대해 물어보아야 한다. 자아에 대한 지식, 즉 자아의식을 알아야 한다. 왜냐하면 우리들이 살면서 지속적으로 다루어야 할 문제이기 때문이다. 소크라테스의 너 자신을 알라라는 말은 이를 잘 표현해 주는 예라 하겠다.718) 그래서 학생들의 자아가 무엇인가하는 것은 교사들의 제일 큰 책임이 되는 것이다.

이에 김정환은 교육이 무엇인가에 대한 세 가지 모델인 '키워 준다', '만든다', '일깨운다' 중에서 일깨움의 실존적 교육관이 진정한 교육이라고 하면서 이때 일깨운다 함은 잠에서 깨어나서 본래의 자기로 돌아가

---

716) 김정환, 『전인교육론』(서울: 세영사, 1982), p.65.

717) Erich Fromm, Th Sane Society(London; Routledge & Kegan Paul, 1976), p.142.
　　　Erich Fromm, Man for Himself(London; Routledge & Kegan Paul, 1978), p.250.

718) Douglas H. Heath, Humanizing Schools, p.196.

게 자극함으로써 플라톤이 소크라테스의 입을 빌려 이렇게 말했다. "나의 사명은 쇠파리처럼 자극을 주어 아테네 청년들의 윤리 감각을 일깨워 주는 데 있다. 쇠파리는 더 졸고 싶은 소의 꼬리에 치어 죽을 수도 있는 위험을 안고 있다. 나도 그렇게 될 것이다."고. 교육을 인간의 자기 회복, 원래의 자기를 어떤 계기에 의해 다시 찾는 것으로 보는 교육관을 각성적 교육관 혹은 이 일깨움은 어떤 인격과의 만남을 계기로 한다는 뜻에서 만남의 교육관이라고도 한다. 영어로는 awake, 독일어로는 Erweckung이라는 말로 이 모델을 설명하고 있다. 이 모델에서 기대되는 교사상은 쇠파리처럼 못살게(잠 못 자게) 구는 소크라테스적 교사상이다.719) 그 방법으로 학생으로 하여금 한 인간으로서의 자각을 갖게 하는 일이다. 인간이란 대체 무엇이며 나는 무엇인가를 꾸준히 묻게 하는 일이다. 너 자신을 알라는 소크라테스의 물음을 되새기게 하는 일이다. 그러기 위해서는 과거 위대한 인물들의 전기를 많이 읽게 하고 그들의 진지한 삶에서 한 인간으로서 삶의 즐거움과 괴로움을 맛보게 하는 일이다. 허친스의 위대한 고전 읽기를 통한 '위대한 회화'법도 이런 발상에서 비롯된다. 또 다른 방법으로 생각해 볼 수 있는 것은 생활기록 방안이다. 아이들에게 적어도 일주일에 한 편씩 마음의 편력을 기록하고 가능하면 일기 쓰기를 권장하는 일이라 생각된다.720) 그리고 특히 고등학생들은 높은 세계를 지향하고 영혼의 괴로움을 맛보아야 하기에 높은 차원의 윤리·도덕 교육이 요구되며, 자아를 확립하고자 들로, 산으로, 혹은 바다로, 사찰로 방황해야 한다. 이런 영혼의 괴로움이 자아를 확립시키고 삶을 정화하며 역사를 창조한다.721) 따라서 학교교육에서 보다 많은 기회를 통해 학생들이 인생에 대해 그리고 자기 자신에 대해 고민할 수 있도록 해야 할 것이다.

---

719) 김정환, 『인간화교육 어떻게 할 것인가』(서울: 내일을 여는 책, 1995), p.19.
720) 김정환, 전게서, 『인간화교육 어떻게 할 것인가』, p.110.
721) 김정환, 『전인교육 어떻게 할 것인가』(서울: 내일을 여는 책, 1997), p.174.

슈프랑거에 의하면 문화의 체험은 그 정점으로 인격적 양심의 각성을 수반하며, 이것을 교육의 최고 단계로 보았으며 그에 의해서 소크라테스의 '너 자신을 알라' 또는 '너 자신에 깨어나라'라는 각성적 교육명제는 현대적 감각으로 아름답게 재생이 된다. 그래서 슈프랑거의 교육관을 우리는 각성적 교육관722)이라고도 한다. 그리고 그는 교육에서 가장 중시한 각성은 셋으로 내면적 세계각성, 인격적 자아각성, 문화적 책임각성을 들었다.723) 그중의 하나인 인격적 자아각성을 보면 이것은 학생으로 하여금 자아를 생각하게 하고 자아와 대화를 나누는 자아의식, 자신을 삶을 수단으로서가 아니고 목적으로 귀히 여기는 자아존중, 자신을 하나님 또는 절대자 앞에 드러내 놓고 부끄러움을 느끼는 책임의식, 자신을 스스로 내던져 하나님과 이웃에 매이게 하는 사랑 감각의 도야 등과 같은 것들로서 이러한 것들이 인격적인 존재로서의 자아에 눈뜨게 한다는 것이다.

자신에 대한 앎의 방법에는 현재까지 자신에 대한 자서전적·단편적 사실의 기억에서부터 자기의 내적 동기, 소망, 그리고 삶의 목표와 같은 심오한 자기 이해 등 여러 형태가 있다. 여기서 의미 있는 자서전적 사건이란 자신의 계획과 목표 달성에 지속적인 도움을 줄 수 있고, 자아 정체성 형성을 가능하게 해 주는 것들이다. 여기서의 자서전적인 자료들은 개인의 목표와 열망에 밀접하게 관련될 것이다. 그다음 자서전적 정보 이외에도 자아 정체감과 자아실현을 기하기 위한 다른 형태의 지식들이 필요하다. 자아 정체감이란 한 개인이 타인과의 관계 및 문화적 요구와의 관계 등에 있어서 자신을 어떻게 느끼고 있는가를 뜻하며 이 자

---

722) 각성(覺醒)이란 개념은 잠에서 깨어나 원래의 자기 자신에게 돌아간다는 뜻으로, Josef Derbolav는 이것을 교육의 세 기본적 모형의 하나로 들고 있다. 그가 든 세 모델은 가정·기술자적 모델, 실질·형식도야적 모델, 각성적(자기실현적) 모델이다. Josef Derbolav, Einfuhrung in die Padagogik, O. j., Als Manuskript gedruckt, Erster Teil, S. 10-13.

723) 김정환, 전게서, 『전인교육론』, pp.42-43.

아 정체감은 사회화 과정을 통해 형성되어 나간다는 것이다. 따라서 '나'라는 인간의 사회화 과정을 통해 형성된 자아 정체성을 밝히는 일이다. 자아 정체성을 얻기 위해서는 우리가 지닌 강한 신념과 근면, 도덕적 용기, 가치 체계들을 좀 더 세밀히 검토해야 한다.724) 자신이 누구인지를 아는 것은 삶의 출발이자 매우 중요한 일이다. 그런데 이것이 소홀히 되어 자신이 자신을 알지 못하는 혹은 자신으로부터 소외되는 생활을 하는 경우가 생기게 되었다. 이때 그의 삶은 자기 것이 되지 못한다.

한편 패터슨(C. H. Patterson)은 정의적 교육은 자아각성의 계발에 관심을 갖는데 이것이 계발되려면 우선 개인은 자신을 있는 그대로 드러내 보일 수 있도록 허용될 필요가 있다고 했다. 이는 그가 자신을 표현하는 데 있어서 개방적이고 정직한 상태에 있고 또한 스스로 자신을 드러내는 데 자유분방한 감정을 가질 것을 요구한다. 둘째로 개인은 자신을 탐구하고 직시하고 평가할 수 있어야 한다. 또한 정의적 교육은 타인에 대한 각성, 인간관계의 탐색, 그리고 공감적 이해·존중·온정·진실성으로 특징져진 훌륭한 인간관계의 형성에 관심을 갖는다.725) 이는 교육에 있어서 교과목보다는 인간적인 관계가 더 잘될 수 있도록 분위기가 되어야 한다는 것이다. 그래서 인간에게 있어서 만남은 매우 의미가 있으며 교사 자신이 삶에 있어 성실하며 자기 담당 교과에 대하여 학문적으로 의욕에 넘치며, 학생을 인격적으로 대할 때보다 자기 자신을 찾을 수 있을 것이다.

또 다른 자기 발견의 방법으로는 아동들이 서로 다르다는 몇 가지 사실들을 보여 주는 데 있다. 그 물음 및 방법으로는 크게 두 가지가 있다. 하나는 신체에 대한 것이고 다른 하나는 그들의 감정에 대한 것이다.

여기서 교사의 첫 질문은 신체적인 특징에 관한 것으로 예를 들면 교실에 있는 여러 학생들 중에서 무엇이 너를 특별하게 만드는가? 너는

---

724) J. M. Rich, op. cit., pp.181-189.
725) C. H. Patterson, op. cit., p.239.

어떤 것들을 좋아하고 왜 좋아하는가? 너는 어떤 종류의 사람들을 좋아하는가? 그 이유는 무엇인가? 그 사람들은 어떤 사람들인가? 어떤 사람들이 너에게 중요한가? 너는 누구에게 중요한 사람인가? 그런 다음에 교사는 각 학생들로 하여금 그가 다른 사람과 다르다는 것을 보여 주는 자화상을 그리도록 하였다. 교사는 그 그림이 학생 자신에 관하여 특별한 어떤 것을 나타내고 있다는 것을 암시해 주었다. 또 한 예는 학생들이 그들의 감정을 의식하게 하는 것이었다. 교사는 무엇이 우리를 행복하게 하는가? 왜 그러는가? 어떤 것들이 어떤 때는 우리를 행복하게, 어떤 때는 우리를 슬프게 할 수 있는가? 어떤 것들이 그러한가? 어떤 사람이 우리를 행복하게 하는가? 그들은 우리를 항상 행복하게 하는가? 우리를 행복하게, 또는 슬프게 하는 것들을 변화시킬 수 있는 시대가 있는가? 어떻게? 우리를 행복하게 하는 것에 관한 그림을 그려 보자. 우리를 행복하게 하는 것들에 관해서 글로 써 보자 등이다.726) 우리의 교과목에는 위와 같은 영역이 없으며 만약 한다면 각 교과목을 통해 교과 내용과 연관되는 것을 할 때 할 수 있을 것이다. 그런데 특히 자기 자신을 알게 하는 것으로 감정부분이다. 우리 교육에서는 정의 교육이 거의 없다고 할 수 있다. 자신의 감정에 대해 생각하고 공부하는 것은 보다 자기 자신을 알게 하는 좋은 방법이라 본다. 인간은 감정을 가진 존재로서 이 부분에 대한 교육은 또한 인성교육이 될 것이다.

한편 김교신은 자기발견과 자기수련을 위한 교육에 힘썼는데 그 방법으로 그는 모든 학생에게 반드시 한 개의 운동부와 한 개의 학술 연구부에 들어가 자기를 닦게 하였고, 일본이 조선 사람의 혼을 몽땅 먹어 버리려 하고 있다고 학생들에게 늘 경고하였고, 일본지리를 중심으로 전개된 당시의 지리교과서를 거의 무시하고 우리나라 지리를 가르쳤고, 당시 모두들 창씨개명을 하였는데도 그는 끝까지 이를 거부하였고, 조례에서 출석을 부를 때 그는 끝까지 우리말로 호명을 하였는데, 일본인 배속

---

726) G. Weinstein & M. D. Fantini(ed.), op. cit., pp.81－82.

장교가 이를 항의하자 이름은 고유명사이니 상관없다고 했으며, 이것이 공개적으로 문제 되자 아예 출석을 부르지 않았다는 것이다. 김교신에 의해서 많은 학생들이 자신을 각성하고 조선을 발견하여 개성적인 삶과 애국의 길을 찾게 된 것이다.727) 여기서 역사를 통해 현재가 있기에 자기 자신뿐 아니라 한 나라도 역사가 존재하기에 자기 자신에 대한 과거, 즉 뿌리를 알게 하는 것이 바로 자기 발견의 지름길이 됨을 알 수 있다. 여기에는 조상이나 부모님에 대해 알아보는 것 등이 있다.

특히, 그는 가난하고 약한 제자에 대한 사랑이 높았다. 그에게 안병헌이란 제자가 있었다. 그는 몹시 가난해서 몇 년 동안 입학 때 입었던 옷을 그대로 걸치고 다녔다. 그런데 김교신은 이 제자에게 학급의 자치회 회계 책임을 일부러 맡기는 것이었다. 가난하지만 인수봉처럼 아름다운, 그 굳은 의지와 인격을 사랑하고 이렇게 신임하면서 부추겨 준 것이었다. 또 시골에서 온 주눅 든 제자에게는, 네 고향 어디에서 이런 인물이 났다든가, 네 고향 사람들은 예로부터 특히 인정이 많고 단결이 잘된다든가 하며 예를 들어 기를 살려 준다. 그는 이렇게 자아를 발견하게 도와주었다.728) 가난하지만 혹은 약하지만 한 학생에 대한 사랑으로 그가 보다 더 자아발견을 하도록 일을 맡긴 것이나 기를 살려 준 것이다.

한편 개인에게 긍정적인 자극을 순수하고 성실하게 줌으로써 잠재력을 키워 나가게 하는 집단 상담도 학생들의 자기발견을 돕는다. 그래서 구조화된 집단상담 프로그램을 보면 다음과 같다.729)

첫째, 나는 누구인가이다. 여기서 자신의 사회적 관계 속에서 자기 역할을 알게 한다.

둘째, 나에게 영향을 준 사람 탐색하기로 아픔을 준 사람과 사랑과 용기를 준 사람을 알아보는 것이다.

---

727) 김정환, 전게서, 『전인교육론』, p.89.

728) 김정환, 전게서, 『인간화교육 어떻게 할 것인가』, p.286.

729) 한국교육학회, 『인성교육』(서울: 문음사, 1998), p.237.

셋째, 가족 의미 탐색하기로 가족들과의 즐거웠던 점과 슬펐던 점 등을 알아보는 것이다.

넷째, 자신의 갈등을 알아보는 것으로 최근 겪은 괴로운 일 고민하는 일 등을 표현하여 해결하게 하는 것이다.

다섯째, 자신의 열등감을 확인하는 것이다.

여섯째, 자기 탐구로써 자신의 성격 등을 알아보는 것 그리고 마지막으로는 자신의 가치관을 살피는 것이다.

한편 학생들이 어떤 상태인지 그리고 그가 무엇을 바라고 있는지와 같이 보다 학생들을 잘 이해하기 위해서 관심사를 알아보는 것도 의미가 있다. 이에 와인스타인(G. Weinstein)은 관심사를 파악하는 방법으로 세 가지를 들었다.[730]

첫째는 '외딴섬'이다. 이는 학생들이 어떤 사람을 보다 중요한 인물로 여기며 왜 그런가를 파악하는 것이다. 예를 들어 나머지 생애를 단지 여섯 사람들과 함께 외딴섬에서 산다고 할 때 누구를 선택할 것이며 그 이유에 대해 말하게 하는 것이다. 여기서 물론 학생들은 사람들이 지니고 있는 서로 다른 차이점을 알게 된다.

둘째는 '앞으로 10년 후'이다. 이것은 앞으로 10년 후 자신이 어떤 일을 하고 있을 것이며, 또 어떤 사람이 되어 있을 것인지를 질문하는 방법이다.

셋째는 '시간보존'이다. 이는 학생들에게 앞으로 1000년 후의 미래 사람에게 현재 자기 학급의 아이들이 어떤 사람인지 혹은 자신이 어떤 사람인지를 알려 주기 위하여 각자나 각자의 학급에 대해 타임캡슐을 준비하게 하는 것이다. 좀 더 구체적인 방법으로 이 캡슐에는 노래 세 가지, 잡지에서 오려 낸 그림 세 가지와 학생들이 제작한 10분 내지 15분짜리 녹음기록을 담도록 하는 것이다.

사람은 자신이 느끼고 자신이 생각하고 그에 따라 선택적 행동을 하는 존재로서 그 자신이 어떻게 느끼고 무엇을 바라는가는 매우 중요하

---

730) G. Weinstein·M. D. Fantini, op. cit., pp.34－35, pp.133－165.

다. 자신에 대한 발견과 자기 존중감을 통해 단점을 고치고 장점과 소질을 더 살려 나가며 현실을 보다 긍정적으로 보며 자기를 더 사랑할 수 있고 이를 통해 다른 사람도 사랑할 수 있어야 할 것이다.

인간적인 교사는 학생 각 개인을 사랑한다. 따라서 그는 한 사람 한 사람이 소중하고 가치 있는 일을 할 수 있다고 보고 그의 잠재능력을 키워 가기를 바란다. 그래서 학생 한 사람 한 사람에 대해 많이 알고자 노력하며 또한 다양한 방법을 통해 자신감을 갖도록 한다. 자신감을 갖도록 하고 학교에 대한 적응을 더 잘하도록 하기 위해서는 학교차원과 교사들이 보다 학생 한 사람이라도 성취감을 더 갖도록 많은 노력을 해야 할 것이다. 인간주의 교육은 각 개인의 자아회복을 돕기 위해 정의적 교육, 자신에 대한 자서전적 사실의 기억, 일기 쓰기, 자기의 뿌리 알기, 기를 살펴주는 것, 집단 상담 등의 방법을 제시한다. 따라서 학교는 보다 학생들이 자아 각성을 하고, 자신의 잠재력을 계발하며, 자기 존중감을 갖도록 하기 위해 다양한 방법이 도입되어야 할 것이다.

3. 인격적 삶을 통한 인간화

1) 인격 교육의 필요성

인간주의 교육은 덕·체·지의 조화롭게 발달한 전인을 그 목표로 한다. 이 세 가지는 모두 중요하다. 그런데 오늘날의 학교교육은 지식 위주로 교육이 이루어지고 있고 보다 높은 덕을 가진 인간을 위한 교육이 되고 있지 못하다. 따라서 사회에서는 인간적 윤리를 저버린 사건들이 발생하고 있다. 인간이 인간으로서의 구실을 제대로 하려면 그는 반드시 윤리와 덕을 지녀야 하며 신과 내세를 생각하고 삶 속에서 생활화하는 존재가 되어야 할 것이다.

사람은 사람다워야 한다. 우리 속담에 이런 것이 있다. "사람이면 다 사람인가, 사람이어야 사람이지." 이것은 너울만 사람이지 속은 사람이 아님을 의미한다. 너울만 정치가지 속은 장사꾼이었기 때문이며, 너울만 목사였지 속은 사기꾼이었기 때문이며, 너울만 교사였지 속은 기술자였기 때문이었다.[731] 이는 그가 비윤리적이라는 의미를 내포하고 있다. 남을 생각하는 행동을 해야 한다. 따라서 사람을 보다 사람이 되게 하는 교육이 필요한데 그중에서 특히 요구되는 것은 인격 교육이다.

특히 오늘날 한국인상에 관한 여러 자타의 비판과 더불어 여러 가지 의식개혁을 부르짖는 많은 목소리들도 다 남을 생각하지 않는 사고와 행동에서 남을 의식하고 배려하는 사고와 행동으로 바꾸자는 것이라 할 수 있다. 복을 간절하게 빈다는 것은 대개 '나'의 복 또는 나의 가족의 복을 비는 것이지, '남'의 복에는 관심이 없다.[732] 남에게 관심이 없고 남이 안중에 없는 것은 남의 부재이다. 남을 생각할 줄 아는 인간적 감수성을, 남의 희로애락을 민감하게 감지하고 예감하고 그 감정을 내 것처럼 느끼는 것은 감정이입의 능력이며 남에 대한 그런 인간적 감수성은 따지고 보면 모든 도덕체계에서 도덕적 심성의 근본이라 할 수 있다. 따라서 남의 생각 없는 남의 부재는 그만큼 도덕의 부재인 것이다.

우리의 도덕의식이 보다 더 높아야 할 필요성을 다음 독일의 예를 통해 찾아보자.

최근 우리나라 경제가 어려워지면서 회사마다 명예퇴직, 조기퇴직 붐이 일었다. 그리고 실업률이 사상 최고에 이르기도 했다. 이때 불황이니 어쩔 수 없이 사람을 줄여야겠다는 것이다. 이러한 때 우리는 독일 사람들은 회사가 어려워졌을 때, 사람 수를 줄이기보다는 근무 시간을 줄여

---

731) 김정환, 『인간화교육 어떻게 할 것인가』(서울: 내일을 여는 책, 1995), p.26.

732) 과거 성철 스님은 자기를 만나기 위해서는 3,000배를 하도록 했으며 그 사람에게 남이 잘되게 해 달라고 비느냐고 물었다고 한다. 이는 대부분의 사람들에게 인생에 있어서의 궁극적인 목표(참된 인생을 살도록)를 깨우치도록 하기 위함이었다.

서 너와 내가 모두 함께 일하자는 정신을 발휘하였다는 점이다. 근무 시간을 줄이면 당연히 임금의 감소를 감수해야 한다. 그런데 그들은 임금 감소를 감수하면서라도 회사를 아예 그만두게 되는 동료가 없도록 한다는 정신을 가지고 있었다.733) 그들은 어떤 동료가 회사를 그만두고 물러나게 되면 어찌 그것이 꼭 그 사람만의 일이겠는가, 나 자신의 일일 수도 있다는 생각에서 서로 힘을 합하여 함께 생존하는 길을 찾은 것이다. 타인을 자신이라 생각하는 이러한 독일 사람들의 생각 저변에 깔린 것은 서로 조금씩 손해를 보면, 우리 모두에게 이익을 가져올 수 있다는 포지티브 섬 게임의 정신이다. 돈보다 사람을 더 중시하였다. 사실 남의 몫을 생각한다는 것은 곧 타인의 존재를 생각한다는 얘기다. 내 몫이 중요함은 내가 중요한 것이고, 남의 몫을 인정하는 것은 다른 사람의 존재를 인정하는 것이다. 공동체 안에는 나만이 존재하는 것이 아니고 다른 사람들도 있음을, 나의 기호나 습관만 중요한 것이 아니고 다른 사람의 기호나 습관도 중요함을 먼저 생각하여야 한다.

따라서 어떻게 하면 한 사람이라도 그리고 한 번이라도 더 타인을 자신처럼 생각하게끔 하느냐가 교육의 책무이다. 이는 우리가 풀어야 할 숙제이다.734) 좋은 자리(자원) 등이 제한되어 있을수록, 물질적 환경의

---

733) 이성호, 『흔들리는 부모 방황하는 아이들』(서울: 조선일보사, 1997), pp.200-206.

734) 우리나라는 지하자원이 부족하고, 오랫동안 중앙집권적 국가 중심의 사회였고, 여기에 후발 자본주의 시장에 편입되어 경쟁이 매우 치열하다. 특히 후발주자로서 빨리 성장을 해야 한다는 강박관념 때문에 물질을 매우 중시하게 되어 도가 지나쳐 사람보다는 돈을 중시하는 분위기가 만연하고 있다. 그리고 가정에서부터 직장 그리고 사회 곳곳이 권력이 상위의 한곳(한 사람)에 몰려 있어서 대다수가 차별과 억압(무시)을 받게 하여 사람들을 자연스럽게 권력으로 지향하게끔 만들었다. 또한 권력을 가지게 되면 안하무인으로 자기 마음대로 했기에 국민들이 낸 세금으로 사는 공무원들이 오히려 힘이 있다고 매우 고압적이 된 것이다. 이런 문화를 하루빨리 고쳐야 한다. 그 해결방안 중 하나는 모든 사람들이 함께 살아야만 한다는 성숙한 의식을 가지도록 하는 교육(공무원들이 우월의식이나 특권의식을 가지지 못하게 해야 함.)과 함께 우리 사회가 보다 더 민주적인 사회가 되는 것이다. 이를 위해서는 먼저 사회의 어느 자리이든지 권력의 독점이 되지 않도록 사회 전체적인 시스템을 바꾸어야 한다. 첫째, 임기제를 실시하는 것이다. 이는 국회의원에게도 해당된다. 권력의 피해를 줄이기 위해 더 할 수도 있지만 불가피하게 법으로 대통령의 임기를 제한해

열악함이 심할수록, 타인과의 차별이나 무시가 클수록 네가 죽어야 내가
산다는 의식이 더 팽배해져 인간이면 누구나 가지고 있는 이기심은 극
에 달해 그 사회는 지옥과 같이 된다. 우리는 독일의 사례처럼 하루빨리
상생할 수 있는 문화를 만들어야 한다. 지하자원도 부족했고 늦게 출발
한 국가로서 더욱더 이를 명심하고 여러 문제점들을 개선하기 위해 노
력해야 한다. 함께 더불어 살아야 하는 것이 올바른 삶임을 깨우치도록
교육이 달라져야 한다.

  따라서 가정에서부터 남을 생각하는 교육이 이루어져야 할 것이다. 그
런데 실상은 그렇지 못한 면이 많다. 언제부턴가 한국의 부모는 아이를
기를 때 두 가지 구호를 자주 내세운다. '기죽지 마라'와 '지지 마라'다.
기죽지 않게 그리고 지지 않게 기르는 것이 일종의 육아철학이 되었다.
그러나 실제에서 '기죽지 않게'란 어떤 어려움을 이겨 내는 기백이라기
보다는 남 앞에서 그가 누구건 그를 염려하거나 두려워하거나 주눅 들
거나 하지 말고 마음대로 하고 싶은 대로 하라는 뜻으로 사용된다. 그래
서 아이들은 안하무인, 방약무인으로 자라나고 쓸데없이 거만하고 예의

두었듯이 국회의원에게도 적용하여 예를 들면 최소한 두 번 연임하면 반드시 1번은
쉬도록 하는 등의 법제화가 필요하다. 그래야 되기 위해 덜 목을 맬 것이며 돈도 덜
들 것이고 하는 사람도 더 겸손해질 것이다. 연달아 8년 정도면 긴 세월이다. 물론
내 의견에 반대하는 사람들은 매우 그럴 듯한 반대논리를 내세울 것이다. 둘째, 고
위공직자나 국회의원들은 월급을 받지 않게 하는 것이다. 그래서 진짜 봉사와 희생
의 정신을 가진 큰사람이 일을 하도록 하는 것이다. 다만 여기에 반대하는 세력이
커서 불가피하게 나라에서 발급된 카드를 쓰도록 하는 경우에도 그 금액의 한도(서
민의 수준)를 정해 그 이상은 쓰지 못하게 하고 사용한 후에는 그 사용내용을 낱낱
이 국민들에게 의무적으로 공개하도록 하는 방안을 실시해야 한다. 셋째, 장기적으
로 고려해 봐야 할 점은 진정한 국민의 대표자들을 뽑자는 것이다. 그러기 위해서
사회의 수많은 단체나 직업을 분류하고 엄선하여 적정인원과 비율을 정하고 자율적
으로 그곳의 구성원들이 뽑은 대표(천거된 사람)가 자연히 국민의 대표가 되게 하여
국회의원이 되게 하는 것이다. 그러면 예를 들어 초·중등학교 교사 대표로 나올 것
이고 대학생 대표 등 이제까지의 제도로는 되기 어려운 사회 각층의 사람들이 다 될
수 있게 하면 더 민의가 결집될 수도 있고 한 사람이 공천권을 행사하게 하여 해바
라기가 되게 하는 정치풍토도 개선될 것이라 본다. 하지만 이렇게 하면 서로 잘났다
고 하여 싸우는 경우가 많은 우리나라에서 더 합의가 어려울 것이라는 부작용(예상)
도 있을 것이다.

가 없다. 좌절, 욕구불만, 스트레스는 아이에게 나쁘다는 그릇된 생각에
서 오는 과잉보호 때문에, 공부에 대한 독촉 이외엔 엄격한 훈계와 질책
이 없어서 아이들의 안하무인은 더 조장된다. 한국의 부모는 공부에서건
태권도에서건 유난히 아이가 1등 되기를 바란다. 그래서 '지지 마라'고
강조하고 지지 않게 많은 과외도 시킨다. '지지 마라'는 말에는 최선, 최
고를 다하라는 뜻도 되지만 지나치면 남을 상관하지 마라, 남을 이겨라,
남을 눌러라, 남을 짓밟아라는 뜻으로 변질될 것이다. 여기에는 남과 더
불어 협동하는 덕목은 설 자리가 없고, 성공의 요체인 극기의 의지가 중
요시되지 않고, 깃들 자리가 없게 된다. 도산 안창호가 파당 짓지 말자,
거짓말하지 말자, 협잡하지 말자, 시기하지 말자, 부허를 일삼지 말자고
호소한 바도 다 결국 남을 위하는 마음과 생각이 없음을 개탄한 것이고,
오늘날에 벌어지는 온갖 부조리들도 '남의 생각'이 없는 탓인 것이
다.735) 물론 여러 가지의 이유들도 있겠고, 자기 자신의 생존이 당연히
중요하지만 남까지 생각하는 마음이 요구된다. 지하자원에 비해 우수한
인재들이 많기에 정부에서는 보다 더 지원하여 이들이 빛을 낼 수 있도
록 도와주어야 할 것이다. 그 한 예로 해외에 많이 나가서 국익을 위해
활동하게끔 돕는 방법도 있을 것이다.

우리를 실망시키고 맥 빠지게 만드는 징후들은 도처에서 발견되고 있
는데 특히 가정이 붕괴되고 시민들 일상생활의 질은 더욱더 나빠지고
있다는 점이다. 이혼을 많이 하고 있으며 가출 청소년들이 많다는 사실
은 매우 심각한 일이다. 그리고 옛날에 비해 발전했음에도 불구하고 사
람들의 탐욕도 점점 더 만연되고 있다는 점이다. 따라서 전통적으로 어
린이들에게 있어 가장 기본적인 도덕교사였던 가정은 오늘날 그 역할을
제대로 수행하지 못하고 있다. 그 결과 도덕적 진공 상태가 발생하고 있
는 것이다. 경제학자 휴렛(Sylvia Heulett)은 그녀의 최근 저서 '큰 가지
가 부러질 때'(When the Bough Breaks: The Cost of Neglecting Our

---

735) 정범모, 『한국의 교육세력』(서울: 나남출판, 2000), pp.114−115.

Children, 1991)에서 어린이들이 가난하든 부유하든 간에, 방치된 상태에서 고통받고 있음을 실례를 들어 보여 주고 있다. 특히 무엇보다도 놀라운 사실은 부유한 집안의 어린이들이 부모의 교육수준은 높고 가족 내 어린이들의 수가 줄어듦에도 불구하고, 그리고 교육에 투자하는 공공비용의 수준이 높아지고 있음에도 불구하고 계속해서 부도덕하거나 타락하는 양상을 보이고 있다는 것이다.

따라서 가정의 해체는 인격교육 운동을 두 가지 방향으로 나아가게 하고 있다. 하나는 어린이들이 가정에서 배우지 못하는 가치들을 학교가 가르쳐야 한다는 점이다. 그리고 다른 하나는 가르치고 배우는 일을 제대로 수행하기 위해 학교는 어린이들이 불행한 가정의 그늘에서 벗어나 그들의 할 일에 집중하고 분노를 잘 다스리며, 따뜻함을 느끼고 책임 있는 학생이 되는 데 도움을 줄 수 있는 그런 온정적인 도덕 공동체(Moral Communities)가 되지 않으면 안 된다는 점이다.[736) 따라서 상대적으로 학교에 대한 기대 수준이 높아졌다고 볼 수 있다. 사회의 기본 단위로서 가정의 기능 축소[737)] 그리고 빈번한 이혼에 따른 가정의 해체[738)] 현상은 학교에서의 인격교육 필요성을 증대시키고 있다는 점이다.[739)] 그런데 문제는 지금 학교의 교육은 지식 위주와 입시 위주에 치중하고 있고 인성교육을 소홀히 하고 있다는 점이다. 따라서 교육이 나라를 더 살기 좋게 하고 또한 살리려면 학교교육에서보다 인간이 되는 교육, 인격을 갖춘 인간을 기르는 데 더 많은 관심과 노력을 기울여야 한다는 것이다.

---

736) Thomas Lickona, "The Return of Character Education", Education Leadership, November, 1993, 정세구 외 옮김, 『인격교육과 덕교육』(서울: 배영사신서, 1997), pp.11 – 20.

737) James S. Coleman, "The Rational Reconstruction of Society", American Sociological Review Vol.58, February, 1993, p.2.

738) Thomas Lickona, "The Return of Character Education", Education Leadership, November, 1993, 추병완, "미국 도덕교육의 최근동향", 서울대학교 대학원 국민윤리학과, 『사회와 사상』 제13집, 1994에서 재인용.

739) 정세구 외 옮김, 전게서, p.311.

2) 인격의 개념

옥스퍼드 영어사전에는 인격(character)이 그리스 어원으로 조각(engraving), 표식(mark), 징표(stamp), 표상(representation)의 독특한 도구 또는 성질이라고 어원적 의미를 밝히고 있다. 이 말을 가지고 인격의 핵심적 의미에 도달할 수 없다고 본, 같은 사전에서는 열한 번째의 의미로 '개인과 인류를 구별 짓는 도덕적, 정신적 성질의 총합'으로서 '개인이 지닌 마음의 특별한 집'이라고 설명하고 있다.[740] 그런데 character와 유사한 용어로 personality가 있으며 또한 비슷한 의미를 가지고 있는데 굳이 따져 본다면 인격(character)이란 말에는 우리가 흔히 쓰는 인성(personality)보다 도덕적 함축[741]을 더 표현하고 있다고 볼 수 있다.

한편 인격이란 말은 라틴어 'persona'에서 나온 것으로 가면을 쓴 사람이나 배우를 뜻한다. 이것은 개인의 역할과 타인에 대한 자신의 관계를 뜻한다.[742] 특히 사람(person: 인격체)의 어원을 보면 인격의 특별한 위치를 잘 말해 준다. 사람의 어원인 'persona'는 연극을 할 때 쓰고 나오는 가면, 즉 '행위자의 얼굴'을 뜻한다. 행위자의 가면은 배역이 설정되면서 그가 담당하는 역할, 배역이 전달하는 대사의 내용, 개인의 역할과 타인에 대한 관계, 그리고 한 사람이 자신의 주위에 있는 다른 사람에게 주는 전체적인 인상들을 포함한다. 'persona'의 어원이 또 관계(relatio)의 의미를 갖고 있는 것을 보면 인격은 기본적으로 자기 아닌 남과의 관계 속에서 존재하는 가운데 비로소 자신을 실현하는 존재론적 성격을 보여 준다.[743] 따라서 인격은 자기 자신으로부터 벗어남으로써

---

740) Kupperman, Character, 1991, p.3.

741) 흔히 인격이 성격 혹은 개성과 같은 뜻으로 사용되는 경우도 있으나, 성격은 천성적 특징과 우연적으로 형성된 특징까지 포괄하는 보다 넓은 범위의 말임에 비하여, 인격은 개체의 '노력', '수양'에 의하여 형성된 특징에 한정하여 사용하는 말로 이해되고 있다. 서울대학교사범대학교 교육연구소 편, 『교육학 용어 사전』(서울: 배영사, 1981), p.422.

742) J. M. Rich, 김정환 역, 『인간주의 교육학』(서울: 박영사, 1985), p.94.

자기 존재를 상실하는 것이 아니라, 오히려 남과 관계를 맺음으로써 자기 자신을 실현한다. 이렇게 인격은 다른 인격들과 관계를 맺는 가운데 형성되는 것이다. 즉 인격적 인간관계를 맺는 것이다.744) 이러한 인간관계의 유지와 발전은 사회의 건강한 구성원으로서 잘 살아간다는 것을 의미한다. 따라서 인격은 사람이 다른 사람과의 관계에서 나타남을 알 수 있다.

어떤 사람이 자기와 다른 사람들을 인간으로 의식한다면 그것은 곧 사회의 일반적 규범에서 나온 자율적인 관점을 중요시하는 규범에 입문되었기 때문이다. 그래서 자기와 다른 사람들에 대한 의식이 발달할 때 비로소 그 사람은 인간이 되었다고 말한다.745) 따라서 윤리·도덕적 생활을 하는 것을 의미한다. 물론 그 기준은 나라마다 조금씩 차이가 있을 것이다.

스트라이크(Kenneth A. Strike)는 인간은 사물과는 달리 인격을 가졌으며 그것은 수단이 될 수 없고 목적이며 존엄성을 지닌다고 인격의 성격을 표현하고 있다.746) 따라서 남을 위하는 관계를 인격적 관계 또는 인격성장적 관계라 할 수 있다. 그 뜻은 이렇다. 즉 나와 너와의 이어짐 때문에 너의 인격과 사람됨 - 건강, 능력, 삶의 자신감, 용기, 정서, 덕성, 성공, 행복 등이 커지고 성장한다면 그것은 인격성장의 관계다. 반대로 이들이 작아지고 감소된다면 그것은 인격잠식의 관계인 셈이다.

프롬(E. Fromm)은 사람의 성격을 다섯 가지의 '지향'으로 나누었다. 첫째는 남에게 바라고 의지하고 받는 것이 위주인 수용지향, 둘째는 남에게서 뺏어 오고 남을 이용하기 위주인 착취지향, 셋째는 한 번 가진

---

743) 심상태, 『인간: 신학적 인간학입문』(서울: 서광사, 1989), pp.114 - 115.

744) Langford, Education, Persons and Society. MaCmillan, 1985, pp.181 - 186.

745) R. S. Peters, Ethic and Education, 이홍우 역, 『윤리학과 교육』(서울: 교육과학사, 1981), p.227.

746) Kenneth A. Strike, "Explaining and Understanding: The Impact of Science on Our Concept of Man", Philosophical Redirection of Educational Research(NSSE, 1972), pp.45 - 46.

것은 움켜쥐고 쌓아 놓고 남에게 주지 않는 '축적지향', 넷째는 나에게
대한 남의 평가와 남의 눈치 보기 위주인 시장지향, 그리고 다섯째는 남
에게나 나에게나 어떤 인간적 장점을 만들어 주기 위주인 '생산지향'이
다. 그런데 건전한 인간관계는 '생산적 관계'라고 말했으며 이것은 여기
에서 말하는 인격성장 관계와 같다. 칸트의 유명한 말, "사람을 수단으
로만 다루지 말고 언제나 동시에 목적으로 대하라."는 말도 있다.747) 이
는 남을 자기의 어떤 욕망달성을 위한 수단으로 여기거나 자기보다 못
하다고 무시하지 말고, 언제나 남을 존중하고 위하는 마음을 가지고 그
가 원하는 목적을 달성하는 데에 있어 도움이 되라는 것이다. 따라서 나
는 남을 이롭게 하는 것이 바로 인격이며, 인격인일수록 더 남을 이롭게
하는 사람이라 생각하고 있다. 그럼 남을 이롭게 하기 위해서는 어떻게
해야 하는지를 잘 알아야 한다. 이를 위해 유명한 사상가들이 주장한 여
러 덕을 통해 좀 더 깊이 들어가 보자.

소크라테스는 플라톤의 대화 편 클리톤에서 도덕적 판단을 하는 데
있어 기준이 되는 도덕성을 세 가지 제시했다. 첫째는 다른 사람을 절대
해쳐서는 안 된다는 것, 둘째는 반드시 약속을 지켜야 한다는 것, 셋째
는 부모님이나 선생님을 따라야 한다는 것이다.748) 코메니우스(J. A.
Comenius)는 무엇보다도 먼저 심어 주어야 할 도덕성은 사려 깊은 마
음, 절제, 강인한 정의라고 했으며 이 정의감은 어린이들이 아무에게도
해를 끼치지 않는 행동을 연습하고 각자가 응당 맡아야 할 몫을 인정하
고 남에게 베풀고 거짓과 속임수를 피하고 자진해서 타인에게 봉사하면
서 사랑받을 만한 행동을 하는 훈련을 통해서 학습된다고 했다.749)

괴테는 건전한 사회는 그 구성요소인 개인의 건전성에 의존한다고 하
면서 이를 위해서는 우선 개인을 일개의 인격으로서 완성시켜야 한다고

---

747) 정범모, 전게서, pp.367－368.

748) William K. Frankena, "Morality and Moral Philosophy", Barry I. Chazan and J. F.
     Soltis(ed.), Moral Education(New York: Teachers College Press, 1974), p.20.

749) John Amos Comenius, op. cit., pp.226－227.

했다. 이를 위해 그는 세 가지 敬畏의 念을 심어 주어야 한다고 했다.750) 그 첫째는 위를 향한 외경에는 신·스승·어버이가 있으며, 둘째로 아래에 대한 외경의 대상으로는 아랫사람·자식·약한 자이며, 셋째로 동등한 자에 대한 외경이 있다. 여기에는 친구·이웃이 포함되어 있다. 아래에 대해 외경하라는 말은 매우 인상적인 말씀이자 우리가 가슴 깊이 새겨야 할 내용이다. 개인이 발전해야 사회가 발전하느냐 아니면 사회가 발전해야 개인이 발전하느냐의 문제일 수도 있는데 이것은 그렇게 중요한 문제가 아니다. 나도 괴테가 말한 것처럼 훌륭하고 좋은 사회이자 건전한 사회가 되기 위해서는 그 사회를 구성하고 있는 구성원들이 보다 더 인격을 갖추어야 한다는 것에 공감하고 있다. 특히 지도자들이 먼저 인격인이어야 한다. 따라서 우리교육의 발전과 국가의 발전을 위해서는 필히 학교에서 더 강조되어야 한다.

브라우디(Harry S. Broudy)는 도덕 교육의 필요성은 현대세계에서 나타나고 있는 갈등하는 가치체계의 확립을 위하여 필요 불가결하다고 하면서 도덕성이란 진리를 말할 줄 아는 성향, 인내, 쾌락적 유혹에의 항거, 정의감, 페어플레이 등이라고 했다.751) 해리스(Harris)는 타인에 대한 의무 중에서 하나로 정의를 꼽았다. 그리고 그는 이 정의는 정직, 공정성, 다른 사람들에 대한 존경, 평판 그리고 진실함과 깨끗함을 말한다고 했다.752) 라하르트와 알렌(D. E. LaHart & R. F. Allen)은 인간적인 교육을 이루기 위해서는 인간미가 있고 동정적인 도덕 교육이 있어야 한다고 하면서 도덕적 삶의 문제는 이기심과 理想과의 관계에서 생기기 때문에 항상 이상(도덕성)을 가지고 있어야 도덕적 삶이 가능하다고 하면서 인간적인 윤리로서 상호성, 친근성, 이타주의를 들었다.753) 로스

---

750) 김정환, 『페스탈로찌의 생애와 사상』(서울: 박영사, 1974), pp.75－76.

751) H. S. Broudy, 서명원 외 공역, 『교육철학』(서울: 을유문화사, 1963), p.325.

752) Harris, "Moral Philosophy Education in the Common Schools", J. P. Strain(ed.), op. cit., p.156.

753) D. E. LaHart & R. F. Allen, "Developing A Humane Ethic in Classrooms", S. R.

(Ross)는 도덕적 행위를 하기 위한 중간 단계의 의무는 약속을 지켜라, 빚을 갚아라, 거짓말을 하지 마라 등이 있으며, 이보다 더 일반적인 의무로는 남을 해치지 마라, 정의, 박애, 남의 고통을 들어 주는 것 등이 있다고 했다.[754] 리치(J. M. Rich)는 오늘날 도덕성과 관련된 가장 심각한 문제는 양심을 갖추는 것, 자아감의 상실, 비인간화, 다른 사람들로부터의 착취, 명령통제, 불안감, 방어, 삶에 있어서 의미의 상실이라고 했다.[755] 피터스(R. S. Peters)는 모든 사회에서 기본적으로 그것을 받아들이고 있고 그것을 수용하는 것이 모든 사회구성원들에게 이익이 되며 그것을 받아들이는 것이 사회의 존속과 유지 자체에 중요한 의미를 주는 기본규칙들과 아동 또는 사회구성원들이 합리적인 도덕 생활을 해나가는 데 있어서 논리적으로 가정하지 않으면 안 될 윤리학의 기본 원리들은 인간존중, 공정성, 이익의 고려, 자유 등으로서 이것들은 도덕 교육의 초기 단계에서부터 가르쳐야 할 교육내용으로서의 덕목에 포함되어야 한다고 했다.[756] 여기서 우리는 우리에게 요구되는 덕은 다른 사람을 해치지 않거나 속이지 않는 것에서부터 보다 적극적으로는 남을 위해 하는 봉사와 희생에까지 의미함을 알 수 있다. 그리고 코메니우스는 남을 위해 봉사하고 사랑하는 훈련을 강조했다.

남궁달화는 인격을 형성하는 마음은 '사람됨'과 연관되어 있고 통합된 마음은 사람됨의 바탕이 되어 사람됨은 통합된 마음이 가치의 실현을 통해 드러난 모습이라고 했다.[757] 이계학은 인격의 개념을 '된 사람'이나 사람다움(personhood)을 지닌 '사람의 품격'을 지칭한다고 하면서 특히 그 사회의 여러 가지 표준 중에서도 '도덕적인 기준'에 따르는 도덕

Westerland(ed.), Humane Education and Realms of Humanness(Washington D.C.: University Press of America, 1982), pp.104－105.

754) P. Kartz, op. cit., p.22.

755) J. M. Rich, Education and Human Values(Philippines: Addison－Wesley Publishing Company Inc. 1968), pp.78－79.

756) 한국교육학회 도덕교육연구회 편, 「도덕교육연구」(서울: 하우기획사, 1990), p.79.

757) 남궁달화, 『가치교육론』(서울: 문음사, 1997), p.17.

적 행위의 주체를 일컫는 개념이라고 했다.[758]

플레츠(Fletcher)는 사람됨(personhood)의 구성 요소로서 15가지를 열거했는데[759] 그 대표적인 것을 보면 첫째, 자기 존재를 통제할 수 있어야 한다는 것이다. 이는 인내나 극기 등이 필요함을 말한다고 보겠다. 둘째, 타인에 대한 관심과 관계할 수 있는 의사소통의 능력 등이 요구된다는 것이다. 이는 이기심보다는 타인을 존중하는 것이라 볼 수 있겠다. 셋째, 호기심과 창조성을 발휘해야 한다는 것으로 능동적이어야 함을 암시한다. 넷째는 사물에 대한 올바른 판단력을 할 수 있어야 한다는 것이다.

한편 미국 장학 및 교육 과정 개발위원회(ASCD)는 사람됨의 도덕적 요소를 7가지로 항목화하였다.[760] 첫째, 인간의 존엄성을 중요시한다. 즉 평등과 양심의 자유를 존중하고 서로 다른 견해를 가진 사람들과 함께 일하며 편견을 갖지 않는다는 것이다. 둘째는 타인의 복지에 관심을 둔다. 이는 상호 의존성을 인정하며 타인을 돕는 것을 즐거워한다는 것이다. 셋째는 개인의 이해관계와 사회적 책임을 통합한다. 즉 자기 통제·근면·공정성·친절·정직 등의 도덕적 덕목에 대해 자기 배려와 타인 배려를 동시에 중요시한다는 것이다. 넷째는 성실성을 갖는다. 근면하며 자신의 선택에 따르는 책임을 다한다는 것이다. 다섯째, 도덕적 선택을 할 때 숙고한다. 즉 자기가 속해 있는 사회와 세상에 존재하는 중요한 도덕적 이슈에 대해 알고자 한다는 것이다. 여섯째, 갈등의 평화로운 해결을 모색한다는 것이다. 이를 위해 타인의 말을 주의 깊게 듣고 물리적이거나 언어적인 공격을 삼간다는 것이다.

도산 안창호는 여러 가지 힘 가운데에서도 건전한 인격의 힘을 가장

---

758) 이계학, 『인격교육론』(서울: 성원사, 1991), pp.21－27.

759) Kellenberger, Relationship Morality(The Pennsylvania State University Press, 1995), pp.146－147.

760) ASCD, "Moral Education in the life of the School", K. Ryan & T. Lickona, Character Development in Schools and Beyond, The Council for Research in Values and philosophy, 1992, pp.349－350.

중시하였다. 그리하여 그는 2대 강령으로 건전 인격과 신성단결을 들었
던 것이다. "나 하나를 건전 인격으로 만드는 것이 우리 민족을 건강케
만드는 유일한 길이다."라고 말할 만큼 인격의 힘을 믿고 인격혁명을 주
장했던 것이다. 따라서 도산의 교육목적은 건전한 인격의 실현이었다고
할 수 있다. 이러한 그의 건전한 인격의 내용은 다음의 3가지로 요약될
수 있다.761) 첫째, 튼튼한 몸을 기르는 것이다. 건전한 육체에서 건전한
정신이 나온다고 믿었기에 그는 지육보다 체육과 덕육을 강조하였다. 덕
이 없는 인간의 지식은 악용되기 쉽고 건강치 못한 인간의 지식은 불건
전하기 쉽다. 이러한 연유로 그는 덕육, 체육, 지육의 순서로 그 비중을
두었다. 둘째, 직업교육을 강조하였다. 그는 각자가 생활력을 가질 수 있
는 일인일기교육을 강조하였다. 셋째, 인간다운 도덕적인 품성을 강조하
였다. 그는 건전한 인격의 핵심인 덕성을 기르기 위하여 덕성을 기르기
위하여 무실·역행·충의·용기의 4대 정신을 강조하였다.

김정환은 바람직한 인격이 지녀야 할 특성으로 다섯 가지를 언급하였
다.762) 첫째는 정체성이다. 한 사람 한 사람이 남과 다른 귀한 몫을 지
니고 있다는 인식을 이름이다. 둘째는 자기 실현성이다. 우리의 진정한
삶은 이 자기의 몫을 다하면서 자기를 실현하고, 이로써 사회에 이바지
한다는 생각이다. 셋째는 원만한 인간관계이다. 남의 몫도 이해하고 존
중함을 이름이다. 넷째는 확고한 인생철학이다. 각자 나름대로 확고한
인생관, 세계관을 갖는 삶을 이름이다. 그리고 다섯째는 적극적 문제 해
결 능력이다. 이는 문제가 생겼을 때 꽁무니를 빼지 않고 적극적으로 대처
하여 풀어 가는 자세를 말한다.

박봉목은 인격은 이성에 토대한 도덕적인 주체로서의 개인이라고 했
다. 그것은 이룩된 결과보다는 과정으로서 주어진 상황에 대처하는 유연
성을 지니고 가치선택과 태도결정을 위한 자유를 가진다. 심적·물적 측

---

761) 강기수, 『인간학적 교사론』(서울: 세종출판사, 2002), p.281.
762) 김정환, 『전인교육론』(서울: 세영사, 1982), p.17.

면을 동시에 지닌 지정의 및 육체적인 제 측면을 총칭하는 통일체이다. 인간은 단순한 생물학적 존재나 사물과는 달리 인격을 소유하고 있기 때문에 생물학적인 제약성이나 물질적인 필연성을 넘어서 목적 추구적인 활동을 가진다.763) 따라서 인격은 인간을 단순한 수단으로서가 아니고 목적적 존재로 여기고 타인을 위해 봉사하는 것을 말한다.

한편 인격은 넓은 의미에서 보아 도덕성의 인지적, 정의적, 행동적 측면들을 포괄하는 것으로 인식되어야 한다. 말하자면 훌륭한 인격은 선(the good)에 관해 알고, 그것을 의욕하며, 또한 행동으로 실천하는 것으로 구성되는 것이다. 학교는 아이들이 핵심적 가치들을 이해하고, 그것들을 채택하거나 그것들에 헌신하며, 나아가 그 가치들을 생활 속에서 행동에 옮기도록 돕지 않으면 안 된다. 그런데 우리는 우리가 무엇을 해야 하는지를 알고 그것을 강하게 느끼면서도, 그 도덕적 판단과 감정을 효과적인 도덕행동으로 옮기는 데 종종 실패하곤 한다. 그러므로 인격의 또 다른 측면으로서 도덕적 행동이 요구되는 것이다. 인격의 세 번째 측면인 이 도덕적 행동은 세 가지의 또 다른 도덕적 자질들로 구성된다고 볼 수가 있다. 하나는 잘 듣고 의사소통하며 서로 협조적으로 일하는 것과 같은 어떤 기능들로 구성된 능력(competence)이다. 다른 하나는 의지(will)로서 이는 우리의 판단과 정신적·육체적 힘을 동원하는 것을 말한다. 마지막으로 도덕적 습관(moral habits)을 들 수가 있는데, 이는 문제상황에서 도덕적으로 선한 길을 택해 나아가는 어떤 믿을 만한 내적 성향 또는 기질을 뜻하는 것이다.764) 이돈희는 인간은 자신이 직면한 상황에 대해 본능에 따라 움직이는 것이 아니라, 도덕적 관점에 따라 행동하는데 선의 관념에 따라 규범을 탐색해서 도덕적 신념을 형성하고 그것으로 하여금 도덕적 습관을 일관성 있게 통제하도록 함으로써 자신을 완성하

---

763) 박봉목, "교육의 인간화를 위한 인격교육의 방법", 한국교육학회 교육사 교육철학연구회, 『인격 교육의 이념과 방법』, 창립 1주년기념 학술발표회, 1981, p.24.

764) Thomas Lickona, "The Return of Character Education", Education Leadership, November, 1993, 정세구 외 옮김, op. cit., pp.23 − 24.

려는 개개인의 노력과 성취가 곧 인격을 구성한다고 했다.765)

미국에서 지향하고 있는 인격교육의 목표로서 제기되고 있는 것은 첫째, 자기중심주의에서 탈피하여 협동과 상호존중을 지향하게 한다. 둘째, 도덕적으로 생각하고, 느끼고, 행동하게 한다. 셋째, 학교와 교실에 공평함, 배려, 정당한 권위와 민주적 가치에 대한 존중에 근거를 둔 하나의 도덕적 공동체를 만들어 간다는 것이다.766)

위에서 살펴보았듯이 인격은 인간을 목적적 존재로 여기고 얼마나 타인을 존중하며 적극적으로 타인을 이롭게 하느냐를 말한다. 그리고 인격인이 되기 위해서는 그 토대(밑바탕)에 극기뿐만 아니라 매우 넓은 마음(자비심)이 있어야 한다. 발현은 주로 봉사, 협동, 베풂 등의 형태를 띤다.

3) 인격 교육의 실천방향

(1) 봉사활동을 통한 인격 교육

도덕·인격 교육의 궁극적 목표는 학습자로 하여금 도덕적인 행위를 하도록 하는 데 있다. 따라서 도덕 교육에 관한 연구는 학생들에 대하여 지속적으로 도덕적인 행위를 할 수 있도록 교육시키기 위한 다양한 방법들을 찾는 일에 관심을 기울일 수밖에 없다. 인지발달론이나 가치 명료화론자들도 도덕적 행위를 중시하지만, 그들이 도덕적 행위 이전의 추론에 더 초점을 맞추고 있는 데 반하여 인격교육론에서는 습관의 형성과 직접적인 행동의 유발에 더 큰 관심을 가지고 있다. 봉사활동은 이와 같이 직접적인 행동을 유발하기 위한 프로그램을 고안하여 그것을 실행함으로써 학생들에게 도덕적 행위를 할 수 있는 기회를 제공하려는 것

---

765) 심성보, 『도덕교육의 담론』(서울: 학지사, 1999), pp.318-328.

766) Thomas Lickona, "Educating the Moral Child", Principle, November, 1998, p.8. 정세구 외 옮김, 전게서, p.317.

이다.767) 학교는 학생들에게 이타심을 형성하여 주어야 하며, 사회에 참여할 수 있는 학습의 기회를 제공하여야 한다.768) 최근의 연구에 의하면, 학생들은 실제적인 일을 할 때 전문가와 함께 관찰하고 작업을 하면서 그들의 지식을 적용할 때 가장 잘 배운다고 한다.769) 이것은 실생활의 맥락에 초점을 두는 봉사학습의 중요성을 또한 강조하는 것이다. 우리나라의 교육이 실제 생활과는 다소 거리가 먼 교육을 해 왔기에 지식을 적용하는 과정이 이루어지면 더욱더 가치 있고 흥미 있는 일이 된다. 왜냐하면 학생들은 그들이 곧 입문하게 될 성인의 세계에서 발생하는 문제점들을 그들의 기술과 지식을 직접 활용하여 해결할 수 있는가를 이해하는 과정에서 성장하기 때문이다.

봉사활동은 제2차 세계대전 후 산업화의 급진전에 따른 인간성 상실을 이타적인 사회 활동을 통해 회복하자는 자각에서 출발한다. 산업화가 진전될수록 인간성과 도덕성의 위기는 심화되어 가고 있고, 이러한 위기는 사회 및 교육발전에 심각한 저해요인이 된다. 도처에서 팽배해진 이기주의와 물질 만능주의를 치유하기 위해서는, 사회적 연대 의식과 도덕적인 시민 의식이 절실하게 필요하게 된바, 봉사활동은 지역사회에서 소외된 시민들이 민주 사회의 책임 있는 주권자로서 회복되어 사회통합을 이룩하고, 더 나아가 도덕적인 시민 사회를 건설하자는 취지에서 기인했다고 볼 수 있다. 현재 많은 선진국들은 봉사활동의 가치를 인식하고 이를 제도화시키고 있으며, 이를 학교교육에 연계함으로써 봉사활동은 급속

---

767) 봉사활동에 대한 강조는 도덕·인격교육에 대한 강한 실천적 의지의 표현이다. 그런데 현 학교에서의 봉사활동은 그저 시간 때우기나 관심이 부족한 곁가지로 행해지고 있어 그것의 참의미 각성뿐만 아니라 내면화하고 습관화하는 단계까지 학생들을 이끌지 못하고 있다는 점이다. 따라서 대학이나 사회 전체적으로 그 중요성을 더욱더 강조하고 지원하는 분위기가 형성되어야 할 것이다.

768) John Ruggenberg, "Community Service Learning: A Vital Component of Secondary School Education", Moral Education Forum Vol.18 n3 Fall 1993, pp.13－19.

769) Carl I. Fertman, Service Learning for All Students(Bloomington: Phi Delta Kappa Education Foundation, 1994), pp.9－10.

히 확산되고 있는 형편이다.770)

다음에 소개하는 간디와 슈바이처는 봉사가 최고의 도덕이고 삶에 있어 매우 가치가 있는 것임을 말하고 있다.

> 간디는 "끊임없이 남을 위한 봉사. 인류를 위한 사랑으로 일하는 것"이 최고의 도덕이라고 말했습니다. 우리가 어떠한 대가나 결과를 노리고 희생하겠다고 생각하면 그것은 이미 사랑도 희생도 아닙니다. 남을 위한 봉사 그 자체를 고귀하게 생각하며 희생의 자리에 서야 합니다. 아프리카의 성자 슈바이처는 자신의 생애를 "생명 있는 모든 것에 봉사함으로써 세계에 대하여 뜻있고 목적 있는 행동을 다하는 것"이라고 말했다.771)

봉사활동은 킬패트릭(William H. Kilpatrick)이나 듀이(John Dewey) 등의 경험교육 혹은 시민성 교육과 더불어 강조되어 온 것으로서, 학교 및 지역 사회의 요구에 부응하기 위하여 학생들로 하여금 학문적 지식과 이전의 경험들을 실생활 장면에서 적용하도록 연루시키는 활동으로 인식되어 왔다.772) 일찍이 킬패트릭은, 학생들의 학습은 학교 밖의 상황에서도 이루어져야 하며, 실제적인 지역사회의 요구들을 충족시키기 위한 노력들을 포함해야만 한다고 생각하였다.773) 듀이 역시 학교교육은 직접적인 사회적 요구 및 현존하는 사회적 상황과 밀접하게 관련을 맺고 있어야 한다고 주장하였다.774)

봉사활동 학습은 과거에 인간애의 발로로 무조건 주는 순수한 동기에

---

770) 이두성, "인격교육을 위한 스카우트 운동의 활용방안 연구", 인천교육대학교 석사학위 논문, 2002, p.66.

771) 신연식, 『부모교육』(서울: 학문사, 1981), p.29.

772) 추병환, "인격교육은 도덕교육의 새로운 대안이 될 수 있는가?", p.15.

773) William H. Kilpatrick, "The Project Method", Teachers College Record, September, 1918, 319-335.

774) John Dewey, Moral Principle in Education(Carbondale: Southern Illinois University press, 1936), p.15.

서 그 의의를 찾았으나, 현대에 와서는 보다 적극적인 의미를 지니고 있다. 정세구의 연구775)에 의하면 봉사활동은 '시민참여'의 한 형태로서 중요한 의의를 지닐 뿐만 아니라, 봉사활동에의 참여를 통해 청소년들의 이기적 마음을 불식하고 '공동체 의식'을 심게 한다. 또한 그것은 복지 제도의 불완전성을 보완·강화시켜 주기도 한다. 봉사활동 학습은 이외에도 자선, 상부상조, 인도주의, 시민 참여의 정신, 박애주의, 자기희생과 헌신 등의 측면에서 강조되기도 한다는 것이다.776)

인격교육론자들이 봉사활동을 강조하는 것은 학생들로 하여금 진실하게 남과 더불어 생활하고 남을 도울 줄 하는 인성을 함양하게 하는 데 있다. 학생들은 체계적인 봉사학습에 참여함으로써 '공정성, 정의감, 타인에 대한 이해, 시민 의무감' 등과 같은 건전한 가치관을 수용할 수 있게 된다.777)

한편 페르트만(Carl I. Fertman)은 봉사활동이 지니고 있는 교육적 특징과 의의에 대해서 이것은 무엇보다도 봉사와 이론적인 학습을 연결시킨다고 했다. 따라서 학생들에게 새로운 기술을 배우고, 비판적으로 사

---

775) 봉사의 개념은 처음 서양에서 기독교와 민주주의의 사회적 배경에서 '타인을 위한 봉사정신'에 입각하여 발전되었다. 이것은 곤경에 처한 이들과 가난하고 외롭고 고통받는 이들을 향하여 내가 받은 축복의 일부를 나누고자 하는 '섬김과 애정의 정신'에서 비롯된 것이다. 봉사성은 남을 돕는 것에 대하여 관심을 갖고 올바로 판단하고 실천으로 옮기려는 행동 성향을 총체적으로 의미하는 것으로 이것은 봉사학습에 의하여 형성될 수 있는 것이다. 정세구 외, "중학교 도덕과 교육의 내실화를 위한 교실 수업 외의 보조방안 연구: 도덕실 운영, 봉사활동 및 학부모 협조", 『서울대학교 사범대학 사대논집』 제53집, 1996, p.52. 저자의 생각으로는 봉사라는 말은 달리 표현하면 다소 겸손한 낮은 마음의 사랑과 유사하다고 본다. 그리고 봉사란 자기 일(직업)에 대한 봉사와 가정에서의 역할을 충실히 하는 봉사가 무엇보다도 선행되어야 하고 가장 중요하다고 생각하기에 누구나 자기에게 맞는 일을 먼저 찾아 십분 그 능력을 발휘하고 어려운 일이나 하기 싫은 일도 참고 소명의식을 가지고 재미를 붙여서 즐겁게 할 수 있어야 한다. 다른 곳에서 다른 방법으로 봉사를 하는 것은 2차적이다.

776) 조휘일, "자원 봉사 활동의 이념과 전망", 한국청소년단체 협의회, 『자원 봉사 활동을 통한 청소년 지도』, 1988.

777) Maurice B. Howard, "Service Learning: Character Education Applied", Educational Leadership, Nov. 1993.

고하며, 위험한 상황에서 용기를 잃지 않고, 그 능력을 보상받을 수 있는 구체적인 기회를 제공한다. 또한 학생들에게 자신도 지역사회에 기여하도록 봉사할 수 있다는 자신감을 줄 수 있다. 그리고 봉사활동 학습이 이상적으로 이루어지려면 단편적으로 부과되는 프로그램이기보다는 하나의 교육과정이 되어야 할 것이다.[778] 따뜻한 배려를 강조하는 나딩스도 그것을 실천할 수 있는 기회를 부여하기 위해서 다양한 봉사활동이 반드시 필요하다고 주장하였다. 그리고 이를 위해 학교가 정규 봉사활동 교육과정을 채택할 것을 제안하고 있다.[779] 이처럼 지역사회가 다양한 기능과 자원활동을 하기 위해 학교 안으로 들어오고, 고등학교 학생들이 의미 있는 지역사회 활동에 자원해 참여함으로써, 학교 - 지역사회 간에 활발하게 통합과 상호작용이 일어난다. 이것은 학교와 지역사회 모두에게 이익이 될 것이다.[780] 이때 학교교육은 단순히 교과 내용을 학습하는 수동적인 형태에서 탈피하여, 학생들이 학교에서 배운 지식들을 그들이 살고 있는 가정 및 지역사회의 실제적 문제들을 적극적, 창조적으로 해결하는 데 활동할 수 있는 인간적 능력을 키워 주게 된다.[781] 따라서 이것은 단편적인 지식 전수와 교실 안에서 이루어지는 수업 위주의 현대 학교에 큰 변화를 일으킬 수 있다 하겠다.

슈미트와 트레이시(Schmitt & Tracy)[782]는 "봉사활동 학습은 학생들이 교과 지식들을 실제로 적용하여 그들 자신 및 지역사회에 의미 있는 차이를 가져올 수 있도록 실생활의 기회들을 제공해 주는 것"이라고 정의

---

778) Carl I. Fertman, op. cit., p.8.

779) N. Noddings, "Conversation as Moral Education", Journal of Moral Education 23권 2호, 1994, p.187.

780) R. T. Nasr, Whole Education, 강선보·정윤경·고미숙 옮김, 『전인교육의 이론과 실제』 (서울: 원미사, 2001), pp.160-165.

781) 이러한 맥락에서, 흔히 봉사활동 학습을 학교교육개혁에 있어서의 '잠자는 거인'에 비유하고 있다. Nathan & Kielsmeier, 1991, p.739. 추병환, 『도덕 교육의 이해』 p.385 에서 재인용.

782) Schmitt & Tracy, 1996, p.30.

하고 있다. 무엇보다 스탠튼(Stanton)[783]의 정의가 인상적인데 그는 봉사활동 학습을 일컬어 "타인들에 대한 봉사라는 가치를 표현해 주고 있는 경험 교육의 한 형태인 동시에 경험 교육의 철학"이라고 정의하였다. 켄달(Kuy Kendall)은 스탠튼과 유사한 맥락에서, 봉사활동을 프로그램의 한 형태인 동시에 하나의 교육 철학이라고 규정하였다. 그에 따르면, 하나의 프로그램으로서의 봉사활동 학습은 학생들에게 그들이 속해 있는 지역사회 및 전체 사회에 대해 의미 있는 봉사활동을 제공해 줌과 동시에 그러한 봉사활동에 관련된 것들에 대해 숙고하고 연구하는 것이 동시에 이루어지는 많은 방식들을 포함하고 있다. 반면에, 교육철학으로서의 봉사활동 학습은 교육이 반드시 사회적 책임감과 연관되어야만 하며, 가장 효과적인 학습은 의미 있는 방식 속에서 능동적으로 경험과 연관되어야만 한다는 신념을 반영하고 있다는 것이다. 또한 미국의 전국 및 지역 사회 봉사활동위원회[784]에서는 봉사활동 학습의 개념을 다음과 같이 포괄적으로 정의하고 있다.[785] 첫째, 봉사활동 학습은 지역사회의 실질적인 요구들을 충족시키며, 학교와 지역사회가 서로 협력적으로 상호작용할 수 있도록 매우 사려 깊게 조직된 봉사활동 경험들에 대한 학생들의 능동적인 참여를 통하여 학생들이 학습하도록 고무해 주는 방법을 뜻한다. 둘째, 봉사활동 학습은 교육 과정 속에 통합되거나, 또는 학생들이 실제로 행한 봉사활동, 그리고 그러한 봉사활동을 하면서 보았던 것에 대하여 생각하고, 말하고, 글을 써 보도록 하기 위하여 구조화된 특정 시간을 제공해 주는 방법을 뜻한다. 셋째, 봉사활동 학습은 학생들에게 새로이 터득한 기능들과 지식들을 그들이 속해서 살고 있는 지역사회의 실제적 상황들 속에서 활용할 수 있는 기회들을 제공해 주는 방법을 뜻한다. 넷째, 봉사활동 학습은 교실을 초월하여 지역사회로까지 학

---

783) Stanton, 1990, p.67.

784) Commission on National and Community Service, 1993, p.15.

785) 오늘날 많은 미국의 교육학자들은 봉사활동 학습을 일컬어 학교교육 개혁을 위한 '조용한 혁명'에 비유하고 있다.

생들의 학습을 확대시켜 줌으로써 학생들이 학교에서 배운 것을 더욱 고양해 주고, 다른 사람들에 대한 따뜻한 배려감의 발달을 조장하도록 도와주는 방법을 뜻한다. 1980년대 초반부터 미국에서 강도 높게 일기 시작한 학교교육의 실패를 둘러싼 열띤 논쟁들은 마침내 봉사활동 학습이 학교교육의 재구조화를 위한 가장 믿을 만한 대안 가운데 하나라는 결론을 이끌어 내게 되었다.

날로 증가하는 청소년들의 비행 및 일탈 행위, 그리고 미국 교육의 국제 경쟁력 약화 등에 직면한 미국의 교육학자들은 다음과 같은 질문들에 답하고자 노력하였다. "학생들이 고등학교를 졸업할 때까지 무엇을 알아야만 하고, 무엇을 할 수 있어야만 하는가?", "학교라는 하나의 장소를 경험하는 것이 학생들에게 있어서 어떤 차이를 만들어 낼 수 있는가?", "민주 사회에서의 유능한 시민이란 과연 무엇을 뜻하는 것인가?" "어떻게 하면 모든 사람들을 위한 더 좋은 세상을 만들어 낼 수 있는가?" 교육학자들은 봉사활동 학습이 이러한 여러 가지의 질문들에 대하여 궁극적인 해답을 줄 수 있을 것이라고 판단하였다. 이에 따라, 봉사활동 학습을 위한 연방 정부의 자금 지원이 입법화되고, 메릴랜드 주 전역[786]을 비롯하여 뉴욕 주, 펜실베이니아 주, 그리고 워싱턴 디시, 애틀랜타 등의 일부 지역에서는 봉사활동 학습이 고등학교 졸업을 위해 필수적으로 이수해야 할 의무 활동으로 명문화되는 등 오늘날 봉사활동 학습은 미국에서 가장 널리 권장되고 있는 교육 방법 가운데 하나가 되고 있다.[787]

이타심과 봉사의 덕은 공동체를 위해 꼭 필요한 덕들이다. 이런 덕들을 키우고 실천할 수 있는 기회를 많이 부여하면, 따뜻한 도덕 공동체를 만들 수 있다. 이런 봉사활동을 많이 하고 자란 학생들이 봉사가 습관화

---

786) 메릴랜드 주는 1992년부터 교육법의 개정을 통해 모든 학생들이 고등학교를 졸업할 때까지 반드시 75시간 이상의 무보수 자원 봉사활동에 참여할 것을 입법화하여 실행하고 있다.

787) 추병완, 『도덕 교육의 이해』(서울: 백의, 1999), pp.387 - 391.

되면 남을 위하는 배려의 마음이 늘어날 것이다. 봉사활동의 종류에는 크게 세 가지가 있다.788) 첫째로 학급을 위한 봉사활동이 있다. 학생들에게는 가장 가까우면서도 손쉽게 할 수 있는 봉사활동이지만 매우 중요한 활동이다. 가장 가까운 이웃을 위해 봉사할 수 없는 사람들이 모르는 남을 위해 봉사할 수 있다고 생각하지 않기 때문이다. 급식당번이나 청소당번, 1인 1역, 또는 도우미제도를 운영하여 학급과 친구들을 위하여, 봉사하는 생활이 보람되고 훌륭한 일임을 깨닫게 해 주고, 잘하는 학생들을 칭찬하여 준다. 둘째로, 학교 봉사활동에 참여하는 것이다. 아침시간에 일찍 와서 교내의 휴지나 지저분한 곳 등을 쓸고, 줍고 하면서 학교를 사랑하는 마음을 실천하면서 더욱더 깨닫게 하고, 공동체에서는 청결과 봉사의 정신이 중요함을 몸소 일깨우게 한다. 학교 봉사활동에는 주번활동과 특별구역청소 활동 등이 있을 수 있다. 셋째로, 사회봉사 활동이 있다. 양로원이나 고아원, 지체부자유아가 있는 곳에 가서 봉사활동에 참여해 본다. 이 과정에서 자기보다 처지가 못한 사람들에 대한 배려의 정신을 배우게 할 수 있고, 봉사의 소중함과 필요성도 어릴 때부터 깨닫게 해 주며, 함께 더불어 잘 살아가는 사회가 좋은 사회임을 깨닫게 해 준다. 이 활동에서는 이타심과 봉사의 덕을 기를 수 있고, 나딩스가 말하는 '배려의 윤리'를 실천할 수 있는 기회가 되는 것이다.

이와 같이 봉사학습을 하는 목적은 첫째, 학생들이 진실하게 남과 더불어 생활하고 남을 도울 줄 아는 인성을 함양하는 인격교육이 되게 한다. 체계적인 봉사활동에 참여함으로써 공정성, 정의감, 타인에 대한 이해, 시민 의무감 등과 같은 건전한 가치관을 수용할 수 있게 되는 데 도움이 된다. 둘째, 봉사활동 학습은 앞으로 자신이 택해야 할 진로탐색을 위한 기회로 활용될 수도 있다. 봉사활동을 통해서 자신의 적성과 앞으로의 직업 선택에 도움을 주게 된다. 셋째, 더 나아가 봉사활동은 학생

---

788) 박영애, "공동체주의론에 입각한 도덕공동체로서의 학급경영에 관한 연구", 서울교육대학교 석사학위 논문, 2000, pp.73－74.

들의 모험심과 새로운 분야에 대하여 탐구적인 자세로 적극적인 마음가
짐과 신념을 형성하는 데 기여하게 된다.

켄달(Kuy Kendall, 1992)은 봉사활동이 학생들의 비학문 분야에서 인
격 성장의 동기가 될 수 있음에 큰 의미를 부여하고 있다. 따라서 봉사
활동은 학생들의 인격교육 요소로서 중요한 역할을 하고 있다.

1993년부터 미국의 애틀랜타, 세인트루이스, 디트로이트 등 몇몇 주에
서는 수년 동안 보조관리 기관(ASCD)에 위임하여 봉사활동 학습(Service
Learning)을 통한 인격교육을 시도한 바 있다. 그러나 봉사활동을 교육
과정의 내용으로 필수화하고자 최초로 시도한 지역은 메릴랜드 주였다.

메릴랜드 주에서는 모든 학교가 9학년부터 졸업 시까지 봉사활동 학
습의 경험을 가지도록 의무화하였다. 봉사활동 학습의 필요성이 비등해
지자 1985년부터 고등학교에서는 이 과정이 필수 선택과정으로 계획되
었다. 주지사, 주의원 및 산업체의 지도자들이 교육정책을 수립하는 과
정에서 봉사활동 학습이 인격교육에 도움이 된다는 결론을 얻고 이를
실제로 선택교과로 적용하기에 이르렀다.

메릴랜드 교육청은 봉사활동의 형식체계를 24개의 유형으로 개발하여
유연성 있게 선택하여 적용할 수 있도록 계획했으며, 중학교나 고등학교
에서는 학교의 재량으로 이를 교육과정에 선택교과 활동으로 운영할 수
있게 하였다. 이러한 유연성 있는 체제의 운영은 학생들이 중·고등학교
에서 공동체적인 활동을 통해서 건전한 가치와 신념을 함양하고 습득시
키는 데 도움이 되는 것이었다.

또한 학교 현장에서는 주 교육청에서 개발한 모형을 1, 2개 통합하여
학교 자체의 안을 개발하여 적용하였는바, 봉사활동 시간을 설정하고 학
점 이수와 취득을 필수화하도록 했다. 학생들은 학교에서 지정해 준 몇
몇 지역 중에서 자신이 선택하여 토요일 오후나 여름방학 기간을 중심
으로 그 지역 현장에서 봉사활동에 참여할 수 있도록 하였다. 학생들을
위해서 충분한 계획일정을 수립하고 학교 졸업 후, 직장 생활에서 접할

수 있는 문제에 접해 볼 수 있는 기회를 제공하는 것도 중요한 일이다. 또한 학교에서는 접해 볼 수 없는 각종 클럽, 종교 단테, 사회기관, 공공기관, 의료기관, 도서관 등에서 봉사학습을 하게 하고 학교 현장에서 이러한 활동을 원활하게 할 수 있도록 지역 간 교류나, 학생 상호 간에 교환적으로 활동할 수 있는 방안을 마련하였다.

특히 봉사활동을 한 후에는 학생들이 보고서를 쓰거나 봉사활동 내용을 발표하는 것을 의무화하여 봉사활동에 대한 자체 평가를 갖게 하여 자기 경험에 대한 평가를 통해서 인격형성의 기회를 가질 수 있도록 하였다.

봉사활동의 실례를 들어 보면 남부 애팔래치아에서 실시하고 있는 것으로 매월 한 번씩 토요일에 여행을 통해서 인격형성에 도움이 되는 습관을 기르기 위해서 농촌 가사를 도우면서 무료숙박으로 봉사활동을 하게 한다. 그리고 고등학교 시절에는 봉사활동의 주요기능인 타인을 돕는 활동을 하게 된다. 대부분의 학생들이 다른 사람들을 돕는 활동이 "자기 스스로를 만족하게 한다."라고 말하고 있다. 또 다른 학생들은 상점 등에서 봉사활동을 한다. 매주 20명 이상 노인이 경영하고 있는 상점이나 기업에서 자원 봉사활동을 함으로써 영업활동의 어려움을 이해하고 공동으로 문제를 해결하고자 노력한다. 학생들은 봉사활동을 통해서 용돈도 벌고 앞으로의 생활 훈련도 하게 되는 것이다.

학생들은 일생 처음으로 가정·학교·지역사회에 의존만 하다가 다른 사람들이 자신에게 의존한다는 것을 알게 되는 것이다. 노인들이 "나는 기운이 다 빠져서"라고 말하는 것을 들으면서 열심히 일하면서 건전한 시민의식과 인격체로 성장하게 되는 것이다. 어떤 학생들은 선배들을 방문하고서는 "저는 젖먹이가 아닙니다."라고 말하면서 성실하게 일손을 돕고 활동하는 것은 봉사자와 피봉사기관이 서로 간에 도움을 주고받는 것은 물론 인격형성 교육에 명백한 도움이 되고 있다. 학생들 중의 일부는 추상적인 사회의 상호관계를 이해하지 못하는 경향도 있지만 대부분이 봉사활동을 통해서 사회관계를 이해하고 자신의 의식과 품성을 건전한 방향으로 성장시키고 있음을 알게 된다.[789] 그런데 봉사활동 계획도 어쩌면 하나의 또 다른 모험이 될 수도 있다. 왜냐하면 아직까지 우리나라에서는 형식적이고 입시에 영향을 미치지 못하고 있으며 교과 위주로 되어 있는 현행의 학교교육 과정에 변화가 있어야 하기 때문이다. 그러나 봉사활동 학습은 학생들의 인격교육을 위해서 필수적인 것으로 보다 계획적이고 체계적이며 유용한 교육활동 체제로서 확고한 위치를 점할 수 있도록 되어야 한다.

한편 봉사활동을 통해 얻은 경험을 통해 그 의미를 알아보자.

미국에서는 대학 입학 신청서에 어떤 봉사를 했는지 기입하는 난이 있다. 자기만의 이익을 떠나 남에게 봉사하는 것을 중요한 가치로 여긴다는 증표이다. 살아가면서 어떤 식으로든 남을 도울 수 있다는 것은 그 자체로 자기의 인생을 살찌우는 일이기도 하다. 봉사활동은 단순히 남을 돕는 행위만은 아니다. 남을 도와주면서 스스로를 돌아보게 되고 또 다른 사람의 삶을 통해서 보고, 배우고, 용기를 얻기도 한다. 그 실례로 하버드 대학에 다니는 경은이가 장님인 하버드 법대 대학원생을 도운 일을 소개하면 다음과 같다.

> 경은이는 그 법대생을 위해 그 일을 자원했고 매주 몇 시간 동안 법에 관한 책을 읽어 주는 일을 했다. 한 번은 그 학생이 어떻게 알았는지 경은이의 생일에 색이 고운 실크 스카프를 보내왔는데 경은이는 그 스카프를 보고 깜짝 놀랐다. 그것은 장님인데도 그처럼 아름답고 색이 고운 스카프를 골랐기 때문이다. 경은이는 그것을 보고 누구든지 자기가 꼭 해야겠다는 결심과 신념만 있으면 못 할 게 없다는 걸 알았다고 한다. "어머니, 저는 그 사람을 볼 때마다 용기를 얻어요. 이제는 그 사람을 도우러 가는 것이 아니라 그 사람에게서 많은 것을 배우고 있어요. 그에게서 받은 자극은 참으로 귀한 것이라 생각하고 내가 행복한 사람이라 느껴요."[790]

---

789) Maurice B. Howard, "Service Learning: Character Education Applied", Educational Leadership Nov. 1993. 정세구 외 옮김, op. cit., pp.85－89.

이처럼 도움을 주려고 한 경은이가 오히려 자신이 어렵고 힘들 때마다 그 학생을 기억하고서 많은 용기를 얻었다는 것은 매우 시사하는 바가 크다. 따라서 사람이 남에게 베풀면 더 많은 다른 것을 얻는다는 사실(진리)을 반드시 알아야 하고 깨우쳐야 한다. 이런 소중한 깨달음은 봉사활동을 통해서 얻을 수가 있다. 따라서 학교교육도 여기에 맞게 달라짐이 옳을 것이다.

봉사학습을 통하여 학생들은 특정한 인지적인 능력을 얻게 되었으며 친사회적인 의사결정과 친사회적 추론, 그리고 자아정립의 과정에서 의미심장한 증가를 나타내었다.[791] 그리고 지역봉사를 한 학생은 지역과 사회에 집단적인 책임감을 가지고 개인의 권리와 자기이익의 균형을 유지함으로써 사회의 변화에 대응할 수 있다.[792]

지역사회의 다양한 분야와 기관으로부터 협력을 받아 각 학생들이 1년에 100시간씩 지역사회 봉사활동을 하는 것을 생각해 볼 수 있다. 이것은 학점 이수를 위한 것으로서 전적으로 지역사회 활동만으로 할 수도 있다. 또 지역사회 활동을 부분적으로 하고(50%), 지역사회 활동이 이루어지는 장소와 관련된 교과의 적합성, 또 수행된 활동의 수준과 질에 따라서 다른 교과 영역을 나머지 부분으로 할 수 있다(한 분야 50%, 또는 두 분야 각각 25%씩). 그리고 학생들에게 바람직한 경험을 제공할 봉사활동을 보면 다음과 같다.

1. 병원과 응급 기관의 일
이런 일은 학생의 해부학, 생리학, 건강관리의 지식을 발달시킨다.

---

790) 전혜성, 『엘리트보다는 사람이 되어라』(서울: 우석, 1996), pp.218－220.

791) Thomas H. Batchelder & Susan Root, "Effects of an Undergraduate Program to Intergrate Academic Learning and Service: Cognitive, Prosocial Cognitive, and Identity Outcomes", Journal of Adolescence Vol.17 n4 Aug 1994, pp.341－355.

792) Frank C. Promata, "Beyond Reading, Writing, and Arithmetic", Journal of Experiential Education Vol.17 n2 Aug 1994, pp.26－29.

2. 요양원이나 호스피스 일

이런 일은 어려운 노인들을 어떻게 대해야 하는지에 관한 지식과 기능을 발달시킬 뿐만 아니라, 배려하는 정의적인 감정을 길러 주기도 한다.

3. 소방서나 구급기관의 일

이것은 구급차 운전하기에서부터 인공호흡 절차와 응급처치 테크닉을 익히는 일까지 포함한다.

4. 문맹인 돕기

지역사회에 원어 문맹인이 있다면, 그것을 개선하기 위해 할 일이 많이 있을 것이다. 문해 프로그램은 매우 매력적이고 도전감이 있을 수 있다.

5. ESL[793]학급과 새 이민자를 위한 오리엔테이션을 하는 프로그램

지역사회에 새로 이민 온 이민자들이 있다면, 그들에게 영어를 가르치고 미국문화와 생활방식을 가르칠 필요가 있다.

6. 경찰서 일

여기에는 경찰서에서 사무 보는 일이 포함되고, 또는 10대 청소년들이 경범죄를 저지른 경우에는 차를 타고 다니는 공무가 포함되기도 한다.

7. 법정의 일

여기에는 노트필기, 타이핑 절차, 변호사·검사·판사 돕기가 포함된다.

8. 숙제 도와주기

이것은 11학년 이하 학생들 중 숙제하는 데 도움이 필요한 학생들을 도와주는 일이다.

9. 종합회사에서 일하기

이것은 학생들을 다양한 종류의 회사, 일에 관한 가학적인 시각, 회사의 재정적인 면, 회사 운영에 있어서의 인간관계 등에 관해 오리엔테이션을 시킨다. 수행된 일은 학생들의 요구, 재능, 관심에 따라 다양한 형태를 가질 수 있다.

---

793) English as a Second Language: 영어가 모국어가 아닌 사람들을 위한 제2언어로서의
    영어.

10. 신체장애자, 학습장애자 돕기

신체장애자나 학습장애자의 요구와 관련된 지식과 기능을 학습하는 것 이외에도 배려라는 정의적인 감정을 개발할 수 있다.

11. 지역사회의 어린아이들을 위한 토요일 오전 활동

수업이 없는 토요일 오전에 지역사회의 특정 장소에 가서 이야기해 주기, 게임하기, 기타 건전한 활동 등을 한다.

12. 육아 센터에서 일하기

이것은 아이들을 좋아하는 학생들이나 아동발달에 관심 있는 학생들에게 특히 의미 있는 경험이다. 일은 여러 가지의 형태가 있을 수 있다.

13. 가정방문해서 아이 돌보기

이것은 아이를 돌봐 주는 것이 필요한 부모를 위해 직접 아이를 돌봐 주거나, 또는 아이들 돌보는 것을 부모에게 가르치는 일이다.

14. 엔지니어, 건축가, 디자이너와 함께 일하기

이것은 기하학과 미술을 생동감 있게 할 수 있다. 이러한 작업은 매우 창의적이고 도전감을 주는 일이다.

15. 지역사회 프로젝트 일하기

이것은 지역사회나 지역사회 부문의 후원을 받는 프로젝트에 학생들이 참여하는 것이다. 건설현장이나 공공 도서관, 청소 캠페인, 포스터 만들기, 무료식사 제공 또는 지원자를 필요로 하는 프로젝트에서 일하는 것이 포함된다.

16. 호텔, 식당, 사업체에서 일하기

이러한 영역에서 학생들을 위한 의미 있는 일이 계획된다면, 이것은 학생들이 작은 사업이 어떻게 운영되는지를 실제로 경험해 볼 수 있는 좋은 기회이다.

17. 학교에서 일하기

이것은 학교 행정가, 도서관 사서, 교사를 돕는 일이다. 물론 이 일은 도전감을 주고, 학습경험에 도움이 되며, 보상이 주어지는 경험이다.

18. 레크리에이션 센터에서 일하기

이것은 게임이나 토의에서의 사회사업 및 대인 간의 관계, 또는 신체 단련이나 훈련의 형태를 띤다. 이것은 특히 레크리에이션 센터의 젊은이들에게 도움이 된다.

가장 성공적인 지역사회 봉사활동 프로그램 중의 하나—전국적으로 널리 인정을 받았던—는 뉴욕 주 쇼우함-웨이딩 리버 중학교에서 찾을 수 있다. 1973년 이래, 수백 명의 6, 7, 8학년들이 매년 통상 일주일에 한 시간씩 그들 중학교교육 과정의 통합 시간으로 지역사회 봉사활동을 해 오고 있다. 지역사회 봉사활동이 이렇게 학교교육 과정으로 짜일 때, 어린이들의 인격에 깊고 오랜 영향을 줄 가능성이 가장 크다. 학생들은 네 그룹을 대상으로 봉사활동을 편다. 첫째, 인근 놀이방과 지역 유치원의 아동들, 둘째, 초등학교 학급들 여기서 중학생들은 저학년들과 팀을 구성해서 다양한 학습활동을 이끈다. 셋째, 지역 병원과 특수교육센터의 장애아동들, 넷째, 성인의 집과 요양원에 있는 노인들이다.794)

지역사회의 봉사활동으로부터 얻을 수 있는 이점 중 몇 가지는 다음과 같다.795) 첫째, 지역사회 봉사활동은 학생들의 자아개념, 자아상, 자기가치를 지지해 준다. 즉 학생에게 자신들이 필요한 사람이라는 것을 느끼게 한다. 둘째, 실제로 모든 교과에서의 학문적 수행이 향상될 것이다. 셋째, 비록 자원 봉사활동이라는 것이 강조되지만, 다양한 여러 활동에 참여하는 것은 수입의 원천이 될 수 있다. 넷째, 이러한 경험은 학교를 떠나는 사람들에게는 전일제 고용으로 연결된다. 다섯째, 이러한 경험은 학생들로 하여금 그들이 참여해 보았던 분야를 전공하도록 동기부여를 할 수 있다. 여섯째, 학생들은 분명히 방황, TV보기, 흡연, 음주, 마약 등 바람직하지 않은 일에 덜 시간을 보내게 될 것이다. 일곱째, 학

---

794) T. Lickona, 박장호·추병환 역, 『인격교육론』(서울: 백의, 1998), p.370.
795) R. T. Nasr, 강선보·정윤경·고미숙, op. cit., pp.165-167.

교 친구들, 집안 식구들, 지역사회 성원들 간에 일어나는 상호작용의 질은 고양될 것이다. 왜냐하면, 수백 명의 학생들이 가치 있는 어떤 일을 하고, 그것에 대해 자기 생각을 말하며, 의견을 교환할 것이기 때문이다. 여덟째, 일이 행하여지는 곳이 가정, 학교, 사무실, 기관 등 어디이든지 간에, 학생들의 서비스를 받는 사람들의 몫, 상황, 기준, 일 등은 향상될 것이다. 아홉째, 지역사회 전반이 향상되는 분위기가 마련될 것이다. 왜냐하면, 많은 학생들이 다양한 방식으로 지역사회의 복지를 위해 기여하기 때문이다. 열 번째, 학부모는 그들 자녀와 학교를 자랑스럽게 여기고 행복해할 것이다. 열한 번째, 학생들은 다양한 영역에서 실제로 책임을 떠맡아 봄으로써, 책임감을 강화시킬 수 있을 것이다. 열두 번째, 학생들은 시간의 가치를 알게 될 것이다. 그들은 시간을 정확히 지킬 줄 알게 되고, 자신의 시간계획을 짜는 데 필요한 기능을 익히게 될 것이다. 열세 번째, 모든 학생들은 학교와 지역사회에서 자기의 위치를 찾게 될 것이다. 이것은 매우 실제적인 방식으로 매우 많은 학급과 학교에서 학생들이 무시되는 경향을 상쇄시켜 줄 수 있을 것이다. 열네 번째, 지역사회는 학교에 대해 흥미를 느끼고, 학생들에 대한 배려를 발달시킨다. 특히, 학생들이 지역사회의 생활에 필요하고 의미 있는 기여를 하게 될 때, 더욱 그렇다.

 봉사활동은 학교가 지역사회로 문을 여는 보다 열린 교육을 실천하는 한 방법이 되며 또한 사회의 교육적 환경을 만드는 데도 기여한다. 따라서 기존 학교교육의 부족한 면을 채워 줄 수도 있다. 학생들이 직접 사회에 참여하여 보다 다양한 경험과 체험을 함으로써 자기 존재의 가치와 자신감도 가질 수 있고, 자신의 소질을 파악하는 기회도 되며, 학교에서 배우지 못하는 것도 배울 수 있으며, 또한 자기 자신이 알고 있는 바를 검증해 볼 수 있고, 사회에 대해서도 보다 더 알 수 있는 기회를 얻을 것이다. 그리고 사회 또한 학생들을 통해 여러 가지로 도움을 받을 수 있다. 그런데 무엇보다도 봉사활동을 통해 타인에 대한 이해,

인도주의와 책임감 그리고 희생 등을 몸소 깨달을 수가 있어 보다 성숙한 인격인이 되는 데 많은 도움을 주리라는 것이다.

(2) 협동학습을 통한 인격 교육

오늘날 모든 사회분야에 팽배해 있는 개인주의와 치열한 경쟁적인 분위기 속에서 인간들은 서로 따뜻한 정을 나누지 못하고 가면 갈수록 더욱더 메말라 가는 삭막한 사회를 우리는 많이 목격하고 있으며 또한 만들어 가고 있다. 특히 앞으로의 21세기에 도래할 사회·경제적인 면에서의 급격한 변화는 더욱더 협동적 활동의 필요성을 강하게 제기한다.

협동학습이 필요한 대표적인 두 가지 흐름은 이것이다.[796] 첫째, 학교에서의 사회화 기능 강화이다. 현대사회에서의 핵가족 구조와 맞벌이 부부의 증가로 인해 열쇠를 가지고 다니는 학생들의 증가, TV라는 기계와 친밀한 인간관계가 아닌 인터넷 활용 학생들은 대화의 기회가 줄어들고 대화하는 능력도 떨어져 학교에서는 협동적인 학습활동을 만들어 학생들이 서로 대화하고 다른 사람의 역할을 인정함으로써 어릴 때부터 삶이란 타인과의 경쟁이나 싸움이 아니라 서로 협동하는 것임을 깨닫게 하는 것이다. 둘째, 가까운 미래에 우리 사회는 급격하게 정보화, 고도의 과학 기술화, 그리고 상호 의존적인 경제 상황으로 옮겨 갈 것이다. 이때 원만한 상호작용은 직장에서 상식적인 규범이 되고 직장업무는 협동적 팀 프로젝트, 사람 간의 상호작용, 원활한 의사소통 등이 주를 이룰 것이다. 따라서 각 학교에서는 이에 맞춰 필요한 사고 기술, 의사소통 기술 그리고 사회적 기술을 가르치는 것에 관심을 기울여야 한다.

따라서 하루빨리 보다 인간적인 세상이 되게 하기 위해서 우리는 가능한 방법부터 찾아서 하나하나씩 이루어 나가야 할 것이다. 이를 위해

---

796) 번영계·김광휘 공저, 『협동학습의 이론과 실제』(서울: 학지사, 1999), pp.26-28.
　　　Spencer Kagan, Cooperative Learning, 기독초등학교 협동학습 연구모임 역, 『협동학습』(서울: 디모데, 1999), pp.31-38.

학교에서는 학생들이 보다 교육현장에서부터 서로 돕고 협동하는 것이 습관이 되게 하는 인간교육이 요구된다. 인간을 보다 인격적인 인간으로 되게 하는 데는 덕목을 통한 윤리·도덕 교육 등 여러 방법이 있을 수 있겠으나 협동이라는 보다 구체적이고 실질적인 활동을 많이 하는 것이 보다 인격적 인간이 되게 하는 데 필요하다. 이에 대표적인 것으로 협동학습이 있다.

실제의 현실세계에서 사람들은 살아가면서 문제를 해결하고 과업을 성취하기 위하여 자연스럽게 다른 사람들에게 도움을 청하고 또 도움을 주기도 한다. 이와 같이 사람은 다른 사람과 함께 살 수밖에 없는 존재이다. 따라서 학교교육이 보다 더 협력할 수 있도록 도와주어야 할 것이다. 그런데 교실에서 학생들은 항상 독립적으로 경쟁하면서 학습한다. 이는 자본주의 자유 시장경제체제 때문이기도 하다. 그렇다고 방치를 한다든지 실제로 협동하게 하지 않을 수가 없다. 교실에서 학생들은 서로 독립적으로 경쟁하면서 학습하지만 그들이 사회에 나가서는 서로 돕고 협동해서 공동의 목표를 추구하면서 생활한다. 따라서 학생들이 특히 교실 내에서 교사와 학생들 간의 공동학습과 학생과 학생들 간의 협동학습을 통하여 그들의 기능과 지식을 서로 활용하면서 공동의 학습과정을 추구하도록 하여야 할 것이다.797) 교실 속에서 공동체의 일원으로서 서로 협력하고 협동하면서 지식을 구축한 학생들이라면 학교를 졸업하고 사회에 진출해서도 협동적인 사회건설에 참여할 수 있을 것이다. 물론 현실적으로 많은 어려움이 있다. 왜냐하면 지금 당장 교실 밖에서도 협동적 활동이 잘 이루어지지 않고 있기 때문이다. 하지만 수업 위주로 교육이 이루어지고 있고 또한 학과 공부가 중요하기에 교실 내에서의 실천이 필요하다.

오늘날의 교실 구조는 경쟁적 구조라고 할 수 있다. '경쟁적' 교실 안

---

797) 허형, "교실개혁을 통하여", 김호권·이성권·이상주 엮음, 『학교가 무너지면 미래는 없다』(서울: 교육과학사, 2000), p.174.

에서 학생의 '힘'은 동료들보다 더 나아지고 개인적 목표를 달성하는 데 쏠려 있다. 따라서 이에 대한 해결책을 모색해야 하는데 그중의 대표적인 것이 협동학습이라 할 수 있다. 왜냐하면 협동학습은 수업 중에 교사가 학생들에게 지적 교육뿐만 아니라 인성교육을 동시에 할 수 있는 최선의 교육방책이라 할 수 있기 때문이다.798) 협동은 인간이 살아가면서 행해야 하는 중요한 인성교육이고 공부 또한 해야 하기에 그 병행이 요구된다.

지금 학교 현장에서 더 필요한 것은 인간관계이다. 그런데 교육을 담당하는 학교에서 이것에 소홀히 하고 있는 것이 사실이다. 인간 대 인간 간의 우애는 서로 같이하는 활동을 많이 할 때 가능하다. 같이하는 공부를 통해 서로 더 친해지며 서로의 장점과 단점에 대해서도 잘 알게 되고 이해의 폭도 넓어지며 자신의 판단과 친구의 생각과 차이를 배우고 서로에게 도움을 줌으로써 보다 소중한 관계를 형성하게 된다. 따라서 협동할 수 있는 보다 많은 기회를 주는 것이 필요하다.

특히 우리의 교육현장은 극단적으로 개별학습에 편중돼 있다는 점이다. 이런 환경 속에서는 또한 지식창조와 순환을 체험할 기회를 가질 수 없다. 실례로 독일과 이탈리아 등 일부 유럽국가에서는 주당 4~8시간 정도 프로젝트 학습을 실시한다. 이 과정에는 교사와 학생그룹이 협력해 문제를 해결해 간다.799) 한편 교실과 학교를 하나의 도덕적 공동체로 만들려는 노력들도 있다.800) 따라서 협동과 학습을 합하여 학급에서 서로를 이해하고, 보살피는 것, 집단의 일원임을 느끼게 하는 것, 그리고 참여적 의사결정과 집단 책임감을 통하여 응집력 있는 교실 분위기를 만

---

798) 원종철, "그룹 다이내믹: 협동학습의 교육원리에 관한 심리학적 연구", 『교육학 연구』 제39권 제2호 2001, p.253.

799) 매일경제지식부·한숭희, 『학습혁명보고서』(서울: 매일경제신문사, 2000), p.48.

800) Thomas Lickona, Educating for Character: How Our Schools Can Teach Respect and Responsibility(NY: Bantan, Book, 1993), Thmas Lickona, "Is Character Education a resposibility of public schools: Yes", Momentum, November, 1993, pp.48-52.

들어 나가는 것, 나아가 상급생이 하급생의 공부를 도와주는 것과 같은 활동들을 통하여 학교 전체를 정감 있고, 규율을 중시하는 하나의 응집력 있는 공동체로 만들어 가기 위해 협동학습은 좀 더 활성화됨이 옳다고 본다.[801]

다음은 협동학습의 개념에 대한 여러 학자들의 정의를 살펴보자.

쉴라빈(Robert E. Slavin)은 구성주의자들이 대표적으로 가르침에 있어서 적용하는 이 협동학습은 학생들이 서로 간에 어떤 문제에 대해 논의를 하면 어려운 개념을 잘 발견하며 보다 쉽게 이해를 한다고 했다.[802] 이는 학습에 대한 사회적 특성의 면으로 동료집단을 통해 서로 간의 오해를 드러내게 하며 보다 적절한 사고를 하게 하는 데 도움이 된다.

코레와 챈(Cole와 Chan)은 협동학습은 학생들이 그들 집단의 학업수행에 근거해서 보상이나 인정을 받는 협동적 유인구조와 공동목표를 향해 소집단에서 함께 공부하는 협동적 과제구조를 활용하는 일련의 학습방법이라고 정의하였다. 그리고 슈니데윈드와 다비드손(Schniedewind, Davidson)은 협동적인 교실학습이란 학생들이 공동의 목표를 향하여 함께 활동함으로써 서로 돕고, 학생들이 다양한 기능이 존중되고 이용되며, 모든 사람이 집단을 위해 무엇인가 기여하게 되고, 교사는 이런 일이 일어나도록 과제를 구조화하는 학습이라고 제안하였다. 한편 이희도는 이질적인 능력을 지닌 학생들로 소집단을 구성하여 공통과제를 구성원 간의 상호협력으로 해결해 나가는 방법이라고 구분하였으며 문용린은 학습의 목표구조에 따라 그 학급의 집단역동성이 달라짐에 착안하여 수업운영을 협동적으로 이끌어 가려는 전략이라고 주장하였다. 그리고 박성익은 집단구성원 개개인이 소속된 집단 성원 모두에게 유익한 결과를 가져오고자 서로 협동하여 학습을 전개하는 방법이라고 하였다.[803]

---

801) 정세구 외 옮김, 전게서, p.321.

802) Robert E. Slavin, Educational Psychology, Fifth Edition, Johns Hopkins University, 1997, p.273.

803) 조정숙, "초등학교 전일과의 협동활동이 인성발달과 학습에 미치는 영향", 경희대학

추병완은 협동학습이란 이질적인 학생들로 구성된 소규모의 집단을 수업 과정에 활용함으로써, 학생들로 하여금 개개인의 학업 성취와 더불어 다른 학생들의 학습을 적극적으로 도와주게끔 만드는 하나의 구조화된 학습양식이라고 하였다.804) 이는 학생들을 보다 학습에 참여하게 하는 방법으로 보다 적극적인 수업의 한 형태라 할 수 있다.

한편 협동학습의 배경이 되는 이론으로는 일찍이 학생들로 하여금 집단 속에서 문제들을 조사하고 해결해 보는 경험을 강조했던 듀이의 교육이론, 학습 상황에 있어서 타인과의 상호작용을 강조했던 피아제의 구성주의 이론, 그리고 갈등해결을 위하여 학생들 상호 간에 서로 돕는 학습 방법을 제안했던 도이취의 이론 등을 들 수 있다. 근래에 와서는 나딩스와 리코나에서 특히 두드러진다.805) 이와 같이 협동학습이 윤리 철학적 입장에서 출발했든지 혹은 그렇지 않든지 간에 학생들을 중심으로 학습을 전개한 것이라 볼 때 기존의 교육과는 달리 주체적으로 학습활동에 참여하게 하고 이를 통해 더 많은 경험을 ¡공유하게 하는 것은 인격교육에 많은 도움이 된다. 다음은 협동학습이 인격에 도움이 되는 글이다.

전통적인 이론들 중에서 특히 주목할 만한 것이 피아제의 이론이다. 피아제에 따르면, 어린 아동들에게서 나타나는 타율적 도덕성으로부터 보다 성숙한 발달 단계인 자율적 도덕성으로 발달해 나가는 데 있어서

교 석사학위 논문, 1999, pp.9－10.

804) Johnson, Johnson, & Holubic, 1993, 추병완, "협동학습의 도덕교육적 함의", 『사회와 사상』, 서울대학교 대학원 국민윤리교육과, 1997, p.295.

805) 피아제는 인지적 도덕 발달론에 근거하고 있으나, 나딩스는 인지적 도덕 발달이론에 반대하면서 따뜻한 배려의 윤리를 강조한다. 리코나는 전통적인 인격교육과 인지발달론을 결합하는 가운데 통합적인 입장에서 새로운 형태의 인격교육을 주장하지만 기본 입장은 도덕사회화론에 가깝다. 또한 아동 발달 프로젝트는 아동이 도덕성 발달을 위하여 인지발달론과 전통적 인격교육 방법들을 통합적으로 활용한 최초의 경험연구이다. 다소 명백한 이론적, 실천적 차이점에도 불구하고 협동학습은 이들에게서 공통적으로 강조되고 있다. S. Ellis & F. Whalen, Cooperative Learning(New York: Scholastic Inc., 1990), 서민이, "인격교육에 입각한 도덕과 수업방법 개선 연구", 전북대학교 석사학위 논문, 2000, p.64 재인용.

가장 관건이 되는 것은 바로 아동들의 탈중심화 능력이며, 그러한 능력은 아동 상호 간의 협동과 책임을 조장해 줄 수 있는 프로그램을 통하여 가능하다. 피아제는 그 같은 프로그램들과 관련하여 집단 활동과 자치제도의 중요성을 역설한 바 있다.806) 그는 지나치게 개별화되고 경쟁적인 학교교육이 오히려 아동들의 자기중심성을 강화시켜 주는 역기능을 하기 쉬우므로, 집단 활동 속에서의 협동을 통하여 학교의 구조를 개선해 나가려는 노력이 필요하며, 그러한 노력 자체가 학생들의 지적 발달은 물론 도덕적 발달에 있어서 매우 긍정적인 역할을 수행한다고 보았다.

나딩스도 협동학습이 따뜻한 배려의 윤리를 발달시키는 데 있어서 매우 유용한 방법이라고 강조하였다. 나딩스는 협동학습의 근본 목적이 윤리적 이상의 고양에 있는 한, 우리는 도덕 교육에 있어서 그러한 방법들을 계속 활용해야 한다고 주장하고 있다. 그가 협동학습을 중시하는 것은 그것이 사회적 응집성을 제고시키는 데 효과적이라고 여기기 때문이다. 즉 그는 학생들이 하나의 협동적인 학습 집단을 이루어 공부함으로써, 서로를 아끼고 도와주고 보살펴 주는 가운데, 따뜻한 배려의 발달에 필수적인 관계성, 수용성, 책임감 등과 같은 윤리적 특성들을 지닐 수 있게 된다고 믿고 있다.

리코나에 의하면 협동학습은 수업 과정을 통하여 이루어진다는 데 그 특징이 있다고 했다. 협동학습이 교과 내용의 학습과 도덕성 발달을 동시에 이룰 수 있는 매우 유용한 수단이라는 것이다. 그는 특히, 협동학습이 훌륭한 인격의 두 가지 핵심 요소인 '존중심'과 '책임감'의 발달에 효과적이라고 믿고 있다.807) 따라서 학생들은 협동학습을 통해 학습 과제 해결에 있어서 서로를 존중해 주는 것을 생활화할 수 있을 뿐만 아

---

806) 추병환, "피아제의 도덕 교육론", 박병기·추병완, 『윤리학과 도덕교육』(서울: 인간사랑, 1966), pp.231-237.
807) T. Lickona, 박장호·추병완 역, op. cit., pp.218-244.

니라, 공동 과제 해결에 있어서 개인적·집단적 책임감을 고양할 수 있다. 또한 교사는 지속적인 협동학습을 통해 교실을 하나의 응집력 있는 공동체로 만들어 나감으로써, 인간관계적인 갈등 해소는 물론 도덕적 상호작용을 원활하게 해 줄 수 있다.

한편 협동학습의 도덕 교육적 유용성과 관련하여 흔히 'Child Development Project'라고 알려진 '아동 발달 프로젝트'를 빼놓을 수 없다. 아동발달 프로젝트는 미국에서 아동의 도덕성 발달을 위하여 인지발달론과 전통적인 인격교육의 방법들을 통합적으로 활용한 경험적 연구인데, 아동들의 지적, 도덕적, 사회적 발달을 동시에 달성하기 위한 하나의 방법으로서 협동학습을 활용하였다. 이 사업은 학생들의 인간관계적 기능이나 친사회적 가치의 발달에 있어서 협동학습이 유익한 것임을 입증해 내었다. 여기에 제시된 협동학습의 도덕 교육적 유용성을 요약해 보면 다음과 같다.

첫째, 협동학습은 아동들을 단순한 백지 상태나 빈 그릇과 같은 수동적인 존재로서 가정하는 것이 아니라, 스스로 도덕적 규범들을 발견, 창조, 구성해 나가는 적극적, 능동적인 존재로 가정하고 있다. 이것은 교사들이 학습자들의 머릿속을 온갖 규칙이나 가치들로 채워 넣는 것이 아니라, 그들 스스로 그러한 규칙들이나 가치들을 체험할 수 있도록 다양한 기회를 제공해 주어야 한다는 점을 함축하고 있다.

둘째, 협동학습은 도덕성의 인지적, 정의적, 행동적 영역을 동시에 포괄할 수 있는 매우 통합적이고 체계적인 교수·학습방법이다. 학생들은 협동학습을 통하여, 주어진 학습 내용에 대한 이해로서의 인지적 측면, 공동의 과제 해결을 위해 서로 협동하려는 태도와 의지로서의 정의적 측면, 그리고 실제로 협동을 경험한다는 의미에서의 행동적 측면을 모두 동시에 체험할 수 있기 때문이다.

셋째, 협동학습은 도덕적 행동에 필수적인 다양한 사회적, 인간관계적 기능들의 숙달을 위해 매우 유용하다. 협동학습은 학생들의 갈등 해결능력 및 문제 해결능력을 고양하고, 온갖 편견이나 차별 의식 등과 같은 비도덕적인 행동 양식들을 감소시켜 줌으로써, 그 자체가 매우 중요한 하나의 규율 훈련, 기능 훈련, 나아가 도덕적인 삶의 훈련이 될 수 있다.

넷째, 협동학습은 가치를 습득하는 데 있어서 응집력 있는 공동체를 활용하도록 해 준다. 학생들은 협동학습을 통해 집단에 대한 애착 및 소속감을 갖게 되고, 집단 속의 다른 구성원들에 대한 배려와 이해를 발달시키며, 구성원들과의 상호작용을 통하여 매우 긍정적인 또래 집단의 규범문화를 창조해 갈 수 있게 된다.

다섯째, 협동학습은 진정한 도덕적 탐구 공동체를 가능하게 해 준다. 공동의 목적을 지니고 있는 한 집단의 구성원들이 서로의 생각을 교환하고 서로의 입장과 견해들을 존중하면서, 그러한 견해나 입장들에 대하여 도덕적으로 설득력 있는 이유들을 제공하고 자기 교정적인 방식을 통하여 도덕적 문제들에 대해서 숙고하게 되는 것이다. 즉 협동학습을 통하여 학생들은 도덕적 탐구 공동체의 일원으로서 존재하는 법, 사고하는 법, 기능하는 법 등을 배울 수 있게 된다.

여섯째, 협동학습은 그 기본 원리로서 상호 의존성과 개별적인 책임감을 강조함으로써, 학생들로 하여금 인간이 본래 관계적 존재이며, 책임적 존재임을 인식하게 해 준다. 또한 학생들은 협동학습의 과정에 있어서 자신들의 활동에 대한 집단적 평가와 숙고의 기회를 통하여 인간의 본래적 성격에 대해서 제대로 이해할 수 있게 된다.

끝으로 협동학습은 학생들의 도덕 발달과 정서 발달, 그리고 학습력 증진에 도움을 줌으로써, 도덕 교육을 전반적인 학교교육 과정들과 연계시켜 줄 수 있는 촉매 혹은 매개 역할을 할 수 있다. 협동학습에서 강조하는 집단과 개인의 목표 달성은 협동과 배려, 그리고 상호 신뢰에 바탕을 둔 하나의 민주적인 학교문화를 만들어 가는 데 기여할 수 있는 것이다.808) 따라서 이 협동학습을 활용하는 일이 중요하다. 학생들이 타인

---

808) 추병완, "협동학습의 도덕교육적 함의", 박병기·추병완, op. cit., 『윤리학과 도덕교육』,

의 존재를 인식하고 올바른 관점을 취하며 공동의 목표를 위해 다른 사람과 함께 일할 수 있는 능력을 기를 수 있도록 협동학습을 적극 실행하여야 할 것이다.[809]

지난 10여 년 동안 주요교육 성공사례 중의 하나는 협동적인 학습전략이다. 이 학습전략은 학생들을 소그룹별로 편성하여 그룹 학습을 하도록 하는 것으로서, 학생들은 자기 자신의 학습뿐만 아니라 타인들의 학습에도 또한 책임을 지게 된다. 이러한 형태의 학습환경 조직은 학생들의 학력성취뿐만 아니라 사회적 가치와 행위에 긍정적 결과를 가져온 것으로 보인다. 이에 대한 광범위한 연구 문헌[810]들은 이 전략이 학생들의 학업성취를 증진시키고 서로 다른 인종이나 민족의 학생들과 보다 친밀하게 지내는 방법을 배우게 되며, 긍정적인 사회적 행위에 더욱 참여하게 만든다는 점을 입증시키고 있다.[811]

커리큘럼에 근거한 가치교육처럼, 협동학습은 가치문제와 교과 학습을 동시에 가르칠 수 있다. 교과과정에 근거한 가치교육은 교과 내용을 통해 가르치는 반면에, 협동학습은 수업과정을 통해 가르친다. 협동학습이 지니고 있는 장점들을 보면 다음과 같다.

첫째, 협동학습은 협동의 가치를 가르친다. 협동학습은 학생들에게 서

---

pp.325 — 327.

809) Thomas Lickona, "The Return of Character Education", Education Leadership, November, 1993, 정세구외 옮김, op. cit., 1997, p.27.

810) 협동학습은 학업성취의 향상에 긍정적인 효과가 있을 뿐만 아니라 학생들의 정의적 측면에도 긍정적인 효과가 있는 것으로 보고되고 있다. 구체적으로 협동학습은 학생들의 자아존중감(양낙진, 1990; Kagan, 1992, 1994; Johnson & Johnson, 1994; Slavin & Stevens, 1995; Aronson & Patnoe, 1997), 동료 및 대인관계(Nastasi & Clements, 1991; Sharan, 1994; Hertz — Lazarowitz & Zelniker, 1995; Slavin & Stevens, 1995; Quinn, 1995; Slavin, 1996; Lindquist & Abraham, 1996), 친사회적 태도(Armstron, Jonson & Balow, 1981; Jonson, Jonson Scott & Ramole, 1985; Slavin & Stevens, 1995) 등에서 긍정적인 효과가 있는 것으로 보고되고 있다. 고영남, "협동학습 전략과 집단편성 방법이 학습자의 학습능력 수준에 따라 학업성취에 미치는 효과", 고려대학교 박사학위 논문, 2002, pp.30 — 31.

811) James S. Leming, "In Search of Effective Character Education, Educational Leardership, November", 1993. 정세구외 옮김, op. cit., 1997, p.45.

로 돕는 것은 좋은 일이라는 것을 가르친다. 협동학습에 관련된 연구를 검토하면서 심리학자인 메릴린 왓슨은 "하나의 정의롭고 자애로운 동료 집단에 기여하는 성원이 되는 기회는 동료집단 성원을 배려하고, 더욱 이타적인 태도를 발달시키고, 자발적인 친사회적 행위의 경향성을 지니게 한다."는 사실을 발견한 바 있다.812)

둘째, 협동학습은 학급에 공동체를 형성하여 준다. 협동학습은 전체 집단에서뿐만 아니라 작은 사회적 단위에서도 학생들을 서로 알게 하고, 서로를 배려하며, 소속감을 느끼게 해 준다. 협동학습은 개인들 간의 갈등을 감소시켜 준다. 다른 연구들에서는 협동학습이 신체적 장애를 지니고 있거나, 서로 다른 인종적 혹은 종족적 배경을 가진 반 친구들을 보다 더 확고히 수용하게 한다는 점을 밝혀 준 바 있다.813) 다인종적 교재, 소수 민족 역사, 이종 관계에 관한 교실에서의 토의가 학생들의 인종적 태도와 행위에 대하여 거의 효과가 없는 반면에, 협동적인 상호인종 집단들은 인종적 관계를 개선시키는 데 상당히 성공했고, 때때로 인종 간의 우정을 견고히 하는 데 성공적이었다고 한다.814)

셋째, 협동학습은 기본적인 생활 기능을 가르친다. 삶에서 가장 중요한 시기 동안 협동학습에 의해 발달되는 기능들은 주의 깊게 경청하기, 타인의 관점을 취하기, 효과적으로 의사소통하기, 갈등을 해결하기, 공동의 목적을 달성하기 위해 함께 일하기 등을 포함하고 있다. 연구 결과들은 협동학습에 규칙적으로 참여한 학생들이 그렇지 않은 학생들에 비하

---

812) Mariyn Watson et. al., "The Child Development Project: Combing Traditional and Development Approaches to Values Education" in Larry P. Nucci(ed.), Moral Development and Character Education(Berkeley, CA: McCutchan, 1989).

813) D. W. Johnson, R. Johnson, and G. Maruyama, "Interdependence and Interpersonal Attraction Among Heterogeneous and Homogeneous Individuals", Review of Educational Research 53, pp.5－54.

814) James Leming, "Research on Social Studies Curriculum and Instruction: Interventions and Outcomes in the Socio－Moral Domain", Review Of Research in Social Studies Education, 1976－1983, NCSS Bulletin 75.

여 인간관계의 도덕적 기능들에서 더욱 뛰어남을 보여 주고 있다.[815]

넷째, 협동학습은 학업 성취, 자존심, 학교에 대한 태도를 개선시켜 준다. 학업 성취에 있어 높은 능력과 낮은 능력을 가진 학생들 모두 협동학습 집단으로부터 이득을 얻는다. 몇몇의 연구들은 특히 낮은 능력을 가진 학생들이 보다 더 혜택을 받는다고 지적하고 있다. 긍정적인 결과가 모든 과목과 모든 학년 수준에서 발견되었다. 협동학습은 학생들의 자존심과 학교에 대한 태도를 향상시킨다.[816] 학급을 대상으로 하여 실시된 15개의 연구 결과를 분석해 보면, 그러한 연구 가운데 거의 4분의 3에 해당되는 연구 결과들은 협동학습이 학생들의 자존심에 긍정적인 효과가 있었다고 밝히고 있다.[817] 다섯째, 협동학습은 능력별 학급편성에 대한 하나의 대안을 제공하여 준다. 1985년에 교육 연구가인 지니 오크스는 25개의 중·고교를 대상으로 하여, 능력에 의한 학급편성이 어떻게 해서 많은 학생들 특히 낮은 사회경제적 지위나 소수 집단의 학생들로부터 동등한 교육의 기회를 박탈하는가에 대한 광범위한 관찰자들을 제시하였다.[818] 그 연구는 시종일관 능력별 학급편성이 수준이 낮은 학생들이 자신들의 잠재력을 충분히 발휘하기보다는 그들의 성취능력을 더욱 감소시킨다는 것을 보여 주고 있다. 또한 오크스는 협동학습이 능력별 학급편성의 부정적인 효과를 피할 수 있는 최상의 방법들 중 하나를 제공하며, 또 교육적인 평등을 이룩하게 해 준다고 주장한다. 학문적으로 보다 능력 있는 학생들을 포함하여 모든 학생들이 혼합된 능력 집단에서 함께 활동함으로써 많은 혜택을 받는다. 그들은 함께 일하는 것을 배우게 되고, 자신들과 다른 사람들을 배려하게 된다. 그들은 또한

---

815) R. E. Slavin, Cooperative Learning: Theory, Research, and Practice(Englewood Cliffs, N.J.: Prentice Hall, 1990).

816) D. W. Johnson, R. Johnson, and G. Maruyama, "Interdependence and Interpersonal Attraction Among Heterogeneous and Homogeneous Individuals", op. cit., p.23.

817) Slavin, op. cit.

818) Jeanie Oakes, Keeping Track: How Schools Structure Inequality(New Haven: Yale University Press, 1985).

교과학습 내용을 다른 사람들에게 가르쳐 주는 것을 돕기 때문에 더욱, 심오한 수준에서 학습내용을 이해하게 된다.

여섯째, 협동학습은 경쟁의 부정적인 측면들을 감소시키는 잠재력이 있다.

인격발달과 학습 성취 측면에서 협동학습의 영향을 극대화하기 위하여 교사는 다양한 종류의 협동적 양식을 사용해야만 한다. 다음은 그 구체적인 방안의 여덟 가지 사례이다.

① 학습 파트너이다. 교사와 학생들에게 있어서 짝을 이룬 학습은 가장 단순하고, 협동학습을 시작하는 데 가장 적은 위험 부담을 주는 방법이다. 그것은 또 다른, 즉 보다 더 복잡한 형태의 협동학습을 하기 위한 기초를 제공하여 준다. 한 초등학교 교사는 모든 학생들에게 한 명의 학습 파트너를 할당해 주었다(뉴욕의 한 초등학교의 3학년 담당 교사는 이것을 "무릎과 무릎 파트너"라고 부르고 있다.). 파트너들을 각각 짝을 이루어 앉게 하고, 하루에 한두 번씩 과제를 함께 해결하기 위해 책상을 서로 마주 보게 한다. 예를 들어, 그러한 과제는 교사가 내준 수학 문제지를 함께 푸는 것이다. 처음에는 개인적으로 풀고, 그다음 서로 답을 비교하고, 일치하지 않는 것들에 대해 서로 이야기를 나눈다(예: 나는 이렇게 해서 42라는 답이 나왔어!). 혹은 만일 그 작업이 단어나 연대기를 외우는 것이라면, 파트너들은 플래시 카드를 가지고 서로 연습한다. 3~4주마다 학생들의 이름을 항아리에 집어넣고, 모든 학생들은 제비뽑기를 통해 새로운 파트너를 만나게 된다. 한 학기를 거치게 되면 아이들은 학급 친구들 중 절반 이상의 학습 파트너를 서로 친밀하게 알게 된다. 메릴랜드 주의 컬럼비아에 있는 남부 교사교육센터의 프랭크 라이먼은 협동적인 논의 사이클을 "사고 - 짝 - 나눔"이라고 부르고 있다. 학생들은 교사가 하나의 문제를 제기할 때 주의 깊게 듣고, 그다음에 서로 자신들의 반응을 전체 학급학생들과 공유하게 된다. 이와 같은 파트너 활동은 긍정적인 학생 상호작용을 고무시키는 간단한 방법이고, 학생들로 하여금 서로 도우면서 배우게 하며, 학생들의 주의력을 증가시킨다.

② 군집 집단 좌석 배치이다. 뉴욕 중앙의 한 초등학교에 근무하고 있는 앨렌 휴브너 선생은 2학년 학생들에게 세 명씩 짝을 이루고 앉아 함께 활동하도록 하였다. 세 명씩 짝을 이루고 앉은 학생들은 선생이 부여한 과제물을 제출하기 전에 반드시 서로 상대방의 과제물들을 검토한다. 각 과제물은 집단의 나머지 두 학생의 검토를 받았다는 사인이 들어 있어야만 한다. 그 선생은 다음과 같이 말하고 있다. "아이들이 두 명씩 짝을 이루어 학습하는 것보다 세 명씩 집단을 이뤄 함께 학습할 때 서로에 대해 더 많은 책임감을 지닌다는 것을 나는 알았습니다. 내가 아이들에게 두 명씩 짝을 이뤄 학습하라고 했을 때, 어떤 아이들은 종종 자신의 파트너에게 '선생님한테 나는 하나도 안 했다고 말하지 마, 알았지?'라고 말한다는 것을 알게 되었다." 전직 교사 출신의 메릴린 번스는 동료들의 도움을 극대화하는 집단 활동의 형식을 제안하고 있다. 어느 날 그녀는 학생들을 네 명씩 짝을 지어 하나의 집단으로 편성한 뒤에, 그들에게 다음의 세 가지 규칙을 가르쳤다. 하나, 너희들은 자신의 일과 행동에 대한 궁극적인 책임을 지니고 있다. 둘, 너희들은 집단의 어떤 아이가 질문을 할 때 그 아이를 기꺼이 도와주어야 한다. 셋, 너희들 넷 모두가 동일한 질문을 가지고 있는 경우를 제외하고는, 선생님에게 도움을 청해서는 절대 안 된다. 이 가운데 마지막 규칙이 가장 중요한데, 번스는 이 마지막 규칙을 '순금(pure gold)'이라고 말한 바 있다. 교사는 처음에 학생들이 그러한 규칙을 잘 따를 수 있도록 규칙에 대하여 자주 상기시켜 줄 필요가 있다. 그러므로 학생들은 처음에 집단 친구로부터 도움을 구하는 것을 배우고, 한 집단의 네 명 모두가 손을 들었을 때에만 교사는 질문에 답할 것이라는 것을 곧 깨닫게 된다.819)

③ 학생 팀 학습이다. 가장 광범위하게 연구된 것 중의 하나인 이 접근법은 존스 홉킨스 대학교 부설 '초등학교 및 중학교 연구 센터'의 소

---

819) Marilyn Burns, "Groups of Four: Solving the Management Problem", Learning, September 1981, pp.46－51.

장인 로버트 슬래빈 교수에 의해 개발되었으며 개인에 대한 집단 책임감과 집단에 대한 개인 책임감을 동시에 발달시킨다. 팀 학습은 2학년부터 12학년까지의 어느 학년에서도 사용될 수 있으며, 올바른 답이 존재하는 학습 내용이라면 어느 교과에서도 사용될 수 있다. 팀 학습을 실행하려면 다음의 여섯 단계를 거쳐야 한다.[820]

첫째, 교사는 능력, 성, 인종적 배경이 서로 다른 학생들을 4명씩 편성하여 하나의 팀으로 만든다(팀들은 매 5~6주마다 바뀌게 된다.).

둘째, 교사는 전체 학급을 대상으로 수업을 전개한다.

셋째, 각 팀들은 교사가 준비한 학습지를 서로 짝을 이루어 함께 해결한다. 즉 그들은 서로 질문하고, 답안지를 검토하고, 틀린 문제들을 서로에게 설명하여 준다. 그들에게 부여된 목적은 팀의 모든 성원들이 퀴즈에서 만점을 받는 것이다.

넷째, 학생들은 퀴즈를 보기 위해 책상들을 원래의 취지로 정렬한 후에, 교사가 부여하는 퀴즈에 임하게 된다.

다섯째, 팀의 점수는 각 팀의 성원들이 얻은 향상 점수를 합한 것으로 계산된다. 그 합계는 퀴즈를 본 팀 성원의 숫자로 나눈다. 학생들은 그 주제에서 얻은 이전의 평균과 그들이 개인 퀴즈 점수가 어떻게 비교되는가에 따라서 향상 점수를 얻게 된다. 그들이 과거 평균점수를 초과하면 할수록 그들은 더욱더 많은 향상 점수를 얻게 되는 것이다. 예를 들면, 다음과 같다.

<학생들의 퀴즈 점수>	<받게 될 향상 점수>
자신의 평균보다 1~10점 밑	10
자신의 평균보다 10점 미만으로 높음	20
평균보다 10점 이상 높음	30
만점(자신의 평균과 관계없이)	30

---

820) Robert Slavin, "Learning Together", American Educator, Summer, 1968, pp.10-11.

팀에 대한 보상은 평균 향상 점수 혹은 그 이상의 답은 모든 팀에게 주어진다. 흥미를 더하기 위해 교사는 두 가지 수준의 보상을 할 수 있다. 예를 들면,

기준(평균 팀 점수)	보상
18~22점의 향상 점수	잘한 팀 증명서
23점 혹은 그 이상의 향상 점수	최고 잘한 팀 증명서

팀들이 이러한 증명서를 하나 혹은 두 개를 받았을 때 그들은 또한 다른 방법으로 보상을 받게 된다. 즉 보너스 점수가 모든 팀 성원들의 퀴즈 점수에 부가되거나 혹은 학습 신문이나 학교 신문에 실리게 된다.

협동학습 연구에서 보인 바와 같이, 학생 팀 학습은 왜 그렇게 광범위하고 계속적인 학생들의 학업 성취도를 수반하고 있는가? 거기에는 몇 가지 내재된 동기적 특징이 존재하기 때문이다.

첫째, 모든 팀은 충분한 향상 점수를 얻음으로써 상을 받을 수 있다.

둘째, 집단의 성공은 집단 전체의 점수에 달려 있기 때문에, 학생들은 그 집단의 모든 성원들의 학습에 관심을 갖는다.

셋째, 퀴즈가 개별적으로 치러지기 때문에, 어느 누구도 무임승차를 할 수 없다.

넷째, 집단의 점수가 성적의 향상 여부에 달려 있기 때문에, 통상적으로 낮은 성취 수준에 있는 학생들도 집단 활동에 장애가 되지 않는다. 다만 평균 점수 이하의 학생이 주어진 퀴즈에서 괄목할 만한 향상을 가져온다면, 그 학생은 그 팀의 사실상 실질적인 스타가 될 수 있다.

④ 지그소우 학습이다. 지그소우 학습은 학교의 인종 차별로 제기된 문제들을 다루는 텍사스 주 오스틴의 학교 관리들을 돕기 위해 심리학자 엘리엇 애론슨에 의해 처음 개발되었다.[821] 하나, 주어진 수업은 하

---

821) Craig Pearson, "Cooperative Learning An Alternative to Cheating and Failure", Learning March 1979, pp.34－37.

위 주제들로 나누어진다. 예를 들어, 브라질에 대한 사회과 수업은 국가의 정부 형태, 지형학과 기후, 역사, 산업, 농업 등의 다섯 부분으로 나누어진다.

둘, 학급은 능력과 인종, 종족적 배경에 따라 다섯 명의 홈팀들로 나누어진다. 홈팀 내에서 각각의 학생들은 하나의 하위 주제에서 '전문가'가 되는 일을 할당받게 된다.

셋, '전문가들'은 그들 각각의 하위 토픽에 대한 자료들을 읽고 공부한다. 그리고 각 팀의 모든 전문가들이 그들의 지식을 모으기 위해 전문가팀에 모인다(브라질의 정부에 관한 모든 전문가들이 만나고, 브라질의 역사에 관한 모든 전문가들이 만나는 식으로 이루어진다.).

넷, 전문가들은 자신들의 홈팀으로 돌아오고, 그들의 하위 주제에 관해 그들이 전문가팀에서 배운 것들을 그들의 홈팀 성원들에게 가르친다.

다섯, 끝으로 홈팀 성원들은 개인 점수를 부여받기 위하여 모든 하위 주제들에 관한 개별적인 퀴즈를 치르게 된다. 만일, 교사가 원한다면, 팀 점수 또한 계산될 수 있고, 팀에 대한 표창이 주어질 수도 있다.

지그소우 학습은 모든 학생들에게 동등한 참여 기회를 부여하고, 모든 학생들에게 두 집단—홈팀과 전문가팀—에서 능동적이고 중요한 역할을 하게 함으로써 학생들 간에 상호 의존성을 길러 준다. 전문가들은 그들의 하위 주제에 대해 학습할 것이 동기화되는데, 이것은 그들이 자신들의 홈팀 친구들에게 그것에 관해 가르쳐야 할 책임이 있기 때문이다. 결론은 인상적이었다. 통제 집단과 비교했을 때, 지그소우 팀은 종족적·인종적 경계를 넘어서서 크게 개선된 활동 관계와 우정을 나타내 주었다. 더욱이 소수 집단의 학생들은 성취도와 자존심에서 현저한 발전을 보여 주었다.[822]

⑤ 팀 평가이다. 학생 팀 학습과 지그소우 학습에서 학생들은 집단 활동이 끝난 후 개인적으로 퀴즈를 치르게 된다. 이와는 달리, 팀 평가는

---

822) Elliot Aronson, The Jigsaw Classroom(Beverly Hills, CA: Sage, 1978).

학생들에게 시험을 보기 위해 함께 공부하게 하고, 시험도 함께 치르게 한다. 코네티컷 주의 월통에 있는 드리스콜 학교에서 3학년을 가르치고 있는 캐시 윌슨 선생은 영어 단어 시험을 치를 수 있게 하고 있다. 각 집단은 커다란 한 장의 답안지를 부여받게 된다. 선생님께서 영어 단어 목록을 읽어 주시면, 각 집단의 구성원들은 시험지에 답을 쓰고 그것들에 대해 서로 토의한다. 그들이 모든 단어의 철자에 대해 완전한 합의를 이루게 되면, 그들은 집단의 점수를 받기 위해 자신들의 답안지를 제출하게 된다.

뉴욕 주 코틀랜드에 있는 코틀랜드 중·고등학교에서 8~9학년을 가르치고 있는 에드 칼론 선생은 거의 3주에 한 번씩 학생들에게 파트너 퀴즈를 치르게 한다고 말하고 있다. 그 선생의 규칙은 다음과 같다.

1. 여러분은 원하는 누구와도 함께 활동할 수 있다.

2. 처음에는 혼자서 모든 문제들을 해결하라(학생들은 각자 자신의 시험지를 갖는다. 이것은 각각의 학생들이 함께 활동하기 전에 어떻게 하고 있는가를 교사가 볼 수 있도록 하기 위한 것이다.).

3. 서로의 답안지를 비교하여 모두 함께 올바른 정답을 결정하고, 그 답을 제3의 시험지에 기입하라. 그 시험지에 두 사람의 이름을 모두 기입하라. 그것이 곧 여러분들의 점수로 계산될 것이다.

4. 여러분은 정답에 대해 여러분이 말하고 싶은 만큼 이야기를 할 수 있으나, 속삭이는 소리보다 절대로 커서는 안 된다.

칼톤 선생은 다음과 같이 말하고 있다. "아이들은 이러한 방식으로 시험 보는 것을 좋아한다고 말합니다. 그것은 스트레스를 줄여 주는 좋은 방법입니다. 나는 학생들 주위를 거닐며 학생들이 어떤 답이 옳은지에 대해 논의하는 소리를 듣는 것을 아주 좋아합니다. 그것은 나에게 그들이 어떻게 생각하는지, 즉 그들이 이해하고 있는 것과 이해하지 못하고 있는 것이 무엇인지를 들을 수 있게 해 줍니다."

⑥ 소집단 프로젝트이다. 협동학습의 중요한 형태 가운데 하나는 바로 학생들에게 하나의 산출물을 만들어 내기 위해 함께 작업하도록 하는

것이다. 여기서 강조점은 시험을 보기 위해서 내용들을 배우는 것보다는 집단적인 문제해결, 창의성, 그리고 팀 연구 활동과 같은 협동적 과정 그 자체에 놓여 있다. 소집단 활동의 몇 가지를 들면 다음과 같다.

4학년 학생들이 네 명씩 집단을 이루어 함께 활동하면서 어떤 게임을 만들어 내도록 하는 프로젝트를 부여받았다. 학생들은 머리를 짜내어 공동으로 하나의 게임을 만들어 낸 후에 그 게임을 하는 방식을 학급의 다른 학생들에게 가르쳐 주어야 한다.

세 명이 한 집단을 이룬 5학년 학생들에게 아무것도 표시되어 있지 않은 세계 지도가 주어진다. 그들에게 부여된 지리학적 과제는 그 지도 위에 해양과 대륙의 이름을 붙이고, 중요한 강을 표시하고, 적도를 그려 넣는 활동이었다.

네 명이 한 집단을 이루어 활동하고 있는 6학년 학생들은 아테네와 스파르타 같은 고대 도시들을 조사하고, 고대 도시에 관한 모델을 만들었다. 각 집단은 전체 학급 구성원들 앞에서 자신들의 활동 결과를 발표하였다.

7학년 영어 시간에 학생들은 소집단을 이루어 유명한 사람의 일생 중 사건들을 묘사하는 짧은 희곡을 쓰고 직접 공연을 하였다. 교사는 그들의 공연을 비디오로 찍었다.

센트럴 뉴욕 유치원의 주디스 커 선생은 정상적인 규율의 통제에 응하지 않는 네 명의 충동적이고 공격적인 아이들의 문제로 거의 1년 동안 씨름하고 있었다. 커 선생은 학급의 학생들을 네 명으로 이루어진 소집단으로 나누었다. 그녀는 아이들에게 나무젓가락, 접착제, 마분지, 등을 나누어 준 후, 그것들을 가지고 자신들이 원하는 하나의 구성물을 만들어 보라고 하였다. 놀랍게도, 어떤 집단은 비록 잠시 동안 당황하여 소란스럽기도 하였지만 전반적으로 그들이 개인적으로 활동할 때 전형적으로 보여 주었던 것보다도 이러한 단일한 주제에서 함께 작업할 때 서로 간의 논쟁이 더욱 적었다. 몇 주 지나지 않아 소집단들이 다른 과제 활동을 할 때, 교사는 평등주의적 방식으로 함께 활동하는 아이들의 능력이 크게 향상되었음을 발견하였다. 처음에 우세한 아이들은 다른 아이들을 지배하려 했고, 뒤떨어지는 아이들은 뒤로 물러나 있었다. 그러나 점차적으로, "리더들은 덜 중요해졌고, 수줍음을 타는 아이들도 더 적극적이 되었으며, 마침내 의사 결정이 집단 구성원 공동의 책임이 되었다."고 교사는 말하고 있다. "우리 반 아이들은 더욱 친절하게 되었고, 서로의 요구에 더 많은 주의를 기울이고 있다."고 커 선생은 말하고 있다. 협동적 프로젝트를 실시하기 이전에 반항적인 행동을 나타냈던 네 명 중 작은 한 소녀는 학급에 새로 전학 온 아이들과 친하게 지내는 데 앞장섰다. "그리고 프로젝트를 시작하고부터 청소시간은 반으로 줄었다."는 것이다.

⑦ 학급 프로젝트이다. 학급 신문이 하나의 좋은 본보기이다. 올브레히트 선생 반에서 학생들은 학습신문인 '클래스 타임스'를 발행하였다. 그 신문은 사진 프로젝트, 가상 관측소, '스펠링 풋볼' 그리고 학급 성원들의 하급생 공부 가르쳐 주기와 같은 광범위하고 다양한 학급 활동들을 담고 있었다. 클래스 타임스에 대한 학생들의 집단적인 자부심은 신문 발행인란 밑에 적힌 다음과 같은 진술에 아주 잘 나타나 있다. "우리는 여러분 등이 이 신문을 읽음으로써 우리가 '멋진' 한 학급의 구성원이라는 사실을 알게 되길 바랍니다."이다.

뉴욕 베드포드의 리포웜－시스쿼 초등학교에서 6학년 사회과를 맡고 있는 페이 제이스 선생은 학급 놀이를 이용하는 것이 다른 어떤 것보다도 교육적이라고 믿고 있는 분이시다. 그 선생은 학급 놀이를 이용하는 것이 다른 어떤 것보다도 교육적이라고 믿고 있는 분이시다. 그 선생은 학생들에게 늘 협동의 중요성에 대해 가르치고 있다. "아이들은 만일 그들이 자신에게 부여된 역할을 하지 못한다면, 그것은 집단의 모든 사람들에게 영향을 미칠 것이라는 사실을 알 수 있게 됩니다. 그 결과, 아이들은 실제로 서로 협동을 한다는 것입니다. 놀이는 학급에서 거의 아무

말도 하지 않는 아이들을 교육시키는 데 좋습니다. 놀이를 통해 그런 아이들도 활짝 웃으며 집단 활동에 적극적으로 참여하게 됩니다.”

과외활동에서도 실시할 수 있다. 과외활동은 아이들에게 학교공동체에 속해 있다는 소중한 구성원 의식을 갖도록 도와줄 수 있는 또 하나의 효과적인 방법이다. 사실상 모든 학교들은 다양한 과외활동을 실시하고 있지만, 캘리포니아의 클로비스 지역에 있는 초등학교들은 약간 변형된 시도들을 하고 있다. 그들은 그것을 ‘협동교육과정 프로그램’이라고 부르고 있는 가운데 과외활동의 중요성을 고양시키고 있다. 그리고 4학년부터 6학년까지의 모든 학생들이 그 프로그램에 참가하도록 하고 있다. 칼 캠벨 교장 선생은 그 프로그램에 대해 이렇게 설명하고 있다.

그것은 운동(배구, 풋볼, 크로스컨트리, 야구 등), 합창, 자치회, 학교 연극일 수도 있다. 아이들이 어떤 활동에 참여하는 한 그것이 무슨 활동인지는 그리 중요치 않다. 지금까지 우리의 경험은 모든 아이들이 협동교육 과정의 일원이 됨으로써 재능계발, 자긍심, 동료 관계에서 어떤 혜택을 받았음을 말해 주고 있다.

협동교육 과정은 또한 아이들의 훈육에도 크게 기여할 수 있다. 만약 학생들이 정해진 날짜에 숙제를 안 해 오거나 모종의 행동상의 문제를 야기하면 곧바로 가정 통신문이 발송되고, 다음 날 방과 후에 보충지도학습을 받아야만 한다. 그것은 방과 후 협동교육 과정 활동에 참여할 수 있게 된다.823)

협동학습은 오늘날 교육에서 가장 빠르게 성장하고 있는 교육 운동 중의 하나이다. 협동학습을 위한 학회가 설립되어 있는데, ‘교육에 있어서 협동에 관한 연구를 위한 국제 협회’가 바로 그것이다. 이 학회에서는 ‘협동학습’이라는 저널을 펴내고 있는데, 이것은 최근의 연구뿐만 아니라 그것의 교실 적용을 위한 상세한 설명을 담고 있는 아주 유익한 자료이다. 교실에서 협동학습을 실행하는 일련의 비디오뿐만 아니라 협

---

823) Thomas Lickona, 박장호·추병환 역, op. cit., pp.391－393.

동학습의 방법들에 관한 많은 책들이 언제든지 이용 가능하다. 다음은 협동학습의 효과에 대한 실례이다.

퀘벡 주의 몬트리올에 소재한 한 6학년 교실에서 교사는 지금까지 그가 가르쳤던 학생들 중 가장 분열되고 이질적인 집단을 만났다. 그래서 교사는 학생들을 서너 명의 협동적인 학습집단으로 편성하고, 매일매일 모든 교과활동에서 서로 협동하게 만드는 일부터 시작하였다. 그들은 집단을 이루어 수학 문제를 해결하였고, 사회과의 질문들을 연구했으며, 서로에게 책을 읽어 주는 연습을 하는 등 여타의 협동적 활동들을 전개하여 나갔다. 이 작업을 통해 아이들의 성적이 무척 향상되었고, 또한 문제투성이 학급이었다는 사실이 믿기지 않을 정도로 변했다는 점이다.

온타리오의 스카보르에 있는 에밀리 카 초등학교에서 2학년을 맡고 있는 케렌 스미스 선생은 매일매일을 '읽기 파트너' 제도로 시작하였다. 이것은 자기가 책을 읽어 주고 싶은 반 아이를 위해 학생들은 집에서 전날 밤에 책 읽는 연습을 열심히 하여 매일 아침 모든 학생이 원모양을 이루어 교실 바닥에 모여 앉는 서클 시간에 아이들은 자기가 듣고 싶은 이야기에 근거하여 파트너를 선택하고, 서로 짝을 이루어 서로에게 큰 소리로 읽어 주는 것이다. 여기에 대해 스미스 선생은 아이들은 읽기를 통해 읽는 방법을 배우며, 교사가 한꺼번에 27명이 읽는 것을 들을 수가 없기 때문에, 그리고 학생들은 서로에게 책을 읽어 주는 것을 좋아하고 전체 학생들 앞에서 책을 읽는 것보다 한 사람 앞에서 생동감 있고 표현력 있게 책을 읽는 것에 대해 더욱 자신감을 갖는다고 했다.

코네티컷 주의 그린위치에 있는 한 고등학교 영어 교사는 다음과 같이 말하고 있다. "협동학습은 수업 첫날에 한구석에 따로따로 앉아 있는 멕시코 소년, 부유층 아이들, 마약 중독자들, 시골 촌뜨기들을 학기 말쯤에는 모두 가까운 사이가 되도록 만들어 준다."824) 또한 메릴랜드 주의

---

824) Robert Marqund, "Powerful Idea: Learn from Each Other", The Christian Science Monitor(January 30, 1987), p.B－2.

엘리콧 시에 있는 마운트 헤브론 고등학교를 각 졸업한 래젯 자이언트는 고교 시절의 협동학습 과정에 대해 다음과 같이 말하고 있다. "나는 그 반을 사랑하였다. 학생들은 서로를 기꺼이 도와주었다. 서로에게 질문하는 것을 부끄러워할 필요가 없었다. 우리는 마치 한 팀과 같았다."는 것이다.[825]

한편 협동학습과 관련하여 연구 결과에 의하면, 좋은 학교에는 항상 성인들 사이에 서로 협력하는 강력한 도덕적·지적 공동체가 존재하고 있다고 한다. 그래서 학교에서는 교직원 간의 협력관계가 잘 이루어지고 있고, 교직원들 사이에 생각을 공유하는 풍토가 조성되어 있다. 또 경험이 많은 교사들이 신임 교사들을 잘 지도해 주고, 학교 경영자들은 이러한 모든 것들을 위해 시간과 지원을 아끼지 않는다. 좋은 학교에서는 교사와 행정가들이 학교의 정책을 결정하고, 교수 활동을 개선하며, 교과서를 선정하고, 훈육을 강화하며, 인격 함양을 위한 좋은 프로그램을 만들기 위하여 서로 협력한다. 그러나 좋지 않은 학교에서는 이러한 유의 협동 정신을 찾아볼 수 없다.[826]

오늘날 개인 위주의 경쟁적 분위기 속에서 협동학습은 학습의 능률을 올리는 면은 물론이고 그 과정에서 학생들은 삶에서 필요한 협동을 습관화할 수가 있다. 보다 학습과정에 능동적일 수 있으며, 동료와 함께하는 시간과 수평적인 의사소통의 기회를 더 많이 가짐으로써 더욱더 가까워질 수도 있고 더 사회성과 책임감을 배우는 등 좋은 인간교육이기에 많이 활성화됨이 필요하다 하겠다.

---

825) William J. Warren, "Educator's Fast－Rising New Wave", Daytona Beach Sunday News Journal(March 5, 1989), p.B－1.

826) What Work: Research About Theaching and Learning, U.S. Department of Education, 1986.

제6장

요약 및 결론

1. 요약

오늘날 우리의 학교와 사회에서는 여전히 비인간적인 모습들이 많이 발생하고 있으며 인간이 존중받지 못하고 수단화되고 있다. 따라서 인간이 보다 더 존중받고 가치 있는 존재가 되게 하고 학교 현실의 비인간적인 상황을 보다 실질적으로 해결하기 위해 인간주의 교육의 실천적 방향에 대해 살펴보았다. 다음은 그 부분에 대한 요약의 내용이다.

Ⅱ장에서 살펴본 것은 인간주의 교육에 대한 이해를 돕기 위해 필요한 인간주의와 인간주의 교육의 개념에 대한 부분이다.

인간주의란 무엇인가에 대한 여러 학자들의 개념정의를 통해 볼 때 인간주의란 인간을 인간 이외의 그 어떤 것보다 우선시하고 중심에 두는 사상으로 이는 인간에 대한 무한한 신뢰와 존엄함을 바탕으로 하여 모든 인간들이 보다 행복하게 되기 위해 필요한 인간의 생명·자유·민주·인격에 대한 사랑의 사상이라 할 수 있다.

한편 인간주의 개념에 대해 역사적으로 살펴보면 그 기원을 그리스시대로 거슬러 올라갈 수 있으며 대표적인 사람은 자연 중심의 철학에서 벗어나 인간을 그 중심에 둔 소크라테스였던 것이다. 또한 우리는 르네상스의 휴머니즘을 생각할 수 있다. 왜냐하면 이때 인간주의자들은 인간을 자유정신을 가진 가치 있는 존재임을 자각하고 인문학적 방법을 통해 신으로부터의 독립을 추구한 것이다. 그리고 19세기와 20세기에 와서 자본주의라는 사회제도로부터의 인간성 파괴를 막기 위한 마르크시즘, 인간의 주체성을 강조하는 실존주의, 인간을 연구대상으로 하여 그 고유하고 독특한 가치 있는 존재임을 밝힌 철학적 인간학과 인간주의 심리학이 있다. 그리고 현대에서는 그 의미가 모든 인류가 형제로서 서로 사랑해야 하는 인류동포주의를 함의하고 있다. 따라서 인간주의란 넓은 의미로는 인간을 가치 있고 존엄하게 하는 모든 활동을 말하며 좁게는 인간이 보다 자유롭게 되는 것부터 인종과 국적을 불문한 지구 위의 모든 인간에 대한 사랑인 인류애를 실천하고자 하는 사상이다.

따라서 인간주의 교육이란 이런 인간성 지향의 교육으로 좁게는 인간의 가치를 드높이고 각자가 보다 인격인이 되게 일깨워 주는 교육에서부터 넓게는 교육의 최우선 과제이자 중심에 인간이 됨(사람이 됨)을 두고 이를 위해 교육현장의 모든 비인간적인 현상들을 극복하자는 교육이념이라 할 수 있다. 인간주의자들은 인간이 인간답기 위해 무엇보다도 인격교육과 정서교육을 강조한다. 인간으로서 내면세계를 다시 찾는 것, 인간에 대한 사랑과 이웃에 대한 사랑, 학교 안에서 서로 협동하게 하는 것, 인간의 품성 도야를 꾀하는 인문과목의 강조 등이다. 그리고 인간주의자들은 학교에 만연된 비인간적인 환경의 개선이 또한 이루어져야 한다는 것이다. 교사의 인격화로 학생 개개인의 인격 깊숙이 파고드는 사랑과 이해, 즉 각자 소중한 대우를 받으며 타고난 잠재력을 발휘할 수 있게 하는 것, 자유의 존중, 학습자의 흥미와 관심을 존중하는 방법 그리고 정의적 면에 대한 강조 등이 있다.

인간주의 교육의 계보에서 우리는 인간주의 교육사상의 흔적들을 많이 발견할 수 있으며 그 역사 또한 아주 오래되었으며 매우 다양하고 풍부한 내용들이 있음을 알 수 있다. 크게 세 가지로 분류하여 정리하면 다음과 같다.

첫째, 인간에 대한 사랑과 존중으로 특히 교육을 함에 있어서의 자유에 대한 강조이다. 고대 그리스 교육에 있어서의 자유인에 대한 강조, 로크의 학습은 비위협적인 분위기가 되어야 하기에 교사는 가능한 한 위협적인 분위기를 지양해야 하며 학생들이 사랑하고 있음을 느끼도록 해야 한다는 그의 주장, 루소의 성선설에 바탕으로 한 인간성회복론과 자유롭게 태어난 인간교육에 있어서의 자유의 강조, 코메니우스의 교육이 보다 쉽고 즐겁게 되기 위한 10가지 교수법 제시와 학생에게 매질을 해서는 안 되고 정원사가 어린 화초를 다루듯이 보드랍고 애정 있는 보살핌의 필요성에 대한 강조, 닐은 아동은 본성이 선하며 자연스러운 발달단계를 거쳐 진보하기에 강요해서는 안 된다고 보았다. 그리고 학습의 개념을 사랑과 이해 그리고 책임 있는 자유의 분위기에서 일어나는 자연스러운 발달로 보았다. 그리고 사회주의적 인간주의 교육론자들은 인간을 소외시키고 비인간화시키는 학교체제가 엄격하게 통제하는 군대나 감옥과 유사하기에 학교가 없어지거나 기존의 틀에서 벗어난 보다 자유로운 상태가 되어야 한다고 하면서 또한 억압적 상황을 인식하고 해결할 수 있는 주체적인 인간이 되는 교육이 되어야 한다고 했다. 한편 닐러와 같은 실존주의 교육학자들도 개인의 선택 자유를 제한하는 학교교육을 비판하였다.

둘째는, 인간에 대한 존중에 따른 각 개인의 잠재능력과 자아실현과 그리고 전인적 인간이 되게 하는 교육에 대한 강조이다. 여기에는 신체적·예술적 능력을 강조한 그리스 교육, 플라톤의 음악과 체육에 대한 강조, 아리스토텔레스의 실제적이고 예술적이고 도덕적인 면에 대한 강조, 카스티글리오네의 어느 한쪽 방면에 대한 치우침이 아닌 시를 쓰고 그림도 그리고 용감할 수 있는 전인적인 면의 발달을 강조하였으며, 토마스 아퀴나스의 학습자가 잠재능력을 발휘하게 되어야 한다는 주장, 몽테뉴의 전인에 대한 강조로 몸과 마음을 함께 계발하여야 한다는 주장, 페스탈로치의 잠자고 있는 각자의 모든 능력을 조화롭게 계발하도록 해야 하며 머리·몸·가슴의 조화로운 통일을 하고자 하는 그의 전인에 대한 강조, 루소의 아동에 대한 지식과 이해에 대한 연구 필요성에 대한 강조, 듀이와 킬패트릭의 전인으로서의 아동 욕구와 흥미에 대한 존중,

그룬트비히의 지적인 발달에 못지않게 사회적, 정서적 발달을 촉진하는 협동생활에 대한 강조 등이 있었다.

셋째는 인간을 보다 한 차원 높은 인격인이 되게 하는 인격교육에 대한 강조이다. 아리스토텔레스의 실제적인 도덕의 강조, 헤르바르트 교육의 궁극적 목적으로서의 품성의 도야에 대한 강조, 에라스무스와 토마스 아퀴나스의 덕에 대한 강조, 코메니우스의 지식뿐만 아니라 덕성과 신앙심에 대한 강조, 칸트의 인간을 목적적 존재로 여기게 하는 인격교육에 대한 강조 그리고 로크, 루소, 페스탈로치의 아동을 어른의 축소판이 아니라 한 인격체로 존중해야 한다는 입장이 있었다. 특히 로크의 관심은 아동의 지적 발달에 국한하지 않고 지혜 및 훌륭한 교양에 대해 강조하였는데 여기서 훌륭한 교양이란 남을 경멸하지 말라는 인격적 교육이었다.

Ⅲ장에서는 인간주의 교육에서 보는 인간관이다. 인간주의 교육에서는 인간을 가치 있고 존엄한 존재로 본다. 따라서 본 연구에서는 인간을 어떻게 보아야 보다 더 가치 있으며 존엄한지에 초점을 맞추어 인간관을 정리하였다. 이것이 인간을 보다 더 이해하고 인간을 보다 존중하고 위하는 교육을 할 수 있는 바탕이 된다고 생각하였다.

그 첫째는, 태생적으로 자유로워야 하는 자유인으로서의 인간이다. 인간주의 교육에서는 인간을 물건이나 기계와 같이 고정된 것으로 보지 않으며 또한 다른 동물처럼 변화의 가능성이 적다고 보지 않고 무한한 가능성을 가진 자유로운 존재로 본다. 그리고 그 가능성을 자신 스스로 결단을 통해 결정하고 행동하는 최종의 심판자로 본다. 따라서 교육에서는 보다 자유롭게 선택하고 결정하며 자기 자신을 자기가 만드는 책임 있는 주체가 되게 하기 위해 선택을 많이 하게 하고 선택의 중요성에 대한 교육이 강화되어야 하고 또한 자신의 잠재능력을 더 발휘하도록 되어야 할 것이다. 인간을 수동적이거나 고정된 것으로만은 생각하지 않고 자신이 스스로 선택하고 결정할 수 있는 자유로운 존재로 본 것은 인간을 가치 있게 한다.

둘째는 사랑 속에서 태어났으며 사랑을 먹고 살아가야만 하는 존재로서의 인간이다. 인간은 본질적으로 고독감에서 벗어나기 위해 그리고 보다 참기쁨을 느끼고 보다 존중받기 위해서 사랑을 할 수밖에 없는 사랑의 존재라 할 수 있다. 특히 어머니의 사랑이 소중한데 그 사랑은 모든 어린이의 마음속에는 사랑하려는 씨앗을 가지고 있다고 생각하는 데서부터 출발한다. 이에 인간주의자들은 인간은 선한 본성을 가졌다고 보았다. 그리고 착한 행동을 얼마든지 할 수 있는 존재라 본 것이다. 한편 그가 악한 행동을 하거나 좋지 못한 행동을 하는 것은 환경이나 사랑의 부족 혹은 욕구의 좌절 등에서 비롯한다고 보았기에 규제나 외부적인 강요를 지양한다. 그래서 부모와 교사는 그가 보다 사랑을 할 수 있는 사람이 되게 꾸준히 사랑을 실천하는 것이 요구된다. 즉 그가 교육을 통해 따뜻한 마음과 훈훈한 정을 갖는 것이다.

셋째는 인격적 인간이어야 할 의무를 가지고 살아가는 인간이다. 인간이 누리는 자유, 창조, 사랑, 문화 등의 모든 것들은 인간이 다른 동물들과는 달리 독특한 정신을 가지고 있기 때문에 가능하다. 인간이 높은 가치를 추구하고 문화생활을 하며 인격을 가질 때 보다 인간적인 인간이 될 수 있다. 인간은 누구나 정신을 가진 인격적인 존재이다. 왜냐하면 다른 동물들과는 달리 보다 높은 가치를 추구하고 문화생활과 윤리생활을 할 수밖에 없기 때문이다. 따라서 이는 인간의 본질이자 책무가 되며 인격적 존재가 될 때 그는 보다 가치가 있고 존엄한 존재가 되는 것이다. 따라서 인간이 보다 인간이 되는 것은 그가 보다 윤리적인 존재가 되는 것을 의미한다. 여기서 인격의 완성은 동물적 욕구나 본능을 넘어서는 것으로 이를 위해서는 절제와 결단과 같은 도덕적인 의지와 습관 형성의 교육이 요구된다.

Ⅳ장에서는 학교교육이 안고 있는 문제점이 무엇인지를 교육의 목표와 내용 면에 국한하여 살펴보았으며 이를 극복하기 위해서는 어떻게 하는 것이 좋은지에 대한 방향모색을 하였다. 교육의 본질적 4대 기능이

질서·체제의 현상적 유지, 인간의 조화적 발전조성, 문화유산의 계승·발전, 사회혁신기반의 조성이다. 따라서 교육은 이 4가지 모순적인 기능을 골고루 조화롭게 추구해야 하는데 우리나라의 교육은 질서유지와 문화전수에 지나치게 치중되어 개인의 내적 잠재능력의 계발과 인격완성보다는 국가와 지식중심의 교육 그리고 출세 위주의 경쟁교육이었다. 진정으로 교육이 나아갈 방향은 각 개인이 보다 지혜로우며 가슴이 따뜻하고 건강한 몸을 가진 행복한 인간이 되는 것이다. 달리 말하면 자신과 타인을 사랑하며 자연과 이 세상에 살고 있음을 감사하게 생각하고 열심히 살고자 하는 사람이다. 따라서 교육내용은 이와 같은 인간을 창조하기 위한 교육에 맞게 달라져야 한다. 자기 자신을 망각한 인간, 머리만 비대해지고 가슴이 작은 인간, 눈앞의 작은 이익을 좇으며 세속적인 부와 권력의 해바라기적 인간이 되게 하는 교육내용과 과정에 머물러서는 안 된다. 보다 큰 그릇의 인간이 되게 하는 교육과정과 교육프로그램이 실시되어야 할 것이다. 이를 위해서는 문학, 역사, 철학, 예술과 같은 학문이 더 강조되고 비중 있게 교육되도록 되어야 할 것이다. 그런데 출세 위주의 문화 및 제도에 실증주의와 객관주의가 편승하여 우리의 교육 현실은 아쉽게도 수치로 측정하기 어려운 교육은 배제시키거나 평가하기 쉬운 지식교육으로 만들어 버려 절름발이 교육을 행하고 있다. 진정한 가치가 있는 것은 때로 평가하기 어렵다. 이제 우리 교육은 머리에 대한 강조뿐만 아니라 가슴에 대한 강조가 필요하다. 이는 머리에 대한 교육이 지식교육에 머무르지 말고 지혜까지 가는 교육이 되어야 함을 의미한다.

Ⅴ장에서는 인간주의 교육의 구체적인 실천방향에 대한 부분으로 먼저 자유로운 삶을 통한 인간화를 살펴보았다.

현재 학교에서의 학생들의 삶은 자유롭지 못하다. 우리는 먼저 시간표상에서 잘 알 수가 있다. 거의 수십 년 동안 한결같이 휴식시간이 10분이고 교과목 수업을 과목에 따라 연달아 하고 있다. 따라서 먼저 시간표가 보다 융통성 있게 운영될 필요가 있다 하겠다. 이를 위해서는 기존 교과목에 대한 학습의 단위 수를 줄이고 보다 선택의 폭을 넓히며 다양한 교육활동을 할 수 있도록 바꾸는 것이다. 교과서 공부만 하는 학교생활보다는 여러 활동을 많이 하게 하여 공부에 자신이 없는 학생들에게 성취감과 자신감을 불어넣어 주기도 하고 학생들이 보다 흥미를 가질 수 있게 하는 것이다. 물론 휴식시간을 더 늘리는 것이나 자유시간을 갖는 것도 필요하다. 이 자유시간을 통해 보다 자기의 소질과 적성을 파악하고 능력을 계발하도록 하는 것이다. 한 걸음 더 나아가 만약 서머힐처럼 할 수 없다면 최대한 이를 반영하는 것이 필요하다. 지금까지 학생들의 학교생활은 한마디로 말해 모두 정해져 있어서 비주체적인 수동적인 측면이 강했다고 볼 수 있다. 특히 교과목에 있어서 그들은 오직 정해진 과목의 내용을 공부만 하면 된다. 따라서 처음에는 몇 과목부터라도 선택을 더 할 수 있게 하며 궁극에는 매우 다양한 과목의 개설이 되어야 할 것이다. 그리고 공부에 흥미를 가지지 못하는 학생들은 다른 활동을 선택하게 하거나 기초나 기본적인 내용을 다시 배우게 하고 공부에 소질이 있는 학생들은 보다 수준 높은 과목을 배우게 하는 것이다.

또한 자율적이고 책임감 있는 주체적인 인간이 되게 하기 위해서는 어릴 때 가정에서부터의 교육이 필요하다. 먼저 부모가 욕심을 버리는 것이다. 왜냐하면 자식을 소유물로 여기거나 대리 만족의 수단으로 여기거나 과잉보호를 하면 한편으로는 의존적이고 수동적인 인간이 되고 또 다른 한편으로는 통제를 많이 받으며 이때 부모는 독재적으로 되기도 하기 때문이다. 하나의 존중받아야 할 인격체로서 간주하며 자신이 스스로 계획을 세워서 일을 할 수 있도록 습관을 형성하는 것이다. 그리고 학교에서는 참여를 많이 하여 주인의식을 가지게 할 필요가 있다. 그 가장 좋은 방법은 회의의 활성화라 하겠다. 이는 학급회의에서부터 학교행사에까지 학생들이 보다 더 참여하여 의사결정자가 되게 하는 것으로 교사들도 마찬가지이다.

다음은 사랑을 통한 인간화이다. 사람은 사랑이 없이는 살 수가 없는 동물이다. 그리고 모든 문제는 사랑으로 귀결되기에 중요하다고 볼 수 있다. 따라서 인간이 어떻게 하면 보다 사랑을 하는 존재가 될 수 있을까이다. 그런데 사랑은 능동적인 활동으로 사랑을 하기 위해서는 먼저 사랑을 받아 보아야 하는데 이때 가장 중요한 사람들은 바로 부모와 교사이다. 어릴 때의 부모로부터의 사랑은 가히 절대적이라 할 수 있다. 가정에서 안정감과 신뢰감을 얻고 소유물이 아닌 인격적 대우를 받음으로써 그는 자기 자신과 남을 사랑하는 인간이 되는 것이다. 따라서 부모는 서로 사랑하며 화목한 가정을 이끌도록 노력해야 하며 또한 모범을 보여야 할 것이다. 그리고 자식을 소유물로 생각하지 말고 하나의 독립된 존재로 보고 무리한 요구나 기대보다는 보다 열린 마음으로 이해하려는 자세를 가져야 할 것이다. 한편 학교에서는 학생 각자가 귀중한 존재이기에 먼저 관심을 보이고 편애를 하지 않고 순수하게 그들을 받아들이고 이해하기 위해 인내와 포용력을 발휘하고 더 나아가 그들 각자가 사회에 쓸모 있는 존재가 되게끔 잠재 능력을 발휘하게끔 하며 무엇보다도 학생 각자가 자기 자신을 자각하고 자신감을 가지고 도와주는 인간적인 교사가 되어야 할 것이다.

마지막은 인격적 삶을 통한 인간화이다. 사람은 다른 사람과 더불어 살아가야만 하는 존재인데 사람이면 다 사람이냐 사람이 되어야 사람이지라는 말이 있다. 이는 후천적으로 자기가 노력하여 인격을 갖추어야 함을 말한다. 이때 인격이란 결국 다른 사람을 존중하고 위하는 것을 말한다. 그럼 어떻게 하면 인격인, 즉 보다 인간이 되게 할 수 있을까 하는 것이다. 가정에서부터 그리고 여러 가지 방법으로 가능한데 종국에는 실천을 해야 하기에 습관을 갖는 것이 중요하다. 따라서 본 연구에서는 행동적인 측면을 중시하여 인격교육의 방법들 중에서 구체적으로 봉사활동과 협동활동을 통한 인간화에 대해 살펴보았다. 인격을 형성하는 인지적인 면과 정서적인 면도 있지만 실제로 해 봄으로써 깨닫고 또한 습관이 되는 것이 더 요구된다고 본 것이다. 인격주의자들이 봉사와 협동 활동을 강조하는 것은 학생들로 하여금 머릿속에서만이 아니라 진실하게 남과 더불어 생활하고 남을 도울 줄 아는 인성을 함양하게 하는 데 있다. 가깝게는 동료친구와 학급, 학교를 위해 더 나아가서는 지역사회를 위해 하는 사회 봉사활동이 있다. 협동학습은 개인주의적이고 경쟁적인 학교학습의 풍토에서 실질적으로 학생들이 타인의 존재를 인식하고 서로를 존중해 주는 것을 생활화할 수 있을 뿐만 아니라 더불어 함으로써 개인적·집단적 책임감을 고양할 수 있다는 것이다.

2. 결론

　우리 인간들은 그 연유가 어떠하든지 간에 이 세상에 태어났으며 인간으로 살다가 반드시 죽어야만 하는 존재로서 제한된 시간 속에서 살고 있다. 따라서 이 제한된 현생에서의 시간을 보다 행복하고 즐겁게 그리고 가치 있게 보내야 마땅하다. 그런데 대부분의 사람들은 보다 숭고하고 높은 가치와 목표보다는 목전의 이익과 자신이 남보다 더 편하고 대접받으려고 하는 낮은 수준에 머무르고 있다. 그래서 사회는 점점 더 이기적이 되고 물질만능 사회가 되어 돈과 권력이 최고의 목표가 되었고 이로 인해 서로 시기하고 모략하고 싸우기도 하고 심지어는 인륜을 저버리는 일들까지 일어나고 있다. 따라서 하루빨리 우리 인간들이 돈과 권력 그리고 명예를 추구하는 기계나 노예의 상태에서 벗어나 참된 것을 보고 행할 수 있는 인간이 되고 참된 인생을 살 수 있도록 깨달아야 할 것이다.

　이에 저자는 이 문제를 어떻게 하면 잘 해결할 수 있을 것인가에 대해 평소에 많이 고민했고 그 결과 첫째, 우리 인간이 보다 가치 있고 존엄한 존재라는 점을 시급히 밝혀야 하고, 둘째, 인간이란 존재는 더욱더 가치 있는 귀한 존재가 될 수 있다는 믿음과 보다 더 행복한 인생을 살 수 있음을 제시하는 것이 무엇보다 중요한 일이라고 판단하였다. 이를 위해 인간존중적 사상적 입장에서 그 답을 명확히 하고자 하였다.

앞에서 살펴본 것처럼 인간주의란 인간을 돈·권력·이념·출세 등 인간 이외의 그 어떤 것보다도 우선시하고 중심에 두고 인간에 대한 무한한 신뢰와 존엄함을 바탕으로 하여 모든 인간들이 보다 행복하게 되기를 바라는 사상이다. 따라서 인간주의 교육이란 좁게는 인간이 지니고 있는 내재적 가치를 드높이고 각자가 보다 성숙한 인격인이 되게 일깨워 주는 교육을 말하며 넓게는 교육의 중심에 인간이 됨(사람이 됨)을 두고 교육현장의 많은 비인간적인 현상들을 극복하자는 교육이념이라 할 수 있다.

인간을 중심에 두고 인간에 대한 무한한 신뢰와 존엄함을 가지는 근본적 이유는 무엇인가? 그것은 인간주의가 지향하는 인간관에 잘 나타난다.

첫째, 인간은 본래 자유로운 존재이다. 따라서 기계나 물건처럼 고정된 것이 아니고 피조물이지만 또 다른 무엇인가를 창조할 수 있는 창조자로서 귀한 가치가 있는 존재라 할 수 있다. 인간은 자기 자신뿐만 아니라 자신의 인생과 세상까지도 스스로 조절하며 좋은 방향으로 새롭게 만들어 갈 수 있는 무한의 가능성을 지닌 열린 존재이다.

둘째, 사랑이 없으면 안 되는 존재이다. 물고기가 물이 없으면 안되듯이 인간은 눈에 보이는 혹은 보이지 않는 많은 존재들의 사랑이 없으면 살기 어렵다. 여기에는 하느님과 부처님의 큰 사랑, 대자연의 사랑, 선조의 사랑, 부모의 사랑 그리고 선생님과 그 외 많은 사람들의 사랑이 포함되어 있다. 따라서 이것을 충분히 깨닫고 있기에 인간은 귀한 존재이다. 특히 사랑을 몸소 실천할 때 그는 더욱더 가치 있는 존재가 된다. 결론적으로 사람은 자신을 포함한 뭇 생물들과 많은 사람들에게 사랑을 줄 수 있으며 또한 주고 있는 존재이기에 매우 가치가 있는 존재이다.

셋째, 인간이 귀한 것은 인격을 가지고 있기 때문이다. 인격이란 인간이 보다 인간이 될 때 가능하다. 인간은 권리도 있지만 높은 이상과 가치를 추구해야 하는 의무도 가지고 있다. 하늘의 밝은 별처럼 가슴속에 양심을 가지고 있기에 먼저 존엄하다는 것이며 부단히 노력하여 진리에 근접하고 보다 나은 발전된 자기 자신과 문화를 이루기 위해 힘써 한 차원 높은 인격의 인간이 되거나 지고지선한 절대적 존재가 되면 그는 더욱더 가치 있는 존재가 된다.

이에 인간주의 교육이 학교나 가정의 실제 현장에서 보다 잘 이루어지기 위해 어떻게 해야 하는지에 대한 보다 구체적인 실천적 방향으로 크게 세 가지로 나누어 살펴보았다. 첫째, 자유로운 삶을 통한 인간화, 둘째, 사랑을 통한 인간화, 셋째, 인격적 삶을 통한 인간화이다.

자유를 통한 인간화는 학교가 지금보다 더 학생들이 여유를 갖고 생활할 수 있도록 휴식시간을 늘리는 것을 포함한 시간표의 융통성 있는 조정과 학생이 보다 흥미를 가지고 자기 소질을 계발할 수 있도록 다양한 교과외 교육 프로그램의 개설뿐 아니라 선택을 하게 하는 것이다. 그리고 학생들이 학교나 학급의 행사에 보다 많이 참여하게 하여 자율적이고 주체적인 존재가 되게 하는 것도 필요하다. 이를 위한 방법으로는 가정이나 학교에서의 회의의 활성화 및 자율적 교육과정운영 등의 방법이 있을 것이다.

사랑을 통한 인간화는 특히 어릴 때 한 인간에게 가장 많은 영향을 주는 부모나 교사의 사랑을 직접 체험하게 하는 것이다. 안정감과 신뢰감 및 밝은 성격을 가질 수 있도록 가정에서는 부부싸움을 피하고 서로 더 사랑을 하며 자식에 대한 소유욕을 버리고 하나의 인격체로 대해야 한다. 학교교육에서는 학생들 각자가 존귀함을 느낄 수 있도록 교사가 칭찬을 많이 하고 상도 많이 주도록 하며 이해하는 마음을 가지는 것이 필요한데 이를 위해서는 인내와 열정이 필요하다. 또한 학교와 교사는 학생이 자기발견을 하고 그의 잠재능력을 발휘할 수 있게 다양한 교육 프로그램을 시행해야 한다.

인격적 삶을 통한 인간화에서는 학생들이 실질적으로 가정이나 학교에서 남을 위하고 도와주는 인격적 삶을 살고 이를 습관화하도록 한다. 이를 위해서는 봉사활동과 협동학습과 같은 교육프로그램과 교육방법의 확대뿐만 아니라 서열위주의 지필고사를 지양하는 평가방식에 있어서의 혁신적인 개선이 있어야 한다. 교육의 목적이 더 가지고 더 높이 올라가기 위함이어서는 안된다. 아니 이 수준을 넘어서 이제는 더 베풀고 더 봉사하는 것이어야 한다. 따라서 봉사 활동은 학교 안에서 동료의 학습을 도와주는 것부터 넓게는 지역과 사회로 범위를 넓혀 어려운 사람들을 도와주고 더 나아가서는 이념과 민족적 차이까지 극복하고 힘든 사람들에게 힘을 보태주는 것을 말한다. 그리고 협동학습은 보다 능동적인 학습을 하도록 하며 동료와의 유대를 통해 사회성을 또한 배우게 한다. 따라서 학생들이 봉사활동과 협동학습을 더 많이 할 수 있도록 여러 제도적인 뒷받침이 있어야 할 것이다.

마지막으로 앞으로 지향해야 하는 점들이나 개선점들에 대해 몇 가지 제언을 하고자 한다.

첫째, 부모교육에 대한 강화가 필요하다. 누구나 부모로부터 나서 그 밑에서 어린 생활을 보내며 자신의 성격이나 가치관을 부모와 거의 똑같이 형성하며, 성인이 되어서는 그 또한 부모가 되어 자기 자식들에게 큰 영향을 주는 존재가 되기 때문에 올바른 부모의 자세에 대한 교육은 필히 있어야 한다. 그런데 우리는 이제까지 이를 소홀히 취급했다. 미혼모나 낙태, 성폭력 및 가정폭력, 이혼을 포함한 각종의 가정 문제가 계속 발생하고 있으며 이것이 많은 사회문제를 초래하고 있기에 국가에서는 하루빨리 적극적으로 나서야 한다. 건강처럼 가정의 행복은 아무리 강조해도 지나치지가 않을 만큼 중요하다. 따라서 학창시절에 이에 대한 충분한 지식과 교양을 쌓도록 미리 준비를 시키는 것이 옳다. 그 방법의 하나로 나는 부모에 대한 교육은 필히 정규 학교교육에서 다루어져야 한다고 생각한다. 그래서 모든 고등학교나 대학에서 필수로 최소한 한 번은 교육학이나 심리학과 같은 과목을 듣도록 해야 할 것이다. 현실이 여의치 않으면 모든 대학에서 전공을 불문하고 교양으로 교육학개론이라도 듣게 하는 것이 바람직하다. 장기 결석 및 가출 그리고 이혼을 각 개인의 사적 문제로 여기고 국가가 가만히 앉아서 방관해서는 안된다.

행복한 가정은 행복한 사회를 만드는 첩경이다. 따라서 국가는 각 가정이 보다 행복한 가정이 되도록 여러 제도를 정비하는 등 더 많은 배려와 지원을 해야 하고 부모는 훌륭한 부모가 되도록 끊임없이 노력하는 자세를 지녀야 한다. 부모는 가정에서 생명의 양식을 제공하는 사람일 뿐만 아니라, 때로는 올바른 삶으로 이끌어 주는 지도자여야 하고, 삶에 필요한 여러 지식과 지혜를 얻게 해 주는 선생님의 역할도 해야 하고, 어려운 문제나 고민을 해결할 수 있는 상담사나 종교가의 역할도 해야 하는 매우 숭고한 위치이다. 따라서 훌륭한 부모가 되게 하는 교육은 더 강화되어야 할 것이다.

둘째, 교육은 지·덕·체(지·정·의)가 고루 발달된 전인이 되게 하는 것이기에 교육과 공부에 대한 기존인식은 달라져야 한다. 교육은 학교에서만 하는 것, 공부는 책상에 앉아서 하는 것, 꼭 교과서가 있어야 한다는 것 등과 같은 고정관념에서 이제는 벗어나야 한다. 교육은 다양한 곳에서 이루어진다. 교육과 배움은 학교가 아닌 사회에서도, 학교에서의 생활 속에서도, 인터넷을 통해서도, 직업의 현장에 가서도, 대자연을 통해서도 얼마든지 교육될 수 있기에 학생의 교육범위를 교과서(책)이나 학교라는 작은 울타리로 국한하지 말고 보다 넓은 영역으로 확대될 수 있도록 교육과정은 개선되어져야 한다. 따라서 교과서라는 책에 교사나 학생 모두가 매달리게 하는 것은 바람직하지 않다. 그래서 교사들에게는 교재에 대한 재량권을 주는 쪽으로 서서히 바뀌어 가서 종국에는 교사가 교재를 자유롭게 선정하고 만들어 쓸 수 있도록 되어야 하

고, 배우는 학생들을 위해서는 그들에게 보다 적합한 교과서(교재)가 제
공되어져야 한다.

셋째, 교과서는 가급적 실생활에 도움이 되고 학생들이 공부에 흥미를
가질 수 있게 재미있게 편성되어져야 한다. 따라서 먼저 집고 넘어가야
할 부분은 이제까지 우리 교과서는 주로 명확한 사실(지식과 개념)이나
딱딱한 이론 위주였다. 달리 말하면 즉, 수 십 년간 계속해온 학문중심
교육(교과중심적 교육)위주에서 벗어나야 한다는 말이다. 지금의 대학은
과거처럼 학문만을 할 수 없게 되었고 소수의 인재만이 아니라 대다수
학생들이 오는 곳이 되었다. 중등교육이 보통교육이 아니라 고등교육이
일반교육화 되어 있는 실정이다. 그러니 대학마저 전적으로 학문만을 고
집해서도 안되는 세상이기에 특히 우리 중등교육은 많이 달라져야 한다.
앞으로 사회에 나가 다양한 일을 할 모든 학생들을 대상으로 하는 교과
서가 더 이상 과거처럼 학자(연구자)양성에 초점을 두고 지식과 이론 위
주의 교육과정 및 교과서 편성이어서는 곤란하다는 점이다. 진정으로 배
우는 학생을 위하고 존중한다면 교과목을 취미나 교양쪽으로 과감히 넓
히고 교과서는 가급적이면 실생활에 유용한 내용(주제)으로 하고, 책 보
는 것에 흥미를 가질 수 있고, 이해하기 쉽도록 서술 혹은 편집되는 것
이 맞다.

한편 학생들이 지금 배우고 공부해야 할 것들이 너무 많다는데 또 하
나의 문제가 있다. 가르친 내용을 또 가르치고 있다. 그래서 반드시 교
과서 내용에 대한 과감한 축소가 요구된다. 한 예로 선진국의 경우에는
역사과목에서도 한 주제(남북전쟁) 혹은 한 시기(미 서부개척기)를 집중
적으로 다루고 학생활동을 통해 학생들에게 다양한 교육적 효과를 내도
록 하는데 우리나라는 수십 년간 거의 똑같이 초등학교 때도 선사시대
부터 고려 및 조선 등 역사의 전체 내용을 배우게 하고 중학교 때 또 처
음부터 현재까지 역사의 전체를 다시 배우게 하고 고등학교에 가서도
또 많은 내용을 다시 배우게 하고 있다. 엄청 많은 우리 역사 전부를 3

번씩이나 처음부터 끝까지 훑는다. 사회 등 다른 과목도 거의 마찬가지이다. 지도의 축척 및 등고선을 중학교 때 배우는데 초등학교 4학년 때 벌써 배우게 하고 있다. 그 내용이 거의 비슷하여 비효율적일 뿐만 아니라 이를 잘 이해하지 못하는 어린 학생들에게 일찍부터 학업에 부담을 느끼게 할 수 있으니 예를 들면 나선형교육과정만을 고집하지 말고 융통성 있게 꼭 필요한 내용을 엄선한 후 나이를 고려한 내용의 선정이 이루어져야 할 것이다.

넷째, 교육에서 제일 중요한 것이 수업이라는 것은 어느 누구도 부정할 수가 없다. 그 이유는 가르치는 일은 자라나는 아이에게 좋은 영향을 주는 매우 숭고한 창조적인 활동이기 때문이다. 따라서 직접 학생들을 가르치고 있는 훌륭한 선생님들이 교육과 학교의 중심이 되고 존중을 받아야 하는 것이 마땅하다. 그런데 현실은 그렇지가 못하다. 따라서 지금보다도 더 좋은 방향으로 교육이 개선될 수 있도록 힘을 모아야 한다.

교육의 윗자리를 차지하고 있는 관리자들이 가르치고 있지도 않으면서 더 대접을 받고 교육을 좌지우지하고 있다. 나는 진정한 교육자가 머무는 참된 곳이자 영광된 자리는 바로 교단이라 생각하기에 장학사든지 교감이나 교장이든지 모두 교육자이기에 반드시 수업을 하도록 법제화하고 현실화해야 한다고 생각한다. 어느 사회(조직)에서나 힘을 가진 자와 힘을 가지지 못한 자들이 상존하고 있는데 보다 나은 사회나 좋은 교육이 이루어지기 위해서는 윗자리(관리자)에 있는 사람들이 정당하고 올바른 방법으로 올라가야 하고, 윗자리에 있을수록 더 책임감을 가져야 하고, 더욱더 청렴해야 하고, 봉사의 정신을 가지고 좋은 일도 많이 하고, 또한 힘들지만 직접 가르치는 일을 하는 등 실질적인 모범을 보여야 한다. 따라서 교감과 교장 그리고 장학사는 훌륭한 인품을 가진 사람 중에서 선발하되 가급적 잘 가르치는 교사 중에서 발탁하는 것이 바람직하다. 교육선진국인 핀란드에서는 교장도 수업을 하고 있다. 가르치는 일은 매우 귀한 일이고 교육의 본질이기에 가르치는 일을 계속하면서 동료 교사들과 학생들에게 많은 도움이 주는 것이 순리이고 맞다. 따라서 하루라도 빨리 교과부가 여기에 대한 보다 좋은 정책과 제도를 마련하여 시행해야 할 것이다.

다섯째, 보다 융통성 있는 학교시간표의 운영과 함께 다양한 교육내용(교육 프로그램)이 새롭게 도입되어져야 한다. 이를 위해서는 기존의 교육내용(교과목)에 대한 전통적인 생각에서 탈피해야 한다. 달리 말하자면 교육내용(교과목) 중에 무슨 과목(어떤 내용)이 더 중요한가에 대한 답을 새로이 정립해야 한다는 것이다. 극단적인 예로 국·영·수가 중요한가 아니면 인성이나 인간관계 그리고 취미활동과 잠재능력을 계발하는 것이 더 중요한가이다. 우리나라의 모든 학교에서 다 똑같이 국·영·수를 중시할 필요는 없다. 중학교나 고등학교과정에서 특히 전문계 학생 중에서 공부에 흥미가 없는 학생으로 공부를 열심히 할 의사가 없는 학생들에게 소질과 적성을 다른 쪽으로 키울 수 있도록 국·영·수나 전공과목의 수업수를 조금씩 줄이고 그만큼 다양한 공부를 시키는 것이 맞다. 공부를 하기 싫어하거나 소질이 없거나 공부 쪽으로 진로를 선택하지 않을 학생들에게 취미활동을 더 시키고 다양한 건강 및 교양과목을 공부시키면 학생들도 학교생활이 보다 즐거워 더 잘 학교에 재미를 붙이고 갈 것이다. 이런 과정은 우리의 공교육을 정상화시키는 데 일조를 할 것이다. 그 한 예로 다양한 취미활동(요가, 꽃꽂이, 수지침, 사군자, 사주, 사진촬영법 등)뿐만 아니라 자기탐색활동, 개별교육수업, 성격교육, 인간관계교육, 봉사활동, 체험활동, 능력계발 및 현장전문가와의 시간, 명상시간, 체력단련, 체험활동, 명사초청 등의 시간이 교육과정에 있어야 한다. 교육은 지식 위주의 교육만을 의미하는 것이 아니기에 기존의 지식위주의 교육에 있어서의 변화는 불가피하다.

여섯째, 고교 교육과정의 혁신적 변화를 위해서는 반드시 대학입시 제도를 손질해야 한다. 우리나라는 명문대학교를 가고자 하는 열망과 일등을 하려는 욕구가 매우 크기에 서울대학교를 비롯한 몇 명문대의 입시를 하루 빨리 정상화시켜야 한다. 자라나는 청소년들이 더 이상 비정상적인 사교육에 의존하지 않도록 하고 밤늦게까지 입시 공부에 매달리게 하지 않도록 할 의무가 우리 기성세대들에게 있다. 국가의 관리들은 필히 무거운 책임을 가져야 한다.

정말 학생들이 여유있게 공부하고 즐겁게 생활하기를 바라는 마음에서 여기에 내가 생각하는 하나의 해결책을 제시해 본다. 예를 들면 서울대·고려대·연세대·이화여대·카이스트·성균관대·한양대 등 일부 학교를 하나로 묶어 전체 정원만큼 뽑고 어느 대학에서 주로 공부하든지 간에 공통의 정해진 교과목들을 이수하면 졸업할 때 똑같이 예를 들면 가칭 제Ⅰ대학 졸업자라는 식으로 명칭을 정하여 공동학위제를 주자는 것이다. 그 외의 동국대와 국민대 등 나머지 학교들은 또 그 학교들끼리 하나로 묶어서 Ⅱ대학졸업자라고 하여 학위를 주는 것이다. 물론 부산대·경북대·서울대·공주대 등 국립대별이나 지역별로 묶을 수도 있을 것이다. 그리고 교대나 사대 혹은 교직과정도 다소 어렵지만 융통성을 최대한 발휘하여 현실적으로 가능한 범위 내에서 같이 묶어서 실시하는 방안도 고려해 볼 수 있다고 본다. 그러면 경쟁이 덜 치열하여 사교육도 완화할 수 있으며 고등학교 선생님들도 더 쉽게 교육의 본질에 충실할 것이다. 이렇게 되면 학생과 학부모뿐만 아니라 교사들도 좋아할 것이라 생각한다. 아마도 고등학교 학생들은 지금보다도 훨씬 더 여유를 가지고 다양한 책도 읽고 여행 등 다양한 체험도 더 하면서 공부할 수 있을 것이라 판단된다. 물론 이 과정에서 불필요한 것이나 경쟁이 되지 않는 요소들은 자연히 사라질 것이다.

일곱째, 학생과 교사 모두 인격체로 존중받는 학교풍토의 조성과 교육의 민주화가 더 이루어져야 한다. 이렇게 되기 위해서는 먼저 학교에서 교사들의 삶이 달라져야 한다. 왜냐하면 교사들의 학교에서의 행동과 생각은 알게 모르게 학생들에게 영향을 주며 교육되기 때문이다. 교직문화는 학생들의 인성교육에 매우 중요하다. 화기애애하고 자율적이며 인격이 보장된 학교에 근무하는 교사는 존중받고 대우를 받기에 똑같이 학생들에게 그렇게 사랑을 베풀고 교육을 한다. 그러나 사랑보다는 수직적이고 권위적인 분위기의 학교에서 지시와 명령 그리고 억압을 받은 교사는 학생들에게 자신이 받은 것처럼 똑같이 요구할 가능성이 많기에 미래의 주역이 될 학생들을 위해서는 가급적 학교문화가 자율적이고 인격적으로 개선되어야 한다. 교사가 여유가 없고 바쁘고 답답하고 수동적일수록 그만큼 교육의 질은 떨어지기에 이것과 관련하여 다음의 몇 가지 조건(환경)이 요구된다. 첫째, 교사들이 수업이라는 본연의 일에 전심전력을 다 할 수 있도록 장기적인 차원에서 교사들이 지금 하고 있는 각종 업무의 대부분을 행정실(서무실)로 넘기도록 해야 한다. 둘째, 교사들이 학생의 생활지도를 보다 잘 하게 하고 다양한 수업의 방법을 시도할 수 있는 등 교사의 수업여건 개선과 학생들의 학습에 대한 만족도를 높이기 위해서 학급당 학생 수가 감축되어야 한다. 그래야 학생 개개인에 대한 개별지도를 더 할 수가 있다. 셋째, 교사들에게 공평한 기회를 주어야 한다. 이는 자신이 소속된 학교에 대한 소속감과 책임감을 더 느끼게 만들어 더 적극적이고 성실한 삶을 살게 만든다. 한 예로 5년 정도의 일정기간이 지난 교사면 특별한 결격사유가 없는 한 누구에게나 부장을 맡도록 하는 것, 교육감상이나 대통령상 등을 주어야 할 때도 나이를 고려하여 연령대 별로 골고루 주는 방법 등이 있다. 특히 한 교사의 작은 의사(건의)라도 옳을 경우 학교경영에 적절히 반영이 되도록 하여 주인의식을 가지게 하는 진일보한 학교문화가 필요가 있다. 그래야 교육이 산다.

여덟째, 교감(교장)을 포함한 장학사로 승진하는 인사제도에 대한 개혁이 요망된다. 이는 다른 그 어떤 정책들보다도 시급히 처리되어야 할 매우 중요한 사항이다. 사회를 올바른 방향으로 이끌어 나가고 모범이 되어야 할 관리자들은 국가에서 정말로 깨끗하게 뽑아야 하고 될 만한 사람을 승진시켜야 한다. 이것을 앞으로 잘하느냐 못하느냐에 따라 국운

이 걸려있다고 해도 과언이 아니다. 그래서 먼저 더 이상 돈으로 매관매직하는 일은 없어야 한다. 최근 매스컴에 보도된 것처럼 몇 천 만원이 오갔다는 보도가 정말 사실이라면 가히 충격적이라 하지 않을 수가 없다. 만약 이를 자신이 가볍게 느끼고 있다면 이미 자기도 도덕불감증에 빠져 있다는 점을 알아야 할 것이다. 특히 교육계는 깨끗해야 한다. 편법이나 부정한 방법으로 올라간 관리자가 몇 명이든지 간에 이들이 장래 우리 사회의 주역이 될 학생들과 수많은 선생님들을 이끌 수가 없기에 더 이상 발생하지 않도록 해야 한다.

특히 우리가 관심을 가지고 반드시 제도개선을 해야 할 부분은 바로 교사들이 교감이나 교장이 되게 하는 현 시스템에 대한 전반적인 개선이 있어야 한다. 승진하기 위해서는 근무평정과 연수성적에서 거의 만점을 받아야 하기에 어떤 일들이 벌어졌는지는 하늘만이 잘 알고 있을지도 모른다. 실제로 1정 연수나 각종 연수에서 승진을 하기 위해 0.5점이나 1점이라도 더 받기 위해 점수에 목숨을 거는 교사들이 많다. 그리고 근무평정점수를 잘 받기위해 일부 학교의 교무부장과 몇 부장선생님들은 교장(교육청)에게 투철한 복종을 하고 거의 시녀역할을 하고 있을 정도이다. 안타깝게도 교육계에서 이런 관례가 매년 계속 이어져 내려왔다는 점이다. 그래서 승진하기 위해 0.5점과 1점과 같은 작은 점수에 목을 맨 교사들과 교감이나 교장에게 지극한 충성을 하여 관리자가 되면 자기 밑의 사람에게 자기가 한 것과 똑같이 요구할 가능성도 많기에 이런 관리자를 양산하는 시스템은 보완되는 것이 맞다. 교육전문가들과 국가의 책임자들은 학생들이 인격을 갖춘 보다 큰 인물이 되도록 하고, 학교의 구성원들이 신바람이 나서 근무하고 공부할 수 있는 교육의 전당이 되도록 하고, 참된 진리를 추구하고 깨끗한 곳이 되도록 모든 노력을 다하고 필요한 제반의 조치들을 다 강구해야 한다.

교육은 결코 단기간의 이익이나 돈만으로는 할 수 없는 독특한 특성을 가졌기에 교장을 외부에서 이익(돈)을 추구한 기업의 간부출신들로

채우려는 것만이 능사도 아니다. 그래서 다른 방안으로는 현직에 있을 때 자타가 인정한 훌륭한 교장선생님을 엄선하여 다시 교장으로 모시는 방법도 있고, 교사들 중에서 훌륭한 사람들을 과감히 발탁을 하여 임용을 할 수도 있고, 초등·중등학교에서의 교직경험이 있는 대학교의 교육학전공 교수들에게 겸직의 방법 등으로 해서라도 맡기게 하는 방법도 있다. 아무튼 우리 모두 머리를 맞대고 풀어야 할 숙제이다.

아홉째, 인성교육을 강화하여 보다 인간이 되게 해야 한다. 이것은 교육의 근본이자 중요한 핵심인 인격적 인간이 되게 하는 것으로 그 어떤 것보다 중요하기 때문에 결코 소홀히 해서는 않된다. 학창시절에 자신과 사회 그리고 인생에 대해 깊은 성찰을 하여 보다 지혜롭고 인간다운 인간이 되도록 하는 인성 교육의 확대가 절실하다. 그 방법으로는 먼저 역사·문학·철학 등과 같은 인문학뿐만 아니라 예술교육이 강화되어야 한다. 분명한 점은 이것도 이론위주보다는 음미하고 즐길 수 있도록 교육이 되어야 한다. 예를 들면 학생들에게 논어와 명심보감 등과 같은 고전을 비롯한 좋은 책들을 많이 읽게 하고, 글을 쓰는 법도 가르쳐주며, 고등학교 단계에서는 철학과목을 따로 개설하여 배우게도 하는것, 정기적으로 등산을 하게 하는 것, 그리고 앞으로 자신이 가질 직업과 관련된 곳에서 봉사활동을 하도록 하여 정말 알고 싶거나 알아야 하는 실제적인 지식들을 몸소 배우게 하는 것, 학교에서의 삶에서 서로 도우며 살도록 하여 인생이란 결국 더불어 살아가는 것이라는 것을 깨우치게 하는 방법 등이 있다.

그 외에도 극기 훈련과 명상 등 심성계발을 위한 다양한 프로그램의 운영뿐만 아니라 종교교육도 해야 한다고 생각한다. 왜냐하면 이는 빵의 안고와 같기 때문이다. 인간이 보다 차원 높은 인간이 되고 보다 수준 높은 사회를 만들기 위해서는 종교를 가지는 것이 보다 바람직하다. 따라서 가급적 모든 학교에서 형편에 맞게 종교시간을 두어 각자 자신이 원하는 종교교육을 받을 수 있게 하는 것(군대에서도 수십 년 전부터 시행하고 있다.)이 있다. 그리고 이런 인문·예술과목에 대한 평가는 점수를 내어 석차를 매기면 오히려 그 교육적 효과가 반감되니 가급적이면 특별히 잘하는 학생이나 두드러진 경우에만 그 부분을 서술하도록 하는 것이 보다 인간적이며 더 긍정적인 효과를 유발할 것이다.

열 번째, 학교는 각 개인의 소질과 잠재능력을 찾고 잘 계발해 주어서 진정으로 자신이 가야 할 길로 가고 해야 할 일을 가지게 하여 보다 사명감을 가지고 밝은 마음으로 열심히 이 세상을 살아갈 수 있게 도와주어야 한다. 이를 위해서는 먼저 각 개인을 하나의 우주로 볼 만큼 매우 소중히 여길 만큼 사회가 성숙되어야 한다. 그리고 교육내용(교과목)보다는 학생을 더 중시해야 한다. 그렇지가 않았기에 우리는 지금까지 모든 학생들에게 모든 내용을 똑같이 가르쳐왔다. 이 세상에는 매우 다양한 꽃들이 있고, 큰 나무도 있는 반면에 작은 나무들도 있어서 각기 그 쓰임이 다르듯이, 학생 각자의 소질과 능력을 먼저 파악하고 그들에게 적합한 교육을 시키는 것이 바람직하다. 국가가 적극 나서야 한다.

학교는 왜 있으며 교육은 왜 받는가이다. 한 사람의 입장에서 보면 결국은 교육을 통해 본인 자신이 더 나아져야 한다. 즉, 자기 자신의 성장 및 발전 그리고 기쁨이 반드시 있어야 한다. 아무리 오랜 기간 동안 교육을 받고 이를 통해 많은 다른 사람이 위인이 되거나 훌륭한 사람이 되더라도 정작 자기 자신에 있어 성장과 발전이 없고 기쁨이 없으면 소용이 없다. 따라서 이를 위해 국가 차원에서 교육에 대한 전반적인 점검 및 많은 지원을 해야 한다. 먼저 모든 학생들의 소질과 능력 및 인성에 대한 총체적인 진단과 함께 앞으로 그 학생이 어떤 길로 가는 것이 좋으며 어떤 교육이 더 적합한지에 대한 분석 및 종합적 결론을 내어 그에 맞는 교육과 진로지도가 학교에서 이루어질 수 있도록 되어야 한다. 물론 이 과정에서 필요하다면 외국의 우수한 사례에 대한 집중적인 연구와 세계 유수한 전문가들을 통한 많은 도움도 받아야 한다. 이렇게 되면 예비교사들은 더욱더 대학에서 심리나 진로교육 등에 대해 더 공부를 할 것이며 필히 인격인이 되기 위해 노력할 것이다.

열한 번 째, 선생님이 존경을 받고 사기를 높이도록 국가사회 전체에서 뒷받침해 주어야 한다. 군사부일체인 선생님이 지금은 학생이나 학부모들로부터 제대로 존경을 받지 못하고 있다. 따라서 우리 교육은 하루 빨리 무엇이 잘못되어서 그런지에 대한 원인분석을 철저히 하여 종합적인 처방을 해야 한다. 저자는 여기서 이 문제의 해결 방안들 중 한 가지를 제안하고자 한다. 그것은 바로 교사들의 학력이 더 높아져야 한다는 것이다. 그 이유에는 여러 가지가 있다. 첫째, 요즘 대부분의 사람들이 대학을 나왔기에 남을 가르치는 귀중한 역할을 더 잘 하기 위해서이다. 둘째, 교사가 전문직으로 더 인정받기 위해서이다. 셋째, 스스로 자부심과 긍지를 더 갖기 위해서이다. 넷째, 자율적인 학교문화를 더 빨리 형성하기 위해서이다. 다섯째, 지금 제기되는 여러 문제들을 더 잘 해결하기 위해서이다. 여섯째는 특히 학생이나 학부모로부터 존경과 권위를 더 가지기 위해서이다. 그래서 필히 선생님들 모두가 최소한 석사학위이상의 학력을 가지도록 하는 것을 제도화 및 현실화해야 한다. 그리고 머지 않은 시기에 교감이나 교장도 의무적으로 수업을 해야 할 지도 모르기에 수석교사와 맞물려 교감이나 장학사 그리고 교장이 되기 위해서는 교육학 박사학위나 전공분야의 박사학위가 꼭 있도록 제도화해야 한다. 이렇게 되면 선생님들은 전문성을 더 인정받을 수 있으며 주체적으로 학생들을 가르칠 수도 있을 것이다. 이것은 사범대를 포함한 교사양성기관에서의 교육과정상의 변화를 촉발할 것이며 동시에 교직의 전문성 및 자율화를 신장시켜 종국에는 학교의 정상화뿐만 아니라 학교교육의 전체적인 패러다임의 변화를 가져와서 결국 교육선진국대열에 진입하게 될 것이다.

참고문헌

〈저 서〉

강기수(2002). 『인간학적 교사론』, 서울: 세종출판사.

강남대학교 인문과학연구소 편(1996). 『발도르프학교교육의 이론과 실제』, 서울: 강남대학교.

강석주·권대봉(2008). 『명문학교 만들기』, 서울: 원미사.

강선보(2003). 『마르틴 부버 만남의 교육철학』, 서울: 원미사.

강선보·김정환(1997a). 『교육학개론』, 서울: 박영사.

강선보·김정환(1997b). 『교육철학』, 서울: 박영사.

강승규(2002). 『나다움, 어떻게 찾을 것인가!』, 서울: 학지사.

강승규(1998). "전인교육", 서울대학교교육연구소 편, 『교육학 대백과사전 Ⅲ』, 서울: 하우동설.

강승규(1997). "지방 교육 자치 실현과 자율의 조건", 고려대학교교육사철학연구회 편. 『새로운 교육의 탐색』, 서울: 내일을 여는 책. p.150.

고영희(1985). 『학생들은 학교에서 어떻게 실패하는가』, 서울: 배영사.

곽병선(1996). "2000년대 교육과정을 위한 개혁의 방향", 교육혁신연구회 편, 『한국 교육과정의 새로운 좌표 탐색』, 서울: 교육과학사.

곽병선 외(1988). 『교과교육원리』, 서울: 갑을출판사.

교육개혁위원회(1995). 『세계화, 정보화를 주도하는 신교육체제수립을 위한 교육개혁방안 (Ⅰ)』.

김경희(1993). "심리학에서 본 바람직한 자녀교육", 김태길 외, 『자녀지도를 위한 부모교육』, 청소년 상담원, 재단법인 청소년대화의 광장. pp.38-41.

김동춘(1999). "학교해체 현상을 통해본 한국의 국가, 계급, 그리고 청소년", 연대청년 문화센터 『왜 지금 우리는 청소년을 이야기하는가?』. pp.20-21.

김병옥(1977). 『교육의 인간화를 위한 과제』, 서울: 동국대학교 출판부.

김성태(1986). 『성숙 인격론』, 서울: 고려대학교 출판부.

김영하(1994). 『한국인의 교육의식 조사연구』, 한국개발연구원.

김영호(1997). 『자녀를 위한 부모교육』, 서울: 연문출판사.

김은산(1982). 『니일의 인간교육사상』, 서울: 배영사.

김재만(1977). 『사랑과 교육관』, 서울: 배영신서.

김재만(1981). "도덕과 교육", 한국 교육학회 교육사 교육철학 연구회 편, 『현대 교육철학의 제문제』, 서울: 세영사. p.260.

김정근(1999). 『사람다운 사람이 되는 길』, 서울: 유림출판사.

김정환(1974). 『페스탈로찌의 생애와 사상』, 서울: 박영사.

김정환(1980a). 『김교신』, 서울: 신학연구소.

김정환(1980b). 『교육의 철학과 과제』, 서울: 박영사.

김정환(1982). 『전인교육론: 도덕·윤리교육 기초론』, 서울: 세영사.

김정환(1988). 『현대의 비판적 교육이론』, 서울: 박영사.

김정환(1995). 『인간화 교육 어떻게 할 것인가』, 서울: 내일을 여는 책.

김정환(1998). 『전인교육 어떻게 할 것인가』, 서울: 내일을 여는 책.

김정휘(1987). 『학교·학생·교사·교육』, 서울: 배영사 신서.

김종문(1995). 『대화학습의 도덕교육』, 서울: 교육과학사.

김종서(1983). 『현대 교육론 Ⅱ』, 서울: 서울대 출판부.

김춘일 편(1985). 『교육현상학의 이해』, 서울: 미진사.

김충렬(1997). 『유가윤리강의』, 서울: 예문출판사.

김호권(1996). "초·중등학교교육과정 개혁의 배경과 방향", 교육혁신연구회 편, 『한국 교육과정의 새로운 좌표 탐색』, 서울: 교육과학사. pp.34－36.

김호건 외(1986). 『현대교육과정론』, 서울: 교육출판사.

김호건 외(1997). 『가치교육론』, 서울: 문음사.

노만택(2001). 『건강이 샘솟는 웃음, 성공을 부르는 웃음』, 서울: 보성출판사.

매일경제지식부·한승희(2000). "신지식인의 효율적 육성에 관한 연구", 『학습혁명보고서』, 서울: 매일경제신문사.

문현상(1996). 『인간관의 고찰』, 서울: 동문사.

미국교육과정연합회 편저(1983), 이해명 역. 『전인교육을 위한 학습지도방법』, 서울: 교육과학사.

박도순(1998). "자기 주도적 학습실현을 위한 교육과정", 이돈희 외, 『교육이 변해야 미래가 보인다』, 서울: 현대문학. p.46.

박병기·추병완(1996). 『윤리학과 도덕교육』, 서울: 인간사랑.

박병량(2006). 『학교발전과 변화』, 서울: 학지사.

박봉목(1982). "참사랑을 기르기 위한 교육의 혁신", 대한교육연합회, 『새교육』 1월호.

박세훈 편(1997). 『인간관계론』, 서울: 한국심성교육개발원.

박순영(1984). 『산업사회의 이데올로기』, 서울: 학문과 사상사.

박아청(1988). 『자아실현의 심리』, 서울: 교육과학사.

박영태(1999). 『사랑의 학습지도법』, 서울: 학지사.

박의수 · 강승규 · 정영수 · 강선보(2002). 『교육의 역사와 철학』, 서울: 동문사.

박이문(1985). 『현상학과 분석철학』, 서울: 일조각.

박철홍(2000). "지식교육의 제자리 찾기", 김호권 · 이성진 · 이상주 편, 『학교가
　　　무너지면 미래는 없다』, 서울: 교육과학사. p.257.

법정(1993). 『무소유』, 서울: 범우사.

번영계 · 김광휘 공저(1999). 『협동학습의 이론과 실제』, 서울: 학지사.

서배식(1986). 『인간이란 무엇인가』, 서울: 정민사.

서울대교육연구소 편(1998). 『교육학대 백과사전』, 서울: 하우동설.

서울대학교사범대학교 교육연구소 편(1981). 『교육학 용어 사전』, 서울: 배영사.

성백효 역주(1993). 『맹자 집주』, 서울: 전통문화연구회.

손인수(1981). "한국인 교육관의 역사 · 철학적 이해", 『한국교육발전방향탐색』,
　　　서울: 한국교육개발원. p.72.

송인섭(1987). 『자아개념』, 서울: 교육과학사.

신남호(2000). 『말로만 교육개혁』, 서울: 인간과 자연사.

신득렬(1990). 『허친스의 교육사상』, 대구: 계명대학교 출판부.

심상태(1989). 『인간: 신학적 인간학입문』, 서울: 서광사.

심성보(1999). 『도덕교육의 담론』, 서울: 학지사.

신연식(1981). 『부모교육』, 서울: 학문사.

신원영(1987). "에라스무스", 한국교육학회 교육사연구회 편, 『교육사상가평전』,
　　　서울: 교육과학사.

안영호(1982). 『학교와 인간교육』, 서울: 주류.

안인희(1975a). 『현대교육 고전의 이해』, 서울: 이화여자대학교 출판부.

안인희(1975b). 『20세기 교육고전의 이해』, 서울: 이화여자대학교 출판부.

안인희(1987). 『사랑과 교육』, 서울: 사랑과 교육 출판준비 위원회.

안인희(1993). "어머니는 어른이어야 한다", 인간교육 실현 학부모연대 편, 『성숙
　　　한 부모, 자유로운 학교, 건강한 아이』, 서울: 대화출판사. p.16.

연문희(1989). 『성숙한 부모 유능한 교사』, 서울: 양서원.

오천석(1975). 『한국신교육사(하)』, 서울: 광명출판사.

유네스코 한국위원회 편(1997). 『인권교육 어떻게 할 것인가?』, 서울: 오름.

유봉호(1987). "루소", 한국교육학회 교육사연구회 편, 『교육사상가평전』, 서울: 교육과학사.

유현옥(1991). "교수-학습활동의 도덕적 측면에 대한 분석: 지식의 획득과 탐구의 행위가 갖는 도덕적 측면을 중심으로", 『교육학연구』 29권 2호. p.24.

윤구병(1988). 『교과서와 이데올로기』, 서울: 천지.

윤병희(1988). "현대교육과정 이론의 이해를 위한 시도", 한국 교육학회·교육과정 연구회 편, 『교육과정 연구』, 서울: 배영사. p.192-193.

윤완(2003). 『교육의 역사와 철학』, 서울: 원미사.

윤정일 외(2004). 『교육행정학원론』, 서울: 학지사.

윤팔중(1981). 『전인교육을 위한 교육과정』, 서울: 배영사 신서.

윤팔중(1984). 『인간중심 교육과정 이론』, 서울: 교육과학사.

이계학(1991). 『인격교육론』, 서울: 성원사.

이규호(1967a). 『현대철학의 전망』, 서울: 법문사.

이규호(1967b). 『사람됨의 뜻: 철학적 인간학』, 성남: 제일출판사.

이규호(1972). 『앎과 삶: 해석학적 지식론』, 서울: 연세대학교 출판부.

이규호(1976). 『교육과 사상』, 서울: 배영사.

이규호(1982). 『현대 철학의 이해』, 서울: 대영사.

이규환(1987). 『비판적 교육 사회학』, 서울: 한울.

이돈희(1986). 『도덕교육원론』, 서울: 교육과학사.

이동구(1988). 『교육철학』, 서울: 문음사.

이성호(1997). 『흔들리는 부모 방황하는 아이들』, 서울: 조선일보사.

이영덕(1974). "형식교육의 공과", 『교육과정의 발전적 지향』, 서울: 서울특별시 교육 위원회. p.127-128.

이용숙 외(1995). 『교과서 정책과 내용구성 방식 국제비교 연구』, 한국교육개발원.

이은숙(1985). 『교육운동론』, 서울: 아침.

이일용(2008). 『미국교육이야기』, 서울: 학지사.

이종숙 외(1999). 『교육학의 이해』, 서울: 학이당.

이종태 외(2000). 『학교교육 위기의 실태와 원인 분석』, 한국교육개발원.

이재연 외(1989). 『부모교육』, 서울: 양서원.

이홍우(1977). 『교육과정탐구』, 서울: 박영사.

이홍우(1984). 『교육의 목적과 난점』, 서울: 교육과학사.

장상호(1982). 『인간행동과 자유』, 서울: 교육과학사.

장상호(1985). 『학습의 인간화』, 서울: 교육과학사.

장승희(1996). "인간주의 교육의 계보", 고려대 교육사·철학연구회 편, 『인간주의 교육사상』, 서울: 내일을 여는 책. pp.23-35.

장찬익(1987). "학교교육에서의 전인 교육의 과제", 『중등교육혁신과 전인교육』, 서울: 대한 사립중고등학교장회. p.501.

전풍자(1993). "학부모 입장에서 본 바람직한 자녀교육", 김태길 외, 『자녀지도를 위한 부모교육』, 청소년 상담원, 재단법인 청소년대화의 광장. p.363-366.

전풍자(1993). "학부모의 윤리", 아산사회복지사업재단, 『도덕성회복을 위한 교육의 과제』. pp.363-366.

전혜성(1996). 『엘리트보다는 사람이 되어라』, 서울: 우석.

정범모(1966). 『발전의 서장』, 서울: 배영사.

정범모(2000). 『한국의 교육세력』, 서울: 나남출판.

정세구 외 역(1997). 『인격교육과 덕교육』, 서울: 배영사신서.

정세화(1980). "현대학교 체제에서의 인간화 교육", 서울특별시 교육위원회 편, 『80년대 서울 교육의 과제』.

정영근(2000). 『인간이해와 교육학』, 서울: 문음사.

정영근(2002). 『영화로 만나는 교육학』, 서울: 문음사.

정영수(1995). 『인간교육의 탐구』, 서울: 동문사.

정유성(1998). 『새로운 교육문화와 사회운동론』, 서울: 한울.

조벽(2001). 『조벽 교수의 명강의 노하우&노와이』, 서울: 해냄.

조영달(1998). "참여의 교육체제 구축과 교육주체성의 회복", 이돈희 편, 『교육이 변해야 미래가 보인다』, 서울: 현대문학. p.212.

조한혜정(1999). "청소년에게 인권과 시민권을 돌려주자", 연대청년문화센터, 『왜 지금 우리는 청소년을 이야기하는가』. pp.96-99.

조한혜정(1999). "청소년 문제에서 청소년 존재에 대한 질문으로: 한국의 근대화와 청소년의 주체 형성", 연대청년문화센터, 『왜 지금 우리는 청소년을 이야기하는가』. pp.32-33.

조휘일(1988). "자원 봉사활동의 이념과 전망", 한국청소년단체협의회, 『자원 봉사활동을 통한 청소년 지도』.

주삼환(2003). 『학교경영과 교내장학』, 서울: 학지사.

진교훈(1982). 『철학적 인간학 Ⅰ』, 서울: 경문사.

진교훈 외 공저(1997).『윤리학과 윤리교육』, 서울: 경문사.

최근덕(1993). "유교에서 본 바람직한 자녀교육", 김태길 외,『자녀지도를 위한 부모교육』, 청소년상담원, 재단법인 청소년대화의 광장. pp.133 - 134.

최정웅(1981). "교육과 이상사회", 한국교육학회 교육사 교육철학 연구회 편,『현대교육철학의 제문제』, 서울: 세영사. p.321.

추병환(1996). "피아제의 도덕 교육론", 박병기·추병완,『윤리학과 도덕교육』, 서울: 인간사랑. pp.231 - 237.

추병환(1997). "협동학습의 도덕교육적 함의",『사회와 사상』, 서울대학교 대학원 국민윤리교육과. p.295.

추병환(1999).『도덕 교육의 이해』, 서울: 백의.

하인호(1990).『인간주의 그 미래를 열어라』, 서울: 고려원.

한국교육개발원(1990).『중학교 도덕 교육실태 분석』.

한국교육개발원(1997).『교육적 인간상 및 교육목표연구』.

한국교육학회 편(1998).『인성교육』, 서울: 문음사.

한국교육학회 도덕교육연구회 편(1990).『도덕교육연구』, 서울: 하우기획사.

한기언(1978).『동양사상과 교육』, 서울: 법문사.

한명희(1980). "인간화 교육의 본질", 서울시 교육위원회 편,『80년대 서울교육의 과제』. p.14.

한명희(1983).『교육철학』, 서울: 배영사.

한명희(1996). "전인교육론: 토론2", 교육혁신연구회 편,『한국 교육과정의 새로운 좌표 탐색』, 서울: 교육과학사. p.178.

한전숙·차인석 공저(1980).『현대의 철학 Ⅰ』, 서울: 서울대학교 출판부.

한준상(1994).『한국교육개혁론』, 서울: 학지사.

함수곤(1995).『교육과정의 편성』, 서울: 대한교과서주식회사.

함수곤(2000).『교육과정과 교과서』, 서울: 대한교과서주식회사.

허형(2000). "교실개혁을 통하여", 김호권·이성권·이상주 편,『학교가 무너지면 미래는 없다』, 서울: 교육과학사. p.174.

현승종(1992). "한국교육 무엇이 문제인가? - 인간교육의 관점에서 - ", 아산사회복지사업재단 편,『도덕성 회복을 위한 교육의 과제』. p.26.

황웅연(1980). "학생의 자율성", 서울시 교육위원회 편,『80년대 서울 교육의 과제』. p.216.

황원영(1997).『특수교육철학』, 서울: 교육과학사.

황정규(1995). "21세기에 대비한 교육적 인간상",『교육학연구』. p.132 - 142.

황태근(1998). 『존중받는 아이가 공부 잘한다』, 서울: 범조사.

홍웅선(1974). "교육과정의 새로운 동향", 『교육과정의 발전적 지향』, 서울: 서울특별시교육위원회. p.205 - 206.

홍웅선(1989). 『한국교육이 추구하는 인간 특성』, 정신문화연구원.

홍차선(1979). "전인교육의 이념", 정원식 외 편, 『전인교육의 이론과 실제』, 서울특별시교육위원회. p.14 - 15.

〈논 문〉

강승규(1992). "인간존중과 학생존중에 관한 이론 분석", 『우석대학교 논문집』 14. pp.9 - 30.

고영남(2002). "협동학습 전략과 집단편성 방법이 학습자의 학습능력 수준에 따라 학업성취에 미치는 효과", 고려대학교 박사학위 논문.

고재호(1985). "교육내용의 인간화에 관한 연구", 고려대학교 대학원 석사학위 논문.

고형일·이두휴, "대안학교와 일반학교의 교육활동 비교 연구", 『교육사회학 연구』 제8권 2호, pp.127 - 162.

김병옥(1981). "인격교육의 이념", 한국교육학회 교육사 교육철학 연구회 『인격교육의 이념과 방법』, 창립 1주년기념 학술발표회, pp.14 - 15.

김은산(1975). "A. S. 니일연구 - 그의 사상과 서머힐 학교의 교육사적 위치", 이화여자대학교박사학위 논문.

김회용(2001). "교실붕괴 현상과 그 대책으로서의 교육학 교육", 한국교육사상연구회, 『교육사상연구』 제10집, p.170.

남궁달화(1984). "인간성 회복과 교육 - 실존주의자적 접근", 『교육학연구』 22권, p.60.

남궁달화(1989). "도덕 교육의 주제와 도덕적 문제해결의 절차", 『교육학연구』 27권.

박봉목(1981). "교육의 인간화를 위한 인격교육의 방법", 한국교육학회 교육사 교육철학 연구회, 『인격교육의 이념과 방법』, 창립 1주년기념 학술발표회, p.22.

박영애(2000). "공동체주의론에 입각한 도덕공동체로서의 학급경영에 관한 연구", 서울교육대학교 석사학위 논문.

박준영(2003). "중등교육목적의 철학적 논의", 『교육사상연구』 제12집, p.10 - 12.

서민이(2000). "인격교육에 입각한 도덕과 수업방법 개선 연구", 전북대학교 대학원 석사학위 논문, p.64.

손충기(1993). "개성을 무시한 획일적 교육", 『교육학연구』 31권 2호, p.42 - 43.

신현석(2003). "공교육 정상화를 위한 학교와 정부의 역할", 안암교육학회, 『한국 교육학연구』 제9권 제1호, p.156.

심성보(1981). "소외현상 분석과 교육의 인간화에 관한 연구", 고려대학교 대학원 석사학위 논문.

원종철(2001). "그룹 다이내믹: 협동학습의 교육원리에 관한 심리학적 연구", 『교육학연구』 39권 2호, p.253.

이경섭(1994). "교육목표 설정에 있어서의 주요 쟁점", 『교육학연구』 32권 5호, p.9 - 10.

이기상(1990). "인간교육'을 둘러싼 논쟁", 『철학연구』, 철학연구회 26집 봄호, pp.26 - 30.

이돈희(1995). "한국교육이념의 어제와 오늘", 『교육학연구』 33권 2호, p.4.

이두성(2002). "인격교육을 위한 스카우트 운동의 활용방안 연구", 인천교육대학교 대학원 석사학위 논문.

이정원(2001). "대안교육의 발전방안에 관한 연구", 조선대학교 교육대학원 석사학위 논문.

장승희(1990). "현대의 인간주의 교육사상에 관한 연구", 고려대학교 대학원 박사학위 논문.

전일균(2002). "발도로프 교육학의 대안학교적 의미 연구", 『교육철학』 28집, 교육철학회, p.167.

정영근(1996). "인간교육과 교육학", 『한독교육학연구』 1권 1호.

정영수(1998). "학교교육의 현실과 이상", 『교육철학』 20집, p.3.

정진곤(1999). "대안학교에서의 자유의 의미와 비판적 분석", 『교육철학』 22집, pp.163 - 164.

정진곤(1995). "교과 교육의 내용과 방법에 대한 비교 연구", 『한국교육』 22권, p.293.

조정숙(1999). "초등학교 전일과의 협동활동이 인성발달과 학습에 미치는 영향", 경희대학교 대학원 석사학위 논문.

주영흠(1984). "실존주의와 민중교육론에 나타난 인간주의 교육이념의 연구", 고려대학교 대학원 석사학위 논문.

최관경(1982). "교육목적에 관한 개념적 고찰", 교육철학 연구회 편, 『교육철학』 제5호, 서울: 한국교육학회 교육철학 연구회, p.9.

한명희(1993). "교육병리와 그 대책: 왜곡된 교육의식의 문제", 『교육학연구』 31권 2호, p.6.

한승희(1990). "교육내용 어떻게 볼 것인가?", 『한국교육』 17권, p.147.

허경철 외(1995). "해방 이후 초·중등학교교육내용과 방법의 변화와 추세", 『교육학연구』 33권 2호, p.39.

〈외국문헌〉

Allard, J. L.(1982). Education for Freedom: The Philosophy of Education of Jacques Maritain. Ottawa: University of Ottawa Press.

Apple, M.(1982). Education and Power. Boston and London: Routledge & Kegan Paul.

Aronson, E.(1978). The Jigsaw Classroom. Beverly Hills: Sage.

ASCD(1992). "Moral Education in the life of the School", K. Ryan & T. Lickona, Character Development in Schools and Beyond. The Council for Research in Values and philosophy. pp.349 – 350.

Baker, Alleen(1982). "The Early Primary Grades: Kindness, Like, Love, Live Through Humane Education", in S. R. Westerland(Ed.), Humane Education and Realms of Humanness. Washington D.C.: University of Press of America. p.169 – 170.

Barrow, Robin(1975). Moral Philosophy for Education. London: Allen & Unwin Inc.

Batchelder, Thomas H. & Root, Susan(1994). "Effects of an Undergraduate Program to Intergrate Academic Learning and Service: Cognitive, Prosocial Cognitive, and Identity Outcomes", Journal of Adolescence Vol.17 n4 Aug pp.341 – 355.

Bedford, M.(1972). Existentialism and Creativity. New York: Philosophical Library, Inc.

Bennett W. & DeLattre, E.(1976). "A Moral Education", American Educator. Winter. p.6.

Bibring, E.(1958). "The Development and Problems of The Theory of Instincts", in C. L. Stacy & M. F. Martino(Eds.), Understanding Human Motivation. Cleveland: Howard Alen. pp.474 – 498.

Bloom, B. S. et al., Taxonomy of Educational Objectives I: Cognitive Domain. 임의도 외 공역(1966). 『교육목표분류학』. 서울: 배영사.

Bochenski, I. M., 한전숙 역(1974). 『현대철학』. 서울: 정음사.

Bollnow, O. F. Existenphilosophie und Poedagogik. 이규호 역(1967). 『실존철학과 교육학』. 서울: 배영사.

Bollnow, O. F. Existenzphilosophie. 최동희 역(1972). 『실존철학이란 무엇인가』. 서울: 서문당.

Bollnow, O. F. Die LebensPhilosophie. 백승균 역(1979). 『삶의 철학』. 서울: 경문사.

Bollnow, O. F. Padagogik in anthropologischer Sicht. 오인탁・정혜영 공역(1988). 『교육의 인간학』. 서울: 문음사.

Broudy, Harry S. Building a Philosophy of Education. 이인기・서명원 공역(1963). 『교육철학』. 서울: 을유문화사.

Brown, George I.(1971). Human Teaching for Human Learning: an Introduction to Confluent Education. New York: Viking.

Brubacher, J. S.(1950). Modern Philosophies of Education. New York: McGraw – hill Book Company Inc.

Buhler, C.(1961). Values in Psychotherapy. New York: Free Press.

Buber, Martin(1954). Between Man & Man, Translated by Ronald Gregor Smith. London: Routledge & Kegan Paul.

__________ 남정길 역(1975). 『인간이란 무엇인가』, 서울: 대한기독교서회.

__________ 표재명 역(1977). 『나와 너』, 서울: 문예출판사.

Butts, R. F.(1955). A Cultural History of Education. McGraw – Hill Book Company, Inc.

Chazan, B. I.(1974). "Moral Situation", B. I. Chazan & J. I. Soltis(Eds.), Moral Education. New York: Teachers College Press.

Chazan, B. I.(1985). Contemporary Approaches to Moral Education. New York: Teachers College Press.

Childs, John L.(1967). Education and Morals. New York: Appleton – Century – Croffs, Inc.

Cohen, Brenda(1981). Education and the Individual. London: George Allen & Unwin.

Coleman, James S.(1993). "The Rational Reconstruction of Society", American Sociological Review. Vol.58. p.2.

Combs, Arthur W.(1970). "An Educational Interactive: The Humane Dimension", To Nature Humaness: Comment for the '70's, The 1970 Year Book of ASCD. Washington D.C.: The Association. pp.173 – 188.

_________________ 홍웅선 역(1973). 『교육의 책무성』, 서울: 대한교육연합회.

_________________ 이해명 역(1983). 『전인교육을 위한 학습지도방법』, 서울: 교육과학사.

_________________ 구혜정·손준종 역(1998). 『우리가 원하는 학교』, 서울: 학지사.

Comenius, J. A., 정확실 역(1989). 『대교수학』, 서울: 교육과학사.

Goodman, Paul(1971). "Freedom and Learning: the Need for Choice", The Olaen University, The Curriculum, R. Hooper(ed.). Edinburgh: Oliver & Boyd. pp.107 – 111.

Coreth, Emerich. Was ist der Mensch? Grundzuge einer Philosophische Anthropologie. 진교훈 역(1986). 『철학적 인간학』, 서울: 종로서적.

Corrign, Dean C. "Creating the Condition for Prefessional Practice", American Assocation of College for Teacher Education, Journal of Teacher Education U.S.A.(Vol. XXXII No, 2, 1981), pp.7 – 14.

Custodio, L. J. Towards a new Humanism in education, philoppines, 1970.

Dewey, J.(1936). Moral Principle in Education. Carbondale: Southern Illinois University Press.

Dobson, R., Russell, J. S., Grahlaman, F. W.(1982). "Humane Education: A Model", in S. R. Westerlund(Ed.), Humane Education and Realms of Humanness. Washington D.C.: University of America. p.96.

Dollard, J., Doob, Leonard W., Miller, Neal E., Mowrer, O. Hobat, & Sears, Robert R.(1939). Frustration and Aggression. New Haven: Yale University Press.

Eisner, Elliot W.(1982). Cognition and Curriculum. New York: Longman.

_______________. The Educational Imagination. 이해명 역(1983). 『교육적 상상력』, 서울: 단국대학교 출판부.

Elias, 김성재 역(1984). 『의식화와 탈학교』, 서울: 사계절.

Everett, William. 이희구 역(1982). 『어떻게 사랑할 것인가』, 서울: 한마음사.

Faure, Edgar, et al., Learning to be. 오기형·김현자 공역(1975). 『인간화 교육』,

서울: 일조각.

Fertman, Carl I.(1994). Service Learning for All Students. Bloomington: Phi Delta Kappa Education Foundation.

Flew, Antony(1966). "What is Indoctrination?", Studies in Philosophy of Education. Spring. p.285.

Frankena, William K.(1971). "Toward a Philosophy of Moral Education", in J. P. Strain(Ed.), Modern Philosophies of Education. New York: Random House.

Frankena, William K.(1974). "Morality and Moral Philosophy", in B. I. Chazan & J. F. Soltis(Eds.), Moral Education. New York: Teachers College Press. p.20.

Frankl, V.(1972). "The Feeling of Meaninglessness: A Challenge to Psychotheraphy", American Journal of Psychoanalysis. 32.

Frankl, V., 정태시 역(1969). 『죽음의 수용소』, 성남: 제일출판사.

Freire, P., Cultural Action for Freedom. 김쾌상 역(1979). 『민중교육론』, 서울: 한길사.

Freire, P.(1973). Education for Critical Consciousness. 채광석 역(1979). 『교육과 의식화』, 서울: 새밭사.

Freire, P.(1985). The Politics of Education. Bergin & Garvey Publishers.

Fromm, E.(1956). The Sane Society. London: Routledge & Kegan Paul.

Freire, P.(1978). Man for Himself. London: Routledge & Kegan Paul.

Freire, P. The Fear of Freedom. 이상두 역(1975). 『자유에서의 도피』, 서울: 범우사.

Freire, P. The Art of Loving. 강승규 역(1974). 『사랑이라는 예술』, 서울: 왕문사.

Freire, P. On Disobedience and Other Essays. 홍순권 역(1983). 『휴머니즘의 재발견』, 서울: 한벗신서.

Freire, P. ed., Humanism: an International Symposium. 사계절 번역실 편(1982). 『휴머니즘』, 서울: 사계절.

Gadamer, Hans－Georg(1982). Truth and Method. New York: Crossroad Publishing Company.

Gail, Anton J. 정초일 옮김(1998). 『에라스무스』, 서울: 한길사.

Gardner, Howard(1983). Frames of Mind: The Theory of Multiple Intelligences. New York: Basic Books.

Giroux, H. A.(1981). Ideology, Culture & The Process of Schooling. Philadelphia: Temple University Press.

Giroux, H. A.(1983). Theory and Resistance in Education. Massachusetts: Bergin &

Garvey Publishers, Inc.

Glasser, W., 박정자 역(1998). 『좋은 선생님이 되는 비결』, 서울: 사람과 사람.

Gordon, Thomas. 이형득 공역(1986). 『학교에서의 자율적 인간육성의 원리』, 서울: 형설출판사, pp.18 – 36.

Giroux, H. A., Penna A. N., & Pina W. F.(1981). Curriculum & Instruction. Berkeley: M, Cutchan Publishing Corporation.

Goodman, Paul(1971). "Freedom and Learning: The Need for Choice", in R. Hooper(Ed.), The Curriculum. Edinburgh: Oliver & Boyd. p.107 – 111.

Geenberg, Herbert M.(1969). Teaching with Feeling: Compassion and Self – awareness in the Classrom Today. New York: Macmillan. 61ff.

Hanny, Alastair(1980). "Propositions Toward a Humanist Consensus in Ethics", In M. B. Storer(Ed.), Humanistic Ethics. New York: Prome thens Books.

Harris(1971). "Moral Philosophy Education in the Common Schools", in J. P. Strain(Ed.), Modern Philosophies of Education. New York: Random House. p.156.

Heath, D. H.(1971). Humanizing Schools. New Jersey: Hayden Book Company, Inc.

Heinemann, Fritz. Existenzphilosophie Lebendig Oder Tot?. 황문수 역(1982). 『실존철학』, 서울: 문예출판사.

Hessen, J., 허재윤 역(1984). 『현대에 있어서의 삶의 의미』, 서울: 이문출판사.

Hirst, Paul H.(1974). Knowledge and the Curriculum. London: Routledge & Kegan Paul.

Holt, J.(1976). Instead of Education. New York: E. P. Dutlon & Co., Inc.

Howard, Maurice B.(1993). "Service Learning: Character Education Applied", Educational Leadership. Nov.

Hutchins(1961). The Faces of Federalism. Santa Barbara: Center for the Study of Democratic Institutions.

Illich, Ivan(1971). Deschooling Society. New York: Harper & Row.

Jackson, Philip W.(1968a). Life in Classroom. 차경수 역(1983). 『아동의 교실생활』, 교육신서 64, 서울: 배영사.

Jackson, Philip W.(1968b). The Teacher and the Machine. Pittsburgh: University of Pittsburgh Press.

Jarolimek, John & Foster, Clifford D., 김재복 역(1985). 『인지 · 정의 · 기능학습을 위한 전략』, 서울: 배영사신서.

Jarrett, J. L.(1973). The Humanities and Humanistic Education. California: Addison

‑ Wesley Publishing Company.

Joly, R. P.(1960). The Personality in Philosophy of Education. New York: Humanity Press Inc.

Jones, Richard M.(1968). Fantasy and Feeling in Education. New York: New York University Press.

Joyce, Bruce(1972). "Curriculum and Humanistic Education: Monolism VS. Pluralism", in Carl Weinberg(Ed.), Humanistic Foundations of Education. Englewood Cliffs: Prentice Hall Inc.

Kagan, Spencer Cooperative Learning, 기독초등학교 협동학습 연구모임 역(1999). 『협동학습』, 서울: 디모데.

Kant, I.(1971). Education. The University of Michigan Press.

________. 장찬익 역(1985). 『칸트의 교육사상』, 서울: 배영사.

Kierkegaard, S., 표재명 역(1985). 『철학적 단편』, 서울: 박영사.

Kellenberger(1995). Relationship Morality. The Pennsylvania State University Press.

Kelly, E. C., 이해명 역(1983). 『전인교육을 위한 학습지도방법』, 서울: 교육과학사.

Kilpatrick, William H.(1918). "The Project Method", Teachers College Record. September. pp.319‑335.

Kneller, G. F.(1967). Existentialism and Education. New York: Johnwiley & Sons, Inc.

Kneller, G. F.(1971). Introduction to the Philosophy of Education. New York: John Wiley Sons, Inc.

Kneller, G. F. Movements of Thought in Modern Movement Education. 안인희 역 (1987). 『현대교육사상』, 서울: 서광사.

Knight, George R.(1980). Philosophy and Education. Michigan: Andrews University Press.

Kohl, H. R., The Open Classroom: A Practical Guide to a New Way of Teaching. 조연순 외 공역(1991). 『개방적 교육』, 서울: 교육과학사.

Kohlberg, L.(1981). The Philosophy of Moral Development. San Francisco: Harper & Row, Publishers.

Koetzsch, R. E.(1997). The Parents' Guide to Alternatives in Education. Boston: Shambhala Publications, INC.

Kolesnik, W. B., Humanism and/or Behaviorism in Education. 김상호 · 김기정 공 역(1988). 『인간주의 교육과 행동주의 교육』, 서울: 문음사.

Kortz, P.(1980). "Does Humanism Have an Ethic of Responsibility?", in M. B.

Storer(Ed.), Humanistic Ethics. New York: Prometheus Books.

LaHart, D. E. & Allen, R. F.(1982). "Developing A Humane Ethic in Classrooms", in S. R. Westerland(Ed.), Humane Education and Realms of Humanness. Washington D.C.: University Press of America. pp.104 − 105.

Landmann, M., Philosophische Anthropologie. 진교훈 역(1981). 『철학적 인간학』, 서울: 경문사.

Langford(1985). Education, Persons and Society. MaCmillan.

Lane, Homer. Talks to Parents and Teachers. 김은산 역(1982). 『아동교육론』, 서울: 학문사.

Leonard, George B.(1968). Education and Ecstasy. New York: Dell.

Lickona, Thomas(1993a). "The Return of Character Education", Education. Leadership. November.

Lickona, Thomas(1993b). Educating for Character: How Our Schools Can Teach Respect and Responsibility. NY: Bantan Book.

Lickona, Thomas(1998). "Educating the Moral Child", Principle. November. p.8.

__________________. 박장호 · 추병완 역(1998). 『인격교육론』, 서울: 백의.

Loke, John.(1964). "Some Thoughts on Education", in Peter Gay, ED. John Loke on Education. New York: Bureau of Publications, Teachers College, Columbia University. pp.126 − 127.

Lyotard, J. F.(1988). The Postmodern Condition: A Report on Knowledge. Manchester: Manchester University Press.

Lyon, Harold C.(1971). Learning to Feel − Feeling to Learn. Columbus: Merill.

Manning, D.(1971). Toward a Humanistic Curriculum. New York: Harper & Row, Publishers.

Maritain, Jacques(1943). The Rights of Man and Natural Law. Translated by D. G. Anson. New York: Charles Scribner's Son.

Masaaki, Sekine. 조석현 역(1995). 『당신의 아이를 칭찬하는 방법』, 서울: 장원.

Masaaki, Sekine. 왕학수 외 역(1958). 『교육철학』, 서울: 경향잡지사.

Maslow, Abraham H.(1949). "Our Magligned Animal Nature", Journal of Psychology. 28. pp.273 − 278.

Maslow, Abraham H.(1956). "Self − Actualizing People: A Study of Psychological Heath", in Clark E. Mustakas(Ed.), The Self: Explorations in Personal Growth. New York: Harper & Row. pp.161 − 162.

Mayson, R. E. 정진환 외 역(1970). 『현대의 교육사조 Ⅱ』, 서울: 배영사 신서.

May, S., Man's Search for Himself. 백상창 역(1986). 『자아를 잃어버린 현대인』, 서울: 문예출판사.

Milhollen, F., & Forisha B. L.(1972). From Skinner to Rogers. Lincoln: Professional Educators Publications, Inc.

Miller, J. P., Humanizing the Classroom. 김호건 역(1987). 『학습지도의 인간화』, 서울: 배영사.

Mondin, B., Antropologia Filosofica. 허재윤 역(1996). 『인간: 철학적 인간학 입문』, 서울: 서광사.

Montagu, A.(1962). The Humanization of Man. Cleveland: Word Publishing Co.

Moore, T, W.(1982). Philosophy of Education. London and Boston: Routledge & Kegan Paul.

Morris, V. C.(1966). Existentialism in Education: What it Means. New York: Harper & Row, Publishers.

Mosher, Ralph L., Sprinthall, Norman A., & theirs(1971). "Psychological Education: a Mean to Promote Personal Development during Adolescence", The Counseling Psychologist. No.4.

Moustakas, C., Personal Growth: The Struggle for Identity & Human Values. 이혜성 역(1983). 『인간적 성장』, 서울: 이화여자대학교 출판부.

Nasr, R. T.(1994). Whole Education. 강선보·정윤경·고미숙 역(2001). 『전인교육의 이론과 실제』, 서울: 원미사.

Neill A. S.(1937). The Dreadful School. 강승규 역. 『어린이를 사랑하는 교육』, 서원.

Neill A. S.(1953). The Free Child. London: Herbert Jenkins.

Neill A. S. Summerhill. 김은산 역(1987). 『행복한 학교』, 서울: 양서원.

Neill A. S. The Problem Family. 김인희 역(1990). 『문제의 가정』, 서울: 양서원.

Neill A. S. The Problem Children. 김은산·한희경 역(1991). 『문제의 가정』, 서울: 양서원.

Noddings, N.(1994). "Conversation as Moral Education", Journal of Moral Education. Vol.23. No.2. p.187.

Nowell-Smith, P. H.(1954). Ethic. Boltimore: Penguin.

Nyberg D., & Egan K.(1981). The Erosion of Education: Socialization and the Schools. New York: Teachers College Press.

Oakes, J.(1985). Keeping Track: How Schools Structure Inequality. New Haven: Yale University Press.

Ornstein, Allan C.(1977). An Introduction to the Foundations of Education. Chicago: Rand McNally College Publishing Co.

Ozman, H., & Craver S.(1976). Philosophical Foundations of Education. Ohio: A Bell & Howell Co.

Patterson, C. H., Humanistic Education. 장상호 역(1980). 『인간주의 교육』, 서울: 박영사.

Pestalozzi, J. H., 김정환 역(1989). 『페스탈로찌가 어머니들에게 보내는 편지』, 서울: 양서원.

Peters, R. S., Ethic and Education. 이홍우 역(1981). 『윤리학과 교육』, 서울: 교육과학사.

Phenix, Philip H., 성내운 역(1981). 『교육철학』, 서울: 교육과학사.

Phenix, Philip H., 남궁달화 역(1993). 『도덕발달과 도덕교육』, 서울: 문음사.

Popkin. 홍경자 역(1995). "현대의 적극적 부모역할 훈련 부모용 지침서", 서울: 한국심리교육센터 출판부. pp.184 – 186.

Polanyi, M., Personal Knowledge: Towards a Post – Critical Philosophy. London: R. K. P.

Postman, N., 차동춘 역(1999). 『교육의 종말』, 서울: 문예출판사.

Promata, Frank C.(1994). "Beyond Reading, Writing, and Arithmetic", Journal of Experiential Education. Vol.17. No.2. pp.26 – 29.

Reid, Herbert., 정순목 역(1974). 『예술 교육론』, 서울: 교육과학사.

Rich, J. M.(1968). Education and Human Values. Philippines: Addison – Wesley Publishing Company Inc.

___________. Humanistic Foundations of Education. 김정환 역(1985). 『인간주의 교육학』, 서울: 박영사.

Richard, J. M.(1968). Fantasy and Feeling in Education. New York University Press.

Rogers, Carl R., Freedom to Learn. 연문희 역(1990). 『학습의 자유』, 서울: 문음사.

Rousseau, Jean Jeacques. 정봉구 역(1987). 『에밀』, 서울: 범우사.

Rotenstreich, N.(1963). Humanism in the Contemporary Era. Netherlands: Munton & Co, Publishers, The Hague.

Ruggenberg, John(1993). "Community Service Learning: A Vital Component of

Secondary School Education", Moral Education Forum. Vol.18. No.3. Fall. pp.13 – 19.

Ryle, Gilbert(1949). The Concept of Mind. New York: Barnes & Noble, Inc.

Samalin, N. & Jablow, M., 김진숙 · 연미희 · 이인수 역(1991). 『바람직한 자녀와의 대화방법』, 서울: 학문사.

Sartre, J. P.(1948), Existentialism and Humanism. 방건 역(1975). 『실존주의는 휴머니즘이다』, 서울: 문예출판사.

Scheffler, Israel. Conditions of Knowledge. Chicago: Scott, Fores Mon.

_______________(1971). "Conditions of Knowledge", in J. P. Strain(Ed.), Modern Philosophies of Education. New York.

Scheler, Max(1977). Philosophische Weltanschauung. 허재윤 역. 『철학적 세계관』, 서울: 박영사.

_____________. Die Stellung des Menschen im Kosmos. 허영석 · 하재윤 공역 (1982). 『교육학과 인간학』, 서울: 형설출판사.

Schultz, Duane. 이상우 · 정종진 공역(1999). 『인간 성격의 이해』, 서울: 중앙적성출판사.

Silberman, Charles E.(1970). Crisis in the Classroom. 배영사 편집실 편역(1980). 『교실의 위기 II』, 서울: 배영사.

Slavin, Robert E.(1997). Educational Psychology. Fifth Edition, Johns Hopkins University.

Smythe O.(1980). "On the Theory of the Forms of Knowledge", Philosophy of Education Society(Ed.), Philosophy of Education. University of Illinois.

Spranger, E.(1971). "The Role of Love in Education", in J. R. Strain(Ed.), Modern Philosophies of Education. New York: Random House. p.531.

_____________Der Geborene Erzieher. 김재만 역(1976). 『천부적인 교사』, 서울: 배영사.

Spring, J., 심성보 역(1985). 『교육과 인간해방』, 서울: 사계절.

Stanford J. & Simons R., 조병효 역((2000). 『학교의 승리』, 서울: 말과 창조사.

Sternberg, Robert J., 이상원 · 류소 옮김(2000). 『사랑은 어떻게 시작하여 사라지는가』, 서울: 사군자.

Strain, J. P.(1971). Modern Philosophies of Education. New York: Randon House.

Strike, Kenneth A.(1972). "Explaining and Understanding: The Impact of Science on Our Concept of Man", Philosophical Redirection of Educational Research.

pp.45 - 46.

Swann, J. H.(1958). An Analysis of Knowing. London: George Allen and Unwin Ltd.

Taylor, P., 김영진 역(1985). 『윤리학의 기본원리』, 서울: 서광사.

Tolstory, L. N., 안의정 역(1998). 『사람은 무엇으로 사는가』, 서울: 맑은 소리.

Ulich. 한기언 역(1958). 『교육사상사』, 서울: 한국번역도서.

Watson M. et al.(1989). "The Child Development Project: Combing Traditional and Developmental Approaches to Values Education", in Larry P. Nucci(Ed.), Moral Development and Character Education. Berkeley: McCutchan.

Weinstein, G., & Fantini, M. D.(Eds.), Toward Humanistic Education. 윤팔중 역(1989). 『인간중심 교육을 위한 정의 교육과정』, 서울: 성원사.

Whitehead, A. N.(1929). The Aims of Education. New York: Macmillan.

Willers, J. C.(1975). "Humanistic Education: Concepts Criteria and Criticism", Peabody Journal of Education. Vol.53. No.1.

Wilson, J.(1964). "Education and Indoctrination", In T. H. B. Collins(Ed.), Aims in Education: The Philosophic Approach. Manchesters: Manchester University Press. pp.24 - 26.

__________(1973). The Assessment of Morality. Windsor: NFER Publishing Company Ltd.

Wolf, Janet(1975). Hermeneutic Philosophy and the Sociology of Arts. London and Boston: Routledge & Kegan Paul.

Zaidi, S. K.(1971). Education and Humanism. Indian Institute of Advanced Study.

Zais, Roberts(1976). Curriculum. New York: Thomas Y. Crowell Company.

小原國芳. 재갈 림 역(1995). 『전인교육론』, 부산: 부산대학교 출판부.

務台理作. 풀빛편집부 옮김(1982). 『현대의 휴머니즘』, 서울: 풀빛.

김성봉 (金聖奉)

▌약 력

경주고등학교 졸업
고려대학교 사범대학 졸업
고려대학교 교육학 박사

▌경 력

고려대학교 교육문제연구소 연구조교수
고려대학교 교육대학원, 동국대학교, 수원대학교 등에서 강의
동양대학교 교육대학원 교수

▌논문 및 저서

『인간주의의 가치와 교육적 지향』
『교육소외 계층의 교육실태와 정책과제』
『행복으로 가는 열쇠 산』
『현대교육철학의 다양한 흐름 Ⅰ』 등

[개정판]
인간주의 교육의
실천방향

초판인쇄 | 2006년 10월 30일
개정인쇄 | 2010년 4월 26일
개정발행 | 2010년 4월 26일

지은이 | 김성봉
펴낸이 | 채종준
펴낸곳 | 한국학술정보㈜
주 소 | 경기도 파주시 교하읍 문발리 파주출판문화정보산업단지 513-5
전 화 | 031) 908-3181(대표)
팩 스 | 031) 908-3189
홈페이지 | http://www.kstudy.com
E-mail | 출판사업부 publish@kstudy.com
등 록 | 제일산-115호(2000. 6. 19)

ISBN   978-89-268-0995-2 93370 (Paper Book)
       978-89-268-0996-9 98370 (e-Book)